新装版

短い スピーチ あいさつ 実例大事典

文例 1500

どんな場面でも、これをマスターすれば安心

成功スピーチへの道は、たったの3ステップ

「スピーチをお願いします」と言われると、
とにかくまず原稿を書かなければ、と思いがちです。
そして、パソコンや原稿用紙の前に座ったものの、
「何をどう話せばいいのだろう」と
頭を抱え込んでしまう。そんな方も多いことでしょう。
場面に合った的確なスピーチ、思わず聞き入ってしまう
「うまい」スピーチを行うためには、
段階を踏んでスピーチを練り上げていくことが必要です。
といってもその「段階」はわずか3ステップ。
これだけで、魅力的なスピーチを
作ることができます。

成功へのSTEP 1 自分の役割を知る

たとえば、結婚披露宴のお祝いスピーチ。友人、同僚なら、新郎新婦の人となりが伝わるような、生き生きしたエピソードを語るのがいいでしょう。主賓、来賓には、人生の先輩としての品格ある内容が期待されています。親族として話すなら、お祝いとともに、主催者側のひとりとしてゲストに感謝を伝える役目もあるでしょう。このように、自分のスピーチに求められていること、伝えるべきことを、まず把握しておくことが大事です。

成功へのSTEP 2 スピーチの構成を考える

いよいよ原稿作りにとりかかります。どんなスピーチも、始めのあいさつ→中心になる話（本論、主題）→結びのあいさつの3つの要素で構成されています。

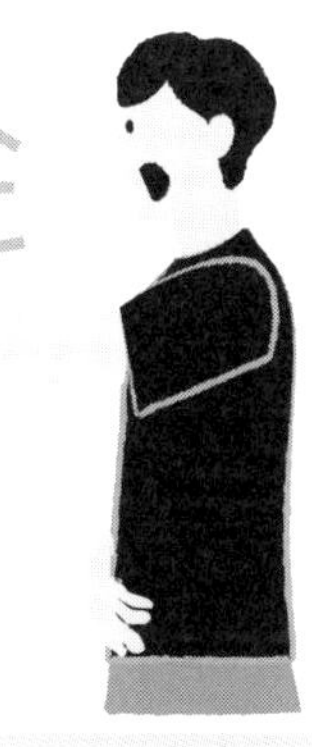

始めと結びのあいさつは、ある程度決まった言い回しがありますから、中心になる話の題材を見つけて文章化すれば、簡単にまとまりのいいスピーチが完成します。スピーチを短くまとめたいときは、中心になる話を1つだけに絞り込むのがコツです。

成功へのSTEP 3 「話し方」と「演出」で好印象を与える

何を言っているのかわからないボソボソ声で話したり、機関銃のような早口でまくしたてたりしては、どんなに内容がすばらしくても、聞いている人の心には届きません。スピーチをするときは、ふだん話すよりも「ゆっくり」「はっきり」「間をとりながら」を心がけることがたいせつです。また、内容に合った豊かな表情としぐさで演出することにより、スピーチはより印象的に、感動的になります。

成功への
STEP 1

自分の役割を知ろう!

まず、自分はどんな立場でどんな場面で、何を求められているのかを知ること。
そこから、何をどう話せばよいかが見えてきます。

いちばん重要なことは?

メインのメッセージを知ろう!

スピーチにはいろいろな種類がありますが、そこに盛り込みたいメッセージは意外にシンプルで、最も多いのは「おめでとう」と「ありがとう」です。スピーチだから格調高く、と「心よりお慶びを申し上げます」「深く感謝いたしております」と話しても、気持ちがこもっていないように聞こえてしまうこともあります。直接相手に話しかけるように「おめでとうございます」「ほんとうにありがとうございます」と、メインメッセージをストレートに言うのが「よいあいさつ」「じょうずなスピーチ」です。

どういう関係でのスピーチですか?

自分の立場を知ろう!

●主賓や列席者を代表するスピーチ
多くの場合、冒頭に話すので、会合そのものへの賛辞や感慨を盛り込んで、格調高くまとめます。ただ、冠婚葬祭の会合は、年々略式化される傾向にあり、長々と話し続けるのは嫌われます。

●一般の出席者として行うスピーチ
会合の中盤以降に「ひとことごあいさつを」などと水を向けられることが多いものです。何人かの人がスピーチすることが多いので、なるべく短くシャープにまとめ、またほかの人が話した内容と重複しないようにすることがたいせつです。

●主催者側としてのあいさつ
冒頭に行う場合は、列席へのお礼や会合の趣旨説明を中心にします。会合の結びに行うあいさつ「謝辞」では、列席へのお礼や会合の感想を中心に述べ、今後の指導のお願いなど、将来につなげる言葉で結びます。

どんな場面になりそうですか?

周辺情報を知ろう！

●会場の雰囲気は

格式があるところなら、オーソドックスで品のあるスピーチが歓迎されます。逆に、カジュアルな場所なのに、格調高い話をしては、浮いてしまうこともあります。

●出席者の人数は

大規模になるほど、スピーチの内容もオフィシャルなものが求められます。

●出席者の内訳は

どんな人が出席するのかも重要な要素です。出席者同士に面識があるなら、最初からなごやかになりますが、初対面の人が多い席は雰囲気もかためです。

●出席者の年齢層は

年配の人が多いときは礼儀正しく、若い人が多いときは難解な話を避けるなどのアレンジが必要です。

●ほかにスピーチする人は

自分のほかにだれがスピーチするかを知れば、消去法で、自分に求められているものがはっきりします。

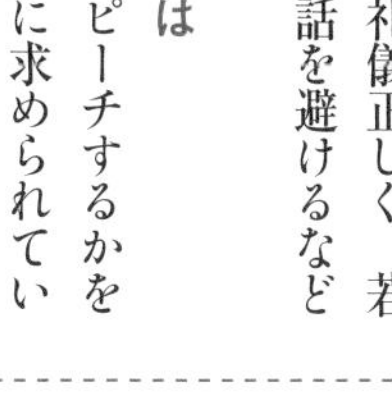

その場面での役割は何ですか?

「どんな話をしてほしいのか」を知ろう！

主催者側は「こんな話をしてくれるだろう」という期待を込めて、スピーチを依頼します。たとえば、結婚披露宴に幼なじみとして招かれている場合、スピーチで話してほしいのは、幼い新郎新婦との思い出です。現在の仕事での活躍ぶりは職場の人が話すでしょうし、結婚生活へのアドバイスは年長者の役目です。

ときには「なぜ私がスピーチを?」と不思議に思う場合もあるかもしれません。そんなときは、主催者に直接尋ねてみるのもいい方法です。「実は、あの話をしてほしいから」という相手の意向がわかれば、それにそって話せばよく、結果的にとても喜ばれることになります。

成功へのSTEP 2

スピーチの構成を考えよう!

あらかじめ要素を分けて考えれば、簡潔で行き届いたスピーチが簡単に作れます。

「始め」「中心になる話」「結び」の3要素で構成する

結婚祝いのスピーチも、創業記念パーティーの祝辞も、そして弔辞も、ありとあらゆるスピーチ・あいさつの基本構成は同じです。

構成を考えるときは、メインメッセージにもとづき、最初に「中心になる話」の部分を固めます。

たとえば、結婚祝いのスピーチでは、メインメッセージは「結婚おめでとう」であり、新郎新婦の人柄や仕事ぶりの紹介が「中心になる話」です。新郎新婦はどんな人か、テーマになる言葉をまずさがし、「営業成績はいい」「おとなしい」など、思いつくままに書き留めます。次に、その人柄や仕事ぶりがあらわれたエピソードを思い出してみます。そして「そんな彼(彼女)だから、すてきな家庭を作ることでしょう」と将来に向けた言葉で結べば「中心になる話」がまとまります。始めと結びのあいさつは、ある程度決まった型があるので、それを前後に加えれば全体が完成します。

構成を考える手順

❶ **メインメッセージを確認**
❷ **中心になる話のテーマ、キーワードを決める**
❸ **テーマ、キーワードを具体化するエピソードをさがす**
❹ **今後につなげる言葉でエピソードをまとめる**
❺ **メインメッセージに添った始めの言葉をさがす**
❻ **メインメッセージに添った結びの言葉をさがす**

始めのあいさつ

メイン
メッセージ
自己紹介

小川君、美香さん、本日はご結婚おめでとうございます。
私は、新郎と同じ職場におります、田中雅樹と申します。

★「おめでとう」「ありがとう」などのメインメッセージを、スピーチの冒頭でまずストレートに述べます。

中心になる話

テーマ
キーワード

彼は、いつも社内ベスト3に入る、優秀な営業マンです。しかし、いわゆる熱血タイプではありません。どちらかといえば、おとなしいほうと言っていいでしょう。そんな彼がなぜいつも好成績をあげるのか、実は内心不思議に思っていました。

エピソード

私ども営業マンは、新しいお客様の開拓や新製品の売り込みなど、どうしても新しいものに目が行きがちです。しかし、彼は違います。以前からのお客様や、お買い求めいただいた製品のアフターケアを大事にし、こまめに顧客回りをしています。そうしたおつきあいで培った信頼は厚く、新しいものを買うなら彼から、と結果的に大きな商談をまとめてきてしまうのです。私は、そんな彼から営業マンとしての大事な心構えを教わったような気がしています。

結びのあいさつ

エピソードのまとめ

そんな彼ですから、奥様をいつまでも大事にし、着実な家庭を築くことでしょう。

今後につなげる言葉

すばらしいパートナーを得て、仕事でもいっそう活躍することを期待しています。

メインメッセージ

本日は、ほんとうにおめでとうございます！

★「彼は〇〇な男です」など、まず結論を言い、「なぜなら」とそれを裏づける話を次にする構成がおすすめです。聞き手も、結論を先に知ることで話し全体の流れがつかみやすくなるからです。

★「お祝いスピーチで中心になるのは、主役を「ほめる」話です。称える言葉につながるようなエピソードをさがしましょう。失敗談の披露や暴露話は「スベる」危険があるので、あまりおすすめできません。

★「すばらしい彼（彼女、会社）だから、これからも……」とほめた内容を将来につなげて、話をまとめます。最後は再びメインメッセージで結ぶと、まとまりがよく、聞き手も拍手のタイミングがつかみやすいものです。

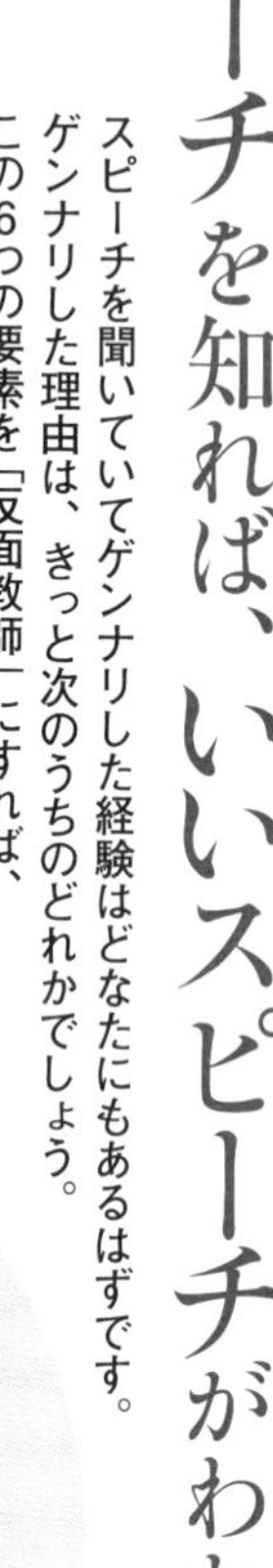

いいスピーチ作成の決め手——その❶

だめなスピーチを知れば、いいスピーチがわかる

スピーチを聞いていてゲンナリした経験はどなたにもあるはずです。ゲンナリした理由は、きっと次のうちのどれかでしょう。この6つの要素を「反面教師」にすれば、いいスピーチの要素が自然に浮かび上がってきます。

×長い

「3分間スピーチ」という言葉がありますが、聞いている側にとっては、3分はけっこう長いもの。原則として、スピーチは1分半～2分にまとめましょう。本書に掲載されている文例はほとんどがこの時間内で話せる内容です。1分間に話せる文字数は300～350字なので、原稿を書くときは400字以内を目安にします。

×説教くさい

結婚披露宴や創業記念パーティーで、主役よりも年長の立場でスピーチをするときにありがちな、だめスピーチです。「結婚したらこうしろ」「商売に大事なのは〇〇だ」と〝上から目線〟で堅苦しいあいさつをすると、場は一気に白けてしまいます。年若い話し手が、年長者を前に、わかったような口をきくのも嫌われます。

×自己PRが多い

スピーチの中で自分の業績を延々と述べたり、有名人との交友関係を披露してみたり、あるいは自分の会社の宣伝を行ってみたり……。本人に悪気はなく、話題を提供しているつもりのこともありますが、自己顕示欲が強い人と思われるだけです。自己紹介部分で犯しがちなミスなので、コンパクトにまとめるよう気をつけます。

主役不在の話がつづく

結婚披露宴に、新郎新婦の親の知人として招かれた場合、創業記念パーティーに、先代からの長い取引先として出席する場合などに起こりがちなケースです。ある程度の関係説明は必要ですが、親や先代との思い出話に終始しては、主役に失礼です。その会合の主役に向けての言葉を中心にしましょう。

一部の人しかわからない話題、用語

会合の出席者が老若男女幅広いときは、特に要注意です。業界の内輪話、同世代の人にしかわからない話題、楽屋落ちのネタ、専門的な話は避けましょう。使う言葉も同様で、難解な四字熟語やカタカナ言葉、流行語などは意味が通じないことも多いもの。だれにでもわかりやすい表現をすることがたいせつです。

不適切な話題を持ち出す

下ネタは特に女性に嫌われ、「スピーチとスカートは短いほうがいい」程度の話でも眉をひそめられることがあります。また、宗教と政治の話は、スピーチにはタブーとされています。価値観や支持しているものは人それぞれ、という点では、贔屓(ひいき)の野球チーム、サッカーチームの話題も避けるほうが賢明です。

いいスピーチ作成の決め手――その❷

短く、わかりやすくまとめるためのコツ

短くシンプルにまとまったスピーチほど、聞き手の心に響くものです。「始めのあいさつ」「中心になる話」「結びのあいさつ」それぞれに、スリム化するポイントがありますので把握しておきましょう。

始めのあいさつ　自己紹介をコンパクトにする

「ただいまご紹介にあずかりました○○と申します。このような晴れがましい式典にお招きいただきましたこと、たいへん光栄に存じております。ご年長の方を差し置きまして、はなはだ僭越ではございますが、ご指名をいただきましたので、ひとことごあいさつを申し上げます」

など長々と話しては、聞き手の興味は一気に離れていきます。短くまとめたいときは「ただいまご紹介にあずかりました○○と申します」だけでOKです。

中心になる話　エピソードは一つに絞り込む

その人にしか語れない思い出やでき事、自分が実際に体験したエピソードは、いいスピーチに欠かせない大事な要素です。定番の決まり文句だけで構成されたスピーチは、退屈で、心に残るものがありません。

しかし、だからといって「あんなこともあった、こんなこともあった」と次々に話してしまっては、焦点がぼけて冗長になってしまいます。

具体的なエピソードをまじえること、そして、そのエピソードは1つだけに絞り込んで話すことがたいせつなのです。

結びのあいさつ　メインメッセージを繰り返して締めくくる

始めのあいさつと同様、各方面に気配りしてていねいに言おうとすると、いたずらに長くなってしまうのが、結びのあいさつです。

「少し説教がましくなってしまいましたが、お祝いの席に免じてお許しください。おふたりの末永いお幸せと、ご両家のご繁栄、そして列席の皆様のご多幸をお祈り申し上げまして、私のごあいさつとさせていただきます。ご清聴ありがとうございました」など、だらだらと続けると、スピーチがいつ終わるのかわからず、聞き手は拍手のタイミングを逃してしまいます。

「○○君、○○さん、末永くお幸せに。ほんとうにおめでとう！」と、メインメッセージで結べば、スピーチ全体がきりっと引き締まったものになります。

スピーチをよりわかりやすくする工夫

■具体的な例をあげる

たとえば、だれかの人柄を紹介するとき、「彼はたいへん明るい性格です」と言うだけでは、聞き手もイメージがわきません。「毎日、おはようございますという彼の元気な声が職場に響き渡るので、彼が出社したことがすぐにわかります」など、具体的な「絵」が浮かぶように話すと、言いたいことがうまく伝わります。

■擬音語、擬態語を使う

「ザーザーと雨が降る中、彼は駆け出していきました」と擬音語を使えば、ひどい雨であることが、よく伝わります。また「歩く」という言葉も、「よろよろ歩く」「ぶらぶら歩く」「せかせか歩く」など、擬態語を加えることで、その様子がよくわかるようになります。

■数字で説明する

「たくさんのお客様がいらして盛況でした」ではなく「来場者数は2000人を超え、ピーク時には30分待ちの行列ができるほどでした」と数字を使って説明することで、話は格段に説得力を増します。

■話す内容を予告する

最初に「大事なポイントが3つあります」と言えば、聞き手は「3つだな」と心の準備ができます。ところが「○○が大事です。また、△△も大事です。さらに□□も大事です」と続けてしまうと、結局、大事なことが何か、いくつあるのかがわかりにくくなります。

■たとえ話をうまく使う

単に「知識の吸収が速い」と言うより、「スポンジが水を吸い上げるような速さで物事を覚えます」と話すほうが、印象的でわかりやすい話になります。また、大きさや高さなどをあらわすときに、「東京ドーム10個分の大きさ」などとたとえる方法もおすすめです。

■小道具を使う

視覚的に訴えるものがあると、話はより具体的になります。現物や写真、イラストを手に持って話したり、タブレット端末やスクリーンで画像を見せながら話すことは、聞き手の興味をぐっとひきつける効果もあります。

いいスピーチ作成の決め手―その③

原稿の内容と表現をチェックしよう

堅苦しい儀礼的な表現の多い文章は、聞いていて疲れるものです。聞き手に直接話しかけるような調子で書き進めます。始めのあいさつから結びのあいさつまで、ひととおり文章にしたうえで、内容と表現がその場にふさわしいものであるかどうかを検討します。

POINT 1

文章が長すぎないか

短いスピーチの場合、全体の原稿量は400字以内、時間にして1分半程度を目安にします。1つの文章の長さも重要です。「〜して、〜だったが、結局〜で」と、どんどん話を続けるとわかりにくくなります。1つの文章は長くても60字以内にしましょう。

POINT 2

人名や肩書に誤りはないか

名前の読み方や所属、役職名、固有名詞などをまちがえるのは、たいへんに失礼なことです。「古川」は「こがわ」さんか「ふるかわ」さんか、人事異動などで所属や役職名が変わっていないか、地名や作品名などの固有名詞は正しいか、必ず確認しておきます。

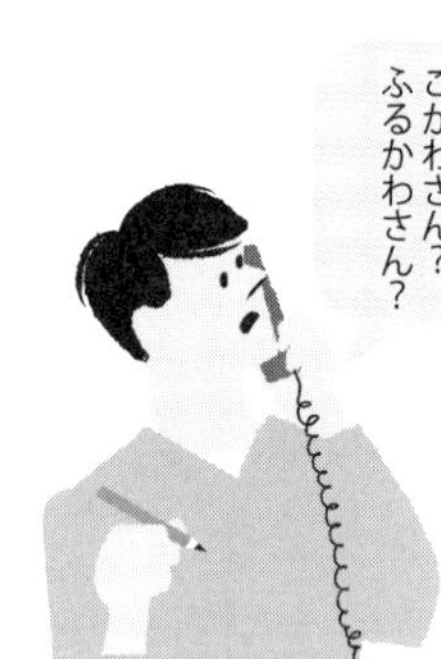

POINT 3

ネガティブ(否定的)な表現を使っていないか

スピーチでは、最初に主役をけなして後で持ち上げたり、過去の危機を紹介して現在の隆盛を称えたりする方法もあります。しかし、短いスピーチで、これを行うのは危険です。ほめるならほめる、祝うなら祝う、と終始ストレートにメッセージを伝えるのがいいでしょう。

また、人物像を語るときにネガティブな表現はNGです。必ずポジティブ(肯定的)な表現に言い換えます。

× 彼は、優柔不断で、なかなか物事を決断できません。

○ 彼は、物事を決断するときは、慎重に熟考を重ねるタイプです。

POINT 4

敬語を使いすぎていないか

ていねいに話そうとすると、敬語が過剰になってしまうことがあります。

× 先ほど○○様がおっしゃられましたように
○ 先ほど○○様がおっしゃいましたように

× ご覧になられたことがおありかもしれませんが
○ ご覧になったことがあるかもしれませんが

などは、スピーチで使ってしまいがちな表現なので注意しましょう。

また「させていただきます」も使いすぎると聞き苦しいものです。

× 今回同窓会に出席させていただき、皆様とお話しさせていただきまして、この学校で学んでよかったと再認識させていただきました。
○ 今回同窓会に出席し、皆様とお話しして、この学校で学んでよかったと再認識させていただきました。

POINT 5

忌み言葉を使っていないか

その場にふさわしくない不吉な表現を「忌み言葉」と言います。近年は、気にする人が少なくなりましたが、明らかに不適切な表現は避けるべきです。

結婚披露宴での忌み言葉

【別れを連想させる表現】
別れる、壊れる、離れる、切る、終わる、破れる、去る　など

【繰り返しを連想させる表現】
再び、もう一度、重ねて、ますます、次々と　など

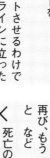

× 新生活のスタートを切るわけですが
○ 新生活をスタートさせるわけですが、スタートラインに立ったわけですが

新築、落成、開業などのお祝い事での忌み言葉

【災厄を連想させる表現】
燃える、焼ける、壊れる、崩れる、倒れる　など

× 創業者は、焼け野原から出発したと伺っております。
○ 創業者は、戦後間もなくの時代に店を興したと伺っております。

葬儀の際の忌み言葉

【直接的な言葉】
死亡、死、死体、生存　など

【不幸が重なることを連想させる表現】
再び、もう一度、重ねて、ますます、次々と　など

× 死亡のお知らせを受け驚きました。
○ ご逝去のお知らせを受け驚きました。

× くれぐれもお体を大事になさってください。
○ どうぞお体を大事になさってください。

成功への
STEP 3

「話し方」と「演出」で好印象を与える

どんな話し方をするかでスピーチはぐんとランクアップします。

「スピーチ用の話し方」をマスターする

おおぜいの人を前に、自分の言いたいことを的確に伝えるためには、スピーチ独自の話術を身につけたいものです。と言っても、むずかしいテクニックは必要ありません。ふだんの話し方をベースにして、スピーチ用のアレンジや配慮を加えればよいのです。

スピーチ話術❶ ゆっくり話す

アナウンサーがニュースを読み上げる速度は、1分間に300～350字といわれています。早口のアナウンサーの話し方では、スピーチを行うには少し速すぎます。

わかりやすい例としては、ニュース解説番組の口調、または歴史ドキュメンタリーなどのナレーションの速さを参考にするといいでしょう。

スピーチ話術❷ はっきり話す

スピーチのときは、ふだんよりも口を大きく開けて、一つ一つの言葉をはっきりと発音します。

「あ」「い」「う」「え」「お」のそれぞれの口の形を意識しながら、「おはようございます」と言ってみましょう。特に、文末の「ございます」の部分を特にしっかりはっきりと言いきります。

この短いあいさつには、「あいうえお」の母音が含まれているので、いい練習になります。口をあまり動かさないで話すと、暗い印象になることがおわかりでしょう。

スピーチ話術❸ 間をとりながら話す

文章の「、(テン)」で1拍、「。(マル)」で2拍おきながら話すのが、スピーチの間のとり方の基本です。さらに、重要な言葉、聞き手の注目を集めたい言葉などの前後は、間をとって、その言葉を際立たせます。

「間をとる」が「間延び」にならないように

「ゆっくりはっきり間をとって話すことが大事です」をスピーチ用の話し方で言ってみてください。「ゆっ・く・り・はっ・き・り・ま・を・とっ・て」になっていませんか？　これでは単なる間延びです。「ゆっくり・はっきり・間を・とって・話すことが・大事・です」と、「ゆっくり」など一つの言葉はひと息で言い、その後に間をとるのが、じょうずな方法です。

必ず声に出して練習してみよう

スピーチ話術を頭で理解しただけでは、
じょうずな話し方ができるようにはなりません。必ず、練習をしましょう。
特に、あがり症の人、スピーチに不慣れな人は、繰り返し練習します。
回を重ねるごとに、話し方は確実に上達しますし、
何度も練習したという自信が、本番での大きな心の支えになります。

声に出して読んでみる

文字ではすんなり読めても、いざ声に出してみるととても読みにくいという言葉もあります。たとえば「旅行業界」「老若男女」「手術室」「第一人者」「暖かく」などは、一般的な用語でありながら舌をかみやすいものです。読んでいてつっかえてしまう言葉は、よく練習するか、別の表現に変えましょう。

立って話してみる

立って話すという行為は、意外なプレッシャーを感じるものです。また、座って話す場合よりも、おなかに力を入れないと、うまく話せません。

最初は、視線は原稿に向けたままでOKです。「ゆっくり、はっきり、間をとって」の3点に注意しながら何度か読み、時間を計ってみます。

録音や動画で確認する

慣れてきたら、ボイスレコーダーや携帯電話で、スピーチを録音してみます。アクセントがおかしいところ、滑舌が悪いところ、あるいは思った以上に「あー」「うー」が多いなど、新たに気づく点があるはずです。

さらに徹底するなら、ビデオや動画も活用して、姿勢や表情もチェックします。

家族に聞いてもらうのもいい方法です。自分自身にはどうしても甘くなりますから、厳しい第三者の率直な意見や助言は貴重。謙虚に耳を傾けましょう。

指名されてから席に戻るまでの動きと姿勢を確認

マイクを持つ姿勢

スタンドマイクの場合

■マイクと口の距離…20㎝程度が適当です。

■足…男性は肩幅程度に広げます。女性は両足をそろえます。どちらか一方の足に重心をかける姿勢にならないよう注意。

① 指名されてから席を立つ

司会者に「では○○さんにごあいさつをお願いいたします」と紹介された瞬間から、列席者はあなたに注目します。この時点で、すでにスピーチは始まっているのです。

指名されたら姿勢を正し、一呼吸おいてから立ち上がります。そして、左右の人や同じテーブルの人に軽く会釈をして、話す場所にゆっくりと進みます。

指名を待たずに立ち上がったり、小走りでマイクのある場所に向かったり、照れ隠しのために笑ったりするのは軽薄な感じがするので気をつけましょう。

② マイクの手前で一礼

マイクの一歩手前で立ち止まり、一礼してから前に進みます。マイクのスイッチが入っているかどうかは、目だけで確認します。指でトントン叩いたり、息をふきかけたりするのは、耳障りです。

なお、大きな式典などで、旗が掲揚されているステージに上がるときは、登壇したらまず旗に一礼し、それから話す場所に向かいます。

ハンドマイクの場合

■男性…片手でマイクを握り、口との距離はこぶし1つ分あけます。

■女性…男性と同じでもOKですが、両手をマイクに添えるとエレガントな印象になります。

③ まず会場後方に視線を向ける

視線を会場後方に向け、ゆっくり左右を見渡してから話し始めます。右奥↓左手前↓左奥↓右手前と∞を描くような視線の動かし方が理想ですが、少なくとも、特定の人だけを見ていたり、下を向いたまま話すのは避けます。

結婚披露宴や祝賀会など、主役がいる会合では、ときどきそちらに顔や体を向けて変化をつけるといいでしょう。

④ スピーチが終わったら、再び一礼

マイクの前から一歩下がり、一礼します。結婚披露宴、祝賀会など、主役がいる場合は、主役↓列席者の順に礼をして、席に向かいます。

旗が掲揚されている場合は、ステージを降りる手前で旗に向き直って一礼してから、階段を降ります。

⑤ 照れたりはしゃいだりせずに着席

自分の席に戻る様子も、列席者に見られています。姿勢よく、ゆっくりとした足取りで歩き、静かに着席します。

主役がいる会合では、着席の前にそちらのほうに軽く一礼します。

同じテーブルから「よかったよ」などの声が上がることもあるでしょう。しかし、それに応えて声を出したりVサインを出したりするのは浮ついた印象を与えますから、目でうなずくだけにとどめます。

あがったり、ミスをしてもあわてない！

あがったりミスをするのは失敗ではない

多くの人にとって、人前で話すのは特別なことです。緊張するのも当然、あがるのは当たり前、と思うことがまず大事です。また、どんなに注意していても、ミスすることはだれにだってあります。

あがったり、ミスをしたりすること自体は、失敗ではありません。本番での失敗とは、ミスをした時点であわててしまい、パニックに陥ってしまう状態をさします。あがっても、ミスをしても、落ち着いてそれをフォローすることができれば、スピーチは成功なのです。

言いまちがいのミスは「スルー」する

スピーチの中で、忌み言葉を使ってしまった、あるいは主役の名前をまちがえて呼んでしまった、など、言葉をまちがって使うミスは、よくあることです。その対処法の正解は「知らんぷり」です。小さなミスなら、聞き手は気づいていないことも多いものです。妙にあわてたり、話を中断して訂正したりすると、余計に目立ってしまいます。

重要なミスだと思ったときも、「平成、いえ、失礼しました、昭和の……」と、話の流れを止めずに訂正して、先に進めます。

しどろもどろになったときは

何を言っているのか自分でもわからない状態になってしまったら、「緊張で頭の中が真っ白になってしまいました」「喜びで（悲しみで）言葉になりません」と正直に言い、「ほんとうに、おめでとうございます」などのメインメッセージで結んでしまいましょう。

言葉に詰まるほどの感情や緊張は、聞き手にとって不快なものではありません。淡々とうまく話したスピーチよりも、かえって心に響くこともあります。土壇場の大逆転で、あがりやミスを大きな感動に変えることもできるのです。

あがり対策のためにできること

1 原稿はすぐにとり出せるようにしておく

何も見ずにスピーチする予定の人、カンペキに暗記したという自信のある人も、原稿を手に持つか、ポケットに準備しておきましょう。「いざというときには原稿がある」という安心感で、気持ちにゆとりが生まれます。

2 要点をまとめたメモを作っておく

手のひらに隠れる名刺程度の大きさの紙に、スピーチの要点だけをまとめた「カンニングペーパー」を作るのもオススメの方法です。たとえば、6ページでご紹介したお祝いスピーチの場合は、

小川君、美香さん
社内ベスト3
こまめ
着実な家庭

この4点だけをメモしておきます。まちがえると失礼な主役の名前や肩書、数字、中心になる話を思い出す手がかりになる言葉など、重要なキーワードを見れば、話の流れを忘れてしまうことはないでしょう。

3 リラックスして順番を待つ

「あと何人か」「うまく話せるだろうか」と心配ばかりしていては、ドキドキが増すばかりです。ほかの人のあいさつもきちんと聞き、歓談では周囲との会話も楽しみましょう。

少量のアルコールでのどの渇きをいやす、深呼吸する、足首を回すなどの軽い運動をするなど、気持ちと体の緊張をときほぐすのも有効なあがり対策です。

お金包みのマナーと表書き

でき事	立場	目的	表書き	水引・のし
結婚	祝う側	結婚祝い	寿／御結婚御祝（偶数文字の表書きは「割れる」と嫌われることも）	紅白または金銀結び切り、または結婚用の飾り結び
	婚家	仲人へのお礼	寿／御礼	紅白または金銀結び切り
		仲人、主賓への交通費	お車代	紅白結び切り
		会場への心づけ	ご祝儀	紅白結び切り
		世話役へのお礼	御礼	紅白結び切り
お祝い事	祝う側	出産祝い	御祝／御出産祝	紅白蝶結び
		入園・入学祝い	御祝／御入園（学）祝	
		就職祝い	御祝／御就職祝	
		賀寿、金銀婚式祝い	御祝／祝古稀など	
		受賞、入選、叙勲祝い	御祝／御受賞祝	

		新築祝い	御祝／御新築祝	
		開店・開業祝い	御祝／御開店（業）祝	
	お返し	出産祝い	内祝／出産内祝	紅白蝶結び
		入園・入学祝い	内祝／入園（学）内祝	
		就職祝い	内祝／就職内祝	
		賀寿、金銀婚式祝い	内祝／古稀内祝など	
		受賞、入選、叙勲祝い	内祝	
		新築祝い	内祝／新築内祝	
		開店・開業祝い	内祝／開店（業）内祝	
お見舞い	見舞う側	病気・けが見舞い	御見舞	お見舞い用赤帯入り白封筒または白封筒
		災害見舞い	御見舞	白封筒（赤帯入りは火や血を連想させるのでタブー）
	お返し	病気・けが見舞い	快気（内）祝	紅白結び切り
		災害見舞い	お返しは不要（落ち着いたらお礼状を）	

でき事	立場	目的	表書き	水引・のし
葬儀 法要	弔問側	香典（仏式）	御香典／御香料／御霊前	黒白結び切りの不祝儀袋
		香典（神式）	御玉串料（おんたまぐしりょう）／御霊前	黒白・双銀結び切りの不祝儀袋（はすの花が印刷されているのは仏式用）
		香典（キリスト教式）	御花料／御霊前	白封筒または専用封筒
		法要（仏式）	御供物料（おくもつりょう）／御供（おそなえ）／御仏前	黒白・双銀・黄白結び切り
	喪家側	お寺へのお礼	御布施（おふせ）／御経料	白封筒
		神社へのお礼	御神饌料（ごしんせんりょう）／御礼	
		教会へのお礼	御（おん）ミサ料（りょう）／記念献金	
		香典返し（仏式）	志／満中陰（まんちゅういん）	黒白・双銀結び切り
		香典返し（神式）	志／偲び草（しのびぐさ）	黒白・双銀結び切り
		香典返し（キリスト教式）	香典返しの習慣はないが、行う場合は記念品として「志」「粗品」などの表書きで	
		法要の引き出物	三回忌志など	黒白・双銀結び切り

※葬儀・法要の表書きは、地域によってかなり違います。

CONTENTS

短いスピーチあいさつ実例大事典

なるほど！＝おさえておきたいしきたり＆マナー、コツやタブーがわかる！「なるほど！コラム」60

ひとこと！＝毎日使える！シーン別「とっさのひとこと」文例11

PART 2 結婚主催者側のあいさつ 107

司会者の進行、あいさつ

縁談から結納までのあいさつ

PART 3 ビジネスのスピーチ 177

式典のあいさつ

社内行事のスピーチ

ビジネスイベントのスピーチ

ビジネスの日常のあいさつ

断り、催促、おわび、苦情の対応

PART 4 日常のおつきあいのあいさつ 369

子どもの成長のお祝い

結婚記念 378

長寿を祝う会

受章、叙勲、入選などのお祝い会

年中行事のあいさつ

地域のおつきあいのあいさつ

お見舞いのあいさつ

依頼、断り、催促、苦情、おわびのあいさつ

学校行事のあいさつ

先生へのあいさつ

PART 6 葬儀・法要のあいさつ 561

遺族側の通知とあいさつ

法要のあいさつ

社葬、慰霊祭、追悼会の弔辞、あいさつ

PART 7 英語のスピーチ お役立ちフレーズつき 625

パーティー、イベントのスピーチ

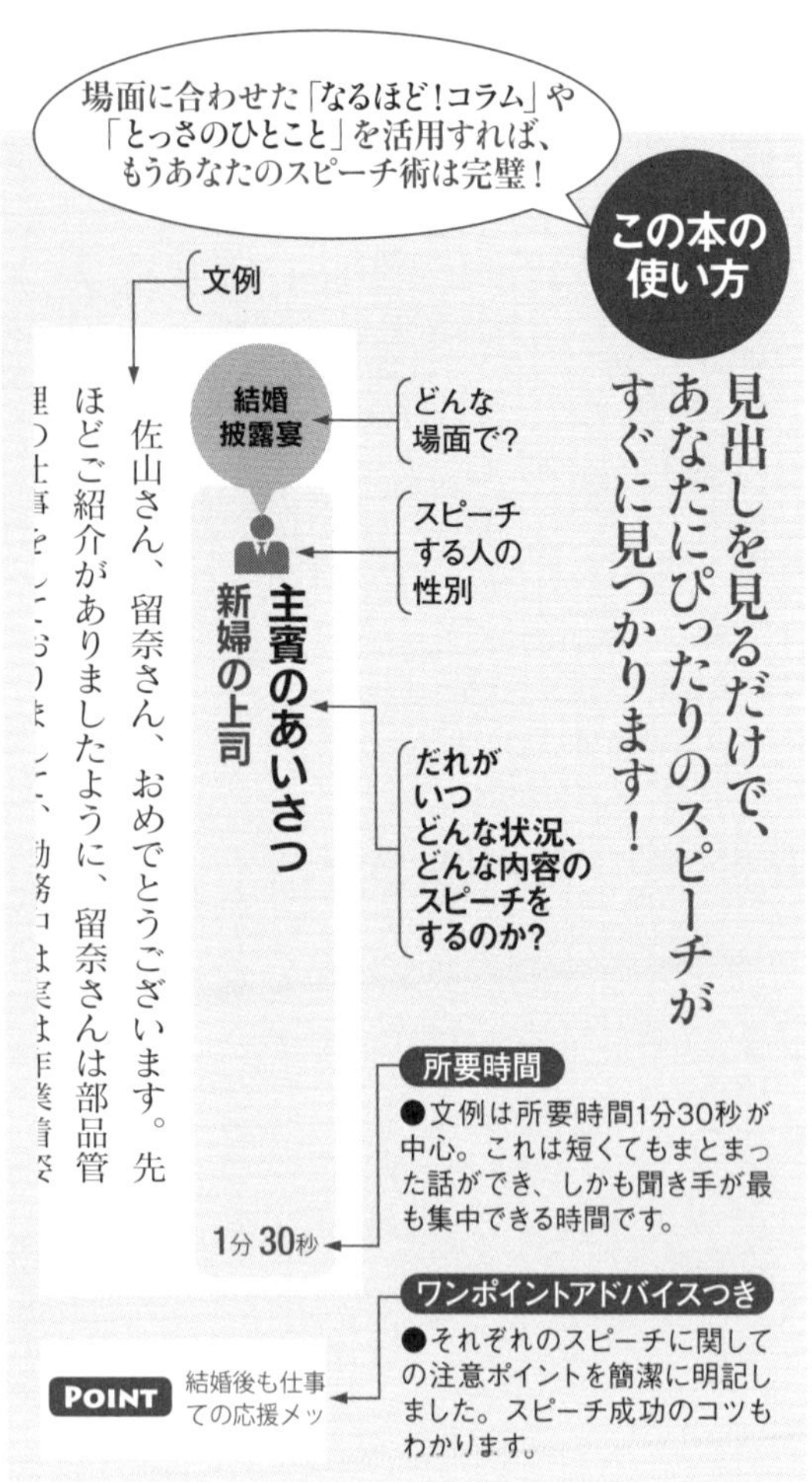
場面に合わせた「なるほど!コラム」や「とっさのひとこと」を活用すれば、もうあなたのスピーチ術は完璧!
この本の使い方
見出しを見るだけで、あなたにぴったりのスピーチがすぐに見つかります!
どんな場面で?
スピーチする人の性別
だれがいつどんな状況、どんな内容のスピーチをするのか?
所要時間
●文例は所要時間1分30秒が中心。これは短くてもまとまった話ができ、しかも聞き手が最も集中できる時間です。
ワンポイントアドバイスつき
●それぞれのスピーチに関しての注意ポイントを簡潔に明記しました。スピーチ成功のコツもわかります。
文例
結婚披露宴
主賓のあいさつ
新婦の上司
佐山さん、留奈さん、おめでとうございます。先ほどご紹介がありましたように、留奈さんは部品管
1分30秒
POINT
結婚後も仕事
ての応援メッ

※お断り　スピーチ実例に登場する固有名詞は架空のものです。実在する人物、組織などとは無関係です。

PART 1

結婚お祝いのスピーチ

結婚のお祝いスピーチのポイント

主賓格のあいさつはやや格調高く

主賓・乾杯のあいさつ（表②③）のときは、会場は厳粛なムードで、列席者も静かにあいさつに耳を傾けています。また、このあいさつは、新郎新婦の勤務先の役職者や恩師など、社会的地位のある年長者が行う場合が多いものです。あいさつにも、宴の冒頭にふさわしい格調と節度が必要です。人生や結婚生活の先輩としての助言や教訓もさりげなく盛り込みたいところです。

後半のスピーチならエピソード中心に

主賓以外のスピーチ・余興（⑦）のときは、飲食も進み、会場はなごやかで打ち解けた雰囲気になっています。スピーチを行うのは、職場の上司や同僚、友人、あるいは親せきなど、新郎新婦と親しい人が多いことでしょう。そこに、格調高い言い回しや教訓めいた話はそぐわないものです。

親しい間柄だから話せる、とっておきのエピソードを、飾らない言葉で語りましょう。

スピーチの順番とほかの話し手を確認して

同僚・友人・先輩・後輩の立場で話すなら、出番は後半でしょう。しかし、新郎新婦の上司や恩師の立場で話すときは、冒頭の可能性もあるので、スピーチの順番を確認しておきましょう。

また、披露宴では、何人もの人がスピーチをします。ほかの人と話の内容やエピソードが重複しないよう、顔ぶれを確認しておくと安心です。

披露宴は、ほぼ表のように進みます。

結婚披露宴の進行例

① 開会、媒酌人のあいさつ
② 主賓のあいさつ（1～3人）
③ 乾杯のあいさつ（1人）
④ 食事、歓談
⑤ ウエディングケーキ入刀
⑥ お色直し
⑦ スピーチ、余興
⑧ 花束贈呈、謝辞、お開き

結婚披露宴

会場受付で

列席者 ⇕ 受付

列席者　本日はおめでとうございます。私は、新郎の憲一さんの同僚で、川島雄太と申します。こちらはお祝いです。お納めください。

受付　お預かりいたします。川島様のお席は「桜」となっております。こちらの席札をお持ちください。開宴まで、よろしければ控室でお休みください。

POINT フルネームと新郎新婦との関係を。

30秒

結婚披露宴

控室で

列席者 ⇕ 新郎新婦

列席者　ご結婚おめでとうございます。お天気にも恵まれて、いい門出になりましたね。恵美さん、とってもきれいですよ。まるでお人形のよう！

新郎新婦　ありがとうございます。遠いところをお越しくださり、恐縮しております。未熟な私どもですが、どうぞ今後ともよろしくお願いいたします。

POINT 長話は禁物。お祝いと讃（たた）える言葉を。

30秒

結婚披露宴

初対面の人と

列席者 ⇕ 列席者

列席者A　はじめまして。新郎の大学時代の同期で田村と申します。

列席者B　こちらこそ、はじめまして。私は高校の同期です。森と申します。

列席者A　新郎新婦にはお会いになりましたか？

列席者B　ええ、先ほど。すてきなカップルですね。

POINT 面識がなくても、随時話しましょう。

30秒

結婚披露宴

お開き口で

列席者 ⇕ 婚家

列席者　なごやかで、とてもすばらしい披露宴でした。おふたりもすてきでしたよ。

新郎新婦　心あたたまるスピーチをありがとうございました。感激しました！

両親　ご多用のところ、ありがとうございました。

列席者　どうぞ末永くお幸せに。

POINT ほめたり、幸せを祈る言葉を手短に。

30秒

結婚のお祝いスピーチの基本文例

新郎側上司の主賓のあいさつ

2分30秒

POINT

●結婚披露宴の冒頭を飾るスピーチなので、新郎新婦だけでなく両家へのお祝いを述べます。
●ユーモアは控えめにし、厳粛な気持ちで話します。
●年長者らしい助言や教訓も盛り込みますが、説教がましい言い方にならないように注意します。

始めのあいさつ

お祝い

田中君、祥子さん、本日はご結婚おめでとうございます。おふたりを手塩（てしお）にかけてお育てになり、今日のよき日を迎えられたご両親様、ご両家の皆様にも、心よりお祝い申し上げます。

★新郎や新婦へのお祝いに加え、両親や親族へのお祝いも述べる。
★招待されたお礼を盛り込んでも。

自己紹介

私は、新郎の田中君が勤務する○○建設株式会社の、福山達也と申します。

★役職などは司会者から紹介があるので、自分からは簡単に。

新郎新婦、そしてご媒酌人（ばいしゃくにん）ご夫妻、ご両親様、どうぞご着席ください。

★婚家側が起立しているときは、主題に入る前に着席を促す。

エピソード

田中君は、先ほどご媒酌人のご紹介にもありましたように、入社以来ずっと、お客様との対応にあたる営業の仕事をしております。家は一生に一度の大きな買い物といわれ、お客様の心配も期待も、他の買い物とはくらべものにならないものです。田中君は、それらについて、いつもお客様の立場に立って親身に対応し、大きな信頼を得ている優秀な営業マンです。

中心になる話

お客様の要望によっては、現場の作業が遅れるなどの影響が出ることもあります。ところが、田中君が人懐っこい笑顔で現場でも頭を下げて回るものですから、スタッフも「田中君からの依頼じゃしかたがないな」と受け入れてしまうんですね。お客様も現場も、田中君という人物が存在することで、うまく動いていける、そんな人柄には、私も学ぶところが大きいと感じています。

新婦の祥子さんとは、ご友人の紹介で知り合ったそうですが、田中君によるとたいへん優(やさ)しい女性とのことで、実にお似合いだと先ほどから見とれておりました。

はなむけ・助言

田中君は家づくりのプロですが、家庭づくりはふたりで一からのスタートです。

「家」を「家庭」にするのは、何でしょう?

それは、人のあたたかみではないでしょうか。私事ではありますが、私が家を建てたときに、父が「家は、調度品で飾るものではなく、来てくれる友人で飾るもの」と申しました。格調高い名言でなくて恐縮ですが、ご友人のお引き合わせで結ばれたおふたりには、この言葉をはなむけにしたいと存じます。お互いの友人を大切に、どうか笑いに満ちた、あたたかい家庭をつくり上げていってください。

結び

本日はほんとうにおめでとうございます。末長(すえなが)くお幸せに。

★仕事関係者としてスピーチする場合は、有能な仕事ぶりを紹介しながら、新郎(新婦)の人柄をたたえる内容が基本。

★新婦(新郎)との面識がない場合も、必ずひと言ふれるようにする。

★列席者に問いかける場合には、反応を待って少し間をあける。

★「ふたりに贈る」という表現は「送る=送別」につながると気にする人もいる。

★再度お祝いを述べ、幸福を祈って結ぶ。

結婚披露宴

主賓のあいさつ
新郎の会社社長①

2分

ただいまご紹介にあずかりました、○○株式会社の江藤でございます。

島田君、幸恵さん、そしてご両家の皆様、本日はおめでとうございます。どうぞ、ご着席ください。

新郎の島田君が当社に入社して5年になります。まだ若手といっていい年齢ですが、仕事においては、所属する企画部と兼務する形で新製品の開発プロジェクトにも参加し、中堅、いやそれ以上の質の高い業務をこなしています。私としても、大いに将来を嘱望しているところです。

本日、幸恵さんというすばらしい伴侶と、家庭というあたたかい安らぎの場を得られました。これにより、島田君も一層の活躍、大いなる飛躍をしてくれるものと、私もたいへん期待しております。

島田君のいる企画部は、仕事の性格上、外部の方のご都合に合わせなくてはならないことが多く、仕事の時間がやや不規則です。また、新しい情報を吸収するために、夜の街に繰り出すのも仕事のうちです。新婚さんの幸恵さんには、寂しい思いをさせてしまうこともあるかもしれません。しかし、島田君がよりよい仕事をするためには必要なことなのだということを、ご理解いただければと思います。

結びはお願い事になりましたが、おふたりの未来が輝かしいものになりますことを、心よりお祈りいたします。本日はおめでとうございました。

POINT 社長として、大いに期待していることを主体に。仕事の多忙さを説明しつつ、新婦の理解を求めます。

なるほど！column

職場での新郎をほめたたえる言葉

●将来有望な●若手のホープ的存在●将来が大いに期待されている●意欲的な仕事ぶりを頼もしく思っている●上司からの信頼も厚い●模範社員として後輩のよきお手本に●次期○○候補として大いに期待している●社内でも信望が厚い●まじめな仕事ぶりに信頼をおいている●中堅として目覚ましい活躍ぶり●社の命運をかけたプロジェクトに参加中●取引先からも評判がいい

※オーバーな美辞麗句の連発は、かえって「ありがたみ」が薄れます。新郎の仕事ぶりを認め、上に立つ者として評価・期待している気持ちを誠実な言葉で語りましょう。

結婚披露宴

主賓のあいさつ 新郎の会社社長②

1分30秒

堀野君、真菜美さん、ご結婚おめでとうございます。ご紹介いただきました遠藤です。

堀野君は、当レストランチェーンの○○店のチーフマネージャーとして活躍しております。きびきびとして明るい接客態度は、お客様からの信頼も厚く、アンケートでも、堀野君を特定してのお褒めの言葉をいただくことがございます。私もこうしたチーフがいることは鼻が高く、次期店長候補として、大いに期待しているところでございます。

「健康な体は健康な胃袋から」が当社のモットーでございますが、家庭においては、真菜美さんに堀野君の健康管理をお任せすることになります。

堀野君が、仕事でも一層の飛躍を遂げられるよう、真菜美さん、責任重大ですが、よろしくお願いしますよ。

おふたりとも、どうぞ末永くお幸せに。本日はおめでとうございました。

POINT 会社全体の中で、新郎がどのような位置づけにいるのか、いかに将来を期待されているかを語ります。

結婚披露宴

主賓のあいさつ 新郎の会社社長③

1分30秒

武田君、瑞恵さん、おめでとうございます。武田君の勤める健康食品会社の社長を務めております金城でございます。

立場上、いろいろな会にお招きにあずかりますが、やはり結婚披露宴ほど出席してうれしいものはありません。喜びに満ちた若いふたりの輝かしい未来を思うと、私まで若返り、元気をもらえるような気がいたします。現実には、これからの結婚生活にはいろいろな荒波が待ち受けていることと思います。しかし、今日の日の誓いと喜びを胸に、ふたりで力を合わせて乗り越えてほしいと願っています。

そのためにはなんといっても心身の健康が大事です。健やかな毎日があってこそ、仕事にも打ち込むことができ、当社の健康食品もますます売れようというものです。

おふたりの末永いお幸せを心よりお祈りし、私のごあいさつといたします。おめでとう！

POINT 社長のあいさつなら、会社や製品のPRが織り込まれるのも自然です。しかし、あまり行きすぎた宣伝にならないよう注意します。

結婚披露宴

主賓のあいさつ 新郎の上司①

1分30秒

山崎君、晴香さん、おめでとうございます。

山崎君は、いい意味での二面性（にめんせい）を持った男です。私ども経理マンは、まじめだけが取りえという堅物（かたぶつ）が多いのですが、山崎君はその中にあってなかなかユニークな存在です。

もちろん、仕事はまじめそのものです。経理部の中でも、山崎君の仕事の速さ、的確さには定評があります。私どもは、山崎君から上がってきた書類には、絶対の信頼をおいております。

ところが、私生活での山崎君は、堅物どころか、月に一度はライブを開くミュージシャンでもあるのです。きまじめさが求められる経理の仕事と、アドリブが必要な音楽活動を両立させているところに、山崎君の奥の深さを感じるような気がします。

その深い懐（ふところ）で、新婦の晴香さんをずっと包んであげてください。

おふたりのご多幸（たこう）をお祈りしております。

POINT 「二面性を持った男」という語りだしで、列席者の興味を引きながら、上司として新郎の仕事ぶりへの信頼感を語ります。

結婚披露宴

主賓のあいさつ 新郎の上司②

1分30秒

佐藤君、千穂さん、ご結婚おめでとうございます。新郎と同じ職場の浜田と申します。

ご紹介によれば、千穂さんは、結婚後もこれまでの仕事をお続けになるそうですね。

私事ながら、わが家も共働きを20年続けておりまず。手前（てまえ）みそで恐縮ですが、女性が外で自分の仕事を持つことは、家庭生活にプラスにこそなれ、決してマイナスになるものではありません。

社会性を持ち続けることができますし、なにより外で仕事をすることのたいへんさを、妻が身をもって知っているというのは、夫にとってもたいへんありがたいことだからです。

家事と仕事の両立は、なにかと苦労が多いといわれますが、共働きならではのメリットを生かして、忙しい生活を楽しむようにしてください。

おふたりの結婚生活が、充実したものになることをお祈りしています。本日はおめでとうございます。

POINT とかくたいへんだと思われがちな共働きですが、女性が仕事を持っているメリットを強調し、エールを送ります。

結婚披露宴

主賓のあいさつ 新郎の上司③

1分30秒

鈴木君、詩織さん、ご結婚おめでとうございます。新郎の上司にあたる藤野と申します。

鈴木君は、入社してまだ3年足らずですが、営業マンとしてめきめきと頭角をあらわし、若手のホープとして活躍してくれています。私としても、彼の将来には大きな期待を寄せております。

さて、結婚は、新しく大きな海への船出にたとえられます。今、おふたりは旅への夢をふくらませていることでしょう。しかし、詩人のハイネは言っています。「結婚は、いかなる羅針盤(らしんばん)もかつて航路を発見したことがない荒海(あらうみ)である」と。

今、おふたりには決まった航路はなく、羅針盤はおふたりの判断にゆだねられているわけです。どうか力を合わせ、舵取(かじと)りをしてほしいと願っています。

おふたりの末永いお幸せと、鈴木君の仕事での一層の飛躍(ひやく)を祈り、私のごあいさつといたします。本日はおめでとうございます。

POINT 引用した名言が、結婚生活を危惧(きぐ)する表現に受けとられないよう、前向きに言葉を補ってまとめます。

結婚披露宴

主賓のあいさつ 新郎の地域の経済人

1分30秒

福井君、美幸さん、おめでとうございます。皆様に先がけてのご指名、恐縮に存じます。

福井君は、7年前に○○青年会議所に入会し、今年度は文化委員長として、たいへん責任の重い仕事をしておられます。メンバーはそれぞれ違う仕事を持っており、価値観も違いますから、その意見をとりまとめるのはなかなかむずかしいものです。しかし、福井君は見事なリーダーシップを発揮され、そのすばらしい運営手腕には目をみはるものがございます。委員会の様子を見ていて私が感心しますのは、福井君が非常に説明がうまく、しかも人の話にも耳を傾ける点です。ひと言で申せば、コミュニケーション上手ということになるでしょうか。

どうか、新しい結婚生活でもこのすぐれたコミュニケーション能力を発揮され、笑いと会話の絶えない家庭を築いてほしいと願っています。

本日は、ほんとうにおめでとうございます。

POINT 年長者をさしおいてあいさつするときは、「僭越(せんえつ)ですが」「高いところから恐縮ですが」など謙遜(けんそん)の姿勢を示すと好印象です。

結婚披露宴

主賓のあいさつ 新郎の恩師①

1分30秒

吉川君、百合江さん、本日はおめでとう。

長年教師をしておりますが、教師としていちばんうれしいことは、一つは教え子の卒業後の活躍を知ること、もう一つは結婚式に招かれることです。

今日はお招きいただき、あらためて教師冥利に尽きる気がしております。

吉川君が勤務先での研究開発で大きな賞を受けたことは、ご媒酌人様のお話にもあったとおりです。

高校時代の吉川君は、部活はサッカー、休みには友人とサイクリング旅行に出かけるなど、とにかく行動派でした。ですから、研究者になったと聞いたときは、正直意外な感じがしたものです。でも、いろいろなことに興味を持ち、行動的だった高校生のころの彼の長所が、現在の仕事にも生かされているのだろうと思います。これからも持ち味を生かして、一層活躍してくれることを願っていますよ。

本日はほんとうにおめでとうございます。

POINT 昔の思い出や当時の人柄など、恩師でなければ語れないことをあいさつの主題にしましょう。

結婚披露宴

主賓のあいさつ 新郎の恩師②

1分30秒

関原さん、理香子さん、ご結婚おめでとうございます。関原さんの小学校時代の担任の水谷です。

結婚をゴールインと呼ぶことがありますが、実際にはゴールではなくて新しい生活のスタートですね。

では、結婚生活でゴールとして目ざすのは何でしょうか。幸せ、とお考えになる方が多いと思います。

おふたりには幸せになってほしい。

私だけでなく、ここにおいでの全員が願っていることです。しかし、幸せはゴールではない、という言葉もあります。「幸せとは旅のしかたであって、行き先のことではない」というものです。

長い道のりの先のゴールに幸せがあるのではなく、ふたりで力を合わせて歩んでいくことが幸せなのだ。私はそう解釈しています。

ともに歩める幸せを毎日かみしめながら、充実した家庭を築いてくださいね。

本日は、まことにおめでとうございます。

POINT 引用したのはロイ・M・グッドマンの言葉で、原文は「Happiness is a way of travel, not a destination.」です。

結婚披露宴

主賓のあいさつ 新郎の父親の知人①

1分30秒

雅樹君、留美さん、ご結婚おめでとうございます。私は田辺と申しまして、新郎のお父上とは長年親しくさせていただいております。

新郎は、ご紹介がありましたように、お父上の薬局を継いでおられます。近年はドラッグストア形式の大型店が増え、個人経営の薬局をめぐる状況はなかなか厳しいものがございます。その中にあって、雅樹君は漢方薬処方に力を入れるという新機軸を導入させ、固定客をつかむことに成功されています。

2年前、父上から、薬局を雅樹君に任せるという話を伺ったときは、なにぶんにもお若いので心配いたしました。しかし、若いながら、いえ、若さゆえの商売センスと度胸があることに感心いたしました。薬局も安泰、そしてこのたびのご結婚、ご両親もさぞ安心なさったことでしょう。末永いご繁栄とお幸せを祈り、私のごあいさつといたします。

本日はおめでとうございます。

POINT 親世代として「二代目」にかすかな不安を覚えた気持ちを告白し、その不安を払拭する手腕を見せた新郎をたたえます。

結婚披露宴

主賓のあいさつ 新郎の父親の知人②

1分30秒

真一君、のぞみさん、おめでとうございます。

小さな建設会社を営んでおります高橋と申します。真一君のお父上には長年仕事でお世話になっているだけでなく、中村家とは家族ぐるみのおつきあいをいただいております。

真一君の小さいころは、二家族でキャンプに行くのが夏の恒例行事でしたが、わが家は娘ばかりなものですから、真一君を息子のように思い、父親としての夢だったキャッチボールを真一君とともに楽しんだのも、懐かしい思い出です。今、りりしい花婿姿を拝見すると、まるで自分の息子がひな壇に座っているような気持ちになり、感無量です。

真一君は、父上と同じ設計の道に進み、このたび中村設計事務所を後継することになりました。若い感覚を生かした仕事で、事務所も一層の発展を遂げることを確信しております。これからも、公私ともにおつきあいください。ほんとうにおめでとう。

POINT 父親の知人だと、つい父親との思い出話が多くなりがちですが、主役は息子である新郎。なるべく新郎の話を主体にします。

結婚披露宴

主賓のあいさつ 新婦の会社社長①

2分

佐久間さん、早苗さん、おめでとうございます。社長の早川でございます。高い席から恐縮でございますが、ひと言お祝いを述べさせていただきます。皆様は「3つの袋」という話をご存じでしょうか。3つの袋とは、お袋、胃袋、堪忍袋（かんにんぶくろ）のことです。結婚したら、この3つの袋、つまり、親孝行と、食生活などの健康管理、そして忍耐（にんたい）を大切にしなさいというわけですね。なるほど、と思います。

ただ、自分の結婚生活を振り返ってみますと、まるでだめです。お袋の世話は女房に任せ、毎晩飲んでは胃薬のお世話になる、堪忍袋に至っては袋の口が開きっぱなしというありさまです。そんなわけで、私が3つの袋の話をする資格はありませんので、今日は別の袋の話をしましょう。

夫婦は、一対の手袋です。手袋は、片方だけでは用をなしません。そして、右手と左手、つくりは似ていますが、形は正反対です。右手に手袋の左手を無理にはめようとしても、決してうまくいきません。夫婦は長い間ともに暮らしていると似通（にかよ）った部分も多くなりますが、右手には右の、左手には左のスタイルがあるのです。佐久間さんと早苗さんも、これからは相手が自分のもう片方の手袋になります。互いの違いを尊重しながら、互いにかけがえのない存在であることを忘れずにいてください。

本日はほんとうにおめでとうございます。

POINT 祝辞の定番話「3つの袋」も自分なりのアレンジを加えれば一層印象的になります。

なるほど！column

職場での新婦をほめたたえる言葉

●手際のいい仕事ぶり●きちんとしている●整理上手●一を聞いて十を知る●まさしく才色兼備●気配りにたけた●すばらしい心配り●よく気がつく●笑顔が職場を明るくする●女性ならではのこまやかな意見●実力には皆一目おいている●営業ウーマンとして第一線で活躍●幹部候補生●社内はもちろん取引先にもファンが多い●後輩からも慕われている●いつも笑顔を絶やさない

※「職場の花」「マドンナ」「看板娘」などの表現は、男女平等の意識が強い列席者からは反感を買うことがあるので注意しましょう。

結婚披露宴

主賓のあいさつ 新婦の会社社長②

1分30秒

野村さん、さくらさん、そしてご両家の皆様、本日はおめでとうございます。ただ今ご紹介にあずかりました谷本でございます。

おふたりは、これから、夫婦として、長い道のりを歩んでいかれるわけです。

私は常々、夫婦はサイコロの目の表と裏のようなものと思っています。転(ころ)がして、1が出たら反対側は6、5が出たら裏は2、ご存じのようにいつも表と裏の合計は同じ7です。夫の目が1でも妻が6を出せばいい、夫ががんばって5を出したときは、妻は控えめに2でいいのです。そんなバランス感覚も、長い結婚生活には必要ではないでしょうか。

夫がリードしなければ、妻が支えなければ、というような固定観念に縛(しば)られず、互いに補い合えればいいという気持ちで、いつまでも仲睦(なかむつ)まじく暮らしてください。

本日はおめでとうございます。

POINT 「たとえ話」をするときは、列席者が容易に想像できるように、なるべく簡単な題材を選びましょう。

結婚披露宴

主賓のあいさつ 新婦の会社社長③

1分30秒

赤城さん、由利絵さん、ご結婚おめでとうございます。先月まで由利絵さんが勤務していた○○商事の社長で、安原と申します。

由利絵さんを呼ぶと、いつも「はい!」という明るい返事が返ってきます。快活で気持ちのいいお嬢さんだなぁと思っていましたので、おめでたいご結婚のためとはいえ、退社なさることはたいへん残念に思っていました。

さて、夫婦は「あ・うん」の呼吸と申しますか、口に出さなくてもお互いの言いたいこと、考えていることがわかるようになってくるものです。それはそれですばらしいことですが、口に出すのを惜しんではいけない言葉もあります。それは、「ありがとう」と「ごめんなさい」、そして呼ばれたときの返事です。この3つだけは、いつでも素直に言える夫婦になってください。でも、由利絵さんの場合、返事についてては心配ありませんね。お幸せをお祈りします。

POINT 自分の経験を踏まえて、基本的なあいさつや返事の大切さを、さりげない形で伝えます。

結婚披露宴

主賓のあいさつ　新婦の上司

1分30秒

佐山さん、留奈さん、おめでとうございます。先ほどご紹介がありましたように、留奈さんは部品管理の仕事をしておりまして、勤務中は実は作業着姿です。本日、晴れやかな花嫁姿を拝見し、その美しさにしばし言葉を失うほどでした。

部品管理の仕事は、いかに手際よく必要な部品をとり出せるかどうかで、効率が大きく違ってきます。留奈さんの入社前は、機械的に番号順に部品を並べていましたが、留奈さんの発案で、よく使うものを手前においたり、関連する部品をまとめて配置したりという工夫をするようになりました。女性らしいこまやかな発想に、大いに助けられたわけです。

留奈さんは、結婚後も仕事を続けてくださるとのことです。仕事と家事の両立はたいへんだといわれますが、持ち前の豊かな発想で、上手に工夫してくれることでしょう。

おふたりの末永いお幸せをお祈りいたします。

POINT 結婚後も仕事を続ける新婦に対しては、同じ職場で働く者としての応援メッセージを盛り込みます。

結婚披露宴

主賓のあいさつ　新婦の恩師

1分30秒

皆様、ほんとうにおめでとうございます。

レポートの提出期限をしっかり守っていた涼子さんでしたが、現在ご勤務の会社への内定も、ゼミでいちばん早く受けとりました。

ただ、私どもは、驚きよりも「やっぱり！」と思いました。お人柄や能力がすぐれているのはもちろん、たいへんな努力家で、仕事に役立つ資格もたくさんお持ちだからです。ご媒酌人様のご紹介のように、英語、パソコンなど、その数は10を超えています。私どもも、冗談で「男性が怖がって寄りつかないわよ」などと申しておりました。

ところが、いつの間にかすてきなパートナーを見つけられたのですね。結婚生活に資格が必要だとすれば、それは思いやりを忘れないことでしょう。

涼子さんは、どうやらこの資格もすでに取得されているようで、これからの幸せな結婚生活を確信しております。どうぞ末永くお幸せに。おめでとう！

POINT 「有段者」「１級免許」などの資格や免許の話を、“幸せな結婚生活の資格（免許）”へと展開させて結びます。

結婚披露宴

主賓のあいさつ
新婦の父親の知人①

1分30秒

本田さん、美奈さん、ご結婚おめでとうございます。美奈さんのお父上の会社にたいへんお世話になっております、堤と申します。

ご紹介のように美奈さんは一人娘でいらして、ピアノの講師をしていらっしゃいます。そうなると、お父上の会社○○の後継者はどうするのだろうと、実は、私ども、陰ながら心配しておりました。

今回、本田さんとのご良縁を得て、本田さんが○○にご入社なさるとのこと、ご両親様のお喜びとご安心はいかばかりかと存じます。

会社経営がいかにたいへんな仕事かは、お父上を見て育った美奈さんは、よくご存じでしょう。本田さんも、美奈さんというよき理解者、すばらしいパートナーを得て、実力をいかんなく発揮され、会社をより発展させてくださるものと確信しております。

おふたりとご両家、○○の一層のご繁栄を祈念いたします。おめでとうございました。

POINT 新婦の実家の仕事を新郎が後継するような場合は、新郎を引き立てる表現を忘れずに添えます。

結婚披露宴

主賓のあいさつ
新婦の父親の知人②

1分30秒

岩瀬さん、純ちゃん、そしてご両家の皆様、本日はほんとうにおめでとうございます。私は、純ちゃんのお父上の学友で、長年親しくさせていただいています。純ちゃんの誕生、入学、進学、就職。節目のたびに、お父上は目を細めてその喜びを話していらっしゃいました。あふれるほどの愛情を受けてすくすくと育った純ちゃんは、ご両親の願いどおりの素直で優しい女性に成長されましたね。

今、おふたりは、互いのことしか目に入らないかもしれません。しかし、これまで育ててくださった、岩瀬さんのご両親、純ちゃんのご両親への感謝を決して忘れないでください。

幸い、双方のご両親とも市内にお住まいですから、なるべく顔を見せるようにしてあげてください。

おふたりの末永いお幸せとご両家のご繁栄を祈り、私のごあいさつといたします。

本日はおめでとうございました。

POINT 年長者、親の知人という立場から、今までの親の苦労と喜びを思いやり、新郎新婦へは親孝行を願う言葉で結びます。

結婚披露宴

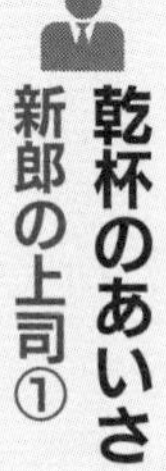

乾杯のあいさつ 新郎の上司①

1分30秒

中川君、杏奈さん、ご結婚おめでとうございます。

ご両家の皆様にも心よりお祝いを申し上げます。

ご指名によりまして、僭越ですが、乾杯の音頭をとらせていただきます。

ご媒酌人様のお話のとおり、中川君は、わが社のホープともいえる存在で、その将来を大いに嘱望されています。

このたび、杏奈さんというすばらしいパートナーに恵まれ、家庭というあたたかさの中で十分に英気を養えるようになります。仕事のうえでも、一層の飛躍を遂げてくれることを期待しています。

それでは、おふたりの前途が光り輝くものであることを祈念し、ご臨席の皆様とともに乾杯をいたしたいと存じます。

では、皆様恐れ入りますがご起立ください。

それではご唱和のほどよろしくお願いいたします。

おめでとうございます！

POINT 上司のあいさつは、家庭を持ったことで、仕事でもより一層活躍、飛躍してほしいとするのが基本です。

結婚披露宴

乾杯のあいさつ 新郎の上司②

1分30秒

工藤君、絵梨さん、ご結婚おめでとうございます。

工藤君と同じ職場の上野と申します。

デパート業界は、以前は定休日が決まっていたものですが、ご存じのように、現在はほぼ年中無休の営業体制です。おのずと、社員の休みも不定期で、仕事の忙しい週末は、ほとんど休みがありません。

私には子どもが２人おりますが、運動会を見に行ったことなど一度もありません。妻からは「仕事と家庭とどっちが大切なの？」と何度問い詰められたことでしょうか。

ただ、仕事と家庭は、水と油のようにまじり合えないものではないと思うのです。あたたかい家庭があるから仕事に打ち込め、仕事が充実しているから家庭も豊かになる、そういうプラス思考で考えてほしいなと思います。絵梨さん、どうかあたたかいご理解をお願いします。では、末永いお幸せを祈って。

おめでとうございます！

POINT 残業や当直が多い、あるいは週末に休めない職場もあります。妻の不満につながらないよう、理解を求めましょう。

結婚披露宴

乾杯のあいさつ
新郎の上司③

1分30秒

ご指名をいただきました○○株式会社の島でございます。新郎早瀬君、新婦京香さん、そしてご両家の皆様、本日はまことにおめでとうございます。

当社は教育産業を基軸としておりますが、生涯教育という観点から、近年、高齢者施設事業にも力を入れており、早瀬君はそのプロジェクトにも携わっています。

このたび、思いがけず、介護の現場で働く新婦の京香さんと結ばれるに至りましたのは、早瀬君にとってはすばらしいパートナーを得ただけでなく、力強い助言者を獲得したということになりましょう。おふたりの結婚が、これから仕事のうえでも大きな発展につながることを願ってやみません。

それでは、おふたりのご多幸とご両家のご繁栄、あわせてご列席の皆様のご健勝を祈り、乾杯の発声をさせていただきます。

おめでとうございます！

POINT 新郎側の立場であいさつをする場合、新郎への賛辞に終始するのではなく、できるだけ新婦にも言及しましょう。

なるほど！column

「おめでとうございます！」乾杯の発声は

乾杯の音頭は、主賓格の列席者が行います。披露宴のスタイルによって、乾杯のあいさつが始まるときに列席者が起立している場合と、乾杯の音頭をとる人が起立を促す場合があります。後者の場合は、エピソードや思い出など、あいさつの中心になる話が終わった段階で起立を促し、列席者の準備がととのったところで乾杯の発声をします。

いずれの場合も、すでにグラスにお酒が注がれている場合が多く、手短にまとめることが大切です。長くても2分以内におさめましょう。

なお、発声の言葉は、正式な披露宴では「乾杯」ではなく、「おめでとうございます」とし、列席者がお祝いの言葉を唱和する形にします。カジュアルな披露宴や二次会では「乾杯」と発声してもかまいません。

結婚披露宴

乾杯のあいさつ
新郎の恩師①

1分30秒

中田君、博美さん、本日はご結婚おめでとうございます。私は、中田君の大学でゼミを担当しました川口と申します。

中田君は、現代青年には珍しいほどの意志のかたい男です。卒論のテーマを決める際も、就職活動も、いっさいの迷いなく、自分の信じる道を力強く早足で歩いてきました。若いころは、それがいいのです。

しかし、これからの長い人生には、自分の思惑どおりに事が進まないこともあるでしょう。でも、ひとりではどうにもならなくても、ふたりの力を合わせれば乗り越えられることがたくさんあるはずです。どうか互いの歩調を思いやりながら、ときにはあえてゆっくりと進んでいってほしいと願っています。

では、皆様、ご起立をお願いいたします。

おふたりの長い旅が幸福に満ちることを祈り、乾杯いたしますので、ご唱和ください。

おめでとうございます！

POINT 猪突猛進型の新郎に対しては、パートナーへの思いやりや協力の大切さを、さりげなく諭します。

結婚披露宴

乾杯のあいさつ
新郎の恩師②

1分30秒

武田君、真由美さん、ご結婚おめでとうございます。武田君を高校で担任した堺です。

武田君は、当時から自立心旺盛な生徒でした。親元から通える地元の大学への進学を希望する生徒が多い中、武田君は「自分の力を試してみたい」と遠方の大学に進みました。その後、将来を嘱望されていた会社から独立したという知らせを聞いた私は、いかにも武田君らしいと思ったものです。

真由美さんは、これから武田君の事務所の経理を担当するそうですね。仕事でも家庭でも、ずっと一緒の二人三脚の生活が始まるわけです。そんなおふたりには、あえて「一人だけの時間も大切に」と申し上げましょう。一人になってリフレッシュすることで、互いの存在の大きさ、ありがたさに気づくということも、よくあることですからね。

今後の生活と仕事が、実りあるものになることを祈っています。ほんとうにおめでとう。

POINT 「仕事でも家庭でも、妻が夫をしっかり支えて」と言っては、女性も辟易するでしょう。あえて「一人のすすめ」を話すのも。

結婚披露宴

乾杯のあいさつ
新婦の会社社長

1分30秒

牧田さん、梓さん、おめでとうございます。

梓さんは、高校3年生の夏休み、当社でアルバイトを始めました。仕事を覚えるのが早く、1カ月もたたないうちに、正社員と同じ、いやそれ以上の働きをしてくれるようになりました。そしていつでも笑顔で「ハイッ!」と返事をする梓さんは、あっという間に職場の人気者になりました。

私も、梓さんを手放したくない気持ちで、卒業後はそのまま入社してもらうことにしました。牧田さんはご紹介のようにわが社の取引先の方ですから、私が梓さんをスカウトしなければ、このご縁はなかったわけで、結びの神の一人と自負しております。

セーラー服の時分から知っておりますので、今日は娘を嫁に出すような複雑な気持ちです。牧田さん、どうか梓さんをしっかりお願いしますよ。

では、おふたりのお幸せを祈念(きねん)して。

おめでとうございます!

POINT 社長としてだけでなく、父親と娘のような愛着を感じている気持ちをあらわしながら、将来を新郎に託して結びます。

結婚披露宴

乾杯のあいさつ
新婦の上司

1分30秒

高島さん、そして雪乃さんに心よりお祝いを申し上げます。総務部の原田でございます。

雪乃さんは、会社の顔といわれる受付の業務にあたってくださっています。華(はな)やかな印象があるかもしれませんが、一瞬で的確な判断をし、どんな場合でもご来客に不快な思いをさせてはならないという、むずかしい気配(きくば)りが必要な仕事です。雪乃さんの対応は実に模範的で、新しい社員が配属されたときは、必ず雪乃さんに指導係をお願いしているほどです。

そんな雪乃さんですから、お客様はもちろん、社内の男性からも誘いが絶えなかったと聞き及んでおります。高島さんには本日初めてお目にかかりましたが、たいへんご立派で、雪乃さんのお気持ちが揺らぐことがなかったのも当然と納得したしだいです。

では、皆様、ご起立をお願いいたします。

喜びの乾杯に、ご唱和(しょうわ)ください。

おめでとうございます!

POINT 「新婦がモテた」という話は、魅力を語るエピソードですが、あらぬ誤解を招かぬようきちんとフォローします。

結婚披露宴

職場の上司・先輩のスピーチ 新郎の上司①

1分30秒

沢田君、真紀さん、おめでとうございます。

私は、新郎が勤務する営業第一課の課長をしております船木と申します。

当支店に沢田君が配属されたのは昨年春のことですが、着任のときには、すでに担当の地域についての下調べを行っているのには驚きました。的確な準備をしたうえで意欲的に顧客回りをするのですから、彼の成績が、上がらないはずはありません。お客様の信頼も厚く、現在では、当支店でも1、2を争うトップ営業マンとして活躍しています。

そんな彼に、せめて新婚の時期は、のんびりと甘い生活を楽しんでもらいたい、とは思います。しかし、折悪しく、間もなく決算期を迎えます。心を鬼にして残業を命じなければならないこともありそうです。真紀さん、どうかご理解ください。

おふたりの今日の幸せがいつまでも続くことをお祈りし、ごあいさつといたします。

POINT 職場の上司の祝辞は、やはり仕事上のエピソードを中心に。印象的なでき事を語りながら、新郎の人柄を伝えましょう。

結婚披露宴

職場の上司・先輩のスピーチ 新郎の上司②

1分30秒

清原君、沙織さん、本日はおめでとうございます。

おふたりと同じ会社に勤務する荒井でございます。

清原君とは毎日現場で一緒に働いておりますが、細かいところにも決して手を抜かない仕事ぶりで、大いに信頼しています。

経理の沙織さんとは社内でも公認の仲で、社員の行きつけの店にふたりであらわれることもありました。先に私が飲んでおりますと、「ご一緒していいですか」と声をかけてくれ、3人で食事をしたことも何度かあります。

清原君も沙織さんも趣味がたくさんあり、話題がとても豊富で、ふたりのやりとりは、長年コンビを組んでいる夫婦漫才のように楽しいものです。

これからの結婚生活でも、ふたりの会話を大切にして、お互いの趣味や世界を尊重しながら、仲睦まじく暮らしてほしいと願っています。

どうぞ、末永くお幸せに。おめでとう。

POINT 社内結婚の場合、上司のスピーチは、ふたりを知る立場から、交際の様子やエピソードを語ると親しみのこもった内容になります。

結婚披露宴

職場の上司・先輩のスピーチ 新郎の上司③

小池君、由美さん、ご結婚おめでとう。

職場では、無駄口をきかず黙々と仕事をしている小池君が、いつの間にかこんなにかわいらしいお嫁さんをゲットしている。口数ばかり多い私は、小池君の上司という立場でありながら、いまだ独身に甘んじている。なんだか今日は人生の不条理を感じる日です。

由美さん。小池君の誠実さと実行力は、毎日の仕事ぶりを見ている私が保証します。ただ、まじめすぎて、ちょいと融通がきかないところがあります。由美さんが上手に教育してくださると、ずぼらな私としては大いに助かりますので、どうかよろしくお願いしますね。

小池君。今日の君は、一段と頼もしく見えます。由美さんと力を合わせ、新しい道を力強く歩んでいってください。

本日は、ほんとうにおめでとうございます。

1分30秒

POINT 「融通がきかない」など、率直な表現もカジュアルな会では許されますが、「まじめすぎて」などのフォローを忘れずに。

結婚披露宴

職場の上司・先輩のスピーチ 新郎の上司④

長沢君、史織さん、おめでとう！

こうしておふたりがひな壇に並んでいるのを見て、ああ、ほんとうに結婚されたのだ、と実感しているところです。というのも、おふたりがおつきあいしていることを全然知らなかったからです。

おふたりは、ともに営業マンで、私から見れば、互いに助け合い、ときには競い合う、よきライバルとお見受けしていました。婚約の報告を受けたのが、たしか3月31日。エイプリルフールではないかと、思わずカレンダーを確かめたほどです。

優秀な戦力だった史織さんが家庭に入られるのは惜しまれます。しかし、互いに切磋琢磨してきた会社での日々を忘れず、相手を尊重し、ともに高め合いながら、すてきな家庭を築いていってほしいと思います。長沢君には、これから史織さんの分もがんばってもらわなくてはなりませんね。

おふたりの末永いお幸せをお祈りいたします。

1分30秒

POINT 新郎新婦が同じ職種だった場合は、「結婚しても互いに高め合う関係に」とすると、まとまりのよい話になります。

結婚披露宴

職場の上司・先輩のスピーチ

新郎の先輩①

1分30秒

山本君、紀代美さん、本日はおめでとうございます。山本君と同じ工場に2年早く入社いたしました、加藤と申します。

工場で働く職人は、口数が少なく、黙々（もくもく）と手を動かすというタイプが多いのですが、山本君はその中にあって異色（いしょく）の存在です。

もちろん仕事中に余計なおしゃべりをするわけではありません。でも、食事や休憩（きゅうけい）のときなどは、たいへん気のきいた冗談（じょうだん）を言うので、山本君の周（まわ）りには笑いが絶えず、いつの間にか人が集まってくるのです。ユーモアのセンスが、人間を豊かにして、周りの人との調和にも大きく役立つことが、山本君を見ていると、とてもよくわかります。

そんな山本君ですから、きっと明るく楽しい家庭を築かれるでしょう。新婚生活の話を聞かせてもらうのを楽しみにしています。本日は、ほんとうにおめでとうございます。いつまでもお幸せに。

POINT 職場を明るくしてくれる新郎の人柄を、先輩として評価し、うらやましく思っている気持ちを伝えます。

結婚披露宴

職場の上司・先輩のスピーチ

新郎の先輩②

1分30秒

ただいまご紹介にあずかりました吉田でございます。西村君、茂美さん、このたびはご結婚おめでとうございます。

人生経験の豊富な諸先輩方を前に、偉そうな話をするのは恐縮（きょうしゅく）ですが、結婚生活の先輩として、ひと言アドバイスさせていただきます。

言葉を惜（お）しまず、奥様をほめてあげてください。ほめるというのは、恥ずかしがりやの日本人男性には苦手（にがて）なこととされていますが、ほめられて嫌（いや）な人はいません。この料理はおいしいね。新しい洋服、よく似合うよ。靴（くつ）を磨（みが）いてくれたんだね、ありがとう。ことあるごとにほめてください。

言わなくてもわかるだろう、感謝の気持ちは伝わるだろうというのは、男の甘えです。

以上、自分の反省を踏（ふ）まえての助言でした。

どうぞ、いつまでも仲よくしてください。

本日は、ほんとうにおめでとうございます。

POINT 先輩の立場で助言するときは、さらに目上の立場の列席者に配慮して、謙遜の表現を添えるとよいでしょう。

結婚披露宴

職場の上司・先輩のスピーチ 新郎の先輩③

1分30秒

渡辺君、珠江さん、おめでとうございます。

私は渡辺君よりも先に入社いたしましたが、日ごろから、渡辺君を見習えと上司に言われていることがあります。それは「報告・連絡・相談」、略して「ほうれんそう」と呼ばれるビジネスルールに関してです。基本的なことですが、入社して何年かたちますと、「まぁ、あとから報告しよう」「いちいち相談しなくてもいいだろう」というまちがった自信が生まれ、「ほうれんそう」をつい怠(おこた)ってしまうのです。

ところが、渡辺君は違います。自分の意見を持ったうえで、こまめに上司に相談し、判断を仰(あお)ぎながら事を進めるため、結果的にはとてもスムーズに物事が運ぶのです。

そんな渡辺君ですから、私生活でも珠江さんと上手にコミュニケーションをとりながら、すてきな家庭を築かれるでしょう。どうぞ、いつまでもお幸せに。本日はほんとうにおめでとうございます。

POINT 教訓めいた堅苦しい話は避け、「先輩として、後輩に学ぶところが大きい」と新郎を持ち上げると好印象です。

結婚披露宴

職場の上司・先輩のスピーチ 新郎の先輩④

1分30秒

新郎の西尾君と同じ職場で働く佐藤と申します。本日は、ご結婚おめでとうございます。

私どもの職場は、男ばかり15名。研究開発のための実験に明け暮れ、実に色気(いろけ)のない毎日です。楽しみといえば、仕事が終わったあとの一杯だけといってもよく、西尾君ともよく夜の街に繰(く)り出しました。

西尾君も私も、酒は弱いほうではないのですが、色白の西尾君は酔っても顔色一つ変えず、私はすぐ真っ赤になってしまいます。そんなことから、「紅白酒合戦(さけがっせん)コンビ」などと言われておりました。

ご結婚はもちろんたいへんおめでたいのですが、紅白酒合戦の回数が減ると思うと、少し寂(さび)しい気もします。奥様の順子さん、どうか、たまには西尾君をお貸しください。

西尾君。結婚生活では、君が先輩になります。幸せをつかむコツをこれから教えてください。ほんとうに、おめでとうございます。

POINT お酒にまつわるエピソードは誤解を招きやすいので、カジュアルな会の場合だけにとどめるのが無難です。

結婚披露宴

職場の上司・先輩のスピーチ 新婦の上司①

1分30秒

○○病院の外科看護師長の田村典子と申します。

松田さん、美保さん、おめでとう。とてもお似合いのカップルですね。

看護師のことを「白衣の天使」と呼ぶ面映ゆい表現がありますが、美保さんは、この呼び名にふさわしい可憐な女性です。美保さんが優しい笑顔で病室に入ってくるだけで、気分がよくなる、という患者さんもいらっしゃるほどです。

でも、その外見には似合わない強さもお持ちです。ごらんのようにたいへんスリムなのですが、実は意外に腕力があり、入院患者さんの入浴介助なども、一人で楽々とこなしてしまうのです。また、精神的にもたいへんシンが強く、忙しい毎日が続いても愚痴めいたことを言うのを聞いたことがありません。

仕事でも家庭でも、天使の顔で内面の強さを発揮し、うまく両立してほしいと願っています。

本日は、まことにおめでとうございました。

POINT 職場での有能な仕事ぶりのエピソードを中心に、仕事と家庭を両立させる新婦へのエールで結びます。

結婚披露宴

職場の上司・先輩のスピーチ 新婦の上司②

1分30秒

宮本さん、ゆかりさん、おめでとうございます。ゆかりさんの職場の早川と申します。

ゆかりさんは、職場の独身男性のあこがれでした。清楚な雰囲気やだれからも好感を持たれる人柄はもちろん、仕事でのこまやかな気配りには、皆助けられております。ですから、結婚するとの知らせには、ショックを受けた者も多かったと聞きます。今日、来ていない者からは、「課長、ゆかりさんの心を射止めたのはどんなヤツなのか、しっかり見てきてください」などとやっかみ半分の要請までされました。

本日、宮本さんに初めてお会いして、ゆかりさんが心ひかれたのも当然と、すぐに納得しました。ほんとうにご立派な方で、お似合いのカップルです。

宮本さん。あなたには、当社の男性の羨望のまなざしが集中しています。ゆかりさんがいつまでも輝き続けられる、幸せな家庭を築いてくださいね。よろしくお願いします。

POINT 「お嫁さんにしたい女性№１」などの賛辞は、女性の同僚からの反感を買うことも。比較は避けて、本人をたたえます。

結婚披露宴

職場の上司・先輩のスピーチ
新婦の上司③

1分30秒

佐野さん、里香さん、そしてご両家の皆様、本日はおめでとうございます。ただ今、司会者の方からは、職場の上司とご紹介いただきましたが、実は、それだけではなく、里香さんのお父上と私は学生時代からの親友です。それがご縁で、里香さんは当社に勤務されることになったわけです。

いわゆる縁故入社ですが、もちろん特別扱いをするわけではありません。里香さんも、節度を持って私に接するばかりか、たいへん手際のいい仕事ぶりを見せてくれました。私としても、それをとても誇らしく思っていたしだいです。

結婚を機に、家庭に入ることになったのは、ともに働く身としては残念ですが、これからは、家庭の中でその力を存分に発揮してほしいと願っております。

佐野さん、里香さんをどうぞよろしくお願いしますね。本日はおめでとうございました。

POINT 新婦が結婚退社する場合は、かわいがっていた部下を新郎に託す表現で結ぶのもいいでしょう。

結婚披露宴

職場の上司・先輩のスピーチ
新婦の元上司

1分30秒

小沢さん、尚美さん、本日はほんとうにおめでとうございます。先月まで直美さんと一緒に仕事をしていた牧野と申します。

在職中の尚美さんは、サービス部の窓口を担当していて、毎日、さまざまな用件で訪れるお客様に対応していました。私が感心しましたのは、「～だと思います」というあいまいな言い方をいっさいしないことでした。わかることには「それは～です」とはっきり言い、自信がなければ「少々お待ちください、確かめてまいります」と正しい情報を調べに行くのです。仕事に慣れてきますと、つい推測でものを言いがちですが、それをしない尚美さんはプロだなあと思ったものです。

これからは家庭人のプロとして、おふたりで力を合わせ、幸せな家庭を築いてください。

同僚から、こんな寄せ書きを預かってきました。あとでゆっくり読んでくださいね。おめでとう。

POINT 新婦がすでに退社している場合、元の同僚の寄せ書きの色紙などを用意し、その場で見せるのもいい方法です。

結婚披露宴

職場の上司・先輩のスピーチ　新婦の先輩①

1分30秒

ご紹介いただきました上田と申します。

高松さん、啓子さん、本日はご結婚おめでとうございます。

啓子さんと机を並べて仕事をしておりますが、感心しますのは、啓子さんの机がいつも整理整頓されていることです。ご家庭のしつけが行き届いていらっしゃるのがよくわかりますし、なにより啓子さんご自身がきちんとした性格なのだろうと思います。

きちんとした方は、えてして、そうでない人をだらしないと非難しがちです。でも、啓子さんは、書類が山積みになった私の机を見ても「必要な書類はすぐにとり出せるんですから、すごいですよね」と感心してくれたりもします。包容力があるといいますか、それぞれの違いを認める大きな心を持っていらっしゃるのだと思います。

家庭でも、高松さんをあたたかく包み込んであげてくださいね。どうぞお幸せに。

POINT 職場の関係者から「家庭でのしつけが行き届いている」と言われるのは、新婦の親にとってとてもうれしいことです。

結婚披露宴

職場の上司・先輩のスピーチ　新婦の先輩②

1分30秒

田中さん、彩さん、おめでとうございます。私は、彩さんと同じ課に勤めております鈴木と申します。

彩さんは、ほんとうに心優しい女性です。

ある日のこと、彩さんが田中さんとデートだとうれしそうに帰っていきました。私はたまたま残業があり、会社に残っておりました。

すると、夜の9時ごろだったでしょうか、彩さんがひょっこり「差し入れでーす」とあらわれたのです。会社の近くのレストランで食事をなさったそうですが、そこのケーキが私の好物なのを覚えていてくれたのです。

「デートはどうしたの?」と驚いて聞くと、「大丈夫ですよ、彼、下で待ってますから」とおっしゃるのです。デートを中断してまで差し入れを届けてくれる彩さん、それを黙って待っていてくれる田中さん。おふたりなら、思いやりに満ちたすばらしい家庭になることでしょう。どうぞ末永くお幸せに。

POINT 実際の会話を再現するような口調で話すと、エピソードが生き生きとしたものになります。

結婚披露宴

職場の同僚・後輩のスピーチ
新郎の同僚①

1分30秒

松本君、望美さん、本日はおめでとうございます。

松本君と同期入社で、ともに営業部におります小川哲也です。

同じスタートラインについた私たちですが、彼はいつも私の前を走るランナーでした。営業成績も彼が上、2人で決めた貯蓄目標額を達成したのも彼が先です。彼の優秀さは、私も認めているところですから、ここまでは自分でも納得（なっとく）しています。

しかし、結婚まで先を越されてしまうとは思いませんでした。しかも、こんな素敵（すてき）な女性とこれからの人生を歩んでいけるなんて、ほんとうにうらやましい限りです。

松本君のリードは決定的になってしまい、もはや逆転は望めません。でも、おふたりの笑顔を見ていると、こちらまで幸せな気分になってきますので、それでよし、としましょう。

どうか、いつまでも仲よく、お幸せに。

POINT 同期入社は友人であり、「よきライバル」でもあります。ライバルの力をたたえ、潔い敗北宣言をしてみせるのも一つの方法です。

結婚披露宴

職場の同僚・後輩のスピーチ
新郎の同僚②

1分30秒

田代君、美由紀さん、ほんとうにおめでとう！

田代君と私は同期入社ですが、ともに学生時代にサッカーをしていたという共通点もあり、よく飲みに出かける仲です。

美由紀さんとおつきあいを始めてからは、ときどき美由紀さんも交えて3人で会ったりもしました。私だけ彼女同伴でないのは、居心地（いごこち）の悪いものですが、美由紀さんと話すのは、私にとって楽しいひとときでした。

というのも、美由紀さんはとても聞き上手だからです。僕らが話すことは、何でも興味を持って真剣（しんけん）に聞き、ウイットに富んだ受け答えをしてくれます。ごらんのようにかわいらしいだけではなく、とても聡明（そうめい）な女性なのです。田代君が、そんな美由紀さんと結婚するなんて、ほんとうにうらやましい！

おふたりの結婚生活は、きっとすばらしいものになるでしょう。末永（すえなが）いお幸せをお祈りします。

POINT ふたりの交際の様子は、エピソードのいい題材です。新婦のすばらしさを主体に、ほほえましい交際ぶりを語りましょう。

結婚披露宴

職場の同僚・後輩のスピーチ
新郎の同僚③

1分30秒

沼田君、英美さん、ご結婚おめでとうございます。

沼田君と同じ職場の堀口と申します。

今日は沼田君をたたえるご祝辞(しゅくじ)ばかりと思いますので、私からはあえて欠点をご披露(ひろう)しましょう。

まず、仕事に熱心すぎること。私が「その仕事は明日でもいいから、飲みに行こう」と誘っても、「いや、できることは今日のうちにすませる」と断るのです。まったくまじめでつきあいの悪いヤツです。

2つ目は、所帯(しょたい)じみていることです。彼は一人暮らしですが、家事はすべてこなします。これでは英美さんもやりにくいでしょうね。

3つ目は、協調性がないことです。私を含めた同僚は、皆、成績が上がらず悩んでいるのに、彼1人だけが着々と顧客(こきゃく)を開拓し、先日は社長賞まで受けてしまいました。

欠点を話そうと思ったのですが、どうもうまくいきませんでした。どうぞお幸せに!

POINT 「欠点は」と話しだして、結局は長所に発展させていくというのも、列席者の興味を引くテクニックです。

結婚披露宴

職場の同僚・後輩のスピーチ
新郎の同僚④

1分30秒

星野君、由香里さん、ご結婚おめでとうございます。星野君の同僚の山田と申します。

同じ社内とはいえ、私どもの企画部と由香里さんの経理部はフロアも違い、ふだんはあまり接点がありません。ちょっとおもしろいなれそめを皆様にご紹介しましょう。

ある日、出張の精算のため経理部に出向(でむ)いた星野君は、書類のたくさんの不備を由香里さんに指摘されました。プランナーとしての腕は確かでも、星野君は、実は事務処理はかなり苦手(にがて)なのです。星野君は「経理の女性にしかられちゃったよ。厳(きび)しいな」と頭をかいていました。ただその後、由香里さんに書類の書き方を教わるうちに親しくなったそうですから、何が幸いするかわからないものです。

星野君の豊かな発想と、由香里さんのしっかりした事務処理能力があれば、新家庭はこわいものなしですね。どうぞいつまでもお幸せに!

POINT 職場結婚の場合、第一印象から交際に至るふたりのなれそめは、同僚が語るエピソードとしてよい題材です。

結婚披露宴

職場の同僚・後輩のスピーチ 新郎の同僚⑤

1分30秒

野村君、小百合さん、おめでとうございます。野村君と同じ職場で働く、三田村です。

入社以来10年のつきあいですが、僕はいまだに野村亮介という男がよくわかりません。

職場での彼は、温厚で、落ち着いた仕事ぶりで、先ほどの課長の話のように、将来期待のホープです。

ところが、野球場と車の中の彼は、別人ではないかと思うほどなのです。野球は熱烈な中日ファンなのですが、ミスをしようものなら、ちょっとここでは言えないような罵声を発します。車でも同様、割り込む車などあろうものなら、飛び出して怒鳴りそうな勢いです。職場での彼しか知らない方には想像もつかないでしょうが、ほんとうのことです。

でも、熱く怒る彼も、なかなか魅力的です。ただし、これからも、野球場と車の中だけにとどめ、小百合さんには、あくまでも優しく温厚な野村でいてください。それが願いです。

POINT カジュアルな会では、新郎の意外な一面を披露するなどの暴露話も許されますが、主役が困惑するような内容はタブーです。

結婚披露宴

職場の同僚・後輩のスピーチ 新郎の同僚⑥

1分30秒

ただ今ご紹介いただきました鈴木といいます。正弘、陽子さん、結婚おめでとう！

私も正弘と同じ、○○飯店で働いています。

正弘も私もまだ厨房歴5年ですが、正弘の腕はなかなかのものです。無口でとっつきにくく見えますが、仕事熱心で思いやりのある人間です。

陽子さんのようなかわいいお嫁さんを迎えて、これからも、もっと一所懸命働くと思います。

正弘と陽子さんには、40歳ごろまでに独立してお店を持つという夢があるそうです。○○飯店の吉田社長が目標なのだそうです。

「おれも吉田社長を見習って、うまい料理をしっかりと出す店にしたいなぁ」と、口癖のように言っています。

正弘、陽子さん、力を合わせて早くふたりの店を持ってください。

ふたりの幸せと健闘を祈っています。

POINT 大工、ドライバーなど、技能職の新郎に応用できるスピーチです。仕事に情熱的にとり組む様子を、具体的な言葉で伝えましょう。

結婚披露宴

職場の同僚・後輩のスピーチ
新郎の後輩①

1分30秒

中川さん、雅美さん、ご結婚おめでとうございます。職場でいつもお世話になっている中川先輩の結婚披露宴に、私までお招きいただき、ほんとうに光栄です。

中川さんは、私が入社したときの指導先輩でした。指導先輩というのは、書類や届出の書き方など、仕事の基本を教えてくれる役割です。中川さんは「これはこうしなさい」ではなく、「これはこうだから、こうしたほうがいい」と必ず理由や意味の説明を加えて物事を教えてくださいました。一つの仕事の理由や意味がわかると、違うことをするときでも応用がきくものです。おかげで、どれだけ助かったかわかりません。

生まれたてのひなは、最初に目にしたものを親鳥（おやどり）だと思い込むという話がありますが、私にとっては中川さんが親鳥です。これからも後ろをついていくひな鳥を、どうかよろしくお願いいたします。

POINT 後輩として話すときは、「頼りになる先輩」「多くのことを親身に教えてもらった」などの視点を盛り込むのがコツです。

結婚披露宴

職場の同僚・後輩のスピーチ
新郎の後輩②

1分30秒

宮原さん、理恵さん、ご結婚おめでとうございます。私は、宮原さんが昨年まで勤務なさっていた○○株式会社での後輩の林です。

宮原さんは在職中からたいへん面倒見（めんどうみ）のいい方で、後輩は皆、宮原さんのことを、職場の兄貴（あにき）と頼っていました。取引先に対しても、ご自分から積極的に提案を行って、先方の期待以上の働きをすることから、信頼も厚かったのです。

そんな宮原さんが、独立して自分の会社を立ち上げることになりました。宮原さんの実力を考えれば当然のこととも思いましたが、私ども後輩にとっては、目標がなくなるような不安を覚えたものです。先ほどからのお話で、事業も順調とのこと、私も自分のことのようにうれしく思っています。

仕事も家庭も、宮原さんの持ち前のパイオニア精神で開拓（かいたく）され、大きな花を咲かせることを祈っています。どうぞいつまでもお幸せに。

POINT 列席者にとっては、元の勤務先のことはあまり知らないはずなので、そこでの活躍ぶりを中心に話します。

結婚披露宴

職場の同僚・後輩のスピーチ
新婦の同僚①

1分30秒

真由美さん、とってもきれいですよ。本日は、ほんとうにおめでとうございます。真由美さんと同期に入社した桜井と申します。

私どもの会社は、近くに飲食店があまりなく、お昼は、お弁当(べんとう)を持参する人がほとんどです。私などは、冷凍食品を適当に詰め合わせることが多いのですが、真由美さんのお弁当は違います。だし巻き卵に野菜の煮物といった手作りのおかずが、彩(いろど)りよく並んでいます。私もときどき食べさせていただくのですが、味も最高です。

伺うところによれば、新郎の岡本さんも、海への初めてのデートで、真由美さん手作りのお弁当を召し上がって、その見事さにすっかりまいってしまわれたのだとか。お気持ちよくわかります。

これからは、真由美さんの手料理が並ぶおいしい食卓を中心に、あたたかい家庭を築いてくださいね。どうぞいつまでもお幸せに！

POINT 新婦の作る料理のおいしさを、具体的な料理名などをあげながら生き生きと伝えます。

結婚披露宴

職場の同僚・後輩のスピーチ
新婦の同僚②

1分30秒

水野さん、美香子さん、ご結婚おめでとうございます。美香子さんと同じ職場におります本間加代子でございます。

お名前のように、香り立つほどに美しいウエディングドレス姿を拝見し、見とれてしまいました。

美香子さんは、ごらんのようにたいへんな美人です。そのため、初対面の人からは、近寄りがたく思われがちです。ところが、話し始めると実に気さくで、イメージは一気に変わってしまいます。性格も、実は少々そそっかしいところがあり、私どもは「外見は北川景子、中身はサザエさん」などという冗談(じょうだん)を言ったりしております。

そんな美香子さんを射止(いと)めるのはどんな男性だろうと思っていましたが、予想どおり、ご立派な方で、絵に描いたようなお似合いのカップルですね。理想的なご夫婦として、すてきなご家庭を築いてください。ほんとうに、おめでとう！

POINT 「美人」「社会的地位が高い」など、近寄りがたい印象のある新婦の場合は、あえて気さくで飾らない性格を紹介します。

結婚披露宴

職場の同僚・後輩のスピーチ
新婦の同僚③

1分30秒

加奈さんと同じデパートに勤めております大山と申します。進藤さん、加奈さん、ほんとうにおめでとうございます。進藤さんのことを頼もしそうに見つめる加奈さんの笑顔、今日は飛び切り輝いていますね。

デパートというのは、お客様も社員も女性が多いものです。また、週末に休めることは少ないので、なかなか男性との出会いのチャンスがありません。

進藤さんとお知り合いになったのは、電車の中で網棚のバッグをとり違えたからだそうです。偶然の出会いで、こんなすてきな男性と結ばれることになるとは、加奈さんは、なんて幸運な方なのだろうと思ってしまいます。

おふたりの休日が違うので、しばらくは一緒にいる時間も少ないかもしれません。でも、それが、いつまでも新鮮な関係でいられる秘訣かもしれませんね。どうぞいつまでも仲よく、お幸せに。

POINT すれ違いが多くなりそうなカップルには、だからこそ新鮮でいられると、前向きな表現でエールを送ります。

結婚披露宴

職場の同僚・後輩のスピーチ
新婦の同僚④

1分30秒

知美さんと同じ職場で働く久保と申します。藤田さん、知美さん、本日はおめでとうございます。すてきなレストランでのウエディング、おしゃれな知美さんならではのスタイルですね。お幸せそうなおふたりを間近にして、私も、とても楽しませていただいています。

知美さんとは、職場だけでなく、旅行など、プライベートでも親しくしていただいています。

旅先で、知美さんはとても頼りになります。初めての土地でも、地図さえあれば目的地まで迷うことがないという「人間ナビ」ぶりを発揮します。地下鉄やバスなど、土地の乗り物もどんどん利用します。

地理感覚抜群、好奇心旺盛の知美さんですから、結婚生活という旅も、藤田さんと足並みをそろえてきっと力強く歩んでいらっしゃることでしょうね。

おふたりの旅が、楽しく充実したものになることをお祈りしています。

POINT レストランウエディングなど趣向を凝らした披露宴の場合は、そのスタイルをほめる言葉も添えましょう。

結婚披露宴

職場の同僚・後輩のスピーチ

新婦の同僚⑤

1分30秒

江川さん、菊乃さん、ご結婚おめでとうございます。おふたりと同じ職場の花田です。

おふたりが、2年間の交際を実らせ、今日、喜びの日を迎えられたことを、私ども職場の者は皆とてもうれしく思っています。

おふたりの性格は、実はかなり違います。江川さんは何事にもじっくりとり組むタイプですし、菊乃さんは明るい行動派です。江川さんは将棋、菊乃さんはテニスがご趣味ということからも、だいたいおわかりでしょう。

ただ、夫婦というのは性格が似ているからいい、というものではないでしょう。違うからこそ、お互いに補い、高め合ってうまくいくのかもしれません。

ご夫婦が同じ職場なのは、やりづらい面もあるかもしれません。私どもも、妙に意識しないように気をつけながら、おふたりに接していきたいと思います。お幸せに！

POINT 新郎新婦の双方を知っている場合は、性格の違いや共通点など、ふたりを対比させる話をするのもよいでしょう。

結婚披露宴

職場の同僚・後輩のスピーチ

新婦の後輩

1分30秒

浦田さん、佳恵さん、本日はご結婚おめでとうございます。私は、○○株式会社で佳恵さんの2年後輩の加藤と申します。

私が入社間もなくのころ、先輩にたいへんなご迷惑をおかけしたことがありました。私のミスで、翌日の会議資料を準備していなかったのです。気づいたときは、すでに夕方でした。

青ざめる私に、先輩は「私も手伝うわ」と救いの手を差し伸べてくださったのです。私ひとりでは深夜までかかりそうな仕事でしたが、おかげで短時間で仕上げることができました。先輩にお礼とおわびを言うと、「二度のミスはだれにでもあること。繰り返さないよう、今回のことを教訓にすればいいじゃないの」と優しく慰めてくださったのです。

佳恵先輩が結婚してご家庭に入られるのはとても残念です。浦田さん。どうか、優しい先輩を大事にしてあげてくださいね。お幸せに。

POINT 先輩にお世話になったエピソードを具体的に語り、新婦の優しい人柄を伝えます。

結婚披露宴

恩師のスピーチ 新郎の中学の恩師

1分30秒

高木君、有美さん、おめでとうございます。高木君を中学で担任した、川島と申します。

私は、当時野球部の顧問を務めていましたが、高木君も野球部にいました。中学で野球部に入る生徒の多くは、幼いころから少年野球のチームに入っています。そんな中、高木君は数少ない未経験者でした。レギュラー選手になるには、やはり経験者が有利で、高木君の出番はなかなか訪れません。しかし、高木君は黙々と練習を続け、試合では大きな声を出して選手を応援していました。そして、3年のとき、見事レギュラーの座を獲得し、中体連ではホームランまで打つ活躍を見せたのです。私も長年野球の指導をしていますが、短期間でこれほど実力を伸ばす生徒は珍しく、今でも鮮やかに覚えています。

高木君。君が実証してくれた「継続は力なり」の言葉のように、いつまでも幸せな家庭を継続していってください。どうぞお幸せに。

POINT 部活や生徒会活動、学校祭での働きなど、授業以外での思い出やエピソードも、新郎（新婦）の人柄を語るのに適しています。

結婚披露宴

恩師のスピーチ 新郎の高校の恩師

1分30秒

相沢君、未来さん、おめでとうございます。高校で相沢君の担任だった東山と申します。

相沢君は現在、ＩＴ関連の会社を起業してたいへんな活躍を見せ、私もうれしく思っています。しかし、高校時代の私との話し合いの結果によっては、相沢くんは気鋭のピアニストとしてステージに立っていたかもしれません。

と申しますのは、高校時代の相沢君は、ピアノの道に進むか、理系に進むか、ほんとうに悩んでいたからです。ご存じのように、音楽大学と工学部では、受験科目も卒業後の進路もまるで違います。実は、相沢君自身は音楽大学を希望したのですが、就職などのことも視野に入れ、結局工学部へ進学しました。才能豊かな彼ゆえの悩みでしたが、今日の飛躍を拝見しますと、正しい選択だったのだろうと思います。

この結婚も、もちろん正しい選択であることを確信しています。本日はおめでとうございました。

POINT 高校時代には進路にまつわる思い出も多いもの。「もしかしたら、まったく違う仕事だった？」と列席者の興味を引きます。

結婚披露宴

恩師のスピーチ
新郎の大学の恩師

1分30秒

伊藤君、薫さん、ご結婚おめでとうございます。

こういうなごやかなパーティー形式の披露宴もいいものですね。僕は堅苦しいのは苦手ですから、ありがたいです。

さて、僕は大学で伊藤君のゼミを担当しました。といっても、伊藤君といって思い出すのはゼミ合宿やコンパで披露してくれた見事な歌のことです。十八番は「二人銀恋」。おなじみの「銀座の恋の物語」を、一人二役で声色を変えて歌うのです。

おっ、会社の同僚の方も笑っているところをみると、今でも歌ってるのかな。懐かしいですね。

結婚生活では、薫さんのパートまで横取りして、1人で歌っちゃいけませんよ。ときにはリードし、ときには相手のテンポに合わせて、見事なデュエットを聞かせてください。

すばらしいハーモニーで、どうぞいつまでもお幸せに！

POINT 恩師という立場でも、カジュアルな会では、身近な題材を軽い調子で話すほうが、場の雰囲気にマッチします。

結婚披露宴

恩師のスピーチ
新婦の小学校の恩師

1分30秒

森川さん、奈々さん、ご結婚おめでとうございます。奈々さんの小学校5年、6年の担任でございました、香山房江と申します。

昨晩、奈々さんの卒業アルバムを眺めておりましたら、「教室を花で飾ろう」という運動を行ったときのことを思い出しました。各自の家から花を持ち寄るのですが、最初は競うようにたくさんの花が飾られます。しかし、子どもですから飽きるのも早く、教室は殺風景になっていきます。そんな中、ずっと花を持ってきてくれたのが奈々さんでした。丹精して花を育てていたお母様のお力もありますが、一度決めたらやり通すシンの強さを見た思いがしました。

森川さんとも長年の交際を実らせたと伺い、なるほどと納得したしだいでございます。体の成長は止まりますが、心の成長はこれからも続きます。ともに成長し合えるすてきな家庭をおふたりでつくってください。末永いお幸せをお祈りいたします。

POINT 恩師のスピーチは、学校でのエピソードが基本。小学生なら、生活の基本習慣をたたえるような思い出話がふさわしいでしょう。

結婚披露宴

恩師のスピーチ 新婦の高校の恩師

1分30秒

内海さん、里佳子さん、本日はご結婚おめでとうございます。里佳子さんの高校時代の担任で、佐藤と申します。

里佳子さんはたいへん成績優秀で、私は大学に進学なさるものと思っておりました。ところが、里佳子さんは社会福祉の専門学校に行くとおっしゃいます。伺えば、おばあ様が介護（かいご）が必要な状態になり、福祉の道に進む気持ちになったとのことでした。ならば、早く技術と知識を身につけて社会に出たいというのです。真剣に、そして現実的に自分の将来を語る里佳子さんはとても頼もしく見えました。

今、里佳子さんは介護の仕事に就（つ）きながら、ケアマネージャーを目ざして勉強中とのことです。

内海さん。里佳子さんはこのように強い信念を持った女性です。どうか彼女の夢をかなえるために、内海さんも力を貸してあげてくださいね。どうぞいつまでもお幸せに。

POINT 高校時代から進路を確定し、その夢をかなえている新婦（新郎）には、その意志・信念の強さをたたえる言葉を贈ります。

結婚披露宴

恩師のスピーチ 新婦の習い事の恩師

1分30秒

小出さん、美和さん、ご結婚おめでとうございます。美和さんは、5年前から私の書道教室に通っていらっしゃいまして、今日はそのご縁（えん）でお招（まね）きをいただきました。ほんとうにありがとうございます。

教室では、毎月、課題（かだい）の作品を提出し、その出来（でき）に応じて級や段位（だんい）が上がります。美和さんは、現在は3段の腕前です。

5年で3段になるのはかなり早いのですが、ずっとトントン拍子（ひょうし）で上がってきたわけではありません。初段のときには、1年近くも2段に上がることができない時期がありました。しかし、美和さんは黙々（もくもく）と練習を続け、この壁を乗り越えたのです。

結婚生活も、順風満帆（じゅんぷうまんぱん）なときだけではありません。努力していても結果が出ないこともあるでしょう。しかし、そういう時期もあるのだと思い定め、歩き続けていれば、きっと道は開けるものと思います。応援していますよ。

POINT つらい時期を乗り越えたエピソードを紹介し、結婚生活のあり方と結びつけてはなむけの言葉にします。

結婚披露宴

友人のスピーチ
新郎の幼友達

1分30秒

　本日はご結婚おめでとうございます。私は、新郎・横山清司君とは幼稚園から高校まで一緒という長いつきあいです。いまだに、子ども時代のまま「きーちゃん」と呼び、親しくさせていただいております。

　きーちゃんほど変わらない男も珍しいかもしれません。子どものころはわんぱくで、冒険（ぼうけん）ごっこや虫捕（むしと）りなど、おもしろそうな遊びの中心には、いつもきーちゃんがいました。そして、現在も職場では明るく中心的な存在のようですね。「やんちゃ坊主をそのまま大人にしたような」という表現がありますが、きーちゃんはそれを地（じ）で行っているようです。

　信世さん。彼が、子どもの純真さをそのまま持ち続けている男であることは、20年以上のつきあいの僕が保証します。

　どうかいつまでも仲よく、幸せな家庭を築いてください。本日はおめでとうございました。

POINT 子どものころから変わらない人柄を紹介し、「子どもの純真さそのまま」と展開させると、話のまとまりがよくなります。

なるほど！column

マイナス面をプラスに変える言い回し

新郎新婦も人間ですから、短所もあります。でも、そのままストレートに語るのは、披露宴という場ではマナー違反です。上手に言いかえましょう。

むっつり➡口数が少ない、おとなしい
おしゃべり➡話し上手、弁舌（べんぜつ）さわやか
理屈っぽい➡理論派、論理的
口が悪い➡雄弁（ゆうべん）、舌鋒（ぜっぽう）が鋭い
遊び好き➡交際範囲が広い、社交的
金づかいが荒い➡面倒見（めんどうみ）がいい、豪放（ごうほう）
ケチ➡経済感覚にすぐれた、堅実（けんじつ）
いいかげん➡おおらか、懐（ふところ）が深い
神経質➡デリケート、きちょうめん、きちんとした
頑固➡強い信念、自分の考えを持っている
派手➡おしゃれ、華（はな）やか、ダンディー
落ち着きがない➡フットワークがよい

結婚披露宴

友人のスピーチ 新郎の中学時代の友人

1分30秒

　ただ今ご紹介いただきましたように、新郎の中学の同級生で、吉川と申します。

　木村君、美帆さん、おめでとうございます。

　中学時代の木村君といって思い出すのは、生徒会長として、壇上(だんじょう)で堂々と話をする姿です。でも、入学当時の木村君は、どちらかといえば恥(は)ずかしがりやで目立たない存在でした。それが、くじ引きで学級代表になってしまったのがきっかけで生徒会活動に目覚(めざ)め、３年生のときには会長まで務(つと)めたのです。

　中学生の男の子は、身長がグンと伸びる時期で、木村君もたしか30㎝近く大きくなったはずです。そして、心のほうも、ものさしでは測れないほど成長したのだと思います。

　美帆さん。木村君は、生徒会長をしたほどリーダーシップのあるヤツですが、実はとてもシャイなところもあります。それをわかってやってくださいね。どうぞお幸せに！

POINT 中学時代の体と心の成長を語りながら、新郎の意外な一面を新婦に教えます。

結婚披露宴

友人のスピーチ 新郎の高校時代の友人①

1分30秒

　遠藤君、愛美さん、ご結婚おめでとうございます。○○高校で遠藤君と一緒だった坂本と申します。遠藤君とは同じクラスになったことはないのですが、野球部の部活でともに汗を流した仲間です。

　○○高校の野球部といえば、昨年は初の甲子園出場を果たしました。私どもの時代には考えられなかった快挙(かいきょ)です。

　遠藤君と私はＯＢとしてたまに練習を見に行くのですが、公立ですので、選手も設備も環境も恵まれているとはいえません。グラウンドもサッカー部と共有です。そんな条件のもと、後輩たちは心を一つにして知恵と工夫で、夢をかなえてくれました。

　結婚生活でも、いつもいい条件がととのっているとは限らないでしょう。しかし、おふたりの心を一つに、力を合わせて夢をかなえてほしいと願っています。応援団長は、僕が引き受けます。どうぞいつまでもお幸せに。

POINT スポーツで培った友情は強いものです。プレーヤーは新郎新婦のふたり、自分は応援団長に、とあたたかいエールを送ります。

結婚披露宴

友人のスピーチ 新郎の高校時代の友人②

1分30秒

小谷君、亜矢さん、おめでとうございます。君づけは失礼とは思いましたが、ふだんのように呼ばせていただきますね。私はおふたりの高校のクラスメートで辻と申します。

おふたりは、高校時代から15年もの長い交際を実らせました。ともに立派な仕事をお持ちなので、私は、結婚という形をとらずにパートナーとして一緒に歩まれるのかなと思っていたほどです。

ですから、ご結婚と伺って、仲間たちは少し驚きました。「やっと！」とか「なぜ、いまさら？」といった失礼な感想も、やむを得ないことでしょう。

お互いを、ほんとうによく理解したうえでのご結婚、うらやましく思います。すでにお互いの存在を肉親のように感じているのかもしれませんが、今日をおふたりの新しい出発点として、新鮮な気持ちで結婚生活を楽しんでほしいと願っています。

どうぞお幸せに。

POINT 交際の長いふたりには、互いの理解の深さに安心している気持ちと、結婚によって新鮮さをとり戻してほしい願いを伝えます。

なるほど！column

「若者用語」は使わない

いくら友人どうしの親しい関係でも、正式なスピーチには、次のような略語、造語、粗雑な言い回しは使わないことです。品格がないばかりでなく、年長の列席者には意味がわからないこともあります。

■イケメン（美形の男性）■いまいち（いま一つ）■うざい（うっとうしい）■きもい（気持ち悪い）■ゲーセン（ゲームセンター）■しくった（しくじった）■自分的には（私としては）■ジミ婚（披露宴を行わず入籍だけの結婚）■スタンバる（スタンバイする、準備する）■てゆうか（といいますか）■テンパる（目いっぱいの状態になる、焦る）■なにげに（なんとなく）■ビミョー（いま一歩）■むかつく（腹が立つ）■むさい（むさくるしい）■面食い（美形を好む人）■やっぱ（やはり）■やばい（まずい、すばらしい）

結婚披露宴

友人のスピーチ 新郎の学生時代の友人①

1分30秒

二瓶君、真理さん、おめでとうございます。私は川本と申しまして、二瓶君と同じ写真専門学校で机を並べておりました。

２人とも下宿していて、収入があればまず写真の機材を買いそろえるという生活でした。この時代の貧乏自慢の話なら、いくら時間があっても足りないので、今日は1つだけ。

食事は外食の余裕などなく自炊中心です。安くて腹がいっぱいになるキャベツは救いの神でしたが、そのキャベツさえ買えない日もあります。そんなときは「ごはんをおかずにごはんを食べる」という荒技を使いました。ごはんを炊き、少しとり分けて、ソース、しょうゆ、マヨネーズなどで濃く味つけし、それをおかずに白飯をかき込むわけです。

真理さん。そんなわけで、彼の味覚はあまり信用できません。愛情のこもった手料理で、二瓶君の舌を教育してやってください。よろしくお願いします。

POINT カジュアルな席では、若いころの無茶や武勇伝を紹介するのもいいでしょう。ただし、本人を傷つける内容はタブーです。

結婚披露宴

友人のスピーチ 新郎の学生時代の友人②

1分30秒

ご結婚おめでとうございます。

早野君の温厚な人柄は皆様ご存じのとおりです。しかし、私は意外な一面も知っています。

学生時代のある日、早野君と酒を飲んでの帰り道、酔って足元がふらついていた私は、男にぶつかり、からまれてしまいました。ふだんは相手にしないのですが、酔って気が大きくなっていたのでしょう、つい受けて立つ姿勢を見せてしまったのです。すると早野君が、「失礼しました。私がかわりに謝りますので許してください」ととりなしてくれ、事なきを得たのです。

こういうときに仲裁に入るのは、とても勇気のいることです。早野君は、温厚なだけでなく、とても勇敢な一面も持ち合わせているのです。友里恵さんに対しても、いつもは優しい夫、いざというときには果敢に友里恵さんを守る、頼もしい存在でいてください。本日はおめでとうございます。

POINT 「温厚」はほめ言葉ではありますが、半面、頼りない印象を与えることもあります。勇敢な一面を披露してフォローしましょう。

結婚披露宴

友人のスピーチ 新郎の学生時代の友人③

1分30秒

小田君、小百合さん、本日は、まことにおめでとうございます。小田君と大学で同じゼミだった、木島と申します。

学生時代の小田君は「一発逆転の小田」と呼ばれていました。ゼミ仲間でサッカーをすれば、アディショナルタイムに決勝点をあげますし、卒論もテーマを決めるのは遅かったのに、抜群の集中力で短期間のうちに仕上げ、優秀賞を受けました。極め付きは就職活動で、ゼミの中で内定が出ていないのは小田君だけというところまで追い込まれながら、最後には見事に希望のマスコミに就職でき、皆から羨望のまなざしで見られました。小田君は、一発逆転できる力を、最初は温存しておくタイプのようですね。

しかし、最後に逆転するといっても、周囲はハラハラのしどおしです。これからは小百合さんに心配をかけないよう、早め早めの準備を心がけてほしいものだと願っています。どうかお幸せに！

POINT 学生時代のニックネームや呼ばれ方の由来を説明しながら人柄を語り、新しい生活へのはなむけにつなぎます。

結婚披露宴

友人のスピーチ 新郎の学生時代の友人④

1分30秒

森君、美奈さん、本日はおめでとうございます。森君とは大学のテニス部でご一緒しました。当時は上級生と下級生という関係だったわけですが、私のような者でも「先輩、先輩」と頼ってくれるので、上級生からもたいへんかわいがられていました。末っ子のせいでしょうか、森君は、いい意味での甘え上手のような気がします。

しかし、甘え上手なだけではありません。森君は、4年のときにキャプテンを務めましたが、実のところ、テニスの技術では、森君にまさる部員もいたようです。しかし、部員をとりまとめる統率力と人柄の点で、森君が選ばれたと聞いております。先ほどからのお話で、職場でも同じように力を発揮していると伺い、たいへん頼もしく思いました。

結婚生活でも、ときには美奈さんに甘え、ときには統率力を発揮し、森君らしいすばらしい家庭をつくり上げてほしいと思います。

POINT 先輩として「後輩のかわいい面」「年下だが頼もしい面」の両方を語るとバランスのよい話になります。

結婚披露宴

友人のスピーチ
新郎の学生時代の友人⑤

1分30秒

沢野君、芽衣さん、ご結婚おめでとうございます。大学でおふたりと同じテニスサークルに所属していた、後藤でございます。

今、おふたりがそろってひな壇に座っている姿を見ると、ああ、ほんとうに結婚したんだなと、同級生として、サークル仲間として、感慨を覚えます。

私事で恐縮ですが、私の両親も同級生どうしで結婚しました。年は同じ、共通の知人も多いとなれば、ふたりで話す話題には事欠かないようです。また、ほかの同級生たちもよくわが家に遊びに来ます。みんな相応の年齢になっていますが、集まるとたんに学生時代にタイムスリップするようで、大騒ぎです。でも、そういう光景を見ていると、わが親ながら、友達夫婦っていいものだなと思います。

おふたりとも、いつまでも仲よく、そして、僕ら同級生とも仲よくしてください。

末永いお幸せをお祈りしています。

POINT 共通の話題が多く、対等な友達関係が続く同級生結婚のメリットを伝えながら、これからもよろしくと結びます。

結婚披露宴

友人のスピーチ
新郎の学生時代の友人⑥

1分30秒

久米さん、そして涼子さん、ご結婚おめでとうございます。ただ今ご紹介を受けた宮島です。久米さんとは学生寮の同室で2年間を過ごし、いろいろ面倒を見ていただきました。

ごらんのように、久米さんはたくましい体形で、口数も多いほうではないので、最初はこわい人かと思っていました。しかし、実際はちょっとびっくりするほど心の優しい方でした。ある日、ため息をついているので、理由を尋ねてみると、実家に残してきた犬のチワワと急に遊びたくなってしまったと言うのです。いかついイメージの久米さんと犬というのがどうも結びつかず、思わず笑ってしまいましたが、ぐっと親しみがわいて、以来、兄のように頼りっぱなしで、今日に至っています。

涼子さんは、久米さんの優しさをすでに僕よりずっとご存じでしょうね。おふたりであたたかい家庭をつくってください。お幸せに。

POINT いかつい印象の新郎なら、優しい人柄を語るなど「外見と内面のギャップ」を題材にするのも興味を引きます。

結婚披露宴

友人のスピーチ 新婦の幼友達

1分30秒

佳恵さん、春野さん、ご結婚おめでとうございます。佳恵さんとは、小学校からずっと親しくさせていただいている林と申します。

先日、12年ぶりに小学校の卒業文集を眺めました。将来の夢のコーナーには、男子はスポーツ選手やゲーム開発者、女子はケーキ屋さんや学校の先生など、子どもらしい夢が並んでいました。

当時の佳恵さんの夢、覚えていますか？「お嫁さん」と書いてありました。佳恵さんは、子どものころから料理や手芸などが得意でしたものね。

結婚しても仕事を続ける女性が多く、それはそれですてきなことですが、主婦業もやりがいのある立派な仕事だと私は思います。

子どものころからの夢をかなえた佳恵さん。哲夫さんが心からくつろいで、仕事へのエネルギーを養える、あたたかい家庭をつくってくださいね。ほんとうにおめでとうございました。

POINT 妻が家庭を守るという考え方には異論もあるでしょうが、自分で望んで専業主婦になる新婦には、応援のエールを送ります。

結婚披露宴

友人のスピーチ 新婦の中学時代の友人

1分30秒

島田さん、萌ちゃん、おめでとうございます。萌さんの中学で、クラスもバレー部の部活も一緒だった須藤麻美と申します。

萌さんは、運動神経抜群で人をまとめるのもうまく、バレー部のキャプテンでした。一方、私は万年補欠という状態で、公式の試合には出場することなく引退を迎えました。

引退の日の帰り道、萌さんから1通の手紙をいただきました。「試合に出られなかったのは残念だったけど、麻美ちゃんが一所懸命練習していたのは、みんなよく知っているよ。バレーを愛する気持ちでは、麻美ちゃんがチームのエースだよ」。私は涙があふれて止まりませんでした。

島田さん。萌ちゃんは、こんなこまやかな心づかいのできる優しい女性です。どうかいつまでもおふたり仲よく、あたたかい家庭をつくり上げてください。本日はおめでとうございました。

POINT 昔の手紙や作文などは、スピーチのよい題材になります。手元にあれば、ぜひ現物を持参して列席者の前で読み上げましょう。

結婚披露宴

友人のスピーチ
新婦の高校時代の友人

1分30秒

千葉さん、英代さん、おめでとうございます。英代さんの白無垢（しろむく）姿、とてもお似合いですね。私は、英代さんと同じ高校で学んだ、佐伯と申します。

英代さんとは実家が近いこともあり、放課後によくお宅にお邪魔（じゃま）しました。

お母様が、いつも、あのにこやかな笑顔で迎えてくださり、手作りのケーキやプリンをいただくのを楽しみにしていたものです。英代さんは学校でのことなど、お母様に楽しそうに報告され、理想の家庭というのはこういう生活のことをいうのだろうなと思っておりました。

ご両親の愛情をいっぱいに受けて育った英代さんは、人を愛する心も、広く豊かでしょう。千葉さんと一緒に、愛情あふれるご家庭を築いてください。落ち着かれましたら、高校時代のようにお邪魔します。おふたりの幸せを、ちょっぴりおすそ分けしてくださいね。どうぞ末永（すえなが）くお幸せに。

POINT 相手の家に遊びに行ったことがある場合などは、そのエピソードを話すと、列席している両親や親族にも喜ばれます。

結婚披露宴

友人のスピーチ
新婦の学生時代の友人①

1分30秒

山口さん、聡美さん、おめでとうございます。ご紹介のように、聡美さんは、現在エステティシャンの仕事をしていますが、私はその養成学校でご一緒した米山と申します。

エステのマッサージの実習は、する側とされる側が交代しながら行います。聡美さんは細い体に似合わず力が強く、ツボを的確に押してくるので、皆、聡美さんとコンビを組みたがっていたものです。

エステティシャンは、マッサージをすることで、お客様にリラックスしていただくだけでなく、精神的な満足感も与えてさし上げるのが仕事です。新家庭では、山口さんとコンビを組み、ときには山口さんをリラックスさせ、ときには彼にリラックスさせてもらう、そんなバランスのいいおふたりになっていただきたいと思います。

山口さん。聡美さんのツボ押しは強烈（きょうれつ）ですからね。ご覚悟（かくご）のほどを！　本日はおめでとうございます。

POINT 学校の実習での「コンビ」というキーワードを、新郎新婦にあてはめながら話を展開させていきます。

結婚披露宴

友人のスピーチ 新婦の学生時代の友人②

1分30秒

五月ちゃん、藤原さん、おめでとうございます。五月ちゃんと短大で同期の津島です。

今日は短大時代の仲間も何人か来ていますが、皆、五月ちゃんには頭が上がらないはずです。五月ちゃんはとにかくまじめな学生で、試験の前ともなると、皆、五月ちゃんのノートを頼りにしていたからです。ときには、ほかのクラスの人からも頼まれていたようで、私など、自分のずうずうしさを棚(たな)に上げて、「五月ちゃんもまったく人がいいわねぇ」などと言っていました。「頼まれると、断れないのよね」と笑う五月ちゃんを見て、なんて優しい人と思ったものです。

まさか「頼まれて、断れなかった」というので結婚したわけではないでしょうが、五月ちゃんの人のよさは、ときに心配になることがあります。

藤原さん、彼女の人のよさを、長所として生かせるよう、見守ってあげてくださいね。お幸せに。

POINT 性格は「長所でもあり短所でもある」ことが多いもの。カジュアルな席なら、少し心配に思っている気持ちを表現しても。

結婚披露宴

友人のスピーチ 新婦の学生時代の友人③

1分30秒

小池さん、晴香さん、本日はご結婚おめでとうございます。私は、晴香さんの大学の同期で、清水裕美と申します。

晴香さんは、ご紹介のように一人娘として、ご両親の愛を一身に受けて育ちました。大人に囲(かこ)まれていらしたからか、大学の入学当時からとても大人びて見え、びっくりしたのを覚えています。自然とみんなのまとめ役になり、年は同じですが、お姉さんのような存在でもありました。でも、きっと、皆が頼るから引き受けていただけで、ときには人に甘えたり、頼ったりしたいときもあったでしょうね。今あらためて当時を振り返って、少し反省しています。

でも、これからは、小池さんという立派(りっぱ)なパートナーがいらっしゃるから安心ですね。甘えたいときには、がまんせずに甘えてください。

小池さん、どうぞ受け止めてあげてくださいね。末永(すえなが)いお幸せをお祈りいたします。

POINT 一人娘はわがままと思われがちです。一人娘だからこその長所を、パートナーや列席者に伝えるのもいいでしょう。

結婚披露宴

友人のスピーチ
新婦の学生時代の友人④

1分30秒

手塚さん、緑さん、おめでとうございます。私は中島と申しまして、緑さんとは大学の手話（しゅわ）サークルでご一緒しました。

あるとき、サークルで、手話を始めたきっかけが話題になりました。周囲に耳の聴こえない人がいる、福祉に興味があるなどの理由が多い中、緑さんはこうおっしゃったのです。「手話も英語と同じような一つの言語だと思う。たくさん言葉を話せれば、それだけコミュニケーションの幅も広がって楽しいと思った」。私は、その新鮮な感覚に感動しました。同時に、障がい者と呼ばれる人への緑さんのやさしいまなざしも思い、気持ちがあたたかくなりました。

私などが申し上げるのはおこがましいのですが、コミュニケーションは結婚生活にもっとも大切なものの一つでしょう。いろいろな形でのおふたりの会話を大切にして、幸せなご家庭を築（きず）いてください。

おめでとう！

POINT 若い世代が結婚生活について語るときは「(人生経験の未熟な)私が言うのは僭越（せんえつ）ですが」という断りを入れると好印象です。

結婚披露宴

友人のスピーチ
新婦の学生時代の友人⑤

1分30秒

ご結婚おめでとうございます。久美さんの大学の同期で、豊島と申します。

私どもの大学は、地方出身者が多く、久美さんも私も大学近くの学生会館で暮らしていました。久美さんとはすぐに互いの部屋を行き来するようになり、一緒に食事やお酒を楽しむ仲になりました。

久美さんは、酒豪（しゅごう）が多いことで知られる高知の出身、私は米どころ秋田の生まれ。あまり大きな声では言えませんが、2人で日本酒を1升ずつ飲んだこともあります。ただし、決して乱れませんし、毎日飲んでいたわけでないことは、彼女の名誉（めいよ）のために申し添えておきます。

ところで、お相手の庭山さんはほとんどお酒を召し上がらないそうですね。久美さん、たまにお酒が飲みたくなったら、いつでもお相手します。これからもよろしくおつきあいくださいね。おふたりの幸せを心から願っています！

POINT 年長者の多い席では、女性の酒豪と聞くとまゆをひそめる人もいるかもしれません。カジュアルな席限定にするのが無難です。

結婚披露宴

友人のスピーチ
新郎の趣味仲間①

1分30秒

桂さん、好美さん、本日はおめでとうございます。大林と申します。桂さんとは仕事で知り合ったのですが、お互いにゴルフ好きとわかり、以来、一緒にプレーするようになった芝刈り仲間です。

1打ごとにいろいろ考え、クラブを振るわけですが、思いどおりの球が飛ぶことなどめったにありません。それでも、50回に一度、あるいは100回に一度、「ヨッシ!」と思うショットが打てることがあります。その爽快感と満足感が忘れられずに、また懲りもせずに出かけるというのが、僕らアマチュアのゴルフです。

今日のおふたりは、幸せへのホールインワンを見事に決めたわけですが、これからの生活では、思いどおりにいかないことがあるでしょう。でも、次はベストショットが打てると信じて、おふたり仲よく人生のコースを回ってください。

末永いお幸せをお祈りいたします。

POINT 「ベストショット」「ホールインワン」など、一般的なゴルフ用語になぞらえて、結婚生活への期待を語ります。

結婚披露宴

友人のスピーチ
新郎の趣味仲間②

1分30秒

久本君、愛さん、ご結婚おめでとうございます。野球では久本君の女房役でキャッチャーをしております福井と申します。

彼の口癖は「ピンチを楽しめ」です。ピンチを迎えると、緊張感からいい投球ができることが多い、というのが彼の持論です。実際、ピンチを迎えたときほど球のキレが鋭く、集中力が高まっているのがわかります。瀬戸際でも大きな力を発揮できるというのが、ほんとうの実力者なのだと思います。

結婚生活でピンチの連続というのは困りますが、久本君の言葉どおり、ピンチのときは、それを楽しむ精神で、ふたり力を合わせ、乗り切っていただきたいと願っています。

せっかくの休日を野球に使わせてしまい、愛さんには申しわけない気持ちもあります。でも、彼の最大の趣味とご理解いただき、これからも応援をよろしくお願いします。本日はおめでとうございます。

POINT 練習や試合で、結婚相手にも影響が及ぶ場合は、恐縮の気持ちを込めながら、理解と支援をお願いします。

結婚披露宴

友人のスピーチ 新郎の趣味仲間③

1分30秒

室谷君、早織さん、本日はおめでとうございます。ご紹介いただきました佐々木です。本日は私までお招きいただき、ありがとうございました。

私どもはともに「○○歩こう会」のメンバーで、月に一度、近郊の山歩きへ出かけております。山歩きの醍醐味は、なんといっても頂上をきわめる爽快感です。私どもは危険を伴うような高い山や冬山には登りませんが、それでも山が険しいほど、状況が厳しいほど、頂上に到達した瞬間の喜びは大きくなります。

若輩の私が言うのも僭越ですが、結婚生活にも似たようなところがあるような気がします。

これからはふたりで足並みをそろえ、お互いの疲れを思いやりながら、幸せという頂上を目ざして山登りをしていってください。

末永いお幸せをお祈りしております。本日はほんとうにおめでとうございました。

POINT 登山になぞらえて結婚生活を語ります。登山は危険と心配する人のため、安全性もさりげなくアピールしておきましょう。

結婚披露宴

友人のスピーチ 新郎の趣味仲間④

1分30秒

小関さん、佳代さん、ご結婚おめでとうございます。おふたりと同じテニスクラブに所属する山内と申します。

佳代さんは、子どものころからテニスに親しんでいる本格派プレーヤーです。すぐれた技術に加え、この美貌ですから、男性メンバーのあこがれの的でもありました。

ですから、ミックスダブルスの試合となると、佳代さんと組みたいと思う男性も多かったのです。ところが、小関さんはいつも「僕はテニスを始めて間もないのだから、みんなとバランスをとらせてくれよ」と強引に佳代さんと組んでしまうのです。

おふたりが結婚に至るまでには、きっと同じような強引なアプローチがあったに違いありません。

人生のダブルスを組むことになったおふたりには、ときに攻守ところをかえ、息の合ったプレーでの連戦連勝を祈っています。どうぞお幸せに。

POINT ふたりのなれそめを紹介しながら、テニスのプレーになぞらえて祝福とはなむけの言葉を贈ります。

結婚披露宴

友人のスピーチ
新婦の趣味仲間①

1分30秒

三島さん、佳奈子さん、ご結婚おめでとうございます。佳奈子さんとは「ワインと料理を楽しむ会」でご一緒しています。これは、ソムリエを講師に、ワインと料理の相性(あいしょう)について勉強する会です。

佳奈子さんとは自宅が近いこともあり、何度かお訪ねしたことがあります。佳奈子さんは食べるほうばかりでなく料理もお上手です。

「この間、サークルでいただいた料理を、自分でも作ってみたのだけれど」と出された料理は、おいしさはそのままに、佳奈子さんらしいアレンジが加えられています。舌で覚えた味を再現する力はもちろん、家庭でも作りやすいようにアレンジするセンスには、いつも感心してしまいます。

これから、三島さんが毎日その手料埋を召し上がるのですね。ほんとうにうらやましいです。

いつまでも、甘いデザートのようなおふたりでいてくださいね。どうぞお幸せに。

POINT 「料理上手の新婦」はやはりポイントが高いようです。どのように上手なのか具体的なエピソードを交えて紹介しましょう。

結婚披露宴

友人のスピーチ
新婦の趣味仲間②

1分30秒

飯田さん、梨沙さん、おめでとうございます。梨沙さんもメンバーのエアロビクスチーム「ドリーマーズ」の仲間が、お祝いの演技のために駆けつけました。元気のよすぎる格好(かっこう)で、失礼いたします！

エアロビクスというと、インストラクターの動きに合わせて各自が体を動かすトレーニングという印象が強いかもしれません。が、私たちが行っているのは、チームとしての振(ふ)り付(つ)けを行って、大会などに出場するものです。昨年は、関東大会で3位という成績をあげました。

結婚すると練習時間をとるのもむずかしくなるでしょうが、気持ちと体のハリを保つためにも、エアロビは続けていきましょうね。

飯田さん、ご理解よろしくお願いします。

では、おふたりの結婚をお祝いし、私たちのチーム名のように夢いっぱいの新生活になることをお祈りして、踊(おど)らせていただきます！

POINT 歌や余興(よきょう)を披露する前のお祝いのあいさつです。趣味を続けることへの理解を新郎に求めるひと言を盛り込みます。

結婚披露宴

事情あり結婚のスピーチ

新郎の上司

▼新郎が再婚、新婦が初婚

1分30秒

川島君、智美さん、おめでとうございます。

先ほどのお話にありましたように、川島君は3年前に、先の奥様を亡くされています。職場では変わらず仕事に打ち込んでいましたが、心の内はいかばかりかと案じていました。ですから、このたびのご結婚の報告を受け、喜ぶとともにほんとうに安心したというのが正直な気持ちです。

一時は、ずっと一人身（ひとりみ）でいるようなことをおっしゃっていたのですが、智美さんの魅力が、川島君に新しい人生を踏み出そうという、大きな決意をさせたのでしょう。人間というのは弱い生き物（いきもの）ですから、支えになってくれる人がいないと、生活にも仕事にも張りが出ないものです。

智美さんというすばらしい伴侶（はんりょ）を得た川島君。どうか今日から新しい気持ちで、あたたかい家庭を築き（きずき）、仕事の面でも一層活躍してください。

本日は、ほんとうにおめでとうございます。

POINT 前妻と死別の場合は、ふれないのも不自然です。悲しみを乗り越え、新たな再出発を決意した新郎を応援します。

なるほど！column

「事情あり」結婚の場合のスピーチは

結婚にもさまざまなケースがあります。再婚や子連れ結婚、早婚や晩婚、新婦がすでに妊娠しているいわゆる「おめでた結婚」、年の差がかなりある、国際結婚や婿入り（むこいり）の場合などです。これらの結婚披露宴でスピーチする場合、大切なのは次の4点です。

①事情をよく把握（はあく）しておく

②披露宴で事情を明らかにしてよいか確認する（妊娠や再婚を伏せ（ふせ）ておきたい場合もある）

③事情をちゃかすような表現は用いない（妊娠を「手が早い」、婿入りを「逆玉（ぎゃくたま）（の輿（こし））」、新郎がかなり年上の場合に「若い子をつかまえてうらやましい」など）

④デメリットではなくメリットを強調する

再婚の場合に前夫（妻）の悪口を言う、晩婚の新婦に「早く赤ちゃんを」などと言うのは、たいへん無神経です。主役のふたりの前途を心から応援し、祝う気持ちを込めたスピーチを行いましょう。

結婚披露宴

新婦の友人 事情あり結婚のスピーチ

▼新郎が再婚、新婦が初婚

1分30秒

島本さん、雪江さん、本日はおめでとうございます。雪江さんの友人で山沢と申します。

おふたりのご交際については、実は雪江さんから折にふれ、伺っておりました。ご紹介のように、島本さんと雪江さんは上司と部下という関係で、島本さんへの尊敬や信頼の気持ちが、いつしか愛に変わっていったのだと思います。お話を聞いていて、雪江さんの一途(いちず)な思いには心を打たれました。

おふたりが、今日の喜びの日を迎えるまでには、乗り越えなければならない壁(かべ)もあったことでしょう。でも、おふたりの愛情と誠意(せいい)でそれをクリアし、雪江さんのご両親の理解も得られたことは、ほんとうによかったと思っています。

強く結ばれたきずなのまま、愛情あふれるすばらしいご家庭を築(きず)いてくださいね。

おふたりの末永(すえなが)いお幸せを心からお祈りしています。本日はおめでとうございました。

POINT 新郎が再婚、新婦が初婚というケースでは、新婦側からの反対があることも。両親の理解を得て結婚できたことを祝福します。

結婚披露宴

新婦の上司 事情あり結婚のスピーチ

▼新郎が初婚、新婦が再婚

1分30秒

村岡さん、志保さん、おめでとうございます。志保さんと同じ職場で働く大山です。

4年前、志保さんは、自分なりの道を歩むことを決意しました。以前と変わらず明るく振(ふ)る舞(ま)う志保さんでしたが、私には、痛々(いたいた)しく感じられたものです。今日、村岡さんの隣で幸せそうにほほ笑(え)む志保さんを見て、安心しました。

「人生には、無駄(むだ)な経験は一つもない」という言葉がございます。

仕事でも、もちろんうまくいかないことがあります。そこで手をこまぬいていてはマイナスのままです。しかし、その原因を探り、経験を次に生かすことで、プラスに転じることができます。

結婚生活も同じでしょう。前を向いて大きな一歩を踏み出した志保さんが、村岡さんとともに、大きな幸せをつかむことをお祈りしています。

本日はおめでとうございます。

POINT 前夫（妻）と離婚した場合は「自分なりの道を選んだ」など、ややぼかした言い方にするのがいいでしょう。

結婚披露宴

事情あり結婚のスピーチ

新郎の同僚

▼新郎新婦どちらも再婚

1分30秒

大林君、悦子さん、おめでとうございます。大林君の同僚で、嶋田と申します。

大林君は、新たな人生を踏み出してから、その心の痛みを思い出すまいとでもするように、一層仕事に打ち込むようになりました。そろそろ女性とつきあうことを考えてみてはと言ったこともあるのですが、「仕事という恋人がいるから、それでいい」などと言う始末です。女性に対して、どこかかたくなな気持ちになっているな、と感じたものです。

ですから、結婚すると聞いたときは少し驚きましたが、お相手の悦子さんも同じ経験をしていると知り、納得しました。

結婚生活のよさも、むずかしさも、人の心の痛みも、経験からよくわかっているおふたりです。きっとお互いへの思いやりに満ちた、あたたかい家庭を築いてくれることでしょう。どうぞ末永くお幸せに。本日はほんとうにおめでとうございます。

POINT 離婚というつらい経験を共有していることが、お互いへの思いやりにつながる、とのプラス面を強調して祝います。

結婚披露宴

事情あり結婚のスピーチ

新婦の友人

▼新郎新婦どちらも再婚

1分30秒

野村さん、敏子さん、ほんとうにおめでとうございます。敏子さんの友人の塚原です。

ご紹介のように、敏子さんは15年前にご主人を不慮の事故で亡くされ、働きながら幼いお子さんを女手一つで育ててきました。息子さんも大学生になったのだから、次は自分のことよ、と申し上げていたやさきのうれしいお話で、わがことのように喜んでいます。敏子さんは「いいトシをして」なんて、はにかんでいましたが、パートナーがそばにいる安心感と喜びは、年齢には関係ないものです。

おふたりの結婚を知って、すぐに思い浮かんだ短歌があります。〝「寒いね」と話しかければ「寒いね」と答える人のいるあたたかさ〟という歌人の俵万智さんの作品です。

お互い、そばにいるだけであたたかい気持ちになれる、おふたりならそんなご家庭を築いてくれることでしょう。どうぞお幸せに。

POINT 熟年世代の再婚も増えています。今までの苦労を思いやりながら、しみじみとしたあたたかい家庭への期待を述べましょう。

結婚披露宴

事情あり結婚のスピーチ

新婦の同僚

▼新郎が子連れ再婚、新婦が初婚

1分30秒

篠田さん、留美子さん、おめでとうございます。留美子さんとは会社帰りにショッピングに出かけたり食事をしたりする仲です。

最近の彼女は、子ども服やおもちゃの売り場で足を止めることが多かったのです。もともと、電車の中でも小さい子を見かけるとあやしたりしていましたし、お姉様の息子の健太くんの話をよくしていたので、不思議には思わなかったのですが、篠田さんとの話を伺い、そうだったの！と納得しました。

結婚して、いきなりママになるわけですが、子ども好きの留美子さんなら、とまどいも少ないのではないかと思います。結婚後、家庭に入るのは、私としては寂しい気持ちもありますが、子育てという、留美子さんにしかできない仕事が待っているのですから、しかたありませんね。

おふたり、そして篠田ファミリーのお幸せをお祈りしています。おめでとう。

POINT 列席者には「なさぬ仲」の母子への心配があるはず。新婦が子ども好きだというエピソードを応援エールにします。

結婚披露宴

事情あり結婚のスピーチ

新郎の友人

▼新郎新婦とも子連れ再婚

1分30秒

田原君、美千代さん、おめでとうございます。田原君と学生時代からのつきあいの、上野と申します。

先ほど、田原君の息子の雄太君と美千代さんが手をつなぎ、美千代さんのお嬢さんが田原君におんぶされている姿を見て、胸が熱くなりました。よかった。このひと言に尽きます。

おふたりが再婚を決意したこともおめでたいけれど、新しい親子関係がスムーズなことが、なによりうれしいです。

田原君たちのような、血縁関係のない親子を含む家庭を、ステップファミリーと呼ぶそうです。家族としての階段を、一段一段登っていくような響きがあって、いいですね。

これからお子さんたちを育てていく途中には、いろいろなことがあるでしょう。けれど、心を一つにして、幸せへのステップを歩んでいってほしいと願っています。お幸せに。

POINT 「すでに仲よし親子のよう」「一緒におふろに入っているとか」など、新しい親子関係がうまくいっていることを強調します。

結婚披露宴

事情あり結婚のスピーチ（早婚）

新郎の上司

1分30秒

中村君、瞳さん、ご結婚おめでとうございます。先ほどご紹介のように、中村君は昨年入社したばかりの19歳です。彼から、結婚すると聞いたときは、やはり早すぎるのではないかと思い、瞳さんには失礼ですが、「もう少し遊んでからでも遅くはないぞ」と言ったのです。

しかし、中村君は「彼女に対する気持ちは変わりませんから、いつ結婚しても同じです。それならば早いほうがいい」とノロケてくれました。また、一時の熱情だけではなく、彼なりの覚悟と生活設計もあるようで、少し安心いたしました。

スポーツ選手には早婚が多く、家庭を持つことで気持ちが安定し、以前より活躍しているという例が多いと聞いています。確かに、「男は所帯(しょたい)を持って一人前」ともいいますから、中村君もその責任を自覚し、仕事でも一人前以上の働きをぜひ見せてください。期待していますよ。おめでとうございます。

POINT 比較的早婚の人が多いスポーツ選手の話から、仕事での一層の活躍を期待する気持ちへと展開させます。

結婚披露宴

事情あり結婚のスピーチ（晩婚）

新婦の先輩

1分30秒

藤堂さん、京子さん、本日はおめでとうございます。京子さんと同じ職場の長谷川です。

京子さんは、たいへん優秀なキャリアの持ち主ですが、それを鼻にかけることのない気さくな女性です。独身を続けているのは、彼女のお眼鏡にかなう男性があらわれないからだろうと、皆思っていました。藤堂さんには今日初めてお目にかかりましたが、さすが京子さんの選ぶ男性は立派(りっぱ)だと感心いたしました。すばらしい相手にめぐり合うために、これまでの時間が必要だったのですね。

お互いに相応(そうおう)の人生経験を積み、人を見る目も養(やしな)われた時期でのご結婚は、とても信頼できるもののように思われます。結婚適齢期(てきれいき)という言葉は最近あまり使われなくなっておりますが、おふたりにとっては、今がまさしく適齢期なのでしょう。

おふたりの末永(すえなが)いお幸せをお祈りいたします。本日はおめでとうございます。

POINT 「人を見る目がある」「人生経験が豊富」など晩婚の長所を強調します。ことさら「晩婚」という言葉を使わないことです。

結婚披露宴

事情あり結婚のスピーチ

新郎の先輩

▼新婦が年上

1分30秒

水谷君、利恵さん、おめでとうございます。

水谷君は、ご存じのように○○大学の助手として研究室に残っています。実は、助手の給料というのはあまり高くありません。いや率直にいえば、一人で生活するのもやっと、という収入です。

ですから、結婚すると聞き、「経済的には大丈夫かい?」と思わず尋ねてしまいました。水谷君は「彼女も承知のうえですから」と言っていましたが、しばらくは利恵さんに世話をかけっぱなしの生活になりそうですね。

利恵さんにとっては、頼りなく思えることもあるかもしれませんが、水谷君は、研究室ではたいへん有望な人材です。あと数年すれば、一人前の研究者として活躍してくれることを確信しています。利恵さん、どうかそれまで、いろいろな面で水谷君をサポートしてやってください。おふたりの未来が輝かしいものになることをお祈りします。おめでとう!

POINT 年上の妻は、面倒見がいいといわれています。あえて年の差にはふれず「新郎をよろしく頼む」とするのも一つの方法です。

なるほど! column

「年の差」にはあまりこだわらなくても

新郎新婦は、年の差をあまり気にしていないからこそ結婚を決意し、披露も行うのです。スピーチでは、あえて年齢差にふれる必要はありません。ふれるなら、次のようなさりげない言い方にしましょう。

【新婦が年上】

●「一つ年上の女房は金のわらじをはいてでも探せ※」といいますが、ほんとうにしっかりした奥様のようで安心しました。(※「丈夫な履物であちこち探すだけの価値がある」という意味)

●スポーツ選手には年上の女性との結婚が多いようです。家庭の管理を奥様に安心して任せ、自分は仕事に集中できるからでしょう。○○さんも……。

【新郎がかなり年上】

●社会経験も豊富な新郎ですから、新婦をたくましくリードしてくれることでしょう。

●新婦は以前から包容力のある男性が好きと言っていましたので、実にお似合いのカップルです。

結婚披露宴

新郎の同僚

事情あり結婚のスピーチ

▼おめでた婚①

1分30秒

立花君、美紀子さん、ご結婚おめでとうございます。立花君と同期入社の本橋です。

立花君は入社式に、新入社員代表としてあいさつをした期待の星です。ライバルというのもおこがましいのですが、やはり立花君には負けたくないなと思っていました。してやったり、と思ったのは、僕が先に結婚したときです。立花君も列席してくれたのですが、「僕も結婚したいな」とうらやましそうに言う彼に、僕は初めて優越感（ゆうえつかん）を抱（いだ）きました。

そう思ったのもつかの間、立花君は美紀子さんというすばらしいお相手を見つけ、しかも、秋には赤ちゃんが生まれるといいます。僕にはまだ子どもがおりませんので、また先を越されてしまいました。

こんなことで勝ち負けを考える僕も僕ですが、仕事では到底（とうてい）かなわないのですからお許しください。おふたりと生まれてくる赤ちゃんのお幸せをお祈りします。おめでとう！

POINT 「先を越されてしまった」という表現で、明るくさりげない形で赤ちゃんの誕生を祝福します。

結婚披露宴

新婦の友人

事情あり結婚のスピーチ

▼おめでた婚②

1分30秒

北原さん、絵里さん、ご結婚おめでとうございます。絵里さん、とってもきれいよ。私は、絵里さんの短大の同級生で森と申します。

絵里さんとは、一緒にファストフード店でアルバイトをしたこともあります。住宅街にあるお店ですので、お子さん連れのお客様も多く、向こうで赤ちゃんが泣きだしたかと思えば、こちらではジュースをこぼして大騒（おおさわ）ぎということもよくありました。

私は、正直言ってうるさく感じることもあったのですが、絵里さんはいやな顔一つ見せずに対応していました。当時はお姉様のお子さんをよく預かっていたそうで、子どもには慣れているということもあるでしょうが、絵里さんのやさしさをまた一つ知ったような気がしたものです。

そんな絵里さんですから、いつママになっても大丈夫ですね。北原さんと一緒に、すばらしい家庭を築（きず）いてください。お幸せに。

POINT 特に妊娠にはふれず、「子どもの扱いにも慣れている新婦なら安心」とすることでさりげなく祝うのもスマートです。

結婚披露宴

事情あり結婚のスピーチ　新婦の上司

▼国際結婚・新郎が外国人

1分30秒

トニー・スコット君、加藤千恵さん、ご結婚おめでとうございます。今日は、トニー君のご両親もロサンゼルスから駆けつけてくれていますね。

Mr. and Mrs. Scot, congratulaticns on your son's marriage. Welcome to Japan and this party.

（スコットご夫妻、息子さんのご結婚おめでとうございます。日本へ、このパーティーへようこそ）。

私の英語はこれが限界です。あとは千恵さん、通訳をお願いしますね。

千恵さんは私のアシスタントですが、とてもよく気がつく有能な女性です。趣味も多彩で、音楽鑑賞、旅行、英会話、またピアノの腕も相当なものとのことです。いずれスコットさんと一緒にロサンゼルスに移住する予定だそうですが、音楽のように国境や言語を超えた力を持つ趣味があることは、たいへん心強いことと思います。

おふたりの末永い幸せをお祈りしています。

POINT 日本語がわからない列席者がいる場合は、短くてもお祝いのひと言をその国の言葉で話すと喜ばれるでしょう。

結婚披露宴

事情あり結婚のスピーチ　新郎の上司

▼国際結婚・新婦が外国人

1分30秒

ご紹介いただいた春日です。三好君、イ・ヘヨンさん、本日はおめでとうございます。

三好君は、この春までの2年間、当社の韓国支社に赴任していました。そこで現地採用社員のイ・ヘヨンさんと出会い、おつきあいが始まったわけです。しかし、結婚すれば日本に住むことになるため、彼女のご両親にはなかなか賛同いただけなかったそうです。ご了解を得るまで、何度も彼女の家に出向いて説得したと聞いています。彼は仕事でも決してあきらめず粘り強く交渉を続けるタイプなのですが、結婚においてもその力を発揮し、とうとう成約ならぬ婚約にこぎつけました。

イ・ヘヨンさんにとっては、生活習慣の違う国で、新しい家庭を築いていかなくてはならないのですから、ご苦労やとまどいも大きいことでしょう。しかし、三好君を信頼し、力を合わせて新しい道を歩んでいってください。どうぞ末永くお幸せに。

POINT 結婚に至るまでの新郎の熱意を紹介しながら、新婦が新しい環境になじむための苦労を思いやって励まします。

結婚披露宴

事情あり結婚のスピーチ
新郎の先輩
▼海外赴任を控えている

1分30秒

岡野君、百合さん、おめでとう。おふたりは来月からドイツへ赴任されるので、僭越ながら海外赴任経験者から、一つ助言を申し上げます。

赴任先で、ドイツの作曲家、ブラームスのピアノ曲を弾くのと、折り紙で鶴を折るのと、どちらが役立つと思いますか？　どちらも喜んでくれるでしょう。でも、「折り方を教えて」など、コミュニケーションが広がるという点では、断然「鶴」です。

現地の人は、駐在員を通して日本や日本人を知ります。ですから、どれだけ日本について語れるか、教えられるかが大事なのです。岡野君は学生時代に空手をしていたといいますし、百合さんは茶道を習っていらっしゃるとのこと。これは、ドイツ語に堪能であることより、よほど大きな力になります。

海外で新家庭を始めるには不安もあるでしょうが、ふたりとも柔軟な気持ちで生活をエンジョイしてください。どうぞお幸せに。

POINT 海外赴任を控え、新郎新婦には不安があるはず。その心配を払拭するような具体的なアドバイスをしましょう。

結婚披露宴

事情あり結婚のスピーチ
新婦の上司
▼遠距離結婚

1分30秒

田口さん、愛さん、ご結婚おめでとうございます。愛さんの直属の上司で谷と申します。

当面はおふたりの仕事の都合で、田口さんは大阪、愛さんは東京での暮らしとなるそうで、いわば遠距離結婚ということになりますね。

もちろん、夫婦は一つ屋根の下で暮らすのが本来でしょう。でも、遠くにいるからこそ深まる愛情もあります。私事で恐縮ですが、5年前に単身赴任をしていたときがまさしくそうでした。

一緒に暮らしているときは、家に帰れば妻がいるのは当たり前で、疲れていればろくに会話もせず寝てしまう毎日でした。しかし、単身の生活が始まると、お互いの存在の重みを再認識し、以前よりもきずなが深まったような気がしたのです。

こういうスタイルでのスタートは、ふたりの関係をいつまでも新鮮に保つ助けになるかもしれませんね。おふたりの末永いお幸せをお祈りいたします。

POINT 「別居結婚」では縁起が悪いので「遠距離結婚」「ウイークエンド結婚」など、なるべく明るい印象の言葉を選びます。

結婚披露宴

事情あり結婚のスピーチ

新郎の恩師

▼新郎が婿入りする

1分30秒

宏君、純子さん、そしてご両家の皆様、本日はまことにおめでとうございます。

ご紹介のように、順子さんのご生家は、14代続く造り酒屋でございます。一人娘でいらっしゃることから、このたび宏君が跡を継ぐとともに15代目という重責を担うことになったわけです。

宏君は、学生時代に語学研修のため半年間カナダでホームステイを経験しました。海外留学する学生の中には、日本人とばかり行動し、留学期間の割には上達しないというケースも多いものです。しかし、宏君はほとんど英語だけの生活だったといい、わずか半年とは思えない上達ぶりで帰国しました。

新しい環境に順応する適性はすでに備えている宏君です。一日も早く名実ともに15代目として活躍してくれることを願っています。

ご両家と蔵元の一層のご繁栄を祈り、私のごあいさつといたします。おめでとう。

POINT 新婦の家業を後継するために婿入りする場合は、生家や家業の隆盛を祈る言葉を盛り込みます。

結婚披露宴

事情あり結婚のスピーチ

新婦の友人

▼新郎が新婦の家業を継ぐ

1分30秒

柴野さん、茜さん、ご結婚おめでとうございます。茜さんの短大での同期の元村と申します。

ご紹介のように、柴野さんと茜さんはお見合い結婚です。実のところ、茜さんは、お見合いにあまり乗り気ではなかったのです。まだ結婚を急ぐ年齢でもないし、お相手の方も立派すぎて釣り合わないわ、と言っていました。ところが、実際にお会いしてみると、お互いに波長が合うのがすぐにわかったとのことで、出会いからわずか2カ月でのスピード婚約となりました。彼女自身「お見合いで運命の人に出会えるとは思わなかったわ」と告白していますから、おふたりのアツアツぶりは皆さんもご想像いただけると思います。

茜さんのお父上の会社にすばらしい後継者ができたことももちろんですが、私は、茜さんに一人の女性としての大きな幸福が訪れたことを、ほんとうにうれしく思っています。どうぞお幸せに。

POINT 後継のお見合いというと「政略結婚」的な印象があるため、ともにひかれ合っての結婚であることを強調します。

結婚式 二次会

乾杯のあいさつ 新郎新婦の上司

1分30秒

佐藤君、真奈美さん、ご結婚おめでとう。

わが社は、社内恋愛禁止ではないけれど、ふたりとも周囲に気を使って、交際を内証(ないしょ)にしていました。同僚の中には気づいていた人もいたようだけれど、私は、婚約の報告を受けるまで、まったくわかりませんでした。思わず「水くさいな」と言ってしまいましたが、内証にしていたのは、君たちなりのけじめだったんですね。

真奈美さんは先月から違う部署(ぶしょ)に異動(いどう)してしまいました。私としては、テキパキと仕事をこなす真奈美さんを手放すのは、ほんとうに惜(お)しかったけれど、しかたがありません。でも同じ社内ですから、これからもよろしくお願いしますね。

さあ、ではお祝いの乾杯をしましょう。お飲み物は行き渡っていますでしょうか。ご着席のままで、ご唱和(しょうわ)ください。

おめでとうございます!

POINT 新郎新婦双方の上司・恩師という立場であいさつをするときは、新婦側にやや重きをおいて賛辞を贈ります。

結婚式 二次会

乾杯のあいさつ 新郎の上司

1分30秒

高田さん、美和子さん、あらためておめでとうございます。

この会からご参加の方もおいでなので、今日の様子を簡単に報告いたします。おふたりは、〇〇ホテルのチャペルで挙式(きょしき)をして、めでたくご夫婦となられ、続いて、同じホテルでの披露宴が先ほどお開きになったところです。とてもあたたかみのある披露宴で、おふたりの人柄を感じさせるすばらしいスピーチの数々に、私もホロリとさせられました。

披露宴では、やや緊張の面持(おもも)ちだったおふたりですが、この会場に着いてからは、すっかりリラックスされ、いい笑顔を見せていますね。おふたりのお話なども伺いながら、楽しいひとときにしましょう。幹事の古谷君、いろいろありがとうございました。

では、乾杯しましょうか。皆さん、グラスはお持ちでしょうか?

おめでとうございます!

POINT 披露宴に出席していないメンバーがいるときは、挙式・披露宴の簡単な報告や感想から話し始めます。

結婚式二次会

お開きの乾杯のあいさつ

新郎の上司

1分30秒

幹事のすてきな趣向のおかげで、実に楽しく、あっという間に時間が過ぎました。

おふたりの、なれそめの話やプロポーズの言葉は、実はこの場で初めて聞きました。もっと根掘り葉掘り尋ねたいこともあるし、楽しい話も尽きませんが、予定の時間も迫ってまいりましたので、そろそろお開きにしたいと思います。

明日から10日間の新婚旅行ですね。責任感の強い津島君のことですから、仕事のことも気になるでしょう。でも、旅行中は、仕事のことはいっさい忘れ、存分にふたりの時間を楽しんでください。留守は引き受けます。

ただし、休暇明けからは、充実した気持ちで、しっかりと頼みますよ。家庭を持って、足場を固め、仕事でも一層活躍してくれることを願っています。

では、乾杯して、お開きにいたしましょう。

お幸せに！

POINT 幹事をねぎらい、楽しかった会を振り返りながら、新郎新婦へのはなむけの言葉で結びます。

なるほど！column

お祝いスピーチに使える名言

- 夫婦とは2つの半分になることではなく、1つの全体になることだ　（ゴッホ）
- よき夫はよき妻をつくり、よき妻はよき夫をつくる　（R・バートン）
- 愛することは信ずることの片半分だ　（ユゴー）
- 愛とは、互いに見つめ合うことではなく、ふたりが同じ方向を見つめること　（サン・テグジュペリ）
- 自分の家庭で平和を見出す者が、いちばん幸福な人間だ　（ゲーテ）
- 幸福を感じるのには、童心とか、無心さとか、素直さとかいうものが必要である　（武者小路実篤）
- 結婚は長い会話である　（ニーチェ）
- 人間は自分の欲しいと思うものを求めて世間を歩き回り、そして、家庭に帰ったときにそれを見出す　（ムーア）
- 結婚は、悲しみを半分に、喜びを2倍にしてくれる　（イギリスのことわざ）

結婚式
二次会

同僚のあいさつ

新郎の同僚

1分30秒

杉田君、まどかさん、あらためておめでとうございます。

われわれ同期入社は男女合わせて25名いますが、さすがに全員が披露宴に出席するわけにもいかず、二次会に集結することにしました。福島君があいにく出張で参加できませんでしたが、杉田君のおかげで久々に同期会ができたのもうれしいことです。

披露宴には、一応同期を代表して私が出席してきました。厳粛（げんしゅく）な中にも、杉田君らしいあたたかみの感じられる、いい披露宴でした。

まどかさんには今日初めてお会いしましたが、杉田には過ぎた、いや失礼、もったいないようなすてきな女性で、ただうらやましい限りです。

横一線で社会人生活をスタートしたわれわれですが、家庭を持ち、杉田君が1歩リードです。これからは結婚生活の先輩として、またよき同僚、よき友人として、まどかさんともども、末永（すえなが）くよろしく。

POINT 披露宴出席者は、二次会では簡単な報告を行います。出席者は同年代が多いでしょうから、ふだんの話し言葉表現でOKです。

結婚式
二次会

友人のあいさつ

新婦の友人

1分30秒

真由美、博人さん、ご結婚おめでとうございます。私は大学時代の友人の岩瀬と申します。

大学時代は、キャンパスでのんきにアイスクリームを食べながら「10年たったらどうなっているのかな。私たち、どんな人と結婚するんだろう」と話していました。

真由美は当時、○○というビジュアルバンドの大ファンで、「髪がきれいで長くて、やせている人がタイプ」と言っていました。

今日初めて、頼りがいのあるタイプの博人さんを見て、真由美の男性の好みが昔よりずっとよくなったな、と思います。たくましい博人さんと小さくてかわいい真由美。ふたり並ぶととってもお似合いですね。

おふたりの新居は私の家から近いので、今度遊びに行きます。新婚のおのろけを、たっぷり聞かせてください。今日はおめでとうございます。

POINT カジュアルな披露宴や、二次会であっても、新婦の男性の好みの話は、あくまでも笑い話にとどめる程度にすることです。

結婚
主催者側のあいさつ

PART 2

結婚披露宴司会者の進行のポイント

司会者に求められる3つの心得

司会をプロの司会者に任せるケースも多い中、司会を依頼されることはたいへん名誉なことです。

結婚披露宴の司会者に求められているのは、上手に話すことよりも、むしろ新郎新婦の関係者ならではの親しみと、なごやかな雰囲気づくりです。

司会をするときの基本的な心得は、次の3つです。

1. 演出にはメリハリをつけて

媒酌人や主賓のあいさつのときは厳粛に、メインセレモニーであるウエディングケーキ入刀は華やかに盛り上げて、中盤からのスピーチや余興のときはユーモアを交えてなごやかに、と場に合わせたムードを演出します。

2. 名前と肩書は念入りに確認を

多くの人を紹介しなければならないので、まちがいがないよう事前によく確認しておきます。名前はふりがなをつけておくと安心です。

3. 当日は早めに会場入りを

会場側のスタッフ、婚家との打ち合わせのため、遅くとも開始1時間前には会場に入ります。進行やあいさつ、スピーチをする人を確認し、司会の立ち場所やマイクの調整も行います。また、婚家には披露する祝電を選んでもらい、名前と肩書を確認して、読み上げの練習も行いましょう。

原稿は「英単語カード」形式にまとめると便利

披露宴の進行に沿って、場面ごとの原稿を作っておきましょう。小さめのカードにあいさつの口上を書き入れ、リングでまとめて「英単語カード」のようにし、次々にめくっていけば、順番をまちがえることもなく、見た目もスマートです。

一般的な披露宴

新郎新婦入場

司会者　15秒

皆様、長らくお待たせいたしました。ただ今より、新郎新婦がご媒酌人様ご夫妻に導かれて入場いたします。盛大な拍手をもってお迎えください。

POINT 晴れやかに堂々と。

一般的な披露宴

開宴のあいさつ・自己紹介

司会者　1分

ただ今より、田中・山本ご両家の結婚披露宴を執り行います。

本日は、皆様お忙しい中ご列席いただき、まことにありがとうございます。私は本日の司会を仰せつかりました森川直彦でございます。新郎、田中悟君の大学時代の友人ということで、このような大役を務めさせていただくことになりました。

なにぶんにも不慣れなため、行き届かないことも多いと存じますが、ご列席の皆様のご協力をいただき、無事に務めを果たすことができれば幸いです。

どうぞよろしくお願いいたします。

POINT 開宴を告げ、列席のお礼を述べてから、簡単な自己紹介を行います。

なるほど! column

一般的な披露宴の流れ

①新郎新婦入場
②開宴あいさつ、司会者の自己紹介
③媒酌人のあいさつ
④主賓あいさつ（1～3人）
⑤乾杯の発声（1人）
⑥食事、歓談
⑦ウエディングケーキ入刀（主賓あいさつのあと、乾杯の前に行われることもある）
⑧お色直し退場
⑨お色直し入場
⑩主賓以外のスピーチ、余興
⑪祝電披露（新婦のお色直し退場中に行うこともある）
⑫花束贈呈
⑬謝辞
⑭お開きのあいさつ

一般的な披露宴

媒酌人あいさつ

司会者　30秒

それでは、本日のご媒酌人である川上達郎様ご夫妻より、皆様へのごあいさつと新郎新婦のご紹介をしていただきます。

川上様は、新郎が勤務する○○株式会社の専務取締役を務めていらっしゃいます。

新郎新婦ならびにご両親はご起立ください。

では、川上様、どうぞよろしくお願いいたします。

POINT 新郎新婦と両家の両親に起立を促します。

一般的な披露宴

新郎側主賓あいさつ

司会者　30秒

川上様、どうもありがとうございました。

次に、ご来賓の皆様よりご祝辞をちょうだいいたします。

それではまず、新郎側を代表いたしまして、新郎の上司にあたります、○○株式会社営業部長の山岸敏弘様より、ご祝辞を賜りたいと存じます。

山岸様、どうぞよろしくお願いいたします。

POINT 司会者の上司でも「様」をつけて紹介を。

一般的な披露宴

新婦側主賓あいさつ

司会者　30秒

山岸様、新郎新婦への貴重なご教訓をありがとうございました。

続きまして、新婦側を代表いたしまして、新婦が学生時代を過ごされました○○短期大学生活科学コース教授の金子敏江先生にご祝辞を賜りたいと存じます。それでは、金子先生、どうぞよろしくお願いいたします。

POINT 学校の先生の敬称は「先生」が自然です。

一般的な披露宴

乾杯の発声

司会者　30秒

それでは、おふたりの晴れやかな前途を祝しまして、喜びの乾杯をいたしたいと存じます。

ご発声は、新郎の大学時代の恩師でいらっしゃいます○○大学経済学部教授の村田雅之先生にお願いいたします。

皆様、グラスを手にご起立ください。

村田先生、よろしくお願いいたします。

POINT 起立については、発声者が促す場合も。

食事・歓談の開始

一般的な披露宴　司会者　30秒

皆様、どうぞご着席ください。

村田先生、ユーモアあふれる乾杯のごあいさつをありがとうございました。

雰囲気がなごやかになったところで、祝宴を開始したいと存じます。皆様、しばらくの間、お食事を召し上がりながら、ご歓談ください。本日のメニューは、それぞれのお席に配布されております。

POINT あいさつ終了後には、必ずお礼のひと言を。

ウエディングケーキ入刀

一般的な披露宴　司会者　30秒

新郎新婦は、本日から力を合わせ、新しい家庭をつくってまいります。その初の共同作業として、ウエディングケーキにナイフを入れていただきましょう。

写真を撮影なさる方は、どうぞ前へお進みいただき、記念の一瞬をおおさめください。ご着席の皆様は、どうぞ盛大な拍手でお祝いください。

拍手の中、ケーキへの入刀が無事にすみました。

POINT 遠慮なく撮影できるよう、誘いの言葉を。

お色直し退場

一般的な披露宴　司会者　30秒

皆様、ご歓談中恐れ入ります。

ここで新婦はお色直しのため、いったん中座させていただきます。

皆様、どうぞ、盛大な拍手をお願いいたします。

（新婦中座後）

皆様方には、しばらくの間、お食事を召し上がりながら、おくつろぎください。

POINT 「退場」ではなく「中座」とします。

祝電披露

一般的な披露宴　司会者　30秒

この喜びの門出にあたり、たくさんの方からお祝いの電報が届いております。時間の関係で2通を紹介させていただき、あとはお名前を読み上げるだけにさせていただきます。

まず、新郎が勤務されている○○株式会社代表取締役社長、岩田信吾様からちょうだいしたご祝電です。（電文を読み上げる。以下略）

POINT 祝電は、新郎新婦を前にして披露する場合も。

一般的な披露宴

司会者

お色直し入場（基本）

30秒

皆様、ご歓談中恐れ入ります。

たいへん長らくお待たせいたしましたが、新郎新婦のお色直しがととのいました。

ただ今より、おふたりが装いも新たに入場いたします。

皆様、どうか盛大な祝福の拍手をもって、お迎えください。

POINT こころもち大きな声で注目を集めます。

一般的な披露宴

司会者

お色直し入場（キャンドルサービス）

30秒

たいへんお待たせいたしました。

ただ今より、新郎新婦が装いも新たに入場いたします。

先ほどの挙式で誓った愛のあかしとして、これから皆様のテーブルのキャンドルに、1本1本、火を灯し、ごあいさつに上がります。

皆様、どうぞ盛大な拍手でお迎えください。

POINT 趣向がある場合は、その説明のアナウンスを。

一般的な披露宴

司会者

来賓のスピーチ（1人目）

30秒

新郎新婦がそろいましたところで、ご来賓の皆様からご祝辞をいただきたく存じます。新郎新婦が、着席のまま聞かせていただくことをお許しください。

皆様は、お食事をお続けになり、お聞きください。

では最初に、新郎の高校時代の恩師である内山忠直先生よりお話をいただきます。

内山先生、よろしくお願いいたします。

POINT 新郎新婦が座ったままでいることの断りを。

一般的な披露宴

司会者

来賓のスピーチ（2人目以降）

30秒

内山先生、新郎新婦の晴れの門出にふさわしい祝福のはなむけをいただき、まことにありがとうございました。高校時代に見せた新郎の意外な一面を、興味深く拝聴しました。

それでは次に、新婦が勤務されている△△株式会社総務部長の松村孝様よりご祝辞をいただきます。

松村様、どうぞよろしくお願いいたします。

POINT コメントとお礼を述べ、次の紹介につなげます。

一般的な披露宴

余興の紹介

司会者

30秒

会場の雰囲気もすっかりなごやかになってまいりました。ここからは、お時間の許す限り、皆様の余興でお楽しみいただきましょう。

それでは、まず、新郎のお父上のご友人である篠原大介様に、謡を披露していただきます。曲は、夫婦の愛を謡った「高砂」です。

篠原様、どうぞよろしくお願いいたします。

POINT 格調の高い芸、年長者の余興を先にします。

一般的な披露宴

新郎新婦へのインタビュー

司会者

30秒

最初は緊張していたように見えた新郎新婦ですが、皆様からのあたたかい祝福のお言葉を受け、打ち解けた笑顔を見せてくれるようになりました。

このあたりで、新郎新婦から、直接、喜びの声を聞かせていただきましょうか。

田中君、おめでとうございます。今の率直なお気持ちをお聞かせください。

POINT お互いの呼び方、魅力などをたずねても。

なるほど！column

ハプニングには機転をきかせて

予定どおりに進まない、あるいはハプニングが起こるのはよくあること。司会者がパニックになっては宴も台無しですから、臨機応変に対応しましょう。

●あいさつ・スピーチが長すぎるとき

「時間の関係上、恐れ入りますが、手短にお願いします」と書いたメモを、会場スタッフから話し手にそっと渡してもらいます。

●度が過ぎる暴露話や品のない話のとき

司会者が話をさえぎることは極力控えます。しかし、あまりに非常識なときは「少々刺激が強すぎるようです。またの機会に伺わせていただきましょう」とにこやかに話を打ち切るのもやむを得ません。

●話し手があがってしまったとき

「テニスの部活の話でしたね」などと助け舟を出すか、「大親友の喜びの日ですから、○○さんの感激もひとしおでしょう」と、フォローして話を切り上げさせます。

一般的な披露宴
司会者

花束贈呈①

30秒

皆様、あたたかいお祝いや励まし、すばらしい余興や歌をありがとうございました。

それではここで、新郎新婦からご両親へ花束の贈呈をいたします。新郎は新婦のご両親に、新婦は新郎のご両親に、これまで慈しみ育ててもらった感謝と、末永い親子の幸福への願いを、花束に託して贈ります。皆様、拍手をお願いいたします。

POINT 再び儀式に移るので、口調をやや改めて。

一般的な披露宴
司会者

花束贈呈②（新婦の手紙を代読する場合）

30秒

ここで、新郎新婦からご両親への花束贈呈を行います。それに先立ちまして、新婦からご両親への感謝の手紙をお預かりしておりますので、朗読させていただきます。（代読）

実に感動的なお手紙でした。お父さん、お母さん、ありがとう。言葉に尽くせない思いをこの花束に託して贈ります。あたたかい拍手をお願いいたします。

POINT 朗読を新婦側の女性にゆだね、より感動的に。

一般的な披露宴
司会者

謝辞

30秒

喜びのお話は尽きず、まことに名残惜しいのですが、そろそろ予定のお時間も近づいてまいりました。

本日、お忙しい中、あるいは遠方からご列席くださいました皆様方へ、両家の両親より感謝のごあいさつを申し上げます。

両家の両親を代表いたしまして、新郎の父上である田中武様よりお願いいたします。

POINT 最近は新郎新婦からの謝辞も増えています。

一般的な披露宴
司会者

お開きのあいさつ

30秒

これで、田中・山本ご両家の結婚披露宴をめでたくお開きとさせていただきます。

皆様には、長時間にわたりおつきあいをいただき、まことにありがとうございました。

不慣れな司会で、行き届かない失礼もあったことと思いますが、喜びの席に免じてお許しください。

本日は、まことにありがとうございました。

POINT 「終了」「閉会」ではなく、「お開き」とします。

仲人なし披露宴

新郎新婦入場

司会者

30秒

（列席者がそろい始めたら）

お席は係がご案内いたしております。開宴は間もなくでございますが、いましばらくお待ちください。

（新郎新婦の入場）

たいへんお待たせいたしました。ただ今より、新郎新婦が入場いたします。皆様、拍手でお迎えください。

POINT 開宴までの時間を案内する心づかいを。

仲人なし披露宴

開宴のあいさつ

司会者

30秒

皆様、本日はお忙しい中をご列席いただき、まことにありがとうございます。ただ今より、黒川親一君と和田有美さんの結婚披露宴を開催いたします。

私は、新郎の職場の同僚で、岩佐賢次と申します。不慣れではございますが、本日の司会を務めさせていただきますので、皆様ご協力のほどよろしくお願いいたします。

POINT 列席のお礼とともに開宴を告げます。

なるほど！column

仲人（媒酌人）を立てない披露宴のときは

結婚披露宴は年々カジュアル化しており、最近は、媒酌人を立てずに行う結婚式が増えています。

媒酌人を立てずに行う挙式・披露宴では、オーソドックスな披露宴での媒酌人あいさつに盛り込む内容を、司会者が話すことになります。

また、いわゆる結婚式場や宴会場でなく、レストランウエディングやガーデンウエディングなどで、新しい形式の挙式・披露宴を行うカップルも増えています。

司会者の進行も、オーソドックスな披露宴にくらべ、儀礼的で堅苦しい表現は似合いません。ていねいさは保ちながらも、親しみのこもった話し方にするほうが、場の雰囲気にマッチします。

仲人なし披露宴

司会者

挙式の報告（海外挙式の場合）

30秒

新郎新婦は、○月○日、ご両親ご親族の見守る中、ハワイ・ホノルルの○○教会で結婚式をあげました。その後、マウイ島まで足を伸ばしての新婚旅行を楽しみ、先日無事に帰国いたしました。

本日は、日ごろ親しくしていただいている皆様へのお披露目のため、こうして席を設けさせていただきました。

POINT 挙式をすませていれば、簡単にその報告を。

仲人なし披露宴

司会者

挙式の報告（人前結婚式の場合）

30秒

新郎新婦は堅苦しいことは苦手とおっしゃいまして、本日、こうして皆様の前で永遠の愛を誓うことで結婚のけじめとする「人前結婚式」の形をとっております。

形式にとらわれず、自分たちの納得できる方法で新生活をスタートさせるおふたりです。どうぞあたたかいご理解と応援をお願いいたします。

POINT ふたりの結婚観を簡単に紹介します。

仲人なし披露宴

司会者

新郎新婦の紹介

1分30秒

それでは、僭越ながら私から、新郎新婦の略歴を簡単にご紹介いたします。

新郎の黒川親一君は、平成○年○月○日、東京に生まれました。○○高校をへて、○○大学法学部をご卒業になり、○○株式会社に入社なさいました。現在は広告部の営業担当としてご活躍中です。趣味はゴルフで、ハンディ15と、なかなかの腕前です。

一方、新婦の和田有美さんは、平成○年○月○日、埼玉県生まれです。お父上の仕事の関係で、日本各地をお回りになりましたが、○○大学文学部への進学以降は、東京にお住まいです。現在は、新郎と同じ○○株式会社で、受付業務についておられます。

趣味は映画鑑賞とテニスですが、最近黒川君の手ほどきでゴルフも始めたそうです。

おふたりのなれそめについては、あとで皆様がご披露なさるかと存じますので、ここではあえて申し上げないことにいたしましょう。

POINT 「黒川幸一様、雅子様のご長男として」など親の紹介や「優秀な成績でご卒業」などの美辞麗句は、省いても不自然ではありません。

仲人なし披露宴

主賓あいさつ（基本）

司会者　30秒

開宴に際しまして、新郎の勤務先である○○株式会社広告部長、浜野卓也様より、お祝いのお言葉をいただきたいと存じます。

失礼ながら、新郎新婦が着席したままで聞かせていただくことをご了承（りょうしょう）ください。

それでは浜野様、恐れ入りますが、前にお進みいただきまして、ごあいさつをお願いいたします。

POINT 席でのスピーチか、前へ出て話すかを明確に。

仲人なし披露宴

主賓あいさつ（乾杯の発声も）

司会者　30秒

祝宴の前に、おふたりの門出を祝（しゅく）し、喜びの乾杯をいたします。

新郎の勤務先である○○株式会社広告部長、浜野卓也様に、お祝いのお言葉とともに乾杯のご発声（はっせい）をお願いしたいと存じます。

皆様、お手元のグラスを手に、ご起立（きりつ）ください。

では浜野様、よろしくお願いいたします。

POINT 主賓に乾杯の発声もあわせて依頼しても。

仲人なし披露宴

主賓あいさつ（その場で指名）

司会者　30秒

今日は、黒川君の学生時代の恩師である○○大学法学部教授、福原卓郎先生も駆（か）けつけてくださっています。

先生、突然のご指名で恐縮（きょうしゅく）ですが、ひと言お祝いのごあいさつをいただけませんでしょうか。

ありがとうございます。それではよろしくお願いいたします。

POINT 突然の指名はお伺いを立てる形で水を向けて。

仲人なし披露宴

歓談

司会者　30秒

お料理もどんどんお席に運ばれてきているようでございます。

皆様、お食事を召し上がりながら、くつろいでご歓談（かんだん）ください。

なお、随時（ずいじ）、新郎新婦が皆様のお席へまいります。

皆様からは、お祝いのひと言、激励（げきれい）、やっかみなどをふたりにいただければ幸いです。

POINT 新郎新婦が直接祝福を受けられるように。

スピーチ指名

仲人なし披露宴　司会者

お酒も入って口も滑らかになったところで、お時間の許す限り、お祝いのテーブルスピーチをいただくことにいたしましょう。新郎新婦の人柄がしのばれるような楽しいお話を期待しております。

ではトップバッターは、新婦の上司にあたる○○株式会社総務課長の南部良枝様、よろしくお願いいたします。

30秒

POINT 場がなごむよう「楽しいお話を」と促します。

ゲームの進行

仲人なし披露宴　司会者

それではここで、ちょっとしたゲームを行います。新郎新婦は、お互いに最高のパートナーと結ばれたわけですから、人を見る目は一流なのですよね。では、味覚のほうも一流でしょうか。

ここに1個300円の高級プリンと1個50円のプリンがあります。おふたりに目隠しをして食べくらべてもらいましょう。味の違い、わかりますよね？

30秒

POINT 参加型のゲームは場が盛り上がります。

新郎新婦のあいさつ

仲人なし披露宴　司会者

楽しい時間はあっという間にたってしまうもので、お開きの時間まで、もう間もなくとなってしまいました。

ここで、新郎新婦から、ご列席の皆様方へ、ひと言お礼のごあいさつを申し上げます。

黒川君、有美さん、どうぞよろしくお願いいたします。

30秒

POINT 会の結びにふさわしい、ていねいな表現に。

お開きのあいさつ

仲人なし披露宴　司会者

黒川君らしい、誠意あふれるごあいさつでした。おふたりの末永いお幸せを、お祈りいたしましょう。

ではこれをもちまして、黒川親一君と有美さんの結婚披露パーティーはお開きとさせていただきます。

不慣れな司会でしたが、皆様に助けられ、なんとか無事に務めることができました。

皆様、ほんとうにありがとうございました。

30秒

POINT 司会役への協力のお礼も忘れずに。

結婚式 二次会

開会のあいさつ

司会者

皆さん、お待たせいたしました。「黒川親一君と和田有美さんの結婚を祝う会」を始めます。

本日の司会を担当いたしますのは、黒川君の同僚の私、和光潤と、有美さんの学生時代のご友人である須藤絵理子さんです。

では、さっそく主役のおふたりにご登場いただきましょう。皆様、拍手(はくしゅ)でお迎えください。

30秒

POINT 新郎側と新婦側からのペアで司会を進めても。

結婚式 二次会

挙式・披露宴の報告

司会者

二次会からご出席の方も多いので、挙式・披露宴の様子を簡単にご報告いたします。

おふたりは、本日、○○ホテル内のチャペルで挙式され、引き続き、同じホテルの会場で披露宴が行われました。有美さんの、純白のウエディングドレス姿は、それは目をみはるような美しさでした。厳粛(げんしゅく)な中にもあたたかみのある披露宴でした。

30秒

POINT 挙式、披露宴の雰囲気などを手短に報告。

なるほど！ column

二次会の司会進行のコツ

結婚披露宴の二次会は、新郎新婦の友人など有志が幹事となって企画することが多く、幹事がそのまま司会進行役を務める(つとめる)ことがほとんどです。

二次会に出席するのは、新郎新婦の同僚や友人など、ふだんから親しい人ばかりです。厳粛(げんしゅく)な披露宴とは違い、新郎新婦も交えてにぎやかに楽しみながら、ふたりの結婚を祝うのが目的です。

気をつけたいのは、二次会のメンバーが、全員披露宴に出席しているとは限らないことです。披露宴に出席できなかった人が多い場合は、挙式や披露宴の様子を簡単に報告しましょう。また、披露宴の感想や、起こったハプニングばかりを話題にすると、二次会から出席した人に疎外感(そがいかん)を与えてしまいます。メンバーの顔ぶれに応じて、臨機応変(りんきおうへん)に話題や進行をコントロールするのも、司会の役目です。

結婚式二次会

乾杯のあいさつ

司会者　30秒

学生時代のご友人にとっては、今日はミニ同窓会のようですね。あちらに、新婦の高校時代のお仲間が集まっていらっしゃいますが、今日は当時の担任の福山先生もご出席くださっています。

福山先生、お祝いのお言葉をちょうだいするとともに、乾杯の音頭をお願いしたいのですが、よろしいでしょうか。

POINT 乾杯の発声は年長者に依頼するのが基本。

結婚式二次会

スピーチ指名

司会者　30秒

それでは、そろそろ皆様からお祝いのひと言をいただくことにいたしましょう。

ハンドマイクを順番に回しますので、おふたりへのあたたかいはなむけの言葉をお願いいたします。

最初に、新郎の勤務先の岩城課長、お願いいたします。次の方からは、恐れ入りますが、簡単な自己紹介から始めてください。

POINT ２人目からは自己紹介をゆだねると楽です。

結婚式二次会

新郎新婦の謝辞

司会者　30秒

皆さん。

大いに盛り上がっているところ恐縮ですが、残念なことにお開きの時間が近づいてまいりました。

ここで、黒川君と有美さんから、皆様へお礼のごあいさつがございます。

黒川君、有美さん、前にお進みください。では、よろしくお願いします。

POINT 呼びかけ、間をおき、注目を集めます。

結婚式二次会

お開きのあいさつ

司会者　30秒

おふたりからの、心のこもったごあいさつでした。

さて、おふたりの前途を祝し、あわせて皆様のご健康、ご発展を祈り、結びに「イヨーッ、ポン」の一丁締めを行いたいと存じます。僭越ながら音頭をとらせていただきますので、皆様ご唱和ください。

イヨーッ！（一丁締め）

ありがとうございました。どうぞお幸せに。

POINT 万歳三唱、乾杯などで景気よく結んでも。

ウェルカム・スピーチ、謝辞、花嫁の手紙のポイント

披露宴の始めに行う「ウェルカム・スピーチ」

披露宴の冒頭に、新郎新婦が招待客へ向けて「ようこそいらっしゃいました」と短いあいさつを行うのが、ウェルカム・スピーチ（ウェルカム・トークとも）です。以前は、媒酌人（仲人）のあいさつで披露宴が始まりましたが、最近は媒酌人を立てないケースがふえ、その場合にはウェルカム・スピーチを行うのが一般的です。

ウェルカム・スピーチでは、集まってくださった招待客に対してお礼を述べ、挙式の報告をし、「きょうは楽しんでいってください」など、披露宴へ向けての言葉で結びます。新郎が行う場合が多いのですが、結びに新婦からもひとこと添えると、あたたかみのあるスピーチになります。

花束贈呈の前に「花嫁の手紙」を読み上げる

新郎新婦からお互いの両親への花束贈呈は、披露宴終盤の感動イベントです。最近は、贈呈の前に、新婦が、いままで育ててくれた両親への感謝の思いをつづった手紙を読み上げる時間を設ける例もふえています。

挙式・披露宴の晴れの日を無事に迎えることができたのも両親のおかげ、と小さいころの思い出などをまじえて語り、これからもよろしく、と結びます。

主催者を代表してお礼を述べる「謝辞」

披露宴がお開きになる前に、主催者を代表してお礼の言葉を述べるのが「謝辞」です。

内容は、列席へのお礼、祝福へのお礼、媒酌人がいる場合は夫妻へのお礼を述べ、列席者に向けて今後の支援のお願いで結ぶのが一般的です。

披露宴の主催者は、招待状の差出人です。両家の親の名前で招待状を出したときは新郎の父親が、新郎新婦名で出したときは新郎が謝辞を述べるのが一般的です。ただ、両家と本人が合意していれば、だれが謝辞を述べてもかまいません。

挙式
披露宴
前後

挙式前、媒酌人へあいさつ

新郎新婦・両親⇕媒酌人

両親・新郎新婦　お忙しい中、ありがとうございます。どうぞよろしくお願いいたします。

媒酌人　本日はお日柄(ひがら)もよく、おめでとうございます。晴れの大役(たいやく)で、少々緊張しておりますが、精いっぱい務めさせていただきます。

両親　新郎新婦も緊張しているようで。なにかと至らないふたりですが、よろしくお引き立てください。

30秒

POINT 両親は、新郎新婦の引き立てをお願いします。

挙式
披露宴
前後

披露宴前、主賓へあいさつ

新郎新婦・両親

本日はご多忙のところ、ご列席いただき、まことに光栄に存じております。また、ご祝辞を、という厚かましいお願いも快くお引き受けくださり、ほんとうに感謝しております。なにかと行き届かぬ点があるかと存じますが、お許しください。

披露宴開始にはまだお時間がございます。どうぞ、あちらの控室でお休みください。

30秒

POINT 主賓格の列席者には開始前にお礼の言葉を。

挙式
披露宴
前後

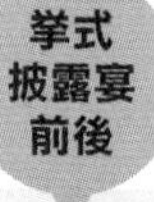
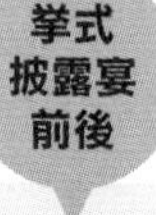

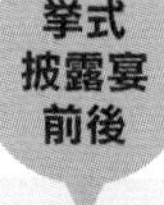
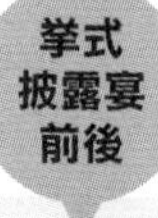
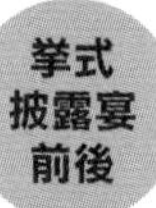
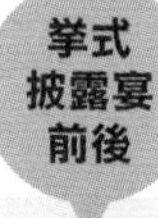
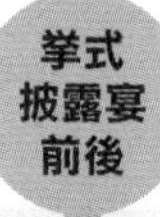
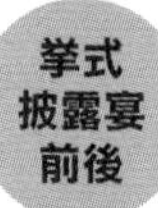
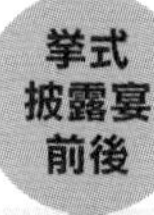
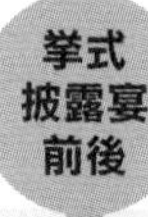
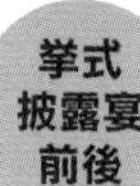

挙式前、親族へあいさつ

両親

兄さん、本日は遠いところを、娘のためにお運びくださいまして、ありがとうございます。先ほど支度がととのいましたので、ごらんになってください。

ところで、義姉(ねえ)さんが入院中とのことですが、おかげんはいかがですか。今日の準備にとり紛れ、お見舞いにも伺えず心苦しく思っておりました。

30秒

POINT 遠路来訪のお礼と、不義理があればおわびを。

挙式
披露宴
前後

終了後、媒酌人へのお礼

両親

○○様、奥様、ほんとうにお世話になり、ありがとうございました。○○様の身に余るごあいさつと、奥様のこまやかなお心づかいには、ほんとうに感激しております。おかげさまで、挙式(きょしき)も滞(とどこお)りなくすみ、たいへん感動的な披露宴となりました。

こちらは、心ばかりですが、謝礼のしるしでございます。どうかお納めください。

30秒

POINT 正式には、謝礼は後日お届けします。

結婚披露宴

ウェルカム・スピーチ

新郎→列席者

1分30秒

ひとこと、ごあいさつを申し上げます。皆様、本日は、お忙しい中、私たちの結婚披露宴にご出席いただきまして、まことにありがとうございます。

先ほど、このホテルのチャペルで、皆様にご祝福いただきながら無事挙式を行い、私たちは夫婦となりました。これもひとえに、今まで私たちをはぐくみ、見守ってくださいました皆様のおかげと、深く感謝しております。

本日は、ささやかなおもてなしではありますが、皆様おひとりおひとりの顔を思い浮かべながら、ふたりで準備を進めてまいりました。

短い時間ではございますが、どうぞおくつろぎいただき、楽しんでくだされぱたいへんうれしく思います。

お開きまで、どうぞよろしくお願いいたします。

本日は、ほんとうにありがとうございます。

POINT ウェルカム・スピーチを行うのは近年のならわし。年長者が多い場合は、最初に断りのひとことを述べてから話し始めます。

結婚披露宴

ウェルカム・スピーチ

新郎新婦→列席者

1分30秒

新郎 皆様、本日はご多用中にもかかわらず、また熊本、鹿児島のご遠方からも、私たちの結婚披露宴にご列席いただきまして、ほんとうにありがとうございます。

先ほど、この会館内の神前におきまして、私たちは夫婦の誓いを交わし、新たな人生の第一歩を踏み出しました。本日、このよき日を迎えることができましたのも、ひとえに皆様のおかげと、あらためて感謝しております。

まことにありがとうございました。

新婦 皆様、本日はほんとうにありがとうございます。無事に式を挙げて○○さんと夫婦になり、今はただ感激と喜びで胸がいっぱいです。

短い時間ではございますが、堅苦しい披露宴ではなく、皆様にお楽しみいただけるひとときになれば、とふたりで準備をしてまいりました。

どうぞよろしくお願いいたします。

POINT 新郎は、列席者へのお礼と挙式の報告、新婦は挙式を終えた感想と列席者への案内など、話す内容を分担します。

両親の謝辞の基本文例

新郎の父の謝辞

1分30秒

POINT

●列席者へ、媒酌人へ、祝福へ、３つのお礼は必須です。
●自分の心情を、場にふさわしい率直な言葉で表現しましょう。
●お礼の言葉ばかりが続くので、一本調子にならないよう、話し方にメリハリをつけましょう。

始めのあいさつ

自己紹介

新郎の父、青木和夫でございます。青木・村山両家を代表いたしまして、皆様にひと言ごあいさつを申し上げます。

★フルネームと、新郎新婦との関係を簡単に説明します。

中心になる話（お礼）

列席者へのお礼

本日はご多用中にもかかわらず、このように大勢の方のご列席をいただきまして、まことにありがとうございます。

★「足元のお悪い中」「連休中にもかかわらず」など状況によってアレンジします。

媒酌人へのお礼

ご媒酌（ばいしゃく）の労（ろう）をおとりくださいました、金田昌彦様ご夫妻には、たいへんお世話になりました。この場をお借りいたしまして心より御礼（おんれい）を申し上げます。

★媒酌人は、本来主催者側の立場なので「この場をお借りして」とひと言断りを入れます。

祝福・励ましへのお礼

また、先ほどより、皆様からは身に余るご祝辞やあたたかい励ましのお言葉をいただき、新郎新婦はもとより私どももたいへん感激しております。

★新郎新婦も両家も、祝福や励ましを心から喜んでいるという心情を伝えます。

親としての心情

新郎新婦には、皆様からいただいたお言葉を心の糧に、ふたり力を合わせて仲むつまじい家庭をつくっていってほしいと願っております。

★親としての感慨や、親からふたりに望むことを述べます。

支援・指導のお願い

とは申しましても、まだ若く未熟な両名でございます。皆様には、一層のご指導を、どうかよろしくお願いいたします。

★引き続きの指導、支援、助言、協力を願う言葉を添えます。

結びのあいさつ

結び

結びになりますが、本日ご列席の皆様の一層のご健康とご繁栄をお祈りし、私のごあいさつといたします。本日はまことにありがとうございました。

★あらためてお礼を述べて、あいさつを締めくくります。

両親の謝辞 新郎の父①

1分30秒

賢の父の橋本一郎でございます。本日は、このように多くの方にご列席を賜り、心より御礼申し上げます。また、ご媒酌の北島様には、ひとかたならぬお世話になり、まことにありがとうございました。

なにぶん両名とも20代前半という若さで、親としては、もう少し経済的基盤を固めてから結婚しても遅くないのでは、という思いもございました。しかしながら、両名の意志はかたく、ふたりの生活設計を聞いて私どもも納得して、この日を迎えたわけでございます。

ふたりには、本日皆様からいただいたありがたいご教訓を肝に銘じ、協力してあたたかい家庭を築いてほしいと願っております。

とは申しましても、なにぶん社会経験が浅く、未熟なふたりでございます。皆様には折にふれ、ご指導、ご助言を賜れば、たいへんありがたく存じます。

本日はまことにありがとうございました。

POINT 新郎新婦が若いなど、心配な点があるときは、今後の支援のお願いを主体にした謝辞にします。

結婚
披露宴

両親の謝辞 新郎の父②

1分30秒

本日はご多忙のところ、ご来臨くださいまして、心より感謝いたしております。新郎の父の田中剛でございます。

皆様からは、お心のこもったお祝いの言葉をちょうだいし、身に余る光栄に存じます。

また、ご媒酌の労をおとりくださいました安藤様ご夫妻には、縁談の際から今日まで、たいへんなお力添えをいただき、厚く御礼申し上げます。

新婦の絵美は、優しい人柄の申し分ない女性です。このようなすばらしい人を新しく娘に迎えることになり、親としてこの上ない満足を感じております。ご列席の皆様には、どうか末永く両名へのお引き立てをお願いいたします。

なお、本日の披露に際しましては、なにかと不行き届きの点もあったことと存じますが、喜びの席に免じまして、ご容赦いただければ幸いに存じます。

皆様、ほんとうにありがとうございました。

POINT 新婦も謝辞を述べる側の立場ですが、新郎の父の口から「新しい娘」を歓迎する言葉を述べるのも好印象です。

結婚披露宴

両親の謝辞 新郎の父③

1分30秒

皆様、本日はお忙しい中、お運びいただきまして、まことにありがとうございました。

ご媒酌(ばいしゃく)の労(ろう)をおとりくださいました、市川信吾総務部長ご夫妻には、ひとかたならぬお世話をいただきまして、心より感謝いたしております。

皆様には、新郎新婦のために、あたたかいお祝いの言葉をいただき、たいへんありがたく存じております。勤務先の方からは、息子の仕事ぶりについてのお話があり、家庭では知ることのできない息子の様子にふれ、親として感無量(かんむりょう)でございました。

新婦の美咲はしっかりした女性で、私も安心しております。しかし、なにぶん若いふたりのこと、どうかこれからもご指導、ご鞭撻(べんたつ)のほどをよろしくお願い申し上げます。

結びになりましたが、ご列席の皆様のご多幸(たこう)と○○株式会社の一層のご隆盛(りゅうせい)をお祈りし、私のごあいさつといたします。

POINT 媒酌人が新郎の上司で、列席者にも勤務先関係者が多い場合は、会社の繁栄を祈る言葉を盛り込んでもいいでしょう。

結婚披露宴

両親の謝辞 新郎の父④

1分30秒

本日は、３連休の中日という日取りにもかかわらず、またご多用の中、裕章と由香利のためにお越しくださいまして、まことにありがとうございます。

先ほどからの皆様のあたたかい祝福のお言葉は、新しい門出を迎えた新郎新婦にとって、最高のプレゼントになったことでしょう。私からも、心より御(おん)礼(れい)を申し上げます。

裕章は弟との２人兄弟、由香利は１人娘ですので、互いの親は、新しい娘と息子ができたようなうれしさを感じております。

ふたりには、皆様のご期待にそえるような、あたたかい家庭を築いてほしいと願っております。どうか、皆様方にも、一層のお力添えをいただければ幸いです。

本日の会の幹事役ならびに司会をしてくださった吉原さん、そしてご列席の皆様、ほんとうにありがとうございました。

POINT 幹事や発起人を立てての披露宴の場合は、世話役へのお礼も忘れずに盛り込みましょう。

結婚披露宴

両親の謝辞 新婦の父①（新郎の父が欠席）

1分30秒

新婦・奈緒の父、大野晴臣でございます。先ほどご説明がありましたように、新郎のお父上があいにく入院中のため、かわりにごあいさつ申し上げます。皆様、本日はご多忙の中をお運びくださり、心より御礼(おんれい)を申し上げます。

新郎の俊平君は、年齢に似合わず、なかなかしっかりした青年です。一方、奈緒は末っ子で、多少わがままではありますが、持ち前の明るさがございます。互いの長所を生かし、ふたりで幸せな家庭を築いてほしいと、それが私どもの願いでございます。

しかし、社会的にはまだ経験の浅いふたりでございます。皆様方には、一層のご指導、ご鞭撻(べんたつ)くださいますよう、どうかよろしくお願いいたします。

最後になりましたが、ご媒酌(ばいしゃく)の瀬戸様ご夫妻にはたいへんお世話になりました。この場をお借りして、厚く御礼を申し上げます。

皆様、本日はありがとうございました。

POINT 「未熟なふたり」とは言わず、多少新郎を持ち上げる表現を。なお、新郎の父が故人の場合は、代行あいさつの説明は不要です。

結婚披露宴

両親の謝辞 新婦の父②（新婦の郷里での宴で）

1分30秒

本日は、休日のところ、ご列席いただき、まことにありがとうございました。

先ほどご媒酌人(ばいしゃくにん)の松浦様からお話がありましたように、ふたりは×月×日、東京の〇〇にて、挙式ならびに披露宴を行いました。遠方のため皆様にお運びいただくのも忍(しの)びなく、こうして本日、当地でのお披露目の機会を設(もう)けたしだいです。ご足労(そくろう)いただきました松浦様と、新郎・達也君のご両親様、勝手なお願いをお聞き届けくださり、ほんとうにありがとうございました。

達也君。真理子は、ふつつかな娘ですが、ここにいる郷里の親族やご友人に囲まれ、素直に育ったのが取りえです。至らぬ点も多いと思いますが、どうか末永(すえなが)くよろしくお願いいたします。

両名(りょうめい)は、東京で結婚生活を始めました。皆様には、ふたりの将来をお見守りくださいますよう、お願い申し上げます。本日は、ありがとうございました。

POINT 「娘をよろしく」と、新郎に将来を託す言葉を織り込むと、新婦の父親のあいさつらしい情感が生まれます。

両親の謝辞
新郎の母（新郎の父が故人）

1分30秒

新郎・克彦の母、富子でございます。僭越（せんえつ）ながら、私からごあいさつを申し上げます。

皆様、本日は克彦と浩代のためにおいでくださいまして、ほんとうにありがとうございました。

克彦が、曲がりなりにも一人前（いちにんまえ）に成長し、浩代のようなすばらしい女性と結婚できることになったのは、ひとえに今日ご列席の皆様のおかげと、心より感謝しております。

ご存じのように、克彦の父親は、克彦が小学生のときに不慮（ふりょ）の事故で他界しております。以来、息子を育て上げることが、亡き夫への務めと思って暮らしてまいりました。今日のよき日を迎え、ようやく責任が果たせたような安堵（あんど）を感じております。

克彦、そして浩代さん。ふたりで力を合わせ、あたたかい家庭を築いてください。そして皆様方、若いふたりを今後ともよろしくお願いいたします。

本日はありがとうございました。

POINT 女手一つで子どもを育て上げ、晴れの日を迎える感慨を主体にしますが、湿っぽくならないよう注意しましょう。

結婚
披露宴

親族の謝辞
新郎の伯父（新郎の父が故人）

1分30秒

新郎の伯父にあたります佐伯文弥でございます。僭越（せんえつ）ではございますが、新郎の親がわりということでごあいさつ申し上げます。

皆様、本日はご多用のところ、このように多数ご来臨賜り（らいりんたまわり）、また、お心のこもったご祝辞の数々をいただき、まことにありがとうございました。

ご媒酌（ばいしゃく）の労（ろう）をおとりくださいました藤川様ご夫妻には、ときに父親としての立場で新郎にご助言をいただいたと聞いております。親身（しんみ）なお心づかい、まことにありがとうございました。

新婦の秀子さんはほんとうに心優しい女性で、結婚後、新郎の母親と同居することをご自分から申し出てくださったとのことです。母親の由起子さんはもちろん、亡くなった弟もどれほど喜び、安心していることかと思います。

皆様には、未来に向けて歩み始めたふたりに、一層のご指導、ご助言をよろしくお願いいたします。

POINT 新郎の父親に近い立場での謝辞なので、「父親もさぞ喜び安心しているだろう」と思いやる言葉を主体にします。

結婚披露宴

親族の謝辞
新郎の兄（父の代行で）

1分30秒

皆様、本日はお忙しい中、ご列席をいただき、まことにありがとうございました。

新郎の兄の小島恭一でございます。本来であれば父からごあいさつを申し上げるべきところですが、少々体調を崩し、現在入院中でございます。本人は、出席を強く希望したのですが、大事をとって本日は失礼させていただきました。皆様にくれぐれもお礼を申し上げるように、とのことでございました。

新郎の健三は、子どものころはたいへんなわんぱくで、親も私もハラハラし通しでした。それが、どうにか一人前の社会人としてやっていけるようになり、このたびすばらしいパートナーを得ることもできました。家族として感無量(かんむりょう)の思いでございます。

とはいっても未熟者(みじゅくもの)のふたりでございます。皆様には、今後ともあたたかいご指導、厳しいご叱責(しっせき)のほどをお願いいたします。

本日は、まことにありがとうございました。

POINT 父親の欠席については簡単にふれますが、喜びの席で余計な心配をかけないよう、「大事をとったのだ」とするのが無難です。

結婚披露宴

親族の謝辞
新婦の伯父（新郎新婦の父がわり）

1分30秒

新婦・真理絵の伯父(おじ)といたしまして、ひと言皆様にごあいさつを申し上げます。

本日はご多用中にもかかわらず、このように多数の方々にご列席をいただき、心より御礼(おんれい)を申し上げます。

すでに皆様ご承知のように、新郎新婦はともに母親の女手(おんなで)一つで育てられました。それこそ身を粉(こ)にするように働き、今日の晴れの日を迎えた双方のお母上の感慨はいかばかりかと存じます。

また、新郎新婦自身も、父親不在の家庭で、なにかと苦労が多かったことと思います。これからは、今まで育ててくれた母親への感謝の気持ちを忘れず、ふたりで大きな幸せをつかんでください。

人の心の痛みがわかるふたりですから、思いやりのある家庭を築くことを期待していますが、皆様にはより一層のご支援をお願いいたします。本日はありがとうございました。

POINT 父親不在で育ったふたりには、これからの母親への孝行と、格別に幸せな家庭づくりを願う言葉を贈ります。

結婚披露宴

新郎新婦の謝辞

新郎①

1分30秒

皆様、本日はお忙しいところ、私どものためにご列席いただき、ほんとうにありがとうございました。先ほどより、たくさんのお祝いや励ましをいただき、たいへん感激しております。お言葉の一つ一つを胸に刻み、ご期待にそえるようふたりで力を合わせて努力してまいります。

私どもが、こうして喜びの日を迎えられることになったのは、ひとえに皆様方のご指導、ご支援のおかげと、あらためて感謝いたしております。しかし、社会に出てからわずか5年足らずで、なにぶん未熟な私どもでございます。どうかこれまで同様、私どもをお導きくださいますよう、お願い申し上げます。

申し遅れましたが、ご媒酌人の横田様ご夫妻には、たいへんお世話になりました。この場をお借りして、厚く御礼（おんれい）を申し上げます。

皆様のご多幸をお祈りし、私のごあいさつといたします。ありがとうございました。

POINT 本人が謝辞を述べる場合は、お祝いへの感謝に続き、期待にそえるよう努力すると展開すると好印象です。

なるほど！ column

新郎新婦が謝辞を述べるときの姿勢は

新郎新婦をはさんで、両家の両親が立ちます。新郎新婦が謝辞（しゃじ）を述べるときには、1歩前に出ます。新郎だけが話すときも、新婦は並んで立ちます。

あいさつの始めと終わりは、新郎新婦がそろって礼をします。さらに、話の途中で「ありがとうございました」など、お礼の言葉があるたびに、新郎新婦ともに軽く頭を下げると、ていねいな印象になります。

あいさつは、親が述べる謝辞の場合と同様、列席者へのお礼とともに、自分たちを謙遜（けんそん）しながら今後の指導を願うのが目的です。しかし姿勢や話し方まで卑屈（ひくつ）にする必要はありません。姿勢を正し、明るい声で話しましょう。目上の人も列席している披露宴では、新郎新婦が手をつなぐ、腕を組むなどはしないほうが無難（ぶなん）です。

結婚披露宴

新郎新婦の謝辞　新郎②

皆様、本日はご多用中にもかかわらず、私と愛子のためにご列席くださいまして、ありがとうございました。

このようになごやかな披露宴を行うことができましたのも、ひとえに皆様のあたたかいお心づかいのおかげと、心より感謝いたしております。

また、ご媒酌（ばいしゃく）の水上様には身に余るお言葉をちょうだいし、たいへん恐縮しております。

私どもは、これまで、それぞれ親元で暮らしてまいり、今日が名実（めいじつ）ともにひとり立ちの日でございます。まさしくゼロからのスタートとなりますが、これからふたりで協力しながら明るい家庭を築くことが、皆様のお心のこもったご祝福におこたえできる道と考えております。

皆様方には、どうぞこれからも未熟な私どもをご指導くださいますよう、お願い申し上げます。

本日はまことにありがとうございました。

1分30秒

POINT 新しい生活への決意と抱負（ほうふ）を述べ、列席者の期待にこたえられるよう努力することを誓って結びます。

結婚披露宴

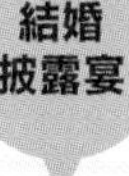

新郎新婦の謝辞　新郎③

皆様、今日は私どものためにお集まりくださいまして、ほんとうにありがとうございました。

こうして、日ごろから親しくしている皆様に囲まれ、あたたかい祝福を受けながら、新しい生活への第一歩を踏み出せる幸せを、今しみじみと感じております。と同時に、家庭を持つという責任を実感としてかみしめているところです。

皆様からいただきました数々のお祝いと励ましの言葉をしっかりと心に刻み、精いっぱい努力していきたいと存じます。どうかこれからも一層のご指導をお願いいたします。

なお、この会の世話人の三浦君と山路さん、司会の長島君、おかげさまでたいへんなごやかな会になりました。どうもありがとう。

皆様のお力添えに心より感謝し、まことに簡単ですが、私のごあいさつといたします。

ほんとうにありがとうございました。

1分30秒

POINT カジュアルな披露宴では、場にふさわしい平易な言葉を選び、世話役へのお礼も忘れずに盛り込みます。

結婚披露宴

新郎新婦の謝辞（晩婚）

新郎④　1分30秒

澄み渡る五月晴れ（さつきば）のよき日に、たくさんの皆様にご列席いただき、新しい門出を迎えられたことを、たいへんうれしく光栄に思っております。また、先ほどから、たくさんのあたたかいお祝いと励ましをいただき、ほんとうにありがとうございました。

彼女も私も仕事上、異性と知り合う機会が少なく、結婚生活のスタートはややゆっくりとしたものになりました。ただ、ふたりともある程度の社会経験を積んでから出会えたことは、むしろ幸せなことと感じております。互いに思いやりの心を忘れず、助け合いながら明るい家庭をつくり上げてまいります。

年齢的には未熟者とはいえない私どもですが、結婚生活については若葉マークがしっかりとついております。皆様には、これからもいろいろとご指導いただきたいと存じますので、どうかよろしくお願いいたします。

本日はまことにありがとうございました。

POINT さりげなく晩婚のメリットを強調しながら、「家庭人としては1年生」と謙遜（けんそん）して、今後の指導のお願いへとつなげます。

結婚披露宴

新郎新婦の謝辞（再婚）

新郎⑤　1分30秒

本日は、お足元の悪い中、私どものためにお運びくださり、まことにありがとうございました。また、皆様からはお心のこもったお祝いや応援のお言葉をちょうだいし、ほんとうにうれしく思っております。

ご存じのとおり、私どもは再婚どうしです。率直に申し上げて、結婚生活は山あり谷ありであることを、ふたりとも身をもって体験しております。しかし、そんなふたりだからこそ、ともに暮らすことの幸せと大切さも知っているつもりです。

これまでの経験が、今後の人生にきっとプラスになることを信じ、ふたりで足並みをそろえて歩んでいく覚悟でおります。

皆様には、どうか今後ともよろしくご指導、ご助言のほどをお願い申し上げます。皆様のご健康とご多幸（たこう）をお祈り申し上げまして、簡単ですが私のごあいさつといたします。

本日はまことにありがとうございました。

POINT 再婚などの事情がある場合は「これまでの人生経験をプラスに」と前向きにとらえながら、新しい生活への決意を述べます。

結婚披露宴

新郎新婦の謝辞
新郎・新婦

1分30秒

新郎　皆様、本日はお忙しい中、多数の方にご列席いただき、ありがとうございました。皆様からは、お心のこもったご祝辞や励ましのお言葉をいただき、感激と責任で、身の引き締まる思いがしております。

また、ご媒酌（ばいしゃく）の労（ろう）をおとりくださいました井上様ご夫妻には、たいへんお世話になったばかりか、身に余るごあいさつをいただきました。心より御礼（おんれい）を申し上げます。

今後は、皆様のご期待にそえるよう、ふたり力を合わせて歩んでまいります。どうかこれからもご支援くださいますよう、よろしくお願い申し上げます。

新婦　皆様からいただいたあたたかい祝福への感動がまだ続いております。未熟な私どもですが、ふたりで助け合いながら、あたたかい家庭を築いていきたいと思っております。

新郎新婦　本日はありがとうございました。

どうか今後ともよろしくお願いいたします。

POINT　短くても、新婦もお礼の言葉を述べるようにすると、親しみと心のこもった謝辞になります。

結婚披露宴

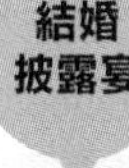

新郎新婦の謝辞（新郎の家業後継に感謝）
新婦

1分30秒

妃登美でございます。僭越（せんえつ）ですが、私からもひと言ごあいさつ申し上げます。

皆様から、お心のこもった祝福や励ましのお言葉をいただき、感激で胸がいっぱいです。

これから勝さんには、私の実家の仕事を助けてもらうことになります。勝さんは、実家の父からの申し出を受け、これまでとはまったく違う仕事の世界に入るという、大きな決断をしてくれました。

勝さんには、言葉であらわせないほど感謝しております。また、私と知り合ったことで、彼の人生のコースを変えてしまったという責任も感じています。

あたたかいご理解をいただいた勝さんのご両親やご親族のお気持ちにこたえるためにも、これからは勝さんを支え、ふたりで力を合わせて幸せな家庭を築いていきたいと存じます。

どうか皆様、私どもに一層のお力添えをお願いいたします。本日はありがとうございました。

POINT　生家の家業を継ぐ、婿入（むこい）りするなどの場合は、大きな決断をした新郎や、理解を示した新郎の親族への感謝を主体にします。

結婚式二次会

新郎・新婦

新郎新婦の謝辞（二次会の冒頭で①）

1分30秒

新郎　皆さん、今日は私たちふたりのためにこのような席を設けてくださり、ほんとうにありがとうございました。先ほど、○○ホテルで挙式と披露宴を無事にすませ、ほっと一息ついたところです。一日のうちに、こんなに何度も着がえ、祝われたり励まされたりしたのは初めてのことで、まだ頭が少しボーッとしています。ただ、日ごろから親しくしていただいている皆さんとともに、この、めでたくも忙しい一日の締めくくりができることを、ほんとうにうれしく思っています。

紹介が遅れましたが、こちらが由香です。

新婦　由香でございます。皆さん、今日はほんとうにありがとうございます。緊張しっぱなしの一日でしたが、これから皆さんとゆっくり楽しみたいと思っています。どうぞよろしくお願いいたします

新郎　今日は皆さんのさかなになることを覚悟でまいりましたが、どうぞお手やわらかに。

POINT 出席へのお礼とともに、挙式・披露宴の報告を行い、二次会でようやくくつろげたという心情を語ります。

結婚式二次会

新郎

新郎新婦の謝辞（二次会の冒頭で②）

1分30秒

皆さん、休日でなにかとお忙しい中、私たちのためにお集まりくださり、ありがとうございました。

私と、ここにおります妻の真由は、本日、○○教会で結婚式をあげ、続いてこのホテルで披露宴を行いました。ほんとうはここにいらっしゃる全員の皆様をご招待したかったのですが、会場の関係でそうもいかず、○○さんに幹事となっていただき、こうして二次会の設定をお願いいたしました。

初めての方もいらっしゃいますので、簡単に自己紹介をさせていただきます。

私たちは大学が同じで、テニスサークルの先輩後輩という関係で知り合いました。現在、私は○○株式会社の企画部に勤務し、真由は海外留学の経験を生かして英会話教室の講師を務めています。

真由は結婚後も仕事を続け、たぶん以前と同じような生活になると思いますので、皆さん、これからもよろしくおつきあいください。

POINT 披露宴に出席していないメンバーが多いときは、招待できなかったおわびを述べ、簡単な自己紹介を行います。

結婚式
二次会

新郎新婦の謝辞（二次会の結びに）

新郎

1分30秒

皆さん、本日はありがとうございました。今日は緊張の一日でしたが、ここに来て、私たちもようやくリラックスでき、本来の自分をとり戻せたような気がしています。

もしかしたら由紀の大きな笑い声に驚いた方もいらっしゃるかもしれませんが、由紀は、ほんとうによく笑う、とても楽しい女性です。これからの結婚生活は、いつも楽しいことばかりではないでしょうが、由紀と一緒なら、楽しさは2倍に、つらさは半分にできるような気がします。至らない私たちですが、これからもよろしくおつきあいください。

最後になりましたが、二次会の幹事と司会をしてくれた山本君、中村さん、ほんとうにありがとうございました。おかげさまで、記念の一日を締めくくるにふさわしい、楽しいひとときになりました。

皆さん、ほんとうにどうもありがとう。そして、これからもよろしくお願いします。

POINT　二次会は、幹事や世話役をお願いして準備するのが一般的です。会の結びには、お世話になった人へのお礼も忘れずに。

結婚式
二次会

新郎新婦の謝辞（二次会の結びに）

新郎・新婦

1分30秒

新郎　本日は、お忙しい中、お越しくださり、ほんとうにありがとうございました。

今日、しみじみと思ったのですが、これまで皆さんと培（つちか）ってきた友情や人間関係は、私たちにとって、かけがえのない、もっとも大切な財産だ、ということです。「結婚したらつきあいが悪くなった」などと言われないよう、お互いの交友関係を大事にしていきたいと思います。皆さん、これからも変わらぬおつきあいをよろしくお願いいたします。

幹事の高橋君、楽しい趣向をたくさん準備してくれて、どうもありがとうございました。

新婦　今日は、晴彦さんのお友達や同僚の方とも親しくお話しすることができ、ほんとうに楽しく充実したひとときを過ごすことができました。新居は、○○駅のすぐそばですので、ぜひ皆さん、一度遊びにいらしてください。お待ちしております。

新郎新婦　皆さん、ありがとうございました。

POINT　披露宴の謝辞では、今後の「指導」をお願いしますが、同年代の多い二次会では「変わらぬおつきあい」を願うのが自然です。

結婚披露宴

親族のあいさつ　新郎の伯父

1分30秒

新郎の伯父、渡辺幸義でございます。まことに僭越ながら、両家の親族を代表いたしまして、ひと言ごあいさつを申し上げます。

本日は、渡辺・清水両家の婚儀にご列席いただき、まことにありがとうございました。また、皆様からの身に余るご祝辞の数々、新郎新婦はもとより親族一同感謝に堪えません。渡辺・清水両家に良縁をとり結んでくださいましたご媒酌人の高峰様ご夫妻には、この場をお借りして厚く御礼を申し上げます。

新郎新婦は、今日の感激を胸に、皆様のご期待にそうようなすばらしい家庭を築いてほしいと願っております。ご列席の皆様には、今後とも両名へのご指導、ご鞭撻のほどをよろしくお願い申し上げます。

結びになりましたが、皆々様の一層のご多幸と、渡辺・清水両家の一層のご繁栄を祈りまして、私のごあいさつといたします。本日はありがとうございました。

POINT 親族代表としてあいさつする場合は、両家の結びつきを強調し、末永い両家の繁栄を祈る言葉で締めくくります。

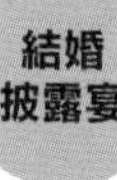

結婚披露宴

親族のあいさつ　新郎の叔父①

1分30秒

新郎の父親の弟にあたる、香取道隆でございます。室井家の皆様、本日は遠方をいとわずご列席くださり、まことにありがとうございます。

香取の本家はここ○○県で農業を営んでおりますが、兄は仕事の関係で東京におりますため、弟の私が祖先からの田畑を守っております。ふだんは静かな農村ですが、盆休みと正月には、今日のようにきょうだいやいとこたちが集まり、それはにぎやかになります。新郎の正臣君も毎年訪れ、のんびりと過ごすのが恒例になっています。今度の正月からは、それに新婦の久美さんも加わるわけで、今から、たいへん楽しみです。

代々続く名家ではありませんが、こうして親族が親しく交流しているのが、香取家の唯一の自慢です。室井家の皆様とも、これから末永いおつきあいが始まるわけで、どうぞ幾久しくよろしくお願いしたいと存じます。

POINT 新郎新婦の郷里で、親族だけの披露宴を開く場合は、一族に新しく新婦（新郎）を迎える喜びを主体にあいさつをします。

結婚披露宴

親族のあいさつ
新郎の叔父②

1分30秒

新郎の叔父の後藤振一郎でございます。高い席から恐縮でございますが、親族を代表いたしましてごあいさつを申し上げます。

本日は、新郎直弥と新婦亜矢のため、多数ご列席いただき、心より御礼(おんれい)を申し上げます。

幼いころの直弥は、今は亡き、私の母と同居しておりまして、いわゆる「おばあちゃん子」として、たいへんかわいがられて育ちました。私などは、わがままな甘えん坊になるのではと内心心配しておりましたが、直弥と祖母との交流は、いい方向に働いたようです。身内の私が申すのもはばかられますが、心の優しい、思いやりのある青年に成長してくれました。きっと、亜矢さんにも優しく接し、あたたかい家庭をつくり上げることと思います。

新しい一歩を踏み出した若いふたりに、今後ますますのご指導を賜(たまわ)りますよう、親族一同よりお願い申し上げます。本日はありがとうございました。

POINT 新郎の長所を述べるときは「身内の立場で申し上げるのも……」などと謙譲(けんじょう)的な表現を添えます。

結婚披露宴

親族のあいさつ
新婦の伯父（新婦の母が他界）

1分30秒

このたびは、小笠原俊一君と姪(めい)の志穂のためご来臨(らいりん)いただき、ありがとうございました。

新婦・志穂の親族を代表いたしまして、ひと言ごあいさつを述べさせていただきます。

ご存じのように、私の妹、つまり志穂の母親は志穂が中学生のときに他界しました。以来、志穂は、遊びたい盛りの年齢にもかかわらず、母親にかわって家事や弟妹の世話をこなしてきたわけでございます。私が申すのも何ですが、成績もまずまずでしたので、大学への進学をすすめたのですが、本人の意志で、高校卒業後すぐに就職しました。

年齢に似合わぬ悲しみと苦労を体験してきた志穂でございます。小笠原君というすばらしい伴侶(はんりょ)を得て、これからは、自分たちの幸せをつかむため、明るく歩んでいってほしいと、心から願っています。

皆様、若いふたりに、あたたかい応援とご指導をこれからもよろしくお願いいたします。

POINT 新婦の苦労を、湿っぽくならないように語りながら、これからの幸せを心から祈る言葉で結びます。

結婚披露宴

親族のお祝いスピーチ

新郎の伯父

1分30秒

康恵さん、健人君、ご結婚おめでとうございます。そして、皆様には、ご多用のところ、ふたりのためにご列席くださいまして、私からも心より御礼申し上げます。

申し遅れましたが、新郎の伯父の松山春雄と申します。親族がスピーチするのも僭越ですが、新郎とは長年の将棋仲間ですので、今日はその立場でお話をさせていただきます。

将棋は、いかに先の手を読むかが勝負と思われがちですが、プロ棋士に言わせると、「手を読む」よりも「手を引く」ことが大事なのだそうです。幾とおりも読んだ手を瞬時のうちに取捨選択して、最良の手を打つことが求められるわけですね。

結婚生活でも、同じような局面があることでしょう。しかし、健人君の持ち前の勝負強さと判断力で、康恵さんとともに連勝街道を突き進むことを祈っています。本日はおめでとうございました。

POINT 来賓スピーチの時間帯の中で話すときは、親族として列席者へのお礼を述べたあと、祝辞に移ります。

結婚披露宴

親族のお祝いスピーチ

新郎の姉

1分30秒

美樹さん、俊輔、おめでとう。

こんなに大勢の方の祝福を受けながら、新しい門出を迎えることは、ほんとうに幸せなことですね。

ご列席の皆様、本日はありがとうございます。俊輔の姉の沢村圭子です。

2年前、私が遠方に嫁ぎましてからは、両親だけの暮らしとなりました。それまでは、年に数回しか顔を見せなかった俊輔が、以来、折にふれ、両親の様子を見に帰宅していることを知り、その優しさと思いやりには、弟ながら感心したものです。

美樹さんというすばらしいパートナーに恵まれ、両親は娘が増えたようだと喜んでおりますし、私も、かわいい妹ができてとてもうれしく思っています。おふたりがすてきな家庭を築くとともに、私どもの家族、親族とも、親しく、そして仲よくおつきあいいただきたいというのが、私の願いです。

美樹さん、どうぞよろしくお願いしますね。

POINT 弟の優しさをさりげなく紹介しながら、新しい「妹」の誕生を心から歓迎する気持ちを、飾らない言葉で語ります。

結婚披露宴

親族のお祝いスピーチ
新婦の伯母

1分30秒

高原さん、麻里奈ちゃん、ご結婚おめでとうございます。そしてご列席の皆様には、親族の一人、新婦の伯母として、心より御礼を申し上げます。

幼いころからよく知っている麻里奈ちゃんの花嫁姿を見て、ほんとうに感無量です。

おふたりは、5年越しの交際を実らせたわけですが、実は、私もそれに一役買ったと自負しています。と申しますのも、私は麻里奈ちゃんに幸せな結婚をしてほしいと願っておりましたし、元来がおせっかいなものですから、昨年、麻里奈ちゃんに縁談をすすめたのです。高原さんとのご交際は存じませんでした。当然ながら麻里奈ちゃんからはお断りの返事が来ました。が、それをきっかけに高原さんが麻里奈ちゃんにプロポーズし、今日のよき日に至ったと伺っています。かなりとうの立った愛のキューピッドですが、これからもおふたりを応援していますよ。

本日は、おめでとうございました。

POINT 親族の語るエピソードは、幼いころの思い出が中心になりがちですが、なれそめなどにかかわっているなら、ぜひその話を。

結婚披露宴

親族のお祝いスピーチ
新婦の兄

1分30秒

菊地さん、そしてまどか、結婚おめでとう。

皆様、本日はふたりのためにお越しくださり、ありがとうございます。まどかの兄の堀口勲です。

兄にとって妹というのは、幾つになっても心もとなく思えるものです。先ほど、皆様からの身に余るご祝辞をいただき、兄として面映ゆく感じるとともに、私の知らないところで、妹も、女性として、社会人として、一人前になっているのだなと頼もしくも思いました。

ご紹介のように、菊地さんとまどかは、ボランティアサークルで知り合いました。志や興味、関心が同じ方と、ともに歩んでいけることは、妹にとってたいへん幸せなことですし、兄としても、心強く思っております。

菊地さん、妹のことを、どうか末永くよろしく頼みます。また、ご列席の皆様も、ふたりに一層のお力添えをお願いいたします。

POINT 新郎へは、信頼感をあらわしながら、妹を託します。また、兄として、列席者にふたりへの支援をお願いします。

結婚披露宴

花嫁の手紙①
新婦⇒新婦の両親

1分30秒

今、私の胸には、子どものころの思い出があざやかによみがえってきています。

お父さん。動物園や遊園地に行くと、必ず肩車（かたぐるま）してくれましたね。それから、一緒におふろに入っていたころ見ていたお父さんの背中、広かったな。

お母さん。毎日自転車で幼稚園の送り迎えをしてくれましたね。お母さんはお菓子作りが得意で、学校から帰ると甘いにおいがする日の幸せな気分は、今もはっきり覚えています。

中学生、高校生のときは、勉強しなさい、帰宅時間が遅い、部屋を掃除しなさいって、ずいぶんしかられたわ。当時は反抗的な態度をとったこともあったけれど、私のためを思って言ってくれていることはわかっていました。

お父さん、お母さん。あふれるほどの愛情で私を育ててくれてありがとう。たくさんの思い出をありがとう。きっと、きっと、幸せになります！

POINT 今までの思い出を具体的にあげながら、両親の愛情と、慈しみ育ててくれたことへの感謝を述べます。

結婚披露宴

花嫁の手紙②
新婦⇒新婦の両親

1分30秒

お父さん、お母さん。私が高校2年の夏、花火大会の夜のこと、覚えていますか？

お母さんに浴衣（ゆかた）を着つけてもらい、友達と出かけた花火大会でした。終わったあとも、友達とのおしゃべりに夢中になってしまい、ずいぶん帰りが遅くなってしまったのです。

駅に着いたのは11時過ぎでした。改札口で待ちかねていたお母さんは「無事でよかった」とひと言いって涙、涙。家の前には仁王立ち（におうだち）になったお父さんがいて、生まれて初めて、ほおをたたかれました。

思わず「なによ、このぐらいのことで」と反発して、とうとう「ごめんなさい」が言えなかった。ずっと気にしてました。今日は、あらためて言わせて。

お父さん、お母さん、ごめんなさい。そして、大切に育ててくれて、ありがとう。

これからは、心配をかけないように、昌平さんとしっかり歩んでいきます。

POINT きつくしかられたエピソードを主体に、当時は素直に言えなかった「ごめんなさい」を両親に贈ります。

結婚披露宴

花嫁の手紙③
新婦⇓新婦の両親

1分30秒

今でこそ、プールや海で泳ぎ、風邪（かぜ）もめったにひかない私ですが、子どものころは心配をかけました。かなり重度のアトピー性皮膚炎と、小児ぜんそく。寝ている間に無意識に体をかいてしまうからと、毎晩、右手はママ、左手はパパが握って川の字で寝ていました。そして、ぜんそく発作（ほっさ）が起こると、パパもママも、ずっと背中をさすり続けてくれましたね。

中学に入ると、アトピーもぜんそくもうそのように消え、かゆみや発作に苦しむことはなくなりました。でも、私のアトピーとぜんそくを治してくれたのは、体の成長や薬ではなく、私の手を握ってくれていた、私の背中をさすってくれていた、パパとママの手だと思っています。

いつか子どもに恵まれたら、英人さんと私の手も、パパとママのようにすてきな奇跡（きせき）を起こせるようになれるといいなと思います。

パパ、ママ、ほんとうにありがとう。

POINT 病気・けがの「手当て」は、「手を当てる」に由来します。自分の病気・けがの際の両親の手のぬくもりを語るのも感動的です。

結婚披露宴

花嫁の手紙④
新婦⇓新婦の両親

1分30秒

今日の朝ご飯も、いつものように親子3人がそろって食べました。お父さんは「夕食の時間には帰ってこられないから、朝ご飯は一緒に食べよう」というのが口癖（くちぐせ）でしたね。休日の朝も「ご飯だよ」と起こされて、ちょっとふくれた日もあったけど、いつしかそれがわが家の習慣になりました。

洋食なら、じゃがいも入りのふわふわオムレツ、和食なら、野菜がたっぷり入った味噌汁（みそしる）がお母さんの朝食の定番（ていばん）でした。私が今、健康でいられるのは、お父さんが定着させたすてきな習慣と、お母さんのバランスのいい料理のおかげと思っています。

これからは、康介さんと私が、私たちの新しい家族の習慣をつくっていきます。

お父さん、お母さん、今までほんとうにありがとう。お父さんとお母さんの娘に生まれて、とっても幸せでした。

これからも朝食はふたりで一緒にね。

POINT 家族の習慣や母親の手料理の思い出は、毎日のことだけに家族の歴史を感じさせ、しみじみとしたあいさつになります。

結婚披露宴

花嫁の手紙⑤

新婦 ⇒ 新婦の両親

1分30秒

いま、私が二人に伝えたいこと。「ありがとう」。ほかに言葉が見つかりません。

お父さん。忙しい仕事を持ち、朝早くから夜遅くまで働きづめだったのに、アルバムを見たら家族旅行の写真がたくさんあって、驚きました。そういえば、出張のかばんを持ったまま、運動会に駆けつけてくれたこともありましたよね。家族をたいせつにしてくれたお父さん、ほんとうにありがとう。

お母さん。お母さんもずっと仕事をしていて、学校から帰ってきてもお母さんはいなかったけれど、毎日、食卓の上の手紙が私を迎えてくれました。プリンが冷蔵庫に冷えてるよ、とか、シフォンケーキはちょっと失敗しましたとかね。忙しい毎日だったのに、ずっと手作りおやつを作ってくれたんですよね。お母さん、ありがとう。

お父さん、お母さんの子どもに生まれて、幸せでした。これからもどうぞよろしくお願いします。

POINT 両親とも忙しい日々の中で、いかに子どものことをたいせつに思ってくれていたかのエピソードをまじえながら、感謝の気持ちを伝えます。

結婚披露宴

嫁の手紙⑥

新婦 ⇒ 新婦の両親、新郎の両親

1分30秒

物心ついてからずっと、お父さんとお母さんがけんかをしているのを見たことがありませんでした。

先日、母にそのことを尋ねたら「仲はいいけど、けんかぐらいするわよ。ただ、子どもには見せないっていうのが、あなたが生まれたときの約束だったのよ」と笑われました。

いつも笑いの絶えない楽しい家庭だと思っていましたが、そんな約束事があったのですね。そうやってたいせつに育てられたことに、今、あらためて感謝の気持ちでいっぱいになっています。

私は、きょうおおぜいの皆様に見守られ、祝福されながら嫁ぎます。これからはふたりで力を合わせ、お父さんとお母さんのような仲のいい夫婦になります。結婚しても、私はお父さん、お母さんの娘ですからね。これからも私たちのお手本でいてください。

そして、雄介さんのお父さん、お母さん。至らない私ですが、末永くよろしくお願いいたします。

POINT 自分の両親に対しては「これからも私たちのお手本に」、相手の両親に対しては「末永くよろしく」と、今後に向けた言葉で結びます。

結婚披露宴

花嫁の手紙⑦ 新婦⇒新婦の父親

お父さん。「娘を嫁に出すぐらいで、おれは絶対泣かないからな」と宣言していたお父さん。

結婚式を前にして思い出すのは、これまで一度しか見たことがないお父さんの涙です。顔に白い布をかけられたお母さんのベッドの脇（わき）で、声を上げ、肩を震わせて泣く姿です。

私と妹は小学生でした。それからのお父さんは、会社の転勤話も断り、母の眠るこの土地で私たちを育て上げてくれました。言葉では言いあらわせないほど、感謝しています。尊敬もしています。お父さん、ありがとう。今は、それしか言えません。

お母さん。私の花嫁姿が見えますか？　これからは、春樹さんと幸せな家庭を築き、お母さんの分も幸せになります。お父さんと私たちのこと、ずっと見守っていてくださいね。

春樹さんのお母さん。私に、再び「お母さん」と呼べる人ができました。よろしくお願いします。

1分30秒

POINT 男手一つで育ててくれた父親への感謝をメインに、新しい「母親」ができた喜びを語り、明るくまとめます。

結婚披露宴

花嫁の手紙⑧ 新婦⇒新婦の母親

10年前、お父さんを交通事故で亡くしてから、お母さんは女手一つで私と弟を育ててくれました。いつも前向きで、私たちの前では明るくふるまうお母さんだったから、お父さんがいなくても寂（さび）しいと思ったことはありません。だけど、夜中に起きだして、お父さんの写真に話しかけている後ろ姿、何度も見たことがあります。私に寂しさを感じさせないようにしてくれていたけれど、お母さん自身は、人一倍（ひといちばい）寂しがりやのこと、私は知っています。

お母さん。私の結婚には大賛成してくれたけど、お嫁に行っちゃうのは寂しいですか？　でも、娘がいなくなるんじゃなくて、新しい息子が1人増えたと思ってくださいね。そして、これからは、自分自身のために時間を使ってくださいね。

お母さん、今まで育ててくれて、ほんとうにありがとう。そして、これからも、義之さんとともに、ずっとよろしくお願いします。

1分30秒

POINT 女手一つで育ててくれた母親への感謝をメインに、これから始まる幸せを伝えて結びます。

媒酌人のあいさつのポイント

披露宴での媒酌人の役割とあいさつは

①来賓の出迎え
　新郎新婦、両家の両親とともに入り口に立ち、来賓を出迎えます。

②新郎新婦入場
　媒酌人（ばいしゃくにん）が新郎を先導、媒酌人夫人は新婦の手をとって入場します。

③開宴

④媒酌人のあいさつ
　媒酌人夫妻、新郎新婦、両家両親が起立して行います。

⑤主賓のあいさつ
　新郎新婦とともに起立し、着席を促されたら座ります。

⑥乾杯、食事開始

⑦ウエディングケーキ入刀

⑧お色直しのために新婦退場
　媒酌人夫人は新婦の手をとってお色直しに向かいます。

⑨お色直し入場
　お色直し後の入場のときには、新郎新婦が腕を組むため、媒酌人夫妻の出番はありません。

⑩来賓スピーチ、余興、祝電披露など

⑪両親への花束贈呈

⑫新郎新婦（または親）からの謝辞
　媒酌人夫妻へのお礼の言葉があったときは、軽く一礼して答えます。

⑬お開き、来賓見送り
　出口に進み、新郎新婦、両家両親とともに立って、来賓を見送ります。

媒酌人のあいさつは主催者の立場で

「仲人（なこうど）」には、結婚に限らず、一般に「仲立ちをする人」の意味があります。そこで、「特に結婚の仲立ちをする仲人」を「媒酌人」と呼びます。

媒酌人は、新郎新婦や両家親族と同じ主催者側の立場にあり、その代表としてあいさつをします。ですから新郎新婦や両家をあらわすときは「身内」として謙譲の表現を、一方、列席者には敬う表現をしなくてはなりません。

媒酌人のあいさつは、披露宴の冒頭で行います。開幕にふさわしい、晴れやかさ、明るさ、品位が求められます。

披露宴前後

披露宴前のあいさつ
媒酌人 ⇓ 新郎新婦、両親へ

本日はおめでとうございます。お天気にも恵まれ、いい門出の日になりました。

おふたりのお支度も、もうととのっていますね。

拓也君は体格がいいから、タキシード姿もサマになっている。沙織さんのウエディングドレス姿も、美しい。ほんとうにお似合いのカップルだ。

30秒

POINT あえて気さくな調子で話しかけます。

披露宴前後

披露宴前のあいさつ
媒酌人 ⇓ 親族へ

ご親族の皆様、本日はお日柄もよく、まことにおめでとうございます。

本日、媒酌人の大役を仰せつかりました杉山でございます。こちらは、妻の愛子です。

媒酌人を務めますのは初めてで、少し緊張しておりますが、精いっぱい務めさせていただきます。

どうぞよろしくお願いいたします。

30秒

POINT 媒酌人から歩み寄り、自己紹介を。

披露宴前後

披露宴前のあいさつ
媒酌人夫人 ⇓ 新婦へ

沙織さん、とてもおきれいよ。拓也さんはなんておっしゃってた？

これから、いろいろな方がお祝いのごあいさつにいらっしゃるでしょうけれど、立ったり座ったりすると着崩れたりしますから、座ったままで失礼しましょうね。

30秒

POINT 緊張をやわらげる言葉と心くばりを。

披露宴前後

披露宴後お開き口でのあいさつ
媒酌人 ⇕ 列席者

列席者A　本日はおめでとうございます。たいへんいい雰囲気の披露宴でした。

媒酌人　ありがとうございます。あたたかいご祝辞をいただき、心より御礼申し上げます。

列席者B　媒酌人のごあいさつは、すばらしかった。

媒酌人　とんでもないことでございます。至りませんで。本日はありがとうございました。

30秒

POINT ほめられたら、謙遜して受けます。

媒酌人のあいさつの基本文例

新郎の上司による媒酌人のあいさつ

3分30秒

POINT
●披露宴の幕開けを飾るにふさわしい格調高さが必要です。
●言うべきことがたくさんありますが、どんなに長くても5分は超えないようにします。
●新郎新婦の紹介はなるべく偏らないように配慮します。

始めのあいさつ

列席者へのお礼

「皆様、本日はお忙しいところ、またあいにくのお天気の中、ご臨席（りんせき）を賜（たまわ）り、まことにありがたく、厚く御礼（おんれい）を申し上げます。

★当日の天候や季節感を盛り込んでもいいでしょう。

自己紹介

ただ今ご紹介にあずかりました、奥野和馬でございます。新郎・細川譲君と新婦・春香さんの結婚披露宴に先立ちまして、媒酌人（ばいしゃくにん）としてひと言ごあいさつを申し上げます。

★新郎新婦との関係などは、司会者から紹介されているので、省いてもかまいません。

挙式の報告

新郎新婦は、先ほど当ホテルのチャペルにて、おごそかに結婚式をあげられました。謹（つつし）んで皆様方にご報告いたしますとともに、心よりお祝いを申し上げます。

★挙式の雰囲気や様式を簡単に報告します。

新郎の紹介

それでは恒例（こうれい）によりまして、新郎新婦の簡単な経歴をご紹介いたします。

新郎・細川譲君は、平成○年○月○日、東京都江戸川区において、細川実・和子ご夫妻の長男としてお生まれになりました。○○大学経済学部を優秀な成績でご卒業後、○○株式会社に入社して私が部長を務（つと）める営業部に配属され、現在は若手の有望株として活躍中です。ほかの上司、同僚からの信望も厚く、将来は当社を背負って立つ人材と期待されております。

★経歴は、次の項目の中から適宜（てきぎ）選んで紹介します。まちがいや差し障りがないように、事前に新郎新婦や両親とよく打ち合わせておくことです。
①生年月日 ②年齢
③出身地 ④両親の名前と続柄
⑤両親の仕事など
⑥学歴 ⑦職歴

新婦の紹介

また、新婦の春香さんは、平成○年○月○日、横山俊夫・英代ご夫妻の

中心になる話

次女として、千葉県市川市でお生まれになりました。△△短期大学幼児教育科をご卒業後は、○○幼稚園の先生として勤務していらっしゃいました。優しく明るいお人柄で、子どもたちには慕われ、保護者からは信頼される先生と承っております。

おふたりは、○○大学と△△短大合同のテニスサークルで知り合い、社会人となってからも交際を続け、7年越しの愛を実らせたわけでございます。

新郎新婦へのはなむけ

長年のご交際でお互いをよく理解し合ったうえでのご結婚ですし、テニスという共通の趣味もあり、おふたりが新しい門出を迎えるにあたり、心配なことは一つもございません。

ただ、実際の結婚生活では、恋愛中とは違った相手への接し方も必要になるような気がいたします。イギリスの神学者、トーマス・フラーは「結婚前には両目を大きく開いて見よ。結婚してからは片目を閉じよ」という言葉を残しています。結婚前には、長所も短所もよく見て相手のことを判断する、しかし結婚後は、長所をなるべくよく見て、短所にはなるべく目をつぶろうということでしょう。

おふたりは、両目を見開いて生涯のパートナーを見つけました。この先ずっと互いに最高のパートナーでいるためには、あえて片目をつぶることも必要だということを、ぜひ覚えていてください。

結びのあいさつ

今後の指導のお願い

ご列席の皆様には、若いふたりの門出を祝し、今後一層のご指導とお力添えを賜りますよう、お願い申し上げます。

結び

以上をもちまして、私の媒酌人としてのごあいさつといたします。ありがとうございました。

---

⑧現在の勤務先と仕事内容
⑨仕事ぶりや人柄
⑩趣味、特技
⑪ふたりのなれそめ
⑫媒酌人から見たふたりの印象

★ふたりの門出を応援するための、励ましや助言を贈ります。
★結婚生活・人生の先輩として自分の経験から述べるほか、文例のように、名言やことわざを引用するのもいいでしょう。
★招列席者が耳で聞いてわかりやすいこと、説教めいた言い回しにしないことが大切です。

★新郎新婦や両親にかわって、今後の指導、支援を依頼します。

★最後に重ねてお礼を述べると、ていねいな印象になります。

結婚披露宴

媒酌人のあいさつ（職場結婚）
新郎の勤務先社長

3分

　ご紹介にあずかりました、小森郁夫でございます。菊薫る秋たけなわのこのよき日、杉浦道隆君と岡島さゆりさんの結婚披露宴に、皆様ご多用のところお運びくださり、まことにありがとうございました。

　さて、両人は、この披露宴に先立ち、当会館の式場におきまして、厳粛に三献の儀を固められました。喜びとともに、皆様に謹んでご報告申し上げます。

　それでは吉例によりまして、おふたりの簡単なプロフィールをご紹介申し上げます。

　新郎の杉浦道隆君は、杉浦清隆様、幸子様のご長男で、現在27歳になります。○○大学経済学部ご卒業と同時に当社に入社され、現在は、○○店の副店長として活躍中です。その熱心な仕事ぶりと誠実な人柄については、私も現場の店長からいつも報告を受けており、次期店長候補として、大いに期待を寄せているところでございます。

　一方、新婦のさゆりさんは、岡島博康様、弘枝様のご長女で、杉浦君とは6つ違いの21歳でございます。△△高等学校をご卒業後、当社の○○支店に採用となり、杉浦君と知り合ったわけでございます。明るくはきはきとした接客態度は、お客様の評判もよいだけに、このたびのご結婚により家庭に入られるのは、私としてはやや残念な思いもございます。

　おふたりの交際の様子については、現場の者がのちほどお話しすると存じますので、あとのお楽しみということで、ここでは失礼させていただきます。

　職場結婚ということで、さゆりさんは杉浦君の仕事の内容もよくわかっていることでしょう。よき理解者として、家庭で杉浦君をフォローしてあげてください。また杉浦君には、安定した足場を固めたことで、一層飛躍してくれることを願っています。

　ご列席の皆様には、おふたりのよき先輩、よき友人として、今後とも一層のお引き立てを賜りますようお願いいたしまして、私のごあいさつといたします。ご清聴ありがとうございました。

POINT 勤務先の代表者として、仕事での新郎の一層の飛躍を期待する言葉を主体にします。実際には本人の仕事ぶりを詳しく知らなくても、「有能だと報告を受けている」などの言い方でたたえたいものです。

結婚披露宴

媒酌人のあいさつ（見合い恋愛結婚）

新郎の父親の知人

3分

皆様、本日は、小泉・新庄ご両家の結婚披露宴にご臨席を賜りまして、まことにありがとうございます。ご紹介いただきました村岡益一でございます。

先ほど、当ホテルの神前におきまして、おふたりのご婚儀は滞りなく執り行われました。ご両家の皆様、まことにおめでとうございます。

まずはお役目でございますので、晴れてご夫婦となられましたおふたりのご紹介をいたします。

新郎の小泉慎吾君は、税理士の小泉健吾様、優子様ご夫妻のご長男として、平成〇年、東京に生まれました。〇〇大学経済学部をご卒業後、〇〇株式会社にご勤務のかたわら、社会保険労務士の資格を取得、現在は父上の税理士事務所に勤務されています。

新婦の祥子さんは、薬局を経営する新庄紀彦様、敏子様の次女として、平成〇年、埼玉県で生まれ、〇〇女子短期大学家政学科をご卒業後、ご家業のお手伝いをなさっていました。

実は、私は、新郎のご父君とは学生時代からの親友で、慎吾君のことも子どものころから存じ上げております。ご父君から慎吾君の縁談について相談を受け、祥子さんをお引き合わせしたしだいです。

おふたりはすっかり意気投合され、順調なご交際で愛を育まれ、こうして今日のよき日を迎えられました。私ども夫婦にとりましても、まことに喜ばしいことでございます。

願ってもないご良縁に恵まれたおふたりですから、必ずや幸せな家庭を築けるものと確信しております。しかし「人生山あり谷あり」と申しますように、これからの長い結婚生活には、困難も荒波もあることでしょう。どうかおふたりの力を合わせ、互いを思いやり、歩んでいってください。

ご列席の皆様には、新しい門出を祝し、両名への末永いご指導、ご支援をお願いいたします。結びになりましたが、皆々様のご多幸をお祈りして、ごあいさつといたします。ありがとうございました。

POINT きっかけは見合いだったが、結婚に至ったのはふたりが育んだ愛によるものと、本人たちの主体的な「見合い恋愛」を強調するのが現代的です。

結婚披露宴

媒酌人のあいさつ（実質的な仲人が別にいる）新郎の上司

3分

春うららかなこのよき日、皆様、多数ご列席いただきまして、まことにありがとうございました。

先刻、当会館内の式場で、阿部治郎君と高木文緒さんの結婚式が滞りなく行われました。披露宴に先立ち、皆様にご報告申し上げます。

このたびのご婚儀に際しましては、私どもが光栄にもご媒酌を務めさせていただきました。しかし、実は、真っ先に皆様にご紹介しなくてはならない方がいらっしゃいます。安部君と文緒さんをお引き合わせくださった、山野正枝様です。

山野様、恐れ入りますが、その場でお立ちくださ い。（実質的な仲人の世話人は、起立して一礼）

ありがとうございました。

では、新郎新婦の略歴をご紹介申し上げます。

新郎の治郎君は、阿部家の次男として、平成○年、熊本でお生まれになりました。○○大学商学部に進み、卒業後は私どもの○○株式会社に入社されました。現在は、若手のホープとして大いに活躍し、将来に大きな期待が寄せられています。趣味も多彩で、登山や野球のほか、書道もたしなむとのことです。

新婦の文緒さんは、高木家の三人姉妹のご長女として、平成○年、東京は世田谷区でお生まれになりました。○○医療福祉専門学校をご卒業後は、○○病院などで医療事務の仕事に就いていらっしゃいます。テニスやスキーなどのスポーツがご趣味とのことで、治郎君とは、波長もぴったりのことでしょう。

おふたりは、先ほどご紹介いたしましたように、山野様のお引き合わせにより、半年前からたいへんいいおつきあいをなさり、本日に至りました。まことにお似合いのカップルで、私としても安心しておふたりの行方を見守りたいと思っております。ご列席の皆様におかれましても、末永く両名にご指導、ご鞭撻を賜りますよう、お願い申し上げます。

おふたりの未来が、希望に満ちたものであることをお祈りし、媒酌人のごあいさつといたします。

POINT 挙式当日だけの「頼まれ仲人」で、見合いの世話人などの実質的な仲人がほかにいる場合は、簡単な事情を説明し、世話人を列席者に紹介して、その労をねぎらいます。

結婚披露宴

媒酌人のあいさつ（キリスト教式結婚式）
新郎の先輩

3分

本日は、早川則之君と菅野由実さんの結婚披露にお越しいただき、ありがとうございます。また、教会での挙式ということで、本会場までご足労をおかけしましたことをお許しいただきたいと存じます。

本日の立会人を相務めました、中田恭輔でございます。早川君が学生時代に所属していた英会話サークルの先輩であります。妹の友人である由実さんを早川君に紹介したのが私というご縁で、若輩ながら本日の大役をお引き受けしたしだいです。

挙式について、簡単にご報告申し上げます。

新婦の由実さんのご家庭は、敬虔なカトリックで、由実さんも幼少のころから、挙式を行った○○教会に通っておられました。そして先ほど、おふたりは神父様のお導きにより、永久の誓いを交わし、めでたくご夫婦となられました。長年信仰されてきた神様への祈りと誓いは、まことにおごそか、崇高なもので、私も身の引き締まる思いがいたしました。

ここで、おふたりを簡単にご紹介申し上げます。

新郎の早川則之君は、30歳。大学ご卒業後、○○海上火災保険勤務をへて一昨年独立し、現在は個人で保険代理店を運営する一国一城の主です。

一方、新婦の由実さんは、早川君より4歳年下で、短大をご卒業後、本年3月まで○○会社において経理の仕事をなさっていました。ご結婚後は、早川君の代理店の事務を担当するとのことで、仕事のうえでもパートナーとしてともに歩むことになります。

本日、バージンロードには、赤い絨緞が敷かれていましたが、これからおふたりが歩まれる長い道のりには、ときとして石ころだらけの場所もあるかもしれません。そんなときも、永久の誓いを忘れず、ふたりが手をとり合い、一歩一歩進んでいってほしいと願っております。皆様にも、おふたりをお見守りいただき、あたたかいご支援をお願いいたします。

おふたりの末永いお幸せをお祈りして、私のごあいさつといたします。ありがとうございました。

POINT 新郎新婦の双方、またはどちらかがクリスチャンの場合は、信仰にもとづく荘厳な儀式という意味合いを強調しながら、挙式の報告を行います。

結婚披露宴

媒酌人のあいさつ（神前結婚式）

新郎の父親の知人

3分

ご紹介いただきました城戸久米男でございます。

本日はご多用の折、このように大勢の方にご列席を賜り、新郎新婦ならびにご両家になりかわりまして、厚く御礼を申し上げます。

本日午前中、新郎新婦は両家親族の見守る中、○○神社の神前におきまして、三献の儀を固め、厳粛のうちに夫婦の契りを結ばれました。ご両人ならびにご両家の皆様には心よりお祝いを申し上げ、謹んでご列席の皆様にご報告いたします。

さて、吉例として、新郎新婦の略歴の紹介をさせていただきます。

新郎の立浪徹君は、この地で代々造り酒屋「○○酒造」を営む立浪家のご長男として、平成○年に誕生されました。高校卒業後、父上が懇意にされている京都府の造り酒屋で修業を重ね、昨年からお父上とともに酒造りに励んでいらっしゃいます。「確かな技術に加え、若い感性も備わっている」と父上は目を細めておられるようですので、間もなく父上を後継し、14代目の蔵元が誕生するでありましょう。

一方、新婦の香奈さんは、平成○年、東京生まれの東京育ちです。3年前、京都旅行をした際に偶然にも徹君と知り合い、以来、いわゆる遠距離恋愛を実らせて、今日のよき日を迎えたわけでございます。香奈さんのお父上は市役所職員、香奈さんは高校ご卒業後○○信用金庫にお勤めでしたので、このたびのご結婚で、まったく新しい世界に飛び込むことになります。

東京とは違い、独特の習慣がある地域でございますので、香奈さんも戸惑うことがあるかもしれません。徹君の助けを受け、一日も早くこの土地の水になじみ、当地での結婚生活を楽しんでほしいと願っています。

ご列席の皆様も事情をご理解いただきまして、若い夫婦、とりわけ香奈さんに対し、あたたかいお力添えとご支援をよろしくお願いいたします。

POINT 神前結婚ならではの言葉で挙式報告を。なお、慣習の違う土地で生活を始める新婦は不安なもの。「早く覚えろ、慣れろ」と言うばかりではなく、列席者の支援もお願いしてあたたかい姿勢で迎えましょう。

結婚披露宴

媒酌人のあいさつ（新形式の披露宴）

新郎の上司

3分

本日、仲人（なこうど）という大役（たいやく）を務（つと）めさせていただきます、町野勇作です。

新郎福原光一君と、新婦篠山美夏さんは、スキューバダイビングが縁で知り合いました。結婚という新しい門出（かどで）は、ふたりが出会った海にも祝福してもらいたいという思いから、こうして船上（せんじょう）で結婚式と披露宴を行うという形をとることになりました。

皆様には、あたたかいご理解をいただき、遠路（えんろ）お運びくださり、まことにありがとうございました。

ここで簡単に、おふたりのプロフィールをご紹介いたします。新郎の光一君は、美しい漁港が広がる鳥取県の境港市で生まれ、地元の高校を卒業後、就職のため上京し、いくつかの仕事を経験したのち、現在は、私が経営する千葉市のダイビングショップ○○に勤務してくれています。現在30歳ですが、10年を超えるダイビング歴を誇り、私も安心して店を任（まか）せております。

新婦の美夏さんは、長野県生まれの29歳で、地元の高校を卒業後、東京の○○美容専門学校で学び、現在は、つめの手入れなどを行うネイリストとして、美容室○○に勤務なさっています。2年前の夏、私の店のダイビングスクールに参加し、インストラクターを務めていた光一君と知り合い、交際が始まりました。「美しい夏」と書くお名前にふさわしく、夏の輝く太陽がよく似合う、明るい女性です。

海の神、ポセイドンは、海底にすばらしい宮殿を持っているといいます。おふたりも、海底とはまいりませんが、ポセイドンにも祝福されるような、すばらしい家庭を築いてほしいと願っております。また、スキューバダイビングという夫婦共通の趣味を持っていることは、たいへんすてきなことです。ずっとおふたりで、そしていつかお子さんができたらご家族で、長く楽しんでください。

本日ご列席の皆様、おふたりへの一層のお力添えをお願いいたします。ありがとうございました。

POINT　「船上結婚式」という形をとることになったいきさつを説明し、列席者の理解と遠路来訪へのお礼を盛り込みます。また趣味を通して結ばれたふたりには、末永く続けてほしいことを伝えます。

結婚披露宴

媒酌人のあいさつ（晩婚の場合）

新郎の恩師

3分

本日は、このおめでたい席にお運びくださり、ありがとうございます。新郎の大学でゼミを担当いたしました東野賢作と申します。高い席から恐縮ですが、媒酌人としてひと言ごあいさつ申し上げます。

先刻、当ホテル内の神前において、米田駿一君と大森美佐さんのご婚儀が滞りなく行われました。厳粛な中にも、おふたりのあたたかいお人柄が感じられるたいへん感動的な結婚式でございました。

では、おふたりを簡単にご紹介申し上げます。

新郎の米田駿一君は、米田家のご長男として、昭和○年にお生まれになりました。私のおります○○大学農学部を優秀な成績でご卒業後、○○株式会社にて調味料の研究開発に従事、現在は主任研究員として自らの研究のかたわら、後進の指導にもあたっています。研究者というのは、朝から晩まで実験実験の日々で、米田君も、仕事一筋の生活を続けるうちに、とうとう40の大台を迎えたというわけです。

しかし、世の中、何が幸いするかわかりません。大台の記念にと受診した1泊2日の人間ドックで、米田君の担当になった看護師さんが、本日隣にいらっしゃる美佐さんだったからです。

美佐さんは、高校卒業後、○○病院で看護助手として働きながら、准看護師、そして看護師の資格をとった努力の女性です。こつこつと地道な実績を重ねながら一歩ずつ前進する姿勢は、米田君とも共通するもので、互いに魅力を感じたのもうなずけます。

果物の実る季節がそれぞれに違うように、おふたりには今が実りの季節でございます。相応の社会経験を積んだおふたりには、精神的なゆとりが感じられ、「このふたりなら」と私も安心しております。今後は、お互いの歩調を思いやり、おふたりらしい着実な生活を送ってほしいと願っています。

社会人としては、すでに一人前以上のふたりですが、結婚生活ではフレッシュな新人です。皆様には変わらぬご厚情とご支援をお願い申し上げます。

POINT 社会経験が豊富、精神的なゆとりがある、実りの季節はそれぞれ違う、人生はいつも適齢期（結婚に適齢期はない）、など「晩婚」の特長を前向きに表現します。

結婚披露宴

媒酌人のあいさつ（早婚の場合）

新婦の上司

3分

皆様、本日はようこそおいでくださいました。

新郎竹川雅人君と新婦佐々木しのぶさんの結婚披露宴に先立ち、ひと言ごあいさつを申し上げます。申し遅れましたが、私はしのぶさんの職場の責任者で、平野伸也と申します。新郎がいまだ学生の身でございますことから、新婦側の私が大役を務めさせていただくことになりました。

挙式は、当会館内のチャペルで滞りなく行われました。初々しい両名の姿はまことにほほえましく、心からのお祝いの言葉をお贈りいたします。

それではおふたりのことをご紹介申し上げます。

新郎の竹川雅人君は、平成○年、茨城県に生まれ、○○高校をご卒業後、○○大学薬学部に進学され、現在3年に在学中です。将来は、薬剤師として実家のご生業である薬局を継承する予定です。

一方、新婦のしのぶさんは、竹川君の高校の同級生で、○○短期大学英文学科をご卒業後、当社に入社され、受付業務にあたっております。入社わずか2年ですが、こまやかな接客の態度は、社の内外から高い評価を受け、私も信頼を寄せております。

ただ、結婚の話を聞きましたときは、心配いたしました。両名とも21歳という若さです。せめて竹川君が社会人になるまで待っても遅くはないと思ったからです。ただ、伺えば、2人とも将来の生活設計はしっかり持っておられるし、しのぶさんのお祖母様が、一日も早い花嫁姿を望まれているとのこともあり、それならばと応援する気持ちになりました。

一時の激情からではなく、それなりの年数の交際をへているおふたりですし、年若く結婚することの責任も十分承知しておられます。しかしながら、社会経験は未熟な両名です。本日ご列席の皆様には、ふたりの行く末をあたたかくお見守りいただくとともに、ご指導、ご助言、ときには人生の先輩としての厳しい叱責なども賜りたく、心よりお願い申し上げます。本日はありがとうございました。

POINT 生活設計はしっかりしていること、若さゆえの激情に身をまかせての決断ではないことを伝えながら、年齢的・社会的に未熟なふたりへの支援を求めます。

結婚披露宴

媒酌人（世話人）のあいさつ（再婚同士）新郎の友人

3分

皆様、本日はおふたりの新しい門出に、お運びくださり、まことにありがとうございます。私は、原山君の学生時代からの悪友で、津村秀継と申します。

皆様ご存じかと思いますが、おふたりは再婚同士です。実は、ご本人たちは、あまり大げさなことはしたくない、お披露目の席を設けるつもりはないとおっしゃっていました。でも、おめでたいことはきちんとお祝いしようよと、私が無理に説得するような形で、この会を開くことにいたしました。結婚式もあげるよう進言しましたが、おふたりとも固辞され、昨日入籍したことでけじめとしたそうです。

さて、初めてお会いになる方も多いでしょうから、ここでおふたりのご紹介をさせていただきます。

原山郁夫君は昭和○年生まれ。今日は穏やかな顔で座っていますが、職場の○○商事では敏腕部長として多数の部下を統率しています。学生時代からの親分肌ですが、その実、こまやかな優しさも持ち合わせていることを私は知っております。

一方、真砂子さんは、原山君とは同い年で、○○デパートの紳士服売り場にお勤めです。真砂子さんの売り場でスーツを選んでいた原山君ですが、希望のサイズがなく、真砂子さんは懸命に全国の支店やメーカーに連絡をとり、1点だけ残っていた品を見つけました。その熱心な仕事ぶりに、仕事熱心では負けないと自負する原山君が感激し、お礼にと食事に誘ったのがなれそめだと伺っています。

それにしても、日本中に1点しかないものを探すのがきっかけというのは、象徴的な話ではありませんか。結婚生活では、つらいことも経験したおふたりだけに、今、日本中、いえ世界中でたった1人のお相手にめぐり合った運命を大切に、幸せな新家庭を築いてほしいと、心から願っております。

おふたりの新たな旅立ちをお祝いするためにお集まりの皆様、これからも、あたたかいご支援と励ましをいただきますよう、お願い申し上げます。

POINT 前の結婚や、結婚相手については、ふれないのがマナーです。経験を生かして幸せになってほしいと、前向きに結びましょう。たとえ、カジュアルなごく内輪の披露パーティーであっても、心しましょう。

結婚披露宴

媒酌人（世話人）のあいさつ（子連れ再婚と初婚）
新婦の上司

3分

皆様、本日はお忙しいところ、ようこそおいでくださいました。新婦のみずきさんが勤務している○○保育園の園長で、柴田利恵と申します。

高砂のお席、新郎新婦の間に、私どもの保育園でお預かりしている野口俊哉くんが、やや緊張の面持ちで座っています。みずきさんが、ぜひこのような形でお披露目したいと強くご希望になったものです。

俊哉くん。大好きなみずき先生は、今日からは俊哉くんだけのママよ。ほんとうによかったわね。

では僭越ながら、おふたりをご紹介申し上げます。

新郎の野口康介さんは、愛媛県出身の38歳で、○○株式会社で業務課長をお務めになっています。3年前に俊哉くんの母上をご病気で亡くし、以来、昼間は当園に俊哉くんを預けながら、一人で俊哉くんを育てていらっしゃいました。

一方、新婦の山中みずきさんは徳島県出身の30歳で、短大を卒業後、当園で保育士の仕事をなさっています。なれそめについては、申し上げるまでもございませんね。俊哉くんがキューピッドとなって、今日の新郎新婦が誕生したわけでございます。

野口さんは、お迎えが10分でも遅れそうなら、必ず連絡をくださる、とても誠実で几帳面な方です。みずきさんも、そのまじめな態度に保護者と保育士の間柄を超えた好感を持つようになったと言います。

しかし、子どもの保育に関してはプロであっても、お預かりするのと自分で母親として育てることは、まったく違います。率直に申し上げて、みずきさんのご両親には当然ながらご心配もあったようです。ただ、おふたりが強い信頼関係で結ばれているのを知り、現在はご理解を示し、応援してくださっていることも申し添えておきます。

これからは、親子3人の新しい生活がスタートいたします。仲睦まじい様子を見ると、余計な心配は無用のようですが、ご列席の皆様には、今後ともあたたかいご支援とお力添えをお願いいたします。

POINT　「なさぬ仲」の子どもとの関係が良好なこと、初婚の側の両親や親族もあたたかい理解を示していることを強調しながら、新しい家族への支援をお願いします。

結婚披露宴

媒酌人のあいさつ（女性が年長）

新郎の上司

3分

ご紹介いただきました塚田紳作でございます。本日、このよき日にあたり、皆様にはお忙しい中ご列席を賜り、まことにありがとうございました。

新郎の大久保淳君と新婦の浜田朱美さんは、今月〇日、ハワイの〇〇教会で青い海と空に祝福されながら挙式され、めでたくご夫婦となられました。新郎新婦、ご両家の皆様、おめでとうございます。

では、恒例により新郎新婦のご紹介をいたします。

新郎の大久保淳君は、昭和〇年大阪府に生まれ、〇〇調理師専門学校をご卒業後、ホテルなどで修業し、現在は私がオーナーを務めるレストラン〇〇のシェフとして活躍中です。

新婦の浜田朱美さんは、昭和〇年長野県に生まれ、〇〇大学をご卒業後は、〇〇食品株式会社開発部にご勤務、新商品の研究開発を担当なさっています。

大久保君はたいへん向学心旺盛で、忙しい勤務の合間を縫って、ワインの勉強会に通い始めました。その勉強会の司会役をしていたのが朱美さんでした。

当初は、司会というリーダー役と新入会員の関係で、年齢も朱美さんが若干上ということから、先輩後輩のような間柄だったようです。しかし、大久保君も毎日ワインを扱うプロでございます。メンバーの中では一目置かれる存在で、朱美さんもしだいに大久保君を頼りにするようになったとのことです。

聞くところによれば、朱美さんは甘え上手で、非常に大久保君を立ててくれているようです。大久保君も、そんな朱美さんがかわいくてしかたない様子で、とてもお似合いのカップルとお見受けしました。

今年は、フランスのぶどうの出来もよろしいようです。今、おふたりは、最高の果実を摘みとったところで、これからはおふたりで1樽のワインです。年を重ねるごとに熟成され、深みのある味となることを期待しております。ご列席の皆様には、ふたりの行く末をあたたかくお見守りくださいますことを心よりお願いいたします。ありがとうございました。

POINT 女性が年上であることを強調するよりは「年下だが頼れる新郎」を語ったほうが好印象です。なお、多少の年の差なら、ふれずにすませても一向にかまいません。

結婚披露宴

媒酌人のあいさつ（おめでた婚）

新郎の上司

3分

本日は、西山卓郎君と高瀬佳奈子さんの結婚披露宴にご列席いただき、ありがとうございます。媒酌人の大役を務めさせていただく、金丸誠と申します。

本日午後3時、おふたりのご婚儀は、当会館の教会で滞りなく行われました。ご両人、そしてご両家の皆様、まことにおめでとうございます。

では、吉例によりおふたりのご紹介をいたします。

新郎の西山卓郎君は、平成○年、西山達郎様、淑子様のご長男として神奈川県でお生まれになりました。○○大学商学部を優秀な成績でご卒業後は、○○株式会社に入社、以来、私が部長を務めている宣伝部に勤務しております。西山君は、鋭い感性とすぐれた企画力で、宣伝部の中軸を担っており、将来は宣伝部を背負って立つ人間になると、私もたいへん期待を寄せているところです。

新婦の佳奈子さんは、平成○年、高瀬晴男様、礼子様ご夫妻の次女として、東京にお生まれになりました。○○デザイン専門学校を卒業後、○○広告代理店にデザイナーとして勤務されていましたが、先月退社なさいました。大胆ななかにも女性ならではのこまやかさのあるデザインは、実に魅力的でした。

当社の広告制作の際、おふたりが一緒に仕事をしたのがご縁で、2年間の交際を実らせ、このよき日を迎えることになったわけでございます。

ところで、新郎新婦のご意向を受け、ここでもう一つおめでたいニュースをご披露申し上げます。

実は、佳奈子さんのおなかの中には、新しい生命がすでに宿っております。○月にはご誕生の予定とのことでございます。おふたりには、夫と妻という役割に加え、父親・母親という大役を背負ってのスタートとなりますが、生まれくる赤ちゃんの幸せのためにも、力を合わせ、明るくあたたかい家庭をつくり上げてほしいと心から願っております。

ご列席の皆様方には、両名に対し、一層のご指導、ご厚情を賜りますよう、お願い申し上げます。

POINT 新郎新婦や両家が特に望まないなら、あえて妊娠にはふれなくてもかまいません。いずれにしろ、冷やかしたり茶化したりして紹介するのはタブーです。

結婚披露宴

媒酌人のあいさつ（新郎が養子縁組する）
新婦の父親の知人

3分

本日はご多用の折、山口晋介君と北沢真理さんの結婚披露宴にご列席いただき、まことにありがとうございます。とりわけ、山口家のご親族の皆様には、遠路ご来臨いただき、心より御礼を申し上げます。

私は、北沢家とは古くからのおつきあいをいただいております、渡部惣吉と申します。

おふたりのご結婚の儀は、先ほど当式場の神前にて、おごそかに執り行われましたことを、まずはご報告いたします。

では吉例により、おふたりをご紹介申し上げます。

新郎の山口晋介君は、当市役所職員の山口亮介・佳代ご夫妻の次男として平成〇年に誕生されました。〇〇高校をへて、〇〇大学医学部に進学、現在は〇〇大学付属病院第一内科にご勤務です。優秀な内科医ですが、プライベートでは気さくな好青年です。

新郎の真理さんは、当市で北沢医院を開業しておられる北沢肇・享子様ご夫妻の一人娘として、平成〇年ご出生、山口君とは高校の同窓で、5年後輩にあたります。〇〇大学国文科ご卒業後は、同大学の教授秘書として昨年末まで勤務しておいででした。素直さと優しさにあふれる、才色兼備の女性です。

このたび、真理さんの伯母上様のお世話で、願ってもないご良縁を得て、本日の華燭の典を迎えられたしだいです。なお、山口君は、北沢家のたっての希望により、養子縁組を行い、北沢医院を継承することになっております。

医師という仕事のたいへんさ、責任の重大さは申し上げるまでもございません。ただ、お父上を医師に持ち、その苦労もやりがいもよく知っている真理さんだけに、仕事を終えた山口君が心からくつろげる、あたたかい家庭をつくり上げることでございましょう。

ご列席の皆様には、おふたりの仲睦まじく幸せな将来を、末永くお見守りいただき、変わらぬご指導、ご支援を賜りますよう、切にお願い申し上げます。

POINT 新婦に近い立場でのあいさつでは、後継者ができた喜びと安堵に終始しがちですが、大きな決断をしてくれた新郎や新郎側親族への配慮の言葉も必要です。

すぐに役立つ とっさのひとこと

婚活のためのお役立ちフレーズ

◆結婚したいという気持ちはあるのですが、仕事が忙しく、なかなか女性と出会う機会がありません。

◆早く家庭を持ちたいと願ってはいるのですが、仕事柄、男性とめぐりあうチャンスに恵まれません。

◆そろそろ結婚をと考えておりますが、男性ばかりの職場で、女性とのご縁が薄いのです。

◆実は、来年の春に海外赴任が決まりまして、できればそれまでに身を固めたいと思っております。

◆相手の方は、明るく健康な方であればと思います。

◆今のご時世ではむずかしいかとは思いますが、養子に入っていただける方に、お心あたりはありませんか。

◆商売の苦労を見ながら育った子ですので、できればお勤めの方に嫁がせたいと思っております。

◆先生のところのご卒業生なら、ご立派な方ばかりなのではないかと存じましてお願いに上がったしだいです。

◆日ごろからご信頼申し上げている○○様なら、と思いきってご相談に伺いました。

◆すぐにとは申しません。お心に留めておいていただけるとうれしいのですが。

◆親が出る幕でもないとは思うのですが、思い余ってご相談することにいたしました。

◆本人は恥ずかしがって、なかなか腰を上げないものですから、こうして伺ったしだいです。

◆ぶしつけで面倒なお願いをさし上げ、ほんとうに心苦しく思っております。

◆さし出がましいとは思いましたが、たいへんすてきな女性ですので、ぜひご紹介したくて、ご連絡を差し上げました。

◆もし、今ご交際中の方がいないのでしたら、気軽な気持ちでお会いになってみませんか。

◆お見合いなんて堅苦しいものではありません。お食事会のつもりでいらしてください。

縁談

縁談を依頼する

親⇒世話人

1分30秒

今日は折り入ってお願いがあり、お電話をさし上げました。

実は、息子の大輔の縁談についてのご相談なのです。ご存じのように、男性ばかりの職場でなかなか出会いの機会もなく、間もなく36歳になるといいますのに、一向にご縁がありません。本人もそろそろ身を固めたいと申しているのですが……。

お願いというのは、ほかでもございません。どなたかお心当たりのお相手はいらっしゃいませんでしょうか。ご迷惑なお願いであることは重々（じゅうじゅう）承知しておりますが、ご交際範囲の広い小倉様なら、よい方をお引き合わせいただけるのではないかと、思いきってお電話をさし上げたしだいです。

もし、よろしければ、息子の写真と書類をお預かりいただけないでしょうか。近日中に息子を連れて、ごあいさつに伺いたいと存じます。どうぞよろしくお願いいたします。

POINT まずは電話で相手の意向を確かめましょう。相手が受諾してくれたら、本人とともに出向いてあらためて依頼のあいさつをします。

縁談

縁談を依頼する

女性本人

1分30秒

今日は折り入ってご相談があります。

身びいきな話ですが、うちの両親はとても仲がよく、私もそれを見て育ったものですから、あたたかい家庭にずっとあこがれていました。それに先日、お宅に伺ったとき、ご夫妻の様子を拝見して、またうらやましくなってしまって。理想的なご夫妻ですよね。私の結婚願望がまた募ってしまったのです。

といっても、ご存じのように私の職場は女性オペレーターばかりで、出会いの機会があまりありません。ご相談というのは、どなたかいい男性をご紹介していただけないかということです。

こんなお願いをするのはたいへん気恥ずかしいのですが、すてきなご家庭を築いていらっしゃり、私のこともよくわかってくださっている橋本さんならと、思いきってお話をさせていただきました。もちろんすぐにというわけにはいかないでしょうし、お心に留めておいていただけるとうれしいのですが。

POINT 依頼の相手を理想的な夫婦だと思っているから紹介を、と持ちかけるのも、相手に好感を与えるお願いのしかたです。

縁談

再婚の縁談を依頼する
男性本人

1分30秒

　先日の妻の七回忌には、ごていねいなお気づかいをいただいて恐縮しています。実は、今日はそれに関連してお願いがあるのです。

　早いもので妻が亡くなってまる6年、子どももようやく高校を卒業して、父親としての役目もなんとか一くぎりついたような気がしています。それであらためて今後のことを考えるようになりました。

　家庭があり、パートナーがいる充実感をなまじ知っているだけに、これからずっと一人で暮らしていくのはなんとも寂しい気がするのです。

　外見は紛れもない中年で、人生の午後にさしかかっていることはまちがいありませんが、仕事も私生活もまだまだこれからだと思っています。こんな僕でもという女性は、いないものでしょうか。

　先輩なら、ご交際の範囲も広く、いい方をご存じではないかと思いまして……。唐突なお願いですが、お心当たりがありましたらご紹介いただけませんか。

POINT 「身の回りの世話を」「親の面倒を」「子どもの母親を」などの理由ではなく、自分のパートナーがほしいとするのが好印象です。

なるほど！column

世話人は双方を立てつつ、条件を明確に

　世話人は、縁談や見合い、結婚の仲介役です。結婚相手を探している人やその親から頼まれる場合も、世話人みずから話を持ちかける場合も、「すばらしい方だから、すばらしいあなたにお似合い」と、双方を立てながら話を進めましょう。

　親との同居、再婚など、不利と思われる条件がつく場合、それらを伏せたままでいると、あとでトラブルになりかねません。長所を積極的にアピールしながらも、不利と思われることもきちんと伝え、「誠実な世話人」を印象づけましょう。

　断りの返事を伝えるときは、「まだ結婚する気がない」など、相手を特定しない理由はそのまま伝えてもかまいません。一方「長男は……」など相手を否定するような理由で断られた場合は、ストレートに伝えず「ご立派すぎて釣り合わないとおっしゃっています」など、断られた側を持ち上げて伝えます。

縁談

見合いに進めてもらうお願い

親 ⇒ 世話人

1分30秒

このたびは、知佳のためにお心づかいをいただき、ほんとうにありがとうございます。

お預かりした書類などを拝見いたしましたが、小倉様のおっしゃるとおり、たいへんすばらしい方だと存じます。むしろ、知佳が釣り合いますかどうか、本人も親も不安に思っておりますが、ほかならぬ小倉様からのお話ですので、とりあえずお会いしてみようということになりました。

ただ、一つ確認しておきたいことがございます。先様はご長男でいらっしゃいますが、結婚後は親御様とのご同居をお考えなのでしょうか。わがままを言って心苦しいのですが、知佳は一人娘ですので、できれば将来も自由に行き来ができればと私どもは考えておりましたので……。それとなく先様にお確かめいただけますでしょうか。

それでは、いろいろお世話をおかけいたしますが、どうぞよろしくお願いいたします。

POINT 世話人への信頼感をあらわしながら、見合いをする意向を伝えます。家庭環境や収入など重要と思われる条件も確認しておきましょう。

縁談

縁談のすすめを断る返事

親 ⇒ 世話人

1分30秒

先日は、知佳のために過分なご縁談のお話をいただきまして、ほんとうにありがとうございました。

さっそく知佳を交えて話し合いましたが、今はまだ結婚するつもりはないようなのです。知佳なりに努力してようやく就職できた会社ですし、今は仕事のほうがおもしろいらしくて、結婚を考える余裕はないと申すのです。

せっかくお心にかけていただきましたのに、このようなご返事をさし上げるのは、まことに心苦しいのですが、どうかお許しくださいませ。

先様はとてもご立派な方で、親としてはこの結果は正直言って残念なのですが、小倉様からどうかよしなにお取り次ぎくださいますよう、よろしくお願いいたします。

このようなしだいになりましたが、どうかお気を悪くなさらず、今後とも変わらぬおつきあいのほどをお願いいたします。

POINT 見合い前に断るときは「まだ結婚を考えていない」「交際相手がいる」のどちらかを理由にするのが妥当です。

見合い

見合いの冒頭のあいさつ

世話人（女性）

1分30秒

本日はお暑い中、お越しいただきありがとうございます。本日のご紹介役を務めさせていただきます小倉裕子です。どうぞよろしくお願いいたします。

おふたりとも、少し緊張していらっしゃいますか？　堅苦しい席ではありませんので、どうぞリラックスしてくださいね。

では、さっそく私からおふたりのことを簡単にご紹介いたしますね。

こちらが、吉原大輔さんです。税務署にお勤めというとまじめ一筋のような印象がありますが、実際の大輔さんはとても気さくで話しやすい方ですよ。

こちらは、今野知佳さんです。私の茶道教室の生徒さんなのですが、ごらんのとおり、たいへん清楚(せいそ)でかわいらしい女性です。

私からの話はこのくらいにして、あとはご本人から自己紹介していただきましょうか。

では、大輔さんからどうぞ。

POINT お互いに書類などで経歴や仕事は知っているので省いてもOK。むしろ、第一印象を左右する「人となり」を主体に紹介します。

見合い

見合いの冒頭のあいさつ

世話人（男性）

1分30秒

では、おふたりがそろったところで始めましょう。おふたりにとっての新しい出会いの場になればと思って設定した席ですから、いつもの調子で飲み食いしましょう。初めに、紹介だけは僕からしましょう。

こちらは、井上翼君です。僕の大学時代の友人で、〇〇株式会社の広報部に勤めています。ともゴルフが好きで、月に一度くらい一緒に回っているという仲です。

こちらは、伊藤史織さん。音楽大学を出て、今はご自宅でピアノ教室を開いています。以前、お話ししたように、史織さんは妻のいとこです。今日は、妻も同席すればよかったのですが、小さい子どもがいるので失礼しました。おふたりにくれぐれもよろしくとのことです。

それにしても、楽器が弾けるってすばらしいですね。そういえば井上君も、サックスをやっていたと聞いたけれど、今でも吹くことはあるの？

POINT 世話人が男女どちらの当事者とも気のおけない間柄なら、親しみのある話し方で。話の糸口を見つけてあげるのが世話人の役目です。

自己紹介あいさつ 男性本人

見合い

初めまして、吉原大輔です。よろしくお願いします。小倉さん、このたびはお骨折りいただき、ありがとうございます。ご紹介のように、○○税務署で税務官をしております。テレビなどでは派手な査察を行っていますが、実際は地道な作業の繰り返しです。やりがいのある仕事だとは感じておりますが。

30秒

POINT 世話人へのお礼の言葉を忘れずに。

自己紹介あいさつ 女性本人

見合い

初めてお目にかかります。今野知佳と申します。小倉先生、このたびはたいへんお世話になり、ありがとうございます。茶道を始めて3年になりますが、先生には、日ごろからよくしていただいております。こういう席に着くのは初めてで、少し緊張していますが、皆様、どうぞよろしくお願いいたします。

30秒

POINT 話し方は、明るくにこやかに。

なるほど! column

見合いの場所、服装は

●場所

レストランの個室や世話人の自宅など、あまり人目につかず、ゆっくり話せる場所を選びましょう。

●女性の服装

ワンピースやスーツなどやや改まったもので、顔色が華やかに見える明るい色を選びましょう。メークやネイル、アクセサリーは華美にしないように。一目でわかる高級ブランドもののバッグなどは、派手な印象を与えがちなので避けるほうが賢明です。

●男性

ビジネススーツまたはジャケットにネクタイ程度の装いが適当です。女性から見てポイントが高いのは「清潔感のあるおしゃれ」。クリーニングしたてのシャツ、プレスのきいたスラックス、磨かれた靴といった「きちんとした感じ」が好印象を与えます。

見合い

付き添い人のあいさつ 男性の母親

お初にお目にかかります。吉原大輔の母でございます。小倉様、このたびはひとかたならぬお世話をいただき、心より御礼(おんれい)を申し上げます。

息子は、一人で伺うと申したのですが、先様(さきさま)にお付き添いがおありと伺い、バランスを欠いてはと、参上いたしました。よろしくお願いいたします。

30秒

POINT 同行は好印象と限らないので断りを。

見合い

付き添い人のあいさつ 女性の母親

はじめまして。知佳の母でございます。小倉先生、このたびは過分なお話をありがとうございます。

親が申し上げるのもはばかられますが、知佳はたいへん明るく健康な娘で、それが取りえと思っております。小倉先生、吉原様、本日はどうぞよろしくお願いいたします。

30秒

POINT PRは、自慢めかないよう注意して。

見合い

お開きのあいさつ 世話人

ずいぶんお話も弾(はず)んできたようですので、あとはおふたりにお任せしましょう。

私どもはそれぞれ引きあげますので、大輔さん、駅まで知佳さんを送っていってくださいね。では、この場はいったんお開きにいたしましょう。本日はありがとうございました。

30秒

POINT ふたりだけで話す時間をつくります。

見合い

見合い当日のお礼 女性本人⇒世話人

本日はたいへんお世話になりました。あれから、吉原さんと小1時間ほど話をして、自宅の近くまで送っていただきました。

あらためてご返事をいたしますが、まずはご報告と本日のお礼をと思いましてお電話をさし上げました。ほんとうに、ありがとうございました。

30秒

POINT 結論が未定でも当日に報告、お礼を。

見合い

見合いの返事（YES）

男性本人⇔世話人

1分30秒

男性　先日は、いろいろお心づかいをいただき、また、たいへんいい方をご紹介くださいまして、ほんとうにありがとうございました。

世話人　どういたしまして。それで、実際にお会いになってみて、いかがでしたか？

男性　小倉様のご紹介だけあって、とてもすてきな女性ですね。あの日、しばらくふたりで過ごしましたが、話もとても合うように感じています。

　あちら様さえよろしければ、ぜひおつきあいをさせていただきたいと存じます。先様へ、どうぞよろしくお伝えください。

世話人　そうですか、それはよかったです。私もお引き合わせしたかいがあったというものですわ。さっそく先様にお伝えしておきましょう。

男性　どうぞよろしくお願いいたします。なお、うちの両親からも、くれぐれもよろしくお伝えしてほしいとのことです。

POINT　返事は2～3日じゅう、遅くても1週間以内には行います。よい相手を紹介してくれた世話人へのお礼も忘れずに。

見合い

見合いの返事（YES）

世話人⇔女性の母親

1分30秒

世話人　先日はお疲れさまでした。おふたりの話が弾んでいたようで、私も安心しました。

母親　ほんとうにお世話になりまして、ありがとうございました。娘も吉原さんとは楽しくお話ができたと申しておりました。

世話人　実は、ただ今大輔さんからご返事がまいりまして、ぜひおつきあいしたいとのことです。お宅様では、いかがでしょうか？

母親　さようでございますか。ありがとうございます。私どもも、とてもよさそうな方なので、おつきあいしてみたらという話になっていたところです。私どもには異存はありませんので、先様にどうぞよろしくお取り次ぎくださいませ。

世話人　それはたいへんうれしいご返事です。さっそく先様にお伝えして、近日中に大輔さんから知佳さんに直接連絡してもらうようにいたします。大輔さんもご両親もさぞお喜びになることでしょう。

POINT　双方ともYESなら、世話人が次の段取りをつけます。再度世話人がセッティングするより、当事者に任せるのが現代的です。

見合い

見合いの返事（NO）
女性の母親⇔世話人

1分30秒

母親 先日はたいへんお世話になり、ありがとうございました。実は、申し上げにくいのですが、このたびのお話はなかったことにしていただきたいと存じ、ご連絡いたしました。先様がたいへん立派でいらっしゃいますので、私どもとは釣り合わないような気がいたします。娘も、自分にはもったいないような方で気後れしてしまうと申しておりますの。

そのようなわけですので、どうか先様にはお気を悪くなさらないよう、小倉様のお力でうまくお伝えくださいますよう、お願いいたします。せっかくのご好意を台無しにしてしまい、心苦しく思っております。

世話人 そうですか。残念ですがご縁の問題ですからしかたないですね。先様へは私からご返事しますので、どうぞお気になさらずに。

母親 勝手を申し上げ、失礼いたしました。どうかこれに懲りず、今後ともよろしくお願いいたします。

POINT 「相手が立派すぎて釣り合わない」とあいまいな理由にするのが基本ですが、条件が合わない場合は、はっきり伝えてもかまいません。

見合い

見合いの返事（NO）
世話人⇔男性の母親

1分30秒

世話人 先日はお世話さまでした。実は、先ほど、お相手のお母様から、このたびのお話はご遠慮したいというご連絡がありました。息子さんがあまりにご立派で、釣り合いがとれないとお考えのようです。

母親 そうですか。私どもからはお似合いのように思えましたが、残念ですね。息子もさぞがっかりすることでしょう。

世話人 私の力不足でご期待にそえず、まことに申しわけございません。

母親 とんでもない。小倉様にはたいへん親身なお世話をいただきましたのに、こちらこそ申しわけなく存じております。

今回は残念な結果となりましたが、息子の縁談につきましては、引き続きお心にお留めおきくだされば幸いです。小倉様を頼ってばかりで、情けない限りですが、どうかこれに懲りず、またよい方がいらっしゃいましたら、よろしくお願いいたします。

POINT お互いに自分の側の力不足をわびる形でまとめます。引き続き縁談の世話をお願いしたい場合は、その旨つけ加えておきます。

婚約

女性の親への結婚の申し込み

男性本人

1分30秒

今日は、あらためてごあいさつに伺いました。

知佳さんのお父さん、お母さん、私と知佳さんの結婚をお許しください。

この約3カ月間、知佳さんとは将来の生活設計も含め、いろいろお話をしてきました。初めてお会いしたときから、波長が合うとは思っておりましたが、おつきあいを続けるうち、より一層お互いへの理解が深まり、結婚生活への価値観も共通していることがわかりました。

実は、知佳さんには先日直接プロポーズをして、ご承諾いただいています。もちろん、私の両親も大賛成です。お父さん、お母さんにもご賛同いただければ、正式に婚約したいと思っております。

知佳さんを幸せにできるよう、また、お父さん、お母さんにご安心いただけるよう、これから精いっぱいの努力をすることをお約束いたします。

どうか、私たちの結婚をお認めください。

POINT すでに両親と親しくなっている場合も、砕けた態度をとらず、改まってきちんとあいさつします。

婚約

婚約の報告（世話人へ）

男女⇔世話人

1分30秒

男性　お電話でも簡単にご報告いたしましたが、おかげさまで正式に婚約することになりました。彼女の親御さんも私の両親も、たいへん喜んでくれています。小倉さんには、お引き合わせのときから、ひとかたならぬお世話をいただき、ほんとうにありがとうございました。

世話人　おめでとう。ほんとうによかったわ。

女性　一目会ったときから、あ、この方と結婚するんだなという運命のようなものを感じました。すばらしいパートナーとの出会いの機会をつくってくださった小倉先生には、言葉にならないほど感謝しております。

男性　挙式の日取りなどはまだ決めておりませんが、小倉さんには真っ先にご報告をとりあえずお伺いいたしました。双方の両親からもくれぐれもよろしくとのことです。今後もなにかとお世話になりますが、どうぞ末永(すえなが)くよろしくご指導ください。

POINT 見合いの世話人には、まず電話で報告して都合を伺い、ふたりそろって婚約の報告とお礼のごあいさつに伺います。

婚約

婚約の報告（上司へ退職を告げる）

女性本人

1分30秒

課長、私事でのご相談があるのですが、今お時間はよろしいでしょうか。

実は、このたび、2年ほど前から交際していた男性と婚約いたしまして、来年春に結婚することになりました。

私自身の仕事を続けるかどうか、ずいぶん悩みました。ただ、結婚相手は消防士という時間的に不規則な仕事ですので、私は家で彼を支えたいと思い、×月末で退社させていただきたく存じます。課長をはじめ、職場の皆さんにはたいへんよくしていただいているので、私も残念なのですが……。

仕事の引き継ぎについては、皆さんにご迷惑をおかけしないよう、きちんとしてまいります。課長からもご指示いただければ幸いです。

挙式（きょしき）は○月○日の日曜日の予定です。招待状はまだでき上がっておりませんが、課長にもぜひ出席していただきたいので、よろしくお願いいたします。

POINT 退社を残念に思う気持ちと、残る人に迷惑をかけないようきちんと引き継ぎを行うことを述べると好印象です。

婚約

上司への婚約報告と仲人の依頼

男性本人

1分30秒

部長、折り入ってお話があるのですが……。

実は、この秋に結婚することにしました。相手は、庶務課の武村香織さんで、1年ほど前から交際していました。部長のお耳にも入っていたかとは思いましたが、公私のけじめはきちんとつけようと思い、交際はご報告しませんでした。申しわけありません。

彼女は夏ごろには退社する予定ですが、会社の業務をよくわかっているので、家庭でもよき理解者になってくれると思います。私も、身を固めて仕事に一層精進（しょうじん）いたしますので、今後ともよろしくお願いいたします。

つきましては、部長ご夫妻にご媒酌（ばいしゃく）をお願いできませんでしょうか。挙式（きょしき）は9月23日の予定です。彼女とも話したのですが、部長にお引き受けいただければたいへん光栄に思います。突然の厚かましいお願いで恐縮ですが、奥様ともご検討いただいて、よいご返事をいただけますようお願いいたします。

POINT 職場の上司へ結婚を報告するときは、家庭を持つことで一層仕事に励みたいという決意を盛り込みます。

婚約

媒酌人を依頼する（親の知人へ）

男性の父親

1分30秒

ごぶさたしておりますが、お変わりありませんか。今日は、折り入ってお願いがあり、お電話いたしました。今、よろしいですか？

実は、長男の和也が○月○日に結婚することになりました。お相手は、学生時代から交際している女性です。

そこで松本社長に、ふたりのご媒酌をお願いしたいのです。将来は、和也に会社を譲ろうと思っていましたから、結婚披露宴は後継者紹介のいい機会にもなると思うのです。業界の重鎮でいらっしゃる松本社長にご媒酌いただければ、和也や私はもとより、当社にとりましても望外の喜びでございます。

大事なお願いをお電話でさし上げるのは失礼と存じましたが、まずは松本社長のご意向を伺いたいと思い、ご連絡いたしました。ご承諾いただければ、あらためて一席設け、両家から正式なお願いをいたしたいと存じます。いかがでございましょうか。

POINT 「公私にわたりご指導をいただいている」「日ごろからご尊敬申し上げている」など相手を持ち上げながら依頼の理由を述べます。

婚約

媒酌人の依頼を断る

男性

1分30秒

先日はごていねいなご依頼をありがとうございました。さっそく妻と相談したのですが、残念ながら今回はご辞退させてください。

私どもに媒酌をとおっしゃってくださるのは身に余る光栄なお話で、また、これまでの親しいおつきあいを考えれば、お引き受けして当然なのですが、あいにく妻の体調がすぐれないのです。特に重大な病気というわけではないので、ご心配には及びません。本人は年齢的なものと申しております。

そのようなわけで、いったんお引き受けし、あとでご迷惑をおかけしても失礼なことですので、このたびはご辞退させていただきます。妻も恐縮しておりましたが、事情ご理解のうえ、お許しいただければと存じます。

ご期待にそえず、ほんとうに心苦しく存じます。ご家族の皆様、またお相手のお宅にも、どうぞよろしくお伝えください。

POINT 媒酌人の依頼はたいへん名誉なことで、事情が許せばぜひ受諾したいもの。断る場合は、相手も納得できる理由が必要です。

結納式 仲人あり

口上（初めのあいさつ）男性の父親

30秒

皆様、本日はお忙しいところお集まりいただき、まことにありがとうございました。

お仲人の小倉様ご夫妻には、縁談のお話以来、ひとかたならぬご配慮とお力添えをいただき、心より感謝いたしております。

小倉様ご夫妻には、本日もたいへんお世話をおかけいたしますが、どうぞよろしくお願いいたします。

POINT まず、仲人をねぎらうお礼の言葉を述べます。

結納式 仲人あり

口上（男性側の結納品を預かる）仲人

30秒

このたびは、吉原様、今野様のご縁談が相(あい)ととのい、まことにおめでとうございます。

本日はお日柄もよく、ご結納(ゆいのう)の仲立(なかだ)ちをさせていただきます。本来ならば私がご両家にお伺いすべきところ、略式ではございますが、この場でお取り次ぎいたします。では、さっそくですが、吉原様からのご結納の品をお預かりします。

POINT 略式をわびるニュアンスを添えます。

なるほど！column

結納は年々簡略化の傾向に

婚約成立のしるしに、当事者と親が金銭や品物をとり交わす儀式のことを「結納」といいます。地域の慣習などによってさまざまな形式がありますが、仲人が結納品を持って両家を往復して届けるのが正式な方法です。

しかし、この方法では仲人の負担が大きく、時間もかかることから、現在は、当事者、両家の親、仲人夫妻が一堂に会し、仲人が進行役になって行う、略式の方法が主流になっています。さらに最近は、仲人を立てず、当事者と両家の両親だけで行うケースも増えています。この場合は、男性の父親が進行を務めるのが原則です。

略式で行う場合は、結納式のあとに両家の会食がセットされた、ホテルなどの「結納パック」を利用すると合理的でしょう。

結納式 仲人あり

口上（女性側に結納品を納める）

仲人 ⇔ 女性側

仲人　こちらは、吉原様からのご結納の品でございます。どうぞ幾久しくお納めください。

女性側　ありがとうございます。幾久しく納めさせていただきます。（仲人夫人は結納品を飾る）

女性の父親　こちらは、私どもの受書と、吉原様へのご結納の品でございます。先様へよろしくお取り次ぎください。

30秒

POINT 「幾久しく」は結納の決まり文句。

結納式 仲人あり

口上（女性の結納品を男性側へ）

仲人 ⇔ 男性側

仲人　今野様からのご結納の品と受書でございます。幾久しくお納めください。

男性側　ありがとうございます。幾久しく納めさせていただきます。（仲人夫人は結納返しの品を飾る）

男性の父親　こちらは、私どもの受書でございます。重ねてではございますが、先様へよろしくお取り次ぎください。

30秒

POINT 結納品を飾るのは仲人夫人の役です。

結納式 仲人あり

口上（お祝いのあいさつ）

仲人 ⇔ 女性側

仲人　こちらは吉原様からの受書でございます。どうぞお納めください。

女性の父親　ありがとうございます。確かに受領いたしました。

仲人　これをもちまして、吉原大輔様と今野知佳様とのご結納の儀がめでたく相ととのいました。ご両家の皆様、本日は、まことにおめでとうございます。

30秒

POINT 男性の受書を女性側に届け、終了となります。

結納式 仲人あり

口上（結びのあいさつ）

男性の父親

小倉様のお力添えをいただき、おかげさまで結納の儀を無事に執り行うことができました。厚く御礼を申し上げます。今後とも、若い両名ならびに私ども両家を末永くよろしくお願いいたします。

このあと、祝いのしるしに、ささやかな席を設けておりますので、小倉様ご夫妻もぜひご一緒にお召し上がりください。

30秒

POINT お礼と今後の支援を述べ、祝宴への案内を。

結納式 仲人なし

口上（初めのあいさつ）
男性の父親

このたび、今野家の知佳様と私どもの大輔に、たいへんけっこうなご良縁をいただき、まことにありがとうございます。つきましては、本日はお日柄もよろしく、結納の儀を執り行わせていただきます。本来ならば仲人様をお立てすべきところ、まことに簡略ながら私が進めさせていただきます。
皆様、どうぞよろしくお願いいたします。

30秒

POINT 仲人を立てない略式である断りも盛り込んで。

結納式 仲人なし

口上（男性の結納品を女性側へ）
男性の父親 ⇕ 女性側

（男性の母親は、結納品を女性本人の前におき、自席に戻る）
男性の父親 そちらは大輔からの結納でございます。どうぞ幾久しくお納めください。
女性側 ありがとうございます。幾久しくお受けいたします。（女性の母親は結納品を所定の場所に飾り、受書を男性本人の前におき、戻る）

30秒

POINT 略式の場合でも「幾久しく……」と丁重に。

結納式 仲人なし

口上（女性の結納品を男性側へ）
女性側 ⇕ 男性側

女性の父親 そちらは知佳からの結納品と受書でございます。幾久しくお納めください。
男性本人 ありがとうございます。幾久しくお受けいたします。（男性の母親は受書を女性の前へ）
男性の父親 そちらは大輔から知佳様への受書でございます。幾久しくお納めください。
女性本人 幾久しくお受けいたします。

30秒

POINT 口上は喜びの決まり事。照れずに。

結納式 仲人なし

口上（結びのあいさつ）
男性の父親 ⇕ 女性の父親

男性の父親 本日はどうもありがとうございました。おかげさまで、まことに略式ではございますが、無事にご結納をお納めすることができました。今後とも幾久しくよろしくお願いいたします。
女性の父親 こちらこそたいへんお世話になり、ありがとうございました。どうぞ末永くよろしくお願いいたします。

30秒

POINT 親族としての厚誼を願い、祝宴へ移ります。

婚約

婚約解消を伝える（媒酌人予定者へ）

男性本人

1分30秒

たいへん申し上げにくいのですが、このたび佐野愛さんとの婚約を解消することにいたしました。

ご存じのように、1カ月ほど前、私の母が脳出血で倒れ、入院しました。おかげさまで、間もなく退院しますが、なにかと心配ですので、私のマンションで同居しようと思っているのです。倒れる前の母は健康そのものでしたので、将来の同居のことなどは、彼女と話し合ったこともありませんでした。その同居問題に端を発して、お互いの家庭観や親への思いに大きなずれがあることがわかり、これからの長い人生をともに歩んでいくのは無理だろうという結論に達したのです。お互いに好きだからというだけでは、結婚生活は成り立ってはいかないということがよくわかりました。

部長には、いったんご媒酌(ばいしゃく)をお願いしながらこのようなことになり、たいへん心苦しく思っております。奥様にもどうぞよろしくお伝えください。

POINT 婚約相手を非難する表現は慎みながらも理由や事情を説明し、迷惑をかけたおわびで結びます。

婚約

婚約解消を伝える（媒酌人予定者へ）

男性の母親

1分30秒

たいへん申し上げにくいのですが、お世話をいただいた駿一と恵子さんの縁談を白紙(はくし)に戻すことになりました。

結納(ゆいのう)も無事にすみ、新生活への具体的な準備を進めていくうちに、ふたりの結婚に対する考え方や価値観が決定的に違うという結論に達したのだそうです。先様(さきさま)のご両親も私どももたいへんに驚き、間に入って修復しようとしたのですが、ふたりの意思はかたく、結局双方の親も了承せざるを得ませんでした。

どちらかに非(ひ)があるという問題ではないようですので、先様とも話し合い、ご結納の品をそれぞれ返すだけで落着(らくちゃく)させようということになりました。

大原様には、お引き合わせ以来、たいへんなお力添えをいただきましたのに、このような結果となり、また、結論が出てからのご報告になりましたことをおわびいたします。ほんとうに申しわけございませんでした。

POINT 明らかに先方に非があって婚約を解消するとき以外は、相手を非難せず、「ふたりが話し合ったうえでの結論」として冷静に報告。

PART 3
ビジネスのスピーチ

ビジネススピーチのポイント

いちばん大切なのは目的をはっきりさせること

ビジネスの場で行うスピーチでは、立場をはっきりさせることが重要です。社長なのか、管理職なのか、中堅社員なのか、新入社員なのかによって話題がかわります。新入社員のスピーチであるのに、かたい四字熟語が多かったり、業績について言及するのは、ふさわしくないでしょう。

また、同じ社長のスピーチであっても、会合の目的によって内容は変わってきます。得意先を招いての懇親会であれば、日ごろの感謝の気持ちを込めたスピーチとなり、社員総会で社員に向かって檄を飛ばすのであれば、叱咤

社内のイベント

●送別会

転任による送別会では、赴任地での活躍への期待を盛り込む。

●歓迎会

新入社員、転任社員に一日も早くなじんでもらえるよう、親しみを込めたスピーチを。

●朝礼

短いスピーチを心がける。また、朝にふさわしくない暗い話は避ける。

社外のイベント

●懇親会

親睦が目的なので、参加者への気配りを盛り込んだスピーチにする。

●新製品発表会・展示会

宣伝の場ではあるが、長々とした話は嫌われるので簡潔に説明する。

●新社屋落成

新社屋の目的を伝え、さらなる発展を誓う。

他社のイベントに招かれたとき

●開店・創業

主催者の創業までの経緯を、具体的なエピソードを交えて語る。

●創業記念

創業以来の発展や、創業者の功績、人柄を述べる。

目的に応じたスピーチとは?

激励のスピーチとなるでしょう。まずは、スピーチを行う目的を明確にしましょう。それにそって、内容はおのずと決まってきます。

来賓の立場での祝辞は肩書や社名を正しく

記念式典などに招待されてスピーチする場合、社名や肩書を事前に必ず確認します。会社を代表する形で招待されているときは、特に内容や言葉選びに注意を払いましょう。

また、祝辞には、主催者の発展を祈る言葉は欠かせません。具体的なエピソードを交えながら、主催者の発展と今後のおつきあいを願って結びます。

大切な役割を持つ「乾杯」と「締め」

乾杯は、パーティーなどで出席者全員がそろってグラスに酒をつぎ、その酒を飲み干す簡単な儀式です。乾杯のあいさつは、祝宴の始まりを告げる役割を担っています。

乾杯が祝宴の始まりであるならば、締めのあいさつは最後の締めくくりになります。発声者は、功労者や実務的な実力者の中から選ばれることが多いようです。事前に本人の了解を得たうえで指名されます。締め方には「一本締め」「三本締め」「万歳三唱」などがあります。会の締めくくりにふさわしく、元気な声で発声しましょう。

乾杯のあいさつの構成

① 自己紹介
② 出席者と主催者へのお礼
③ お祝いのメッセージ
④ 唱和のお願い
⑤ 乾杯の発声

司会、幹事は、会合の内容に合った雰囲気づくりを

ビジネスのさまざまな行事には、司会がつきものです。「目立たない司会者こそ、最高の司会者」という言葉があります。イベントの目的に合わせ、雰囲気を盛り上げることが司会の役割なのです。対外的な行事の司会者に指名されたら、会社の信用を損なわないように、言葉づかい、話し方、マナーに気を配ります。来賓の氏名・肩書をまちがえないよう、しっかりと確認をしましょう。

記念式典

会社創業10周年記念式典 社長のあいさつ

1分30秒

社長の神田でございます。皆様、本日はお忙しい中、私どもの創業記念式典にお越しくださいまして、まことにありがとうございます。

平成○年の創業以来、皆様のあたたかいご愛顧と ご支援に支えられ、10周年を迎えることができました。この10年、時代は大きなうねりの中にあり、ことに私ども情報通信の世界は、インターネットやSNSの爆発的な普及があり、創業当時には考えられなかったほどの大きな変化を遂げました。

情報が拡大し続けたこの10年間でしたが、今後10年は、情報を使いこなす時代と当社は位置づけております。創業10周年にあたり、私どもは、「情報を豊かにする」と書く〝情豊産業〟となることを新しい企業コンセプトといたします。これからも、消費者の生活をより豊かにより便利にすべく、研鑽を重ねてまいります。どうか、皆様方には一層のご指導、ご支援をお願いいたします。

POINT 大きな節目にあたり、新しい企業コンセプトや経営方針を打ち出すと、清新な印象を与えることができます。

記念式典

会社創業20周年記念式典 社長のあいさつ

1分30秒

本日ここに、○○株式会社創業20周年を記念し、ささやかな式典のご案内をさし上げましたところ、このように大勢の方々のご出席を賜り、まことにありがとうございます。

創業当時、わずか5人の従業員とともに旗揚げした当社も、今では30人を超える大所帯になりました。ここまで曲がりなりにも順調に発展してこられましたのは、ひとえに本日ご列席の皆様のご支援、ご指導のおかげと、深く感謝申し上げるしだいでございます。

しかしながら、景況は依然厳しいものがあり、泰然としてはいられない状況です。本日から心を新たにして、当社創業時の「よい品はお客様を呼ぶ」という基本精神に立ち返り、一層の努力を重ねる覚悟でおります。皆様には今後倍旧のお引き立てを心よりお願い申し上げまして、私のごあいさつといたします。本日はありがとうございました。

POINT 列席へのお礼→お世話になったお礼→感慨と抱負→今後の支援のお願い、と展開させる基本的なあいさつです。

記念式典

会社創業30周年記念式典 社長のあいさつ

1分30秒

皆様、本日はご多用のところ、当社創業30周年記念式典にご来臨賜り（たまわ）まして、心より御礼（おんれい）を申し上げます。

30年前の創業時は、アメリカの大不況がわが国にも深刻な影響を与えた時期で、そんなときに事業を始めるとは、なんと無謀なことかと言われたものでございます。この30年間、当社もたいへん困難な時期がありましたが、皆様のお力添えとご支援をいただき、なんとか乗り越えることができました。今、この喜びの節目を迎え、あらためて皆様のご厚情に感謝申し上げるしだいでございます。

30歳と申せば、人間でいえばようやく仕事も一人前、そろそろ家庭を持って身を固めるという、いわば働き盛りの年齢です。気力、体力を充実させ、これからも社業に邁進（まいしん）いたしますので、皆様には一層のご指導、ご鞭撻（べんたつ）をお願い申し上げます。

本日は、まことにありがとうございました。

POINT 創業○周年を、人間の年齢にたとえて話すのも、聞き手にとっては想像しやすくわかりやすいものです。

記念式典

会社創業40周年記念式典 社長のあいさつ

1分30秒

前社長の田中が当社を創業いたしましたのが、昭和○年のこと。以来、業界関係者ならびにお客様のおかげで、創業40周年を迎えることができました。これまでのあたたかいご支援とご支持に深く感謝申し上げます。

この40年間は、私どもオフィス家具業界にとりまして紆余曲折（うよきょくせつ）の時代でした。前半は職場環境の近代化が順調に進み、追い風が吹いておりましたが、バブル崩壊とともに風は一気に逆風となりました。長期不況とデフレ経済に加え、安価な輸入家具の攻勢にもあい、当社も深刻な時期がございました。しかし、当社の誇る技術力でなんとかそれを乗り切り、日本経済にも光明が見えてきた今、ベクトルは再び上に向いていると実感しております。

今後も、技術を当社の武器として時代に即応した社業に努める所存でございます。皆様には一層のご指導、ご鞭撻（べんたつ）をよろしくお願い申し上げます。

POINT 喜びの節目なので、深刻だった時期の思い出などは簡単に語るにとどめ、前向きで明るい方向に話を展開させます。

記念式典

会社創業50周年記念式典 社長のあいさつ

1分30秒

本日は当社創立50周年記念式典にご来駕賜り、まことにありがとうございます。多くのお客様、そして本日ご列席いただきましたご来賓の方々に支えられ、当社は大きく成長することができました。これまでのご支援に心より御礼を申し上げます。

最近は、われわれ建設業界ばかりではなく、あらゆる業種で、単なる不況とは違う、大きな波が押し寄せています。その波と闘いながら、私どもは新たな一歩を踏み出さねばなりません。この50周年を「第2の創業」と考え、初心に帰って事に当たっていきたいと考えております。今まで屋内配線を主体にしていた業務ですが、昨年は配電事業部を新しく立ち上げ、今後は、総合電気工事会社を目ざして、さらなる躍進を遂げたいと願っております。

皆様には、倍旧のご教導を賜りますことをお願いし、私のごあいさつといたします。本日はまことにありがとうございました。

POINT 周年の節目を「新たな創業」と位置づけ、新事業などを具体的に紹介すると、前向きなあいさつになります。

記念式典

会社創業１００周年記念式典 社長のあいさつ

1分30秒

本日はなにかとご多用のところご光臨いただき、まことにありがとうございます。

私ども○○運送は、大正○年の創業以来、関東一円の流通の一翼を担い、発展してまいりました。これもひとえに関係各位のお力添えのおかげと、心より感謝いたしております。

当社では、このたび、創業１００周年記念事業といたしまして、「ＮＰＯラーニング奨学金制度」を発足させました。これは、私どもが提携するＮＰＯに参加する学生スタッフに対し、活動費を支給するものです。微力ながら社会貢献に寄与することで、今までの１００年への感謝をあらわすとともに、今後の１００年に向けての夢のある投資にしたいと考えております。伝統に甘んじることなく、私どもは今後も全社員一丸となって積極的なチャレンジを続けていく所存です。どうぞ皆様には今後とも一層のご指導をよろしくお願い申し上げます。

POINT 周年にあたっての記念事業や、特別企画、記念商品の発売などがあれば、あいさつの中でさりげなくPRします。

記念式典

会社創業20周年記念式典 司会者の開会のあいさつ

1分30秒

本日は、皆様お忙しい中、早くからお集まりいただきまして、まことにありがとうございます。ただいまより、山藤物産株式会社創業20周年の記念式典を開催いたします。私は、本日の式典の司会を務めます総務担当の水原と申します。どうかよろしくお願い申し上げます。

先ほど入場口でパンフレットをお渡ししましたが、そのトップページにございます式次第によって進めてまいります。最初に、弊社代表取締役の山藤政次よりのごあいさつ。次に、市議会議長丸山貴博様よりのご祝辞をいただきましたあとで、弊社コーラス部による社歌斉唱が行われます。のちほど、皆様方からのお言葉も賜(たまわ)りたいと存じます。

このように無事に20年を迎えられるのも皆様のおかげかと感謝しております。これからも、変わらぬご支援、ご指導を心よりお願い申し上げます。

それでは社長、よろしくお願いいたします。

POINT 全体の進行役なので、格式ばったあいさつは省略します。参列した方々へのお礼、感謝の気持ちを簡潔に述べて。

記念式典

会社創業10周年記念式典 司会者の閉会のあいさつ

1分30秒

まことに心残りではございますが、そろそろお時間が迫ってまいりました。このあたりでお開きにしたいと存じます。私どもは、この10年で築いてきた基盤をさらに強めつつ、次の20周年に向けて、社員一同、新たな気持ちでがんばってまいりたいと思っておりますので、皆様どうか今後とも、ご支援、ご指導のほど、よろしくお願い申し上げます。

それでは、ここで締めくくりに、皆様のご健勝と当社の一層の発展を祈って、万歳三唱(ばんざいさんしょう)をいたしたいと存じます。全員、ご起立ください。ご発声は、株式会社ツルヤ代表取締役社長の山川幸彦様にお願い申し上げます。山川様、どうぞよろしくお願いいたします。（万歳三唱）

以上をもちまして、蔵の壱株式会社創業10周年記念式典を終了させていただきます。長い間、おつきあいいただきまして、まことにありがとうございました。

POINT 20周年へ向けての意欲を手短に述べ、取引先、協力会社など支援者への感謝の気持ちを、最後にあらわします。

part 3 ビジネスのスピーチ　式典のスピーチ

記念式典

会社創業10周年記念式典 来賓（取引先）の祝辞

1分30秒

創業10周年、まことにおめでとうございます。また、このような盛大なお祝いの席にお招きいただき、ありがとうございました。

本日、この喜びの節目を迎えられましたことは、社長をはじめ、社員の皆様の粉骨砕身（ふんこつさいしん）のご努力のたまものと、心よりお喜び申し上げます。

御社（おんしゃ）とは、創業以来のお取引をさせていただいており、これまでの事業の展開と発展はつぶさに知っております。いつも感心いたしますのは、社長の先見性に富んだ発想と、それを形にする社員の方々の技術力です。その完璧なチームワークが、御社の発展を支えてきたのでしょう。

社長も社員の方々も皆、若いこと。それが御社の最大のエネルギーです。今後もその力をフルに発揮して、ますます社業を発展させ、20年、30年のお祝いの日も、ともに迎えられますことをお祈りしております。

POINT お祝い→招待へのお礼→節目にあたっての感慨→さらなる発展を祈る言葉と展開させるのが祝辞の基本です。

記念式典

会社創業30周年記念式典 来賓（取引先）の祝辞

1分30秒

このたびは、御社（おんしゃ）創立30周年を迎えられ、心よりお祝いを申し上げます。また、晴れの記念式典にお招きいただき、たいへん光栄に存じております。

私は、創業時から御社とおつきあいをさせていただいておりますが、当時とは比べものにならないほど、事業規模も人員も大きく拡大しました。ただいまの社長のごあいさつでは、さらに多角経営に乗り出すとのことで、御社はますますご隆盛（りゅうせい）を遂げることでしょう。

しかし、ここで取引先として一つだけお願いを申し上げておきます。それは「顔の見える会社」でいてほしいということです。業界内での年数だけは重ねている私ですが、これまで事業を拡大したことで人間味の薄れた会社を、たくさん見てまいりました。

御社には、いつまでも人間の情感あふれる会社でいてほしいと願っております。本日はまことにおめでとうございます。

POINT 業界の先輩としての立場での祝辞では、「節目にあたって気持ちを引き締めよ」という内容を述べるのもいいでしょう。

記念式典

会社創業50周年記念式典 来賓（取引先）の祝辞

1分30秒

創業50周年、まことにおめでとうございます。

昭和○年、初代斎藤栄作氏によって設立された○○株式会社は、斎藤氏の卓越した経営手腕により、順調に業績を拡大しました。斎藤氏引退後は、2代目社長の伊藤昇氏が経営を引き継ぎ、新分野を開拓するなど、さらに社業を発展させたのは皆様もご存じのとおりです。

私は、10年ほど前からのおつきあいとなりますが、当初からたいへん驚き、また感心していることが2点ございます。それはまず、現社長、松本孝氏の強いリーダーシップ、もう1つは、社員の方々の打てば響くような行動力でございます。○○社50年のご発展は、歴代のすばらしい人材あってのことと、あらためて感嘆するしだいです。

伝統を生かし、人材を生かしながら、御社（おんしゃ）がますますのご隆盛（りゅうせい）を祈念して、私のお祝いの言葉とさせていただきます。

POINT 創業以来の経営者、自分自身が日ごろから感心している現経営者の経営手腕をたたえ、さらなる発展を祈ります。

記念式典

会社創業70周年記念式典 来賓（取引先）の祝辞

1分30秒

渡辺自動車販売さん、創業70周年、まことにおめでとうございます。

70年前といえば、日本には自動車などあまり走っていない時代です。創始者の渡辺誠一氏がバイクの修理販売を行う渡辺オートを設立、さらにご子息の健一氏が2代目社長になられてからは自動車の販売を手がけるようになり、日本のモータリゼーションとともに、繁栄を続けてこられました。

そして、創業70周年の節目に、3代目社長として渡辺慶一氏がご就任になるとのこと、重ねてお祝いを申し上げます。すぐれた先代の業績を後継するのは重責でしょうが、若い力と新鮮な感覚で、御社（おんしゃ）をさらなる発展に導かれることと存じます。

御社が、慶一社長を中心に、今まで以上のたくましい行動力で、新たな成長を続けていかれることを確信しております。本日はまことにおめでとうございます。

POINT 周年を節目に経営陣が交代するときは、「これでまた新たな成長・繁栄を」と、経営陣と会社の前途を祝します。

part 3 ビジネスのスピーチ　式典のスピーチ

記念パーティー

飲食店開店10周年記念パーティー 店主のあいさつ

1分30秒

本日は、ご多忙中の折、割烹(かっぽう)山岡の開店10周年記念の集まりにおいでいただきまして、まことにありがとうございます。

私ども割烹山岡が、今日無事に開店10周年を祝うことができますのは、ひとえに、ご列席の皆様方や日ごろ格別のご愛顧(あいこ)を賜(たまわ)ります顧客の皆様方のおかげと存じます。本日、10年を一くぎりとして祝宴(しゅくえん)を開催いたしましたのは、これを機会に、再び初心に立ち返り、開店当初の熱意とひたむきな姿勢をよみがえらせたいという思いからでございました。

私どもは、今日という日を二度目の誕生日とさせていただきます。次の10年を目ざして、一から歩き始める覚悟でございます。さらに一層の研鑽(けんさん)を重ねてまいりますので、今後とも変わらず、ごひいき、ご鞭撻(べんたつ)を賜りますよう、重ねて心よりお願い申し上げます。

本日は、まことにありがとうございました。

POINT 「人の2倍働いて」などの努力の話は、祝辞で述べてもらうこと。主催者側は、謙虚であるほど好感を持たれます。

記念パーティー

小売店開店15周年記念パーティー 店主のあいさつ

1分30秒

皆様、お忙しいところをお越しいただきましてありがとうございます。おかげさまで、スーパー田辺も創業15周年を迎えることができました。これもひとえに、ご来賓の皆様方、そして社員の皆様のおかげでありまして、感謝のほかはございません。

さて、これまでの15年を、文字にあらわしてみました。最初の5年は「情熱」。店を始めたころは朝から晩まで働き、熱意だけで突き進んでまいりました。そして、次の10年は「人材」です。すばらしい社員に恵まれ、店舗繁栄の大きな原動力となりました。さて、これからの未来に向けて、私は「満足」という言葉を考えております。今まで以上に、お客様に喜んでいただける店にしたい。その決意を持って、仕事にとり組む所存であります。

今後とも店員一同、よりよいサービスをモットーに、愛されるお店づくりを目ざして歩んでまいりますので、皆様よろしくお願い申し上げます。

POINT 思い出は簡潔にわかりやすく。文字を紙に書いて掲げると、印象的になります。未来へ向けての意気込みを締めくくりに。

記念パーティー

飲食店創業70周年記念パーティー社長のあいさつ

1分30秒

本日は、皆様お忙しいところ、当店創業70周年記念パーティーにご来臨いただき、心より御礼（おんれい）を申し上げます。

創業者鈴木実は、ご存じのように私の祖父でございます。戦前から、本物のおいしさを追い求めることでお客様に喜んでいただくため「美味求真（びみぐしん）」という理念を掲げ、戦中戦後の動乱期、復興期、高度成長期をお客様とともに歩んでまいりました。そして、前社長である父・誠は、その理念を受け継ぎ、社業を順調に発展させて今日（こんにち）に至りました。そして、創業70周年を迎えるこの節目に、私、鈴木順が、３代目として社業を継承いたすことになりました。「美味求真」の創業精神に立ち戻り、お客様にご満足いただける味を、これからも追求してまいります。

皆様に、当店への、そして、未熟な私への、今後一層のご支援をよろしくお願い申し上げまして、ごあいさつといたします。

POINT 節目に経営者や経営陣を一新するのもよくあるケースです。会社と新経営陣双方への一層の支援をお願いしましょう。

なるほど！column

式典のスピーチは立場をわきまえて

「社長の創業記念式典のあいさつ」と一口にいっても、出席者の顔ぶれによって話す内容は違ってきます。

社員総会などで話すのは、内部の社員など「日ごろの仲間」に向けてのあいさつです。経営者として節目を迎える感慨は、紋切り型の表現ではなく、率直に語ったほうが気持ちが伝わるでしょう。そして、従業員の働きや努力に感謝する言葉を必ず盛り込み、将来へ向けて士気を鼓舞する表現で結びます。

一方、来賓を招いての式典あいさつでは、ある程度の格式のある表現が求められます。話す内容も、今までの支援・協力へのお礼と、今後の抱負、出席者への引き続きの指導・支援のお願いを主体にします。

記念パーティー

飲食店創業10周年記念パーティー 来賓（関係者）の謝辞

1分30秒

本日は、まことにおめでとうございます。大東物産の西岡と申します。関係各社を代表いたしまして、ひと言ごあいさつを述べさせていただきます。

創業者の松本氏とは、創業以前から公私にわたり親しくさせていただいております。松本氏は日ごろから、何事にも「石橋をたたいて渡る」人でありました。ですから、創業の際の電光石火ともいうべき即決ぶりには、さすがの私も少々戸惑い、不安に思ったものです。しかし、細心にして大胆な松本氏の多方面な魅力が、業績につながっていたようです。もちろん、松本氏だけでなく、社員の方のご努力があればこそ、今日の躍進があったのでしょう。これからも、さらなる飛躍をしていただきたいと、切に願っております。

ここに謹んで10周年に祝意を表するとともに、貴社のご発展をお祈りして、私のごあいさつといたします。ありがとうございました。

POINT 形式にとらわれず、社長の人柄を交えたあいさつも可。社員のがんばりも評価する言葉を加えると、好印象になります。

記念パーティー

小売店創業20周年記念パーティー 来賓（商店街会長）の祝辞

1分30秒

このたび、○○店さんにおかれましては創業20周年をお迎えになり、まことにおめでとうございます。同じ商店街で商いを営む者としても、たいへんうれしく存じます。

私どもの商いは、一日一日の積み重ねでございます。毎日毎月の売り上げに一喜一憂（いっきいちゆう）するうち、気がつけばいつの間にか20年たっていたというのが、○○店さんの実感なのではないでしょうか。私の店もかなりの古株になりましたが、創業はまるで昨日のことのように思えるものです。

それにいたしましても、20年の間には、この商店街でも店がずいぶん入れかわってしまいました。その中にあって、創業以来堅実なご商売をなさり、お店を順調に発展させてきた佐藤社長のご努力とご手腕には、あらためて感服するしだいです。○○店さんの今後のさらなるご発展、ご繁盛（はんじょう）を心よりお祈りし、私のごあいさつといたします。

POINT 同じ商店街の仲間として節目を喜び、これまでの苦労、努力を思いやりながら、今後の発展を祈ります。

記念式典

飲食店創業60周年記念式典 来賓（顧客）の祝辞

1分30秒

　本日は、〇〇屋さんの創業60周年祝賀会という、たいへんおめでたい席にお招きいただき、光栄に存じます。
　私のような年寄りがご指名を受けましたのは、たぶん、昔の思い出話をせよということでしょう。
　実は、私が幼少の時分にこの店が開店しました。現在は天ぷらの専門店として遠方からもお客様の足が絶えない店となっている〇〇屋さんですが、創業当時は天ぷらのほか、そばやうどんも扱う大衆的な店でした。家族の祝い事があれば〇〇屋さんに行き、お客様が来れば出前をとり、1年の締めくくりは〇〇屋さんで年越しそばを食べるというのが、このあたり一帯の習慣だったものです。
　名店として広く名前が知られるのは、たいへんに喜ばしいことですが、地域の住民に長く親しまれてきた家族的なよさも失うことなく、ますます発展してほしいと願っています。

POINT 創業当時の光景や思い出を語りながらも、それにとどまらず、未来につなげる言葉で結びます。

なるほど！column

周年を人間の節目になぞらえて

　会社の創立記念日は、人間にたとえれば、誕生日や結婚記念日のようなもの。創立記念式典の社長あいさつや来賓の祝辞では、周年を人間の慶賀の節目になぞらえて話すと、年月の重みの実感がわきます。

5周年…木婚式
10周年…錫婚式
15周年…義務教育修了、元服（元服は11～16歳に行われた）
20周年…成人式
25周年…銀婚式
30周年…而立
40周年…不惑
50周年…知命（30周年、40周年、50周年はそれぞれ、「論語」為政の「三十にして立つ」「四十にして惑わず」「五十にして天命を知る」から）
50周年…金婚式
60周年…還暦

会社創業

社長のあいさつ①

2分30秒

本日ここに新しく○○株式会社を設立するにあたりまして、皆様にご案内を申し上げましたところ、このように大勢の方々にご来臨いただき、まことにありがたく、厚く御礼(おんれい)を申し上げます。

申し遅れましたが、私が代表取締役の川村利文でございます。

ご存じの方も多いことでしょうが、私どもの○○株式会社は、以前、株式会社＊＊にお世話になっておりました者10名が集まり、設立した会社でございます。

ただし、＊＊社さんと仲たがいをして飛び出したというわけではございません。

伝統ある＊＊社さんの枠組みの中ではチャレンジできないことを、ぜひやってみたいという新しい志を持った仲間が集まって、このようなしだいとなったわけです。

たまたまいちばん年長ということで、私が代表の座についてのスタートとなりましたが、社員は皆、気鋭(きえい)の技術者で、それぞれが得意分野を持つ実力者です。若いエネルギーと最新の技術を武器にいたしまして、当面は電子回路設計、機械設計を主軸として業務を進めてまいります。

技術には相応の自信を持っておりますが、会社の経営となりますとまた別です。なにぶん未熟でございますので、皆様のお力添えなしには、会社を成長させることはできません。

ご列席の皆様には、あたたかいご支援、ご指導をいただきますとともに、今後のお引き立てを切にお願い申し上げます。

まことに簡単ではございますが、以上をもちまして私のごあいさつとさせていただきます。

本日はまことにありがとうございます。

POINT 最初に、設立にあたっての意気込みや抱負、将来の夢などを語ります。最後は、指導、支援、助言、力添え、引き立て、取引などを願う言葉で結びます。謙虚な姿勢を忘れずに。

会社創業

社長のあいさつ②

1分30秒

本日はお忙しいところご列席いただき、まことにありがとうございます。私が、このたび株式会社○○食品を設立いたしました、代表取締役の水野武彦でございます。

私が独立開業するに至りました経緯は、隣におります専務の南部との出会いから始まります。当時、私は＊＊食品に勤務しており、南部はその取引先である△△商事の営業マンでございました。仕事を通じて将来の夢を語り合ううち、新しい分野を２人で開拓していきたいと起業したわけでございます。

さしあたって当社でとり扱う商品は、ごらんのとおり５銘柄でございます。皆様には創業の記念品がわりにお持ち帰りいただきますので、ぜひともご試食いただき、ご意見など賜(たまわ)れば幸いに存じます。今後は「生産者の顔が見える安心食品」をモットーにとり組んでまいりますので、どうぞよろしくお引き立てのほどをお願い申し上げます。

POINT 製造販売業の場合は、扱う製品・商品を紹介します。持ち帰れるものなら、記念品がわりに贈呈するのも一法です。

会社創業

役員のあいさつ

1分30秒

本日、株式会社○○創業に際しましては、皆様にあたたかいお祝いや励ましのお言葉をいただき、心より感謝いたしております。

創業と申しましても、社長と私を含めてもたった５人の小さな会社です。この５人は、大学の工学部の同期で、卒業後はそれぞれ違うコンピューター関連の仕事に就いておりました。昨年行われました同窓会で、社長の服部から誘いを受け、このように新会社を立ち上げることになったわけでございます。

私どもは、いわゆるベンチャー企業ということになります。時代の寵児(ちょうじ)ともてはやされる活躍をするスター経営者もおりますが、母体が小さいだけに、いったんつまずくと足元が弱いというのも事実です。私どもも、そうした現実をしっかり見つめ、地に足のついた経営、開発を行っていくつもりです。

未熟な私どものため、皆様方のご指導、ご支援のほど、よろしくお願い申し上げます。

POINT 創業に浮かれることなく、現実の厳しさをよく知っているとしたうえで、指導と支援を謙虚な姿勢でお願いします。

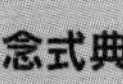

事務所開業 所長のあいさつ

1分30秒

本日はお忙しいところ、私ども○○デザイン事務所のためにお越しいただき、まことにありがとうございます。

この事務所は、私、堀川美千代と、こちらにおります前田美香が、共同で経営いたします。私は広告代理店で、前田はフリーランスでデザイナーをしておりましたが、このたびお互いに補い合い、高め合って幅広い仕事をしていきたいと意見が一致し、事務所を開設するに至ったものです。

今までは両名とも広告を主体としたグラフィックデザインを専門にしておりました。新事務所でも、これまでの仕事が主体になりますが、将来的には、映像デザイン分野も手がけたいと思っております。

まだまだ発展途上で、勉強を重ねなければならない両名ですが、今後もよろしくご指導、ご支援のほどをお願いいたします。

本日はありがとうございました。

POINT 共同事務所の場合は「２人の力を合わせて幅広い仕事を」と発展的で前向きな表現であいさつをします。

記念式典

新支店開設 支店長のあいさつ

1分30秒

店長の長谷川でございます。本日は○○スーパー＊＊支店の開設披露にあたりまして、このようにたくさんの皆さんのご来臨を賜り（たまわ）、たいへん感激しております。

この地区は、古くからの住宅街で、なかなか広大な敷地を確保できないことから、これまで大型スーパーの進出はむずかしいとされてきました。ところが、ここにきて、＊＊銀行が保養所を手放すことになり、縁あって私どもがその跡地を利用させていただくことになったわけです。幸い、居住者の皆様方からも歓迎を受け、とりたてて大きなトラブルもなく開店準備を進めることができました。

今までご支援、ご協力いただきました地域の皆様や関係者のご期待に添うべく、従業員一同努力してまいる所存でございます。開店はこのあと午前10時を予定しております。混雑が予想されますので、それまでのお時間を利用して店内をご見学ください。

POINT 地域住民との関係がうまくいっていることを強調し、これまでの協力のお礼と今後の支援をお願いします。

記念式典

会社設立披露式典 司会者の開会のあいさつ

1分30秒

皆様、このたびはご多忙中にもかかわらず、私どもマルフク株式会社の設立披露式典にご臨席賜り、まことにありがとうございます。私は、司会を仰せつかった部長の仲井でございます。どうぞ、よろしくお願い申し上げます。

私どもマルフク株式会社は、高齢者介護用品の総合メーカーでございます。２０２５年には、国民の３人に１人が65歳以上の高齢者になるといわれています。当社では、そうした時代を前に、いかにして高齢の方々にふさわしい住環境をつくるかをテーマとし、介護用品の開発にとり組んでまいる所存でございます。本日は、当社でとり扱います介護用ベッドや車イスなどの製品も展示してございますので、それらをごらんいただいたうえ、ご意見・ご感想をお寄せください。それでは最初に、弊社代表取締役の福永明より、ごあいさつがございます。社長、よろしくお願いいたします。

POINT その会社が、何の会社なのかをはっきり説明します。会場に商品が展示してあることも伝え、会社の特色を印象づけて。

記念式典

会社設立披露式典 司会者の閉会のあいさつ

1分30秒

皆様のご協力によりまして、本日の式典もとどこおりなく終えることができました。社員一同、心より感謝申し上げます。

ここ数年景況が上向かず、社会経済が混沌とした時代となっております。そんな中で会社を設立することは、険しい道ではございますが、私どもはマラソンのスタートを切ったばかりです。今後、さまざまな困難に直面するでしょうし、上り坂もあれば下り坂もあることでしょう。ですが、顧客を増やし、ひたすら目標に向かって疾走したいと存じます。それには、皆様のご支援、ご協力なくしては、走り続けることもままなりません。今後とも、お引き立てのほどよろしくお願い申し上げます。

それでは、これをもちまして、株式会社サワダ・クリエイトの開業記念式典をお開きとさせていただきます。皆様、長い間おつきあいくださいまして、まことにありがとうございました。

POINT 困難な道へ、果敢に挑む意欲を強調します。また、協力会社や取引先へひたすら支援のお願いをしましょう。

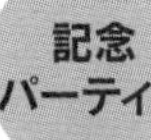

記念パーティー

会社創業披露パーティー来賓（取引先）の祝辞

1分30秒

○○株式会社ご創業、まことにおめでとうございます。このような盛大な祝賀パーティーにお招きいただき、たいへん光栄に存じます。

晴れの日を迎え、社長の松下さんのお喜びと感慨はいかばかりかと存じます。実は、松下さんと私のおつきあいは、かれこれ10年を数えます。松下さんがお勤めになっていた＊＊社と当社にお取引があり、松下さんはそのご担当者として、当社によくお見えになっていました。とにかく誠実かつ熱心な営業マンで、当社にもこうした社員がいればと何度思ったことかわかりません。

具体的なお誘いをする前に、松下さんは独立開業なさることになり、当社にお迎えすることがかなわず、私としては少々残念です。しかし、松下さんの実力と熱意をもってすれば、新しい会社のご繁栄もまちがいないことでしょう。ご活躍を期待しております。本日はまことにおめでとうございました。

POINT 自分の知っている社長の人柄や実力を紹介し、だから新会社の繁栄を確信していると前向きに明るく結びます。

記念式典

会社設立披露式典来賓（取引先）の祝辞

1分30秒

このたびは、サガ・ソフトウエア株式会社設立、まことにおめでとうございます。名倉商事の道下と申します。取引先各社を代表いたしまして、ひと言お祝いを述べさせていただきます。

社長から会社設立のご相談をいただいてから、わずか2年あまり。その計画の緻密（ちみつ）さ、決意のかたさにふれ、驚きとともに、信頼と申しますか、大丈夫だ、彼ならやれると強く信じたものです。この業界は、時代の先端を走る分野であると同時に、競争の激しい世界でもあります。魯迅（ろじん）の言葉に、「もともと地上に道はない。歩く人が多くなれば、それが道になるのだ」というものがあります。新しい会社を定着させることは困難な道ではありますが、佐賀さんなら、立派な道を築き上げることでしょう。

サガ・ソフトウエアさんの明日は、まちがいなく大きな花が開くはずです。輝かしい前途を心からお祈りして、お祝いの言葉とさせていただきます。

POINT 社名を意識的に繰り返して印象づけるのも、お祝いの表現（サービス）になります。事業の今後の発展を期待する言葉で締めを。

すぐに役立つ
とっさのひとこと

ビジネススピーチの始めの言葉

◆ただいまより、年末恒例の○○会を開催いたします。

◆本年も皆さんとともに○○（会合名）の日を迎えることができ、たいへんうれしく思っております。

◆本日は、お忙しい中、○○（会合名）にかくも多くの方々のご出席を賜り、まことにありがとうございます。

◆ご多忙中にもかかわらずご臨席を賜り、一同感謝にたえません。

◆このたびはおめでとうございます。本日は、栄えある○○（会合名）にお招きいただき、まことにありがとうございます。

◆本日は皆様の○○（会合名）に参列させていただき、お祝いの言葉を申し述べる機会を得ましたことを、たいへん光栄に存じております。

◆このたびの慶事○○にあたり、ひとことごあいさつを申し上げます。

◆ごあいさつの機会を与えていただき、たいへん光栄に存じております。

◆本日は、お忙しい中、私のためにお集まりいただき、たいへん恐縮しております。

◆ただいまご紹介にあずかりました佐藤でございます。

◆本日の幹事を仰せつかりました佐藤でございます。

◆4月1日付で大阪勤務を仰せつかり、本社○○部より移動して参りました佐藤でございます。

◆高い席から恐縮でございますが、ひとことごあいさつを申し上げます。

◆先輩の皆様を差し置き恐縮でございますが、ご指名によりごあいさつを申し上げます。

◆皆さん、おはようございます。いよいよ今日から○○が始まります。

◆皆さん、きょうは朝からお疲れさまでした。

◆堅苦しいあいさつは抜きにして、さっそく本題に入らせていただきます。

開業

事務所開業披露 来賓（取引先）からの祝辞

1分30秒

後藤さん、念願の事務所開設、まことにおめでとうございます。

ご存じのように、後藤さんは今まではフリーランスのデザイナーとしてご活躍なさっており、当社も定期的に仕事をお願いしているという関係でございました。ただ、いかんせんお一人で仕事をしていらっしゃいましたので、スケジュールが詰まっていると仕事を受けていただけないようなこともあり、当社も残念に思うことがしばしばでした。

しかし、このたび、優秀な若手のデザイナーを集め、デザイン事務所を主宰（しゅさい）することになり、これで受注できる仕事量もぐんと増えることでしょう。当社にとっても、まことに喜ばしい限りであります。

今後はデザイナーとして活躍なさるとともに、後進の指導にも力を入れ、この事務所が大きく飛躍することをお祈りしています。

後藤さん、期待していますよ。おめでとう。

POINT 取引先の立場から、事務所組織になったメリットを具体的にあげ、繁栄と飛躍を祈る言葉へと展開させます。

なるほど！column

開店・開業を祝う側のタブー

商売に携わる人は、縁起にこだわる傾向があります。お祝いのあいさつをするときは、次のような忌み言葉は使わないよう注意しましょう。

◆倒れる　◆崩れる　◆落ちる　◆つぶれる
◆流れる　◆飛ぶ　◆散る　◆入らない
◆枯れる　◆閉じる　◆終わる　◆伸びない
◆失う　◆薄れる　◆やめる　◆さびれる
◆止める　◆おしまい

また、商売上「赤字」や「火事」を嫌うため、開店・開業祝いには、それらを連想させる赤い色の品は使わないほうが賢明です。

すぐに役立つ
とっさのひとこと

ビジネススピーチの結びの言葉

◆今後とも変わらぬご指導ご鞭撻をお願い申し上げまして、私のごあいさつとさせていただきます。
◆○○社ますますのご発展と、ご列席の皆様のご多幸をお祈りし、本日のごあいさつといたします。
◆今後の皆様のいっそうのご活躍とご健勝をお祈りし、簡単ですがごあいさつとさせていただきます。
◆末になりましたが、お祝いの言葉とさせていただきます。○○社のいよいよのご隆盛をご祈念申し上げ、お祝いの言葉とさせていただきます。
◆今後も、社員一丸となって、発展に努めていく所存でございます。ご列席の皆様のいっそうのご支援を切にお願い申し上げます。
◆これからも社業に邁進する覚悟でございますので、倍旧のご支援ご鞭撻のほど、心よりお願い申し上げます。
◆これからもお力添えのほど、よろしくお願い申し上げます。
◆未熟ながら精いっぱいつとめる所存でございます。どうぞよろしくお引き回しのほどお願い申し上げます。
◆皆さん、お体にお気をつけて、ますますご活躍ください。本日は、まことにありがとうございました。
◆今後はさらに責任重大となりますが、いっそうのご手腕を発揮されることをお祈りしております。
◆それではさっそく始めましょう。○○さん、よろしくお願いいたします。
◆では、皆さんも心ゆくまでお楽しみください。
◆今晩は、みんなで楽しく盛り上がりましょう!
◆お時間の許す限りお楽しみいただければと存じます。
◆不粋な長話はやめにして、乾杯に移りましょう。
◆これにて閉会とさせていただきます。皆様、お疲れさまでした。
◆足元が暗くなっておりますので、どうぞお気をつけてお帰りください。
◆お忘れ物などなさいませんようご注意ください。

part 3 ビジネスのスピーチ
式典のスピーチ

開店披露

飲食店開店披露パーティー 店主のあいさつ①

1分30秒

皆様、ご多用のところお越しくださいまして、まことにありがとうございます。店主の大沢幸一でございます。このたび、こちらでイタリアンレストラン「オリゾンテ」を開店させていただくことになりました。

私は、○○ホテルの厨房で10年間働いたのち、イタリアで約４年修業し、昨年帰国いたしました。自分の店を開くため物件を探しておりましたが、妻の実家がこの近隣（きんりん）にあり、たいへんよい土地柄であると知り、ここで開店することにいたしました。

皆様にお気軽にご利用いただけるような店を目ざし、妻ともども努力してまいりますので、どうぞよろしくお引き立てのほど、お願いいたします。

本日は、店のメニューの一部を皆様にご賞味（しょうみ）いただければと存じます。ささやかなパーティーでございますが、どうぞゆっくりお召し上がりください。ありがとうございました。

POINT 地元の住民に愛されなければ飲食店は繁盛しません。「よい土地柄」など賛美の言葉を添えてあいさつを。

開店披露

飲食店開店披露パーティー 店主のあいさつ②

1分30秒

本日は、皆さん、お忙しい中おいでくださり、まことにありがとうございます。未熟な私ではございますが、ようやく開店にこぎ着けることができました。これもひとえに、皆さんのご協力とご忠告があってのことと、心よりお礼申しあげます。

このレストラン八島は、テーブル６卓、従業員は私と妻だけというこぢんまりした店ですが、ここでしか食べられないようなおいしいイタリアンを召し上がっていただきたいと思っております。魚介類は青森県の漁港、野菜類は埼玉県の農家と提携しており、信頼できる仕入れ先から、新鮮で安全な食材だけを選んであります。こだわりの味を追求し、「味のある店」と言われるように精進（しょうじん）してまいりますので、どうぞ率直なご感想をお聞かせくださいますよう、よろしくお願い申し上げます。

簡単ではございますが、これをもちまして、開店のあいさつにかえさせていただきます。

POINT 長々とした苦労話は、せっかくの開店披露に水を差します。「皆様のおかげです」という謙虚な態度が肝心です。

開店披露

飲食店開店披露 店主のあいさつ①

1分30秒

皆さん、こんにちは。本日は、当カフェ・セゾンの開店祝いにわざわざお越しいただき、まことにありがとうございます。このように多くの方々にお集まりいただいたうえ、お祝いの品やお花などもたくさん贈られ、たいへん感激しております。

私が、カフェの魅力にとりつかれたのが5年前。フランスを旅したときに見た、パリっ子たちがオープンカフェで午後のひとときを過ごしている風景が、目に焼きついて離れませんでした。私も、街の風景、そして人々の生活に自然にとけ込むような店を持ちたい。そのとき、強くそう感じたのです。店は小さいですが、新進デザイナーのデッサン画や雑貨などを飾り、アートを楽しみながら、ゆっくりとくつろいでいただける店を目ざしております。

開店当初は至らない点もあると思いますが、持ち前のサービス精神で懸命(けんめい)に努めますので、どうか末(すえ)永(なが)く、よろしくお願いいたします。

POINT 開店を決意する経緯は、淡々とした報告スタイルよりも、エピソードを交えて。情感を込めてストレートに語ります。

開店披露

飲食店開店披露 店主のあいさつ②

1分30秒

本日は、バー・クロノスの開店披露(ひろう)に、皆様お忙しい立場でありながらおいでくださいまして、感謝しております。店主の田尾でございます。私が、この町内に当店を構えたのは、あたたかい人情、美しい町並み、そこで生活する皆さんの生き生きした表情から、活気ある町だと感じたからです。これからは、町の一員として町内の発展に尽くしたいと思っておりますので、よろしくお願いいたします。

この店が、お客様にとって「第2のマイルーム」となることが私の理想です。どうか皆さん、親しい方と夜通しおしゃべりを楽しみたいとき、昼間のお仕事で疲れた体を休めたいとき、だれかとケンカして、頭を冷やしたいと思うとき……いつでも気軽にお越しください。お酒を多種用意し、「これは、うまい」とうならせるオリジナルカクテルも研究を重ねております。PRばかりで恐縮(きょうしゅく)ですが、なにとぞお引き立てのほど、よろしくお願いいたします。

POINT 地域の人とは末永いおつきあいになるので、町内への協力は惜しまない態度をアピールするとよいでしょう。

開店披露

小売店開店披露パーティー
店主のあいさつ

1分30秒

皆様、お忙しい中、ようこそおいでくださいました。店主の佐藤絵理子でございます。

ご案内のとおり、このたび自宅の一部を改築してこのように「○○の店・りぼん」を開店する運びとなりました。

お取引先、工事関係者、また近隣の皆様から多くのご支援とご協力をいただき、おかげさまでこうして念願の開店の日を迎えることができました。自分のお店を持つことは、長年の夢でありましただけに、感無量(かんむりょう)でございます。

ささやかな店ではございますが、一人ひとりのお客様を大切にして、地道な商いを続けてまいりたいと存じます。皆様にご利用いただきたいのはもちろんですが、お知り合いの方にもご紹介いただければ、この上ない幸せでございます。

どうか今後とも、よろしくご指導くださいますよう、心からお願い申し上げます。

POINT 小売店全般に応用できるあいさつの例です。関係者にもれなくお礼を述べながら、引き続きの支援をお願いします。

開店披露

新店舗発表会
広報担当者の説明

1分30秒

皆様、本日はお忙しいところ、また遠路にもかかわらず、当社の新店舗発表会にご出席いただき、まことにありがとうございます。

当社が○○市に初出店するにあたりましては、地域住民の方の意見を十分にリサーチさせていただきました。その結果、「落ち着ける調剤薬局がほしい」「待ち時間が長すぎる」という声が多く、当店舗のコンセプトを「最新型のいやされる薬局」と位置づけ、準備を進めてまいったわけでございます。のちほどご見学いただきますが、待ち時間短縮のため、調剤室には最新の機器をそろえております。また、待合室には、ソファのほかマッサージチェアを配備しました。10種類の飲み物をそろえたドリンクコーナーも、他店には見られない充実度かと存じます。

調剤の患者様はもちろん、街行く人にも気軽にお立ち寄りいただける薬局を目ざしてまいります。どうぞよろしくお願いいたします。

POINT 報道されるときに「見出し」になるようなキャッチフレーズなどを紹介するのも説明のコツです。

開店披露

小売店開店披露　店主のあいさつ

1分30秒

皆さん、本日はお忙しいところをようこそお越しくださいました。ほんとうにありがとうございます。

私は、店主の川上真利子でございます。

ようやく、念願の雑貨店シリルをオープンすることができました。夢のようです。これもひとえに、今日まで応援してくださった皆さんのおかげです。

私は、学生のころから雑貨屋めぐりが大好きでした。最初は、雑貨をながめるだけで心がウキウキ弾んでおりましたが、そのうち、自分で雑貨店を持ちたいという夢がふくらんでいったのです。いろいろな雑貨店さんでお世話になりながら、よい商品の見分け方、仕入れ法、接客の仕方など、幅広く勉強させていただき、今日の開店を迎えることができました。今までお世話になった多くの方々のご尽力にこたえられるよう、努力してまいります。

今後とも、雑貨店シリルをかわいがってくださいますよう、よろしくお願いいたします。

POINT 単なる「趣味の店」ではなく、事業にかける決意を伝えます。開店に尽力してくれた方への感謝の気持ちも盛り込んで。

なるほど！ column

開店・開業するときのマナー

新しく店や事務所を開くときは、多くの人に知ってもらい、また利用してもらえるように、なるべく広範囲にあいさつ状を送ります。

飲食店や美容室など、一般の人が利用しやすい店なら、その店で開店披露パーティーを開き、親戚や知人、地元の世話役、取引先、工事関係者などを招くといいでしょう。

飲食店の場合は、その店のメニューの一部を披露するのが自然ですが、その他の場合は、サンドイッチなどの軽食を用意しての立食パーティーがいいでしょう。パーティーの時間帯は長めに設定しておき、出席者が自由に出入りできるようにします。

出席者には、店の商品や、店名の入った実用品などを記念品として渡します。オープン後しばらくは、一般のお客様にも記念品を配ると喜ばれます。

開店披露

飲食店開店披露 来賓（関係者）の祝辞

1分30秒

野村さん、とうとうオーナーシェフになるという夢がかないましたね。おめでとうございます。申し遅れましたが、私は隣の〇〇県で有機野菜の栽培を手がける伊藤と申します。

野村さんとは、安全な食品を考える勉強会で知り合いました。自然の恵みをいっぱいに受けて育った野菜の持ち味を生かして料理を作りたいという野村さんのお考えに共鳴し、このたび、お店で使う野菜を納めさせていただくことになりました。

先ほどから、シェフみずからが腕を振るった料理の数々をいただいておりますが、野菜本来の味が生きている、すばらしいお味です。生産者としても、お役に立てていたいへんうれしく思っております。

飲食店が数ある中、食の安全を追求するというユニークなセールスポイントのある野村さんのお店は、きっと幅広い支持を得ることでしょう。ご繁盛(はんじょう)をお祈りしています。

POINT 「こだわりの材料」を納入するという立場から、店の特色や店主の方針をたたえ、店の繁栄を祈ります。

開店披露

飲食店開店披露 来賓（取引先）の祝辞

1分30秒

このたびは、レストラン・フルール開店おめでとうございます。店主であり、シェフを務められる長島啓輔さんは、Kホテルのフランス料理の調理部で10年間修業をされたと伺いました。どんなにおいしいフランス料理をお作りになるかは、その経歴から十分に推察することができるでしょう。

さて皆さん、あらためて店内をごらんください。白で統一された清潔感のある雰囲気(ふんいき)、すべてのテーブルの上に飾られた一輪ざしなど、店主のきめ細かい心づかいが感じられます。窓の位置も、外の緑がよく見えるように配慮されたそうです。すべては、店主の〝お客さまに気持ちよく、おいしく味わっていただくため〟のこだわりです。この店主の熱き思いをもってすれば、やがてレストラン・フルールが「行列のできる店」として好評を博することも夢ではないでしょう。その日が一日も早からんことを心からお祈りして、お祝いのごあいさつといたします。

POINT 新しい店舗の立地や内装、雰囲気などにふれると、親しみやすいうえに、お店を印象づけるのにも効果的です。

開店披露

小売店開店披露 来賓（同業者）の祝辞

1分30秒

高木さん、本日は念願の開店、おめでとうございます。なんだか、自分の店が完成したときのような、ウキウキした気分です。あなたが、服飾のセレクトショップ経営の勉強のためということで、私の店においでになった1年間、一緒に仕事をしながら、ご自分のお店にかける夢をいつも伺っていたせいでしょうか。

高木さんは、脱サラをして店を持とうと、とても奮闘(ふんとう)された方です。ソフトメーカーの営業職から、服飾業という未知の世界への転身には、いろいろなご苦労もあったことと思いますが、どんなに夜遅くなっても音(ね)を上げないファイト、きびきびした客扱いなど、「この人なら、自立しても成功する」と、従業員とよく話したものでした。今後、町内の人に愛され、親しまれるお店として、大きく発展していくことでしょう。私も、陰ながら応援しております。高木さん、がんばってください。

POINT 脱サラして店を構えるには、苦労があったはず。店主はそれを口に出せないので、来賓がカバーしてあげます。

開店披露

コンビニエンスストア開店披露 来賓（商店会代表）の祝辞

1分30秒

このたびは、コンビニエンスストア・マルニの開店、ほんとうにおめでとうございます。私たち商店街の住民にとって、24時間営業されるマルニさんは、ずっと以前から待ち望んでいたお店です。このお店へ来れば、食料品、日用品、文房具、週刊誌など、あらゆる生活用品がそろいます。私たちの生活も、一段と便利になることでしょう。

この店を経営なさる中島さんは、もともとこの地で酒店を営んでおられました。今回、多角的に商売をしたいということで、コンビニ店として生まれ変わったわけでございます。現状に満足せず、常に仕事に情熱を注ぐ中島さんであればこそ、この店が実現できたのでしょう。コンビニエンスストア・マルニさんのご繁栄(はんえい)が、私ども商店街全体の活性化につながるものと確信しております。中島さん、一緒にがんばりましょう。今後とも、末永(すえなが)いおつきあいをお願いして、祝辞といたします。

POINT 開店のおかげで、自分たちの生活がどんなに便利になるかを強調します。また、商店街の仲間として歓迎する意を伝えて。

起工式

病院起工式 理事長のあいさつ

1分30秒

地域の皆様、医療関係者の皆様、本日はご多用のところ、○○総合病院建設の地鎮祭ならびに起工式にご列席いただき、まことにありがとうございます。医療法人○○会の川端でございます。

私どもは先代より当地で川端医院を開業しておりましたが、このたび＊＊町より敷地の無償貸与(たいよ)を受け、地域医療を総合的に担う医療施設を建設することになりました。ここに至るまでお力添えをいただきました、小池＊＊町長をはじめ関係者の皆様には心より御礼(おんれい)を申し上げます。

新病院は、鉄筋4階建てでベッド数130、9つの診療科を擁し、医師15名が常勤の予定です。地域の方に喜んでもらえ、また信頼していただける病院づくりを目ざし、20＊＊年3月の開業に向けて準備を進めてまいります。

どうか皆様には、一層のご支援、ご協力をよろしくお願いいたします。

POINT 新しい施設の概要や建設の意義を説明し、地域との融和を強調しながらあいさつをします。

起工式

美術館起工式 館長のあいさつ

1分30秒

○○美術館起工式にようこそおいでくださいました。これまでお世話になった皆様とともに、本日の起工式を迎えられましたことは、私にとりましても大きな喜びでございます。

思い起こせば、美術館の構想が持ち上がったのは7年も前のことになります。以来、美術の専門家や地域の有識者の方との懇話(こんわ)会を通じ、準備を進めてまいりました。ようやく着工にこぎ着けたというのが正直な気持ちで、今はただ感無量(かんむりょう)でございます。

しかし、もちろん、今日はゴールではなく、一連の建設工程の始まりにすぎません。新しい文化の創造と、新たな街のにぎわい創出の拠点としての美術館づくりを目ざし、令和○年春のオープンに向けて、これから実質的な準備作業にあたってまいります。

皆様には今後一層のご指導とお力添えをお願いいたしまして、私のごあいさつといたします。ありがとうございました。

POINT 起工までに紆余曲折(うよきょくせつ)があったときは、その感慨に終始しがちですが、これからが本番、と前向きにまとめます。

起工式

新社屋起工式 社長のあいさつ

1分30秒

皆様、本日はお忙しいところ、当社新社屋起工式にご列席いただき、まことにありがとうございます。ごらんいただきましたように、先ほど、大林建築設計事務所の大林社長、伊藤組土建の伊藤社長、それに私の3名で、無事にくわ入れをすませました。天候にも恵まれまして、幸先（さいさき）のいいスタートをすることができたと思っております。

この新社屋建設は、来年の創業70周年事業の一環として行うものでございます。来年5月の落成（らくせい）予定で、完成の暁（あかつき）には、敷地面積○平方メートルと、現社屋の倍近いスペースとなります。今までは手狭（てぜま）で、お客様やお取引先様にもなにかとご不便をおかけしておりましたが、今後はそれも解消されると期待しております。

新社屋の建設は、私どもの長年の悲願でございました。その夢の実現に向け、皆様には一層のご支援、ご協力をどうぞよろしくお願いいいたします。

POINT 「新社屋建設でお客様が便利になる」など、自社以外が受ける恩恵やメリットにもふれながらあいさつします。

起工式

新社屋起工式 工事関係者（建築会社社長）のあいさつ

1分30秒

○○株式会社新社屋建設の設計と施工を請け負わせていただいております大林です。

社長をはじめ、会社関係者の皆様、このたびは新社屋のご起工、まことにおめでとうございます。

新社屋は、景観にも恵まれ、私どももたいへんやりがいのある仕事と認識しております。設計には社長のアイディアで、お客様が集うサロンや、社員の皆さんが憩う（いこう）場となるラウンジの設置が計画されております。社内外を問わず、そこに集う人を大切に思う社長の人間味あふれるお考えにふれ、私も新たな勉強をさせていただきました。

工事の安全はもちろんのこと、社長をはじめ皆様のご意向も大切にしながら作業を進めてまいりますので、どうぞよろしくお願い申し上げます。

最後になりましたが、○○株式会社の一層の発展をお祈りいたしまして、工事担当からのごあいさつといたします。

POINT 建設担当者としての意気込みや新社屋の特長の説明を加え、立場をわきまえたお祝いのあいさつにします。

落成式典

新社屋落成式典
社長のあいさつ①

2分

本日は、私ども○○株式会社新社屋落成(らくせい)の披露(ひろう)にあたり、このように多くの皆様のご出席を賜(たまわ)り、まことにありがとうございます。

工事にあたっていただきました大林建築設計事務所さん、伊藤組土建さんにはたいへんお世話になりました。私どもの身勝手(みがって)な注文も快くお聞き入れいただき、事故も工期の遅れもなく落成に至りましたこと、あらためて心より御礼(おんれい)を申し上げます。

この10年間に第２工場、第３工場を新設、生産性を上げることを優先し、本社機能の拡充(かくじゅう)は、いちばんあと回しになってしまいました。しかし、このような身に余る立派な社屋を建てることができ、感無量の思いです。

新社屋は交通の便もよく、1階にある販売コーナーも充実させましたので、一般のお客様にも一層便利にご利用いただけることと思います。

明るく輝かしい新社屋に負けないよう、私どもも気持ちを新たにして、社業にとり組む覚悟でおります。

皆様には、どうか一層のご指導、ご鞭撻(べんたつ)のほどをよろしくお願い申し上げます。

本日は、ささやかなお披露目(ひろめ)の席でございますが、どうぞ皆様ごゆっくりご歓談ください。

POINT

工事関係者など、建設にあたってお世話になった方へのお礼を忘れずに。お客様、取引先など利用者のメリットや、働きやすい環境など自社のメリットを具体的に説明します。

なるほど！ column

新社屋・新設備を誇る表現

- 生産ラインを拡充しましたので、今後は皆様にご迷惑をおかけすることもないと存じます。
- 待ち時間が長いとのご指摘が多く、恐縮しておりましたが、今後はシステムの改善により、大幅に改善されることでしょう。
- お客様にも必ずやご満足いただけるものと確信しております。
- 皆様に気軽にご利用いただける施設になるよう、職員一同、努力を重ねてまいります。
- 市内一の○○を目ざして社員一丸となって努力いたします。皆様には一層のご支援をよろしくお願いいたします。

落成式典

新社屋落成式典 社長のあいさつ②

1分30秒

本日の新社屋披露にあたりましては、皆様お忙しいところご出席くださいまして、心より御礼を申し上げます。

創業以来三十余年、元の社屋も相当老朽化してまいりました。口の悪い方からは「商品は立派だが、社屋はボロボロだ」などと言われることもあり、新社屋を決意したしだいでございます。このようなすばらしい建物は身に余るような気もいたしますが、こうして会社が新たな歴史を刻めることになりましたのも、これまでお力添えをいただきました皆様のおかげと、深く感謝申し上げるしだいでございます。

今後は「器は立派だが、商品は……」などと言われることのないよう、気持ちを引き締めて社業に精励する覚悟でおります。

皆様には、これからも変わらぬご指導、ご支援のほどをお願い申し上げまして、私のごあいさつといたします。

POINT 「皆さんのおかげです」という気持ちを前面に出したあいさつ例です。謙遜しながらも、卑屈に聞こえないよう注意しましょう。

落成式典

社屋増築落成式典 社長のあいさつ

1分30秒

本日は皆様ご多用のところ、当社社屋の増築披露にお越しいただきまして、まことにありがとうございます。

私ども、この土地で創業をいたしまして地域の皆様に愛されながら成長を遂げてまいりました。これからも、ここに根をおろして、地域に密着した商いをと考えてはおりましたが、なにぶんにも手狭になってしまいました。そこで増築を決意し、このように広々とした新社屋となったしだいです。

これもひとえに、今まで私どもの商いを支えてくださった地元の皆様、お取引先の皆様のおかげと、心より感謝いたしております。しかし、「間口と屏風は広げすぎると倒れる」という戒めの言葉もございます。私どもも、広げたのは社屋の面積だけ、身はあくまで低く、業務は着実にと肝に銘じ、地道な商いを続けてまいりますので、どうぞこれからもごひいきのほどよろしくお願い申し上げます。

POINT 「倒れる」は、新築増築の際などにふさわしくない忌み言葉ですが、主催者側が戒めのために用いるのはかまいません。

落成式典

施設落成式典 館長のあいさつ

1分30秒

本日はご多用のところ、わざわざご参集いただき、まことにありがとうございます。かねてより建設中でございました地域物産センターが、ここにようやく完成いたしました。

当センターは、ごらんのように鉄筋3階建て、敷地面積○平方メートルの立派な建物でございます。のちほどご見学いただきますが、1階が物産品販売、2階がレストラン、3階が事務所機能となっております。町の観光拠点として、また地域の皆さんにも愛されるスポットとして、地域の期待を一身に背負ってのスタートでございます。職員一同も、ご期待にそえるよう、これからも全力で努力を続けてまいりますので、皆様のご支援、ご愛顧(あいこ)のほどよろしくお願いいたします。

なお、結びになりましたが、設計建築を担当してくださいました田中建設の皆様には、この場をお借りして厚く御礼(おんれい)を申し上げます。

POINT 公的な性格を持った施設の落成の場合は、その施設の意義や、施設内容の説明に重点をおいたあいさつにします。

落成式典

新工場落成式典 工場長のあいさつ

1分30秒

本日はご多忙のところ、当社第2工場落成(らくせい)祝賀会にお運びいただき、まことにありがとうございます。

皆様のお引き立てのおかげで、このところ受注数が急激に増え、従来の工場だけでは生産が追いつかず、納期がぎりぎりになってしまうなど、皆様にはたいへんご迷惑をおかけいたしました。ご存じのように、近年の技術の向上は目覚ましく、当社としても、作業の効率化と製品の精密度アップのため、新工場の建設は急務でございました。

幸い、元の工場にほど近いこちらに土地を入手することができ、このたび新工場の落成と相なりました。従来の生産ラインの増設のほか、精度の高い仕上げのできる専用ラインも設け、納期は大幅に縮小される見込みです。

今後も製品のさらなる向上のため努力を続けてまいります。皆様には、従来に増してのご指導とご愛顧(あいこ)を賜(たまわ)りますよう、心よりお願い申し上げます。

POINT 新工場の落成によって、いかに生産性や精度が向上するかを、現場責任者としてわかりやすく説明します。

落成式典

新社屋落成式典 来賓（取引先）の祝辞①

1分30秒

新社屋の落成、まことにおめでとうございます。また、本日は、式典にお招きいただき、ありがとうございました。

今までは都心部に本社機能、郊外に工場と、会社の機構が分散されていたわけですが、この新社屋ができることにより一元化したことは、たいへん喜ばしいことでございます。創業当時、本社を都心部におくというのは、イメージ戦略のうえでも重要なことでしたし、時代の風潮でもありました。しかし、その後御社も順調に発展し、社名も浸透しました。今回の新社屋建設は、いわば、虚より実をとる、御社の積極的な戦略と拝察するしだいでございます。

この地はまだ緑が豊かに残り、社員の方々にとってもたいへん働きやすい環境でしょうね。新しい器に清新な気持ちを込めて、御社がますますの発展を遂げることを確信しております。本日はおめでとうございました。

POINT 土地の安い郊外に会社機能を移転するケースもあります。「後退」の印象を与えないよう、前向きに。

落成式典

新社屋落成式典 来賓（取引先）の祝辞②

1分30秒

御社新社屋落成をお喜びして、ひと言ごあいさつを申し上げます。

先ほど、社長のお話にもありましたが、従来の社屋は確かに手狭でした。ただ、正直に申し上げますと、私はあの狭い社屋に行き交う活発な社員の声、社内に充満する若いエネルギーを、こよなく好んでもおりました。取引業者として御社に伺いますたびに、成長拡大する企業独特の活気にふれるのを楽しみにしていたわけです。

とは申しましても、このたび落成した広く新しい社屋も、社長をはじめ社員の皆様の若々しくエネルギッシュな気持ちで、すぐに満たされることでしょう。これまでと同じような、いや、これまで以上の活気がみなぎることを信じております。そして、遠からぬ将来には、この社屋すら手狭に感じられるほどの発展を遂げられますことをお祈りしております。本日は、おめでとうございました。

POINT 以前の社屋が手狭になっての新社屋建設の場合は「この社屋も手狭になるほどの隆盛を」と景気よく展開させます。

落成式典

新店舗落成式典 来賓（顧客）の祝辞

1分30秒

ラーメン「たくや」第2号店の落成、まことにおめでとうございます。

中村卓也社長が、25歳の若さで「たくや」を開店したのは5年前のことでした。ご存じのように立地条件のいい場所ではありませんが、評判はまたたく間に広がり、今では行列の絶えない店として有名になっています。私もときどき1人の客として伺っていましたが、行列はしかたないとしても、駐車スペースがないのが難点だったように思います。

こちらの新店舗は、座席数も多く、駐車場も完備されており、利用客としてもうれしい限りです。ただ、残念ながら飲食店には、「店が大きくなったら味が落ちた」というたぐいのうわさ話がつきものです。「たくや」には、ぜひとも例外になっていただきたいものです。これからも変わらぬ味を楽しませてもらうことを、「たくや」の一ファンとしてお願いし、私のごあいさつとさせていただきます。

POINT 年下で気心の知れた相手には「新店舗の落成で気を緩めないように」とあえて苦言を呈するものいいでしょう。

落成式典

新工場落成式典 来賓（業界関係者）の祝辞

1分30秒

待望の新工場の落成、まことにおめでとうございます。この式典に先立ち、工場内をご案内いただきましたが、業界でも垂涎の最先端の設備が並び、ただただ圧倒されました。また、作業者の動線がよく考えられた設計になっているのも、大きな特徴と思われます。伺うところによれば、現場作業者の声をとり入れてのレイアウトとのことです。社員を大事に思う社長の姿勢と、現場スタッフの高い意識をかいま見るようで、たいへん頼もしく思いました。

私どもの業界に設備投資は欠かせませんが、多額の資金投入が必要となります。その成否を分けるのは、新しい技術の重要性と導入の時期を見極める判断力です。御社の新工場落成は、その的確な判断力を示すものでしょう。

この新工場完成を機にした御社ますますのご隆盛、また御社に牽引されての業界の発展を祈念し、私のごあいさつといたします。

POINT 設備のすばらしさを具体的にあげながら、そこから伝わる社長の経営方針や的確な判断力をたたえます。

社内行事

入社式 社長のスピーチ①

3分

皆さん、入社おめでとうございます。

皆さん方15名は、今日からわが社の一員となり、社会人としてのスタートを切ります。若々しいバイタリティーと希望にあふれた皆さんをお迎えすることは、当社にとっても大きな喜びであります。

どんな会社で、どんな仕事をするか。皆さんは子どものころから、さまざまな夢や想像に胸をふくらませてきたことでしょう。希望していた会社や組織で、以前から希望していた仕事をする。もちろん、それが理想です。

しかし、自分のやりたいと思っていた仕事とは違う分野の仕事に従事することもあります。また、望んだ仕事でも、うまくいくとは限りません。

学生時代なら、嫌だなと思えばやめればいいということもあったでしょう。しかし、仕事はそうはいきません。かといって、嫌々仕事を続けていても、成果が上がるはずもありません。

皆さんは「好きこそものの上手なれ」という言葉をご存じでしょう。これは、皆さんのこれからの生活にもあてはまることです。どうか、今から申し上げる3つのものを好きになってください。

まず、自分の仕事を好きになってください。

次に、この会社を好きになってください。

そして、自分自身を好きになってください。どんなときも、好きでい続けてください。

この3つのうちのどれかが嫌だと思うようになると、悲観的な考え方しかできなくなります。しかし、3つとも好きだと思えれば、仮に何か問題が起きても、それを前向きにとらえ、乗り越えることができます。

そのようにして、皆さん一人ひとりが、将来のわが社を背負って立つ人材に成長してくれることを、心から期待しています。

以上を、本日入社された皆さんへのごあいさつといたします。ありがとうございました。

POINT 説教めいた高圧的な言い回しやむずかしい精神論は、若い世代から敬遠されます。すんなりと耳に入り、心に届く表現で、新入社員への期待を語りましょう。

社内行事

入社式　社長のスピーチ②

1分30秒

皆さん、入社おめでとうございます。皆さんの生き生きとした表情から、あふれんばかりの熱意と希望が伝わってきます。

当社は、創業して7年のベンチャー企業です。ベンチャー企業にとって、もっとも恐ろしいのは慢心だといいます。ある新技術を開発し、その使用料だけで会社を運営しようという「左うちわ」タイプの企業は、すぐに淘汰（とうた）されます。新技術が次々と生まれ、価格競争も激化の一途をたどっている現在、過去の遺産に頼ることはできないのです。

われわれは、常に創造的、革新的な意識を持って、事業を推進していかなくてはなりません。ベンチャーという言葉には、「冒険的な企て」という意味があります。そのためには、今まさに皆さんがいだいている「初心」と「大志」が大きな力となります。

〝初心忘るべからず〟の精神で、ともに力強く前進していきましょう。

POINT 業績が好調な企業の場合は、社員が自信過剰になったり慢心したりしないよう、あえて気持ちを引き締めるあいさつを行います。

なるほど！column

入社式の歓迎あいさつのポイント

入社式は、学校の入学式のようなものです。学校の校長先生やPTA会長として、新入生を歓迎し、学校の特色を紹介するあいさつをする気持ちで臨みましょう。新社会人といっても、つい先日まで学生だったわけですから「先生が生徒にかんで含めるように話す」のが基本です。専門的な用語や数字の羅列は避け、平易な表現を心がけます。

あいさつの構成は、導入部（入社を祝う）→主題→結び（新入社員への期待など）が基本です。

主題となるテーマは、

- **社会人としての心得**
- **会社の理念、風土、経営方針、基本姿勢**
- **業界の現状と会社の位置づけ、課題**
- **新しい人材に期待すること**

などの中から、しぼり込んで話します。あれもこれもと盛り込みすぎると、話の焦点がぼけて聞き手の心に残りません。

社内行事

入社式 社長のスピーチ③

1分30秒

皆さん、入社おめでとう。社長の鈴木です。

当社は、皆さんが自分で考え、自分で行動し、自分で成長しようとする意思を尊重します。いわば「自立した人材」が求められているということです。もちろん、自立と孤立は違います。同僚どうしで励まし合い、上司はそれを助け、職場全体で成長する、そんな風土を、会社としてもサポートしています。

たとえば、昇進に必要な人事制度では、自己申告制度、自己評価制度、昇進立候補制度など、みずからの意思を表現できる場を準備しています。逆にいえば、自分から進んで表現することのできない者は、昇進さえできないということです。

会社は組織で動くものです。組織の中では、個人の存在は軽んじられがちでした。しかし、当社では前向きに努力する人には、協力を惜しみません。どうか、会社のため、そして自分のために、精いっぱいの努力をしてください。

POINT 主体性や積極性に欠けるといわれがちな若い世代に対し、自分から進んで表現することのメリットを具体的に説明します。

社内行事

入社式 社長のスピーチ④

1分30秒

社長の近藤でございます。

皆様ご承知のとおり、昨年来のマスコミ報道等ではたいへんにご心配をおかけいたしました。そのような状況の中、皆さんが当社に入社されましたことを心より歓迎いたします。

昨年、報道された件により、管轄からの行政処分を受けましたことは、私どももたいへん重く受け止めております。深く反省し、再発防止のために経営体制も刷新（さっしん）いたしました。今後、信頼回復のためにできることは、日々の仕事を、一つ一つの取引を、誠実に着実に行っていくことに尽きます。

今、スタートラインについた皆さんにとっては、たいへんな向かい風を受けているように感じられるかもしれません。しかし、逆境（ぎゃっきょう）において確かな力をつければ、実質的にはかなりの推進力を身につけることになります。さあ、この苦境を力にかえて、ともに進んでまいりましょう。

POINT 不祥事や心配をかけたおわびのニュアンスから始めますが、結びは、前向きで力強い言葉で締めくくります。

part 3 ビジネスのスピーチ　社内行事のスピーチ

社内行事

入社式
管理職のスピーチ

1分30秒

皆さん、入社おめでとうございます。当社の新たな力となる15名の精鋭を迎えることは当社にとっても大きな喜びでございます。

当社の理念などは、社長からのごあいさつにありましたので、私からは、実際に仕事をするうえで大切なことをお話しいたします。

仕事の基本は「ほう・れん・そう」と覚えてください。報告、連絡、そして相談です。

仕事から帰ったら、その日の動きをその日のうちに上司に報告しましょう。電話で受けた伝言などは、正確に速やかに連絡します。自分で勝手に判断せずに、上司に相談しながら進めましょう。そして、これらを、上司から「どうなっている?」と尋ねられる前に、自分で行うことが大切です。

「そんな当たり前のこと」と思うかもしれませんが、仕事に慣れると、おろそかになりがちなことですから、ぜひこの基本を忘れずにいてください。

POINT 「ほう・れん・そう」はビジネス現場の常套句(じょうとうく)ですが、新社会人には最初の日にこうしてくぎを刺すのもいいでしょう。

社内行事

入社式
先輩社員のスピーチ

1分30秒

皆さん、おめでとうございます。3年前に入社した清川と申します。たいへん僭越(せんえつ)ですが、年齢の近い先輩からもあいさつをとのことですので、高い場所から失礼いたします。

皆さんは、今、自分の仕事と将来について、期待と不安が半ばしていることでしょう。私も同じように揺れ動いていました。

しかし、ご心配には及びません。皆さんが望む仕事と未来を手に入れるためには、会社のサポートも必要なわけですが、当社には、かなりしっかりした体制がととのっています。私自身、まだ発展途上ではありますが、現在の仕事をライフワークと思えるような充実感を持って毎日を過ごしています。

ただし、仕事も将来も、黙って上から与えられるわけではありません。皆さんには、自分でつかみとる積極性を期待しています。今日から、同じ仲間として、どうぞよろしくお願いします。

POINT 先輩という立場で偉そうな助言をするのは不似合いです。新入社員のころの不安を理解したうえで、安心させる内容に。

社内行事

入社式 新入社員代表のあいさつ①

1分30秒

令和○年度の新入社員を代表いたしまして、ひと言ごあいさつを申し上げます。

本日は、私ども新入社員のために、このような盛大な入社式を開催していただきまして、まことにありがとうございました。また、先ほどから、柳谷社長をはじめ、小池専務、星野先輩の皆様から、たいへんお心のこもった歓迎のお言葉をちょうだいし、新入社員一同たいへん感激しております。

私どもは、今、希望の会社に入社できましたことの喜びとともに、責任の重さを痛感しております。一人の人間としても未熟な私どもが、会社の一員としての役目を果たせるのかを考えますと、不安な気持ちもあります。しかし、微力ではありますが、何事にも全力でぶつかっていく覚悟でございます。また、一日も早く皆様のご期待にそえる社員になれるよう、精進いたします。皆様にはよろしくご指導のほどをお願い申し上げます。

POINT 「私ども」は「私たち」をへりくだって言う表現です。ビジネスの現場では、自分側のことは「私ども」とするのが通例です。

なるほど！column

新入社員のあいさつのポイント

入社式では、社長をはじめ数人からお祝いと歓迎のあいさつを受けたあとで、新入社員を代表してのあいさつを行うのが通例です。

あいさつの構成は、次の5項目が基本になります。

①自分たちのために式を開催してくれたお礼
②社長などのあいさつへのお礼と感激
③現在の心境（期待、意欲、心配、不安）
④今後の決意、抱負（微力だががんばる）
⑤今後の指導のお願い

初々しい新入社員という立場でのあいさつなので、堅苦しい表現は必要ありません。しかし、社会人としての基本的姿勢はととのっていることを示すためにも、正しくていねいな表現を用いることが大切です。なお、「私」は「わたし」ではなく「わたくし」と言うのが、改まった場所でのマナーです。

社内行事

入社式
新入社員代表のあいさつ②

1分30秒

本日は私どものために、このような盛大な入社式を催していただき、ほんとうにありがとうございました。

私ども15名は、本日より○○株式会社の末席に加えていただくことになりました。今、社会人1年生として、初めての1歩を踏み出す喜びと、学生時代からの念願だった当社に入社できたことの感激で、いっぱいでございます。

ただ今の社長のあたたかい励ましのお言葉は、私どもに大きな勇気と力を与えてくださいました。お言葉の一つ一つを胸に刻み、これからの社会人生活の指針とさせていただきます。

意欲ばかりが先に立ち、実力が追いつかない現在の私どもですが、一日も早く、皆様のご期待にそえるような社員になるよう努力いたします。どうか、厳しくあたたかいご指導のほどを、よろしくお願いいたします。

POINT 「念願の会社」「入社を熱望していた」「希望にあふれる当社に入社でき」など、入社の喜びを率直に語るのも好印象です。

社内行事

入社式
新入社員代表のあいさつ③

1分30秒

新入社員を代表いたしまして、ひと言ごあいさつを申し上げます。

本日は、このような盛大な式を開いてくださり、まことにありがとうございました。

また、先ほどは、社長からすばらしいご教訓をいただき、身の引き締まる思いがしております。

「みずから考え、みずから行動せよ」というお言葉は、これまで学校の先生や親の言うことに頼っていたことも多かった私どもにとって耳の痛い話です。しかし、社会人になればすべて自分で判断しなくてはなりません。お話を伺いながら、確かにそのとおりだと思いながらも、ほんとうにできるだろうかという不安が入りまじり、複雑な気持ちになりました。

今後は、社長のお言葉を胸に刻み、社会人としての自覚と責任の重さをかみしめながら歩んでまいります。未熟な私どもですが、どうぞよろしくご指導をお願いいたします。

POINT 社長のあいさつで印象に残ったフレーズをとり入れて話すことができれば、かなりレベルの高いあいさつになります。

社内行事

仕事始め 社長のあいさつ①

明けましておめでとうございます。新しい年の始めに、またこうして皆さんの元気な顔に会えたことをとてもうれしく思っています。

業界再編のうねりの中で、昨年も大きな合併（がっぺい）や統合があちこちで行われました。当社は独自の営業方針を掲（かか）げ、昨年の○○プロジェクト、○○計画の成功などにより、堅実に成長を遂げております。これもひとえに、全社一丸となっての活発な営業活動によるものと、あらためて皆さんの力を誇りに思っているしだいです。

しかしながら、この新しい年にも、新規事業の開拓など、多くの課題が持ち越されております。わが社が一層の飛躍を遂げるためには、皆さんの力が必要です。引き続き皆さんの心を一つにして、また一人ひとりが高い目的意識を持って、努力目標に向け、力強く躍進していきましょう。

本年も、よろしくお願いいたします。

1分30秒

POINT 新年のあいさつでは、旧年中のがんばりをたたえるとともに、新しい年の一層の躍進のため努力を促すのが基本です。

なるほど！ column

節目のあいさつのポイントは

会社では、正月の仕事始めから、年度末、年度始め、そして御用納めまで、さまざまな節目があります。社長や管理職が行う朝礼でも、節目の日はそれをテーマにした話をしますが、盛り込むべき内容は共通しています。

①節目を迎える感慨
②これまでの労をねぎらう言葉
③これまでの反省点、評価すべき点
④今後に向けての抱負、課題
⑤社員の士気を高める言葉

会社にとって大切な節目を社員に意識させ、気持ちを新たにして今後もがんばろうというのが節目に行う朝礼の趣旨です。なるべく明るく元気のいい口調で、聞き手の気持ちを鼓舞（こぶ）するような話し方を心がけましょう。

社内行事

仕事始め 社長のあいさつ②

1分30秒

皆さん、新年おめでとうございます。年末年始の休暇はどのようにお過ごしでしたか。旅行に行った方もいるでしょう。家族でゆっくり過ごした方もおいででしょう。それぞれ英気を養ったところで、新しい年を元気にスタートさせましょう。

景気は回復傾向にあると報道されていますが、われわれの仕事の現場では依然として厳しいというのが実感です。大幅な増収増益が見込めない景況（けいきょう）である以上、日々の仕事を着実に進め、取引先やお客様との信頼関係を構築していくことが、わが社にとっていちばん大切なことだと考えています。

ここは、基本に忠実に、地道な努力を重ねてまいりましょう。努力は必ず報われます。

恒例により、本年の活動目標を発表いたします。今年の目標は「誠実」です。各職場にこの言葉を掲げ、誠実な仕事を心がけてください。本年もがんばりましょう。

POINT 一年の目標を、わかりやすいキャッチフレーズや標語として、新年のあいさつで発表するのもいい方法です。

社内行事

仕事始め 工場長のあいさつ

1分30秒

明けましておめでとうございます。今日は、新しい年のスタートにふさわしい澄みきった青空が広がりました。空と同じ晴れやかな気持ちで、今年も作業に当たりましょう。

さて、昨年は、皆さんの精励（せいれい）した仕事ぶりが実を結び、目標を上回る生産高を上げることができました。ご承知のとおり、新年度には新しいラインも開設の運びで、これが完成すれば、一層の生産効率が期待できるものと思います。

一方、昨年もっとも残念だったことは、鈴木君が作業中の事故により、腰の骨を折るという大けがをしたことです。幸い、後遺症もなく、本日も元気な顔を見せてくれていますが、鈴木君にとってはたいへんな一年となりました。仕事をするうえで、もっとも大切なのは、皆さんの身の安全です。点検整備、指さし確認を怠ることなく、本年も安全第一で作業をお願いいたします。

POINT 旧年中に事故やトラブルなど反省すべき点があったときは、それを題材にして、気持ちを引き締めるよう訓戒します。

社内行事

仕事始め 管理職のあいさつ

1分30秒

新年おめでとうございます。年も改まり、年末年始の休暇でリフレッシュし、皆さん、気持ちも新たに出社したことでしょう。

昨年は、社運をかけた新製品○○が発売となり、わが営業部も連日精力的な営業活動を続けました。そのかいあって、当初の売り上げ目標を大幅に上回る売上高を達成できました。部員諸君には、かなりの残業や休日出勤をしてもらいましたが、結果が伴ったことで、大きな達成感があることと思います。営業の責任者としても、充実した思いで新年を迎えられたことをたいへんうれしく思います。

消費者の買い控え傾向がいわれていますが、○○の好調な販売成績は、いい品物であれば売れるということを実証してくれました。本年は○○のさらなる販売拡大に加え、隠れた消費者ニーズの掘り起こしを積極的に行っていきたいと考えています。

諸君の一層の奮闘（ふんとう）努力を期待します。

POINT 成績が数字であらわれる部署では、新しい年のさらなる奮起を期待して檄（げき）を飛ばす威勢のいいあいさつがふさわしいものです。

社内行事

仕事始め 新入社員の職場でのあいさつ

1分30秒

皆さん、明けましておめでとうございます。まさか私まであいさつするとは思っていませんでしたので、少し緊張しています。

昨年春に入社した私にとっては、今回が初めての仕事始めです。今朝は格別に寒かったこともあり、身も心も引き締まる思いで出社しました。

社会人1年生として、右も左もわからない状態で入社いたしましたので、職場の皆さんには、たいへんご迷惑をおかけいたしました。それでも、やさしく先輩に一つ一つ教えていただきながら、なんとか仕事をこなしてまいりました。今年は、今まで教えていただいたことに自分なりの肉づけを加え、早く一人前の仕事ができるよう努力したいと思っております。

まだまだ未熟な私ですが、どうぞお見捨てなくご指導ください。

本年も、どうぞよろしくお願いいたします。

POINT 若手社員のあいさつでは、景気の動向や部署の成績に言及するのは不似合いです。反省や支援のお願いを主体にしましょう。

社内行事

入社
新入社員の職場でのあいさつ

1分30秒

ただ今ご紹介いただきました、○○大学工学部出身の小野哲也です。

幼いころから機械いじりが大好きで、家電製品を勝手に分解しては、親に怒られているような子どもでした。そんな性分のまま成長しまして、大学では、機械工学科で電子回路の設計を専攻しておりました。学生時代からずっと、最先端の技術の開発で知られるこの会社に入社することが私の念願でしたので、今日から末席に加えさせていただくことを、心からうれしく思っています。今は、早く仕事を覚えて第一線に立ちたいという意欲と、ほんとうに自分にできるのだろうかという不安が半々というのが正直な気持ちです。

明るくてクヨクヨしないことが、私の唯一の取りえですので、至らない点はどんどんご叱責(しっせき)いただき、鍛(きた)えてほしいと思っております。

皆さん、どうぞよろしくお願いいたします。

POINT 希望の会社に入社できた喜びを率直に語り、「やる気」を見せます。ただし、自分を謙遜(けんそん)する姿勢も忘れずに。

なるほど! column

社内の人間に対しての自己紹介は

第一印象は、その後のコミュニケーションを大きく左右します。印象に残り、好感を与える自己紹介の仕方を工夫しましょう。

自己紹介で述べる内容の基本は、

①氏名
②年齢(新卒者の場合は省いても)
③出身地
④出身校
⑤学生時代の活動(サークルなど)
⑥家族構成(親と同居か否か)
⑦趣味、特技

などです。①~④は必須で、⑤~⑦は、相手や与えられた時間によって適当に加えます。

趣味や学生時代の活動で、これからの仕事に関係することがあれば、それをさりげなくアピールするといいでしょう。

社内行事

年度末 支店長のあいさつ

1分30秒

おはようございます。早いもので、令和○年度の最終日を迎えました。

皆さん1年間ご苦労さまでした、と言いたいところですが、ご存じのように今年度の成績は実に嘆かわしいものでした。当支店の売り上げは、販売台数、売上高とも、当初の目的を達成することはできず、前年比93%という厳しい結果になりました。これは、残念ながら全20支店の中で16位の成績です。

明日からの新年度は、全スタッフが初心に帰り、ワンツー作戦、紹介作戦、電話作戦など、基本の営業活動を大切にしていきましょう。若手の諸君にとっては泥くさく思えるかもしれませんが、流した汗の量だけ報われるというのが、私どもの仕事です。私も支店長としての責任を痛感しております。今後は、販売活動の先頭に立ち、皆さんとともに汗を流していきます。本年度の反省を踏まえ、来年度はともにがんばりましょう。

POINT 苦言を呈する内容の場合、スタッフを戒めたり奮起させるだけでなく、自分も相応の努力をすることを誓うと好印象です。

社内行事

年度末 管理職のあいさつ

1分30秒

皆さん、おはようございます。

先日、春の定例人事異動の発表がありましたので、皆さんご存じのことと思いますが、今まで2年間一緒に働いてきた高島君が、その手腕を買われ、大阪支店に転勤することになりました。また、入社以来5年間、きめ細かな気配りで毎日サポートしてくれた小池さんが、結婚準備のために退社します。

栄転、結婚というおめでたい理由ですから、2人にはお祝いを言わなくてはなりません。しかし、今まで笑いも涙もともにしてきた仲間ですから、一抹（いちまつ）の寂しさがあります。

高島君には、新任地での一層の活躍を、小池さんには、末永（すえなが）く幸せな結婚生活をお祈りします。近日中にあらためて送別会を開き、お2人のそれぞれの抱負を伺いたいと思いますが、今日は、会社としてのオフィシャルな告示（こくじ）ということで、皆さんにお知らせします。

POINT 年末年始、仕事始めなどのあいさつで、異動についてふれ、オフィシャルな場での発表としてもよいでしょう。

社内行事

年度始め 管理職のあいさつ①

1分30秒

皆さん、おはようございます。今日からいよいよ新年度です。

先ほどの入社式で、初々しい新入社員を見て、自分の入社当時のことを思い出した人も多いのではないでしょうか。仕事の実力や技術は、現在のほうが上でしょうが、仕事への意欲や姿勢は当時のほうがすぐれていたのではないかという人もいるでしょう。今一度、入社当時を思い出して、気持ちを引き締めてください。

さて、先ほどの紹介のとおり、今年度は10名が新しく入社しました。わが企画部にも新人が配置される予定ですが、具体的な人数はまだ決まっていません。昨年は採用がなかったので、入社3年目となる村川君と中山さんにとっては、初めて後輩ができることになります。これからは先輩として頼られる立場になるわけですから、自覚を新たに仕事に励んでください。

POINT 新年度初日のあいさつは、入社式の様子、新入社員について、新年度から始まる仕事などをテーマにします。

社内行事

年度始め 管理職のあいさつ②

1分30秒

皆さん、毎日お仕事ご苦労さまです。下期決算を終了し、本日からいよいよ新年度のスタートとなります。心機一転（しんきいってん）、がんばりましょう。

5月の新商品発売以来、わが営業部は全社的な販売戦略にのっとった営業活動を展開してきました。皆さんのご尽力で、先ほど社長から提示された業績では、現在のところ、販売目標を見事100％達成しております。しかし、皆さんの中には、今年度の年間計画は前年並みでいいやという雰囲気（ふんいき）があるのではないでしょうか。現状維持でよいという消極的な考え方では、新年度での発展は望めません。さらに上を目ざす姿勢こそが、営業部の本来あるべき姿です。各自担当地域に責任を持ち、チームワークを組んで、連絡や報告を密にしてください。いかにして昨年度の業績を上回るか、皆さんのご意見も大いに聞きたいところです。皆さんなら、やれる。今年度もよい仕事をしていきましょう。

POINT 最初に、新年度に対する気持ちの切りかえの言葉を。目標の確認と、それに伴う注意をします。一人ひとりの顔を見ながら。

社内行事

新年度 管理職のあいさつ①

1分30秒

入社して1カ月の研修期間を終え、今年の新入社員の諸君が、今日から各部署に配属になります。

ご存じのように、本年入社したのは男女各2名の精鋭です。わが営業部には、元ラガーマンでたくましい体形の小笠原真一君を迎えます。

小笠原君、わが営業部はごらんのとおりの男所帯で、むさくるしいですが、元気がよくて明るい人間ばかりの集まりです。

仕事は文字どおり営業、売って売って売りまくれの世界ですが、最近はガッツと根性だけで売り上げが伸びるほど甘くはありません。お客様のニーズをくみとるデリケートな神経や他店での動きなどに敏感に反応するアンテナも要求されますので、先輩諸君を見習って、一日も早く仕事を覚え、戦力として活躍してくれることを期待しています。

それでは、小笠原君自身から簡単な自己紹介をしてもらいましょう。小笠原君、どうぞ。

POINT 働きやすい職場で人間関係もうまくいっていることをさりげなくアピールしながら、新人へ寄せる期待を語ります。

社内行事

新年度 管理職のあいさつ②

1分30秒

皆さん、おはようございます。月末も近くなりました。営業部全体の販売台数は、達成目標まであとわずかというところまでこぎ着けています。新年度の最初の月です。目標を必ず達成しなくてはなりません。あとひと踏んばりだ。

今月、目標を達成できるか否かの重みを、君たち一人ひとりがいま一度自覚してほしい。

ボードを見たらわかるだろうから個人名はあげませんが、成績の振るわない者は、この3日間に勝負をかけて励んでください。本日は給料日ですが、前月の販売実績は年度末ということもあってスタッフ間で大きな差が出ており、それが給与の額面にも反映しています。自分の明細をじっくり眺めて、反省すべき点を洗い出し、今後の営業活動に生かしてください。

今日は外回りには絶好のいい天気だ。気をつけて、張り切って行ってらっしゃい。

POINT 給与明細の授与だけで格別なセレモニーのない職場では、訓話の中で給料支給にふれることで節目を感じさせます。

社内行事

夏休み
管理職のあいさつ

1分30秒

企画部の皆さん、おはようございます。

ご承知のように、当社は、明日から一斉に夏期休暇に入ります。関係取引先によって、夏休みの時期はまちまちですので、仕事の進行に支障がないよう、休暇中のことについては連絡を徹底してください。また、企画部は経費伝票などの処理が遅いと言われていますので、未精算のものがありましたら、今日中に対応してください。よろしく。

さて、企画は柔軟な思考と、身の回りへのささいな興味から生まれ、ふくらむものです。今回の夏休みは、ふだん多忙な業務で疲れている心身をいやすとともに、日常の仕事の現場とは違うアンテナを立てて、さまざまな情報とアイディアをキャッチする機会にしてほしいと思います。

旅行に出かける方、帰省する方、さまざまだと思いますが、存分にリフレッシュして、休み明けにまた元気な顔でお会いしましょう。

POINT 年末年始と違い、夏期休暇の時期はまちまちです。仕事に支障のないように調整するよう、注意を喚起しましょう。

社内行事

上半期終了
管理職のあいさつ

1分30秒

皆さん、おはようございます。9月期決算にあたり、今日は上半期を総括(そうかつ)します。

本年度は、業界不振といわれる中スタートしたわけですが、春のフェアでは、わずかながらも売り上げ目標額を上回ることができました。これは、今年から導入して行った在庫管理システムでの支店間の情報交換の力によるものが大きいと思われます。

しかしながら夏場の数字は、かなり厳しいものとなりました。冷夏という事情はあるにせよ、他社では前年を上回る実績を上げたところもあります。成績のよかった社は、夏場の主力商品を複数所有しており、それに対しわが社は、夏のメインが○○にしぼられるため不利だ、という事情もあるでしょう。下半期は、これらの結果を踏まえ、全社的な販売戦略の見直しをしなくてはなりません。

さあ、間もなく秋のフェアが始まります。気持ちを新たにがんばりましょう。

POINT 会社の決算期には、その（四）半期を振り返り、反省点と評価すべき点を整理して、次につなげる話をします。

社内行事

仕事納め 社長のあいさつ

1分30秒

仕事納めにあたり、ひと言ごあいさついたします。皆さん、この1年、たいへんお疲れさまでした。

景気が上向き傾向にあるというのは、別の世界のニュースではないかと思うほど、わが社にとっては厳しい一年でした。特に、長年取引をしていた○○社が倒産に追い込まれ、思いも寄らない負債を抱えたことは、大きな打撃となりました。そんな不安定な情勢の中、堅実な仕事を続けてくださった皆さんには、ほんとうに感謝しております。

年が改まったからといって、急に情勢が好転するとは思えませんが、皆さんの努力と健闘（けんとう）があれば、この難局もきっと乗り切ることができると確信しております。

どうか年末年始の休みは、体をゆっくり休めてリフレッシュし、また新たな気持ちでともに前進していきましょう。

では皆さん、よいお年をお迎えください。

POINT 業績が厳しかった場合も、暗い話に終始せず、翌年へ希望をつなげられるような前向きな表現で結びます。

社内行事

仕事納め 支店長のあいさつ

1分30秒

皆さん、1年間ご苦労さまでした。

この年末商戦では、皆さんの奮闘（ふんとう）努力のかいあって、当初の目標額を上回る数字を残すことができました。昨年は目標を達成できず、20支店中16位という不名誉な成績に甘んじた当支店ですが、本年は面目躍如（めんもくやくじょ）、責任者としての感慨（かんがい）もひとしおのものがあります。

今回の好成績の原因は、新製品○○が目玉となったこと、そして、皆さんがきめ細かな情報交換をして消費者のニーズにこたえるよう努めてくれたことの2点に集約できると思います。このよい雰囲気（ふんいき）を来年にもつなげ、さらなる好成績を目ざしましょう。

年末年始の休みは、存分に休養をとって英気を養ってください。来る年が、皆さんにとって、そして当支店にとってすばらしいものになることを祈念し、年末のあいさつといたします。1年間、ほんとうにありがとう。

POINT 好調な一年だったときは、その要因を具体的にあげ、来年もそれを続けよう、さらに改善しようという内容にします。

社内行事

仕事納め
管理職のあいさつ

1分30秒

皆さん、1年間ほんとうにご苦労さまでした。当広報部は、取材を受ける者、内部資料を整備するのが主体の者、とさまざまですが、皆、それぞれの持ち場で自分の仕事をきちんとこなしてくれました。

「赤く咲く花も、緑の葉に助けられる」という中国のことわざがあります。赤い花は華やかですが、葉っぱがなければ花を咲かせることはできませんし、緑の葉とのコントラストによって美しさがきわ立つものです。わが広報部も、スタッフが助け合って高い相乗効果を生むという理想的な形態に近づきつつあることを今年は実感し、頼もしい思いでおります。来年春には、新製品○○の発表会もあり、年明け早々から忙しくなりそうです。ときに赤い花、ときに緑の葉となって、これからもチームワークのよい仕事をしていきましょう。

1年間、お疲れさまでした。年末年始は、それぞれゆっくり休養をとってください。

POINT 利益や売上高など具体的な数字で一年を振り返ることのできない職場では、職場の協調性などにスポットを当てた話を。

社内行事

仕事納め
社長の乾杯のあいさつ

1分30秒

皆さん、1年間ご苦労さまでした。また、大掃除もお疲れさまでした。整理整頓された棚、磨き上げられた窓ガラス、新たな年を迎えるのにふさわしく、ほんとうに気持ちのいいものです。

今年一年、皆さんはそれぞれの持ち場で力を発揮してくれたことと思います。皆さんのがんばりのおかげで、5年連続で黒字を計上することができました。創業当時の苦労を思い起こすと感慨(かんがい)もひとしおです。

来年は、わが社も創立10周年を迎えます。来年の納会も、こうして喜びに満ちた笑顔で集まれるよう、引き続きがんばってください。

さて、堅い話はこのぐらいにしましょうか。では、今年一年の皆さんの働きに感謝し、あわせて来る年の一層の発展を祈って乾杯します。

「乾杯!」

ありがとうございました。

POINT 職場で納会を行うときのあいさつは、飲食の前ということもあり、堅苦しい内容や表現を避けて手短にまとめます。

社内行事

新年会 幹事の開会のあいさつ

1分30秒

皆さん、あらためて新年おめでとうございます。年明け早々ですので、皆さんお忙しく、まだご到着でない方もおいでですが、定刻を過ぎましたので始めたいと思います。

庶務課の集まりは、昨年末の忘年会以来、2週間の長きにわたるごぶさたでございます。忘年会、新年会と宴会が続き、胃薬が手放せないという方もおいででしょうが、今日もまたそれぞれの胃袋には、がんばっていただきましょう。

冗談はさておき、今年度は全社的な組織改革があり、庶務課の業務も例年にない繁忙（はんぼう）をきわめています。いまひとときはリラックスして楽しみ、また明日から年度末へ向けて、みんなで力を合わせて仕上げにかかっていきましょう。

お飲み物も準備がととのったようですので、さっそく乾杯しましょうか。課長、乾杯の音頭をよろしくお願いします。

POINT 新年会のあいさつでのメッセージは「今年もがんばろう」に尽きます。職場単位の内輪の集まりなら軽い調子で。

社内行事

新年会 幹事の閉会のあいさつ

1分30秒

皆さん、宴（えん）たけなわではございますが、お時間も迫ってまいりました。そろそろ新年会を、お開きにしたいと思います。

この新年会を通して、ふだんあまりおつきあいのないセクションの人との話が弾んだ方も多くいらっしゃったようです。皆さんにとって、有意義な一日になったのではないでしょうか。このような自発的な協力関係を仕事の面にもぜひ生かして、社員一丸となって新しい年のスタートを切りましょう。

それでは、このあたりで一本締めを行いたいと思います。総務の高峰部長に、音頭をとっていただきます。高峰部長、よろしくお願いします。（一本締め）。これをもちまして、新年会をお開きといたします。明日も仕事がございますので、二次会などはほどほどになさって、なるべくまっすぐにご帰宅くださいますよう、お願いいたします。では皆さん、ありがとうございました。

POINT 総括では、ひと言仕事への関連づけをします。一本締めは、三本締めや万歳三唱でもOK。店の迷惑にならない程度に。

part 3 ビジネスのスピーチ　社内行事のスピーチ

社内行事

新年会 社長の乾杯のあいさつ

1分30秒

　皆さん、明けましておめでとうございます。希望あふれる新春を、皆さんとともに迎えることができ、たいへんうれしく思っています。

　昨年は、長年の念願だった○○支店が開設し、当社のさらなる発展への足がかりをつくることができました。また、昨年の売上高は、当初の目標を上回る好成績を得ています。これもひとえに、皆様のご奮闘(ふんとう)のおかげと、心より感謝いたしております。

　本年は、当社の命運をかけた海外進出という新事業がいよいよスタートいたします。社員一同、心を一つにして、これからの力強い発展のために前進していきましょう。本日は、その記念すべきスタートの日です。時間の許す限り飲んで語り合い、明日からのエネルギーにしてほしいと思います。

　それでは、わが社の繁栄と皆様方のご多幸(たこう)を願って乾杯いたしますのでご唱和ください。

「乾杯！」。ありがとうございました。

POINT オフィシャルな新年会なら、昨年一年のお礼に続けて新年の事業の予定を述べ、出席者の支援協力をお願いします。

社内行事

新年会 社長のあいさつ

1分30秒

　新年おめでとうございます。年頭にあたって、こうして皆さんと一緒に新年会を催すことができて、なによりです。

　ここ数年の不況にもかかわらず、昨年わが社は、売上高が前年比20％増という、かつてない好成績をあげることができました。これもひとえに社員の皆さんの奮励(ふんれい)、努力のたまものと深く感謝しております。今年は、２年の年月を費やした新製品の発表を４月に控え、会社全体の士気も特別に高まっているようです。社員の皆さんには、もうひと踏んばり、ふた踏んばりしてもらい、さらなる飛躍をお願いしたい。湯川秀樹博士の言葉に、「一日生きることは、一歩進むことでありたい」というのがあります。人間、毎日１歩ずつでも進歩を願って生きることが大事です。その気持ちを仕事の場に生かしていきましょう。

　本日は、明日からの仕事の鋭気を養ううえでも、全員で愉快に飲み、語り合ってください。

POINT 昨年の労をねぎらい、今年の活躍を期待します。酒の席でもあるので、「○○しましょう」など、語り口をやわらげて。

社内行事

新年会 管理職の乾杯のあいさつ①

1分30秒

新年明けましておめでとうございます。これより、新年会の乾杯を行いますが、その前に、ひと言ごあいさつを申し上げます。

2月になると、お台場でのプロジェクトが第2期の段階へ移行しますが、そのことで会社全体に引き締まった空気がただよっているのを感じます。その関係で、今年は特に複雑な問題もあろうかと思いますが、困難であればあるほど一致団結する結束のかたさは、他社にはまねできないわが社の最大の武器であります。今年は、昨年にも増して大いに張り切っていきましょう。

まぁ、新年早々堅苦しい話はこれくらいにします。今夜は大いに飲み、食べてください。去年は、毛利経理部長の本社ご栄転、秘書課の佐伯さんのご結婚がありました。今年はどんなおめでたいことがあるのか、楽しみですね。それでは、○○年の門出を祝し、皆さんのご健勝を祈って、乾杯！　おめでとう。

POINT 仕事の話は、社長がすでにすませていることが多いので、乾杯のあいさつでは省略も可。後半は、楽しもうという口調で。

社内行事

新年会 管理職の乾杯のあいさつ②

1分30秒

皆さん、明けましておめでとうございます。

さて、昨年は新事業として有機野菜販促部門がスタートし、それなりに業績を上げましたが、正直、全体としては厳しい年でありました。それだけに今年は、たいへん忙しい状況になると思いますが、同時にやりがいのある年になるともいえます。わが販売促進部は、すぐれた頭脳と丈夫な足を持った精鋭ぞろいです。販路拡大を目標に、それ行けドンドンと太鼓を打ち鳴らし、売り上げアップに向けて邁進（まいしん）しましょう。

さて、新年会の席です。もう堅い話はやめにします。今日は、カラオケも用意してあるようなので、飲んで歌って楽しく過ごしてください。

皆さん、お手元にグラスはございますか。それでは、本年の皆さんのますますのご活躍と、会社のさらなる発展を祈り、乾杯しましょう。乾杯！　おめでとうございます。

POINT 明るく、力強く、すがすがしく乾杯します。あまり堅苦しい話や、業務上の細かい話は、お酒の席なので控えて。

社内行事

新年会 管理職のあいさつ①

1分30秒

輝かしい新春を迎え、また新たな一年が始まろうとしています。明けましておめでとうございます。このお正月休み、皆さんはどのように過ごされましたか。旅行を楽しんだ人、自宅で寝正月だった人、それぞれでしょう。生産部の岡本主任は、ひたすら飲んでいた人ですか？　実は私もです。ともあれ、有意義に過ごされたことでしょう。

昨年度は、業界の不況の風もなんのそので、わが社の業績は期待以上のものでした。皆さんのご活躍、非常に頼もしく思います。早くも私はこの正月、近くのお稲荷(いなり)さんに足をのばし、さらなる業績上昇を祈願しに出かけました。しかしまぁ、にわか信心だからご利益は期待できない。仕事に関しては、神様より、皆さんに祈願しほうがいいようです。ひとつ今年もご利益を願います。おさい銭の代わりといってはなんですが、お酒のほかにカラオケも用意してあるそうなので、今日は盛り上がりましょう。

POINT 新年のお酒の席なので、仕事の話は抜きに、少しくだけた調子で話しても。冒頭は、個々に話しかけるような気軽さで。

社内行事

新年会 管理職のあいさつ②

1分30秒

明けましておめでとうございます。今年もよろしくお願いいたします。

今朝は、雲一つない青空を見上げながら出社しました。一年の始まりを晴天で迎えることができるのは、実にすがすがしく、心晴れやかでまことに気分のよいものです。皆さんのお顔も一段と輝いているように見え、頭もさえ渡っているのではないでしょうか。新しい商品を開発するわが企画開発部にふさわしいスタートだな、そう思いました。

今年は、昨年企画した商品が、いよいよ具体的な開発段階に入る重要な年です。１つの商品を世に送り出すまでにはいろいろな障害もあろうかと思いますが、こんなときこそ、わが部の腕の見せどころであります。ほかの部署の社員が「これなら売れる。売りたい」と思わせる商品を作ろうではありませんか。「やればできる」を合い言葉に、一丸となってとり組みましょう。

POINT 具体的な目標や課題を表明することで、部下のやる気を刺激します。気持ちの引き締まる合い言葉などを考えると、印象的。

社内行事

社員花見会　管理職の乾杯のあいさつ

1分30秒

　昨年の花見は雨にたたられたのですが、今年はお天気にも恵まれ、ちょうど桜も見ごろです。そして、朝から場所とりに奔走(ほんそう)した新人諸君のおかげで、絶好の場所が確保できました。幹事の福島君が準備してくれた料理も豪華ですね。仕事も、このように順調でありたいと願っていますが、まぁ、なかなかそううまくはいきません。

　会社では、課長だ、部長だと、上下関係がありますが、今日はみんな車座(くるまざ)です。夜風に吹かれ、満開の桜をめでながらひととき仕事を忘れ、話のほうも、平たく、楽しく、ひざ詰めでまいりましょう。ただし、皆さん、明日の業務に差し支えない程度にお願いしますよ。

　それでは、日本で暮らす幸せをかみしめつつ、皆さんのますますの健康と活躍を祈って乾杯しましょう。皆さん、ご準備はよろしいですか？

「乾杯！」。ありがとうございました。

POINT　上下関係を超えて親睦を深める場であることを強調します。幹事や場所取りをしてくれた人への感謝も忘れずに。

なるほど！column

親睦イベントでのひとこと文例

　会議や公式行事とは異なり、親睦のためのイベントでのあいさつは、なごやかな雰囲気づくりをするのが目的です。次のような表現で、場を盛り上げましょう。

◆今日は、仕事を忘れ、立場を忘れ、無礼講でいきましょう。（無礼講＝身分・地位を無視して行う宴会のこと）

◆今日は大いに飲んで語り合い、明日への英気を養いましょう。

◆ゆっくりおくつろぎいただき、楽しいひとときを過ごしていただければ幸いです。

◆ふだん接する機会のない人とも交流できる絶好のチャンスです。

◆ひととき仕事のことは忘れ、存分にリラックスしてください。

◆どうぞ心ゆくまでお楽しみください。

◆日ごろのストレスを解消しましょう。

社内行事

社内ボウリング大会
幹事の始めのあいさつ

1分30秒

皆さん、おはようございます。

ボウリング大会を行うのは初めてですが、多数ご参加いただき、幹事は感激しています。

ご存じのように、昨年までは社員の懇親のため1泊旅行に出かけておりましたが、宿泊となると都合のつかない方も多く、今年はこうした形で親睦を深めることにしました。ボウリングというプランの発案者としては、この大会を大成功させて、恒例にしたいと思っております。皆さん、「盛り上げ対策委員」としてご協力のほどよろしくお願いします。

さて、本日は、お1人さま2ゲームを行います。あらかじめ2ゲームの総合得点を予想していただいて、その点数に最も近かった方を優勝とします。ボウリングは苦手という方にも優勝のチャンスがありますので、皆さん、張り切ってチャレンジしてください。ごらんのように、優勝者以外にもたくさんの賞品が用意されていますので、どうぞお楽しみに。

POINT 場を楽しくするのが幹事の最大の役目です。明るく元気にあいさつし、参加者にも盛り上げへの協力を依頼しましょう。

社内行事

日帰りバス旅行
管理職の始めのあいさつ

1分30秒

皆さん、本日はご苦労さまです。私たちの部内旅行も回を重ねて今年で8回目となりました。思い起こせば、最初はわずか5人のマイカー旅行であったものが、今では総勢26人を数えるほどになり、貸し切りバスを使うまでになりました。この成長ぶりの理由は、皆さん一人ひとりのがんばりの成果であり、私もたいへん満足しております。

運転手さんによると、あと30分も走れば、紅葉まっさかりの美しい山々が広がってくるそうです。車窓からの風景を存分に楽しんでください。昼食は、地元でとれた新鮮素材の山菜なべだということを、北村さんが、早くもしおりでチェックされておりました。おなかの満足度も保証いたします。

本日の旅行のテーマは、日ごろの疲れをいやすことと、社員間のコミュニケーションを図ることです。今日一日は、仕事のことは忘れて心身をリラックスさせ、愉快にやりましょう。

POINT 楽しい雰囲気を壊さないように、仕事の話はなるべく控えます。しかし、日ごろの社員の努力をたたえる言葉は忘れずに。

社内行事

納涼会
幹事の開会のあいさつ

1分30秒

皆さん、ほぼおそろいのようですね。先ほどから話に花が咲いているようですが、時刻ですので、納涼会を始めさせていただきます。本日の幹事は、総務部のデコボココンビ、塚原と竹内が承っておりますので、何なりとお申しつけください。

連日の猛暑の中をがんばっておられる皆さんに、暑気払いのイベントということで、このような納涼会を企画したしだいです。盆踊り大会がいいという意見もありましたが、スカッと飲んで騒ぎたいという意見が多かったこともあり、このようなビアガーデン形式となりました。飲み物は、ビールのほか、冷酒、ワイン、サワーと各種そろえてあります。豪華景品の当たるビンゴやカラオケも用意してありますので、ご期待ください。それでは、「酒は知己に遇うて飲むべし」という言葉もありますように、いつもの職場メンバーの枠を超え、他部署の人たちとも交歓の輪を広げて楽しみましょう。

POINT 会の趣旨を述べ、必要事項を連絡したあとは、お互いの親睦を図るよう願うあいさつを。テンポよく、明るい雰囲気で。

社内行事

納涼会
幹事の閉会のあいさつ

1分30秒

ますます宴たけなわでございますが、残念ながらこの納涼会も、お開きの時間が迫ってまいりました。まだまだ飲み足りないという方もおいでのようですが、この辺で締めさせていただきます。

本日のビール摂取量トップは、営業部の皆さんのように思われます。今年の都心は気温30度を超える日が1週間続くなど、異常気象でした。そんな中、営業部は外回りでたいへんな思いをされたことでしょう。日ごろの疲れをとることができたようで、なによりです。他部署の皆さんも、それぞれ満足していただけましたか。皆さん、暑さに負けず、明日からまた仕事に全精力を傾けてがんばりましょう。

それでは最後に、一本締めを行いたいと思います。それでは、総務部の遠藤部長に音頭をとっていただきます。遠藤部長、お願いします。（一本締め）。

では、これをもちまして、納涼会をお開きにいたします。ありがとうございました。

POINT 夏はお酒のピッチが上がりやすく、場も乱れがちになることも。そんなときは早めにお開きを告げ、切り上げることも大切。

社内行事

納涼会 管理職の乾杯のあいさつ

1分30秒

皆さん、こんばんは。先ほどまで雷が鳴ってどうなることかと思っておりましたが、夕焼け空が広がる絶好の納涼会日和(のうりょうかいびより)となりました。ちょうど涼しい風が吹いてきて、まことに気持ちいい中で、わが社恒例の納涼会を開催することができました。

本日の納涼会は、申し上げるまでもなくこの暑さの中で立ち働く皆さんの努力をねぎらい、感謝するためのものです。先ほど社長からのご報告にありましたとおり、1月から6月までの業績は、昨年度の水準を突破して、ほぼ順調な成績を上げることができました。ですからこよいは、言ってみれば「収穫祭」です。皆さんで協力して上げた成果、豊作を祝う喜びの宴なのです。ドンチャン騒ぎも大歓迎なので、楽しい時間を過ごしましょう。

それでは皆さん、グラスをお持ちください。この夏の暑さを吹き飛ばし、明日へよいムードをつなげていくことを願って。「乾杯!」。

POINT 「収穫祭」などの形容をして、宴会へ勢いをつけます。もし、成績が不調でも説教せずに、暑い中で一生懸命働く社員へ感謝を。

社内行事

納涼会 管理職あいさつ

1分30秒

皆さん、連日の厳しい暑さの中、ご苦労さまです。恒例の納涼(のうりょう)会の日がやってまいりました。

私はいつものとおり、居酒屋で一杯か、ビアガーデンでひと騒ぎするのかと思っておりましたら、第1ホールが見事華やかに飾りつけられ、食事と飲み物が山ほど用意されておりました。おかげさまで参加者も多く、うれしく思います。粋な演出をしてくださった総務部の皆さん、今回の準備たいへんだったでしょう。ありがとうございます。

さて、皆さん。毎日スーツをきちんと着て、暑い中「行ってきます」と気持ちのよいあいさつで出かける姿を、頼もしい気持ちで見送っております。年度末には、そのような努力が必ずや実を結び、数字として返ってくることまちがいありません。こよいは暑さと忙しさを忘れ、心からリラックスしてください。体力の消耗が激しい毎日ですが、エネルギーを蓄えて、明日からまた仕事に励みましょう!

POINT 宴会の席なので仕事の話は手短にします。暑い中、準備してくれた幹事へのねぎらいの言葉も入れるとよいでしょう。

社内行事

忘年会 幹事の開会のあいさつ

1分30秒

皆さんおそろいのようですので、ただ今より、営業課の忘年会を始めます。少し気が早いのですが、皆さん、1年間お疲れさまでした。

先ほど、この1年にいただいた名刺の整理をしていました。ほんとうに驚くほどの数で、営業というのは出会いの仕事だなとあらためて感じたしだいです。忘年会というのは、年を忘れる会と書きますが、忘れるのは寄る年波のほうの「年」だけにして、1年の出会いは忘れずに、自分の財産として来年につなげていこう、とそんな殊勝なことを考えました。

さて、宴会に入ります前に、幹事からひと言だけ。ここは個室で、カラオケの設備もありますが、一次会は、1年をじっくり振り返り、皆で語り合う席にしたいと思っていますので、ご協力よろしくお願いいたします。もちろん、二次会には歌って騒げる店を用意してあります。

では課長、乾杯の音頭をお願いいたします。

POINT 一般社員が、部署全体の1年の業績などを振り返るのは僭越なので、個人的な感慨を語るにとどめます。

社内行事

忘年会 幹事の閉会のあいさつ

1分30秒

楽しい話に興じてふけっておりますうち、いつしか時のたつのを忘れていたようです。皆さんもお話は尽きないことと思いますが、そろそろ予定の時間が迫ってまいりました。文字どおり、1年のあかを洗い流し、嫌なことを忘れることができたでしょうか。今年は、ほんとうにたいへんな1年でした。「たいへん」「忙しい」が、あいさつがわりだったような気もします。しかし、おかげで1月に発売した新製品の年間売上目標額をクリアできたことは、最高にうれしいニュースでした。この勢いを持続し、来年の忘年会でも、再び勝利の美酒に酔いたいものです。

それでは、株式会社コトヒラの新しい年が輝ける年であるように、万歳三唱で締めることといたします。商品管理部の野崎部長に音頭をとっていただきましょう。野崎部長、お願いします。（万歳三唱）。

これをもちまして、忘年会をお開きにいたします。ありがとうございました。

POINT お酒の席なので、堅苦しい口調より、ちょっとおどけたほうが聞きやすいでしょう。成果のあった話で締めくくりを。

社内行事

忘年会 社長の乾杯のあいさつ

1分30秒

この1年間、まことにご苦労さまでした。皆さんの活躍に、あらためて「ありがとう」と言わせていただきます。

今年は、わが社にとってたいへんな1年でした。この不況の中で、業界全体に活気が薄れ、昨年の業績を10％下回ったことはご存じのとおりです。私の力不足を痛感いたしております。しかし社員の皆さんは、苦しい中でほんとうに努力してくれました。「人は敗れたゲームから教訓を学びとるものだ」とは、伝説の名ゴルファー、ボビー・ジョーンズの言葉ですが、この精神だけは忘れずに、来年こそ苦難の壁を突き破りたい。皆さんにも、さらに一段のがんばりをお願いしたいと思っております。

さて、堅い話はこれくらいにします。来年は大きく飛躍する決意を胸に刻み込んで、こよいは楽しく過ごしましょう。それでは、今年1年の成果と、来年のわが社の発展のために、乾杯！

POINT 業績不振だったとしても、社員への感謝の気持ちはきちんとあらわします。来年の躍進、発展などをあげて乾杯は勢いよく。

社内行事

忘年会 社長のあいさつ

1分30秒

今年もどうにかこの厳しい時代を乗り切ることができました。これもすべて、皆さんの奮励(ふんれい)、努力のたまものといえます。心から感謝申し上げます。

この1年を振り返ってみますと、リスクを背負う覚悟で積極的な販売計画を推進した新商品が、たいへん好調でした。今年度の中間決算では売り上げ目標額を上方修正するほどで、早くもわが社の目玉商品となっております。これは、営業部の粘り強い販売活動、製造部の行った製造過程の合理化対策、製造工場の徹底した品質管理など、それぞれのセクションが精いっぱいがんばってくれたおかげであります。来年もこの姿勢で、全社一丸となったチームワークを大切にしていきたいものです。

こうして心に余裕を持って恒例の忘年会を迎えられ、私は格別にうれしい。今日は存分に飲み、語らい、にぎやかにやってください。心と頭にたまった1年間のあかを洗い流して、盛り上がりましょう。

POINT 1年間の経営内容を総括し、社員の努力で目標達成できたことの労苦をねぎらいます。後半はくつろいだ雰囲気をつくって。

社内行事

忘年会 管理職の乾杯のあいさつ

1分30秒

　今年もあと10日余りとなりました。この1年間、皆さん、ほんとうにお疲れさまでした。心からお礼を申し上げておきます。

　先ほど社長のお言葉にもありましたとおり、今年のわが社は、年間目標を13％も上回る業績を上げ、来年へ向けての大きな原動力となりました。これもひとえに、各部や課の皆さんの不断の努力と精進(しょうじん)のおかげです。仕事だけでなく、社内行事も全力でとり組んだ積極的な姿が印象的でした。いつも控えめな秘書課が、運動会では意外に活発な面を見せてくれましたし、社内旅行で広報部が披露してくれた強烈な宴会芸は、今も脳裏に焼きついて離れません。仕事にも行事にも一生懸命な皆さんだからこそ、会社全体の士気が盛り上がったと信じております。

　さて、長い話は嫌(いや)がられますので、この辺で。では皆さん、ビールをついで乾杯です。来年もよろしくお願いします。乾杯！

POINT 仕事と社内行事の話を半分くらいずつにして、なごやかに。部の名前をあげると、思い出がよみがえりやすいでしょう。

社内行事

忘年会 管理職のあいさつ①

1分30秒

　今年も残すところあとわずか、早くも忘年会となりました。商人たちは歳末のあいさつで、「これでようやく年が越せます」と言い合います。わが社の場合は、大きく胸を張って「皆さんのおかげで、今年も年が越せます」ということになります。厳しい状況の中を、ほんとうによくがんばってくださいました。今年はこのひと言を大声で言いたくてなりません。ありがとう。

　さて、「来年のことを言うと鬼が笑う」と申しますが、ひと言だけ来年のことを言います。来年もまた、「鬼」ならぬ「社長」のことを笑わそうではありませんか。皆さんの仕事に対する的確さ、聡明さ、迅速さをもってすれば、社長だけでなく、社員全員が笑顔で来年を乗り切ることができるでしょう。

　さて、こよいは、苦労話も悲しい話も酒のさかなにして、大いに飲み、笑い、心のうみをすべて出してください。1年間、ほんとうにご苦労さまでした。

POINT 業績や目標数字などの具体的な仕事の話は社長が話をしているので省略します。感謝の言葉と、気楽に聞ける軽い話を。

社内行事

忘年会
管理職のあいさつ②

1分30秒

皆さん、まだ数日残ってはおりますが、1年間お疲れさまでした。

今年は、創業50周年ということで、わが総務部は、通常の業務に加えて周年事業もあり、皆さんお忙しい1年だったと思います。ただ、式典も成功裏（り）に終わり、立派な社史も完成したことで、部員一同、例年にはない充実感、達成感を持って、年末を迎えられたような気がいたします。

このチームワークで、来年も会社を支えていきましょう。

なお、私の都合で週の初めの忘年会となってしまい、恐縮に思っています。ただ、今日の店は、最近評判がよいところで、週末はなかなか予約がとれないのだそうです。明日のことを考えると飲み明かすというわけにもまいりませんが、その分、おいしい料理を堪能（たんのう）しましょう。いい店を発掘してくれた幹事の堀君、どうもありがとう。

POINT 管理職のあいさつは、１年の業務や成果を振り返り、部下の労をねぎらって、来年につなげる言葉で結びます。

社内行事

忘年会
管理職のあいさつ③

1分30秒

この1年を顧みますと、なかなかにぎやかな年だったなぁと感じております。牧村さんが結婚し、茂手木くんには2世が誕生した。大森くんが宝くじを当てる奇跡があり、前島くんの携帯電話がトイレに落ち、ついでに私の髪の毛は２０００本ほど抜け落ちた。これは悲しい。

まぁ、そんな中、宣伝部の功績がたたえられ、社長におほめの言葉をいただくなど、明るく、そして忙しい1年でありました。大きな成果を得ることができたのは皆さんのおかげであり、深く感謝しております。来年は私のほうが、一段と気を引き締めて皆さんにこたえなくてはならない。今まで以上のガミガミおやじになるかもしれませんが、理のない小言には、率直に反論してください。

さて、もうすぐ正月休みです。英気を養って来年に備えてほしい。その意味でも、今日の忘年会は心おきなく飲んで騒いでください。

POINT 個人名を出すと、心に残るスピーチになります。少しおどけた調子で話すのも、場の雰囲気を大切にするテクニック。

社内行事

社員旅行 幹事の出発時のあいさつ

1分30秒

皆さん、こんにちは。全員おそろいのようですので、出発いたします。その前に、幹事から手短に今回の旅程のご説明をいたします。

バスは2台に分乗しますが、部署を超えた交流をしていただきたいと思い、あえて班分けはしておりません。適宜（てきぎ）ご乗車ください。

宿泊先の○○ホテルまで約1時間です。途中休憩はとりませんので、ご用事は出発前におすませください。なお、今朝ホテルに問い合わせましたら、ちょうど紅葉が見ごろとのことです。どうぞご期待ください。

車内には、ビールやおつまみの準備がととのっております。カラオケもありますので、どうぞお楽しみください。夜のお食事、といいますか宴会は、6時から、ホテル2階の＊＊の間で行います。開始の時間まではご自由におくつろぎください。

それでは、出発いたします。

POINT 出発前のあいさつは手短に。参加者が楽しくくつろげるために準備したことを伝えるにとどめます。

社内行事

社員旅行 幹事の宴会開始のあいさつ

1分30秒

皆さん、温泉はもうお入りになりましたか。

この温泉は古くから「美人の湯」として知られているそうです。これでわが社の男っぷり、女っぷりもますます上がることでしょう。

すでに皆さんの前には立派な料理の数々が並んでいます。名物は山菜料理で、のちほど揚げたての天ぷらも運ばれてくるとのことですので、その分、おなかのスペースを残しておいてくださいね。

宴会は9時までを予定しておりますので、どうぞごゆっくりお食事とお酒をお楽しみください。ただし、のちほど、皆様には余興をお願いしたいと思います。幹事から指名がありましたら潔（いさぎよ）く前にお進みいただきまして、自慢ののどや隠し芸をご披露（ひろう）ください。

さて、宴会の前に長いあいさつをするほど私は無粋ではございません。さっそく始めましょう。では、社長、乾杯の音頭をよろしくお願いいたします。

POINT 宿や土地の説明、料理の説明、宴会の趣向などを簡単に説明したのち、乾杯の発声者へとつなげます。

社内行事

社員旅行

社長の乾杯のあいさつ

1分30秒

皆さん、こんばんは。

社員旅行を実施する会社が少なくなり、社員も参加を嫌がる人が多くなったと聞いています。そのような中、今回も多くの皆さんのご参加をいただき、回数も15回を数えるまで続けてこられましたことは、経営者冥利(みょうり)に尽きることだと思っています。

日ごろ忙しい皆さんですが、今日はゆっくりと骨休めをしてください。

のちほど、私も皆さんのところを回らせてもらいます。ふだんはなかなかゆっくり話す機会もありませんので、今日は、不満も含めて皆さんの率直な声を聞かせてほしいと思います。そのかわり、私も負けてはいませんよ。無礼講(ぶれいこう)で真っ向勝負とまいりましょう。

さて、勇ましい宣言をしたところで乾杯しましょうか。では、○○株式会社の発展と、皆さんの活躍を祈って、「乾杯!」。ありがとうございました。

POINT 会社では、社長と従業員という上下の差が歴然としていますが、懇親の場では「ともに楽しもう」という姿勢で。

社内行事

社員旅行

社長のあいさつ

1分30秒

まず、このように楽しい旅行を企画してくれた幹事諸君へ感謝の気持ちをあらわしたいと思います。ありがとう。宴会の前にひと言だけあいさつさせていただきます。足を崩してお聞きください。

おかげさまでわが社の業績は、昨年水準をほぼ突破して、一時の好況期とまではまいりませんが、ほぼ順調な業績をあげることができました。会社を代表して、心からお礼を申し上げます。この旅行は、皆さんの努力をねぎらい、感謝するために企画したものです。この2日間は、皆さんが主役。私もお酒やジュースをついで回るつもりですので、存分に意見交換しようではありませんか。

こうして皆さんのお顔を拝見しておりますと、ふだんの緊張した表情からは一変して、のんびり幸せそうな表情が浮かんでいます。私もとてもうれしくなりました。皆さん、夜は長い。今夜はどうぞゆっくりくつろいでください。

POINT 仕事の話は明るい内容で、最小限にとどめます。社員と対等の立場で、みずからも楽しむ気持ちを強調するといいでしょう。

社内行事

社員旅行（部内） 管理職のあいさつ

1分30秒

皆さん、本日はお疲れさまでした。ふろ上がりのいい顔をした方もいらっしゃるようですね。ここの温泉はいかがでした？　露天ぶろがあると聞きましたので、私もあとでゆっくり楽しむことにします。さて、今日は年に一度の部内旅行の日ですが、こうして人事部の全員が参加できたことを、たいへんうれしく思います。これはわが部のチームワークのよさと、私なりに解釈します。

かねてより企画・準備をしていた研修会が、皆さんの地道な努力によって滞（とどこお）りなく終了でき、社長からもおほめの言葉をいただきました。これでわが人事部も一くぎりついた気がいたします。ですから、今日と明日の２日間は、皆さんには十分にくつろいでいただきたい。昨日までの疲れをいやし、明後日からの英気をたっぷりと養っていただくのが、この旅行の目的ですから。それでは皆さん、今夜は心ゆくまで一緒に楽しみましょう。

POINT 部内のチームワークを固める発言もよいでしょう。日ごろの部員の業務をたたえてから、楽しい宴会へうまくつなげます。

社内行事

社員旅行 幹事の散会のあいさつ

1分30秒

皆さん、お疲れさまでした。

けがもなく、事故もなく、そして酒が入っての大乱闘もなく、今年もなんとかスケジュールどおりに社員旅行を終了することができそうで、幹事としてほんとうにホッとしています。不慣れなものですから、いろいろ行き届かない点があったとは思いますが、楽しかった旅行に免じてお許しいただければと思います。

慰安旅行といいながら、今日のぶどう狩りではけっこうな距離を歩きましたので、皆様お疲れなのではないでしょうか。明日の日曜日は、収穫したぶどうを食べながらゆっくりお休みいただき、仕事への英気を養ってください。

月曜日から、また新たな気持ちで励みましょう。それでは、これで散会といたします。皆さん、お気をつけてお帰りください。

お疲れさまでした。

POINT 楽しかった旅行を振り返りながら、気持ちを切りかえて、また仕事をがんばろうと、前向きに結びます。

社内行事

社員旅行
社長の散会時の一本締め

1分30秒

皆さん、お疲れさまでした。

昨晩の宴会は大いに盛り上がりました。さすがに、帰りのバスの中ではぐっすり寝込む方が多かったようですね。

私も、ふだんからなるべく現場に出るようにしておりますが、日ごろはどうしても仕事の話が中心になります。昨日から今日にかけて、皆さんといろいろお話しすることができ、楽しい収穫もあり、また、考えさせられる宿題ももらいました。これからも、折にふれ、皆さんとの交流の機会を設けていきたいと思います。

それでは、恒例によりまして、一本締めにてこの社員旅行を結ばせていただきます。

では、お手を拝借。

「ヨォーッ、シャシャシャシャン、シャシャシャシャン、シャシャシャン、シャン」

ありがとうございました。

POINT 社長にとっては、ふだん交流のない社員と話ができるのが収穫。勉強になった、楽しかったという感想を添えて。

なるほど！column

手締めの作法

手締めは、もともとは歌舞伎に由来する習慣で、主に次のような方法があります。

【一本締め】（文例にある締め方）

「●●●、●●●、●●●、●」

3×3で「九」、最後の一つを点として加えて「丸」とし、すべてを丸くおさめるという意味があるといわれています。

【三本締め】

一本締めを3回繰り返します。昔ながらの、いわば正式な手締めです。

【一丁締め】

「ヨォーッ、ポン」と一度だけ手をたたく方法です。簡略化が好まれる酒席などでよく使われますが、正式なセレモニーには不向きです。手締めの発声は、会の最初に行う乾杯の発声と同じ重みがあります。社内の会なら上層部に、社外の人を招待しての会なら主催者の代表格の方にお願いするのが妥当です。

社内行事

社内運動会 実行委員長の開会のあいさつ

1分30秒

皆さん、おはようございます。暑からず寒からず、いい日和(ひより)となりましたね。

ご家族の皆様も大勢ご参加いただき、ありがとうございます。今日は、お父さんお母さんの、家庭では見られない意外な姿が見られるかもしれませんね。ご家族のための競技もありますので、どうぞ奮(ふる)ってご参加くださいますようお願いいたします。

競技は支店対抗となっております。取引先さんのご好意で、ごらんのような豪華賞品が用意されていますので、皆さん張り切って優勝をねらいましょう。

日ごろ運動不足の方、あるいはずっとデスクワークの方も多いことと思います。今日は1日、太陽の下でいい汗をかいてください。

では、さっそく始めましょう。

プログラムの1番は、全員の準備運動を兼ねたラジオ体操です。よく体をほぐして、けがのない1日にしましょう。

POINT 社員の家族へのお礼も盛り込み、参加者全員が気持ちよく参加できるムードづくりをします。けがに対する注意も呼びかけて。

社内行事

社内運動会 社長のあいさつ

1分30秒

すばらしい秋晴れです。お天気の神様の祝福でこのようなよい天気に恵まれ、恒例の社内運動会を迎えることができました。本日は、大勢の社員やご家族の皆さんにご参加いただきまして、ありがとうございます。現在、わが社は順調に業績を伸ばしております。これも社員の皆さんのご努力によるものと感謝すると同時に、ご家族の皆さんがあたたかい気持ちで働く人たちを見守り、支えてくださればこそです。ご家族の皆さんにも、厚くお礼申し上げます。

この運動会は、私たちがご家族の皆さんと交流することができる数少ない機会であります。どうぞ、いろいろな種目に参加されて、わが社の活力の一端にふれていただきたい。運動の苦手な方もいらっしゃると思いますが、体力テストのつもりで気軽に参加してください。

では、けがにはくれぐれも注意して、フェアプレーでよろしくお願いします。

POINT 社長など管理職があいさつする場合は、準備にあたった実行委員へのねぎらいも忘れずに言い添えましょう。

社内行事

カルタ大会
社長の始めのあいさつ

1分30秒

皆さん、おはようございます。今年も、恒例の新春カルタ大会の日がやってまいりました。

さて、どの家庭でもみんなが集まってカルタ取りをするという光景は、少なくなってきたように思います。パズル、ゲームなど個人で行う遊びが圧倒的に目立ち、皆デジタル人間化しているようです。そんな時代だからこそ、日本の伝統文化にふれ、心をやわらかくして新春を迎えることが大事なのではないでしょうか。またカルタ取りには、すばやい選択力と行動力を高める効果があります。なにより1つの土俵で競うことになる競争力が身につきます。このような能力は、仕事をするうえで必要不可欠であるといえるでしょう。仕事の能力も高まり、社内のコミュニケーションも深まるカルタ大会を、今年も盛り上げてください。さあ皆さん、上位3位には、すばらしい賞品をご用意しました。それでは楽しく、張り切って始めることにいたしましょう。

POINT 大会の趣旨や目的をはっきり伝えます。楽しく、なごやかな雰囲気を大事に、賞品の話でうきうき気分を高めて。

社内行事

組合主催イベント
委員長のあいさつ

1分30秒

皆さん、おはようございます。

本日は貴重な休日にもかかわらず、○○社労働組合主催の「クリーンウォーキングデー」にご参加いただきまして、まことにありがとうございました。

当社の製品を含め、清涼飲料水市場が成長を続けていることは喜ばしいことですが、同時にあき缶、あきボトルの散乱は、社会問題にもなっています。そして、気候がよくなるこの時期は、アウトドアでの飲用が増え、ますます散乱が目立つようになってきます。

そこで当組合では、ウォーキングを楽しみながらの地域清掃イベントを企画いたしました。日ごろの運動不足を解消しながら、環境美化運動にも貢献できる、一石二鳥（いっせきにちょう）の企画と自負しております。

終了後は、簡単な懇親会とおみやげの準備もございますので、どうぞお楽しみに。

では、さっそく出発いたしましょう。

POINT 「地域清掃運動」では堅苦しいイメージがあるので、なるべく楽しさや明るさが感じられるあいさつを心がけます。

社内行事

社員家族見学会
社長の始めのあいさつ

1分30秒

皆様、ようこそお越しくださいました。社長の鈴本でございます。

実は、このような見学会を催（もよお）すのは初めての試みでございます。小・中学校あるいは高校で行われております総合学習という授業で、当社の業務に興味・関心のあるお子さんからの見学の依頼が増え、たいへん好評をいただいております。そこで、ご家族の皆様にもぜひ当社をご見学いただき、ご両親の、ご主人、奥様の、またご子息（しそく）、ご息女（そくじょ）の仕事ぶりの一端を肌で感じていただければと思ったしだいです。

本日は、社員とともに、各職場を自由にごらんいただきたいと思います。バッジをつけた社員が案内役として各部署で待機しておりますので、ご不明の点など、なんなりとお尋ねください。なお、正午より、このホールでささやかな懇親会を開きます。見学がすみましたら、随時お集まりください。

では、どうぞ心ゆくまでご見学ください。

POINT 初めて開催するイベントでは、それを開くにいたった経緯やイベントの概要などを簡単に説明する必要があります。

社内行事

社員家族工場見学会
工場長の始めのあいさつ

1分30秒

ご家族の皆様、本日はお忙しい中、工場見学会にお越しいただき、まことにありがとうございました。私は、工場長の佐々木と申します。

この見学会は毎年行われ、今年で10回目を迎えました。昨年もご見学くださった方もおいででしょうが、工場のレイアウトは、昨年とはがらりと違っています。最近は、仕事の効率化のために、こまめに工場の模様がえを行わなくてはならない時代なのです。そのあたりの経緯は、実際にご見学いただきながらご説明することにいたしましょう。

お聞きのように、機械の音がたいへん大きいので、説明が聞きとりやすいよう、5名程度のグループに分かれて見学していただきます。また、工場内には危険な個所もございますので、こちらのヘルメットを必ずご着用ください。では、解説担当の社員がご案内いたしますので、足元にお気をつけてお進みください。

POINT 毎年恒例の見学会の場合は、前年との違いなどを説明し、見学者の興味を引くように工夫します。

社内行事

労働組合定期大会
委員長の開会のあいさつ

1分30秒

　組合員の皆さん、本日は第31回定期大会へのご参加ありがとうございます。執行委員長として、ひと言ごあいさついたします。

　経済のグローバル化が進むなか、当労働組合も労使一体となって、会社の立て直しに当たってきました。しかし、経済情勢はいよいよ厳しさを増しております。会社側は、国際情勢の激動、国内経済活動の縮小のあおりを受け、業績が伸びないことを理由に、労働条件を改善しようとしません。慢性的な長時間労働は言うまでもありませんし、人員補充もないうえに、賃金は頭打ち状態です。

　皆さん、今年こそわれわれは闘い抜かなければなりません。労働者の権利が守られた職場を目ざすため、最後まで奮闘することを、執行委員を代表して表明いたします。どうぞ皆さんの団結とご協力をお願い申し上げます。

POINT 組合の方針を貫く決意と、全力を尽くす意欲を表明します。また、組合員全員の団結を要請する言葉を加えましょう。

社内行事

労働組合定期大会
委員長の閉会のあいさつ

1分30秒

　第○回定期大会にご出席の皆様、ご多忙の中、まことにありがとうございました。

　私ども○○株式会社労働組合は、昨年の定期大会において決定した運動方針にもとづき、全力でとり組んでまいりました。厳しい経済情勢のもと、会社の業績も決して芳しくはなく、組合としても譲歩せざるをえない点も多々ございました。

　しかし、その中にあって、従来の団体交渉よりも踏み込んだ話し合いができる労使協議会の実施、また、働く意欲を高めるリフレッシュ休暇の導入など、一定の成果を上げることができました。これもひとえに、中央委員、そして組合員の皆様のご支援、ご協力のたまものと、深く感謝いたしております。

　今年度は、本日採択した新たな運動方針のもと、組合員一同、一丸となって闘っていこうではありませんか。ご協力よろしくお願いいたします。

　本日はありがとうございました。

POINT 1年間の活動や成果を振り返りながら、組合全体の結束を固めて新しい1年に向かう力強い決意を述べます。

社内行事

会社説明会　人事担当の始めのあいさつ

1分30秒

本日は、当社の説明会にご参加いただき、ありがとうございました。私は人事部の林と申します。

さっそくですが、本日のプログラムを私から簡単にご説明申し上げます。

まず、当社役員より当社の概要などについてお話しし、次に皆さんの数年先輩にあたる社員から各部署の業務内容を簡単に説明してもらいます。さらに、事務連絡として、再び私から、今後の試験日程等々につきましてご説明いたします。

最後に、質疑応答の時間を設けてございますので、説明の際に疑問点などがある場合は、その際にまとめてお願いいたします。

なお、最終的な終了時間は、正午を予定しております。

それでは、当社人事担当役員で常務取締役の島田修より、皆様にごあいさつがございます。島田常務、よろしくお願いいたします。

POINT 学生は説明会の資料に目を落としていることが多いものです。最初の説明は、大きめの声で注意を引きましょう。

社内行事

会社説明会　先輩社員のあいさつ

1分30秒

皆さん、おはようございます。5年前に入社し、広報部に勤務している福山と申します。

広告と広報はよく混同されますので、まず、その違いからご説明しておきましょう。広告は、新聞広告やテレビCMなどにより、お金を払って企業のメッセージを発信する、クリエイティブな部署です。

一方、広報とは、企業が社会に対して情報を発信し、また、社会の動きをとらえるためにネット配信や新聞などの報道を通じて行うコミュニケーション活動であり、会社経営の機能の一つです。企業から社会へ、社会から企業へという2つの方向性を持っていることが特徴です。ときには新聞や雑誌の取材を受けることもあるため、派手な仕事だと思われがちですが、実体は地味なコーディネーターという役割だと思います。しかし、やりがいがある仕事であることは、5年の経験ですが保証します。

皆さんとご縁があることを祈っています。

POINT ほかの部署（広告）と比較して説明を行うときは、自分の部署の自慢に聞こえないよう客観的な姿勢を保ちましょう。

社内行事

新人研修会 人事担当の始めのあいさつ

1分30秒

おはようございます。総務部の谷川です。

本日より2週間にわたり、皆さんが当社で仕事をしていくうえで最小限必要な知識を身につけていただく研修を実施します。

スケジュールはお手元の資料のとおりですが、なかには、敬語の使い方や電話のかけ方など基本的な研修も含まれています。「そんなことは知っている」と思う方もいるかもしれませんが、ビジネスの現場では学生時代とは違うマナーもあります。今まで頭の中にあった知識を、会社の業務に生かすためのトレーニングだと思ってください。

この研修を終えて、それぞれの部署に配属されたとき、ここで学んだことを実践するのがいかに大切か、そしていかにむずかしいかわかることでしょう。そして、実践できる人とできない人の差は、顕著(けんちょ)に仕事の成果にはね返ってきます。心して研修に臨んでください。

POINT 研修の内容を実務に生かすという研修の目的を明確にしながら「基本の大切さ」を伝えます。

社内行事

新人研修会 人事担当の終了のあいさつ

1分30秒

本日をもちまして、新入社員研修会を終了いたします。皆さん、お疲れさまでした。

皆さんの顔には「やっと終わった」とほっとしたような表情が浮かんでいるようですね。しかし、いうまでもなく、これは終わりではなく、社会人の、また、当社社員としての本番の始まりです。気持ちを引き締めて、新たなスタートを切ってください。

この2週間、基本的な心得や対処の仕方について学んできましたが、現場での仕事は、マニュアルどおりに進むとは限りません。むしろ思いがけない展開に出合うケースのほうが多いのです。しかし、今回、皆さんが身につけたであろう基本は、どんなケースにも対応できる本質的なものです。

今後は、各部署でそれぞれの業務について学び、1日も早く一人前の社会人として、また当社の戦力として活躍してくれることを祈っています。お疲れさまでした。

POINT 研修の意義を総括し、今後の各部署での業務への励ましと社会人としての自覚を促す言葉を贈ります。

社内行事

若手社員研修会
人事担当の始めのあいさつ

1分30秒

本日より、1泊2日の日程で3年次フォローアップ研修を実施します。私は、研修の進行役を務めます総務部の森口です。

この研修では、まず、皆さんにそれぞれの職場生活を振り返ってもらい、仕事へのとり組み方や自己管理法をチェックしていただきます。そして、ほかの参加者とのディスカッションや、ビジネスゲーム、インストラクターのアドバイスなどを通じて、さらに自己成長を図るのが目的です。

皆さんは、入社3年目を迎えたわけですが、ふだんは、日々の業務に追われ、なかなか自分の仕事ぶりをじっくり考える機会がないと思います。ぜひ、この研修を利用して自分自身を見つめ直し、今後の業務に役立ててほしいと願っています。

インストラクターは○○経営研究所の川端晴男先生です。では先生、はじめにひと言ごあいさつをお願いいたします。

POINT 研修の趣旨を明確にしながら、プログラムの概要を説明し、参加者の意識づけを行うのが冒頭あいさつの目的です。

社内行事

若手社員研修会
社員参加者のあいさつ

1分30秒

経理部の山下です。僭越（せんえつ）ですが、参加者を代表してごあいさつ申し上げます。

入社して3年、もはや新人とはいえず、中堅にも及ばず、私どもはたいへん微妙な位置にあります。そして、ふだんは毎日の仕事をこなすのが精いっぱいで、なかなか自分の仕事ぶりを見直したり、ほかの部署の方と話したりする機会がありませんでした。今回、こうした貴重な意見交換と、自分自身を振り返る機会を設けてくださいましたことに、心から感謝しております。また、インストラクターの川端先生のお話は、とても有意義、かつ刺激に満ちたもので、たいへん勉強になりました。

この研修で、自分自身の問題点や今後の目標が明確になったとともに、新人のころの意欲と覇気（はき）をとり戻せたような気がします。今回の体験と収穫を、今後の仕事に生かしていきたいと思います。

皆さん、どうもありがとうございました。

POINT 研修の主催者と指導者、参加者にお礼を述べ、研修で得たものを今後の仕事に生かす決意で結びます。

社内行事

管理職社員研修会
人事担当の始めのあいさつ

1分30秒

おはようございます。総務の堀口です。

本日から、土曜日を利用して3週にわたり、新任管理者研修を実施いたします。

皆さんの部署はそれぞれ違いますが、共通しているのは、個人ではなく、組織を通じて目標を達成する立場にあるということです。組織とはいっても人間の集まりですから、組織を運営していくためには、個性や価値観、能力の異なる人材に対していかにリーダーシップを発揮できるかが重要になります。

そこで、今回の研修では、お手元のプログラムにありますように「管理とリーダーシップ」「組織力アップ法」「部下育成法」の3回に分けて、管理者として必要な知識とテクニックを学んでいきます。

皆さんが、それぞれの役割を明確に認識し、今後の業務に反映してください。

講師は、経営コンサルタントの岡野武先生です。先生、よろしくお願いいたします。

POINT 組織を動かす管理者としての心構えを説き、研修の必要性、内容、期待効果などを過不足なく伝えます。

社内行事

管理職社員研修会
社員参加者のあいさつ

1分30秒

第一工場職長の竹中です。春の人事異動で思いがけず職長になりましたが、正直に申し上げると、私にできるのだろうかという不安がありました。工場には年上の部下も多く、管理者としてどう対処していいか迷う局面が多かったからです。

実は「部下掌握法」というような本も読んでみましたが、自分の場合にはあてはまらないような気がして、悶々とした日が続いていました。ところが、今回の研修を受けて、一気に雲間から光がさしたような気がします。具体的なケーススタディーや、実践的なシミュレーションが多く、明日からの仕事にすぐに役立てることができそうだったからです。

このような貴重な機会を与えてくださり、ほんとうにありがとうございました。また、今回ご参加の皆さん、これを機会に、今後もたびたび集まって情報交換ができればと思いますので、どうぞよろしくお願いいたします。

POINT 研修を受ける前と現在の心境の変化を語ることで、研修が有意義だったという気持ちを生き生きと伝えることができます。

社内行事

パソコン講習会
人事担当の始めのあいさつ

1分30秒

皆さん、ご多用のところ、総務部主催のパソコン講習会初心者コースにご参加いただきまして、ありがとうございます。

今日は、1人1台のパソコンが準備されており、インストラクターの目がよく行き届く体制です。参加者は皆さん初心者ですので、「こんな初歩的なことを聞くのは恥ずかしい」などというご心配はいっさい無用です。ご不明の点は、お気軽にインストラクターにお尋ねください。

私も万年初心者ですが、インターネットやメールなどの基本操作ができるだけでも、世界が一変するような楽しさがあるものです。覚えてやろうと意気込むのではなく、パソコンと遊ぶような気持ちで気軽に試してみてください。

パソコンは慣れるのがいちばん、さっそく始めましょう。それでは、インストラクターの小川さん、よろしくお願いいたします。

POINT 初心者は、テーマに苦手意識を持ったり身構えたりしがちなので、進行役はリラックスできる雰囲気づくりをします。

社内行事

パソコン講習会
社員参加者のあいさつ

1分30秒

業務の田島です。「うーん、わからない」などと騒がしくしているうちに、あっという間に予定の3時間がたってしまいました。

要領を得ない質問をしたり、同じミスを何度も繰り返したりして、ご指導いただいたインストラクターや電算部の皆さんは、たいへんお疲れになったことと思います。申しわけありません。でも、おかげさまで、なんとか基本的な操作はできるようになりました。

今までは職場でも「機械は苦手」と逃げ回っていましたが、それは自分の甘えであることがよくわかりました。職場の足手まといにならないためにも、これから仕事に使えるレベルまで練習しようと決意したしだいです。

パソコンとのすてきな出会いの機会を与えてくださった皆様、ありがとうございました。そして参加者のお仲間の皆さん、ほんとうにお疲れさまでした。

POINT 社内の研修会ですから、あまりかしこまったお礼の言葉は不自然です。初体験を存分に楽しんだ気持ちを率直に語りましょう。

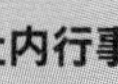

社内勉強会
幹事の始めのあいさつ

1分30秒

企画部の古川です。今回は私が幹事で、司会進行役を務めさせていただきますので、どうぞよろしくお願いいいたします。

毎月、課題図書を決め、読後の感想などを話し合っているこの勉強会ですが、今回は、先月の幹事である菊地さんの発案で、４００字以内で感想文にまとめるという宿題が出されました。皆さん、いかがだったでしょうか。

４００字というのは短いものですね。だらだらと書くと、あっという間に文字数を超えてしまいます。限られた文字数で、自分の言いたいことを過不足なく伝える訓練というのは、会議やプレゼンテーションの席上、とても役立つと思いました。今回の宿題には悪戦苦闘しましたが、いいアイディアでメンバーを刺激してくれた菊地さんに感謝感謝です。

それでは、さっそく、こちらの岩野さんから順番に原稿を発表していただきましょう。

POINT 気心の知れたメンバーなので、堅苦しい言い回しは不要です。軽い調子で場の雰囲気を盛り上げるよう心がけます。

社内行事

社内講習会
幹事の始めのあいさつ

1分30秒

皆さん、ご多忙のところ社内講習会「エンジニアリングセミナー」にご参加いただき、ありがとうございます。総務の佐藤です。

さて、皆さんは、当社のシステムエンジニアとして、日々の業務に当たっています。高度な専門技術を駆使して当社を支えているわけですが、最近は、若年層を中心に、基礎技術をおろそかにする傾向が見られ、会社としても苦慮しているところです。基礎技術は建物でいえば土台にあたり、しっかり身につけていなければ、技術者としての成長は頭打ちになると当社は考えています。そこで、今回は社内講習会として、コンピューターサイエンスやプログラミングなどを、あらためて学ぶ機会を設けました。

今回は、皆さんの緊張感を高めるため、社外から講師をお招きしました。○○社でシステムコンサルタントを務める高橋信輝さんです。高橋さん、よろしくお願いいいたします。

POINT 「だれを対象に」「なぜ」「何を目的に」など５Ｗ１Ｈを明確にしながら、論理的に説明することが大事です。

社内行事

優良社員表彰 社長の祝辞

1分30秒

　本年度の当社の総売上高は、前年並みにとどまりましたが、経常利益は○○円と大幅にアップさせることができました。これは、社員一人ひとりの皆さんにご協力をいただき、全社をあげて実施したコストダウン策が功を奏した結果です。諸君にはかなりの無理を強いた局面もありましたが、よくこたえてくれました。ありがとう。

　そのようなわけで、本来ならば皆さん全員を優良社員として、その功績と努力をたたえたいところです。今回は、特に顕著な成績、功績のあった3名を代表として表彰しますが、そのほかの皆さんのご努力も、私はよく存じております。ここに、全社員の皆さんにあらためて御礼（おんれい）を申し上げるしだいです。

　優良社員の皆さん、そして全社員のご努力に報いるため、また当社の一層の発展のため、私自身も全力を傾けることを誓いまして、ごあいさつといたします。

POINT 表彰を受ける人以外は優良社員ではない、という印象を与えないよう、全員の努力をたたえる配慮も必要です。

社内行事

優良社員表彰 社員代表あいさつ

1分30秒

　このたびは、私ども3名に対し、栄（は）えある表彰をしていただき、まことにありがとうございました。

　私どもが毎日積み重ねてきた仕事が、こうして輝かしい評価を受けたことを、たいへんうれしく思っております。また、多少なりとも会社の発展のために貢献できたことを誇りに感じております。

　今回、表彰を受けた私どもですが、今回の栄誉は個人に与えられたものだとは思ってはおりません。このたび私どもが携（たずさ）わりました企画開発に対し、これまでご指導、ご助言をいただいたすべての皆様に、この場をお借りしまして、心から御礼（おんれい）を申し上げます。

　今後は、今回の表彰を励みにして、一層の努力を重ねてまいるつもりでございます。

　関係各位の皆様には、どうか今までに増してのご指導をよろしくお願いいたします。

　本日は、まことにありがとうございました。

POINT 今までお世話になった人への感謝を主体に、表彰におごることなく今後も努力を、とする謙虚な姿勢が好印象です。

社内行事

トップセールス社員表彰 社長の祝辞

1分30秒

令和〇年度トップセールス社員表彰にあたり、ひと言ごあいさつを申し上げます。

業界全体の成長がすでに頭打ちといわれる中、当社は売り上げをわずかながら伸ばし、業界ナンバー2のシェアを保つことができました。これもひとえに、皆様のパワフルな営業努力のたまものと、深く感謝いたしております。

営業担当者には、それぞれの持ち味があります。新規顧客の開拓に強い者、1人当たりの顧客単価の高い者、安定した販売実績を保つ者とさまざまで、優劣はつけられません。今回は、あえてそれらを総合的に判断し、上位10名を今年度のトップセールス賞としました。表彰状と金一封をもって、諸君の努力とご苦労に報いたいと存じます。

ほかの諸君も、得意分野をより一層充実させ、不得意分野を補完してください。来年度は、諸君がこの壇上に上がってくることを期待しています。

POINT 「一人ひとりの持ち味」を認めながら、優秀社員の総合力をたたえ、その他の社員にさらなる努力を要請します。

社内行事

永年勤続社員表彰 社長の祝辞

1分30秒

勤続40年を迎える庶務の岩崎さん、経理の石田さんをはじめ、勤続30年、そして20年、10年の節目を迎える皆さん、これまで長い間当社のために貢献してくださり、ありがとうございました。

最近は、厳しい社会情勢のため、定年までの雇用が保証されない時代です。社員の側も、会社への帰属意識が薄れているといわれています。そんな風潮の中で、長い歳月を当社に捧げてくださり、誠実に社業に打ち込んでくださった皆さんのことを思うと、感謝と感慨で言葉もありません。

本日、その心をささやかな形にかえ、感謝状と記念品をもって、皆さんのご功績をたたえます。そして、今後とも、当社のいよいよの発展のため、皆様の貴重なお力を貸していただくことをお願い申し上げます。

今までご苦労さまでした。そして、これからもよろしくお願いいたします。

POINT 終身雇用が保証されない、先行き不安定、転職が活発などの最近の情勢を踏まえながら、長年の貢献への感謝を述べます。

社内行事

セールス強化月間
管理職の始めのあいさつ

1分30秒

　皆さん、おはようございます。すでにご承知のとおり、今日からの1カ月は「セールス強化月間」です。新製品飲料「ピカリ」の目下の販売実績は、目標の60％のところで足踏み状態です。しかし、皆さんの実力をもってすれば、残る日数で目標を達成することは決して不可能ではありません。ちょうど景気動向も上昇気流に乗ってきており、わがセールス部隊に追い風が吹き始めています。ここで思い切って、一気に飛び出したい。そのためには、皆さんの積極的な協力がどうしても必要です。訪問宣伝は、酒屋と量販店を中心に、巡回範囲をもう少し広げてみてほしい。店頭では、店長さんの指示に従って、積極的に販売を手伝うようにしましょう。在庫管理も、品切れが生じないように、センターへの発注を早めにお願いします。もうひと踏んばりです。皆さんにご苦労を強いることになりますが、この山の頂上を目ざすべく、売りまくりましょう！

POINT 現状を報告し、セールス強化の必要性を訴えます。具体的なセールス方法を指示し、社員たちの士気を高めましょう。

社内行事

セールス強化月間
管理職の終了のあいさつ

1分30秒

　本日、ようやく「セールス強化月間」が終了いたしました。まれに見る厳しい状況の中、無理を言いましたが、皆さんたいへん健闘してくださいました。心からご苦労さまでしたと申し上げたい。

　おかげさまで、営業部員の個人目標は全員が90％を超え、部全体の目標基準を上回ることができました。先月まで目標が65％にとどまっていた状況の中で、この1カ月の巻き返しには、目をみはるものがありました。夜遅くまで戦略会議を行っていた姿、昼食もそこそこに営業活動に回っていた姿を、頭の下がる思いで見ておりました。皆さんの努力やがんばりは目に見えないものですが、販売実績で数字となってあらわれたとき、大きくやりがいを感じられるのではないでしょうか。皆さん、今夜は早めに帰宅し、今までの肩の荷をおろしてゆっくり休んでください。そして明日からまた、よい商品を、誠実に上手に売っていただきたいと思います。

POINT 始めのあいさつとは対照的に、肩の荷をおろしてもらう意味でもやわらかな口調で。成績にかかわらず社員のがんばりに感謝。

社内行事

安全週間
工場長のあいさつ

1分30秒

本日より1週間は、安全強化週間です。

皆さんご存じのように、先週同業の○○社の工場で爆発事故がありました。幸いにも大事には至りませんでしたが、生産ラインは一時停止せざるをえず、スケジュールにかなりの影響があったと聞き及んでおります。

当工場でも、人ごとではありません。皆さんはそれぞれ熟練した技術者ですが、ちょっとした気のゆるみや不注意から、思わぬ大事故につながることもあるのです。○○社の事故も、工員の単純な操作ミスが原因だったそうです。

この安全強化週間にあたって、各ラインの安全点検マニュアルの見直しを行います。ラインの責任者は、各段階でチェックし、結果を報告してください。また、皆さん一人ひとりも、これを機会に、あらためて安全の大切さを認識し、管理を徹底するよう心がけてください。以上です。

POINT 身近に起こった事故の話題を導入部にして、事故の影響の大きさや教訓などを、聞き手に実感させます。

社内行事

安全週間
現場社員スタッフのあいさつ

1分30秒

本日からの安全週間にあたり、現場で働く者として、ひと言決意表明を行います。

私たちは、日々の仕事における安全の大切さを、頭では十分にわかっているつもりです。ところが、作業に慣れてくるにしたがって点検がおろそかになってしまったり、このくらいはいいだろうと自分を許してしまったりという、甘えや気のゆるみが発生するものです。事故原因の多くが、こうした人為的なものであるという事実は、裏を返せば、一人ひとりの気構えで未然に防げる事故がほとんどだということです。

各人が初心に帰り、緊張感を持って作業にあたることはもちろんですが、職場全体でも、お互いに気づいた点を指摘し合うチェック体制を実行していきたいと思います。そして、安全週間のみならず、当工場の無事故のため、一人ひとりがたゆまぬ努力を続けることを誓います。

POINT スタッフの立場からは、日ごろ反省すべき点をあげ、気持ちを引き締めて努力するという決意を表明します。

社内行事

セールス強化合宿 人事担当の始めのあいさつ

1分30秒

皆さん、おはようございます。本日より1泊2日の日程で、セールス強化合宿を開催いたします。

本日お集まりの皆さんは、当社の20支店でトップクラスの成績をおさめている、えりすぐりの営業マンばかりです。現場の英知を結集(けっしゅう)するこの合宿への参加資格を得たことを、まず誇りに思っていただきたいと存じます。

さて、景況厳しい中にあって、当社の新製品○○は好調な売れ行きを示しています。しかし、このたび最大のライバルであるA社が追随(ついずい)して類似商品を発売、猛烈な販促活動を展開しております。いまだリードを許してはいないものの、A社の足音はすぐ背後まで迫っております。

そこで今回は、A社対策を中心とした今後の販促戦略をねるため、俊英(しゅんえい)の皆さんにお集まりいただきました。皆さんの知恵と経験を総動員して、実りある合宿にいたしましょう。

POINT 「選ばれた参加者」であることを強調して自尊心をくすぐるとともに、危機的状況を伝えて参加者の意識を高めます。

社内行事

強化合宿 社員参加者のあいさつ

1分30秒

合宿中は、メンバーがそれぞれ違う立場からの意見を活発に交わすことができました。それにより、今までは一面しか見えなかった販売促進のあり方が、多面的、総合的に見えてきたような気がいたします。討議の内容につきましては、後日あらためて報告書という形でまとめさせていただきます。

同じ会社で、志を同じくする営業マンでありながら、拠点が違いますとふだんはなかなか交流がないものです。しかし、この合宿に参加し、他のメンバーと寝食をともにしながら、販売戦略について十分な討議ができましたことは、何物にもかえがたい貴重な体験でございました。これを個人的な体験にとどめることなく、支店に持ち帰ってフィードバックすることで、販促活動も一層活性化することと思います。

お世話いただきました皆様、参加者の皆様、ほんとうにありがとうございました。

POINT 合宿の内容に加え、ふだん交流のないメンバーと討議ができたことの有用性に重きをおいて感想を述べます。

歓送迎行事

就任
社長就任のあいさつ①

1分30秒

このたびの株主総会ならびに取締役会におきまして、ご勇退された清水前社長にかわり、新しく社長に選任された橋本でございます。

私は、入社以来技術畑一筋に歩んできた人間です。強烈な個性があるわけではなく、また、華々(はなばな)しい業績をあげたという過去もございません。ただ地道に仕事を続け、当社の技術が国内外に浸透するよう、努力してまいりました。

はからずもこのたび大役を仰(おお)せつかりましたのは、「技術の○○」といわれる当社の基本に立ち戻れということだと考えております。

そのために、まず、社内組織の改革に着手いたします。それぞれの組織の長の権限を拡大し、決定のスピードアップをはかるとともに、社員の声が反映されやすい職場づくりを目ざしてまいります。

皆様、わが社の一層の発展のため、ご支援、ご協力をよろしくお願いいたします。

POINT トップの就任あいさつの場合は、「これからの会社が目ざすもの」「そのためにトップが行うこと」を主体に話します。

なるほど！column

着任、就任のあいさつのポイント

初日のあいさつでは、具体的な仕事の内容にはあまりふれる必要はありません。着任早々、職場の目標を掲げたり、指示を与えたりするのは、反感を買うこともあります。

あいさつに盛り込む内容は、

- ◆**簡単な自己紹介（前任地、前職など）**
- ◆**着任・就任についての感慨、意気込み**
- ◆**今後の抱負**
- ◆**前任者の功績をたたえる言葉**
- ◆**支援、協力のお願い**

などです。

新任の管理職が、新しい職場の部下を集めてあいさつする場合は、前任者を持ち上げて、至らない自分だが後継をするつもりなのでよろしく、と展開させるのがエチケットです。

また、転勤して新しい赴任地であいさつをする場合は、初対面の人も多いものです。支店長などトップとして着任する場合も、多少改まったていねいな口調を心がけます。

歓送迎行事

就任　社長就任のあいさつ②

1分30秒

　このたび、新社長の大役を仰せつかりました原田健一です。

　さて、規制緩和の大きな流れの中で、従来の垣根を越えた競争が激化しています。この変化の時代において、当社がお客様や市場から選択され続け、さらに確実な発展を遂げるためには、変化のスピードに負けない対応が必要です。そのためには、今われわれが持てる力のすべてを注ぎ込まなければなりません。

　まずは、社員の一人ひとりが仕事のプロとして「即断、即決、即実行」をしてほしい。これが、私の社長としての最初のお願いです。こうして決定を加速させることには当然リスクが伴います。しかし私は、まず、社員が主体的に動くという文化を当社に定着させたいと思っています。

　皆様のご理解とご協力をお願いいたしまして、社長就任のごあいさつといたします。

POINT　これからの会社の指針を、端的でわかりやすいキーワードにして示すことで、あいさつを印象深いものにします。

歓送迎行事

就任　社長就任のあいさつ③

1分30秒

　このたび、当社の代表取締役社長の大任を拝命いたしました、上野賢作でございます。

　ご存じのように、原材料の高騰を受け、わが社は昨年来、苦境に立たされております。

　しかし、こうした厳しいとき、苦しいときにこそ「元気」が必要です。「老人と海」を書いたヘミングウェーは「元気は困難を切り開く最大の糧」という言葉を残しています。会社組織というのは生き物であり、その根幹となる社員に元気がなければ、組織もうまく機能しません。

　皆さん、元気というエネルギーを忘れないでください。そして、リーダーとしての私の役目は、職場を元気にすること、現場の第一線で働く人たちが達成感を持てる仕事をできるようにする組織系統と環境をととのえることだと思っております。

　ともに力を合わせ、この困難を乗り切りましょう。ご協力よろしくお願いいたします。

POINT　名言や座右の銘をあいさつのアクセントにするのも一つの方法です。ただし、あまり長すぎる引用、難解な言葉は避けて。

歓送迎行事

就任

取締役就任のあいさつ

1分30秒

このたびの株主総会および取締役会において、新しく開発担当の執行役員に選任されました荒川でございます。

ご存じのように、私は創業とともに入社し、以来、営業畑をずっと歩んでまいりました。ゼロからのスタートで、新しい企業の営業のおもしろさもむずかしさも、体で感じながら、ここまでやってまいりました。「創業は易く、守成は難し」、つまり、始めることより維持することのほうがむずかしい、という言葉がございます。今、当社はまさにこの時期にあるのだと思います。

当社では、創業以来の主力商品○○が堅調ですが、さらに時代を勝ち抜いていくための画期的な新商品の開発が急務となっています。今後は、現場で培った営業の感覚を開発に生かし、当社の一層の飛躍のため、微力を尽くす覚悟でございます。どうか、お力添えのほど、よろしくお願いいたします。

POINT 一つの部署だけでなく、会社全体を視野に入れてかじ取りをするという役員の立場を自覚したあいさつを行います。

歓送迎行事

就任

工場長就任のあいさつ

1分30秒

前工場長である加藤さんが定年退職されたあとを受け、新しく工場長に就任することになりました。今まで一緒に働いてきた皆さんを前に、こうして改まったあいさつをするのは、少し面はゆい思いがいたします。

私の入社以来、この工場には「安全第一」「整理整頓」という標語がずっと掲げられています。しかし、安全や職場環境の整備は、目標や理想ではなく、当たり前の前提にしなければなりません。そのうえで、いかにコスト削減を図るか、いかにラインの稼働率を上げるかということが、これからの私に与えられた課題だと思っております。

目配り、気配りの行き届いた前工場長にくらべ、至らない私ではありますが、皆さんとは気心が知れている分、モノを言いやすいという面もあると思います。お気づきの点や改善案があれば、どうぞフランクにお話しください。よろしくお願いいたします。

POINT 同じ職場でそのまま昇格した場合は、スタッフと気心が知れているのが利点。なんでも気軽に話してほしいと胸襟を開きます。

歓送迎行事

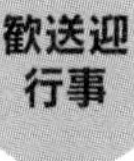

就任
部長就任のあいさつ

1分30秒

このたび、本社研究開発部長という大役を拝命(はいめい)いたしました。

研究開発部門は、以前は長期にわたる基礎研究が許されていましたが、近年は、短期間で結果を出すことが求められています。私も研究職出身ですので、皆さんのジレンマはよく理解できますが、時代の趨勢(すうせい)や会社のおかれている立場を考えますと、そうした流れもやむを得ないのかなと感じております。

そんなわけで、今後は部長として皆さんにプレッシャーをかけることもあるでしょう。しかし、研究職として従えないこと、のめないことがあれば、どんどん私に反発してください。私も、若いころは「部長は何もわかっちゃいない」と酒場で管(くだ)を巻いていましたが、それだけでは前進は望めません。どうか直接、私にぶつかってきてください。お互いに言いたいことを言い合える風通しのいい部署にしましょう。皆さん、どうぞよろしく。

POINT 部長として無理も言うが、一方で部下の反論も受ける、という包容力を示すのも、役職者らしいものです。

歓送迎行事

就任
課長就任のあいさつ

1分30秒

九州支社に栄転された大津前課長のあとを受け、このたび営業課長を拝命いたしました。

入社以来、本社、九州支社、東北支社、そして再度本社で営業に携わってまいりました。今までは一人の営業マンとして、活動に専念し、業績をあげればよかったわけですが、今後は、営業課全体のかじ取りを任(まか)される立場となります。率直に申しまして、晴れがましい気持ちもありますが、責任の重さに対する不安のほうが大きいというのが、正直なところです。

厳しい景況の中にあって、着実に業績を伸ばしてきた大津前課長のあとということで、プレッシャーもございます。大津前課長に学んだことに、不遜(ふそん)ながら私なりの信念を加え、この営業課を一層躍進(やくしん)させたいと思っております。

皆さんのご教示を仰ぎながら精いっぱい務めさせていただきます。どうぞよろしくお願いいたします。

POINT 前任者を立てながら、一人の営業マンから、部署の統括者として立場が変わった自覚と抱負を述べます。

part 3 ビジネスのスピーチ　歓送迎行事のスピーチ

歓送迎行事

着任 支店長着任のあいさつ

1分30秒

4月1日付で、図らずも当地の支店長を命ぜられ、本日赴任してまいりました、田村洋平でございます。

○○支店は、前支店長の加藤さんのもとで大きな発展を遂げました。そのあとを引き継ぐ責任の重大さを感じております。これまで私は、本社の部品課長として、主として社内の部品在庫管理にあたっておりました。それがこのたび、新米支店長として、こうして販売の第一線に立つことになりました。大きな意気込みとともに、いささかの不安を感じております。

なにぶん着任早々でございますので、支店内の細かいことはわかりません。今後は少しずつ皆さんから教えていただき、一日も早く支店内の様子をつかみたいと考えております。お気づきの点は何なりとお話しください。

ではこれからご支援、ご協力のほど、よろしくお願いいたします。

POINT 「新参者」としてのやや謙遜した姿勢でのあいさつ例です。前任者を引き立て、いろいろ教えてほしいとお願いします。

歓送迎行事

着任 校長着任のあいさつ（公務員）

1分30秒

このたび、この伝統ある○○小学校の校長に就任いたしました青木忠夫でございます。

前任の△△小学校での任期が6年と長く、ちょうど着任したときに入学した1年生とともに卒業して、この学校に赴（おもむ）いたという形になります。子どもたちの成長はほんとうに早いもので、それを毎年楽しみに、そしてたくましく思っておりますが、子どもたちに接する私ども自身もまた成長を続けていかなくてはなりません。上から引き上げる指導を行うだけでなく、子どもの本来持っている力を引き出すために、これからともに努力していきましょう。

この学校に関することは、前任の早野先生からていねいな引き継ぎを受けてはおりますが、現時点では私より皆さんのほうがよくご存じでしょう。私も、一日も早く慣れるよう努力いたしますが、皆様からも、お気づきの点など、いろいろご助言をいただければと存じます。

POINT 教育に対する考え方を述べるとともに、新しい環境に早くなじみたいという親しみを込めて語ります。

歓送迎行事

着任 研究所長着任のあいさつ（公務員）

1分30秒

このたび研究所長を命ぜられ、着任いたしました。私にとっては5年ぶりの研究所勤務となります。数年、現場を離れていただけでとまどってしまうほど、技術の革新は目覚ましく、一抹の不安を覚えます。しかし、今後は所長として研究管理業務を的確に行うばかりでなく、皆様のご教示（きょうじ）を得て、最先端技術の把握にも努める所存ですので、どうぞよろしくお願いいたします。

厳しい行財政事情の中、限られた予算、人員、組織で研究所の使命をまっとうするためには、この研究所の組織活性化が必要です。

公務員を見る社会の目が、一層厳しくなっている昨今です。一人ひとりがそれを自覚し、自発的かつ積極的な活動、職場や職員の抱える問題の早期把握と解決、職場の服務規定の遵守（じゅんしゅ）などにつき、意識を新たにとり組んでほしいと願っています。

皆様のご理解、ご協力をお願いいたします。

POINT 組織のトップとして、公務員のおかれている立場や昨今の状勢を説明し、職員の自覚と意識変革を訴えます。

歓送迎行事

着任 警察署長着任のあいさつ（公務員）

1分30秒

このたび、図らずも○○署長を拝命（はいめい）いたしました村本正義でございます。着任にあたりまして、ひと言ごあいさつを申し上げます。

警察官は、一人の公務員として公僕（こうぼく）に徹するのはもちろんですが、市民の安全な生活を守るという強い使命があります。残念ながら、警察署内での不祥事がとりざたされることも多い今、署員の皆さんには、いま一度基本に立ち返り、一人ひとりが市民に信頼される警察官であるよう、気持ちを引き締めていただきたいと思います。

また民主警察の仕事を進めるうえでは、署内の融和（ゆうわ）が大事です。警察は、機密保持のため、情報公開にも限界があるという特性はありますが、署全体が一丸となる姿勢も必要です。署員が一致団結して、所轄内の治安を守り、住民が安心して暮らせるまちづくりのために励みましょう。ご理解とご協力をよろしくお願いいたします。

POINT 市民が警察官を見る目を踏まえたうえで、現状で求められる心得や姿勢について、わかりやすく述べます。

part 3 ビジネスのスピーチ 歓送迎行事のスピーチ

歓送迎行事

着任

消防署長着任のあいさつ（公務員）

1分30秒

　このたび、消防局の人事異動によりまして、当○○消防署長に着任いたしました林武雄でございます。高い席から恐縮ですが、ひと言ごあいさつを申し上げます。市民の憩いの場である○○公園を擁（よう）するこの地区の防災責任者になるということで、おのずと身の引き締まる思いを感じております。

　ご存じのように、最近は放火による火災や、通報遅れによる被害の拡大傾向が、全国的に増加しております。このような時代にあっては、迅速（じんそく）な消防活動はもちろんですが、住民の一人ひとりが「自分たちの町は自分たちで守る」という防火防災意識を高めることも大事だと思われます。そのためには、日ごろから、町内会と連動しての防災訓練や小中学校での消防教育を行う必要があるでしょう。

　私は、署長として、こうした啓発活動にも力を入れていきたいと思っておりますので、署員の皆さんのご理解とご協力をよろしくお願いいいたします。

POINT 新任地の名所、旧跡などを具体的にあげ、それらを守る意義を述べると、親しみのこもったあいさつになります。

歓送迎行事

着任

駅長着任のあいさつ

1分30秒

　本日より、この○○駅長を務めさせていただきます上原です。当駅職員の皆さんの熱心で創造力あふれるお仕事ぶりは、私の前任地にも伝わってきております。これは、前駅長である伊藤さんの功績もありましょうが、皆さんお一人お一人が優秀で、自発的に行動する力を持っていることのあらわれだろうと思います。

　駅をドラマの舞台とするなら、主役はご利用されるお客様であり、列車であります。われわれ職員は、それら出演者が快適に動くお手伝いをするのが役目です。駅長就任にあたっては、私なりの抱負もございますが、急に変えては出演者も動きにくいものでしょう。まずは、今までのこの駅のやり方を教えていただきながら、私が気づいた点があればそのつど話し合いの機会を持つ、というふうに進めてまいりたいと思います。皆さん、いろいろご教示ください。よろしくお願いします。

POINT 前任者や以前から勤めるスタッフを引き立てながら、今までの路線を踏襲していくのでよろしくと結ぶのが基本です。

歓送迎行事

転任
会社員の転任のあいさつ

1分30秒

このたびの異動で、〇〇支社に転勤することになりました。

ご存じの方も多いことでしょうが、「山口三度泣き」という言葉があります。遠い山口に赴任することになって泣き、暮らし始めるとあたたかい人情にふれて泣き、そして転勤のときには、去りがたい思いで泣く。私は、山口への赴任を嫌がりこそしませんでしたが、ここで暮らした3年間を振り返りますと、皆様への感謝と別れのつらさで、ほんとうに泣きたい思いにかられています。しかし、転勤はサラリーマンの宿命ですから、しかたがありません。今まで皆様に教えていただいたことを、新任地でも生かすべく、努力してまいります。

場所は離れても同じ社員ですから、これからもどうぞよろしくお願いいたします。出張などで〇〇にお越しのときは、ぜひ声をかけてください。今まで、ほんとうにありがとうございました。

POINT　「〇〇三度泣き」は、実は多くの地方都市で使われていますが、土地のよさと人情への感謝を伝えるには最適です。

なるほど！column

転任のあいさつのポイント

あいさつに盛り込むべき要素は、

◆転任の報告（時期、理由、赴任先）
◆今までお世話になったお礼
◆在職・在勤中の思い出
◆今後の抱負、予定
◆今までの部署の発展を祈る言葉
◆スタッフの発展や幸福を祈る言葉

などです。

今後の抱負については「今まで学んだことを、新しい職場（環境）でも生かしたい」と述べるのが基本です。しかし、栄転の場合は、新しい職場（環境）に入れ込んだ内容の話をすると嫌みに聞こえます。あいさつは、あくまでも今までの職場に向けたお礼を主体にしましょう。

歓送迎行事

退任

社長退任のあいさつ①

1分30秒

このたびの定時株主総会および取締役会におきまして、私、福田紳作は代表取締役社長を退任し、会長職に就任することになりました。今後につきましては、〇〇株式会社の一層の発展のため、経営陣の若返りを図り、後任の社長には、53歳の斎藤副社長が昇任することになりましたので、どうぞよろしくお願いいたします。

社長在任中の7年間は、皆様にひとかたならぬご支援、ご協力をいただき、まことにありがとうございました。おかげさまをもちまして、社業は順調に推移し、着実な実績をおさめることができました。

斎藤新社長には、旧弊（きゅうへい）にとらわれず、当社の新たな発展を目ざしてほしいと切に願っております。皆様におかれましては、どうか倍旧（ばいきゅう）のご指導、ご鞭撻（べんたつ）のほどをよろしくお願い申し上げ、私の退任のごあいさつといたします。今までほんとうにありがとうございました。

POINT 今までの支援や協力のお礼を主体に、新任者を紹介し、同様によろしくと引き継ぐ言葉で結びます。

歓送迎行事

退任

社長退任のあいさつ②

1分30秒

このたび、私は当遠藤建設株式会社の代表取締役社長を退き、長男、遠藤祐一に社業をゆだねることにいたしました。

昭和〇年の創業以来、皆様には当社をお引き立ていただき、まことにありがとうございました。机1つ、電話1本で始めた当社が、ここまで業績を拡大することができましたのも、ひとえに皆様のご支援のおかげと、心より感謝いたしております。

新社長となる祐一は、大学卒業後、〇〇株式会社で修業を続けてまいりましたが、まだまだ未熟者でございます。公共事業のあり方が厳しく問われ、建設業界をとり巻く状況が厳しい中、社業を引き継ぐ息子に課せられたものは大きく、皆様のお力添えなしには、前進することはできません。

皆様には、どうかよろしくお引き回しいただき、ご助言ならびにご指導を、お願いいたしたいと存じます。

POINT 子どもに後継させる場合は、退任の感慨よりも今後の支援のお願いに重きをおいて、あとを託します。

歓送迎行事

退任
管理職退任のあいさつ（公務員）

1分30秒

　このたび、一身上の都合により任期途中で退任いたしますことを申しわけなく思い、また、ご理解をいただきたいと願っております。

　公務員の新しい姿勢が問われる今、職員の皆さんには「顧客満足度」という言葉を胸に刻んでおいてほしいと思います。公務員にとって顧客とは、もちろんこの施設を利用する市民の皆さんのことです。利用者という感覚ではなく、お客様として接する姿勢を持ち、そのお客様の満足度を高める工夫を各自が行っていただきたいのです。職員の全員が「どのように対応すれば、お客様は喜んでくれるだろうか」という意識を持ち、具体的に努力する、そんな仕事をしてください。これから、この施設がますます市民の皆さんに愛されるものになることを期待しています。そして、私もこれからは一市民として、大いに応援させていただきます。

　皆さん、どうもありがとうございました。

POINT 自分が退任しても、組織は存続します。よりよい組織づくりのために言い残しておきたいことは、ぜひ伝えましょう。

歓送迎行事

退任
警察署長退任のあいさつ（公務員）

1分30秒

　３年前、当警察署に赴任してから今日まで、皆さんにはほんとうにお世話になりました。おかげさまで無事に退任の日を迎えられることとなり、感無量です。

　年々凶悪な事件が増え、犯罪の低年齢化も進んでいます。そのためもあり、日本の治安は悪化していると感じている人が増えています。しかし、そんな時代だからこそ、われわれが奮起しなくてはなりません。日本は世界中でいちばん治安のよい国だ、日本の警察は世界でいちばん優秀だ、といわれていた時代を、われわれ自身の手でとり戻そうではありませんか。

　私はこれから本庁に戻り、別の立場で仕事をすることになります。しかし、この３年間、誠実かつ熱心な皆さんとともに現場で働いたことを誇りに思っています。新しい署長のもと、一層職務に精励してください。どうぞお元気で。

POINT 任期中、仕事をともにできた喜びや満足感を伝えながら、新署長のもとでの一層の奮起を期待して結びます。

歓送迎行事

定年退職

社員の定年退職のあいさつ①

1分30秒

僭越（せんえつ）ながら、定年退職者6名を代表いたしまして、ひと言ごあいさつを申し上げます。

ただ今は、社長より身に余るねぎらいのお言葉をいただき、私ども一同、たいへん感激しております。われわれの多くは、当社の創成期（そうせいき）に入社いたしました。現在の新社屋の竣工、当時最新鋭の設備をととのえた第2工場の開設。当社の目覚ましい発展とともに、会社人生を送れた私どもはほんとうに幸せでした。しかし、その間、私どもが、どれほど社業のお役に立てたかと思うと、まことにお恥ずかしい限りです。ともあれ、私のような者が、こうして大過（たいか）なく定年の節目を迎えられることは、社長をはじめ社員の皆様のあたたかいご指導のおかげと、心より感謝いたしております。

今後の当社の一層の発展と皆様のご多幸を祈り、ごあいさつといたします。長い間ほんとうにありがとうございました。

POINT 定年を無事迎えられたことを感謝し、社の発展を祈って結びます。

なるほど！column

退職するときのあいさつのポイント

定年、家庭の都合、結婚、転職、独立など、退職の理由はさまざまですが、あいさつの基本的な構成は同じです。

◆**今までお世話になったお礼**

◆**在社中の思い出、感慨**

◆**今後の身の振り方**

◆**会社の発展や、社員の幸福を祈る言葉**

定年はいわば「上がり」となっての退職ですが、その他のケースでは、「すばらしいこの会社を去りがたい思い」を盛り込むと、心のこもったあいさつになります。

今後の予定についても軽く説明するのが原則ですが、転職や独立のために退職する場合は、特にふれなくてもかまいません。

なお、リストラなどで意にそわない形で退職する場合も、恨みがましいことを述べるのはタブーです。今までのお礼を述べるだけにとどめるのが、大人の対応というものでしょう。

歓送迎行事

定年退職 社員の定年退職のあいさつ②

1分30秒

本日をもちまして、＊年間にわたりお世話になりましたこの○○株式会社を定年退職することになりました。

こうして、皆様一人ひとりのお顔を拝見しておりますと、つらく苦しいこともあったはずなのに、なぜか楽しいことばかりが浮かんでまいります。すばらしい上司と部下に恵まれ、ほんとうに充実した会社人生でした。皆様、今までお世話になり、まことにありがとうございました。

定年とはいっても、平均寿命を考えますと、まだまだ老け込むわけにはまいりません。ご存じの方も多いと思いますが、私は山歩きが趣味ですので、これからは、妻と一緒に、今までは行けなかった遠くの山へも出かけてみたいと思っております。

最後になりましたが、社業の隆盛(りゅうせい)と皆様のご多幸(たこう)を祈り、簡単ですが私のごあいさつといたします。長い間ありがとうございました。

POINT 今後充実させたい趣味などの話を語り、第二の人生に向けての抱負を主体にするのもいいでしょう。

歓送迎行事

定年退職 駅長定年退職のあいさつ

1分30秒

私が、この○○駅に着任したのは、一昨年の4月のことでした。

旧国鉄に入って40年余り、仕事人生の仕上げに、この開業業務に携われることは鉄道マン冥利(みょうり)に尽きると、意気込んで着任したものです。当時は新しい駅舎が建設中で、仮駅舎での業務、線路やホームの切りかえとあわただしく、徹夜作業もしばしばでした。担当員もたいへんでしたし、お客様にもご不便をおかけしましたが、無事故で今日を迎えられましたことは、私にとって大きな喜びです。

こういう準備作業をしておりますと、開業にこぎつけることがゴールインであるかのような錯覚を覚えますが、開業はゴールではなくスタートです。

私自身も、今日をゴールではなく新たなスタートととらえ、第二の人生を実りあるものにしたいと思っています。

ほんとうにお世話になりました。

POINT 最後に成し遂げた仕事を「ゴールではなくスタート」ととらえ、自分の第二の人生も同じだと前向きに結びます。

歓送迎行事

定年退職

図書館長定年退職のあいさつ（公務員）

1分30秒

いよいよ、この日を迎えました。さまざまな思い出が胸を去来いたしますが、大過なく＊年を勤め上げることができましたのは、ひとえに皆様のおかげだと思っております。

私は機械に疎い人間ですので、コンピューターが導入される以前の手作業をどうしても思い返してしまいます。よく利用なさる方ですと好きな本の傾向もわかってきますから、ときには「こんな本はいかがですか」と差し出がましくおすすめして喜ばれたのも、懐かしい思い出です。図書館業務の機械化は一層進むことでしょうが、利用なさる方との人間的なやりとりは、変わらず大事にしてほしいというのが、老婆心ですが私の願いです。

今後は、仕事ではなく趣味で好きな本に接するのが楽しみです。この図書館にも、一利用者として伺わせていただきますので、見かけたらお声をかけてください。ほんとうにありがとうございました。

POINT 一般の利用者対象の公的施設では「これからは一人の利用者として使わせてもらう」と今後につなぐといいでしょう。

歓送迎行事

中途退職

社員の中途退職のあいさつ①

1分30秒

本日をもちまして、退職することになりました。引き継ぎ作業も終わり、いよいよこの日がきてしまいました。私の都合でご迷惑をおかけすることになりましたのに、皆さんからは、あたたかいお祝いや励ましの言葉をいただき、恐縮しています。ありがとうございました。

私は、今の仕事が好きで、ずっと続けたいと思っていましたが、婚約者が現在島根で勤務していることから、あきらめざるを得ませんでした。

これまで公私にわたりお世話になった皆さんとお別れするのは、とても寂しく残念な気持ちです。でも、今までこの職場で勉強したこと、経験したことは、私の心の中にしっかりと刻み込まれています。これからは、それを、新しい生活にも生かしていきたいと思っています。

今までほんとうにありがとうございました。皆さん、お体に気をつけて、ますますご活躍ください。

POINT 結婚や出産で退職するときは、「職場での経験を違う形で家庭でも生かしたい」とすると好印象です。

歓送迎行事

中途退職

社員の中途退職のあいさつ②

1分30秒

このたび、一身上の都合で、退社することになりました。10年という短い間でしたが、この会社には社会人の基礎から教わり、育てていただいたという感謝の念でいっぱいです。皆さんにも、たいへんお世話になりまして、ほんとうにありがとうございました。

ご存じの方も多いことでしょうからこの場で申し上げますが、来月からは、今までの仕事とはまったく畑違い（はたけちがい）の営業の仕事に身を投じることになります。ただし、この会社や職場に不満があってのことではありません。自分の実力を試してみたいという不遜（ふそん）な気持ちで決意をいたしました。

会社や皆さんに対する敬意の念は、これからも変わりません。まことに勝手な言い分ではありますが、今後ともよろしくご交誼（こうぎ）を賜（たまわ）りますようお願いいたします。

今までありがとうございました。

POINT 仮に不満があって転職する場合も「あと足で砂をかける」ような言動は厳禁です。感謝と今後につなげる言葉を忘れずに。

歓送迎行事

中途退職

社員の中途退職のあいさつ③

1分30秒

本日をもって、退社させていただくことになりました。短い間でしたが、とても楽しく充実した仕事をすることができました。これもひとえに、課長をはじめ職場の皆様によくしていただいたからだと、ほんとうに感謝しております。

急に退職を申し出て、皆様にはたいへんご迷惑をおかけいたしました。実は、中学2年の娘がこの春あたりから不登校になり、かなり心配な状況が続いています。私が仕事で不在がちだという事情との関係ははっきりしませんが、今は、母親として娘と向き合う時期なのだろうと思い、仕事を辞める決意をしたしだいです。課長にはあたたかいご理解と励ましのお言葉をいただき、ほんとうにありがとうございました。

皆さんと一緒に働くことができて幸せでした。またいつかご一緒できたら、と願っております。どうぞお元気で、ますますご活躍ください。

POINT 退職の理由は差し支えない程度に説明しますが、家庭の事情の場合、愚痴っぽくならないように注意しましょう。

歓送迎行事

新入社員歓迎会
幹事の始めのあいさつ①

1分30秒

皆さん、本日はお忙しい中、ようこそお集まりいただきました。幹事として、ひと言ごあいさつ申し上げます。本日は、今年入社してわが庶務課に配属された渡辺さんを歓迎する意味で、ささやかですが一席設けさせていただきました。

渡辺さんはごらんのとおり、たいへんにこやかで人あたりがよく、さらに入社試験の成績も抜群だったと聞いております。

渡辺さん、庶務課は、皆、気さくな人ばかりですから、わからないことがあったら気軽に尋ねてください。一日も早く、私たちの仲間としてとけ込んでくださいね。

皆さん、今日は、時間の許す限り大いに語り合って、親睦を深めましょう。冷たい飲み物も並んでいますので、幹事の話はこれぐらいにして、佐藤課長に乾杯のごあいさつをお願いしましょう。

課長、よろしくお願いいたします。

POINT 新入社員は緊張しています。長所をさりげなく紹介したり、新入社員に話しかけたりして、場をなごやかにします。

なるほど! column

歓送迎会の幹事になったら

会社の催しとして歓送迎会をとりしきるときは、プライベートな会合の幹事をするときとは違うルールやマナーがあります。

①日時と場所を決める

主役（新入社員など）と主だった上司に都合を聞き、日時を設定します。場所については、部署の行きつけの店などを利用したほうがいい場合もあるので、一度上司に相談を。

②関係者に歓送迎会の案内をする

だれの歓送迎会かを明確にして、日時、場所（住所、電話、地図）、会費などを伝えます。気をつけたいのは、連絡の範囲です。連絡もれが、思わぬしこりを残すこともあります。

③当日は早めに会場に着き、会計係を

会費は、メンバーの到着時点で徴収するのが確実です。精算時にお金が余ったら、席上で報告し、二次会に回すなどして必ず「明朗会計」にすること。人数が多いときは、ほかの人に司会や会計係を依頼しましょう。

歓送迎行事

新入社員歓迎会 幹事の始めのあいさつ②

1分30秒

皆さん、ようこそおいでくださいました。

新人の小池君と野村さんが、今週初めにわれわれ業務部に配属され、1週間がたちました。もまだ緊張がとけないようですが、今日はどうぞリラックスしてください。

この店は、業務部の面々がよく利用するところで、別名「夜の会議室」とも呼ばれています。これからお二人も頻繁(ひんぱん)にこの店を利用することになると思いますので、あとでおかみさんにご紹介しますね。

今日は、業務部の全員が出席という快挙で、幹事としても喜ばしいことです。これは、お二人への歓迎と期待の気持ちのあらわれでしょう。せっかく全員がそろっていますので、のちほど皆さんから自己紹介を兼ねたごあいさつをひと言ずついただきたいと思っております。

では、まずは高橋部長に乾杯の音頭をお願いいたします。部長、よろしくお願いします。

POINT 「出席者のひと言スピーチ」があることをあらかじめ伝えておくのも、幹事の気配りの一つです。

歓送迎行事

新入社員歓迎会 上司の乾杯のあいさつ

1分30秒

小池君、野村さん、入社おめでとうございます。そして、業務部へようこそ。

3年ぶりに新人を迎え、わが業務部の平均年齢も一気に下がりました。まことに喜ばしいことです。

さて、新人の強みは、なんといっても新鮮で自由なものの見方ができることです。もちろん、これから身につけてもらわなければならない、この会社や業務部のやり方の決まりもあります。しかし、決まりは決まりとして、お二人が持っている発想や個性は失わないよう、大事にしてほしいと思います。

新しく自由な発想を持ったお二人を迎え、わが業務部も一層活気づくことでしょう。一日も早くわれわれの仲間にとけ込み、それぞれの力を発揮してほしいと期待しています。

それでは、お二人を歓迎して、乾杯しましょう。皆さん、ご準備はよろしいですか?

「乾杯!」。ありがとうございました。

POINT 若さや不慣れなことの「長所」を述べ、新入社員のやる気を引き出します。結びは、新しい力への期待の言葉で。

歓送迎行事

新入社員歓迎会
先輩社員のあいさつ①

1分30秒

藤野君、あらためて入社おめでとうございます。

2年前に入社した林です。昨年は、経理部には新人が配属されませんでしたので、私にとっては初めての後輩ができたことになり、その意味でも感慨深いです。

経理部は会社でいちばん静かな部署だと思います。皆、黙々と自分の仕事をしているため、なんだか先輩や上司に声をかけづらい雰囲気を感じるかもしれません。実は、私自身がそうでした。

でも、実際には、親切で気さくな方ばかりです。質問には、どなたもていねいにわかりやすく答えてくれるはずです。たぶん、年齢の近い私にいちばん尋ねやすいと思いますので、わからないことはどんどん聞いて、積極的に仕事を覚えてください。

私も「どっちが先輩かわからないぞ」などと言われないよう努力します。藤野君、皆さん、どうぞよろしくお願いします。

POINT 胸襟を開き、新入社員をあたたかく迎えるとともに、後輩ができた感慨や、先輩としての意気込みを語ります。

歓送迎行事

新入社員歓迎会
先輩社員のあいさつ②

1分30秒

大島さんと春野さんが配属されて1週間、女子社員は「ランチスポットツアー」と称して、交代でお二人を近くの店へご案内してきました。そこでいろいろな話をしましたので、今ではすっかり打ち解け、すでに仲間の一員だと私たちは思っています。

「いろいろな話を」と言ったときに、加藤課長をはじめとする男性の皆さんの顔が引きつったように見えたのは私だけでしょうか？

いえ、ご安心ください。私たちも良識ある社会人ですから、働きやすい職場であることや、上司がやさしいということを話しただけです。込み入った話は、これから徐々にと思っておりますので、大島さんと春野さんはどうぞお楽しみに。

冗談はさておき、ここで出会えたことも何かのご縁です。お二人には、ずっと長くおつきあいのできる同僚として、そして友人として、公私ともによろしくお願いいたします。

POINT 女性社員同士の歓迎のあいさつなら、先輩というより、同僚としてこれから仲よくしてほしいとするのが好印象です。

歓送迎行事

新入社員歓迎会 新人のあいさつ①

1分30秒

本日は私たちのためにこのようなお心のこもった歓迎会を開いていただき、ほんとうにありがとうございました。最初は緊張しておりましたが、皆さんからお声をかけていただき、たいへん楽しいひとときになりました。

この会社に入社することは、大学に進学したときからの私の念願でした。現実にこうして通勤するようになり、夢がかなったうれしさと充実感を毎日味わっています。入社した以上は、しっかりと研修を受け、一日も早く仕事を覚え、ご期待にそえるような成果をあげられるよう、精いっぱいの努力をする覚悟でおります。

とはいっても、ようやく学生生活を終えたばかりの未熟(みじゅく)者です。皆様にいろいろご迷惑をかけたり、呆(あき)れられたりすることもあると思いますが、どうかあたたかいご指導のほどをよろしくお願いいたします。あらためて本日はありがとうございました。

POINT 会の終盤で場がなごやかになっていても、立場をわきまえて、ていねいで礼儀正しいあいさつをします。

歓送迎行事

新入社員歓迎会 新人のあいさつ②

1分30秒

皆様、本日は、このような楽しい席を設けていただき、ほんとうにありがとうございました。

入社以来、右手と右足が同時に前に出るような緊張の日々を過ごしていました。自宅に帰りましてからも、電話のベルが鳴るたびに心臓がドキドキし、遅刻してはいけないと思うと夜もあまり眠れないというありさまでした。休みの日は何もせずに、ただひたすら体を休めました。こんなことで、これから会社員としてやっていけるのかと不安な気持ちにもなっていました。

でも、今日皆様と食事やお酒をともにし、お話しさせていただきましたおかげで、ようやく本来の自分をとり戻せたような気がしています。これからがんばっていきます。

皆様の足手まといにならないよう、一生懸命努力いたしますので、なにとぞよろしくお願いいたします。本日は、どうもありがとうございました。

POINT 初々しい緊張感を率直に述べながら、歓迎会がリラックスのきっかけになった喜びを伝えます。

歓送迎行事

転任社員歓迎会
幹事の始めのあいさつ

1分30秒

　久保田課長がお見えになりましたので、ただいまより始めさせていただきます。

　皆さん、ようこそお越しくださいました。久保田課長。私は、令和○年入社の川野と申します。幹事として、また僭越(せんえつ)ながら課員を代表してひと言ごあいさつ申し上げます。

　久保田課長は、隣の○○県のご出身、奥様は当県出身と、たいへんこちらに縁が深い方です。長らく本社に勤務しておいででしたが、このたび初めての当地赴任となり、私どもの指揮をとっていただくことになりました。本社での敏腕ぶりは、こちらにも伝わっており、課員一同、緊張しておりましたが、当地にもゆかりが深いと伺いまして、親しみを感じているところです。どうか、これからよろしく、そしてお手やわらかにお願いいたします。

　それでは、到着早々ではありますが、久保田課長、ひと言ごあいさつをお願いします。

POINT 幹事あいさつでは、新任者の簡単な紹介を兼ねて、その優秀さ、敏腕ぶりを伝えて、本人を持ち上げます。

なるほど！column

転任社員歓迎会でのあいさつの基本

【歓迎する側】

　歓迎する側は、新任者がどういう立場で転任してくるのかを把握しておくことが大切です。栄転なのか左遷なのか、あるいは横滑りなのかによって、本人の心情は大きく違います。本社と地方支社の間の転任では、役職だけでは一概に判断のつかない事情もあるので、前任地にそれとなく取材しておくことです。


【歓迎を受ける側】

　歓迎を受ける側は、栄転・左遷といった自分の立場にかかわらず、新しい任地での意気込みや抱負を前向きに語るのが基本です。ただし、職場での着任あいさつとは異なり、歓迎会はお酒の入るなごやかな席ですから、あまり堅苦しい話は不似合いです。

歓送迎行事

転任社員歓迎会 支店長のあいさつ

1分30秒

中田君、東北支店へようこそ。支店長としてひと言歓迎のごあいさつをいたします。

中田君は、入社以来本社で勤務していて、今回が初めての転勤になりますね。どうです、本社とはずいぶん様子が違うでしょう？

本社と支店では、人数も仕事のやり方も全然違います。最初は戸惑いもあるかもしれませんが、第一線で仕事する充実感や、自分の裁量で仕事を進められる醍醐味(だいごみ)という点では、本社とはくらべものにならないおもしろさが支店にはあります。

それから「秋田おばこ」といわれるように、このあたりは色白の美人が多いことで有名です。独身の中田君には、その点でもうれしい土地でしょう。もっとも、そちらにばかり気をとられず、仕事もきっちりよろしくお願いしますよ。ともあれ、中田君のフレッシュな感覚とバイタリティーに大いに期待しています。どうぞよろしくお願いします。

POINT 支店回りの続く若い年代の社員を迎えるときは、支店ならではの仕事のおもしろさや土地の特徴を伝えます。

歓送迎行事

転任社員歓迎会 上司の乾杯のあいさつ

1分30秒

このたびの異動で、井原君という優秀な人材をわが人事課に迎えることができ、責任者としてもうれしい限りです。

会社組織というのは、究極的(きゅうきょくてき)には人を動かすのが仕事です。人事課のふだんの仕事にはあまり派手さはありませんが、組織の屋台骨(やたいぼね)を支えるという重要な使命を持っていることに、井原君も大きな誇りを感じてほしいと願っています。

井原君は、これまで開発を担当してきて、まったく畑違い(はたけちがい)の仕事に就くことになります。これは、総合的な視野を持った社員の育成という会社の新しい策にもとづくもので、井原君への大きな期待のあらわれといえるでしょう。ただ、なにぶんにも初めての部署なので、勝手が違うこともあるでしょうね。皆さんも、いろいろ教えてあげてください。

それでは、井原君を歓迎して、みんなで乾杯しますのでご唱和(しょうわ)ください。「乾杯！」。

POINT 今までとは違う職務に就く新任者へは、新しい職務の意義を説明し、前向きな気持ちで仕事ができるよう働きかけます。

歓送迎行事

転任社員歓迎会 本人のあいさつ①

1分30秒

本日は皆様お忙しいところ、私のためにこのような会を開いていただき、ありがとうございます。初対面の方がほとんどで緊張しておりましたが、先ほどからあたたかい歓迎のお言葉をいただき、ほんとうにうれしく思っております。

この土地は、住むのはもちろん、訪れるのも初めてでした。「自然が多く、暮らしやすいよ」とよい評判を聞いていたので、楽しみにしておりましたが、東京と違って道幅の広いことにまず驚き、夜空の星がきれいなことに感激しました。

未熟者ですが、一日も早くこちらの支店のやり方に慣れ、土地にもなじんでいきたいと思っています。独身で一人暮らしをしており、彼女もおりませんので、夜はオールタイムOKです。残業、ならびに楽しい夜のお誘い、両方とも大歓迎です。休日のお誘いも、もちろん待っています。

皆さん、どうぞよろしくお願いいたします。

POINT 若い世代は、元気のよさをアピールすることが肝心です。早く新しい環境にとけ込めるようフレンドリーに話しましょう。

歓送迎行事

転任社員歓迎会 本人のあいさつ②

1分30秒

人事部から異動いたしました酒井です。

先ほど、幹事の本村さんから過分(かぶん)なご紹介があり、面(おも)はゆく恥ずかしい思いでおります。地道な努力家とのお話がありましたが、コツコツ努力するしか、自分にできることがないだけですので、どうぞ美しき誤解はなさらないようにお願いいたします。

人間がほめちぎられるのは、人生の中で結婚式とお葬式のときだけだとばかり思っておりました。転任もそういう機会なのですね。でも、考えてみれば、お葬式はともかく、結婚式と転任は、人と人とが新しく出会って、新しい環境に入るという意味では、似ているところがあるかもしれません。

ふつつか者ではございますが、皆様に離婚を言い渡されたりしないよう、仕事に精進(しょうじん)しますので、どうぞよろしくお願いします。

最後になりましたが、こんなすばらしい会を開いていただき、ありがとうございました。

POINT 紹介は、転任者を持ち上げて行われるので、その照れくささを率直に伝えながら、謙遜した姿勢であいさつします。

歓送迎行事

海外赴任者帰国歓迎会　部長の乾杯のあいさつ

1分30秒

豊川君、お帰りなさい。

3年間の中国勤務、ご苦労さまでした。ご存じのように、北京支店の創設は、当社のアジア進出の命運をかけた大事業でした。豊川君が立ち上げたシステムがうまく機能して、現地採用社員の管理もスムーズにいっていると聞き及んでおります。

経済情勢も文化も異なる土地で、見事に重責（じゅうせき）を果たしてくれた豊川君には、これからそのグローバルな感覚で、国内事業にも新風を吹き込んでほしいと期待しています。

今日は、日本が久しぶりの豊川君のために、和食店での開催となりました。ひととき、豊川君を囲んで、実り多かった中国での話を聞くことにしましょう。では、豊川君の無事帰還と、中国プロジェクトの成功を祝って、乾杯します。豊川君、また一緒にがんばろうな。

「乾杯！」。ありがとうございました。

POINT 海外での功績をたたえ、その経験を今後に生かしてほしいと、あたたかく迎えます。

歓送迎行事

海外赴任者帰国歓迎会　本人のあいさつ

1分30秒

なんとか無事に戻ってまいりました。

皆さんには、あたたかく迎えていただき、また、本日はこのような会まで開いていただきまして、ほんとうにありがとうございます。

中国は、ひと言で言えば元気に満ちていました。自由経済になり、消費行動も非常に活発です。そういう活気あふれる国で、ゼロからの立ち上げ事業を行うというのは、サラリーマンみょうりに尽きる喜びでした。微力ですが、この経験を、これから社業にフィードバックさせていきたいと思っています。

また、先般の大洪水のときには、皆さんからたくさんのお見舞いのメールを頂戴しまして、ありがとうございました。異国にいても、気にかけてもらっているということを実感でき、とても心強かったです。

こちらでの仕事の感覚をとり戻すのには、もう少しかかりそうですが、どうかこれからもよろしくお願いいたします。

POINT 海外の話ばかりでは出席者との共通性が少ないので、赴任中のメールなど、国内とのコミュニケーションにも言及します。

歓送迎行事

転任社員送別会 幹事の始めのあいさつ

1分30秒

皆さん、本日はご出席いただきありがとうございます。このようにたくさんの方がご参加なさるというのは、岡本さんの人望が厚いことのあらわれでしょうが、企画した幹事としても、たいへんうれしく思っています。

大阪支社は、当支社より数段規模が大きく、本来ならば岡本さんのご栄転を皆で喜ぶべきところです。しかし、今までいろいろとお世話になったことを思い出すと、別れがたく、また寂しい気持ちになってしまいます。しかし、転勤はサラリーマンの宿命ですから、笑顔で送り出さねばなりません。今晩は、岡本さんとの思い出を語り合いながら、明るく盛り上がりましょう。

岡本さん、これまでほんとうにありがとうございました。ささやかな会ですが、ごゆっくりとおくつろぎください。では、初めに、田中部長からごあいさつをいただきます。

POINT 栄転を喜びながらも、別れるつらさ、残念さを率直に述べると、心のこもったあいさつになります。

なるほど！ column

転任社員送別会でのあいさつの基本

サラリーマンに転勤はつきものですが、別れの寂しさもあり、送別会はなんとなくしんみりとしたムードになりがちです。

送る側のあいさつでは、別れを惜しむ気持ちを率直に伝えながらも、新任地での活躍を祈る言葉を主体にして、なるべく明るいトーンでまとめましょう。

あいさつには次の4点を盛り込みます。

①今までお世話になったお礼
②今までの功績や思い出
③別れがたい気持ち
④新任地での活躍、発展、健康を祈る言葉

一方、送られる側のあいさつはお礼を主体に、次のような内容を述べます。

①送別会を開いてもらったお礼
②今までお世話になったお礼
③転任にあたっての抱負
④新任地で、一層の努力をする誓い
⑤残る人の活躍、発展、健康を祈る言葉

歓送迎行事

転任社員送別会
部長の乾杯のあいさつ

1分30秒

高島君、5年間、よくがんばってくれたね。

本社から君が転任してきたときは、いかにも都会の青年、今どきの若者という風情（ふぜい）で、バンカラな気風の残っているこの土地で、果たしてうまくやっていけるのか、実は少し心配でした。でも、そんな危惧はどこへやら、半年もたたないうちにすっかりとけ込んで、言葉までこっちのアクセントに変わってしまいましたね。その順応性があれば、どこへ赴任しても通用しますよ。

高島君にとって、福岡支社在勤中のいちばんの功績といえば、仕事のことはさておき、福岡の女性と結婚したことでしょうね。奥さんの郷里ということで、これからも当地を訪れる機会も多いことでしょうから、ぜひ支社にも立ち寄ってください。

それでは、新任地、北海道支社での高島君の一層の活躍を祈り、乾杯しましょう。

「乾杯！」。ありがとうございました。

POINT 転任する社員の長所をほめ、新天地での活躍を祈って結びます。

歓送迎行事

転任社員送別会
部長のあいさつ

1分30秒

小池課長、秋田支店長へのご栄転おめでとうございます。

在任中の3年間、小池課長のエネルギッシュな仕事ぶりは、社内でも有名でした。功績も多く、まさしく八面六臂（はちめんろっぴ）の活躍を見せてくれたといっても過言ではありません。

わが業務部は、ご存じのように大きな過渡期（かとき）にあります。こうしたときには、有能な人材に大いに腕を振るっていただく必要があるのに、小池課長を送り出さなくてはならないのは、業務部にとって大きな痛手です。私自身、とても残念に思っています。

しかし、東北地区のテコ入れという全社的命題のもと、重要拠点である秋田支店もまた、小池課長の手腕を強く必要としているわけでございます。

今後は、秋田支店において、持てる力をいかんなく発揮し、社の一層の発展、隆盛（りゅうせい）に寄与してくれることを願っています。

POINT 役職者は、会社全体から見た視点で、新任地、新任務の重要性を説明し、主役への期待の大きさを語ります。

歓送迎行事

転任社員送別会
同僚のあいさつ①

1分 30秒

小野君と私は同期入社で、ずっとよき仲間、よきライバルとして切磋琢磨（せっさたくま）してきました。

とはいっても、実際には、私が小野君から教えられることのほうが多かったような気がします。たとえば、お客様へのＤＭには必ず自筆でひと言添えるなど、大きな体には似合わないこまやかな気配りを見せるので、ほんとうに感心したものです。

入社以来、机を並べてきたので、異動と聞いたときは、長年コンビを組んでいた相方がいなくなるような寂しさを感じたものです。

しかし、寂しがってばかりはいられません。小野君には、新しい職場で、存分に力を発揮してほしいと思います。

小野君。また機会があれば、一緒に仕事がしたいですね。これからも出張などで本社に立ち寄る機会はあるでしょうから、ぜひ連絡してください。

ますますの活躍を期待しています。

POINT 同僚の立場なら、また仕事をともにしたい、また酒を飲もうなど、今後につなげる言葉を盛り込みます。

歓送迎行事

転任社員送別会
同僚のあいさつ②

1分 30秒

このたびの人事異動に伴い、白川君が○○支店に赴任することになりました。この部署に同時期に配属されてから、長い間苦楽（くらく）をともにしてきた仲間だけに、来月からこの職場では会えないのかと思うと、非常に感慨（かんがい）深いものがあります。

白川君は、ひと言で言えば「信念の男」です。自分の決めたこと、言ったことは、きちんと最後までやり通す意志の強さを持っていて、優柔不断な私などは、日ごろから彼のことを頼もしく、そしてうらやましく思っていたものです。純粋で裏表のない君に対する信頼感は、これからもずっと変わらないことでしょう。

今回の異動は、思いがけないものでしたが、新しい任地でも、白川君の本領を発揮して、支店を活気あるものにしてくれることを願っています。

ときどきはこちらにいらっしゃって、ぜひ顔を見せてください。どうぞお元気で。

POINT 仕事上の失敗や衝突で左遷される場合は、仕事のことにはあえてふれず、人間性の魅力を主体にあいさつを。

歓送迎行事

転任社員送別会 部下のあいさつ①

1分30秒

石塚部長、本社へのご栄転おめでとうございます。部長には、今までたいへんお世話になり、ありがとうございました。

お別れするから言うわけではありませんが、私たち女子社員の間では、部長はひそかに「理想の上司」と呼ばれていました。厳しくしかられることもありましたが、一方で、よい点はよい点としてきちんと認めてくださるので、しかられても、今度はきちんとしようと自分で前向きに考えることができるのです。部長には、具体的な仕事の進め方だけではなく、仕事に対する姿勢そのものを教えていただいたような気がします。これは、わが部の伝統として、これからも守っていきたいと思います。

この3年間、単身赴任をしていらしたので、ご家族のもとへ戻れることも、部長にとってはさぞうれしいことだろうと思います。どうぞお体に気をつけて、ますますご活躍ください。

POINT 仕事ぶりだけでなく、「人となり」や「社会人として教わったこと」を話すと、心からの感謝の気持ちが伝わります。

歓送迎行事

転任社員送別会 部下のあいさつ②

1分30秒

課長、ご栄転おめでとうございます。

この3年間、星野課長のもとで働いたことは、私にとって大きな財産になりました。未熟な仕事ぶりで、たくさんのご迷惑をおかけしましたが、そのつど親身なご指導を受け、おかげで少しは成長できたのではないかと思っております。

年度を越えた中長期事業も多く、これからも課長の指導を受けて進めていけると思っておりました。ですから、今課長をお送りすることは、たいへんに残念で、不安な気持ちです。今後は、今まで教えていただいたことを生かしながら、新課長のもとで業務を継続させ、ご期待にそう事業になるよう努力してまいります。

課長もさらに責任重大となりますが、お体に気をつけ、一層の手腕を発揮されますことを祈っております。

3年間ほんとうにありがとうございました。

POINT 指導を受けたことを具体的にあげながらお礼を述べ、その指導を今後に生かしていく決意で結びます。

歓送迎行事

転任社員送別会 本人のあいさつ①

1分30秒

本日は、私のためにこのような盛大な送別会を開いていただき、ありがとうございます。

私がこの支社にまいりまして3年になりますが、この間、業績を堅実(けんじつ)に伸ばすことができましたのは、ひとえに皆さんのがんばりによるものだと、心から感謝いたしております。

この支店も、現在多くの懸案(けんあん)課題を抱え、今後も微力を尽くしていきたいと考えておりましたところに、今回の異動の話が持ち上がりました。正直申し上げてとまどいもありましたが、社命でもあり、期待にそむくこともあまりに身勝手(みがって)であろうと、お引き受けしたしだいです。

しかし、この土地の事情に詳しく、経験豊富な皆さんがいらっしゃるので、私も安心して本社に戻ることができます。新しい課長のもと、この支店が一層の飛躍を遂げることを期待しております。

本日は、ありがとうございました。

POINT 栄転の場合のあいさつ例です。はしゃぐ気持ちを抑え、去りがたい思いや、今までの感謝を中心にします。

歓送迎行事

転任社員送別会 本人のあいさつ②

1分30秒

本日は、お忙しい中、このような会を開いていただきまして、ありがとうございます。

私が○○支社にまいりまして、早いものである3年がたちました。すっかりこの土地にもなじみ、別れがたい思いもありますが、会社勤めである以上、転勤はやむを得ないこと、元気にがんばって行ってまいります。

この3年間でいちばん思い出に残っておりますのは、なんといっても○○沖地震直後のアフターケアです。全員が手分けして、すべてのお得意様を回り、点検にあたりましたね。気の遠くなる作業でしたが、お客様にたいへん感謝されて当社への信頼が高まり、売り上げ向上にもつながって、大きな充実感を得たものでした。転任先へまいりましても、この経験や、皆さんに教えていただいたことを心の糧(かて)にして、努力を続けてまいります。

本日は、ありがとうございました。

POINT 在勤中の思い出やエピソードをあげ、そこで得た経験や教訓を、今後にも生かしたいと展開させます。

歓送迎行事

海外赴任者歓送会
部長のあいさつ

1分30秒

　当社のロンドン支店開設準備のため、山本君が、来週、現地に出発することになりました。山本君は、これまで当マーケティング部で活躍してくれましたが、その実績が高く評価され、プロジェクトに抜擢されたものです。

　山本君は、マーケティング部を代表して赴任するわけですから、その実力をいかんなく発揮して、当社が海外で一層の飛躍を遂げるため、専心(せんしん)努力してくれることを期待しています。

　山本君の仕事の実力と語学能力はまったく心配していませんが、気がかりなのはやはり健康のことです。今までは、若さに任せて多少の無理をしても平気だったでしょうが、環境が変わるこれからは、気持ちを引き締めて自己管理してください。

　山本君が元気に活躍してくれること、そしてロンドン支店が無事に開設となり、期待どおりの業績をあげることを心より祈っています。

POINT 異動の意義と、赴任者にかけられた大きな期待を主体にします。健康を気遣う言葉も忘れずに盛り込んで。

歓送迎行事

海外赴任者歓送会
本人のあいさつ

1分30秒

　本日はお忙しいところ、私のためにお集まりいただき、ありがとうございました。

　入社以来、マーケティング部に在籍し、海外についての調査を手がけ、いつかは世界で通用する仕事をしたいと夢見るようになりました。このたびの海外赴任は、私の念願でもあり、出発を前に武者震(むしゃぶる)いするような気持ちでおります。一方で、私に務まるだろうかという不安もありましたが、先ほどからの皆様のあたたかい励ましのお言葉を聞いて、あらためて勇気がわいてくるような気がしました。

　未熟な私をここまで育ててくださった皆様、ほんとうにありがとうございました。まだ微力ではありますが、皆さんのご期待にそえるよう、またこのたびの任務をまっとうできるよう、全力を注ぐ覚悟でおります。

　皆様も、どうぞお元気で、ますますご活躍ください。本日は、ありがとうございました。

POINT 念願がかなった喜びと、海外生活への不安を率直に語りながら、今までの指導や励ましへのお礼を述べます。

歓送迎行事

定年退職者送別会 社長のあいさつ①

1分30秒

藤原慶一さん、三谷智之さんのお二人が定年退職されるにあたり、ひと言ごあいさつを申し上げます。お二人は、当社の創業期に入社され、わが社の発展のために、まさしく身を粉(こ)にしての働きでご尽力くださいました。私にとっては戦友のような存在といえましょう。このたび退職をお見送りすることになり、万感(ばんかん)胸に迫るものがございます。

定年とは申しましても、お二人とお別れすることは、会社にとっても大きな損失です。しかし、これから、お二人のお仕事を引き継ぎ、さらに発展させていくことが、お二人のご功績に報いる唯一の道と考えております。

藤原さん、三谷さん、ほんとうに長い間ご苦労さまでした。そしてありがとうございました。この会社は、あなたがたの第二の故郷です。どうか、これからも変わらぬご指導と応援をよろしくお願いいたします。

POINT 別れを惜しみながらも、長年の功労をたたえ、その功績を今後にしっかり生かしていくという誓いで結びます。

歓送迎行事

定年退職者送別会 社長のあいさつ②

1分30秒

皆さん、長い間社業のためにご奮闘いただきまして、ほんとうにありがとうございました。今、こうしてお話ししておりましても、あのときは苦労をかけた、このときは大きな喜びをともに分かち合ったものだと、さまざまな思い出がよみがえってまいります。

皆さんが入社した当時から現在までには、バブル期、平成の大不況、ＩＴ化やグローバル化など、大きな経済の荒波が次々と押し寄せてきました。幾多の困難を乗り越え、今、社業が堅調(けんちょう)に推移しておりますのは、ひとえに皆様の努力のたまものと、あらためて御礼(おんれい)を申し上げるしだいです。

形のうえでは、皆様とお別れするわけですが、残された社員は、いつまでも皆さんのことを先輩として敬愛しております。お近くへお越しの節は、ぜひお立ち寄りいただき、励ましとご指導のお言葉をいただければと存じます。ありがとうございました。

POINT 定年退職者にとって、「会社と縁が切れる」ことがいちばんの寂しさです。今後につなげる言葉を忘れずに。

歓送迎行事

定年退職者送別会 同僚のあいさつ

1分30秒

田村さん。長い間お世話になり、ほんとうにありがとうございました。

田村さんは、職人かたぎというのでしょうか、口数は少ないのですが、熟練した確かな腕は、いつも私たちのお手本でした。そして、無骨（ぶこつ）な優しさも持ち合わせていました。

仕事の遅い私が残業していたら、すでに帰り支度をしていた田村さんが、黙ってまた作業着に着かえ、私の仕事を手伝ってくれたことがありました。恐縮する私に、田村さんはただひと言「なに、お互いさまだ」と言ってくれましたね。でも、とうとう、田村さんには助けてもらいっぱなしのままでした。

ただ、私は、田村さんが黙々と作業を続ける背中から、多くのことを学びました。ご恩返しはできませんでしたが、田村さんから学んだことは、これからの仕事に生かしていきたいと思います。

田村さん、ほんとうにお疲れさまでした。

POINT 「ご苦労さま」は目上から下への表現なので、年少者がねぎらいの言葉をかけるときは「お疲れさま」とします。

歓送迎行事

定年退職者送別会 本人のあいさつ

1分30秒

本日は私のために、このような盛大な会を開いていただき、ありがとうございました。

あたたかい励ましやはなむけのお言葉をいただきながら、皆さん一人ひとりの顔を見ておりますと、さまざまな思い出が胸をよぎります。すばらしい上司や同僚に恵まれて過ごした私の会社生活は、とても幸せで充実したものでした。それもひとえに皆様方のおかげと、あらためて感謝しております。

私どもの世代は高度経済成長の時代に育ち、バブル景気も経験しました。趣味も多く、気力や体力もなんとかキープしています。私も、まだまだ老け込むつもりはございません。これから、自分の経験を生かせる職場を探し、これまでの会社生活同様、第二の人生も実りあるものにしていきたいと思っています。

皆さんもお体に気をつけて、ますますご活躍ください。本日はありがとうございました。

POINT 寂しさや別れのつらさばかりでは、場がしんみりしてしまいます。今後の抱負も語り、前向きにまとめましょう。

歓送迎行事

中途退職者送別会 上司のあいさつ

1分30秒

沢野君、長い間ほんとうにご苦労さまでした。また、ご家族のためにご自分で決断したこととはいえ、今からまったく新しい世界に飛び込んでいく沢野君の勇気に敬意を表します。

この時代、「サラリーマンは気楽な稼業ときたもんだ」とは決して申しませんが、組織に守られているというありがたさは確かにあります。その生活から一転、ご実家の店を継ぎ、切り盛りしていくわけですから、その変化は並大抵のものではないでしょう。上司としては、沢野君のような優秀な人材を失うことは、とても残念ですし痛手でもあります。しかし、沢野君を頼りにする郷里のご両親やご家族のことを思えば、強くお引き止めするわけにもいきませんでした。

このうえは、職場で培った経験と実力を新しい世界でも生かし、ご郷里でも活躍してくれることを祈っています。がんばってください。

POINT 家庭の事情や郷里へのUターンなど、納得できる理由なら、その事情への理解を示し、あたたかく送り出しましょう。

歓送迎行事

中途退職者送別会 本人のあいさつ

1分30秒

今日は、私のためにこのような会を開いてくださり、ありがとうございました。

入社以来たいへんお世話になりまして、何のお返しもできないまま退職することになり、申しわけありません。せめて、これから幸せな家庭を築くことで、皆さんへのご恩返しになればと思っております。

先ほどから皆さんのお話を伺いながら、新入社員のころのとんでもない初歩的ミスや、社員旅行での武勇（ぶゆう）伝を思い出し、青くなったり赤くなったりしておりました。明るいだけが取りえで、皆さんにはいろいろご迷惑をおかけいたしましたが、部長をはじめ皆さんにかわいがっていただき、ほんとうに幸せな8年間でした。

披露宴の招待状ができましたらお送りいたしますので、ぜひいらしてください。皆さんもどうぞお元気でお過ごしください。

本日は、ありがとうございました。

POINT 元の職場の人を披露宴に招待する予定のときは、出席を要請する言葉で結びます。

すぐに役立つ とっさのひとこと

季節感・天候をあらわすフレーズ

◆本日は、一天雲なく晴れ渡り、○○にふさわしいお日和となりました。
◆澄み渡る青空のもと○○を開催できますことをたいへんうれしく思っております。
◆本日はお足元の悪い中、○○にご列席いただき、まことにありがとうございます。
◆雨にも負けず、風にも負けず、本日ご参集くださいました皆様に、心より御礼を申し上げます。
◆暦の上ではもう春とはいえ、厳しい寒さの中、お運びいただきましてまことにありがとうございます。
◆本日はあいにくのお天気となりましたが、春の雨は天の恵み、という言葉もございます。
◆本日の慶事を祝福しているかのように、みごとな五月晴れの空が広がっております。
◆今年の夏は例年になく、過ごしやすい毎日がつづいております。
◆きょうはちょうどいいお湿りで、少し涼しくなりそうですね。
◆残暑もようやく落ち着いたようでございます。
◆さわやかな秋晴れに恵まれ、本年も○○会の日を迎えました。
◆○○社の前途をお祝いしているかのように、きょうは秋空高く晴れ渡っております。
◆あいにくの雪模様となりましたが、こんなにたくさんの方々にお集まりいただき、感激しております。
◆皆さんの行いがいいのでしょう、昨夜までの雨もすっかり上がり、きょうは朝から晴天が広がりました。まさに○○日和です。
◆私の行いが悪いのでしょうか、あいにくの天気となりましたが、皆さんの元気で雨雲を吹き飛ばしましょう。
◆「晴れ女」の誉れ高い佐藤さんのおかげでしょうか、きょうは気持ちのいい青空が広がっております。

新製品発表会
社長の始めのあいさつ

1分30秒

取引店の皆様、施工業者の皆様、日ごろは格別のお引き立てを賜り、まことにありがとうございます。また、本日はご多用中にもかかわらず、当社の新製品発表会にご来臨いただき、心より御礼を申し上げます。

一昨年4月の社長就任以来、全国各地を視察に回りましたが、環境問題、健康問題への関心の高まりには目をみはるものがあります。わが塗料業界においても、時代に即応した製品が求められていることを痛感し、さっそく新製品の開発に当たりました。

それが、今回発表する「環境適応型シリーズ」でございます。詳しくは、このあと開発担当者よりご説明いたしますが、従来の塗料では望めなかった無臭性、安全性を実現させた画期的な新商品です。お客様への訴求力も高いと思われますので、ぜひ導入をご検討いただき、重ねてのご愛顧をお願い申し上げるしだいです。

POINT 社長としてのあいさつは、会社全体の方向性を示したうえで、新製品の位置づけを行い、PRします。

新製品発表会
主催者の始めのあいさつ（報道向け）

1分30秒

本日はご多用中のところ、新商品発表会においでいただき、まことにありがとうございます。ただ今から、弊社が開発いたしましたオーガニック菓子「トマコーン」の発表会を行います。

「トマコーン」は、有機栽培されたトマトとコーンを原料とした、焼き菓子でございます。生産者の顔写真をパッケージに盛り込んで、生産者側の意識向上と消費者への情報開示を徹底いたしました。

会場には、名札をつけた開発担当の者を配置しておりますので、不明点などございましたら、おたずねいただければと存じます。なお、資料映像、画像として必要なものがありましたら、なんなりとお申しつけください。

皆様には、日ごろ当社製品にひとかたならぬお力添えをいただいておりますが、今回の新商品「トマコーン」につきましても、なにぶんのご協力をよろしくお願い申し上げます。

POINT 製品の特長説明などは、現場担当者が詳しく説明するので簡単に。どんな資料があるか、質問はだれにするのか明確に伝えます。

イベント

新製品発表会
主催者のあいさつ

1分30秒

　本日はお忙しい中、弊社(へいしゃ)の新製品発表会にたくさんの方のご臨席(りんせき)を賜り、心から御礼(おんれい)申し上げます。販売促進部長の岩上でございます。

　このたび開発いたしました「マッサージチェアV10」は、来シーズンの弊社の目玉商品となるべき意欲作です。健康ブームといわれていますが、最近は単なる健康志向ではなく、「自然」「いやし」といったキーワードをとり入れた、幅広いブームの様相を呈しているようです。「マッサージチェアV10」は、それらのキーワードに照準を合わせ、いやしの音楽を100曲内蔵したほか、付属品のチューブをとりつけて新鮮な酸素吸入を可能にするなど、数々の工夫を凝らしております。

　皆様、本日はぜひとも商品をお試しになり、そのすばらしさを十分にご体験ください。そして、自信を持って消費者の方々へすすめていただくことをお願いし、ごあいさつとさせていただきます。

POINT 業界全体の状況を説明し、商品に対する意気込みを語ります。参加者への販売協力をお願いして、締めましょう。

イベント

新製品発表会
広報担当者のあいさつ

1分30秒

　本日は皆様ご多用のところ、当社新製品発表会にお越しいただきまして、まことにありがとうございます。今回、皆様に発表いたしますのは、果物の香りを添えた新タイプの緑茶「フルー茶」でございます。発売は来月○月○日、当面の販売は当社店頭と電話注文でスタートいたします。

　ご存じのように、緑茶は老若男女を問わず、日本人の生活に欠かせない飲み物です。最近では緑茶成分の効能が注目を集め、さらに関心が高まっております。「フルー茶」では、静岡県産の良質な緑茶に、果物の自然なフレーバーを加えることにより、緑茶の味わいとさわやかな香りの相乗(そうじょう)効果をお楽しみいただけます。

　お手元の封筒の中に実際の製品が入っておりますので、ぜひ一度お試しください。なお、商品写真の紙焼きならびに画像データも同封してありますので、どうぞよろしくお願いいたします。

POINT 報道関係者への発表では、媒体で製品を紹介してもらえるように、資料に現物や写真を添えて渡します。

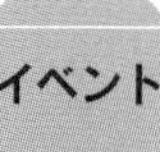

新製品発表会
開発担当者の新製品の説明

1分30秒

皆様、本日はお忙しい中おいでいただき、まことにありがとうございました。さっそくですが、製品の説明に入らせていただきます。

こちらが「環境適応型シリーズ」として開発いたしました室内用塗料「ＡＢＣコート」です。特長につきましては、お手元の資料４ページで図解してございますので、そちらもあわせてごらんください。まず、揮発性の有機溶剤を使わず、においを抑えております。そして、当社が独自に開発した特殊な吸着剤を用いることによって、悪臭のもととなる成分を効率よく吸収します。さらに、そのあとの光触媒作用により悪臭を分解するという３ステップで、ほぼ無臭の塗料の開発に成功したものです。

抗菌性、かび防止の効果も高く、クロスや壁紙の上から塗ることもできます。

現物を塗布したサンプルを展示してありますので、のちほどじっくりお確かめください。

POINT 「防かび（ぼうかび）」など、耳で聞いてもピンとこない言葉や専門用語は「かび防止」と言いかえるなど工夫しましょう。

新製品発表パーティー
主催者のあいさつ

1分30秒

皆様、本日は、当社の発表会にようこそお越しくださいました。ほんとうに、ありがとうございます。開発担当部長の西田でございます。

本日発表いたしますパソコンソフト「家計簿塾」は、家計簿整理の簡略化を図るとともに、その家の経済力に合わせた家計費節約のノウハウや貯蓄の方法を盛り込んだ家計簿ソフトです。ローンの返済プランまで幅広く網羅しており、主婦のバイブル的存在になるものと自負しております。会場には、開発に携わったシステムエンジニアを配置しておりますので、お手持ちのパンフレットに関する不明点はもちろん、開発に至るまでの裏話なども含め、お気軽にお尋ねください。

本日は、ささやかではありますが軽食もご用意いたしました。時間の許す限りご歓談いただきながら、実際に「家計簿塾」を操作なさって、その使い心地を実感していただきたいと思います。

POINT お客様の集まる宴席は、堅苦しい雰囲気になりがち。商品になじんでもらえるよう、飲食してもらい、気軽なムードに。

イベント

展示会
主催者の始めのあいさつ

1分30秒

　本日は、ご多忙中にもかかわらず、多数お運びいただき、誠にありがとうございます。ただ今より、ナチュラル化粧品メーカー、サンズの製品展示会を始めます。
　本日の展示会は、ユーザーの方とともに、当社とかかわりの深い方々にもお越しいただき、製品につきましてのご理解とご支援を深めていただくことを目的として開催いたしました。ここには、当社の製品をすべてとりそろえております。なかでも皆様のご意見を伺いたいのが、新スキンケアシリーズ「リルファ」でございます。特に敏感肌に悩む女性を対象とした商品で、先週からテレビコマーシャルを流し、新聞・雑誌などで大きく宣伝した結果、確かな反響と大きな手ごたえを感じております。
　会場では、ブースごとに担当者を配置し、製品情報や皆様のご要望などに応じますので、どうぞ遠慮なくお声をおかけください。

POINT 展示会の目的を最初に明確にします。会社が今いちばん力を入れている商品を重点的にアピールし、興味をひきましょう。

イベント

展示会
主催者のあいさつ

1分30秒

　本日は、私どもの春の新柄カーテン発表会にようこそお越しいただきました。このように大勢の皆様が、当社の製品に関心をお持ちくださることに、たいへん感謝しております。私は、営業次長の鈴木でございます。よろしくお願いいいたします。
　中をごらんいただければ一目でお気づきと存じますが、このたびの発表展示会では、自然やエコロジー志向が一つの大きなテーマとなっております。柄を見ましても、自然の草花をモチーフにしたものが目立ち、生地の色も、海のブルーや新芽の緑などが主流となっております。素材もまた、綿、麻、あるいは絹といったような天然素材が好まれる傾向にあるようです。もちろん、そのほかの素材や柄、色物もふんだんに用意し、展示いたしました。コーナーごとに担当者がおりますので、どのようなことでもお尋ねいただき、当社へのご理解とご協力を賜りますようお願い申し上げます。

POINT 大規模なイベントでは、参加者への謝辞を最初に。製品の特色を簡単に説明すれば、招待客の購買意欲につながります。

得意先招待懇親旅行
幹事の始めのあいさつ

1分30秒

皆様、おはようございます。さわやかな秋空に恵まれ、絶好の旅行日和となりました。

このたびは、日ごろの当社へのお引き立てに感謝し、ささやかな旅行を企画いたしましたところ、このように多数のご参加をいただき、まことにありがとうございます。今回、皆様をご招待させていただきましたのは、今日明日のお取引をなんとかしたいというためのものではございません。皆様方とは、末永いおつきあいをいただき、弊社へのご指導、ご鞭撻をお願いしたいという希望を込めてのものでございます。どうかお気楽な気持ちでごゆっくりお過ごしくださいますよう、お願い申し上げます。

申し遅れましたが、私は○○社営業部の寺西と申します。不慣れではございますが、このたびの旅行の世話役を務めさせていただきます。旅行中、ご不便やご要望がございましたら、なんなりと私までお申しつけください。

POINT 招待は、商売上の見返りを期待してのものではなく、今までの感謝と末永いおつきあいを願うためだと強調します。

イベント

得意先招待懇親旅行
主催者のあいさつ

1分30秒

皆様、おはようございます。社長の田中でございます。日ごろは、当社に格別のご支援を賜り、まことにありがとうございます。

販売店様をお招きしての旅行企画も、今年で10回目を迎えます。そのたびに思いますのは、私どもはほんとうに皆様に支えられてここまできたのだなぁという感慨でございます。皆様のご期待にそうべく、これからも「100年愛される家具づくり」をモットーに努力してまいりますので、どうか一層のご支援をよろしくお願いいたします。

なお、本日宿泊いたします○○旅館で使われている家具は、すべて弊社の新製品でございます。目の肥えた皆様から、ぜひとも率直なご意見、ご批判をいただきたいと存じますので、どうぞよろしくお願いいたします。

それでは、わずか1泊の旅ではございますが、ごゆるりとおくつろぎください。

POINT 旅行という機会を利用して、得意先の意見や批判もじっくりと聞きたいという謙虚な姿勢をあらわします。

イベント

得意先招待懇親会 主催者のあいさつ①

1分30秒

皆様、お忙しい中、この懇親会にお運びいただきまして、まことにありがとうございました。幹事を務めます、○○社販売部の村田と申します。今回は、当店をごひいきにしてくださっている特別なお得意様だけに、声をかけさせていただきました。

本日は、日ごろの感謝の気持ちを込めまして、このようなささやかな席をご用意いたしました。フルコースのお料理を召し上がったあとで、ゆっくり歌謡ショーをごらんいただくという趣向でございます。どうぞごゆっくりおくつろぎのうえ、お楽しみいただければ幸いに存じます。

私ども呉服業界をとり巻く環境は依然厳しいものがありますが、日本の伝統である着物文化の継承のため、微力を尽くす所存です。しかし、それも皆様のお力添えとご支援があればこそできることでございます。どうか今後ともよろしくお引き立てのほどをお願い申し上げます。

POINT 出席のお礼→日ごろの感謝→懇親会の説明→今後の支援のお願い、と展開させるのが基本パターンです。

イベント

得意先招待懇親会 主催者のあいさつ②

1分30秒

販売代理店の皆様、本日はようこそおいでくださいました。

ご存じのように、化粧品業界は各メーカーから次々と新製品が発表され、商品の入れかわりも激しい世界でございます。その中にあって、当社の○○シリーズは、発売以来20年にわたるロングセラー商品として、お客様の根強い支持を得ております。これもひとえに、販売代理店の皆様のご努力と的確な販売促進活動のたまものと、深く感謝申し上げるしだいでございます。

本日は、これまでの皆様のお力添えに感謝し、また、今後の末永い(すえなが)ご支援を願って、ささやかなパーティーを開かせていただきました。こちらにいらっしゃるのは、当社のイメージキャラクターであるタレントの○○さんで、お忙しいスケジュールを縫って、駆けつけてくださいました。のちほど写真撮影会も行いますので、どうぞお楽しみに。

POINT 「ゲストがわざわざ駆けつけてくれた」など、招待客を大切に思っている姿勢・態度を強調します。

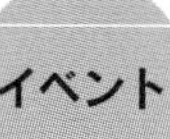

得意先招待懇親会 参加者のあいさつ①

1分30秒

本日は、お招きにあずかり、まことにありがとうございました。おいしいお料理と、楽しい歌謡ショーを、心ゆくまで楽しませていただきました。このような席を設けてくださり、ほんとうに感謝しております。

私は自宅で茶道を教えており、毎日のように和服を着ております。着慣れておりますので、着付けもまったく苦にはなりません。ただ、若い生徒さんに話を伺いますと、日常的に着物を着てみたいけれど、着付けがうまくできないから、とおっしゃるのですね。「習うより慣れろ」という言葉がございますが、もっと着物に気軽に親しめる機会があればよいのではないかと思います。僭越（せんえつ）なことを申し上げて恐縮ですが、着物文化を支える御社には、このような広報的な活動もご検討いただければと存じます。

結びになりますが、御社のますますのご発展をお祈りし、お礼のごあいさつといたします。

POINT 主催者は、この機会に得意先の「生の声」を聞きたいと思っています。提案などを述べるのも喜ばれるでしょう。

得意先招待懇親会 参加者のあいさつ②

1分30秒

本日は、このようなすばらしいパーティーにご招待いただき、ありがとうございました。○○社販売代理店を代表いたしまして、ひと言お礼のごあいさつを申し上げます。

私が御社の代理店を始めて、今年で10年になります。最初は友人からの口コミで御社製品を使い始めたユーザーだったのですが、すっかり商品にほれ込んでしまい、周囲にもすすめるうち、代理店になってしまいました。失礼ですが、大々的な宣伝・広告もしない御社製品が、このように根強く、長くお客様の支持を得ているのは、1に商品自体の持つ魅力、2にユーザーの口コミの強さだろうと思います。

御社のますますの発展のため、商品の一層の改良をお願いするとともに、私ども代理店も、ユーザーの立場になって商品のすばらしさをより広く伝えていく努力をするつもりです。本日はまことにありがとうございました。

POINT 取引先として招待を受けているときは、招待へのお礼とともに、取引も一層がんばるという誓いを加えます。

イベント

得意先招待ゴルフコンペ 幹事の始めのあいさつ

1分30秒

おはようございます。本日は、○○杯ゴルフコンペにご参加いただきまして、ありがとうございます。幹事を務めます、＊＊社橋本です。皆さんのふだんからの心がけがいいせいでしょうか、今日は風もなく、絶好のコンディションです。

このゴルフコンペは毎年恒例になっておりますので、すでに顔なじみの方も多いことでしょうが、本日初参加の方が2名いらっしゃいますのでご紹介いたします。こちらがA社営業部長の加藤さん、こちらがB社営業部次長の星川さんです。今後ともよろしくお願いします。なお、昨年の優勝者、C社の清水さんは出張のためご欠席ですが、皆様にくれぐれもよろしくとのことでした。シングルプレーヤーの清水さんがいらっしゃらないと、今年のトップ争いは熾烈（しれつ）を極めそうですね。

では、スタート時間も迫ってまいりましたので、ローカルルール等の説明をさせていただきます。

POINT 冒頭のあいさつでは、初参加者がいれば紹介し、ローカルルールなど競技方法の説明が必須です。

イベント

得意先招待ゴルフコンペ 優勝者のあいさつ

1分30秒

○○社の杉山でございます。芝刈りゴルファーを自任している私が、思いがけずこのようなことになり、たいへん驚いております。ハンディに恵まれて、この結果となりましたが、グロスは100を超えております。3けたで優勝とはお恥ずかしい限りで、このような立派なトロフィーや豪華な賞品をいただくのも分不相応（ぶんふそうおう）な気がいたします。

ともあれ、今日初めてお話をさせていただき、お近づきになれた方もいて、たいへん楽しく有意義な一日でした。皆様とは、これからグリーンでも仕事の場でも、親しくおつきあいを願えればと思っております。

最後になりましたが、このような貴重な機会を毎年設けてくださる高橋社長に、心より御礼を申し上げます。△△社のますますのご隆盛をお祈りいたしまして、お礼のごあいさつとさせていただきます。ありがとうございました。

POINT 優勝を喜ぶ表現は控えめにし、ほかの参加者と親しくなれたという収穫や、主催者へのお礼を主体にします。

part 3 ビジネスのスピーチ　ビジネスイベント

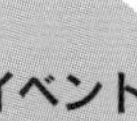

イベント

得意先招待イベント 主催者の始めのあいさつ

1分30秒

皆様、本日はお忙しい中をお集まりいただき、ありがとうございました。日ごろから、わがマルトモ製菓に対しましして、ひとかたならぬお引き立てをいただき、深く感謝いたしております。

おかげさまで、新製品「いちごにキッスチョコ」の売れ行きが順調で、すでに売り上げ目標を20％上回っております。当社の市場調査によりましても、予想以上に、お客様にご満足いただいているようです。これもひとえに、皆様方のお力添えによるものと、心から御礼(おんれい)申し上げます。

さて、本日は、いつもお世話になっている皆様方をご招待する、年に1回のマルトモ製菓お得意様謝恩招待会でございます。例年と違って、今回は都会を離れ、海に隣接するこのホテルを会場にいたしました。窓からの風景をごらんになりながら、ホテル自慢の中国料理を存分に味わっていただきたいと思います。それでは、ごゆっくりご歓談ください。

POINT 「感謝しております」「御礼申し上げます」と、日ごろの感謝は何度伝えてもかまいません。宴席では、仕事の話は控えめに。

イベント

得意先招待イベント 社長のあいさつ

1分30秒

本日は、休日のところ朝早くからお集まりいただきまして恐縮です。

日ごろは、当社に格別のご愛顧を賜(たまわ)り、まことにありがとうございます。おかげさまで、半年前に発売された当社新製品○○も、好調な売り上げを示しております。これもひとえに皆様のお力添えのおかげと、心より感謝するしだいです。

本日の日帰り旅行は、皆様のご厚意に少しでも報いることができれば、また、得意先の皆様との親睦をより一層深めることができればと企画したものでございます。急なご案内で皆様にはご迷惑をおかけいたしましたが、このように多数ご参加いただき、主催者一同、たいへんうれしく思っております。今日は一日、仕事のことを抜きにして、存分にお楽しみいただければと存じます。

では、今日のスケジュールにつきまして、弊社森田より説明を申し上げます。

POINT 招待客の精神的負担になるような恩着せがましい言い方は避け、感謝の気持ちを主体に謙虚にあいさつします。

イベント

得意先招待イベント 主催者のあいさつ

1分30秒

皆様、日ごろの格別のお力添え、心から御礼(おんれい)申し上げます。また本日は、お忙しい中をお運びいただき、まことにありがとうございます。主催者を代表いたしまして、ここでひと言ごあいさつ申し上げます。おかげさまで、わが加島商事の事業も順調に運んでおり、夏の販売促進キャンペーンでも、予想以上の成果をあげることができました。しかしながら私どもは、これから迎える秋冬シーズンこそ、勝負どころと位置づけております。そのための販売戦略を練り直し、新しいサービス、プレミアムをそろえて、必勝態勢で臨(のぞ)む構えです。あとは信頼できるパートナーである皆様方の、より一層のご協力を期待するばかりでございます。今後とも、よろしくお願い申し上げます。

　こよいは、日ごろのご厚情に感謝いたしまして、ささやかではありますが、酒肴(しゅこう)を用意いたしました。心ゆくまで、おくつろぎください。

POINT 業績が好調でも現状に満足せず、さらに上を目ざす姿勢を。業績不振の年なら、今後の目標を掲げるなど活気づけを忘れずに。

イベント

得意先招待イベント 参加者のあいさつ

1分30秒

本日は何から何までお世話になり、ありがとうございました。僭越(せんえつ)ながら参加者を代表し、ひと言ごあいさつを申し上げます。

　ふだんは仕事に追われ、たまの休日も疲れをいやすとの口実でゴロゴロしていることが多いものですから、今日は一日外で健康的に過ごし、心身ともにリフレッシュできました。

　社長からは私どもの販売店に対し、過分(かぶん)なお言葉をちょうだいいたしまして恐縮しております。御社の製品は長く親しまれておりますので、店頭でも商品名をおっしゃって指名買いするお客様が多いのです。販売店としては、たいへん楽をさせていただいているのではないかと存じます。

　至らぬながら、これからも末永(すえなが)いお取引のほど、よろしくお願い申し上げます。御社のますますのご繁栄をお祈りして、御礼のごあいさつといたします。

　本日はありがとうございました。

POINT 販売努力ではなく、製品自体の持つ力があるから売れるのですよ、と先方を持ち上げながらお礼を述べます。

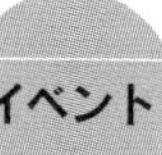

イベント

得意先招待新年会 社長のあいさつ

1分30秒

皆様、年始のなにかとあわただしいこの時期に、このように多数の方にご参加いただき、まことにありがとうございます。○○社社長の吉田勝彦でございます。

販売店の皆様には、昨年一年もひとかたならぬお引き立てをいただき、心より御礼（おんれい）を申し上げます。おかげさまをもちまして、今年度の売り上げ目標を達成する見込みがつき、心穏やかな気持ちで、年を越すことができました。

本日は、皆様への一年の感謝を込めまして、また、引き続きのご支援をお願いいたしまして、ささやかな会を設けました。のちほど皆様のお席にごあいさつに伺いますが、当社へのご指導、ご助言などもその際に賜る（たまわる）ことができればと存じます。

なお、恒例となっておりますビンゴ大会では、ごらんのように豪華な賞品をご用意いたしました。どうぞ最後までごゆっくりとお楽しみください。

POINT 出席してくれたこと、昨年のお礼、さらなる引き立てのお願いの言葉を主体にあいさつします。

イベント

得意先招待新年会 乾杯のあいさつ（参加者）

1分30秒

皆さん、明けましておめでとうございます。本年もまた吉例（きちれい）の新年会にお招きいただき、まことにありがとうございます。

私がこの新年会に列席させていただくようになりましてから、早くも10年になります。年々、盛大になるのを拝見しておりますと、これも柴田社長をはじめ皆様方のご精進（しょうじん）とご努力のたまものであろうと感服するしだいです。

この屠蘇（とそ）は、正式には年少者から飲むのがならわしといいます。これは、若々しい精気を年長者がもらうという意味もあるそうです。若い社員が多い御社でございますが、そのエネルギーを私もいただきまして、御社と弊社、ともに助け合いながら本年も力強く前進してまいりたいものでございます。

それでは、御社のますますのご隆盛（りゅうせい）と、社員の皆様のご健康とご多幸（たこう）をお祈りし、杯を上げましょう。「乾杯！」。ありがとうございました。

POINT 取引先の新年会では、今年もともに協力し助け合いながらという仲間意識を前面に出してあいさつします。

イベント

得意先招待忘年会　主催者の始めのあいさつ

1分30秒

　暮れの押し迫ったこの時期に、皆様にはお時間をちょうだいし、まことにありがとうございます。今年も恒例の、白石製薬株式会社主催の忘年会を開催することができました。私は、総務部長の松川でございます。ひと言ごあいさつを申し上げます。

　本年はわが社にとりまして、大きな勝負の年でありました。青汁と滋養強壮剤をミックスした新商品「ハイパワー100」に、社運をかけたと言っても過言ではありません。先行する他社の競合商品に対して果敢（かかん）に挑戦し、全社をあげて販促に当たった結果、当初の売り上げ目標を突破することができました。これもひとえに、皆様のおかげと存じます。ご協力、ほんとうに感謝いたします。

　本日の忘年会は、皆様に「ありがとう」の気持ちをあらわす趣旨で設けました。ごゆっくりお楽しみください。どうか今後とも、変わらぬおつきあいを賜（たまわ）りますよう、お願い申し上げます。

POINT　年末のあわただしい中を来てもらうので、ていねいにお礼の言葉を述べます。来年も同様のおつきあいをお願いして締めを。

イベント

得意先招待忘年会　乾杯のあいさつ（参加者）

1分30秒

　本日は、このように盛大な忘年会にお招きいただきまして、まことにありがとうございます。松下石油の香取と申します。僭越（せんえつ）ではございますが、乾杯の前に、ひと言ごあいさつを申し上げます。

　先ほど、板垣社長もおっしゃっておりましたが、現在、われわれ石油業界は国内消費が減少の一途をたどり、かつてない苦戦を強いられております。しかしコタカ・エナジーさんに敬服させられるのは、このようなピンチを好機に転換する力であります。街中のガソリンスタンドで気軽に利用できるレンタカーシステムをいち早く導入するなど、きめ細かなサービスの徹底や独自のキャンペーン実施など顧客（こきゃく）の心をつかむことに重点をおき、安定した経営をなさっておいでです。私も来年は、お客さまに忠実な御社の姿勢を見習いたいと思っております。

　それでは、コタカ・エナジーさんのご発展と皆様方のご健勝を心より祈願して「乾杯！」。

POINT　主催者側の企業努力を強調し、引き立てます。見習いたいという気持ちをあらわすことで、さらなるおつきあいをお願いして。

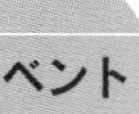

新年賀詞交換会 主催者の始めのあいさつ①

1分30秒

皆様、おめでとうございます。本日は、弊社主催の新年賀詞交換会にご出席いただき、まことにありがとうございます。皆様には常に変わらぬお引き立てを賜り、大変感謝しております。

昨年、弊社が手がけておりました葉山ニュータウンの宅地造成と住宅建設の第1期工事が、ようやく終了いたしました。今年は、第2期、第3期工事のブルドーザーやクレーン車がフル稼働し、忙しさも倍増することと思われます。皆様にも、変わらぬご協力をお願い申し上げます。

本日は、私たちが日ごろおつきあいいただいているクライアントの皆様やご協力業者の方々に多数お集まりいただいております。これから、私たちがご紹介させていただきますが、ご自由に名刺交換をされて、親しくお話しいただければ幸いです。

それでは、お時間の許す限り、ゆっくりとご歓談ください。

POINT 昨年の仕事の状況と、新年の予定や目標を述べ、昨年同様の協力を仰ぎます。昨年お世話になったお礼も忘れずに。

イベント

新年賀詞交換会 主催者の始めのあいさつ②

1分30秒

明けましておめでとうございます。本日は当ＫＤソフトの新年賀詞交換会に多数ご出席いただき、まことにありがとうございます。皆様方との結束をより強くし、今年も明るい一年とするために、本日のこの場を大いに活用していただきたく、ただ今より会を始めさせていただきます。

私ども携帯ゲームソフト業界は、一見、右肩上がりの様相を呈しておりますが、実は熾烈な生き残り競争が展開されており、一度他社の勢いに押されると、なかなか復活できないという会社があとを絶ちません。そんな中、弊社がこうして安定した経営を保っていられますのも、皆様方が私どもを寛大に受け止め、支えてくださったからであります。

本日は、そのお礼の気持ちを込めて、ささやかな席を設けさせていただきました。お顔見知りの方も多くいらっしゃることと存じますが、初対面の方々とも交流の輪を広げ、有意義にお過ごしください。

POINT 業界全体の状況を知らせ、会社の現状を知ってもらいます。最後は、招待客が、積極的に交流を深めていける言葉を。

イベント

組合研修会 幹事の始めのあいさつ

1分30秒

組合員の皆さん、仕事でお疲れのところをお集まりいただきまして、ありがとうございます。ただ今より、城東技研株式会社労働組合の研修会を始めたいと思います。

本日は、新執行部になって初めての行事ということで、執行部員の顔ぶれをご紹介するとともに、組合員どうしの親睦（しんぼく）を深めることを目的として、このような研修会を設けました。どうか皆さん、大いに盛り上げ、日ごろのご意見やご不満がありましたら、われわれ執行部員へ気軽にご相談ください。

すでに皆さんもご承知のことと思いますが、部署の統合整理に伴う人員削減（さくげん）のため、早期退職者募集が大規模に行われております。こうした情勢下、私たちは「一致団結」の旗を掲げ、生活を守るために最後まで闘い抜かなければなりません。今夜は、その力を養うため、存分にグラスを傾けてください。そして明日からまた、がんばりましょう！

POINT 親睦を深めるという趣旨は明確にします。会社から補助や差し入れがあった場合は、最後に必ず報告してください。

イベント

組合懇親旅行 幹事のあいさつ

1分30秒

おはようございます。いい天気になりましたね。全員、時間どおりに集まっていただいたので、予定どおりに出発できました。本日の旅行はすばらしいものになる予感がします。

今回は、皆さんからの希望が強かったお座敷（ざしき）列車での旅行となりました。この車両とすぐ後ろの車両を借り切っておりますので、周りを気にすることなく、到着までご自慢ののどを競うカラオケ大会とまいりましょう。目的地である○○温泉までは、2時間ほどで到着する予定です。ホテルでは、たらばがにの食べ放題が待っておりますが、くれぐれも無言になってかにとの闘いに集中しないでください。私たちが闘うのはかにではなく、会社なのですから。今回の旅行は、士気を高め、団結力をアップさせることを目的としておりますので、宴会で無言は禁物、大いに盛り上がりましょう。隣の人と気軽に声をかけ合って、楽しく過ごしてください。

POINT 組合員といえど、あまり話したことがない人も多いはず。「隣の人と声をかけ合って」と、全員が気軽に話せるような配慮を。

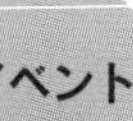

イベント

同業者研修会
幹事の始めのあいさつ①

1分30秒

皆さん、こんばんは。多数ご参加くださいまして、まことにありがとうございます。

ご案内のとおり、今回の研修会は、外部から講師の先生をお招きして、今私たちがもっとも気になる国民年金の問題についてお話しいただくことにしました。年金問題は盛んに報道されていますが、厚生年金加入のサラリーマンを対象にしている場合がほとんどです。私ども国民年金だけに加入している者にはあてはまらない話が多々あり、隔靴搔痒（かっかそうよう）の思いをいだいていらっしゃる方も多かったことと思います。

そこで今回は、実際にいくらもらえるのかなど、私たちに密着したテーマにしぼってお話を伺うことにしました。のちほど、個人的な相談の時間も設けてありますので、どうぞご利用ください。

講師を務めてくださるのは、年金アドバイザーの篠原洋子先生です。先生、どうぞよろしくお願いいたします。

POINT 講演などを行う場合は、それがいかにメンバーに必要なテーマかを説明し、興味を引くようにします。

イベント

同業者研修会
幹事の始めのあいさつ②

1分30秒

本日はお忙しい中、ようこそおいでくださいました。ただ今より〇〇市写真業協同組合懇親（こんしん）会を開催いたします。

近年、われわれ写真館は、存亡の危機にさらされています。少子化、ＳＮＳの普及など、複数の要因が考えられますが、時代の波には抗しがたく、残念ながら閉館に追い込まれる同業者があとを絶たないのが現状です。

これからお話しいただく渡辺幸三氏は、＊＊市で渡辺写真館を経営なさっていますが、ユニークなアイディアやサービスにより、このような景況の中にあって好業績をあげていらっしゃいます。経営ノウハウは本来企業秘密ですが、同業者のよしみということで、今回特別にご披露（ひろう）いただけることになりました。渡辺さんのお話を伺ったのち、参加者による討論会を予定しております。どうか活発なご意見の交換をお願いいたします。

POINT 同業者の集まりでは、業界の現状を客観的に把握していることが大切です。冷静に分析しましょう。

イベント

同業者研修会
主催者の始めのあいさつ

1分30秒

本日は「健康食材勉強会」にご参加いただき、まことにありがとうございます。

私ども食料品店を経営する者にとりまして、最近欠かせないのが、「いわしには頭が良くなるとされるDHAや、中性脂肪を低下させるEPAが多く含まれている」といったたぐいの知識です。昼のテレビで詳しい知識を仕入れた奥様方が、1時間後にはその食材を求めて店にいらっしゃるというようなケースも多く、日ごろからの勉強の必要性を痛感（つうかん）している方も多いことでしょう。そこで、今回は最近マスコミで話題になった健康食材の効能とされている成分について勉強します。

健康ブームは将来的にも続くと思われます。私は、この組合で食材の効能をまとめたハンドブックのようなものを作り、随時更新していくような仕組みを作ってはどうかと考えております。勉強会のあとの懇親会で、皆さんのご意見をお聞かせください。

POINT 「最近○○なのでこういう勉強会を」と、時流をタイムリーにとらえて開催していることを強調します。

イベント

同業者問題審議会
主催者の始めのあいさつ

1分30秒

皆様、お忙しい中、ご出席いただき、ありがとうございます。時間も限られておりますので、さっそく始めたいと思います。

ご案内のように、本日は、最近とみに激化している業界内での値引き商法について、見直しを図るべく、各社の皆様にお集まりいただきました。

同じ製品なら1円でも安いものをというのが、いつの時代も変わらない消費者の意識です。しかし、いたずらな値引き合戦は、市場を混乱させ、企業を疲弊（ひへい）させるだけです。一時期、他社に先んじることはできるかもしれませんが、長い目で見れば決して好ましい状態ではなく、また業界全体の信用力を失う結果にもなりかねません。

業界全体の健全な発展のためにも、本日は、各社の忌憚（きたん）のないご意見を出し合い、解決の糸口を見つけたいと思っています。皆さん、ご協力をよろしくお願いいたします。

POINT 問題点を明らかにして危機感を高め、参加者から前向きで建設的な意見が収集できるようにしむけます。

同業者懇談会
幹事の始めのあいさつ

1分30秒

　時間になりましたので、ただ今より○○市洋装洋品業者懇談会を始めさせていただきます。本日はお忙しい中、お集まりいただき、たいへんありがとうございました。

　この懇談会は年２回開催され、今回で46回目という歴史ある会合です。ほとんど欠かさずご出席いただいているわが組合の長老、進藤洋品店の進藤組合長のような方から、最近組合にお入りになった方、あるいは先代から店を引き継いだ二代目社長と、参加者の年齢や経験はさまざまです。

　この懇談会は、立場を超えて互いに視野を広げ、親睦を深めるのが目的です。堅苦しい会議ではありませんので、どうぞ、ざっくばらんに思うところをお話しいただきたいと思います。

　それでは、最初に組合長からごあいさつをいただきます。進藤組合長、どうぞよろしくお願いいたします。

POINT 「視野を広げ、親睦を深める」という懇談会の趣旨をはっきりさせ、参加者の活発な発言を促します。

同業者懇談会
新入会員を迎えるあいさつ

1分30秒

　本日はお忙しい中、お集まりいただきましてありがとうございます。

　さて、この○○県印章業協同組合懇談会は昭和○年から年２回実施されております。本日は初めてご参加の沢木印章店さんもいらっしゃいますので、簡単に懇談会の趣旨目的をご説明しておきましょう。

　ご存じのように、１００円ショップでも印章が手に入る時代となり、われわれ印章専門の小売店はたいへん苦しい立場に立たされております。小売店どうしはいわばライバルですが、スクラムを組んで現況に立ち向かっていかなければ、先細りが進むばかりです。そこで専門店ならではの販売方法や、新しい技術についての情報交換をしようと生まれたのがこの懇談会です。お互いに親睦を深めながら、それぞれ思うところを語り合い、知恵を出し、協力し合いましょう。

　沢木さん、どうぞよろしくお願いします。

POINT 新入会員に向けて、どのくらいの頻度で集まるかなど、簡単に会の趣旨説明を行います。

イベント

同業者懇談会
新入会員あいさつ①

1分30秒

ただ今ご紹介をいただきました、○○市の○○社の佐伯と申します。このたび、副理事長の山本様よりご推挙（すいきょ）をいただきまして、この伝統ある＊＊県織物（おりもの）業者協同組合の末席に加わらせていただくことになりました。

当社は、創業3年目を迎えたばかりの、よちよち歩きの会社でございます。従業員も家族を入れて数名という、小さな所帯です。そのような私どもが、皆様のお仲間に入れていただけるということは、身に余る光栄と存じております。業界の新参者で、また若輩でもあり、種々のしきたりには疎（うと）いものですから、これから皆様には非礼を働くこともあろうかと存じます。そのようなときは、どうかご叱責（しっせき）をよろしくお願い申し上げます。

皆様の足手まといにならないよう、当組合に尽くしてまいりたいと存じます。どうぞよろしくお引き回しください。

POINT 仲間に加えていただくのが光栄だという謙虚な気持ちで。ただし、あまり卑屈になるのは逆効果です。

イベント

同業者懇談会
新入会員あいさつ②

1分30秒

皆様、こんばんは。菊田酒造の菊田でございます。このたび、父の跡を継ぎ、菊田酒造の三代目となりました。

こうして組合の一員に加えさせていただいたことで、社業を後継したという実感がわいてまいります。実は、ここにいらっしゃる諸先輩は、私の子ども時代をご存じの方も多く、こうして皆様の前で社長としてごあいさつ申し上げることに、いささか気恥ずかしさを感じております。

父の現役時代は、皆様の発展的なご意見によい刺激を受けると申しまして、この懇談会に出席するのをたいへん楽しみにしておりました。私は今、緊張の極致（きょくち）で、楽しみだなどとはとうてい申せない心境ですが、皆様から刺激を受けたいという気持ちは父と同じです。

未熟者ではございますが、どうか皆様のご指導のほどをよろしくお願い申し上げます。

POINT 跡継ぎとして新しく参入するときは、先代の話題を主にしながら、初々しくさわやかにあいさつしましょう。

同業者ゴルフコンペ 幹事の始めのあいさつ

1分30秒

皆さん、おはようございます。本日は朝早くからご苦労さまです。待望の運輸業界組合主催ゴルフコンペの日がやってまいりました。今回の幹事は、葛木運送の大木とロイヤル急便の川本部長の２人が務めますので、よろしくお願いいたします。

毎年恒例、この真夏のゴルフコンペも今回で数えて18回となりました。この間、一度も途切れることなく年々盛況（せいきょう）になっていることは、業界の団結力の強さを物語るものであります。ライバル会社が次々と台頭し、日ごろは熾烈（しれつ）な生き残り競争を強いられながらハンドルを握るわれわれではありますが、本日は、それをゴルフクラブに持ちかえ、親睦をモットーに楽しくプレーしましょう。優勝のほかにもブービー賞、ニアピン賞、飛び賞など多数用意いたしました。コンペ終了後は、表彰式を兼ねた宴席がありますので、ご期待ください。さて、８時となりましたので、スタートとまいりましょう。

POINT 「団結力」「親睦」などの言葉をとり入れ、同業者の仲間意識を高めます。賞のことや宴席の予定を伝え、雰囲気を盛り上げて。

同業者ゴルフコンペ 優勝者のあいさつ

1分30秒

このたびは、お招きいただきましたうえに、優勝までさせていただき、まことにわがゴルフ人生最良の日でございます。ありがとうございます。

いつもは飛ばしやでドラコンねらいなのに、今日に限っては、ミスのない慎重なゴルフをしようと心がけておりました。仕事では、諸先輩方の後ろを必死で追いかけている私でございますので、ゴルフくらいはトップになりたいと、なかでも食品製造業界最大手の北の丸食研さんには負けまいと、奇跡のスコアをたたき出すことに成功いたしました。

ゴルフもさることながら、この宴席で経験豊富な皆様と歓談できることは、楽しい時間であるとともに、たいへん勉強できる有意義なひとときでございます。本日のゴルフコンペに参加させていただきましたことを、重ねて、心からお礼申し上げます。また来年もぜひ、メンバーに加えていただきたいと存じます。ありがとうございました。

POINT 優勝したからといって、あまり恐縮したスピーチは嫌みになります。同業者のつながりに感謝し、さわやかに結びましょう。

イベント

異業種交流会
幹事の始めのあいさつ

1分30秒

皆さん、こんにちは。私は、「高潮ニュータウン異業種交流会」の幹事を務めさせていただきます、菅原建設の井下でございます。よろしくお願いいたします。

あけぼの第三大橋の完成によって実現した高潮ニュータウンは、丸菱銀行さんやスーパーカドマツさんなど大手企業をはじめとして、さまざまな会社や店舗が軒を連ね、21世紀の未来都市と期待されております。この交流会は、この町の発展を願い、それに関する具体的な活動内容を考えていこうという趣旨で設けさせていただきました。公共施設の増加、歩道の整備、学校の問題など何でもかまいませんので、ご意見やご提案をお聞かせください。

なお、新しい仲間もどんどん増えております。このあと、懇親会の席も用意してありますので、ぜひそちらにも参加されて、親睦を深めていただきたいと思います。

POINT 異業種交流会では新しい参加者も多いもの。名のることを忘れず、どんな経緯でできた会なのか説明するなどの配慮を。

イベント

異業種交流会
幹事の終了のあいさつ

1分30秒

皆さん、お疲れさまでした。本日の異業種交流会も、そろそろお時間となったようです。前半の定例ミーティングで「大都市における文化の発展について」で白熱した討論が交わされる姿や、後半の懇親会で和気あいあいとテーブルを囲む姿を見て、主催したかいがあったと喜んでおります。途中退席もなく、皆さん積極的にご参加くださり、まことにありがとうございました。密度の高いお時間を過ごしていただけたでしょうか。

異業種の方々が一堂に会する機会というのは、数多くあるものではございません。お互いに情報交換し、コミュニケーションを図ることは、常に新しい視点や幅広い視野を求められるビジネスマンにとっては財産となっていくことでしょう。

またのご案内の際には、お知り合いの方もお誘いになり、皆さんぜひご参加くださいますようお願いいたします。本日は、ありがとうございました。

POINT 異業種交流会は、日ごろ接することのない人との和をつくるチャンスの場です。次の参加に期待感が高まるような締めに。

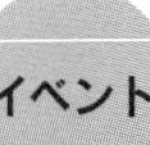

イベント

商店会慰安旅行
幹事の始めのあいさつ

1分30秒

皆さん、おはようございます。

年に一度のお楽しみ、商店会の温泉旅行にただ今より出発いたします。皆さん、今日だけは、それぞれのお店をご家族に頼んでのご参加でしょう。平身低頭してお出かけになった方も多いかもしれませんが、ここからは気持ちを切りかえて、仕事を忘れ、大いに楽しみましょう。

今回は、皆さんからご要望の多かった貸し切りバスでの移動です。途中1回△△サービスエリアで休憩を入れまして、だいたい2時間くらいかかる予定です。日の高いうちから、と周りの目を気にすることなく、飲みながら、大いに語り合いながら、歌いながら、目的地の○○温泉に向かいましょう。

なお、車中に用意しましたお酒とおつまみは、＊＊ストアの橋本さんから格安でご提供いただきました。橋本さん、どうもありがとうございます。

それでは皆さん、バスへどうぞ。お席は自由です。

POINT それぞれ仕事をやりくりしての参加です。その苦労を思いやりながら、旅行の解放感を伝えます。

イベント

商店会野球大会
幹事の始めのあいさつ

1分30秒

○○商店会の皆さん、＊＊商店会の皆さん、おはようございます。＊＊商店会で、酒屋を営んでおります木島です。

一昨年、地元の△△高校の甲子園での活躍に刺激を受け、それぞれの商店会に野球チームが誕生しました。両チームとも、なんとか試合らしい試合ができるようになったことから、会長どうしの間でとんとん拍子に話が進み、本日の対戦に至ったわけです。

メンバーの平均年齢は、○○商店会さんが33.2歳、わが＊＊商店会が29.8歳でした。ただし、野球経験者は○○商店会さんのほうが多く、ピッチャーの野本さんは、高校時代、県大会の決勝までチームを率いた実力派です。さて、若さが勝つか、経験が勝つか、それぞれの練習の成果をいかんなく発揮し、いい汗を流しましょう。

試合終了後は、近くの店で懇親慰労会(こんしんいろうかい)を設定していますので、どうぞお楽しみに。

POINT それぞれのチームの持ち味を簡単に紹介したり、試合後の飲み会を案内したり、楽しく盛り上げる工夫を。

イベント

商店会懇親会
幹事の始めのあいさつ

1分30秒

皆様おそろいのようですので、ただ今より○○商店会の懇親会を始めます。それぞれのお店の営業が終わってからということで、夜遅くからの開催となり、また皆さんお疲れのことと思いますが、どうぞ足を楽にして、おくつろぎください。

昨年、駅前に大きなスーパーができてから苦戦の続いていたわが商店会ですが、商店会共通クーポンを発行するなどの試みが成果をあげつつあります。お酒が入ると、発想も自由になるという話もありますから、今日はわが商店会の未来についても、大いに語り合いましょう。

なお、今回の会費は、飲み放題で3500円という破格の値段です。これは、こちらの「寿司虎」さんのご好意によるものです。寿司虎さん、いつもありがとうございます。

では、さっそく乾杯とまいりましょう。会長、乾杯の音頭(おんど)をお願いします。

POINT 地域の会合では、場所の提供や差し入れなどの便宜を受けることも多いもの。参加者に報告しながらのお礼も忘れずに。

イベント

商店会婦人会講習会
幹事の始めのあいさつ

1分30秒

皆さん、こんにちは。○○商店の高島です。

今回は、婦人会初の企画として、ラッピングの講習会を行うことにしました。

おしゃれな包装紙を使ったり、リボンの使い方を工夫することで、ずいぶん商品の印象は変わります。プレゼント用に商品をお求めになるお客様へのサービスとしてはもちろん、店頭ディスプレーにもラッピングの技術は応用できそうですよね。

などと偉そうなことを申しましたが、これは受け売りです。実は、**フラワーのお嬢さんである恵子さんが、東京でラッピングを専門的に学び、このたびご実家に帰っていらっしゃったのです。これから店を手伝いながら、ラッピングの技術を生かすことになるわけですが、皆様へのご紹介を兼ねて、恵子さんにラッピングを教えてもらおうということになりました。

では、恵子さん、よろしくお願いします。

POINT 新しく商店会に加わるメンバーをにこやかに紹介しながら、講習がいかに仕事に役立つかをアピールします。

商店会婦人部新年会 会長のあいさつ

1分30秒

皆さん、お寒い中、お集まりいただき、ありがとうございます。

歳末売り尽くしセールから、新春大売り出しと続き、またご家庭の大掃除やお正月準備もあり、皆さんお忙しかったことでしょう。ほんとうにお疲れさまでした。

年末年始のドタバタがようやく一段落というこの時期に、毎年婦人会では遅ればせながら新年会を開いています。今日1月20日は別名「女正月」というそうです。忙しい年末年始を過ごし、このあたりでゆっくり骨休めという意味で、近所の女性たちが一日じゅうおしゃべりを楽しむという慣習の残っている地域もあるそうですよ。

私たちも、今日は久々にのんびりとさせてもらい、おしゃべりにいそしみましょう。明日からまた気持ちを切りかえて、がんばりましょうね。皆様、本年も、どうぞよろしくお願いいたします。

POINT 小売店の店員は休みにくいもの。「女正月」に言及し、羽を伸ばしてもらいます。

商店会忘年会 会長のあいさつ

1分30秒

皆さん、1年間お疲れさまでした。○○商店会も、本日ようやく一年の商いを終えました。

閉められたシャッターに一斉にしめ飾りが飾られ、お正月を迎える準備もととのったようですね。

今年の歳末セールは、わが商店会初の試みとして「現金つかみどり」を行いました。テレビのニュースなどにも大々的にとり上げられ、商店会の宣伝効果は絶大（ぜつだい）でしたね。ただ、もう少し全体の売り上げが伸びるかと思っていたのですが、やや期待はずれに終わってしまいました。そのあたりは、来年の課題として持ち越すことにしましょう。

商売の話はこのくらいにしておきましょうか。私どもがゆっくり休めるのはこの年末年始とお盆休みだけ、それも年々期間が短くなってきています。せめて今日はゆっくりくつろいで、一年の疲れをいやしてください。

来年も、どうぞよろしくお願いいたします。

POINT 商店会全体の一年の活動を振り返りながら、忙しかった仕事をねぎらい、新しい年につなげる言葉で結びます。

すぐに役立つ
とっさのひとこと

出社から退社まで毎日のあいさつ

◆皆さん、はじめまして。本日こちらに配属になりました佐藤雄介と申します。未熟者ですが、どうぞよろしくご指導ください。

◆いま○○線の車内です。事故のため停車中で、出社が遅れます。めどがついたら、またご連絡します。

◆昨晩から38度の熱があります。ご迷惑をかけて申しわけありませんが、本日は休ませてください。

◆昨晩から子どもが熱を出しました。病院にかかってから出社いたしますので、2時間ほど遅れます。

◆おはようございます。昨晩はお世話になりました。

◆おはようございます。休暇中は、いろいろありがとうございました。

◆おはようございます。ご心配をおかけしましたが、熱も下がりましたので、きょうから遅れを取り戻すべくがんばります！

◆○○社へ行ってまいります。帰りは3時ごろになる予定です。

◆わかりました。行ってらっしゃい。お気をつけて。

◆○○社からただいま戻りました。

◆お帰りなさい。お疲れさまでした。

◆お待たせしました。わざわざお越しいただきまして、恐縮です。

◆こちらこそ、お忙しいところお時間をさいていただきまして、ありがとうございます。

◆それでは、本日はこれで失礼いたします。ご依頼の資料がそろいましたら、またご連絡いたします。

◆よろしくお願いいたします。本日は、ご足労いただき、ありがとうございました。

◆本日、これからお手伝いすることはありますか？

◆いや、きょうはもういいですよ。ご苦労さま。

◆では、お先に失礼いたします。

◆お疲れさまでした。

朝礼

バーゲン初日にあたって管理職のあいさつ

1分30秒

いよいよ本日から、半期に一度の売り尽くしセールが始まります。皆さんご存じのように、このセールは上半期の決算を左右するといっても過言(かごん)ではない、大事なイベントです。

昨年はレジ待ちの長さにお客様の苦情の声が殺到(さっとう)しました。本年はその反省を踏まえ、各フロアに臨時のレジを増設します。セール中は、レジの列の手前でいったんお客様にお待ちいただき、あいたレジから順にご案内する「フォーク並び」方式を採用しました。各フロアの責任者は、スタッフにこの方式を徹底してください。また、今年は、案内係として、アルバイトさんを補充しています。不慣れな方も多いので、お客様にご迷惑をおかけしないよう、指導や連絡をきちんと行ってください。お客様には、社員とアルバイトの区別はつきませんからね。

この1週間に、当店の勝負がかかっています。皆さん、よろしくお願いします。

POINT 注意事項を具体的にあげて、スタッフが十分に理解し、遂行できるようにします。

なるほど！column

朝礼はＴＰＯを考えて

◆**その日にふさわしい話題を**

朝礼は、仕事にとりかかる前の心の準備のために行うものです。内容を考えるうえで大切なのは、その日の仕事の状況にマッチした話題を選ぶことです。たとえば、バーゲンの初日には具体的な注意事項や士気を高揚する話、中だるみの時期にはピリッと辛口の訓示をするなど、バリエーションを持たせましょう。

◆**明るく前向きな話を短時間で**

朝一番のすがすがしい時間に、暗い話題を延々と述べるのは不似合いです。不況や倒産を話題にする場合も、そこから得た教訓や光明をテーマにして、前向きにまとめます。

◆**ほめるときは全員に、しかるときは個人に**

多数の社員を前にした朝礼で、特定の部署や個人を叱責(しっせき)するのは避けましょう。一方、受賞などの明るい話題は全体に知らせます。

朝礼

フェア初日にあたって管理職のあいさつ

1分30秒

皆さん、おはようございます。本日からいよいよ春の新製品フェアが始まります。すでに新製品の特長は皆さんの頭にしっかりと刻み込まれていることと思いますが、ここでいま一度確認しておきます。

今回の新製品〇〇シリーズは、最先端のナノテクノロジーを応用したものです。ナノというのは10億分の1という非常に小さな単位のことですが、有効成分を小さな粒子にすることで、肌への浸透力が高められるという仕組みです。ただ、お客様によっては、こうした科学用語ではピンとこない方もいらっしゃるでしょう。ナノテクという用語を多用するよりは、浸透力、保湿力にすぐれているという点を強調するのがよいかと思われます。

このシリーズは、将来の当社の主力商品を目ざすもので、サンプルつきパンフレットも相当数準備してあります。皆さん、いつにも増して力を入れて販売にあたってください。

POINT 新製品発売の際などは、商品の特長の説明のほか、「どういう説明のしかたをすればよいか」も具体的に徹底させます。

朝礼

強化月間最終日にあたって管理職のあいさつ

1分30秒

皆さん、おはようございます。

全社をあげてとり組んでまいりました秋冬用品販売強化月間も、本日が一応の終了日となります。

昨日までの売上高は〇〇万円と、目標額まであと〇〇万円というところまで迫っております。しかし、目標を達成できるかどうかは実に微妙なところで、今日一日の販売数で明暗が分かれるという、まさしく剣が峰にわれわれは立たされております。

この1カ月、公私にわたる人脈を駆使して販売網の拡充に当たっていただきましたが、あとひと踏んばりです。

最後まで気を抜かず、持てる力をすべて出しきり、ラストスパートをかけてくださるようお願いいたします。終業時には、晴れやかな顔で皆さんにまたお会いできることを確信しています。

それでは、各自、持ち場につき、早めに準備を始めてください。

POINT 「〇〇月間」「〇〇運動」などの終盤には、それまでの努力や成果をたたえつつ、最後の踏んばりを期待する訓示を行います。

朝礼

顧客回りのコツ 管理職のスピーチ

1分30秒

この夏は、当地には珍しい猛暑ですね。俗に「ニッパチ」という夏枯れの時期ではありますが、8月に入って売り上げ成績がグンと下落しています。

この暑さ、外回りの皆さんもたいへんでしょうが、戸別訪問をしてもご不在というお宅も多いのではないでしょうか。昨晩のニュースで、涼(りょう)を求めて冷房設備のある図書館や地区会館に避難している奥様方が多いと言っていました。こういう時期は、冷房がととのっている会社や事務所、商店などを中心に回るほうが効率はよさそうですね。

ただいたずらに歩き回っても成果はあがりません。この暑さなら不在がち、雨の日は在宅率が高い、週明けの月曜、火曜は休日に浪費した分サイフのひもがかたい、など想像力をたくましくしてみてください。気温や天候、曜日にも気を使う知恵と工夫が売り上げアップにつながります。

今日も元気に、がんばりましょう。

POINT 仕事上のアドバイスは、具体的な事例をあげて、聞き手の頭にすんなり入るよう表現を工夫します。

朝礼

店長のスピーチ

1分30秒

皆さん、おはようございます。今日は、精肉の三木さんがお休みで、主任の宮本くんがかわりに入りますので、よろしくお願いします。

いよいよ秋も深まり、特に食べ物がおいしい季節となりました。食品売り場では、本日から2日間、「秋の味覚フェア」が始まります。野菜コーナーでは栗、さつまいも、生鮮(せいせん)ではさんま、カキ、精肉は鍋(なべ)用の松阪牛の販売に重点がおかれます。在庫管理やケースの入れかえには十分注意を払ってください。天気予報によると、午後から雨になるそうです。店内の床がすべりやすくなりますから、お客様にご迷惑のかからないよう、床の手入れもこまめにお願いします。収益だけにこだわるのではなく、品質、サービスの点でも十分なものを提供できるようにしなくてはなりません。それでは、スーパーマツユキのトレードマークである笑顔を忘れずに、今日も一日張り切っていきましょう。

POINT スタッフの配置など、業務上の報告を最初に伝えます。ポイントとなる「サービス」「笑顔」などの言葉は、ゆっくり強調して。

朝礼

安全週間にあたって工場長のスピーチ

1分30秒

本日から1週間は、当社の安全週間です。今年の重点目標をお話ししますので、よく頭に入れておいてください。目標は3つあります。

まず、工場敷地内禁煙の実施です。万一、当工場で火災が発生しますと、爆発事故にもつながりかねません。今までは屋外での喫煙は黙認されてきましたが、安全週間以降も、喫煙は、必ず喫煙室で行ってください。

2つ目は、安全帽着用の徹底です。基本中の基本ですが、最近暑くなって頭が蒸れることから、かぶらない人も多く見受けられます。頭上への落下物は致命傷にもなりますので、必ず着用してください。

最後は、作業工程の遵守(じゅんしゅ)です。現場の判断でまちまちになると事故につながりやすくなります。定められた工程どおりに作業を行ってください。

以上、敷地内禁煙、安全帽の件、作業工程遵守、必ず守って事故ゼロ週間にしましょう。

POINT 複数の連絡事項があるときは「○個あります」とまず数を知らせ、結びでも項目を復唱するとわかりやすくなります。

朝礼

管理職（事務職）のスピーチ

1分30秒

おはようございます。さて、皆さんは今朝何人の人に「おはようございます」と言いましたか？　手をあげてみてください。10人以上の人。はい、なかなか優秀ですね。5人以上。まぁいいでしょう。

総務部には、あらゆる部署からの書類が次々送り込まれますが、それらを正確かつ迅速(じんそく)に処理するのは容易なことではありません。自分だけの仕事に没頭しがちになるのはわかりますが、もっとお互いにコミュニケーションを図る必要があると思います。先輩は後輩の仕事効率をチェックする、部員どうしで書類の不備を点検するなどして、1人で仕事を抱えない体制づくりをすれば、部全体の能率アップと残業の減少につながります。コミュニケーションは、朝の元気なあいさつから始まります。これからは、意識して1人でも多くの人と「おはよう」を交わしてください。さあ、間もなく業務開始です。今日も元気よく、お願いします！

POINT 黙々と作業しがちな雰囲気を打破し、活気ある空気づくりを。事務だからこその、お互いの協力関係の重要さを訴えましょう。

訓話

社長の訓話
あいさつを大切に

1分30秒

皆さん、おはようございます。

私、いつも思うのですが、「おはようございます」というのは、ほんとうにすてきなあいさつですね。

さて、あなたは、今日起きてから何人の人に「おはようございます」とあいさつをしましたか？　職場の皆さんともあいさつをしましたか？　特に、管理職の皆さん。部下が「おはようございます」とあいさつをしているのに「おー」とか「んー」とか、なま返事を返したりはしていないでしょうね。

現代はコミュニケーションの時代といわれます。皆さんも、ちょっとした言葉や態度の誤解から、大きなトラブルにつながったという苦い経験があるでしょう。あいさつは良好なコミュニケーションの基本になるものです。

今日は一日、「ありがとう」「ごめんなさい」といった当たり前のあいさつができているか、自分で確かめてみてください。

POINT 説教がましい話は敬遠されがちです。聞き手に問いかけたりするなどして、身近な話と受け止めてくれるように工夫します。

訓話

管理職の訓話
ミスは初期のうちに訂正を

1分30秒

皆さん、おはようございます。

実は昨日、とんでもない不手際（ふてぎわ）が発生するところでした。納品数1000個のところ、1けた少ない100個で発送してしまったのです。伝票処理の担当者が気づき、あわてて追加の900個を航空便で発送し、取引先には迷惑をかけずにすみました。送料のロスという損失はありましたが、相手の指摘を受けての再発送では、信用を失いかねません。早期に対処したことで、損失を最小限に抑えたわけです。

手元のペン2本をこうして逆ハの字に持ってみてください。当然、2本の開きは、先にいくにつれて大きくなりますね。仕事のミスや交渉での言葉の行き違いも同じことで、放置しておけばどんどん広がり、修復がむずかしくなります。

ミスはだれにでもあることです。しかし、それに早く気づき、早く修正することがいちばん大事だということを覚えておいてください。

POINT ペンなど身近なものを「たとえ」に使って話をすると、聞き手に具体的なイメージが伝わりやすくなります。

訓話

管理職の訓話
消費者ターゲットの再考を

1分30秒

皆さん、おはようございます。

さて、団塊の世代を含む高齢者層が、大きなマーケットになっているのはご存じのとおりです。若い年代向けとは違うものをと、われわれも開発に当たってきました。ところが、昨日ある雑誌記事を読んで、考え込んでしまったのです。

その記事は「あきらめない高齢者」というタイトルでした。たとえば、朝にはふさわしくありませんが、男性のバイアグラです。女性ならプチ整形です。不老長寿の薬はいまだ開発されていませんが、それに近いものは、技術の発達のおかげで手に入る時代になっているのです。その傾向に、当社製品はマッチしているだろうかと考えてしまったわけです。

高齢者とひと口に言いますが、そのライフスタイルやニーズは、ほんとうに十人十色です。いま一度その視点に立ち、ターゲットを見つめ直してほしいと思います。

POINT　前日や当日の新聞記事・ニュースなどをテーマにして話すのもタイムリーです。なるべく仕事に密着した題材を探しましょう。

訓話

管理職の訓話
セールスマンの心得とは

1分30秒

皆さん、おはようございます。中途入社の諸君を加え、わが販売部の営業マンは総勢15名となりました。新メンバーとともに、今日から気持ちも新たにがんばりましょう。

さて、15名いれば、トップから15位まで順位がつきます。その差は何なのか。私自身が長年営業に携わってきて得た極意は「自信を持つ」ということです。私どもが販売する健康食品は高価です。しかし中身には自信があり、値段に見合うだけの価値があるという自信を持ってください。お客様のどんな質問にも堂々と答えられるような商品知識を身につけ、お客様に役立つ食品を販売しているという誇りを持って、販売に当たってください。

自分の商品と自分の知識に自信が持てない人は、自信のない商いしかできません。そういう人の成績は語るまでもないでしょう。

さあ、自信を持って、行ってらっしゃい。

POINT　印象を強めたいときには、端的なキーワード（自信）を話の中で繰り返すのも効果的な方法です。

訓話

店長の訓話
お客様の信頼を得るためには

1分30秒

おはようございます。月も改まりました。気持ちをリセットして仕事に励みましょう。

さて、恒例の月内目標ですが、今月は『全員店員主義』といたします。文字どおり、全員がプロの店員として、お客様に接してほしいということです。日ごろから店頭で接客に当たっている者はもちろん、部品管理や事務部門など、ふだんお客様と接する機会のない人も「店員」としての自覚を持ってください。と申しますのは、お客様から見れば、当社の制服を着ている人はみなプロです。プロの回答が聞きたくて質問や相談をしているのに「私は担当じゃありません」「わかりません」と答えては、それだけで販売のチャンスを逃してしまうことになります。わからなければ「少々お待ちください。ただいま調べてまいります」と言いましょう。そして、しかるべき人に尋ね、正しくお答えする。それがお客様の信頼を得る第一歩なのです。

POINT 精神論を短時間に伝えるのはむずかしいもの。具体的な「問答」の例をあげながら、正しい接客のしかたを伝えます。

訓話

店長の訓話
仕事の効率アップのために

1分30秒

皆さん、おはようございます。いよいよ歳末セールが近づいてまいりました。正月明けには冬物売りつくし、2月には新製品キャンペーンと、イベントもめじろ押しです。

本格的な繁忙期(はんぼうき)に入る前に、自分の中長期的なスケジュールを見直し、無理や無駄のないようにしておいてください。各班長は、随時ミーティングを招集し、メンバーの状況を把握するとともに、問題点やお客様の声などの情報交換に努め、班が効率的に運営されるよう、心がけてください。

また、繁忙期が長丁場(ながちょうば)にわたるこの時期は、一日一日の仕事を、きちんと確実にすませることが、もっとも大切になります。忙しいから、疲れたからと、こなしきれなかった仕事を翌日に回せば、翌日の仕事が余計にきつくなります。ときには残業で処理していただく必要もあると思いますので、たいへんでしょうが、よろしくお願いします。

POINT 「なすべきこと」を話す場合も、朝礼では項目を3つ以内にしぼって話さないと、焦点がぼやけた話になってしまいます。

訓話

工場長の訓話
「見る」から「診る」へ

1分30秒

皆さん、おはようございます。今日は、私たちの仕事の意識についてお話しします。

工程管理について、私たちはよく「みる」という言葉を使いますが、漢字ではどう書くでしょうか。まず思い浮かべるのは、見学する、の「見る」ですね。

でも、私のパソコンで「みる」と打ちますと、ほかにも変換候補が出てきます。映画を観る、サッカーの試合を観るというときの「みる」は観察の観の字ですね。あとは看護師さんの看の字で「看る」、さらに、医者の診療の診の字で「診る」と、4種類もの「みる」という表現がありました。さて、私たちに求められているのは、どの「みる」でしょうか。

漫然と見学するのでは困ります。観察となると、少しはいい。でも、プロに求められるのは、きめ細かな看護師さんの「看る」、あるいは、問題点を診察し治療するお医者さんの「診る」ですね。この段階まで管理の質を高めてほしいと思います。

POINT 漢字のあてはめ方を題材にするのも一つの方法です。4つの漢字を紙に書いて示しながら話すとよりベター。

訓話

社長の訓話
まず人まねから始めよう

1分30秒

今の若い世代は「指示待ち症候群(しょうこうぐん)」で、だれかから言われないと、あるいはマニュアルがないと動けないなどといわれます。実際は、指示待ち症候群という言葉が生まれる前から「みずから進んでやるのは上の上、まねてやるのは中の中、言われてやるのは下の下」などという言い方もされていました。

しかし、皆さんが指示を受けてから仕事を行ったからといって、自主性がないというわけではありません。行っていいかどうか判断がつかない局面も多く、指示を受けたからといって下の下ではありません。そんなときは、上司や先輩のやり方をまねればいいのです。「芸術は模倣(もほう)から始まる」ともいうように、自主性は、人のまねを経由して身につくことが多いものです。

そして、上司、先輩にあたる立場の人は、さらにその上をまねるとともに、下の人の模範になるようにも心がけてください。

POINT 若い人が多い職場向けの話です。若い世代を否定するのではなく、年長者からヒントを与える気持ちで話しましょう。

訓話

管理職の訓話
失敗経験を生かすためには

1分30秒

皆さん、おはようございます。

さて、仕事には失敗がつきものです。失敗をしたとき、皆さんはどんなことを思うでしょうか。「あんなことしなければよかった」という後悔ですか？それとも「こうだったら」という仮説ですか？失敗してしまったときにすべきことは「こうすればよかった」という成功の方法を見つけることです。成功のイメージトレーニングができれば、失敗も収穫になります。失敗はだれにでもあることですが、それを貴重な経験として、二度と繰り返さないように注意したり、次に生かすことができなければ、失敗は損失のまま終わってしまうのです。

かくいう私も、これまで数知れない失敗をしてきました。そこで得た教訓は「成功するまで続ければ失敗にはならない」ということです。失敗も成功によって穴埋めされ、帳消し（ちょうけ）しになるということをお忘れなく。

POINT 仕事につきものの「失敗」をテーマに、それをポジティブに生かす方法を具体的な表現を交えて伝授します。

訓話

管理職の訓話
真の仕事の引き継ぎとは

1分30秒

皆さん、おはようございます。

間もなく秋の人事異動のシーズンがやってまいります。例年思うのですが、人事異動や定年、あるいは自己都合による退社の場合の引き継ぎが十分でないために、取引先に迷惑をかけたり、取引のチャンスを逃しているケースが多いように思います。

忙しさにかまけて、後続の担当者に書類やデータを渡し、顧客や取引先に紹介してそれでおしまいにしていませんか。それでは、表面的な情報を伝えただけにすぎません。

真の引き継ぎとは「頭の中身の引き継ぎ」です。今まで在籍していた職場の特徴と雰囲気（ふんいき）、担当していた顧客や取引先の指揮系統や判断基準、過去にトラブルがあればその経緯と解決方法なども、客観的に後続の担当者に伝えましょう。表面的な引き継ぎと内面的な引き継ぎをあわせて行うことで、会社全体の仕事の効率は大幅にアップするのです。

POINT ほんとうに引き継ぎたいのは、紙やパソコンに残すことのできない情報だということを、具体的な事例をあげて説明します。

訓話

管理職の訓話
新規顧客開拓について

1分30秒

おはようございます。

最近、新規の顧客開拓の成績が振るいませんね。不況ではありますが、知恵と工夫があれば、きっと道は開けるものです。

皆さんは、次の言葉をご存じでしょうか。「小人は縁に会って気づかず、中人は縁に会って生かせず、大人は袖すり合う縁をも生かす」というものです。縁、つまり営業のチャンスというものはだれにも平等に訪れるものです。小さい器の人間はそれに気づきもしない。中くらいの人間は、チャンスであることはわかるが、それを発展させることができない。しかし、器の大きな人間は、ほんのささいなチャンスも見逃さず、つかまえて開花させる、という意味ですね。

今日も、縁に出合う機会はいくらでもあるはずです。君たちの五感をフルに発揮してそれを見つけ、生かしてください。

POINT あまりなじみのない名言だと聞き手の耳にすんなり入らないので、ゆっくり、はっきりと紹介し、補足の説明も加えます。

訓話

社長の訓話
逆境について

1分30秒

皆さん、おはようございます。

例の○○事件以来、業界全体への世論の風当たりが厳しく、わが社の業績も低迷が続いています。しかしながら、他社の中には、堅調を維持しているところもございます。

皆さんは「逆風満帆」という言葉を耳にしたことがおありでしょうか。「順風満帆」は、ご存じのように、物事が順調に進むことです。しかし、考えてみると、帆をいっぱいにふくらませるのは追い風ばかりとは限りません。強い逆風でも、うまくコントロールすれば、帆はふくらみます。

今、われわれに必要なのは、こうした逆転の発想です。業界やわが社をとり巻く環境は依然として厳しいものがありますが、発想を転換させることで、うまくいくケースがきっとあるはずです。今までのやり方にとらわれず、ぜひ新しい発想で、仕事にチャレンジしてください。

POINT 会社の業績が厳しい時期の訓示では、なるべく前向きな言葉を引用し、社員を叱咤激励します。

訓示

管理職の訓示 私用メールの禁止

1分30秒

皆さん、おはようございます。朝は気持ちのいい話で始めたいのですが、今日はあえて苦言を呈させていただきます。

当社では、以前から勤務時間内の私用電話やパソコンの電子メールの私的使用は禁じられております。ところが最近は、スマホや携帯電話を使用して職場から私用メールやSNSを行う者が散見されます。

もちろん、仕事上の連絡で用いるケースもありましょうが、勤務時間内にもかかわらず長時間指をせわしなく動かす姿や、会議の最中にも操作する姿は目に余ります。昨日は、取引先からも「見苦しい」との指摘を受けました。

最近は、すぐに返信をしないと、良好なコミュニケーションを保てないという話も聞きます。しかし、社会人としての立場、勤務時間内という環境をよくわきまえて、良識的に対応してください。

POINT 若手社員の言動への注意は、ある程度の理解を示しながら、社会人としての節度をやんわりと求める方法が得策です。

訓示

管理職の訓示 遅刻の多さについて

1分30秒

皆さん、おはようございます。昨晩からの大雪で、どうやら根雪(ねゆき)になりそうですね。

ところで、この時期は、例年遅刻者が多くなります。聞いてみると、「いつもと同じ時間に出たのだが、道が渋滞した」「雪道が歩きにくく、電車に乗り遅れた」などという理由が多いようです。口うるさいことは言いたくないのですが、いつもギリギリで余裕なく行動していると、こういうことが起こりやすくなります。そういう人は、取引先の面会時間にも遅刻するのではありませんか? たかが遅刻、されど遅刻です。時間にルーズだと、人格までルーズに思われがちで、交渉がうまくいかなかったり、ひいては会社の信用を失うこともあります。

「5分前行動」という言葉があるように、定められた時間の5分前には準備ができているというのが理想です。思い当たる者は、今日から気持ちを引き締めてください。

POINT 「注意は1対1で」が原則。遅刻者への注意は個別に行い、朝礼では、全体の規律や心構えを主体に話します。

連絡

工場長の連絡
仕事内容に変更があるとき

1分30秒

皆さん、おはようございます。この現場の工事もいよいよ最終段階を迎えました。すでに作業を終えたグループもあることから、若干、人員配置を変更することにいたしました。

作業の終わったA、Bの2グループの皆さん、お疲れさまでした。今日からは、Aグループの諸君はCグループに、Bグループの諸君はDグループに応援に入ってください。新しいCグループの統括（とうかつ）は清水君に、Dの統括は小池君にお願いします。

このあと、それぞれ新しいグループに分かれて、清水君と小池君から作業の内容や手順について説明してもらいます。皆さんたちの声を生かして、今までの手順を変更した部分もありますので、聞き逃しのないようにして、新しい指示に従って作業を行ってください。

では、今日も一日、安全第一で作業を進めてまいりましょう。

POINT 朝礼では全体にかかわる連絡を主にし、細かな説明は、グループごとに責任者が行うようにするといいでしょう。

連絡

管理職の連絡
新システム導入について

1分30秒

皆さん、おはようございます。

すでにご存じのように、このたび個人情報の流出（りゅうしゅつ）や、外部からの攻撃に対するセキュリティーを強化するため、会社全体のシステムとネット環境を新しく整備しました。それに伴（ともな）い、わが経理部で使用するシステムも変わり、しばらくはなにかとトラブルも想定されます。

当面は、専門のインストラクターが常駐していますので、トラブルが起きたときや使い方に不明の点があるときは、相談してください。また、今回のネット構築に関する社内責任者は、電算室の福井室長ですので、社内的な問題については、福井室長に対応をお願いしてください。

インターネットは便利ですが、危険性もはらんでいます。皆さんには今後とも自分の扱う情報の重要性を認識し、良識的にシステムを使いこなしてほしいと願っています。

POINT 新しいシステム・制度の導入時にはトラブルがつきものです。いざというときの相談窓口や責任者を明確にしておきましょう。

連絡

管理職の連絡
事故の報告

1分30秒

　さっそくですが、昨晩起きた○○峠での当社のバス事故について、新しい情報をお伝えします。
　行方不明になっているご乗客のうち、2名が新たに遺体で発見され、犠牲者は現在9名という大惨事になってしまいました。当社の運転手、石川忠さんも、意識不明の重体です。事故原因は、まだ明らかになっていません。一部では、運転手の過失をにおわせる報道がなされていますが、警察の発表がないうちは、軽率な発言や行動は慎んでください。マスコミからの問い合わせには、すべて総務部が対応することになりました。昨晩から、問い合わせや苦情の電話が相次ぎ、皆さんも対応に追われていることと思います。ご遺族、ご家族への連絡を最優先にしながら、苦情などにも誠実な姿勢で当たっていただきたいと思います。このような非常事態には、冷静で機敏な行動と対処が求められます。各自気持ちを引き締めて、事に当たってください。

POINT 非常事態のときこそ冷静に。社員も動転していますから、なすべきことや注意点をわかりやすく説明します。

連絡

管理職の連絡
盗難被害の報告

1分30秒

　すでにご存じの方も多いでしょうが、本日の未明、何者かが社内に侵入し、売上金の入った金庫から○○万円を奪って逃走しました。職場で管理している金庫の鍵が見当たらないことから、内部による犯行説もささやかれているようです。
　しかし、無責任なうわさに振り回されてはいけません。今は警察の捜査にできる限り協力し、早期解決を図ることがもっとも重要です。警察からいろいろ尋ねられることもあるでしょうが、推測でものを言うことは絶対に避け、事実だけを冷静に証言してください。また、マスコミや社外の取引先、個人的な知り合いなどからの問い合わせには、ノーコメントで通してください。
　今回の事件の対応と結果いかんによっては、会社の信用を大きく損なうこともありえます。事の重大性を各自よく認識して、責任ある対処をお願いいたします。

POINT 社内の事件はうわさがオーバーに広まりがちです。場合によっては厳しい態度で社員の対応を戒め、的確な行動を指示します。

連絡

管理職の連絡
社員が病気療養から復帰

1分30秒

皆さん、おはようございます。

今日から、菊池主任が出社しました。顔色もよいようですね。安心しました。

お医者さんから職場復帰の許しが出たとはいっても、まだ退院から間もなく、本調子ではないと思います。責任感の強い菊池君のことですから、休んだ分をとり戻そうと躍起(やっき)になるのではないかと、心配です。しばらくは無理せず、徐々に体を慣らしていってください。

皆さんには、菊池主任が不在の1カ月間、すばらしい連携プレーで、よくフォローしてくれたと感謝しています。急な入院だったので、菊池君はもちろん、職場の皆さんもなにかとたいへんだったことでしょう。

でも、職場の和が、今回のことでまたさらに強くなりましたね。菊池主任が戻ってきたことで、この和をさらに大きなものにしていきましょう。

POINT 復帰した社員を明るくあたたかく迎えるとともに、ほかの社員のフォローにもふれて、職場のまとまりのよさを強調します。

連絡

社長の連絡
社員の訃報を知らせる

1分30秒

今日は、皆さんに悲しいお知らせをしなくてはなりません。

1週間前、くも膜下出血で倒れて加療中だった田中部長が、昨晩の午後7時2分、お亡(な)くなりになりました。享年(きょうねん)58歳でした。

働き盛りでの急逝(きゅうせい)は、本人もさぞ無念だったことでしょう。彼と私は、長年苦楽をともにしてきた戦友のような関係でしたので、まさしく断腸の思いであります。社にとっても大きな人材の損失ですが、今はただご冥福をお祈りするにとどめたいと思います。

通夜(つや)は○月○日午後6時から、葬儀告別式は、翌○日の午前10時から、中央区の○○寺で行います。社員諸君に、お手伝いをお願いいたします。このあと、総務部長から、各担当の要請と、葬儀参列についての説明がありますので、ご協力をよろしくお願いいたします。

POINT 葬儀の日時や場所などの連絡のほかに、社員への協力要請の言葉も盛り込みましょう。

日常のあいさつ

社員のひと言スピーチ
研修の報告

1分 30秒

昨日、「IT時代の信頼関係」をテーマにした研修会に参加してまいりましたので、その報告をいたします。

研修では、5、6人のグループを作り、1人が目を閉じてあおむけに倒れ、ほかのメンバーは後ろからそれを支えるというおもしろい試みも行いました。無防備（むぼうび）な状態で倒れ込むことで、互いの信頼関係が強まるのだそうです。情報技術の発達で、実際に相手の胸の中に飛び込まなくても取引は成立する時代になりました。しかし、根底にはやはり人間対人間の信頼関係がなければならないと、講師の森田先生はおっしゃっていました。

私どもの職場でも、社員どうし、顔が見えていてもメールで打ち合わせを行うことがありますが、便利な時代だからこそ、顔と顔を合わせる、あるいは相手の胸に飛び込むことが大切なのだということを学んだような気がいたします。以上です。

POINT 研修などの会合の報告をするときは、参加していない人にも雰囲気が伝わるように説明し、そこで得た教訓を披露して結びます。

なるほど！column

話の材料が思い当たらないときは

朝礼での短いスピーチは、職場で気づいた点や提案をテーマにするのが原則ですが、思いつかないときは、次の項目を参考に。ただし、最後は「これは仕事でも同じだと思います」「今日からの仕事にも生かせる話だと思います」など、仕事に関連させて結びます。

〈木戸に立て（ち）かけせし衣食住〉

き……気候（各地の天候、災害、地震）
ど……道楽（趣味、スポーツ、買い物）
に……ニュース（最近の流行、話題）
た……旅（休暇、休日の遠出）
ち……知人（友人、同僚の話題）
か……家族（家庭、子ども、親）
け……健康（食生活、健康法）
せ……世間話（日々の雑感、でき事）
し……仕事
衣食住……ファッション、グルメ、住まい

日常のあいさつ

社員のひと言スピーチ
出張の報告

1分30秒

皆さん、お久しぶりです。1週間の北海道拠点回りを終えて、昨晩戻ってまいりました。

北海道担当というと、「おいしいものが食べられていいな」とうらやましがられるのですが、いつもは忙しくて名店めぐりなどはしておりません。

ただし、今回は札幌支店長に、よい店をご紹介いただきました。小さな店なのですが、初めてのお客が来ると、さりげなく出身地を尋ねるのです。そして、たとえば関西出身なら、関西の醤油を使って薄味に仕上げるなど、一人ひとりに合わせた味つけのアレンジをしてくれます。結果、恵まれた素材が親しみのある味になり、一層おいしくいただけます。

これは、私どもの仕事にも生かせる話だと思います。恵まれた素材は、すばらしい製品と言いかえることもできるわけですが、お客様に合わせた味つけを各自が考えるという姿勢が必要なのではないか、と感じたしだいです。

POINT 単なるエピソード紹介でなく、これからの仕事にどう生かすかという視点を持って語ると、内容の濃い話になります。

日常のあいさつ

社員のひと言スピーチ
結婚生活で感じたこと

1分30秒

皆さん、おはようございます。

今日は、私事で恐縮ですが、甘いどころか、激辛の新婚生活を語らせていただきます。

うちの家内は、私が言うのもなんですが、かなりのしっかり者です。家電製品は、待機電力がバカにならないと、使わないときはプラグを抜いてしまう、洗濯は、ふろの残り湯を使うというぐあいです。先日、思わず「ケチくさいなぁ」と申しましたら、「これはケチじゃなくて、無駄なエネルギーや資源を使わないようにしているだけよ。私は誇りに思ってるわ」と反撃されてしまいました。

しかし、考えてみれば家内の言うとおりです。会社でもコストダウンのためにさまざまな指示が出され、正直言うとときどき面倒になることもあります。しかし、やらされていると思うのではなく、自分の意識を自発的に変えるという気持ちになれば、おのずと削減につながるのだと思ったしだいです。

POINT 家庭のことを題材にするのも身近でいいのですが、会社でのスピーチであることをわきまえ、「私事で恐縮」と謙遜(けんそん)します。

日常のあいさつ

社員のひと言スピーチ
お客様の声

1分30秒

皆さん、おはようございます。

今日は、売り場で毎日お客様と接する立場から、お話をさせていただきます。

私は紳士服売り場にいるのですが、デパートで洋服をお求めになる男性の多くは、奥様とご同伴でいらっしゃいます。それで、拝見しておりますと、ディスプレーしてある組み合わせを奥様が気に入ってくださり、スーツと、シャツやネクタイを合わせてお買い求めになる方が少なくないのです。特にスーツとネクタイをセットで、というケースが多いですね。現在は、スーツ売り場と、ネクタイやシャツの売り場はフロアが違うため、別のコーディネートをご提案しようとしても、簡単にはまいりません。限られたスペースではありますが、スーツとネクタイの売り場を近くにするという方策は考えられないものでしょうか。

ぜひ前向きにご検討をお願いいたします。

POINT 提案をするとき「お客様の声」「消費者のニーズ」は強い味方になります。現場スタッフならではの提案を行いましょう。

日常のあいさつ

社員のひと言スピーチ
営業チャンスを報告する

1分30秒

皆さん、おはようございます。

実は、私の担当する○○区の○○町で、１００戸を超える大規模なマンションが建設されています。間取りを調べてみたところ、３ＬＤＫ以上のファミリータイプが中心ですので、子どもさんの数も相当数に達するのではないかと思います。実際、区域の小学校にお子さんを通わせているお得意様から伺ったところによると、来年度は各学年１クラスずつ増えるという話だそうです。

少子化が進むばかりの昨今、子ども用品を扱う当社にとっては、これはうれしいビッグニュースなのではないでしょうか。竣工（しゅんこう）と入居は来年３月とのことですので、その時期に合わせて、小売店への納品調整を全社的に考えていただければと存じます。また、販売だけではなく、各部門にも影響のあることだと思いますので、お心に留めおいていただければと思います。よろしくお願いいたします。

POINT 間取りを調べた、聞きとり調査をしたなど、自分の創意工夫による努力も、さりげなくアピールしておきましょう。

日常のあいさつ

社員のひと言スピーチ
新人のころの思い出

1分30秒

3カ月間の新人研修を終えた新入社員の皆さんが、いよいよ今日から配属されました。私が入社したのは10年以上前ですが、今日は私の新人時代のよき思い出をお話しします。

当時は、現在のようなネット環境は整備されておらず、伝票は手書きで処理することがほとんどでした。社内で、その効率を高めるためのアイディアが募集されたのですが、なぜか私の案が採用され、すぐに実行に移されました。そのときの晴れがましい思いは今でも忘れることができません。それからは、仕事をしていても何か効率アップにつながる方法はないかと考える癖がつきました。

評価を受けてうれしくない人間はいません。今回配属された新人に対しても、新人だからという先入観は持たず、その意見や考えをピュアな気持ちで受け止められる先輩でいたいと思います。新人の皆さんも、活発に発言してください。

POINT 「もっと若い社員の声に耳を傾けろ」では上司の反感を買います。自分の体験から評価されるうれしさを伝え、嫌みのない表現で。

日常のあいさつ

社員のひと言スピーチ
私の健康法

1分30秒

皆さん、おはようございます。まだ眠そうな目をしている人もいますが、私はすでにエンジン全開です。最近、体の調子がとてもいいんですよね。

実は、半年ほど前から犬を飼い始め、毎朝1時間ほどの散歩が日課になったからです。

以前から血圧が高めで、ウォーキングなどを試したこともあるのですが、長続きしませんでした。ま、今朝はいいかと自分を甘やかしてしまうんですね。ところが、犬は「散歩に連れていってくれ」と朝5時半に鳴き始めますのでね。いやおうなしに起こされるわけです。散歩から帰ると体はすっかり目覚めているし、夜は夜とて適度な運動の疲れでぐっすり休める、とよいことずくめです。

まさか犬を飼って健康になれるとは思ってもみませんでした。健康法ばかりでなく、仕事のやり方にも、きっと意外なアプローチがあるのだろうなと思ったしだいです。

POINT 「健康法」はだれもが関心を持つことなので、スピーチのテーマには最適です。できれば、仕事のことと関連づけて結びます。

会議

支店長連絡会議
司会の始めのあいさつ

1分30秒

皆さん、おはようございます。時間になりましたので、ただ今より、支店長連絡会議を始めます。本日の司会は、本店マネージャーの、私、広田が務めさせていただきます。

それでは、さっそくですが、各支店から月次販売報告をお願いいたします。お手元の資料に沿って項目ごとに順次ご報告ください。前回の会議では、○○の売り上げが低迷しているとの報告がありました。今後の戦略を考えるうえで、その後の販売状況については、詳細にご報告ください。本日は、社長が午後から出張ということで、会議の時間が限られておりますので、お1人3分以内でご報告くださいますよう、ご協力をよろしくお願いいたします。

なお、検討材料がある場合は、報告のあとにまとめて話し合いの時間を持ちたいと思いますので、お含みおきください。では、まず北支店の吉野支店長、お願いいたします。

POINT 時間に余裕がないときは、発言時間に制限を設けたり、長引きそうな話し合いをあと回しにするなどの工夫が必要です。

会議

企画会議
司会の始めのあいさつ

1分30秒

おはようございます。

ただ今から、来年度発売予定の新シリーズ商品についての企画会議を始めます。

先般(せんぱん)実施いたしました消費者アンケートの結果は、一昨日お手元にお届けいたしましたので、すでにお目通しいただいているかと存じます。本日は、その集計結果をもとに、商品のターゲットを煮詰めていきます。また、新シリーズのキャッチフレーズと、キャンペーンのあり方についても、同時に検討いたします。今回は、女性の意見も生かしたいということで、企画部外からも、総務の佐藤さん、営業の佐々木さんと森さんという3名の女性にご出席をいただいています。皆さん、どうか率直で忌憚(きたん)のないご意見をお願いいたします。

会議の時間は、一応12時までを予定しております。時間内に方向性がまとめられるよう、皆さん、ご協力をよろしくお願いします。

POINT 検討会議では、その日どこまで結論を出したいのかを明確にし、予定時間も示して効率のいい議論に協力を求めます。

会議

営業戦略会議
司会の始めのあいさつ

1分30秒

皆さんおそろいのようですので、ただ今から下半期の営業戦略会議を開催いたします。

全社が総力をあげて開発し、満を持して春に発売した新製品○○ですが、予想に反して苦戦が続き、販売数が伸び悩んでおります。残念ながら今年度の売り上げ目標○○万円達成は、現状では厳しいといわざるをえません。

原因としては複数考えられますが、他社＊＊より同時期に低価格の類似商品が発売されたことが主因なのはまちがいありません。しかし、性能については、当社新製品には、価格差を超える優位性があると信じております。

そこで、今回の会議では、どうやって商品知識をさらに浸透させるか、認知度をアップさせるか、宣伝方法の全体的な見直し等々につきまして、今後の営業戦略を考えていただきたく存じます。

皆さん、活発なご発言をお願いいいたします。

POINT 作戦やアイディアを出し合う戦略会議では、漠然と案を募るのではなく、テーマをはっきりしぼり込むのがコツです。

会議

緊急会議
司会の始めのあいさつ

1分30秒

お忙しい中、突然の招集をかけましたのは、ほかでもない、このたびの台風○号被害への対応策の協議のためです。

今回の台風では、強風被害のために市内各所で電柱や街路樹の倒壊（とうかい）が相次ぎ、そのあおりを受けて損傷した車体の修理が緊急の課題となっております。

現時点で、当サービス工場では60台が入庫待ちの状態ですが、さらに増えることが予測されます。これに対しては、被害の少なかった地域の工場に要請し、サービスマンを派遣してもらう手続きをとっている最中です。

混乱が予想されますので、ここで、入庫待ちのお客様への対応、応援部隊を含めたサービスマンの指揮系統、部品調達の方法、また損害保険会社との調整について確認しておきたいと思います。

各自、しっかりメモをして、遺漏（いろう）のないようにしてください。

POINT 緊急事態の発生を受けた急な会議では、出席者も混乱しています。何をなすべきか、考えるべきかを明確に。

part 3 ビジネスのスピーチ

朝礼、会議、日常のあいさつ

会議

司会進行／発言を促す

30秒

それでは、先ほど課長から問題提起がありました、○○地区での営業展開および効果的な販売促活動につきまして、皆さんの活発なご意見をお願いしたいと存じます。どなたからでもけっこうです。挙手のうえ、ご発言をお願いいたします。それでは、水野さん、いかがでしょうか。

POINT 自由発言か指名かは、臨機応変に。

会議

司会進行／長い発言を抑える

30秒

遠藤係長。ご発言中、恐縮でございます。

実は、今回の会議では全員の方のご意見を伺う予定でおります。時間が限られておりますので、たいへん申しわけありませんが、ご意見を手短にまとめてお話しいただけますでしょうか。それでは、次に、柴田さん。いかがお考えでしょうか。

POINT 「手短に」とお願いして発言者の指名を。

会議

司会進行／話を元に戻す

30秒

たいへん有意義なお話ではございますが、時間の都合もありますので、その続きは、別の機会に伺わせていただきたいと思います。

ただ今の議論のテーマである、業務提携先の見直しという件につきまして、さらに補足していただける点がありましたら、よろしくお願いいたします。

POINT 発言のくぎりのよいところで切ります。

会議

司会進行／結論を出す

30秒

ご意見もだいたい出そろったようですので、討議結果のまとめに入りたいと存じます。ほかにご意見、ご異論のある方はいらっしゃいませんか。

それでは議題1については、加藤課長のご提案どおりで承認ということでよろしいでしょうか。皆様、拍手でご確認ください。

POINT 拍手で確認などで結論を出します。

会議

定例会議
司会の終了のあいさつ

1分30秒

　それでは、予定の時間も迫ってまいりましたので、本日の定例会議は、これをもちまして終了といたします。

　皆さん、長時間にわたり活発な意見交換をしていただき、まことにありがとうございました。

　本日の会議内容につきましては、後日あらためて文書でお知らせいたします。ご出席の皆様は、本日の会議で提起された問題点をこのあと各支店にお持ち帰りいただき、具体的な方法について、各支店ごとに再検討をお願いいたします。

　その結果集約は、次回の定例会議で行います。次回の開催は、○月○日の○曜日、午前10時からを予定しております。場所は同じく本社6階B会議室でございます。あらためて出欠確認をさせていただきますが、皆さん、日程のご調整のほどをよろしくお願いいたします。

　本日はお疲れさまでした。

POINT 進行への協力のお礼→決定事項と未解決の問題点の総括→出席者に依頼したいことや宿題→次回の予告の順にまとめます。

会議

検討会議
管理職の終了のあいさつ

1分30秒

　皆さん、お疲れさまです。

　本日ご出席の皆さんからは、活発な意見の交換や問題提起、新たな提案などがあり、たいへん有意義（ゆうぎ）な会議でした。また、新製品サンプルを試してもらった女性社員の皆さんからも、女性ならではの視点での新鮮な意見を聞くことができました。ご協力に感謝します。

　おかげさまで、本日の議題である新製品シリーズの販売戦略については、一応の方向性が決まりました。明日からはこの線に沿う形で、パッケージを製作し、春のキャンペーン方法を煮詰めていきたいと思います。皆さんからは具体的で現実性のある提案もいくつかありましたので、まずはそれを土台に、調整および肉づけをしていきたいと考えています。明日以降も、新たな提案やお気づきの点があれば、お知らせください。

　皆さん、長時間にわたり、ご苦労さまでした。

POINT 意見、問題提起、提案などの発言が活発だったことを喜び、それに沿って進めると述べて出席者を引き立てます。

会議

発言／販売状況の報告

1分30秒

それでは○○についての販売状況を報告いたします。

発売から3カ月間の○○の売り上げは、お手元の資料の2ページにありますとおり、販売数○○個、売上高○○万円という結果になりました。これは当初の目標をわずかながら上回るもので、おおむね順調に推移していることがおわかりいただけるかと存じます。また、今後、寒冷期（かんれいき）を迎え、一層の伸びが期待できるのではないかと考えております。

ただ、問題は、地域によって販売数にかなりばらつきがあることです。資料の3ページに地域別のデータを掲載しましたが、従来、当社シェアの強かった○○地区、＊＊地区などでの売り上げが目標を達成しておりません。この2地区のほか、印をつけた5つの地区を、今後の販売強化区域に設定しますので、この地区の担当者は、取扱店ならびにユーザーに対し、積極的な攻勢をお願いいたします。

POINT 売り上げなどのデータは、資料として配布しておき、「○ページをごらんください」と、そのつど示しながら報告します。

会議

発言／業務効率化の提案

1分30秒

本日の会議の議題である「業務体制の効率化」に関して、部品の管理方法について若干の提案をいたします。

現在、部品は番号順に保管されています。この方法は、在庫補充の注文などの際にはわかりやすく有効なのですが、よく使う部品が奥のほうに収納されているなど、使い勝手は決してよくはありません。

われわれ部品課の業務では、各セクションからの要請にこたえて、必要な部品をスピーディーにとり出して準備することが、もっとも大切です。そのために、現在の部品番号順配置を見直し、各人が仕事をしやすい部品のレイアウトに変更してはどうかと思います。

もちろん、人によって使いやすいレイアウトは違うでしょうから、最初から固定化せず、しばらくはいろいろ試行錯誤して、ベストの配置を決めるという方法はいかがでしょうか。ぜひご検討ください。

POINT 「AよりBがいい」という提案の場合は、Aの利点を認めたうえで、こういう理由でBも検討を、とするのがコツです。

会議

質問／報告の詳細について

1分30秒

ただ今岩田課長からご報告のあった、○○の販売成績について、2点ほど質問させていただきます。

まず1点目は、＊＊地区の状況についてです。資料を拝見しますと、この地区だけが前年比130％という驚異的な伸びを示していますが、この好調の主因はどのように分析していらっしゃいますか。また、効果をあげたと思われる販促活動やセールス方法があれば、ぜひご教示いただきたく思います。

次に、○○の認知度をさらに高めるための宣伝活動についてですが、具体的にはどのような媒体や宣伝を想定なさっていますか。実は、私の担当している区域は高齢の居住者が多く、ふだん接する媒体が限られているものですから気にかかり、お尋ねしました。

以上、2点につきまして、今後のセールス活動の参考にさせていただきたいと思いますので、よろしくお願いいたします。

POINT 「○点質問があります」「○○についてお尋ねします」など、何が聞きたいのか相手がはっきりわかるように話します。

会議

質問への回答／具体的な説明

1分30秒

ただ今の小沢君の質問に、私の把握している範囲でお答えいたします。

まず、＊＊地区の好成績は、最近、地区内に大規模マンションが建設されたというのが大きな要因になっています。それを受け、担当のセールスが、精力的な戸別訪問とポストイン作戦を展開したことが功を奏したと思われます。状況の変化にすばやく対応したことが、なによりの勝因でしょう。

次に、宣伝活動の詳細や媒体についてですが、これは、宣伝部との具体的な話し合いを行っておりませんので、現時点でははっきりしたことは申し上げられません。ただ、私見としては、小沢君の言うように、新聞やタウン誌、コミュニティーペーパーといった、身近な媒体が適していると思います。宣伝戦略については、これから煮詰めることになりますので、むしろ現場のセールスの意見も積極的にとり入れていきたいと考えております。

POINT 必要に応じて「わかる範囲で」「現時点では」「私見ですが」などのフレーズを使いながら答えましょう。

報告

上司への報告①

1分30秒

課長、○○について営業報告をいたします。

結論から申しますと、A社とは5台、B社とは1台、成約することができました。

A社の規模からしますと、5台というのはかなり大口の注文です。今回の○○は競合他社(きょうごうたしゃ)のものにくらべてかなりリーズナブルな価格設定である点に、高い評価をいただいたようです。

B社も同様の反応です。とりあえず1台納入し、出足がよければ追加の注文も考えるというお言葉をいただきました。来週あたり、少し販売面をフォローしてみたいと思っています。

なお、C社からもいい感触を得ていますが、まだ具体的な契約条件を煮詰めていませんので交渉を続けます。課長は以前C社を担当していらっしゃいましたが、ご担当の斉藤氏はなかなかシビアな方ですね。交渉のコツなどあればご伝授いただきたいのですが。

POINT 報告は、何についての報告か→報告の結論→具体的な状況→今後の展開の順に行います。助言を求めたい点などは最後に。

報告

上司への報告②

1分30秒

課長、○○社さんとの取引の件で少しお時間をいただきたいのですが。実は、仮契約までこぎつけたものの、先ほど先方から白紙に戻したいとの連絡をいただきました。

実は、契約書を交わす段階になって、契約条件に双方の認識の違いがあることがわかったのです。交渉の途中で、契約条件の緩和を口頭で要請し、了解を得たつもりでいたのですが、先方には伝わっておりませんでした。そこへ、当方の思惑で作成した契約書をお持ちしたものですから、先方の担当者がたいへんご立腹なのです。

これは、交渉条件の経過を文書で確認しなかった私のミスで、おわびのしようもありません。今後は二度とこのようなことのないよう、慎重に事を進めます。ほんとうに申しわけありませんでした。

つきましては、○○社さんへの対応は、今後どのようにしたらよろしいでしょうか。

POINT 自分の非は潔く認め、反省と繰り返さない誓いを述べます。その後、善後策を上司と相談しましょう。

報告

上司への報告③

1分30秒

課長、○○社さんとの新規取引について経過をご報告したいのですが、今、お時間はよろしいでしょうか。

先方は新規取引については乗り気の様子で、現在、具体的な契約条件を煮詰める段階に入っています。仕切り値や納入方法については、すでに折り合いがついていますが、支払い条件について、先方から手形の期限を90日にしてほしいとの申し出がありました。この条件が無理な場合は、取引の話自体を考え直すという強硬な姿勢です。

こちらに○○社さんの財務内容の資料をお持ちしましたが、現在のところは健全に推移しているようです。

私といたしましては、先方の条件をのんでも、新規契約をするメリットが大きいと感じています。課長のご了解がいただければ、90日の線で交渉を続行したいと考えておりますが、いかがでしょうか。

POINT 経過報告をまめに行うのが、仕事を円滑に進めるコツです。必要に応じて資料を添え、論理的に報告・相談します。

反論

上司への反論

1分30秒

課長、お言葉を返すようで恐縮ですが、ここで強硬な姿勢に出て契約を打ち切ることがベストだとは、私には思えません。

確かに先方の○○社の提示した条件は、当社にとって厳しいもので、課長のおっしゃるとおり、とうてい受け入れることはできません。しかし、今回の条件は半年という期限があってのことで、それ以降は従前(じゅうぜん)の契約条件に戻すことを、先方は文書で確約しています。ここは双方がなんとか歩み寄って、適当な条件で着地させ、契約を続行するほうが、長い目で見れば当社の利益につながると思うのですが、いかがでしょうか。

できれば、1カ月ほどご猶予をいただきまして、私に引き続き交渉を担当させてもらいたいと思います。課長にご納得いただけるような数字を持ち帰るようにがんばりますので、どうかよろしくお願いいたします。

POINT 上司の指示や発言の正しさを認めながら「こういう違う考え方もある」と示し、最後は判断を仰ぐ形で自分の意見を述べます。

訪問

初めての面会のあいさつ

1分30秒

初めてお目にかかります。○○社名古屋支店営業部の内山と申します。

先日は、突然お電話をさし上げまして、失礼いたしました。また、本日はお忙しいところお時間をつくっていただき、まことにありがとうございます。お電話でも申し上げましたが、この春に、新しく名古屋支店がオープンしまして、本日はごあいさつかたがた当社製品のご説明に伺いました。私は、この区内を担当して回らせていただいております。

こちらは、当社の会社概要と製品のカタログでございます。当地で、堅実な販売網をお持ちの御社とお取引ができれば、当社としてはこの上ない喜びでございます。取引条件などに関しましては、御社のご意向にそうよう、精いっぱいの努力をさせていただきますので、どうか前向きにご検討くださいますよう、お願いいたします。

POINT 初対面のイメージは、その後の展開を大きく左右します。一般には、明るく元気で誠実さが感じられるあいさつが好印象です。

訪問

定例の訪問のあいさつ

1分30秒

○○課長、こんにちは。いつもお世話になっております。朝晩はずいぶん過ごしやすくなってきましたが、こういう時期は体調を崩しやすいといいますから、お気をつけになってくださいね。

さて、今日は、来週から始まる秋の新製品キャンペーンの件で伺いました。先日、お渡しした資料はごらんになっていただけましたでしょうか。この新製品には、当社としてもかなり力を入れておりますので、ご支援、ご協力をよろしくお願いいたします。

その後、さらに詳細も決まってまいりました。また若干変更になったところもございますので、あらためてご説明をさせていただければと存じます。急な話で恐縮ですが、今よろしければ20分ほどお時間をちょうだいできませんでしょうか。

よろしいですか。ありがとうございます。では、さっそくですが、ご説明いたします。

POINT すでに顔なじみの相手には、季節のあいさつや、最近のスポーツの話題などで話の糸口をつかんでから用件に入ります。

訪問

顧客へのあいさつ①

社員⇔訪問先

1分30秒

社員　奥様でいらっしゃいますか。

私、○○銀行○○支店の坂本と申します。いつも当行をご利用いただきまして、ありがとうございます。私はこの地区を新しく担当させていただくことになりまして、お得意様にごあいさつに伺いました。

住宅ローンの借りかえや、有利な金融商品についても、いくつかご提案をお持ちしております。お忙しいことと思いますが、少しお話しさせていただいてもよろしいでしょうか。

訪問先　ごめんなさい。今手が離せないのですが。

社員　さようでございますか。それでは、パンフレットを郵便受けに入れておきますので、お時間のあるときにご検討ください。

何かご相談事がありましたら、ぜひお気軽に○○支店にお立ち寄りください。今後ともどうぞよろしくお願いいたします。

では、失礼いたします。

POINT　「飛び込み」のセールスは相手も警戒しがちなので、「取引先からのあいさつ」であることをまず述べることが大切です。

訪問

顧客へのあいさつ②

社員⇔訪問先

1分30秒

社員　高橋香織様のお宅でしょうか。私、○○デパート外商部の佐藤と申します。来週から、お得意様内覧会(ないらんかい)が開催されますので、ご案内のためにお伺いしました。

訪問先　（インターホン越しに）はい。今参ります。

社員　いつも当店をご利用いただきまして、ありがとうございます。本日は、内覧会の資料などをお持ちいたしました。△△ホテルに特別会場を設け、お得意様だけをご招待する催しで、一般のお客様はご入場できません。ご来場の折は、必ずこの封筒をお持ちください。ふだんは値下げすることのない＊＊の製品を、今回に限り30％オフでご提供するなど、たいへんお得になっております。

訪問先　都合がつけば伺いますわ。

社員　はい。ぜひお待ちしております。入り口で佐藤とおっしゃっていただければ、ご案内いたしますので、ぜひお申しつけください。

POINT　顧客への催事の案内などを行うときは「それなら行ってみようか」と思われるように、具体的なメリットを説明します。

紹介

自己紹介のあいさつ

社員⇔訪問先

1分30秒

社員　初めてお目にかかります。○○株式会社営業部第一課の近藤卓也と申します。

　この春の人事異動で、大阪支店から転任してまいりました。前任の島谷にかわりまして、これから御社の担当をさせていただくことになりましたので、本日はごあいさつに伺いました。まだ入社3年目で、至らないことも多いと存じますが、体力とガッツだけは自信があります。どうぞ、島谷同様、お引き回しのほどをよろしくお願いいたします。

取引先　仕入れ担当の渡辺です。どうぞこちらこそよろしくお願いします。島谷君には、ずいぶんお世話になったし、彼もよくやってくれていました。負けずに頼みますよ。

社員　はい、渡辺課長の敏腕ぶりは伺っております。どんどん鍛えてください。こちらは、着任のごあいさつのしるしでございます。お納めください。

POINT 若手社員の着任あいさつでは、未熟な自分を謙遜（けんそん）しながら、さりげなく仕事に対する意欲を強調し、長所をPRします。

紹介

同僚を取引先に紹介

社員A・B

1分30秒

社員A　渡辺課長、ご紹介いたします。こちらは、私と同じ営業部の山本でございます。この秋に開設する予定の○○支店の準備プロジェクトに携わっておりまして、今回は、この地区の現状について勉強したいと、本日同行させていただきました。

　山本さん、こちらはいつもお世話になっている渡辺課長です。仕入れの統括（とうかつ）をなさっていらっしゃいまして、先般のキャンペーンの折には、ずいぶん当社の無理を聞いていただきました。

社員B　初めてお目にかかります。営業部の山本と申します。御社にはいつも格別のお引き立てをいただき、ありがとうございます。

　今回は、弊社とのお取引に関しまして、渡辺課長の忌憚（きたん）のないご意見を伺いにまいりました。新しい支店の運営にぜひ反映させてまいりたいと存じます。どうぞよろしくお願いいたします。

POINT 人を紹介するときは「下から上へ」。社内の人間を社外の人間へ、あるいは地位が下の人を目上の人へ、先に紹介します。

すぐに役立つ

とっさのひとこと

言いにくい用件を切り出すフレーズ

◆「恐れ入りますが」こちらで靴をお脱ぎください。
◆「さしつかえなければ」私が代わりに伺います。
◆「ご面倒でしょうが」こちらのアンケートにお答えいただけますか。
◆「できましたら」あと二日ほどお待ちいただきたいのですが。
◆「ご迷惑をおかけしますが」少々お待ちください。
◆「お使いだてして申しわけありませんが」先方にもよろしくお伝えください。
◆「たいへん申し上げにくいのですが」おわびしなくてはならないことがあります。
◆「お手数をおかけしますが」よろしくお願いします。
◆「お手をわずらわせるのはしのびないのですが」なんとかお力をお貸しください。
◆「たいへん恐縮ですが」料金は前払い制です。
◆「よろしければ」こちらもお試しください。
◆「お忙しいところ申しわけありませんが」ご確認をよろしくお願いいたします。
◆「申しわけありませんが」今回はすでに定員となっております。
◆「残念ながら」その日はすでに予定が入っております。
◆「せっかくですが」先約があり伺えません。
◆「あいにくですが」○○は外出中でございます。
◆「失礼ですが」お年はおいくつですか?
◆「身に余るお言葉ですが」今回はご辞退させていただきます。
◆「ありがたいお話ですが」家庭の事情でお引き受けできません。
◆「ご期待にそえず心苦しいのですが」今回は見合わせることにいたします。
◆「お役に立てず申しわけありませんが」当方ではわかりかねます。

part 3 ビジネスのスピーチ

朝礼、会議、日常のあいさつ

依頼

仕事の依頼

社員⇕先輩

1分30秒

社員　先輩、お願いがあるのですが。

先輩　何？

社員　実は、このデータの作成を課長から頼まれたのですが、取引先の○○社さんからすぐに来てほしいと急に連絡があったのです。たいへん申しわけありませんが、先輩に作業の続きをお願いできませんでしょうか。

先輩　いいよ。それなら僕にもわかるから。いつまでに仕上げればいいの？

社員　夕方からの会議で使うので、3時までにまとめてほしいとのことでした。

先輩　了解。ただ、課長は君に頼んだつもりでいるから、僕に引き継いだことを報告してから出かけてね。

社員　わかりました。勝手を言って申しわけありませんが、よろしくお願いします。では、行ってまいります。

POINT　どうしても肩がわりを頼まなくてはならない事情が発生したことを、相手が納得するよう説明します。

依頼

人物紹介の依頼

社員⇕取引先

1分30秒

社員　いつもお世話になっております。実は、今日は折り入ってお願いがあって伺ったのですが。

取引先　何ですか、改まって？

社員　先日、こちらに伺いましたとき、大阪の○○社さんのお話をなさっていましたね。実は、当社では現在、関西方面に販路を拡大する計画が進んでおりまして、○○社さんと新規に取引ができないかと考えているのです。課長に間に入っていただいて、面会のご承諾が得られれば、私が大阪に出向いてごあいさつをしたいと思っているのですが。

取引先　○○社さんは、古くからお宅のライバルの＊＊社とのつきあいが長いからね。紹介するだけならかまいませんが、以後の交渉はそちらでお願いしますよ。

社員　もちろんです。御社（おんしゃ）にご迷惑をおかけするようなことはございません。お約束いたします。なにとぞ、よろしくお願いします。

POINT　だれを、何のために、どの段階までの紹介（文例なら面会の約束まで）をお願いしたいのかを明確にするのがコツです。

相談

上司に相談

社員

1分30秒

課長、今お時間よろしいでしょうか。

実は、たいへんに申し上げにくいのですが、私、○○社さんとの取引で、たいへんな失敗をしてしまいました。

先方の商品写真を入れて資料を作成したのですが、その肝心な商品写真をとり違えてしまったのです。もちろん、気づいた時点ですぐに先方におわびし、差しかえの処置を行いました。ただ、先方は、私に商品知識がないからこんなミスを犯すのだとおっしゃって、たいへんご立腹なのです。なんとか私の力で失敗をとり戻すよう努力したのですが、もはや私の手には余る状態になってしまいました。「担当を別の人にしてもらおうか」とまでおっしゃっています。

課長にはたいへん申しわけありませんが、○○社さんに同行していただいて、なんとかうまくとり計らっていただけませんか。どうかよろしくお願いいたします。

POINT 余計な弁明は行わずに失敗の経緯を客観的に説明し、対応の相談や、上司の力添えの依頼を行います。

相談

上司に相談

管理職

1分30秒

部長、折り入ってご相談があるのですが。第一応接室があいているようですので、ちょっとご足労願えませんか。

（場所を変えて）

実は、うちの課の山口君が、会社を辞めることを考えているようでして。一身上の都合と言うだけで、詳しい理由は彼も言いたがらないのですが、どうも転職の引き合いがあるようなんです。

部長もご存じのように、彼はたいへん優秀で人柄もよい男ですから、当社の将来のためにも手放したくない人材です。なんとか部長のお力添えをお願いして、彼を引きとめられないかと思っているのですが。私の見る限りでは、まだ山口君の決心は定まってはいないようです。

込み入った話になりそうですので、今夜、ご都合がよろしければ、お時間をさいていただけないでしょうか。

POINT 込み入った相談は、ほかの社員の耳に入らない場所で。また、相手の都合を確かめてから話し始めることも大切です。

相談

取引条件について

社員⇕取引先

1分30秒

社員　それでは、こちらの書類にある条件でいかがでしょうか。

取引先　いやぁ、その条件では、こっちが厳しいですね。以前より仕切り値が高くなっています。

社員　それはご発注いただく数によります。どうしても以前の仕切り値でということであれば、100台以上ご発注いただきませんと。厳しいとは思いますが、なんとかこちらの条件でお願いできませんか。この夏は猛暑との予想ですから、かなりの売り上げが見込めると思います。

取引先　そうですね。しばらく考えさせていただけませんか。

社員　在庫の確保がむずかしい商品ですので、できれば一両日中にご返答をお願いしたいのですが。

取引先　わかりました。それでは上司と相談しまして、明日にはご返事をさし上げます。

社員　よろしくお願いいたします。

POINT　交渉の最終段階での条件のやりとりは重要。「お願い」の形をとりながら事を進めることが大切です。

依頼

融資の依頼

社長⇓取引先

1分30秒

今日は、お願いがあってやってまいりました。単刀直入に申しますが、〇〇万円、今週末までに融通していただけませんか。

社長もご存じでしょうが、部品メーカーのA社が先日倒産しました。実は、私ども、あそことは長いおつきあいで、かなりの額の売掛金があるのです。もちろん回収を働きかけてはおりますが、すぐにはむずかしいでしょう。その未回収分の影響で、当社の今月の資金繰りも苦しくなってしまいました。

お願いしたいのは、ごく短期の融資です。来月末には、B社から大口の入金がありますので、それで一括返済させていただきます。B社は業績も堅調ですので、入金が滞るようなことはありません。担保や利息など条件については、御社のご意向にそうよう、調整させていただきます。

身の縮むようなお願いですが、なんとかお助けいただけないでしょうか。

POINT　①金額、②融資の期限、③返済方法（期日）、④融資の条件（担保、利息）、⑤融資が必要な理由の５点は必須です。

依頼

社員

工場見学の依頼

1分30秒

初めてお電話をさし上げます。○○社の山下と申します。先日お願いをさし上げた御社(おんしゃ)の工場見学の件で、ご連絡いたしました。今、お話ししていてもかまいませんでしょうか?

実は、私どもの社でも、ただ今新工場の建設計画が進行中です。＊＊社の笹本さんから、御社の工場で画期的(かっきてき)なラインレイアウトをとり入れているというお話を伺い、ぜひとも見学させていただきたいと思ったしだいです。

ご承引いただけるようであれば、日程は、御社のご都合に全面的に合わせます。もちろん、早い時期のほうがありがたいので、可能なら今月中にと願っております。なお、こちらからは、私を含め３名の工場関係者が伺わせていただければと思っております。ご繁忙(はんぼう)の折に、面倒なお願いをさし上げて、ほんとうに恐縮なのですが、どうかよろしくご検討をお願いいたします。

POINT 先方が知りたい「見学の目的」「日程」「人数」をはっきり伝えますが、できる限り相手の都合に合わせる譲歩を。

なるほど! column

依頼・相談を行うときの便利表現

◆突然の（厚かましい／身勝手な／面倒な）お願いで、まことに恐縮なのですが……

◆御社には決してご迷惑はおかけしないことをお約束いたします。

◆いずれあらためましてお願いに伺いますが、本日はまずはご意向をと思い、お電話をさし上げました。

◆無理なお願いと重々承知しておりますが、今回に限りどうかお聞き届けください。

◆格別なおとり計らいのほどを、ぜひともよろしくお願いいたします。

◆このようなお願いをするのは、ほんとうに心苦しいのですが……

◆この方向でお願いできればと存じますが、御社はいかがでしょうか。

◆経験豊富な部長なら、いい解決策が浮かぶのではないかと思い、ご相談に伺いました。

◆前向きにご検討くださいますよう、お願い申し上げます。

断り

仕事の指示を断る

社員⇔課長

1分30秒

課長　内山君、来月発売のうちの新製品は、ちょうど君ら若い世代がターゲットだ。どうかね、わが課全体の販促計画を、今回は君が責任者となって練ってみないか。

社員　責任者ですか。私を指名してくださったことはたいへんうれしく光栄に思いますが、私には荷が重すぎる話です。責任者には、もっと適任の方がいらっしゃるでしょう。計画を作るお手伝いなら、喜んでさせていただきますが、責任者などとても無理です。

課長　君ならリーダー役ができると思うよ。

社員　ありがとうございます。でも、私ではまだまだ経験も未熟ですし、課長のご期待にそえる自信がありません。大切な新製品のスタートで、課長や会社にご迷惑をおかけすることになっても忍びないですし。やはり、今回は辞退させてください。ふがいない返事で申しわけありません。

POINT 本来なら仕事は積極的に引き受けたいところ。自信がなく断るときは、「Aの役目は無理だがBなら」とフォローして。

断り

約束を断る

社員

1分30秒

●延期してほしいとき

山本さんでいらっしゃいますか。○○社の内野です。本日、3時にそちらに伺うお約束になっておりましたが、社内で急用ができまして、今日は会社を離れられなくなってしまいました。

勝手を言ってまことに申しわけありませんが、お差し支えなければ、明日山本さんのご都合のよい時間に伺うということにさせていただきたいのですが。

はい、では明日2時にお伺いいたします。

●キャンセルしたいとき

そうですか、遠藤課長はご不在ですか。それでは伝言をお願いいたします。○○社営業部の西尾と申します。本日、夜に行われる○○勉強会の件なのですが、風邪をひいていて体調が思わしくなく、欠席いたします。遠藤課長には、後日お目にかかったときあらためておわびいたしますが、とり急ぎ欠席の件をよろしくお伝えください。

POINT ビジネスの現場では、いったん約束したことは断らないのが原則。やむを得ない事情をきちんと説明します。

断り

商談を断る①

社員⇕取引先

1分30秒

取引先　最終的にこの条件でいかがでしょう。

社員　それは厳しいですね。前回からほとんど進展がないじゃありませんか。

取引先　そこをなんとか。

社員　私どもとしても、今まで最大限の譲歩をしてきたつもりですが、前回お示ししたものが掛け値なしのギリギリです。これが最終案ということでしたら、今回の話は見送らざるを得ませんね。

取引先　そうですか。実は、うちとしてもこれ以上の歩み寄りは無理なんです。

社員　それではしかたがありませんね。残念ですが。

取引先　わかりました。力不足で申しわけありません。これに懲りずに今後ともよろしくお願いいたします。

社員　こちらこそ。今回は、こういう結果になりましたが、またのご縁もあるでしょうから、その節はよろしくお願いいたします。

POINT　きっぱりと断りながらも「今回は断るがまたご縁があれば」と今後につなげる言葉で交渉を終えます。

断り

商談を断る②

社員⇕取引先

1分30秒

取引先　この線でお願いしたいのですが。

社員　そんなご無理をおっしゃらないでください。この条件では、上司に話を持っていくことさえできません。

取引先　私どもとしても、ずいぶん勉強させていただいた結果なんですが。

社員　しかし、これでは話が進みません。発注は前向きに検討しているんですがね。金額面はもう一度ご検討いただけませんか。

取引先　そうですか。これ以上の値引きとなりますと、私の一存では判断ができませんので、一度持ち帰りまして、上司と相談させてください。

社員　わかりました。よろしくお願いします。何度もご足労いただいて申しわけないのですが、私の立場もご理解ください。

取引先　はい。それでは社内で検討したうえ、一両日中にでもご連絡いたしますので。

POINT　漠然とした断りでは相手も困ります。「契約には前向き、問題は金額」など、焦点をしぼることが大切です。

贈答品を断る

社員⇕取引先

1分30秒

取引先　今回はほんとうにお世話になりました。これは心ばかりのお礼のしるしです。

社員　そのようなお気づかいは無用です。おおさめください。

取引先　いや、そうはまいりません。どうかお受けとりください。

社員　申しわけございませんが、実は会社の規定で、どなた様からということにかかわらず、受けとれないことになっております。かなり厳しい取り決めになっておりますので、仮にお受けとりしますと、私の立場も危うくなってしまうのです。どうかご理解ください。お気持ちだけはありがたくいただく、ということにさせてください。

取引先　そうですか。なんだか引っ込みがつきませんが、ご迷惑をかけてもなんですので、おっしゃるとおりにいたします。

社員　ありがとうございます。

POINT 会社の服務規定、申し合わせ、慣例、立場、社長の信条などを理由に、だれからの贈答品も受けとれないとします。

なるほど！column

断るとき、辞退するときの便利表現

◆今回はこのような結果となりましたが、また別の機会によろしくお願いいたします。

◆一度お約束したことを翻し、ほんとうに申しわけなく存じますが、当方の事情ご賢察のうえ、どうかご容赦ください。

◆どちら様からのご依頼ということによらず、いっさいお断りしておりますので、あしからずご了承ください。

◆ご期待にそえず心苦しく存じますが、どうかご理解ください。

◆次回はぜひと思っておりますので、これに懲(こ)りずまたお誘いください。

◆今回の件につきましては、まことに不本意ですが、ご意向にはそいかねます。

◆ご好意を無にするようで失礼とは存じますが、今回は見送らせてください。

◆あいにくどうしてもはずせない先約が入っておりまして、失礼いたします。

◆私としてもたいへん残念なのですが……

工場見学の依頼を断る

断り 社員 1分30秒

　昨日、ご依頼のあった当社の工場見学の件なのですが、現場に確認しましたところ、お申し込みの日程ではどうも無理のようです。

　おかげさまで新工場ができましてから受注量が一気に増えまして、設備も人員も夜を徹してフル稼働しております。現場が繁忙をきわめておりますので、ご見学にいらしてもご案内できる者もおらず、また混乱した状態をお見せするのも忍びなく、当面は見学をご辞退申し上げたいのです。

　当社の工場にご興味を持っていただいたことはたいへん光栄に存じておりますが、そのような事情ですので、あしからずご了承ください。

　来月以降でしたら、生産ラインにも若干余裕ができるかと存じます。もし、ご希望があれば、あらためて対応させていただきます。

　今回はご要望にそえず心苦しく思いますが、どうか今後ともよろしくお願いいたします。

POINT 今後も良好な関係を保ちたい相手には、「今回は断るが来月以降なら」など、代替の可能性を示します。

人物紹介の依頼を断る

断り 社員 1分30秒

　ごていねいなお手紙をありがとうございました。お電話でご返事するのも失礼かと思いましたが、お急ぎのようですので。

　さっそくですが、貴社を大阪の○○商事にご紹介するという件は、残念ですがお引き受けできかねます。確かにおっしゃるとおり、○○商事を経営する村山社長は私の大学の同期です。ただ、彼とは卒業以来ほとんど会ったことがなく、ご紹介できるほど親しい関係ではないのです。

　それから当社の商売上も、○○商事をご紹介申し上げるのは差し障りがあるのです。実は、○○商事と競合する＊＊商会という会社は、当社と長年のおつきあいをいただいているところです。仮に○○商事をご紹介したことが、＊＊商会さんの耳に入りますと、当社の立場もございませんのでね。

　そのようなわけで、ご期待にそえず心苦しいのですが、ご容赦ください。

POINT 断りの理由は、「紹介できるほどの関係でない」「立場上、紹介すると差し障りがある」とするのが妥当です。

part 3 ビジネスのスピーチ 断り、催促、おわび、苦情の対応

断り

値上げの依頼を断る

社員⇕取引先

1分30秒

取引先 いつもお世話になっております。実は、○○の新発売以来、商品浸透のため値引かせていただいていた仕切り値ですが、来月からその措置を打ち切ることになりました。

社員 それは困りますよ。せっかく売り上げも好調なのに、ここで値上げしたら、お客さんが離れてしまうんじゃないでしょうか。

取引先 私どもも、これまで精いっぱい勉強させていただいておりましたので。すでに会社で決まったことで、全国一斉に行うのです。

社員 うちのお得意様は高齢で保守的な考えの持ち主の方が多いですからね。

どうでしょう、この地域の特殊性ということで、いましばらく今の仕切り値を維持していただくわけにはいきませんか。こちらも、代金のお支払いを早めるとか、販促活動に一層力を入れるなど、ご協力いたしますので。よろしくご検討ください。

POINT 断るかわりにこちらも譲歩するなど、歩み寄りの姿勢を見せるのが、交渉をスムーズに進めるコツです。

断り

注文を辞退する

社員

1分30秒

いつもお世話になっております。

さっそくですが、昨日お話のあった支払い条件変更の件、結論から申し上げますと、御社(おんしゃ)のお申し出をお受けするのはむずかしそうです。

実は、当社の経理担当者にも相談したのですが、60日の約手払いでは、当方の資金繰りに支障をきたすので、とても無理であるとの答えでした。本来ならご意向にそいたいのですが、こちらもたいへん苦しい状況なのです。

大量のご注文ですので、当社としてもなんとか成約させたいのですが、従来の30日約手という条件はこちらも譲れないとのことです。どうしても60日の約手ということでしたら、たいへん残念ですが、このたびのお話はなかったことにさせてください。

30日でなんとか処理できないか、御社で再度ご検討いただけないでしょうか。なにとぞよろしくお願いいたします。

POINT この条件なら断る、この条件なら受けられるという線引きを明確にして、相手に選択の余地を与えます。

断り

特約店契約の申し入れを断る

社長

1分30秒

　このたびは、たいへんよいお話をありがとうございました。
　私どもを名古屋地区の特約店にというお申し入れは、とても光栄なことと存じておりますが、今回はご辞退申し上げたく、ご連絡をさし上げました。
　お申し入れについては、さっそく役員会でもとり上げ、長時間にわたって協議いたしました。結論としては、この厳しい情勢下にあって名古屋に進出するという拡大政策をとるよりは、既存の特約店のてこ入れが急務であろうということになり、今回は断念することにしたしだいです。
　せっかくのお申し入れに対し、このようなご返事をさし上げるのは心苦しいのですが、あしからずご了承ください。いずれ景気が好転して、御地(おんち)での特約店を設営するはこびになりましたときは、ぜひともお力添えをお願いしたいと考えております。どうぞ今後ともよろしくお願いいたします。

POINT 木で鼻をくくったような断り方をしないのがビジネスマナーです。「こちらの都合で」「またいずれ」とソフトな表現で。

断り

融資の依頼を断る

社長

1分30秒

取引先　いつもお世話になっております。先日お願いしたご融資の件、ご検討いただけましたでしょうか。

社長　実は、経理部長にもなんとかならないかと交渉したんですが、うちも資金繰りに追われていてアップアップの状態で、ご融資できる余裕がないのです。せっかく頼りにしていただきましたが、今回はお役に立てそうにありません。
　これまで長いおつきあいをいただいている御社からのお話ですし、新製品の開発資金という前向きなご事情ですからね。日ごろお世話になっている当社としても、なんとかお力になりたいとは思ったのですが、ふがいない限りです。
　新製品完成のあかつきには、販売協力など、別の形でご支援したいと思っていますが、融資に関しましては、そのようなわけでご勘弁ください。なんとか別の方策が見つかるといいのですが。

POINT 力になりたいのはやまやまだが、余裕がないので断らざるを得ない、というトーンでまとめるのが原則です。

part 3 ビジネスのスピーチ

断り、催促、おわび、苦情の対応

部下への催促

催促

上司⇔部下

1分30秒

●進行の催促

上司 ご苦労さん。昨日お願いした企画案のほうは、順調に進んでますか?

部下 はい。だいたいは固まっておりまして、これから細部の検討に入るところです。

上司 そうか。その企画案は、あさっての会議に提出しなければならないのでね、私も前もって目を通しておきたいんだ。とりあえず大筋(おおすじ)を確認しておきたいので、概略(がいりゃく)でいいから提出してくれないか。急がせて悪いが、よろしく頼むよ。

●連絡の催促

上司 川口君、○○社の件、どうなってる?

部下 まだ先方から返事がないんですよね。

上司 そうか。じゃ、こちらから働きかけてみてくれよ。あそこは、ちょっと煮えきらないところがあるからね。忙しいだろうが、こちらからどんどん連絡したほうがいいよ。

POINT 「早くしろ!」「まだか!」の命令口調は反感を買います。「急がせて悪いが」など部下をねぎらう表現を忘れずに。

上司への催促

催促

部下⇔上司

1分30秒

●決定の催促

部下 課長、○○社さんとの契約の件ですが、役員決裁はおりましたでしょうか。

上司 それがまだなんだよ。

部下 先方は一日も早くとおっしゃっていて、毎日催促の電話がかかってきています。

上司 わかった。部長にお願いしてみるよ。

●進行の催促

部下 課長、先日ご提出したプレゼンの資料は、もうお目通しいただけましたでしょうか。

上司 すまん。バタバタしてて、まだだ。

部下 プレゼンの日程も迫っておりますので、お忙しいところ申しわけありませんが、明日までにお願いできますか。

上司 わかった。なるべく今日中に見ておくよ。すまなかったね。

部下 では、どうぞよろしくお願いいたします。

POINT 先方からの催促、日程の問題など、急がなければならない事情をきちんと説明しながら、依頼の形で催促します。

催促

取引先への催促

社員⇔取引先

1分30秒

社員　先日お願いした件は、その後どうなっていますでしょうか。

取引先　まだ、社内的に結論が出ていないんですよ。

社員　催促がましくて申しわけないのですが、たしか、先週末にはご返事をいただけるとのことでしたので。

取引先　そうでしたね。遅くなって申しわけありません。

社員　いえ。いろいろご事情はおありかと思いますが、当社としてはなるべく早く次の段階に進みたいと思っているものですから。結論の出るめどは、いつごろになりそうでしょうか。

取引先　そうですねぇ。あと2、3日お待ちいただけますか。

社員　かしこまりました。それでは、そのころまたご連絡をさし上げます。どうか前向きにご検討くださいますようお願いいたします。

POINT　らちが明かなくても、感情的になるのは結果的にマイナスです。なんとか「めど」「見込み」だけでも引き出しましょう。

なるほど！column

催促をするときの便利表現

◆お忙しいのは重々承知していますが……

◆こちらの都合で急がせてしまい恐縮です。

◆無理を言って申しわけないのですが、〇日までになんとかお願いできませんか。

◆催促がましいお尋ねで恐縮なのですが、〇〇の件は、その後どうなっていますか。

◆すでにご手配いただいているのなら、たいへん失礼なお尋ねになりますが……

◆何かの手違いとは存じますが……

◆お約束の期日も迫ってまいりましたのでお尋ねいたしますが……

◆結論がまだなら、今の段階での様子だけでもお知らせいただきたいのですが。

◆重ねてのご依頼でまことに恐縮です。

◆これ以上遅れるようであれば、当方としても、契約を見直さざるを得ません。

◆〇日までにご返済いただけない場合は、やむを得ず法的措置をとらせていただきます。

◆これ以上お待ちすることはできかねます。

part 3　ビジネスのスピーチ　断り、催促、おわび、苦情の対応

取引先への催促

催促

工場長

1分30秒

畠山課長でいらっしゃいますか。○月○日に、お宅様と設備保守契約を結んだ○○社工場長の二瓶です。お世話さまです。

さっそくですが、技術者を至急こちらに派遣していただけませんか。電動機とコンプレッサーの調子が悪いようなので、早く点検していただきたいのです。

契約のときのお話では、2週間に一度、御社（おんしゃ）の技術者を派遣してくれるということになっていました。ところが、契約以来、一度もお見えになっていません。こちらからお願いしなくても定期的に整備してくれるということで契約を結びましたのに、どうなっているのでしょうか。御社でご調査のうえ、定期的な派遣のスケジュールを組んでお知らせくださいますよう、お願いいたします。

では、技術者を至急派遣する件とスケジュールの件、よろしくご返答ください。

POINT 契約不履行なら、多少きつい表現もやむを得ません。話の最後に、催促したいことを再度総括して、念押しします。

取引先への催促

催促

社員

1分30秒

とり急ぎお電話でご連絡します。

注文品が、納入予定日を過ぎておりますのに、届いていないのです。品名は「ABCセット」、数量は100です。念のため、伝票番号を申し上げますね。発注は当社「第○号」で、○月○日付です。請け書は、御社（おんしゃ）から○月○日付「第○号」にて受領しておりまして、納入日は○月○日となっております。

今までの御社との取引では、納入期日をきっちりとお守りいただいておりましたので、とても困惑しております。ご予約のお客様にも、すでにお渡し予定日を伝えておりましてね。これ以上遅れますと、当方も業務に支障（ししょう）をきたしますし、お客様の信用も失う事態になってしまいます。大至急ご調査のうえ、納入のご手配をよろしくお願いいたします。納入日が確定しましたら、お知らせいただけますか。

発注書、請け書は、このあとファクスいたしますのでごらんになってください。

POINT 伝票番号を伝えたり、ファクスで送るなどすれば「証拠」になるだけでなく、先方の調査や手配が迅速に進みます。

催促

入金遅延の催促

社員⇔取引先

1分30秒

社員　御社からのご入金がまだのようで、ご連絡をさし上げました。昨日がお約束の期日でしたが、何か手違いでもございましたでしょうか。

取引先　こちらからご連絡もさし上げずに、申しわけありません。近日中にはなんとかお支払いいたしますので。

社員　まことに申し上げにくいのですが、御社(おんしゃ)からのご入金の遅延(ちえん)は、これで三度目です。実は、上司から、こういう事態が続くようなら、もう取引を停止すると言われまして。担当者としても、苦しい立場に立たされております。

取引先　中山さんにまでご迷惑をかけて、ほんとうにすみません。

社員　なんとか今日中に振り込んでもらうわけにはいきませんか。そうすれば、上司には私からとりなしておきますので。ただ、これ以上遅れるようでしたら、私としても上司の指示に従わざるを得ません。

POINT　お金に関する催促は「あめとむち」。相手の立場に同調しながらも、これ以上遅れるなら、と圧力をかけます。

催促

返済遅延の催促

社長⇔取引先

1分30秒

社長　用件は、申し上げなくてもおわかりだと思いますが。

取引先　はい。ご返済の件ですね。遅れまして、申しわけありません。こちらからお電話をさし上げなくてはと思っていたのですが、お恥ずかしくて。重ねておわび申し上げます。

社長　当社も、余裕のない中、ほかならぬ御社(おんしゃ)のためだからと、無理をして融通(ゆうずう)したものです。ご返済が滞(とどこお)ると、こちらも支払いに困ってしまうのですよ。もちろん、相応のご事情があってのことだと思いますが、約束は約束として守っていただきませんと。

あと1週間だけお待ちしましょう。それを過ぎても誠意ある対応をいただけない場合は、こちらも不本意ながら、強硬な方法をとらなくてはなりません。長いおつきあいじゃありませんか、お金のことで御社とぎくしゃくしたくはないですので。どうかくれぐれもよろしくお願いしますよ。

POINT　相手への信頼感はまだ失っていないことを強調し、「情に訴える」のが現実的には解決への近道です。

抗議

注文品品切れの抗議

社員⇕取引先

1分30秒

社員　お宅様にご注文した○○です。昨日に納入してくれるというお約束でしたが、まだ到着していません。出荷状況はどうなっていますか。

取引先　申しわけございません。○○は好評につきただいま品切れ中でございますが。

社員　そんなこと、聞いていませんよ。一方的にそのようなことを言われても困ります。

取引先　電話でご連絡したはずですが。

社員　当社でご連絡をお受けした者の名前はおわかりですか。

取引先　いえ、忘れました。

社員　それではらちが明きませんね。とにかく、○○についてはすでにご予約のお客様もいて、矢のような催促です。今になって品切れでは、当社の信用問題にもかかわります。なんとかなりませんか。

取引先　それでは、次に入荷した分を、優先的に御社へ納入させていただきます。

POINT 取引上の抗議は、納品など目的を達成させるためのもの。ただ怒るだけではなく、最善の解決策を探します。

抗議

注文品破損の抗議

社員⇕取引先

1分30秒

社員　本日入荷した○○なんですが、梱包（こんぽう）が破損していて、そこから水がしみ込んでいるんです。これでは売り物になりませんね。

取引先　それは申しわけありません。実は、出荷の日はこちらはたいへんな大雨で、運送に不備があったのだと思います。さっそくかわりの品を手配いたしますので、いましばらくお待ちいただけますでしょうか。

社員　大至急お願いします。納入はいつになりますか。

取引先　これからすぐに出荷しますので、明後日にはお手元に届くかと存じます。

社員　わかりました。よろしくお願いします。それにしても、雨が降るたびにこのようなことが起きては、商売になりません。以後気をつけてくださいよ。

取引先　ごもっともです。以後このようなことは二度と起こさないようにいたします。

POINT 抗議を受けた側は、まずおわびを。弁明や理由の説明はそのあとに行い、迅速に解決策をとります。

抗議

納入品の品質の抗議

社員⇕取引先

1分30秒

社員　御社(おんしゃ)から納入された○○なんですが、縫製(ほうせい)が従来の品にくらべて劣りますね。

取引先　そうでしょうか？　工程としては、従来どおり行っておりますが。

社員　パッと見ただけではわからないかもしれませんが、裏の始末などが雑ですよ。

取引先　さすが加藤さんでいらっしゃいますね。実は、最近、縫製業者をかえまして。以前と同じマニュアルで発注しているのですが、多少仕上がりに差が出たのかもしれません。

社員　お宅の製品は、価格のわりに縫製がしっかりしていると評価していたんですよ。それが、こんな仕上がりで納入しては、御社の信用問題にもかかわるでしょう。とにかく、これではうちとしても扱うことはできません。お引きとりいただきましょう。早急に検品していただいて、純正な品を納めてください。

POINT　品質への抗議は「良・不良」の境界線がつけにくいもの。問題と思われる点を明確にして、抗議します。

なるほど！column

抗議を行うときの便利表現

◆お宅様を信用して、お任せしていましたのに、いったいこれはどういうことですか。

◆再三申し入れているのにもかかわらず、誠実な対応をいただけず、当社としても困り抜いております。

◆お客様に多大なご迷惑をおかけすることになり、当社の信用も失われてしまいます。

◆当社の身にもなってみてください。

◆このようなことが続くようであれば、御社との取引は打ち切らせていただきます。

◆御社と当社の良好な関係が、今回の件でこわれてしまうのは残念ですね。

◆今回の件につきましては、損害賠償請求などの処置も考えざるを得ません。

◆このような事態が続きますと、御社の信用問題にもかかわってきますよ。

◆当社としては、○○を円滑に進めることが最終的な目的です。早急にご調査のうえ、善処してください。

抗議

納品ミスの抗議

管理職

1分30秒

○月○日発注分の商品、先ほど届きました。だけど、また数量違いや欠品があるんですよ。まず「○○」は90個注文したのに、70個しかないし、「**」も入っていないんです。「**」は品切れというわけではないんでしょう？　大至急、「○○」を20個、「**」を10個、追加で送ってください。

お宅は、以前にも、同じような初歩的なミスを犯しているでしょう？　あのとき、チェック体制の強化を約束してくださったはずなのに、これはいったいどういうことですか。

言いたくはないけれど、もっとこまめで正確な仕事をしてくれる業者さんもいるんですよ。お宅とは古くからのおつきあいということで、私も上司にとりなしてきましたが、もうかばいきれませんね。今後、同じようなミスがあったら、その時点でお宅との取引契約は解消させてもらいますからね。

じゃあ、追加分、よろしくお願いしますよ。

POINT　二度目以降のミスの場合は、「次は契約打ち切り」などの強硬手段をにおわせるのもやむを得ません。

抗議

商標権侵害の抗議

管理職

1分30秒

突然のお電話で恐れ入ります。

御社(おんしゃ)がこのたび発売した「○○」についてお尋ねいたします。「○○」の商標登録については、ご調査いただいておりますでしょうか。

実は、当社では平成○年から同名の「○○」という商品を製造販売しており、商標登録もすでにすませてあります。御社の「○○」は、この商標権を侵害するものということになります。別途、書面にてご送付申し上げますが、当社としては、「○○」という商品名の使用中止、ならびに御社製品の店頭からの引きあげを要求いたします。

すでに当社へはお客様からのお問い合わせが入っており、たいへん迷惑しております。至急ご調査のうえ、迅速な対応をよろしくお願いいたします。なお、万が一、誠意あるご回答とご対応をいただけない場合は、法的措置をとらざるを得ませんので、あらかじめご承知おきください。

POINT　先方に悪意がない場合もあります。話し始めは「お尋ね」という穏やかな形をとりましょう。

抗議

派遣社員についての抗議

管理職

1分30秒

△△社の岩瀬です。いつもお世話になっております。単刀直入に申し上げます。御社（おんしゃ）から派遣されている○○子さんと＊＊子さんの2名について、別の方にかえていただけませんか。

今回は顧客リストの整備のため、データ入力の人員として派遣をお願いしました。ところが、申し上げにくいのですが、2人とも仕事が遅くて、作業に支障をきたしております。

当社からは、MOSの有資格者をとお願いしたはずですが、2人に聞いてみると、資格はお持ちじゃないという。しかも、遅れている作業の分をとり戻すために残業をお願いしても拒否されることも多く、ほとほと困りはてているのです。2人とも、性格はよいのですが、当社としてはパソコンの技術が欲しいわけでしてね。

とにかく、早急に別の方にかえてください。今度は、きちんと資格を持っている方にしてくださいね。

POINT 何をしてほしいのかをまず明確にします。苦情の対象になっている社員を全否定するような表現は控えましょう。

おわび

派遣社員についてのおわび

管理職

1分30秒

このたびは、たいへんなご迷惑をおかけして、ほんとうに申しわけありませんでした。来週から、別のスタッフを派遣するよう手配しました。こちらが履歴書等の資料ですのでお確かめください。両名ともMOSの資格を持っております。

先に派遣した2名については、確かに資格は持ってはおりません。ただ、これまでの実務経験が豊富なことから、当社の判断で派遣させていただきました。仕事ぶりにご満足いただけなかったのは、当社の評価軸が甘かったということで、大いに反省しております。

なお、残業の問題については、2名にさっそく聞きとり調査を行いました。両名とも、夜間に習い事などをしているためとのことでしたが、仕事への認識の甘さを指摘し、厳しく指導をしておきました。

当社も教育管理の徹底に努めますので、どうか今後ともよろしくお願いいたします。

POINT おわび→相手の希望にそう対応をした報告→弁明や理由説明の順に。順番を誤ると、誠実でない印象を与えます。

おわび

納期遅延のおわび

管理職

1分30秒

いつもお世話になっております。また、このたびは「○○」の大量ご注文をいただき、まことにありがとうございます。

実は、テレビで紹介されたためでしょうか、ただ今ご注文が殺到し、工場での生産が追いつかない状態でございます。新規のご注文の場合は、やむを得ず品切れということでお断りしているほどです。ただ、日ごろからお引き立ていただいている御社には、なんとか特別ルートで納期を早められないか、現場と交渉いたしました。それでも納入は2週間ほど先になってしまうとのことです。

せっかくご注文をいただきましたのに、たいへん申しわけございません。2週間後納入ということでお受けしてよろしいですか?

さようでございますか。それでは今回は残念ながらキャンセルということで申し受けます。これに懲りず、どうか今後ともよろしくお願いいたします。

POINT 納期を早めるためにできる限りの努力をしたことを伝えながら、希望にそえなかったおわびをします。

おわび

納入商品破損のおわび

管理職

1分30秒

このたびの不手際、まことに申しわけございませんでした。

繊細な細工をほどこした製品ですので、梱包には厳重に注意するようにと担当者に指導したつもりでした。しかし、複数のお客様から商品破損のご指摘を受けるという結果になり、ご注文をいただきました御社や、配布先のお客様に多大なご迷惑をおかけしてしまいました。弁解の余地もなく、ただただおわび申し上げます。

配布先のお客様へは、当社から一軒一軒お問い合わせをいたしまして、万一ほかにも破損品があった場合は、当社が責任を持って代替品とおとりかえすることにいたしました。

ほんとうにこのたびは申しわけありませんでした。梱包や発送の方法については、現場への指導を徹底し、今後二度とこのようなことのないようにいたします。どうか今回に限りお許しください。

POINT 心からの反省・おわびとともに、同時に発送・納入した品にも破損がないかどうかフォローする誠意を示します。

おわび

支払い遅延のおわび

管理職

1分30秒

代金支払いがお約束の期日に遅れ、たいへん申しわけありませんでした。そちら様からご連絡をいただくことになってしまい、恐縮しております。事前にご説明とおわびを申し上げなければと思ってはおりましたが、支払いのための方策に走り回るうち、今日に至ってしまいました。

弁解がましくなりますが、実は別の取引先との間で未回収金が発生し、御社(おんしゃ)へのお支払いができなくなってしまったのです。このほど、取引金融機関とも話し合い、未回収分についてはようやく解決のめどが立ちました。ただ、手続きの関係で、今日明日というわけにはまいりません。まことに勝手なお願いで申しわけありませんが、○月○日まで支払いをご猶予いただけませんでしょうか。この日には、全額振り込ませていただきます。

ご迷惑をおかけし、また、ご連絡が遅くなりましたこと、心からおわび申し上げます。

POINT 支払いが遅延したこともさることながら、期日前の連絡を怠ったことについても、忘れずにおわびします。

なるほど! column

おわびをするときの便利表現

◆なんとおわびすればいいのか、言葉もございません。

◆知らないこととはいえ、たいへん失礼をいたしました。

◆私の監督不行き届きで、社員がたいへんなご迷惑をおかけいたしました。

◆お客様に不愉快な思いをさせてしまい、心苦しく存じております。

◆これからはこのような不手際がないよう、十分に注意することを誓います。

◆今後は二度とこのようなことを起こさないよう、肝に銘じます。

◆今回のことを教訓として、従業員教育を徹底させてまいります。

◆どうか今回に限りご容赦ください。

◆どうかこれに懲(こ)りず、今後ともお引き立てのほどをよろしくお願いいたします。

◆近日中にあらためておわびに参上いたしますが、本日はとり急ぎお電話で失礼します。

苦情の対応

クリーニングの苦情の対応

責任者⇔客　1分30秒

客　このドレス、シミ抜きをお願いしたのに、前より濃くなっているようです。

店　拝見します。お客様、お預かりしたときは、牛乳をこぼしたシミだとおっしゃっていましたが、もしかしたら、かなり糖分が入っているものだったのではありませんか。

客　今思い出したけど、こぼしたのは牛乳じゃなくてヨーグルトの汁だったわ。

店　さようでございますか。実は食品の酸性成分や糖分は、ドライクリーニングによって変色する場合があるのです。もう一度お預かりさせていただき、別の処理をいたします。もちろん追加の料金はいただきません。ただ、なにぶんたいへん薄い生地ですので、あまり強くこするわけにもいかず、若干残ってしまう可能性もあることはご承知おきください。

客　何のシミなのか正しく言わなかった私も悪かったわね。では、よろしくお願いします。

POINT　原因を論理的に説明し、効果的な処理を約束します。シミの種類を正しく言わなかったお客様の落ち度にはふれないこと。

苦情の対応

飲食店での苦情の対応

責任者⇔客　1分30秒

客　3日前の夜、お宅ですしを食べた者だがね、食中毒を起こしたんだよ。治療費を支払ってもらうのは当然として、客への誠意を見せてもらいたいね。

店　それはたいへんでした。もうご回復になったのですか。ほかのお客様からはそのような話は聞いておりませんが、詳しい事情を伺わせてください。

客　夜中になってひどい腹痛が起きたので、救急病院に行って薬をもらい、翌日違う病院で検査したんだ。胃に虫がいたそうだよ。お宅の魚のせいだろう。医者2軒分で2万円の治療費だ、まずそれを支払ってもらおうか。

店　お客様。現時点では原因が特定できませんので、すぐにというわけにはまいりません。もちろん、当店の魚が原因ということなら誠意ある対応をさせていただきます。関係機関で調査し、折り返しご連絡いたしますので、お客様のお電話番号を教えていただけますか。

POINT　原因が特定できない以上「申しわけありません」などのおわびは述べず、相手の体調を気遣う表現にとどめます。

苦情の対応

訪問販売の苦情の対応①

社員⇕客

1分30秒

客　お宅の会社はどういう商売をしているんですか。これじゃ、詐欺のようなものだ。

店　おっしゃる意味がわかりかねますが。

客　もうすぐ70歳になろうとする母に、英会話の教材を売りつけるなんて。

店　お言葉を返すようでございますが、私どもは決して無理に売りつけるようなことは行ってはおりません。きちんと商品のご説明をし、お客様にご納得いただいたうえで、お取引させていただいておりますが。最近は年齢にかかわらず勉強しようという意欲のある方が増えてきているようです。

客　能書き（のうがき）はもういい。返品させてもらうよ。

店　いつお買い求めになった商品ですか。

客　２週間ほど前だそうだ。

店　それではクーリングオフの期間を過ぎておりますので、当社ではご返品に応じることはできません。あしからずご了承ください。

POINT　きちんとした商取引であること、クーリングオフの期間を過ぎていることなどを礼儀正しく説明します。

苦情の対応

訪問販売の苦情の対応②

社員⇕客

1分30秒

客　昨日、私の留守中に、家の者がお宅の羽根布団セットを買ったようなんですが。ずいぶんうまいこと言って、高額な商品を売りつけたものですね。

店　私どもは、決してそのような悪質な商売はしておりません。高級羽毛を使用しておりますので、それなりの価格にはなりますが、ご説明のうえ、お買い上げいただいたものです。

客　仮に品質がいいものだとしても、うちには分不相応（ぶんふそうおう）だ。品物は返すから代金を戻してください。

店　どうしてもお気に召していただけないようでしたら、説明書にもございますように、返品は可能です。返品の送料はお客様のご負担となりますが、こちらに到着しだい、代金は返送させていただきます。

客　わかりました。よろしくお願いします。

店　今回はご縁がなく残念でしたが、またの機会にぜひご利用ください。

POINT　返品に応じる場合は、苦情めいた言い回しには深入りすることなく、淡々と処理方法を説明するのが賢明です。

苦情の対応

不良品の苦情の対応

消費者係

1分30秒

このたびは当社〇〇についてのご連絡をいただき恐縮です。消費者係の吉田と申します。ご迷惑とお手数をおかけしてまことに申しわけありませんでした。

ご返送いただいた品は、確かに不良品です。生産の工程のミスによるものと思われますが、さっそくこの商品を現場に戻し、厳重に注意するとともに、今後このようなことのないよう改善に努めてまいります。どうかご理解いただき、今後とも当社製品をご愛用くださいますよう、お願いいたします。

さっそくですが、かわりの品と、まことに些少（さしょう）ですが当社の製品、また、ご返送のときにご負担いただきました送料をお送りいたします。どうかお納めください。

これからも皆様のご意見を参考に、よりよい製品作りに励んでまいります。このたびは、当社へのご指摘、ほんとうにありがとうございました。

POINT 生産品への苦情を受けたときのおわびの基本例です。指摘してくれたことへのお礼の言葉で結びます。

苦情の対応

不良品の苦情の対応

店員⇕客

1分30秒

客　これ、半年ほど前にお宅で買った炊飯器なんですが、スイッチを入れると、変な機械音がするんですよ。ここで直せますか？

店員　それではさっそく調べてみますので。（点検）お客様、たいへんお待たせしました。こちらは基板に異常があるようです。メーカーに送って修理をしなくてはなりませんので、1週間ほどお時間をいただけますでしょうか。半年前にご購入ということでしたら、保証書はお持ちですか。

客　いや、なくしちゃった。でも、新しいんだから、それは不良品ということでしょう？

店員　そういう可能性もありますね。ただ、お客様のご使用中に水がかかったなどで基板に異常をきたす場合もありまして、その場合は保証の範囲には入りません。詳しくはメーカーで調べてみないとわかりませんので、後日あらためてこちらからご連絡をさし上げます。

POINT 「不良品では？」との苦情に対して「使用者の責任」と言ってしまうのはタブーです。ソフトな表現で的確な対応をします。

苦情の対応

取扱商品の苦情の対応

店員⇔客

1分30秒

客　このびん詰めは、昨日お宅の店で買ったものなのですが、開けたら異臭がするんです。

店　そうですか。この商品は、まだ賞味期限までに間がありますし、当店でも温度管理などには問題はなかったと思いますので、ちょっと事情はわかりかねますね。いずれにしろ、ご迷惑をおかけして申しわけございません。商品はもちろんおとりかえいたします。

客　なぜ、こんなことが起きたんでしょうね。

店　原因については、現時点ではなんとも申し上げられませんので、至急製造元にこの商品を戻して、調査してもらいます。私どもも、商品の管理には一層注意するようにいたします。

客　うるさいこと言ってすみませんね。

店　とんでもない。ご指摘を受けないと、わからないままだったのですから。ほんとうにありがとうございます。

POINT　取扱商品が不良の場合、基本的に店には責任はありません。しかし、お客様にご迷惑をかけたおわびは必要です。

なるほど！column

対応しだいで、苦情を信頼に

「お客様からの苦情は天の声として聞け」という言葉があります。

最近は、消費者も煩(わずら)わしさを嫌う傾向があります。不良品や店への不満があっても苦情を言わず、「もうあの店には行かない」「もうこの商品は買わない」と、そっぽを向いてしまうことが多くなってきているのです。

お客様からの苦情やクレームは、受ける側はうれしいものではありません。しかし、会社や製品に親しみを持っているから、親切に注意してくれたり、苦情を言うのだと思う姿勢が大切です。

苦情を上手に処理すれば、お客様は「いやなことはあったが対応は誠実だった」と前向きな満足感とともに事をおさめることができます。つまり、苦情も、対応しだいでは、会社や店への信頼感を増す動機づけに変えることができるということです。

接客態度の苦情の対応①

責任者

1分30秒

　このたびは、当店の店員が、お客様にご不快な思いをさせ、まことに申しわけありませんでした。

　ご指摘を受けまして、さっそく本人に尋ねましたところ、おなじみのお客様だからと気がゆるみ、つい冗談のつもりで申し上げてしまったということです。お客様の事情も存じませんで、結果的にたいへん失礼な言い方になってしまったようです。本人も深く反省しております。身びいきではございますが、日ごろからよく働く明るい店員でございまして、今回のことも決して悪気があってのことではございません。どうかご容赦くださいますよう、お願い申し上げます。

　私といたしましても、監督の至らなさを痛感しております。今後は、このようなことのないよう、従業員教育を徹底させてまいります。どうか、これに懲りず、これからも当店をご愛顧くださいますよう、どうぞよろしくお願いいたします。

POINT 接客態度は「感じ方しだい」という面もあります。しかし、不快な思いをさせたからには責任者が出向いておわびします。

苦情の
対応

接客態度の苦情の対応②

責任者

1分30秒

客　この店は、いったいどんな社員教育をしているんだね。責任者を出せ、責任者を。

責任者　お客様、いかがなさいましたか。

客　この店員が押していた荷車にぶつかって転んだんだよ。この店員はなんて言ったと思う？「あ、どうも」だよ。わびのひと言も言えないのかね、この店は。

責任者　それは、まことに申しわけありませんでした。おけがはなかったでしょうか。

　日ごろから、お客様にはにこやかにごあいさつをと教育しているつもりでおりましたが、私の不行き届きでご不快な思いをさせてしまい、おわびの申し上げようもございません。あとで厳しく指導し、今後いっさいこのようなことのないようにいたしますので、ここはどうかお許しください。

　君からもよくおわびしなさい。

店員　たいへん申しわけありませんでした。

POINT 弁明の余地がないときは、ただひたすら謝るしかありません。平身低頭、お客様の怒りを鎮めるよう努力します。

日常のおつきあいのあいさつ

PART 4

お祝い事のあいさつのポイント

祝う側は心のこもった祝辞を

お祝い事の形式は、子どもの成長の節目を家族や親族だけで祝うものから、ホテルなどの会場で行う大人数の祝賀会まで、硬軟大小さまざまです。あいさつやスピーチでは、当人の喜びをともに分かち合う、心のこもった表現を用いることが大切です。

祝う側のあいさつの一般的な構成は、

①お祝いの言葉
②本人の業績（成長、努力）について
③今後の一層の発展を祈る言葉

となります。本人へのお祝いのほか、家族や関係者へのお祝いの言葉も忘れないように盛り込みましょう。

本人の謝辞は周囲への感謝を主体に

一方、祝われる本人のあいさつは、

①祝辞、贈り物、列席へのお礼
②祝い事の節目を迎えた感慨
③今まで支えてくれた人への感謝
④今後の抱負

などの要素で構成するのが基本になります。

ここでも周囲への気配りが重要です。家族や関係者へのねぎらい、お礼を忘れずに添えましょう。

祝賀会を開くときは周囲が音頭をとって

本人が主催するケースもありますが、家族や知人、友人が幹事役となって祝ってあげるのが望ましいでしょう。

幹事役は、本人の意向にそって会のスタイルや招待者を決め、連絡や設営などの準備にあたります。

司会役は、大きくはっきりした声であいさつし、あまり会が長時間にわたらないように適宜調節することも大事です。

出産祝い

病院でのあいさつ

女性（おば）⇔母親

1分30秒

女性　ご出産おめでとうございます。無事に生まれて、ほんとうによかったですね。ママになった感想はいかがですか？

母親　やっぱり感激するものです。よく生まれてきてくれたね、と子どもに感謝するような気持ちになりました。

女性　そう、赤ちゃんもがんばったのよね。美夏さんも産後の肥立（ひだ）ちは順調だそうですね。

母親　はい、おかげさまで。

女性　ご実家のお母様がいらしてくれているから心強いでしょうけれど、ご自宅に帰ったら忙しくなりますからね、病院ではしっかり静養なさったほうがいいですよ。これは、心ばかりのお祝いです。お嬢様と伺いましたので、少し大きめのお洋服にしました。お気に召すとうれしいけれど。

母親　わぁ、かわいい。大きくなって着せるのが楽しみです。ありがとうございました。

POINT　出産直後の母親は体調が不十分なので、疲れさせないよう、お見舞いは短時間で切り上げるのがマナーです。

出産祝い

自宅でのあいさつ

女性（おば）⇔両親

1分30秒

女性　このたびはご出産おめでとうございます。お嬢さんだそうですね。母子ともに健康と伺い、ほっといたしました。本日は、お日柄もよろしいので、心ばかりのお祝いを届けに伺いました。どうぞお納めください。

両親　ありがとうございます。今、眠っていますが、顔を見てやっていただけますか？

女性　よろしいんですか？　では、お言葉に甘えて、ちょっと上がらせていただきます。

まあ、かわいらしいこと。口元がママそっくりのようですね。お名前はもう決まりましたか？

両親　はい、美しく咲くと書いて「美咲」と名づけました。

女性　すてきなお名前ね。きっときれいな花を咲かせることでしょう。しばらくはお忙しい毎日が続くことでしょうが、おふたりで協力し合いながら、子育てを楽しんでくださいね。

POINT　自宅へ伺っても「赤ちゃんの顔が見たい」と言い出すのはタブー。先方にすすめられるのを待ちます。

出産祝い

上司へのお礼のあいさつ
父親

1分30秒

課長、このたびは私どもの長女の誕生にあたり、いろいろご心配いただきありがとうございました。また過分なお祝いまで頂戴いたしまして、恐縮しております。贈っていただいた洋服は、女房もたいへん気に入ったようで、くれぐれもよろしくとのことでした。

出産の日は、課長のはからいで早退させていただき、あらためてありがとうございました。結果的に、勤務を終えてから病院に駆けつけたのでは誕生の瞬間に間に合いませんでしたから、お心づかいをいただいてほんとうに助かりました。

妊娠中は、父親になるという実感があまりわきませんでしたが、いざ自分の子どもを腕に抱くと、感慨は格別ですね。父親としての責任も大きく感じるようになりました。家族のためにも、一層、仕事をがんばりますので、今後ともご指導のほどよろしくお願いいいたします。

POINT お祝いをいただいたお礼とともに、父親になった感慨や、仕事にも新たな気持ちでとり組む決意を語ります。

なるほど! column

子どもの成長に伴うお祝い事

▼**帯祝い**…妊娠5カ月目の「戌(いぬ)の日」に、妊娠を喜び、安産を祈る着帯の儀式。

▼**お七夜**…生後7日目に行う命名式を兼ねたお披露目のお祝い。

▼**お宮参り**…生まれた土地の神社（産土神(うぶすながみ)）にお参りし、健やかな成長を願う。生後1カ月（地域によっては3カ月）を過ぎ、家族がそろう休日などに行う。

▼**お食い初め(くいぞめ)**…子どもが一生食べ物に困らないようにと願い、初めて箸を使って食べさせる儀式。生後１００日目に行うことが多い。

▼**初誕生**…満1歳の誕生祝い。一生健康で強い子にと、1升(しょう)のもち米で「誕生もち」をつくることも。

▼**初節句**…女の子なら初めて迎える3月3日の桃の節句、男の子なら5月5日の端午(たんご)の節句。このとき生後1カ月以内なら翌年に。

▼**七五三**…3歳は男女とも、5歳は男の子、7歳は女の子。11月15日、またはその前後の休日に神社に参拝する。

命名式

お祝いのあいさつ
祖父

1分30秒

香織さん、退院おめでとう。新しい家族を迎えて皆がそろい、この家も一層にぎやかになるね。

両親だけで相談して子どもの名前をつける風潮の中で、私が名づけ親にという君たちの申し出は、とてもうれしかったよ。ありがとう。

結局、私がいくつか候補を考えて、最終的には、両親であるふたりに決めてもらったんだが、このように「匠」と名づけることにした。

私が実、息子たちは誠と博。やはり、漢字一文字の名前にはこだわったんだ。今は不確定な時代だが、この子には、いつでもどこでも通用するすぐれた技術を身につけてほしいという願いを込めて「匠」という字をあてたんだよ。

これから、匠がすばらしい人間に成長するよう、家族の力を合わせていこう。では、匠の健やかな成長を願って乾杯しようか。

POINT 半紙などに筆で「命名　匠」と大きく書き、それを掲げながら、命名の由来などを説明します。

初節句

お礼のあいさつ
父親

1分30秒

高橋のお父さん、お母さん、父さん、母さん、今日は明日香の初節句のためにお集まりいただき、ありがとうございました。また、高橋のご両親からは、このような立派なひな人形をお贈りいただき、どうもありがとうございます。明日香もすっかり気に入ったようで、さわりたくてしかたがないみたいです。

実は、お母さんは、一生ものだから段飾りをとおっしゃってくれたのですが、住宅事情もあり、僕らのわがままで辞退させてもらいました。お母さん、申しわけありませんでした。

明日香はもうすぐ7カ月。おかげさまで病気やけがもなくすくすくと成長し、こうしてみんなにあたたかく見守られて、初めてのひな祭りを迎えることができました。

これからも聡美とふたりで協力して、子育てをしていきますが、皆さんもご協力やアドバイスをどうぞよろしくお願いいたします。

POINT 双方の両親からは、ひな人形やお祝いをいただいているなら、気遣いへのお礼を忘れずに盛り込みます。

七五三

お礼のあいさつ

母親

1分30秒

このたびは、真由の七五三に、あんなにたくさんお祝いをちょうだいして、ほんとうにありがとうございました。いつもお気にかけていただき、感謝しております。

昨日の日曜日に、実家の両親とともに○○神社にお参りに行ってきました。少し肌寒かったのですが、お天気にも恵まれて、大勢の参拝客がいました。

真由は、参道の砂利道が歩きにくくて少しぐずりましたけれど、神前に着いたら、大人のまねをして、神妙な面持ちで手をたたいていましたよ。私たちは毎日見ているので気づきませんが、やはり成長しているんだなぁと思って、感激しました。お母様にもぜひ見ていただきたかったのですが。

ビデオを撮ってありますので、記念写真ができ上がりましたら一緒にお送りします。

真由からも、ひと言お礼をと思いますので、今電話をかわります。

POINT 遠方からお祝いを送ってくれた祖父母などには電話でお礼を。内祝は不要ですが、ビデオなどを送ると喜ばれるでしょう。

入学

小学校入学お祝いのあいさつ

女性

1分30秒

このたびは、健太君の小学校入学おめでとうございます。

かわいらしくよちよち歩きをしていたのがつい昨日のことのように思えますのに、お子さんの成長はほんとうに早いものですね。博子さんもこれまで子育てに追われ、お忙しい毎日だったでしょうから、感慨もひとしおでしょう？　これから、少しは余裕もできることでしょうから、ご自分のためにも時間を使うようになさってくださいね。

こちらは、心ばかりのお祝いです。どうぞお納めください。何か学校で使う品をと思ったのですが、うちは、もう子どもも大きくなってしまって、今の流行や必要なものがわかりませんの。失礼かと思いましたが、お宅様でお選びくださいませ。

それでは、これから回るところもございますので、ここで失礼しますね。ご主人様にもどうぞよろしくお伝えください。

POINT お祝いは現金が無難ですが、「本来は記念になる品をと思ったが失礼ながら（現金で）」という断りを入れるとていねいです。

入学

中学校入学お礼のあいさつ

本人⇔女性（おば）

1分30秒

本人　豊子おばさんですか。伊藤孝史です。今日、中学校の入学祝いが届きました。どうもありがとうございます。
女性　あら、孝史君ね。このたびはおめでとう。中学校に入ると、勉強だ、部活だと忙しくなるわね。部活はもう決めたの？
本人　ええ、リトルリーグに入っていたので、やはり野球部に入ろうと思っています。新しいグローブが欲しかったので、いただいたお祝いで買おうかと思っています。
女性　あら、それはいいわね。
本人　お祝いのこと、父と母からもくれぐれもよろしくとのことでした。夏休みには、家族で遊びに行く予定ですので、またよろしくお願いします。
女性　そう、それは楽しみだわ。
本人　じゃあ、おばあちゃんやおじさんにもよろしくお伝えください。失礼します。

POINT　中学校以降は、本人からもお礼を。お礼状を書くのがていねいですが、親せきなら電話で声を聞くほうが喜ぶことも。

入学

高校入学お祝いのあいさつ

男性

1分30秒

雄介君、高校合格おめでとう。第1志望の高校だそうじゃないか。今までの努力が実を結んで、ほんとうによかったね。
おじさんも、だんだん昔を懐かしむ年齢になって、最近はよく同窓会をするんだが、高校の友人というのは格別だね。高校以来ずっとつきあっている仲間もいれば、最近同窓会で親しくなった人もいるけれど、やはり一生の友という気がするよ。雄介君も、いい親友ができるといいね。
そうだ、最近、友人にまつわるいい言葉を知ったんだ。「よき友人を得る唯一の方法は、まず自分が人のよき友人になることだ」というんだがね。これは友人づくりに限らず、いろいろなことにあてはまることだよ。これからの君の人生でいちばん大切なのは、コミュニケーション能力だからね。
仲間との出会いを大事にして、有意義な高校生活にしてください。おめでとう。

POINT　節目にあたり、年長者らしい訓示を込めたお祝いを。引用は、アメリカの思想家・詩人のエマーソンの言葉から。

卒業

高校卒業（就職）お祝いのあいさつ

男性　1分30秒

正行君、高校ご卒業おめでとう。成績優秀と聞いていたので、大学に進学するものだと思っていたら、お父上の跡(あと)を継(つ)ぐことにしたんだってね。

おやじさんは、職人の世界はつらいことも多いから、息子には継がせたくなかったんだと言っていたけれど、内心は喜んでいると思うよ。父親の背中を見て育った息子が、自分と同じ仕事を選ぶことになって、うれしくない親なんかいるはずがない。

それにしても、よく決心したね。最近は、大学を出てから修業を始める人も多いと聞くけれど、仕事を覚えるならスタートは早いほうがいい。若いうちに始めれば、その分だけ一人前になるのも早いということだ。

親元を離れての修業は、苦しいこともあるだろうけれど、外の飯(めし)を食(く)うということは、それなりに得(う)るものも大きいと思うよ。私らも応援しているからね、がんばりなさい。

POINT 高校卒業と同時に、自分の行く先を定めたすがすがしい決心をたたえ、前途を応援する言葉を贈ります。

成人式

お祝いのあいさつ

女性　1分30秒

晴香ちゃん、ご成人おめでとう。このお着物は、お母さんが着ていらした振りそでなんですってね。よくお似合いだこと。

晴香ちゃんのことは、生まれたときから知っているから、成人式を迎えられると聞くと、ほんとうに感慨深い思いがするわ。

今は健康そのものの晴香ちゃんだけれど、小さいころは、体が弱くてね。お父さんが夜中に救急病院に連れて行ったり、お母さんが寝ずの看病をしたりと、けっこうたいへんだったのよ。お説教がましい言い方になってしまうけれど、これからは、今まで一生懸命育ててくれたご両親に親孝行をすることも考えてあげてね。

もっとも、晴香ちゃんが、これからも充実した学生生活を送り、自分の希望する仕事に就(つ)いて、生き生きと暮らすことが、ご両親へのいちばんの親孝行かもしれないわね。

POINT 成人式を親せきが個人的に祝う場合は、今までの親の苦労にふれ、親孝行での恩返しをさりげなく促します。

卒業

大学卒業（就職未定）お祝いのあいさつ

親せき

1分30秒

恵子ちゃん、このたびは大学ご卒業おめでとうございます。

卒業後はご実家に戻られることにしたんですってね。ご両親もさぞお喜びでしょう。

入学したときは、上京して一人暮らしをするなんて大丈夫かしら、と実は少し心配をしていたんですよ。でも、さすが恵子ちゃん、しっかりとした4年間を過ごしたようですね。とてもいいご経験をなさったと思いますよ。

ところで、ご就職のこと、お母様から伺いました。東京にくらべ、こちらは採用も少ないから、しかたがありませんよ。これから先は長いんですから、じっくりとやりたい仕事を探せばいいんじゃないでしょうか。うちで力になれそうなことがありましたら、遠慮なくおっしゃってくださいね。

これは、新しいご出発を祝っての心ばかりのしるしです。どうぞお納めください。

POINT 就職が決まっていない相手には「焦らず自分に合った仕事探しを」との励ましの言葉を添えましょう。

就職

お祝いのあいさつ

女性

1分30秒

晴美さん、このたびは大学ご卒業、そしてご就職おめでとうございます。

最近の就職活動はいろいろたいへんな状況らしいじゃないですか。うちの娘の通っている大学でも、先輩がたの苦労話を聞いていたと言っていましたもの。そんな中にあって、希望の会社に入社できるなんて、さすが晴美さんですね。ご両親もさぞかし安心なさったことでしょう。

社会人になると、これまでとは違った責任や苦労があることでしょうが、晴美さんなら適応力があるから、なんなくこなせそうね。大学で勉強した英語力を生かして、バリバリ活躍されることを祈っていますよ。

こちらは、ご卒業と新しい門出を祝ってのささやかなお祝いです。通勤に必要なものでも買っていただけるとうれしいですわ。

POINT 自分の周囲の状況と比較しながら相手の優秀さをたたえるときは、卑屈に聞こえないように注意しましょう。

結婚10周年パーティー 友人のお祝いのあいさつ

1分30秒

香山さん、久美子さん、結婚10周年おめでとうございます。

10年前の結婚披露宴でも、たしか友人代表としてスピーチをさせていただきましたね。今回も同じように「おめでとう」とお祝いできることをうれしく思っています。10年前の姿を先ほどから思い出していましたが、久美子さんは相変わらずおきれいですね。それにくらべて香山さんのほうは、失礼ですが少々かっぷくがよろしくなったようで。

でも、香山さんに貫禄（かんろく）がついたのは、久美子さんの手料理がおいしく、生活が充実している証拠でしょう。また、久美子さんがお美しいのも、香山さんに愛されている幸せのあかしということでしょうね。

これからもますますお幸せに、ご夫婦ですてきな年輪を重ねていってください。そして、銀婚式、金婚式という将来の節目にも、こうして皆で集まってお祝いをしたいものですね。

POINT 気のおけない友人なら、結婚以来の体形や頭髪の変化についてふれても。

結婚記念日

結婚10周年パーティー 後輩のお祝いのあいさつ

1分30秒

村本先輩、愛子さん、結婚10周年おめでとうございます。

金婚式や銀婚式のパーティーは珍しくありませんが、こうして10周年を友人、知人で祝う会が催されるというのは、ひとえにおふたりのご人徳だろうなと感じ入っておりました。私をはじめ後輩連中は、なにかといえばご自宅に大勢で押しかけたり、相談事を持ちかけたりして、村本先輩にはひとかたならぬお世話になっています。こういう機会に、せめてもの恩返しができてよかったと思っています。愛子さんも、嫌な顔ひとつせず私どもを迎えてくださり、いつもありがとうございます。

実は、私も間もなく結婚します。理想の家庭はと問われれば、すぐに村本夫妻と答えるでしょう。これからも、よきお手本として、よろしくおつきあいください。

本日はまことにおめでとうございました。

POINT 男性の後輩として「夫婦のお手本」と尊敬していることを伝えると同時に、奥さんの気配りなどにも言及して。

結婚記念日

結婚10周年パーティー
夫のお礼のあいさつ

1分30秒

本日は、私どものためにお集まりいただき、ありがとうございました。金婚式、銀婚式ならまだしも、たった10年たったぐらいで、このような集まりを企画していただくのは気恥ずかしく、最初は辞退したのです。ただ、幹事の西田君から、単なる飲み会の名目にすぎないからと言われ、こうしてお受けしたしだいです。

結婚した当初は、10年後のことなど想像もできませんでしたし、遠い未来のように思えました。結婚後すぐに子どもに恵まれましたので、それからは子育てに追われ、あっという間に10年たってしまったというのが正直なところです。家庭では、どうしても父親、母親の役割が主になり、夫婦のあり方などはあと回しになっていましたが、今日という日を、お互いを見つめ直す機会にできればと思っています。

このような機会を与えてくださった西田君、そして皆様、本日はありがとうございました。

POINT 10年を振り返っての感慨を述べながら、世話役を務めてくれた人や列席してくれた人に感謝の気持ちを伝えます。

なるほど！column

結婚記念日の名称

1年目…紙婚式
2年目…綿婚式／藁婚式
3年目…革婚式／菓婚式
4年目…花婚式／書籍婚式／果実婚式
5年目…木婚式
6年目…鉄婚式／砂糖婚式
7年目…銅婚式／毛織婚式
8年目…青銅婚式／ゴム婚式
9年目…陶婚式
10年目…錫婚式／アルミニウム婚式
11年目…鋼鉄婚式
12年目…絹婚式
13年目…レース婚式
14年目…象牙婚式
15年目…水晶婚式
20年目…磁器婚式
25年目…銀婚式
30年目…真珠婚式
35年目…珊瑚婚式
40年目…ルビー婚式
45年目…サファイア婚式
50年目…金婚式
55年目…エメラルド婚式
60年目または75年目…ダイヤモンド婚式

結婚記念日

銀婚式パーティー 友人の乾杯のあいさつ

1分30秒

加藤さん、喜和子さん、このたびは銀婚式、まことにおめでとうございます。

ご存じのように、加藤さんは10年前に独立してご自分の会社を設立なさいました。順調に事業を拡大した今、公職として福祉事業にもとり組んでいらっしゃいます。まさしく、社会的にも人間的にも、人々の模範になるような半生といえましょう。

しかし「よき妻がよき夫をつくる」という言葉があるように、喜和子さんの内助の功をここで忘れてはいけません。今日のご繁栄は、まさにおふたりが力を合わせて歩んでこられたからこそ得られたものだと存じます。どうぞこれからも仲むつまじく、ますますご活躍なさることを期待しております。

それでは、加藤君ご夫妻の銀婚式を祝い、おふたりの一層のご健康とご家族のご多幸を祈って乾杯したいと思います。どうぞご唱和ください。

「おめでとうございます！」

POINT 大きな喜びの節目ですから、発声は「乾杯！」よりも「おめでとうございます！」がふさわしいでしょう。

結婚記念日

銀婚式パーティー 先輩のお祝いのあいさつ

1分30秒

小池君、奥さん、このたびは銀婚式をお迎えとのこと、まことにおめでとうございます。

結婚25周年の銀婚式、そして50周年の金婚式については皆様よくご存じでしょうが、そのほかにも結婚の節目には、いろいろな名前がついております。1年目は紙(かみ)婚式、5年目は木(もっ)婚式というように、年数がたつごとに徐々に堅牢なものにたとえて、節目を祝うわけですね。

銀というのは、丈夫なものです。しかし、銀製品は磨(みが)くという手入れを怠(おこた)ると、とたんに輝きを失ってしまいます。おふたりは、今まさにそういうところにいらっしゃると思います。ご夫婦のきずなは強くなっているけれど、互いに磨くことを忘れては、輝き続けることはできないのです。

これからもお互いを磨き合いながら、美しい金婚式、そして永遠の輝きを持つ60年目のダイヤモンド婚式をお迎えください。

POINT 本人たちより年長なら、磨かなければ輝きを失うという銀の特性をテーマに助言を行うのもいいでしょう。

結婚記念日

銀婚式パーティー 同僚のお祝いのあいさつ

1分30秒

三浦君、奥様、銀婚式おめでとうございます。私は三浦君と同期入社の古屋と申します。

私どもの仕事は、いったん現場が始まると1、2年は家を留守にしがちです。家のこと、育児、親の世話、いっさいを妻に任(まか)せきりにしなくてはなりません。しかし、三浦君の奥様はいつも笑顔を絶やさず、明るく家庭を切り盛りなさってきたそうです。三浦君は照れ屋で、奥様に直接言ったことはないらしいのですが、私どもにはいつも奥様に感謝しているという話をしています。この場をお借りして、奥様にきちんと伝えておきますね。

「機嫌のいい妻は一生の家宝」という言葉があるそうですが、三浦家にとっては、まさしく奥様が家宝でしょう。三浦君は、今後は管理職として本社での仕事が主体になることでしょうから、ご自宅でふたりで過ごす時間を大切に、これからはしっかり家の宝を守ってあげてください。

POINT 単身赴任や長期の現場作業など、家をあけがちな仕事の場合は、夫人の内助の功にスポットを当ててお祝いを述べます。

結婚記念日

銀婚式パーティー 部下のお祝いあいさつ

1分30秒

山本部長、そして奥様の裕子さん、銀婚式おめでとうございます。入社以来、部長の下で働いております川口と申します。

部長はお酒を飲むと「家に寄って飲んでいけ」というのが口癖で、私もまた図々(ずうずう)しいたちなものですから、これまで何度も夜中に部長のお宅へお邪魔したことがあります。突然の訪問ですから、奥様はさぞご迷惑だったことと思うのですが、いつも嫌(いや)な顔ひとつなさらず、あたたかく迎えてくださいました。ときには、奥様が話に加わることもありました。大学時代の同級生という縁で結婚なさったせいでしょうか、おふたりとも友達どうしのようなんですよね。対等な立場でありながら、お互いへの敬意が感じられ、見ていてうらやましくなったものです。

結婚30年目、40年目、そして金婚式のときにも、そんなすてきなおふたりでいてください。本日はおめでとうございました。

POINT 夫人の気くばりにスポットを当てたスピーチ。若い人から「話がわかる」とほめられるのも、うれしいものです。

結婚記念日

銀婚式パーティー 友人のお祝いのあいさつ

1分30秒

木島さん、涼子さん、銀婚式おめでとうございます。私は、涼子さんの友人で橋本幸恵と申します。

涼子さんと私は、娘の幼稚園が一緒というご縁で知り合い、以来、ずっと親しくさせていただいております。

子どもが幼いころは、2家族でキャンプに行ったこともありますが、木島さんご夫妻は、お互いを「晴彦さん」「涼子」と名前で呼び合うんですね。うちなどは「お父さん」「お母さん」で、色気もそっけもありません。ですから、木島さんご夫妻の恋人どうしのような呼び方が新鮮で、また実際におふたりは仲むつまじくて、とてもうらやましかったのを覚えております。

これからも、すてきなカップルとして、理想の夫婦として、幸せで豊かな年輪を重ねていかれることをお祈りしています。

本日は、おめでとうございました。

POINT 夫婦どうしで旅行や食事をした経験があるときは、その際のエピソードなどを紹介しながらお祝いを。

結婚記念日

銀婚式パーティー 子どものお祝いのあいさつ

1分30秒

お父さん、お母さん、銀婚式おめでとうございます。

昨日は、家族のアルバムをあらためて見直していました。アルバムは、私と美加が中学生になったあたりからガクンと枚数が減っています。部活だ、塾だと忙しくなって、お父さん、お母さんと一緒にどこかに行くという機会も、そのころからはほとんどなくなってしまいました。

そこで、美加とも相談し、久しぶりの家族旅行を企画しました。ただし、二人ともまだ安月給なので、近くの温泉に1泊というお手ごろプランです。お父さんとお母さんが結婚していなければ、私たちもこの世には存在しなかった。そんな感慨と感謝を込めたささやかなプレゼントです。どうぞお受けとりください。

お父さん、お母さん、これまでありがとう。そしてこれからもよろしくね。

POINT パーティーまで大規模でなくても、家族でのお祝いはしたいもの。子どもからは記念のプレゼントを。

結婚記念日

銀婚式パーティー　夫のお礼のあいさつ

1分30秒

皆様、本日はこのような心あたたまるパーティーを開いてくださいまして、まことにありがとうございました。

この25年間にはさまざまなでき事がありましたが、いちばんの収穫といえば、なんといっても、皆様方との親交ができたことです。これは、私ども夫婦にとって、かけがえのない財産だと思っております。

半面、失ったものはと考えてみますと、やはり私の髪の毛でしょうか。しかし、外見は変わっても気持ちの若さは結婚当初のままだと自負しております。また、幸い、女房も私も健康には恵まれております。

子どもも曲がりなりにも一人前になったことですし、これからは二度目の新婚生活を迎えるのだという気持ちで、夫婦で生活を楽しんでいこうと思っております。皆様、今後ともよろしくおつきあいくださいい。

本日はまことにありがとうございました。

POINT　「25年間の収穫と失ったもの」をわかりやすく対比させながら、列席者への感謝の気持ちを伝えます。

結婚記念日

銀婚式パーティー　妻のお礼のあいさつ

1分30秒

皆様、本日はお忙しい中ご出席いただきまして、ほんとうにありがとうございました。

毎年、結婚記念日にはささやかなお祝いを家族で行っておりました。今回も同様にと思っておりましたが、思いがけず息子たちがこのような企画を立ててくれました。会が始まる前までは、気恥ずかしい気持ちが先立っておりましたが、皆様からあたたかいお祝いのお言葉をいただき、ほんとうにうれしく思い、感激しております。

主人も定年まであと数年となりました。私自身はボランティア活動やフォークダンスなど、あれやこれやと生きがいがありますが、今まで仕事一筋で趣味らしい趣味のない主人のことが少し心配です。銀婚式を機会に、夫婦で楽しめる趣味を見つけて、定年後に備えたいとも考えております。皆様、いろいろアドバイスのほどよろしくお願いいたします。

本日はほんとうにありがとうございました。

POINT　銀婚式が定年の前後にあたることも多いものです。定年後の夫婦で向き合う生活を前向きにとらえたあいさつを。

結婚記念日

金婚式パーティー 主催者（教え子）のあいさつ

1分30秒

佐々木先生、そして奥様、このたびは金婚式おめでとうございます。昨年行われた同窓会で、先生が今年金婚式を迎えられると伺い、教え子一同が企画して、このような会を開く運びとなりました。

私どもは、学校を卒業してからも、しばらくの間佐々木先生のお宅に遊びに伺っておりました。奥様には、いつもおいしいお料理でもてなしていただいたものです。

奥様とは本日久しぶりにお目にかかりましたが、全然お変わりになっていないのに、実は驚きました。人生100年の時代とはいいましても、おふたりそろって、そしておしどり夫婦のお姿そのままに、今回の金婚式の節目をお迎えになったことは、ほんとうにおめでたいことと存じます。

どうか、これから先も末永くお元気で、10年後のダイヤモンド婚式も私どもに祝わせてください。

本日は、ほんとうにおめでとうございました。

POINT お世話になったお礼を具体的に述べながら、末永い健康と幸福を祈ります。

結婚記念日

合同金婚式パーティー 主催者（老人会会長）のあいさつ

1分30秒

本日お集まりのご夫妻におかれましては、本年金婚式をお迎えとのこと、まことにおめでとうございます。

平均寿命が延び、お元気で金婚の節目をお迎えのご夫妻が年々増えております。この町でも、本年7組のご夫妻が金婚式をお迎えとのことで、シルバー会としても何かお祝いをと考え、こうして合同金婚式の祝宴を企画したしだいでございます。7組の皆様にご招待をさし上げましたところ、ご主人がご入院中の斎藤さんのところを除き、6組ものご参加が得られました。企画した者としても、たいへんうれしく思っております。

本日はささやかな会ではございますが、ゆっくりとおくつろぎいただき、結婚当初の思い出話などに花を咲かせていただければと存じます。また、のちほどカラオケ大会も開催する予定ですので、ご自慢ののどで昭和歌謡をご披露ください。

POINT 町内会や自治体が主催する合同金婚式では、参列者がなごやかに話したりくつろいだりできる工夫が必要です。

結婚記念日

金婚式パーティー
来賓のお祝いのあいさつ

1分30秒

このたびめでたく金婚式をお迎えになりました星野様ご夫妻に心よりお祝いを申し上げます。また、本日はこのようなすばらしいお祝いの席にお招きいただき、まことにありがとうございました。

金婚式には、二重のおめでたさがあります。一つはもちろん、50年の長きにわたり、幸せな結婚生活を送られてきたことです。そして、もう一つは、ご夫婦そろって健康にこの喜びの節目を迎えられたということです。

50年をふり返れば、日本は高度経済成長にバブル崩壊、グローバル化もあった激動の時代でした。その中で、事業を成功させ、３人のお子様を育て上げたわけですから、ご夫妻の、とりわけ奥様のご苦労は察するに余りあります。

どうかこれからもご健康に留意なさいまして、おふたりで仲むつまじくお過ごしください。

本日はまことにおめでとうございました。

POINT 結婚50周年を祝うあいさつの基本例です。激動の時代を生きた苦労を思いやり、今後の健康を祈る言葉で結びます。

なるほど！column

金婚式・銀婚式の祝い方

結婚記念日を祝う習慣は欧米から伝わったもので、明治27年に、明治天皇が銀婚式のお祝いをしたことから広まりました。

毎年の結婚記念日は夫婦や家族だけで祝うとしても、金婚式、銀婚式はやや盛大に祝うのが一般的です。本人たちが家族や親しい人を招いて祝宴を催したり、子どもたちや教え子が主催し、親や恩師のためにパーティーを開くケースもあります。

自宅や自宅近くの会場で行う場合が多いのですが、可能なら、結婚したときの会場に、当時の招待客をできるだけ招き、ウエディングケーキに入刀したり、キャンドルサービスを行うという趣向もしゃれています。また、新婚旅行の行き先を再訪するプランも人気があるようです。

会場は、金婚式なら金と白（または赤）、銀婚式なら銀と緑にととのえ、お祝いの品も金銀ゆかりの製品にするのがいいでしょう。

結婚記念日

金婚式パーティー 部下のお祝いのあいさつ

1分30秒

山本相談役、そして奥様、このたびは金婚式まことにおめでとうございます。

山本相談役がご創業なさった山本運輸は、昨年50周年を迎えました。私は創業間もなくのころに入社し、おふたりには、ご自宅にお招きいただくなど、たいへんかわいがっていただきました。思い起こせば、奥様は、創業のご苦労をともにし、会社の経理を見ながら、4人のお子様を育て上げ、そのうえ、私のような若い者の面倒まで見てくださったわけでございます。今日の山本運輸の隆盛は、奥様の内助の功と八面六臂のご活躍なしには、とうてい成し遂げられなかったことでしょう。

現在は、ご長男が会社を後継し、まさしく悠悠自適の幸せなご生活と拝察いたします。このうえは、一層ご健康に留意なされ、喜びの節目を重ねていただくことをお祈り申し上げ、私のごあいさつといたします。本日はおめでとうございました。

POINT 主役の夫妻が仕事上のパートナーでもある場合は、奥さんの内助の功、サポート、活躍に焦点を当てて。

結婚記念日

金婚式パーティー 息子・孫のお祝いのあいさつ

1分30秒

息子 お父さん、お母さん、金婚式おめでとう。

そして皆様、今日はお休みのところ、両親のためにお集まりいただき、ありがとうございました。

両親がそろって、このよき日を無事に迎えられましたことは、子どもにとっても大きな喜びです。夫婦ふたり暮らしで、おかげさまで健康とはいえ、なにぶん高齢となりました。私ども、子どもたちはふだんは仕事の関係で離れて暮らしておりますので、こちらの正枝おばさんやご近所の方がいてくださり、ほんとうに心強く思っております。どうぞこれからもよろしくお願いいたします。

お父さん、お母さん、あらたまってあいさつするのは照れるけれど、ずっと元気でいてくださいね。

健介からもひと言ごあいさつなさい。

孫 いつもやさしいおじいちゃん、おばあちゃんが大好きです。また夏休みには遊びに来るから、元気で待っていてね。

POINT 子どもからは祝辞と列席者への謝辞の両方の要素を盛り込みます。また、孫のあいさつは場をなごやかにすることでしょう。

結婚記念日

金婚式パーティー　夫のお礼のあいさつ

1分30秒

今日は、たくさんの方々にお集まりいただき、ありがとうございました。昨年、喜寿を祝っていただきましたので、2年連続でこんなに晴れがましいことがあると、このあと揺り戻しがあるんじゃないか、などとよからぬことを考えてしまいます。

冗談はさておきまして、金婚式のお祝いは、長寿の祝いと違い、夫婦がそろっていなければならないので、喜びも格別です。

若いころは働きづめでした。でも、そのおかげで、田中商店をひとかどの店に成長させることができました。だんだん体がしんどくなり、5年前に店を閉めたのは残念なことでしたが、今こうして豊かな時代に生き、孫たちに囲まれた生活はとても幸せです。ともあれ、無事にこの日を迎えられましたのは、民子の大きな支えがあったからだと、感謝しております。民子、そして皆さん、ほんとうにありがとうございました。

POINT 長生きするだけではなく夫婦がそろっていなければ祝えないという金婚式の特性にふれながら、感慨と感謝を述べます。

結婚記念日

金婚式パーティー　妻のお礼のあいさつ

1分30秒

皆さん、今日は思いがけずこんなに盛大にお祝いいただき、ありがとうございました。こんな恐れ多い席に座るのは、それこそ結婚式以来で、たいへん感激しております。

私たちが結婚したのは、今のような豊かな時代ではありませんでした。金婚式を迎えるころは、などと想像する余裕もなく、今日、明日の暮らしをどうしようかということで精いっぱいでした。苦しい時期もありましたが、お父さんはいつも「笑う門には福来る」とか「稼ぐに追いつく貧乏なし」と言って、私たち家族のために、明るく働いてくれました。

その時期のことを思い出すと、今、毎年夫婦で旅行をしたり、ゲートボールを楽しんだりという暮らしは夢のようです。これからも、できる限り心も体も元気でいて、子どもたちに迷惑をかけないようにしたいと思っていますので、どうぞよろしくお願いします。今日はほんとうにありがとう。

POINT 物資も豊富でなかった時代と対比させながら、現在の豊かな暮らしに幸福感を感じていることを伝えます。

還暦を祝う会
主催者（部下）のあいさつ

1分30秒

今回、幹事を務めます水野です。吉川専務、このたびはおめでとうございます。

今年、吉川専務が還暦をお迎えになることがわかりまして、お祝いはどうするかご相談に伺いましたところ、実は「年寄り扱いするな」と一喝されました。しかし、還暦というのは、暦が一巡して、また新たなスタート台に立つというおめでたい節目、ぜひとも祝宴を、と説得いたしまして、今日の会に至ったわけでございます。

専務はいつも営業の陣頭指揮をとっていらして、年寄り扱いなどできるはずもありません。ご存じのように、月末になると専務の怒鳴り声がフロア中に響き渡り、私を含めて部下は皆、身の縮む思いをしております。還暦を境に、少しおとなしく、穏やかになってくれないかと思っているほどです。

専務、どうぞこれからはお手やわらかにお願いいたします。

POINT 日常的に親しい間柄なら「これを機会に少しおとなしく」と日ごろの活躍ぶりを逆説的にたたえるのも一つの方法です。

長寿祝い

還暦を祝う会
友人のお祝いのあいさつ

1分30秒

宮野さん、おめでとうございます。

おめでとうございます、と申し上げていいんでしょうかね。還暦というのは長寿の祝いとされていますが、現在の満60歳、数えの61歳といえば、宮野さんも含めて現役でバリバリと活躍されている方も多く、どうもピンときません。ともあれ、お誕生日おめでとうと言わせていただきましょう。

それにしても、宮野さんは元気すぎますよね。今でも月に数回は出張し、休日はゴルフでしょう。お酒もかなりいける口ですしね。そのエネルギーとバイタリティーはどこからくるんだろうと不思議に思うこともあります。

しかしね、宮野さん。われわれは、ライフワークバランスなどを気にしたこともなく、体も頭も、肝臓も酷使してきました。どうか健康を過信することなく、お体に気をつけて、これからも元気でご活躍ください。本日はおめでとうございました。

POINT 現役の相手には、日ごろの元気さやエネルギッシュな生活ぶりをたたえ、さらなる活躍を祈る言葉で結びます。

長寿祝い

還暦を祝う会
本人のお礼のあいさつ

1分30秒

還暦祝いなんて勘弁してくれとずいぶん抵抗したのですが、逃げ切れず、とうとう会を催されてしまいました。しかし、久々にゆっくりお話しできた方もいて、たいへん楽しいひとときでした。

世話役を務めてくださった水野君、どうもありがとう。

「人間五十年、下天の内をくらぶれば、夢幻のごとくなり」と舞った織田信長は、その謡のとおり人生を駆け抜けていきました。ひるがえって私は、といいますと、満60になってもまだまだやり残したこと、これから新しく始めたいことがいっぱいで、とても今までの人生を振り返る気持ちにはなれません。

今日を新たな第一歩として、仕事にも、趣味にも励んでまいりたいと思います。こうなったからには、2回目の還暦を目ざして精進しますので、皆様、今後ともよろしくおつきあいください。

本日はまことにありがとうございました。

POINT 還暦を新たなスタートと位置づけ、前向きな気持ちで今後の抱負などを語り、お礼の言葉とします。

なるほど！ column

長寿祝いの名称と現代的な祝い方

※年齢は数え年

名称	年齢	由来・祝い方
還暦	61歳	昔の暦は60年で一巡し、生まれた年と同じ「暦」に「還」ることから。赤ちゃんに戻るという意味で、赤ずきんや赤いちゃんちゃんこを贈る習慣があったが、現代は赤いセーターなどを。
古稀（古希）	70歳	杜甫の詩の一節「人生七十古来稀」から。本人が嫌がるようなら特にお祝いはしなくても。
喜寿	77歳	「喜」の草書体「㐂」が、七十七と読めることから。現在は、喜寿以降からお祝いをすることが多くなっている。
傘寿	80歳	「傘」の略字「仐」が八十と読めることから。現在、実質的な「長寿」といえるのは傘寿以降。
米寿	88歳	「米」の字を離して書くと、八十八と読めることから。内祝は、もちやおこめ券など、米にゆかりのあるものを。
卒寿	90歳	「卒」の略字「卆」が九十と読めることから。本人が高齢のため、自宅に、子どもや孫、親類が集まって祝う形が望ましい。
白寿	99歳	「百」の字から「一」をとると「白」になることから。
百寿	100歳	文字どおり、百歳の賀寿の意。
皇寿	111歳	「白（99）」＋「王（1＋10＋1）」＝111になることから。

古稀を祝う会 来賓のお祝いのあいさつ

1分30秒

山中さん、このたびは古稀をお迎えになり、まことにおめでとうございます。

そのようなご年齢にはお見受けできないほどご壮健なので、ご案内をいただいたときは、正直言って少し驚いてしまいました。

古稀の由来は「人生七十年、古来稀なり」という杜甫の詩で、当時は確かに70歳はたいへんな長寿だったのでしょう。しかし、日本においては、山中さんをはじめ、まだ社会的に現役でいらっしゃる70歳も多くなりました。

山中さんの場合は「人生七十年にして、このはつらつとした若さ、ご活躍ぶりは古来稀なり」と言ったほうがふさわしいかもしれませんね。

どうか、これからも健康にご留意なさいまして、ますますご活躍くださいますことをお祈りいたしております。

本日は、まことにおめでとうございました。

POINT 「賀寿はおめでたいが、そんな年齢には見えないので驚いた」とするのが、本人がいちばん喜ぶ祝い方でしょう。

長寿祝い

古稀を祝う会 教え子のお祝いのあいさつ

1分30秒

河野先生、このたびは古稀を迎えられ、まことにおめでとうございます。

前回お会いしたのは、たしか先生の退職祝いのときですから、10年ぶりということになります。前回久しぶりに先生にお目にかかり、お若いのにびっくりしました。そのとき先生は「今までは高校生が相手だったから若いふりをしていたけれど、これからは老け込むんじゃないかな」などとおっしゃっていましたが、10年たった今も、まったくお変わりなく元気なご様子で、たいへんうれしく思います。

伺えば、ご近所のお子さんたちにボランティアで算数を教えていらっしゃるとか。高校生よりも若い子を相手にしているのですから、お若いのも当然かもしれませんね。

どうかこれからも、先生を慕う教え子がどんどん増えるよう、ご活躍ください。

本日はおめでとうございました。

POINT 昔を知る教え子として、まったく印象が変わらないと話すことで、本人の若々しさや活力を表現します。

長寿祝い

古稀を祝う会
息子のお祝いのあいさつ

1分30秒

お父さん、このたびは古稀を迎えられ、おめでとうございます。また、父のために本日お集まりいただきました皆様、お忙しい中、まことにありがとうございました。

ご存じのように父は5年前、脳梗塞で倒れました。その後、私に社業を譲って社長は引退しましたが、相談役として体調のいい日は出社してくれております。今ではすっかり穏やかな顔になった父ですが、現役当時は「鬼の岩田」と言われるほどの厳しい社長でした。当時を知る社員や私は、父が出社すると、おのずと気持ちが引き締まるような気がして、自分でも苦笑してしまいます。

ときおり出社し、いろいろと助言してもらうことは、私をはじめ社員にとっても緊張感が生まれ、たいへんよいことだと思っております。どうかこれからも、厳しく、ときにあたたかく、私どもを叱咤激励してください。

POINT 本人が「健康体」でない場合は、体調を気遣いながらも、まだ気力は衰えていないなどのプラス面を主体に話します。

長寿祝い

古稀を祝う会
本人のお礼のあいさつ

1分30秒

皆さん、本日はこのようなすばらしい会を開催していただき、まことにありがとうございました。

20代、30代のときは、仕事上のベテランと思われたくて、年より上に見られるとうれしかったものです。しかし、いつの間にやら「若く見える」「若々しい」と言われるのが、なによりのほめ言葉に思えるようになりました。これが、つまりは年をとったということなのでありましょう。

しかしながら気力はまだ衰えていないつもりです。子どもたちも、最後に残っていた息子が昨年結婚し、ようやく肩の荷も、すねも楽になりました。これから、妻の玲子とふたり、のんびりと旅行などを楽しみたいと願っています。

これまで、私を支えてくださいましたご列席の皆様、そして、玲子、ほんとうにありがとう。これからもよろしくお願いいたします。

本日はありがとうございました。

POINT 今後の抱負を盛り込みながら、今までお世話になったお礼と今後の支援のお願いを述べます。

長寿祝い

喜寿を祝う会
教え子のお祝いのあいさつ

1分30秒

本田先生の喜寿をお祝いし、ひと言ごあいさつを申し上げます。

本日は、○○高校で先生のご薫陶を受けた卒業生が合同でこの祝賀会を開催しました。私もこれまで幾度となく長寿のお祝いの会に出席しましたが、このように盛大で、あたたかい雰囲気の会は初めてです。これもひとえに、生徒に慕われ続けた本田先生のお人柄のなせる業でしょう。

三十数年間教壇に立ち、担任として受け持った生徒の総数は、１０００人を軽く超えます。しかし、本田先生は、今でもそのすべての顔と名前を思い出すことができるといいます。

先生が私たち一人ひとりのことを覚えていてくださるのと同じように、私たちも先生を一生の恩師として尊敬しています。どうぞいつまでもお元気で、これからも私たちをお導きください。

本日は、まことにおめでとうございました。

POINT 本人の人柄や功績をたたえながら、これからも教え子への指導を、と前向きな表現でお祝いします。

長寿祝い

喜寿を祝う会
本人のお礼のあいさつ

1分30秒

本日は、皆様ありがとうございました。

実は、還暦や古稀の折にも、お祝いをとのありがたいお話がありました。そのときには、年寄り扱いされているようでどうも気が進まず、失礼ながらご辞退申し上げました。今回、お話をお受けしたのは、負け惜しみのようではありますが、自分の老いを認めたからではございません。

「一期一会」という言葉がありますように、ふだんからよくお目にかかる皆さんとも、今日の出会いは一生に一度しかありません。そんな出会いの機会を、大切にしようと思ったからでございます。

私が、さして大きな病気もせず、喜寿を迎えることができましたのは、本日ご列席の皆様方との出会いがあったおかげと、心から感謝しております。そして、これからも、皆様と、そして新しい方との出会いを大切にしていきたいと思います。

本日はまことにありがとうございました。

POINT 「一期一会」（茶会は毎回、一生に一度だと思い、主客とも真剣に行うべきと説く茶の湯の語）をキーワードにお礼を。

長寿祝い

傘寿を祝う会 親族のお祝いのあいさつ

1分30秒

敏江おばさま、このたびは傘寿(さんじゅ)をお迎えとのこと、ほんとうにおめでとうございます。

今日、お祝いをすると言ったら、おばさまが「私はまだ70代よ」と怒ったと、母から聞きました。でも、喜ばしい節目なのですから、ここは素直にお祝いを受けてください。以前から、息子さんの博さんが同居を申し出ていると伺っていますが、おばさまは、一人暮らしのほうが気楽だからとお断りになっているんですってね。自立しているおばさまはすてきだと思いますが、傘寿を機に考え直してみてもよいかもしれませんよ。

いずれにしても、おばさまから送っていただく、手作りの梅干しと白菜漬けは、わが家の食卓にも欠かせないものになっていて、毎年楽しみにしています。そのためにも、と申し上げると食い意地(くいいじ)だけで言っているようですが、どうぞいつまでもお元気でいらしてください。本日はおめでとうございました。

POINT 本人が得意とする手作り食品や丹精している盆栽などを心待ちにする気持ちを述べ、長生きと健康を祈るのも一法です。

長寿祝い

傘寿を祝う会 本人のお礼のあいさつ

1分30秒

今日はせっかくのお休みだというのに、私のために集まってくれて、ありがとうね。特に、公子さんのところは遠くからわざわざ来ていただいて、申しわけなく思っています。

先ほど、公子さんから、そろそろ一人暮らしはあきらめたら、というありがたい言葉がありました。でも、体が動くうちは、生まれ育ったこの土地を離れる気持ちにはどうしてもなれなくってね。博をはじめ、皆さんにはいろいろご心配をいただいて、ほんとうにありがたいのだけれど、しばらくはこのままでやっていこうと思うの。もちろん、何か不都合(ふつごう)があったときは、博、お願いしますね。

でも、さすがにこのごろは年のせいか、人恋しくてね。お客さんが来て、お話をするのがいちばんの楽しみです。皆さんも忙しいだろうけど、今回のようなお祝いのときでなくても、顔を見せてくれるとうれしいです。

POINT 親しい面々が集まってくれてうれしかったという気持ちを率直に表現しながら、お礼の言葉を述べます。

長寿祝い

米寿を祝う会
来賓のお祝いのあいさつ

1分30秒

このたびめでたく米寿（べいじゅ）をお迎えになった金本ミナさんに、心よりお祝いを申し上げます。

昭和、平成、令和と、激動の時代を生きてきたミナさんの世代のおかげで、日本は現在の豊かな時代を築くことができたと言っても過言ではありません。

言いかえれば、ミナさんは、現代日本の母親ともいえる存在なのです。現実にも、ミナさんは4人のお子様を立派に育て上げ、10人のお孫さん、7人のひ孫さん、2人のやしゃごさんがいらっしゃる、金本ファミリーの偉大な母親でもあります。やしゃごさんは、まだこれからも誕生なさることでしょうから、ミナさんの楽しみはまだまだ続きます。

このうえも、卒寿（そつじゅ）、白寿（はくじゅ）とおめでたい節目をお迎えになり、さらに大勢のご親族とともにお祝いできますことをお祈りいたします。

ミナさん、どうぞいつまでもお元気で。

POINT 子宝に恵まれている場合は、孫、ひ孫、やしゃごの数などをあげて、長寿と親族繁栄の両方を祈ります。

長寿祝い

米寿を祝う会
息子からのお礼のあいさつ

1分30秒

今日は、母のためにお集まりいただき、ほんとうにありがとうございました。母も、久しぶりに皆さんにお会いして、ゆっくりお話しすることができ、このようにたいへん喜んでおります。デイケアで週に一度ほど外出し、ほかの方と接する機会はありますが、親しい皆様との交流は、格別にうれしかったことでしょう。笑顔が、いつもと違いますから。

こうして、皆さんの顔ぶれを拝見しておりますと、11年前の喜寿（きじゅ）祝いのときを思い出します。俊君はたしかまだ生まれたばかりだったのに、もう中学生。私も定年を迎え、月日の流れと、親族の変化には感慨深いものがあります。その中にあって、母だけは、11年前とさほど印象が変わりません。そして、おかげさまで大病（たいびょう）もせず、米寿（べいじゅ）を迎えることができました。次の卒寿（そつじゅ）、そして白寿（はくじゅ）と、また皆さんとともにお祝いができればいいなと思っております。本日はありがとうございました。

POINT 本人に、親しい親族の集まりならではの格別な喜びがあることを伝え、次回もまた同じようにお祝いを、と結びます。

お祝い会

新支部長披露会（華道）
来賓のお祝いのあいさつ

1分30秒

森本先生、このたびは華道○○流○○支部長ご就任、まことにおめでとうございます。

先ほど、華展会場を拝見いたしましたが、森本先生のすばらしい大作をはじめ、ご門下の方々の美しい作品に、ただ圧倒されました。花一輪一輪、葉の一枚一枚が、それぞれ競い合い、また調和して、花の生命の輝きを私どもに伝えてくれているような気がいたしました。これもひとえに森本先生の熱心なご指導と、門下の皆様によるご精進（しょうじん）のたまものと、たいへん感心いたしました。今後、森本先生は、○○流本部の一翼を担っていかれるわけでございますが、その若さとエネルギーで、○○流によき新風を吹き込まれることを期待しております。私も及ばずながら、ご支援申し上げております。

森本先生の一層のご精進と、ご門下のさらなる繁栄をお祈りし、私のごあいさつといたします。本日はおめでとうございました。

POINT 華道や日本舞踊などの幹部就任や、免許取得の際は、披露会を行うのが通例です。作品や踊りの感想を交えながら、お祝いを。

お祝い会

免許取得披露会（華道）
本人のお礼のあいさつ

1分30秒

本日、○級教授免許を授けられ、また「森本清月」というすばらしい雅号までいただき、身に余る光栄に存じております。

私は、高校の華道部から始まって、華道の経験だけは長いのですが、覚えの悪い不肖（ふしょう）の弟子でございました。それが、今日まで続けてこられましたのは、生ける人の心を落ち着かせつつ、見る人に安らぎを与えるという生け花ならではの魅力に加え、佐藤先生のあたたかいご指導と、先輩方の励ましがあったからだと、心より感謝いたしております。

諸先輩からは、花の道は、厳しい道のりだけれど、奥が深く、創造性豊かな魅力あふれる世界と承っております。今後は、さらに精進（しょうじん）を重ね、先輩の先生方の足元に一歩でも近づけますよう、努力を重ねてまいる所存でございます。皆様には、一層のご指導を、どうぞ、よろしくお願い申し上げます。

本日はまことにありがとうございました。

POINT 指導者や先輩へのていねいなお礼が不可欠です。うれしさよりも、身が引き締まる思いを前面に出してあいさつを。

お祝い会

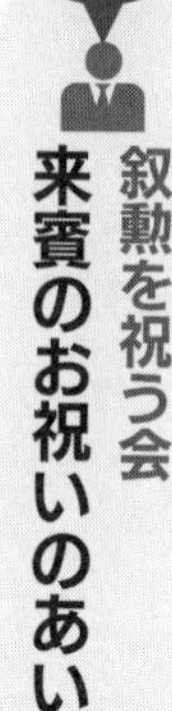

叙勲を祝う会 来賓のお祝いのあいさつ

1分30秒

斎藤さん、このたびは旭日小綬章のご受章、まことにおめでとうございます。また、今まで斎藤さんを支えていらっしゃった奥様にも心よりお祝いを申し上げます。皆様ご存じのように、斎藤さんは40年前に現在の○○株式会社をご創業され、粒粒辛苦の末、現在の規模にまで発展させました。また、ご自分の会社のみならず、幾多の公職をこなし、＊＊業界の発展のため寄与されてきました。その功績と貢献は、広く知られており、いまさら論を待たないものでございます。しかしながら、このたびこうして叙勲という形で結実し、私どもも、わがことのような喜びを感じているものでございます。

斎藤さん。これからも健康にご留意のうえ、ますますご活躍ください。○○株式会社と＊＊業界のさらなる発展と、斎藤さんはじめご家族のご多幸をお祈りし、私のごあいさつといたします。本日はおめでとうございました。

POINT 民間人の場合は、業界や地域への貢献が認められて叙勲・受章するケースが多いもの。その功績をたたえながらお祝いを。

お祝い会

叙勲を祝う会 後輩のお祝いのあいさつ

1分30秒

高橋さんの藍綬褒章受章をお祝いし、ひと言ごあいさつを申し上げます。私は、高橋さんの後輩の民生委員で、篠原と申します。

高橋さんは34年間民生委員を務め、子どもやお年寄りへの目配りを主体に、地域に密着した活動を続けていらっしゃいました。

高橋さんが私に教えてくださった民生委員の心構えの数々の中で、いちばん印象に残っているのは「相談を待つのではなく、こちらから働きかけなさい」という言葉です。民生委員は、まったくのボランティアです。ボランティアは、もともとは「自主的に行う」という意味があるそうです。高橋さんの姿勢は、まさしくボランタリー精神にもとづくものと、深く感銘を受けたしだいでございます。

どうかこれからも地域のため、後進の指導のため、お力をお貸しください。本日はおめでとうございました。

POINT 受章者から教えられた言葉を具体的に示しながら、活動への真摯な姿勢や指導力をたたえます。

お祝い会

叙勲を祝う会
本人のお礼のあいさつ

1分30秒

皆様、本日はお忙しい中ご列席を賜りまして、まことにありがとうございました。

このたび、はからずも旭日小綬章という栄誉を受けることになり、たいへん光栄に思うと同時に、身の引き締まる思いがしております。

先日、叙勲伝達式に家内とともに参列してまいりましたが、実際に受けとりますと、思いのほか重いのに驚きました。この重みは、勲章そのものの重みだけではなく、ここに至るまでご指導、ご支援をいただきました皆様のお気持ちのこもった重さなのだと、あらためて感じ入ったしだいでございます。

今後は、この栄誉に恥じないよう、社業を通じて業界ならびに地域経済の発展のため、微力を尽くす覚悟でおります。皆様にはどうか一層のお力添えのほどを、心よりお願い申し上げ、私のごあいさつといたします。

本日は、まことにありがとうございました。

POINT 受章そのものを喜ぶ気持ちに加え、今までの指導へのお礼と、今後の支援のお願いを忘れずに盛り込みます。

お祝い会

受章を祝う会
本人のお礼のあいさつ

1分30秒

皆様、本日は私の藍綬褒章受章に際し、このようなすばらしい会を開いていただき、心より御礼を申し上げます。34年間、民生委員としてささやかな活動を地道に続けてきただけですので、今回、こんな晴れがましいこととなり、うれしさ半分、恐縮半分という心持ちでおります。

先ほど、篠原さんから過分なお言葉をいただきましたが、確かに民生委員のあり方は時代とともに変化しています。しかし、現在は核家族が増え、近所づきあいも希薄、また一人暮らしのお年寄りが増えているなど、民生委員が積極的に動かなくてはならないケースが多くなりました。主人からは「おせっかいおばさん」などと冷やかされておりますが、これからも地域のため、お子さんの健やかな成長のため、あえておせっかいを貫きたいと思います。

皆様、どうか今後ともよろしくご指導ください。

本日は、ありがとうございました。

POINT 長年の公務を通じて感じている変化を述べ、今後も力を尽くすので、ご協力をよろしくと結びます。

美術展入選祝い
来賓のお祝いのあいさつ

1分30秒

西村さん、このたびは○○展ご入選おめでとうございます。私は美術には素人ですが、清新な息吹が受賞作品のキャンバスから伝わってくるような感じがいたしますね。

皆様ご存じのように、西村さんは、＊＊中学校の美術教師として教壇に立つかたわら、ご自分の創作活動を続けていらっしゃいました。お忙しい本業を持ちながらの創作は、時間の面でも精神的にもたいへんだったのではないかと拝察いたします。しかし、今回、西村さんの長年のご念願であった○○展で本懐を遂げられ、今までの努力とご苦労が報われました。入選という結果だけではなく、これまでの活動が実を結んだことを、わがことのようにとてもうれしく、また誇らしく思っております。

今回の入選を契機に、西村さんが一層飛躍なさいますことをお祈りし、私のごあいさつといたします。おめでとうございました。

POINT 専門外の立場で祝辞を述べるときは、知ったかぶりの解説は避け、自分自身の率直な感想を述べるのが好印象です。

お祝い会

美術展入選祝い
本人のお礼のあいさつ

1分30秒

今回、○○展入選という栄誉を受け、興奮と感激で胸がいっぱいです。これまでご指導いただきました黒田先生、あたたかい励ましをくださったご列席の皆様、ほんとうにありがとうございました。そして、創作活動を支えてくれた家族にも、この場を借りてお礼を申し述べたいと思います。美佳、さやか、どうもありがとう。

今まで、○○展の入選が人生の目標だと公言しておりましたので、思いがけず目標を達成してしまった今、大きな喜びとともに、安堵の虚脱感に似た気持ちを覚えております。しかし、これがゴールではありません。

今回の入選を励みとして、この賞に恥じないような作品をさらに創作するため、今後も精進してまいります。黒田先生をはじめ皆様には、一層のご指導、ご助言をよろしくお願いいたします。

本日はほんとうにありがとうございました。

POINT 有頂天にならず、「今回の栄誉を励みに、一層の努力と精進をする」と誓う、謙虚な発言が望ましいものです。

表彰

コンクール表彰 主催者（専門学校校長）のあいさつ

1分30秒

当○○栄養専門学校が主催する料理コンクールも、本年で4回目を迎えました。初回から「お菓子」「ブランチ」「パスタ」のテーマで開催してまいりましたが、今回は「行楽弁当」がテーマです。一般公募と本校生徒からの応募で500を超える作品が集まり、一次、二次の厳正な審査をへて、今回、10点の入選作品を選びました。入選者の皆様、ほんとうにおめでとうございます。

応募作品は、いずれも力作ぞろいで、審査委員も驚嘆するほどのアイディアが多く、優劣つけがたいものでした。年々、審査がたいへんになるのは、私ども主催者にとっては、まったくうれしい悩みでございます。今回は、作品展示とともに試食コーナーを設けています。ご来臨（らいりん）の皆様には、実際に料理を召し上がっていただき、忌憚（きたん）のないご意見を賜（たわま）れば幸いに存じます。それではお時間の許す限り、ごゆっくり会場をごらんください。

POINT 審査結果の報告をメインにあいさつを。

表彰

コンクール表彰 受賞者のあいさつ

1分30秒

一般公募の部で、思いがけず入選いたしました加藤智代です。このような立派な賞状と賞品をいただき、たいへん感激しております。

私は、幼稚園児を持つ母親です。今回の行楽弁当は、実際に家で作っているものをベースにして、小さな手、汚れた手でも食べやすいよう、工夫したつもりです。育児や食事作りは毎日のことなので、特別に評価を受ける機会がありません。それが、このたびこのような賞をいただき、自分自身の存在や日々の努力がきちんと認められたような喜びと爽快（そうかい）感を感じています。

私のお弁当作りは、現在進行形のものなので、これからもいろいろ研究していきたいと思っています。味つけや盛りつけにも至らない点があると思いますので、ご試食いただきましたら、ぜひ率直なご感想やご意見を聞かせていただければと存じます。

本日はほんとうにありがとうございました。

POINT 表彰を受けた作品についての説明を加えながら、評価を受けたことへのうれしさを率直な言葉で語ります。

表彰

自費出版記念パーティー 俳句仲間のお祝いのあいさつ

1分30秒

川田さん、このたびは、初句集『ななかまど』のご出版おめでとうございます。

私どもの俳句愛好会では、月に一度の句会を催しておりますが、川田さんは入会以来20年の長きにわたり、一度も句会や吟行(ぎんこう)を欠席したことがありません。また、唯一で最高の趣味が俳句、と日ごろから公言なさっています。俳句も短歌も、あるいは俳句も山歩きも、という、よくいえば「広く浅く」、悪くいえば浮気者の多い当会において、川田さんは、俳句だけに打ち込んでいらっしゃったのです。

作曲家のハイドンは、芸術について「一つの主題をすくい上げたら、あくまでそれを追究していくことだ」と語りました。川田さんの創作姿勢は、まさしくこれに当てはまります。どうか、今後も俳句一筋に一意専心(いちいせんしん)の精進(しょうじん)を続けられ、第2、第3の句集をご出版なさいますことを期待しております。

本日はまことにおめでとうございました。

POINT 一つの道を究める重要さを説く名言を引用しながら。同義の名言に「君子は多能を恥ず」という論語の言葉もあります。

表彰

自費出版記念パーティー 本人のお礼のあいさつ

1分30秒

本日は、皆様お忙しい中お越しいただき、まことにありがとうございました。家族のすすめもあり、還暦(かんれき)の記念に今までの雑詠(ざつえい)を歌集『風の音』の1冊にまとめることにいたしました。ただ、自費出版という自己満足で作った歌集に対し、このようなお祝いの席を設けていただくとは思いも寄らず、たいへん恐縮しております。短歌は、わずか31文字で構成されています。しかし、作者の思いはときに海よりも深く、また読む側の解釈もさまざまに自由に行うことができます。形は定まっていながら、込められた思いや解釈は自由無限大。そんな短歌の魅力にとりつかれて、これまで習作を続けてまいりました。

今回、歌集として形になったことを励みとして、さらに研鑽(けんさん)を積んでまいりたいと思います。皆様には一層のご指導のほどをお願い申し上げ、お礼のごあいさつといたします。本日はありがとうございました。

POINT 受賞や入選とは違い、自費出版という「自分で行ったこと」に対する祝賀会を開くことについて謙遜しながらお礼を。

すぐに役立つ

とっさのひとこと

お祝いの言葉に続けるフレーズ

◆**妊娠⬇**おめでただそうですね。おからだを大事になさってください。

◆**妊娠⬇**おめでただと伺いました。ご安産をお祈りしております。

◆**出産⬇**ご安産おめでとうございます。母子ともにご健康とのことで、何よりです。

◆**新築⬇**ご新築おめでとうございます。ご立派なお住まいで、ほんとうにうらやましいです。

◆**入学⬇**ご入学おめでとうございます。しばらくお会いしないうちに、大きくなって。頼もしい一年生ですね。

◆**進学⬇**高校ご進学おめでとうございます。見事に難関を突破されて、お喜びもひとしおでしょう。

◆**卒業⬇**ご卒業おめでとうございます。いよいよ晴れて社会人ですね。

◆**卒業⬇**ご卒業おめでとうございます。ご両親も安心なさったことでしょうね。

◆**就職⬇**ご就職おめでとうございます。社会人としてのご活躍にも期待していますよ。

◆**昇進⬇**ご昇進まことにおめでとうございます。新しいお立場で、いっそうの手腕を発揮なさることを期待しております。

◆**転勤⬇**ご栄転おめでとうございます。新任地でもお体に気をつけ、ますますご活躍ください。

◆**金・銀婚式⬇**このたびは金（銀）婚式をお迎えになったそうで、まことにおめでとうございます。おふたりとも、いつまでも仲よく、ご健康でお過ごしください。

◆**長寿⬇**このたびは喜寿をお迎えとのこと、おめでとうございます。ただ、そのようなご年齢とはお見受けしていなかったものですから、少し驚きました。

◆**受賞⬇**このたびは栄えある○○賞をご受賞なさったそうで、ほんとうにおめでとうございます。これを契機に、いっそう飛躍なさることを期待しております。

成人式

お祝いのあいさつ①

来賓　3分

皆さん、成人式おめでとう。

高校卒業後、進学や就職で、皆さんはそれぞれの道を歩み始めました。今は、おかれている環境も住んでいる土地もさまざまです。この同期会で、久しぶりに会った人たちも多いことでしょう。私もお招きを受けてたいへんうれしく思います。

皆さんは今日から名実ともに一人前の大人になるわけです。まさしく次の世代を担っていくわけですが、来る(きた)べき時代は、不確実とも不透明ともいわれているのが現実です。以前なら、いい高校に入り、いい大学に進めば、いい会社に入れる。それで一生の幸福は約束されたといわれたものでした。しかし、今は、学歴の序列は崩れ、安定産業といわれる企業が破綻し、入社したら定年まで働けるという終身雇用も保証されない時代です。

輝かしい成人式に、景気の悪い話をするようですが、皆さんには、まずこの厳しい現実をしっかり把握してほしいと思います。

こうした時代に大人になる君たちには何が求められているのでしょう。それは、自分の道を自分で切り開く、自立した心です。まず、ポジティブな心構え、人の指示を待って動くのではなく解決法を自分で考える主体性、国際社会の一員としてのグローバルな意識。この3つが、これからの君たちにもっとも必要なことだと私は思っています。

君たちには、今はまだ君たち自身が気づいてはいないかもしれない大きな力と可能性がひそんでいます。それが、私ども大人にはない、君たちの強さでありエネルギーです。

これからの君たちの人生は、とてつもなく大きなキャンバスです。今、そのキャンバスは、何も描かれていない真っ白な状態なのです。君たちのエネルギーで、さまざまな色をつくり出し、キャンバスを彩ってください。

本日はほんとうにおめでとうございました。

POINT 恩師からのあいさつらしく「教訓」を主体にしますが、説教がましい戒めではなく、未来に向けての前向きな提言に。

成人式

お祝いのあいさつ②

来賓

1分30秒

本日、成人式を迎えられた皆さんに、心よりお祝いを申し上げます。大人の仲間入りをしたばかりの皆さんは、あれもこれもおおっぴらにできると、明るい気持ちでいらっしゃることでしょう。しかし、成人になるということは、同時に大人としての責任も果たさなければならないということです。

大人の責任とは何でしょうか。それは、社会人として自立する責任、結婚して家庭を持つことの責任、政治に参加する責任という3つに集約できると思います。もちろん、まだ学生だから社会人までにはしばらく間があると思う方や、結婚するつもりなどないとお考えの方もいるでしょう。

しかし、今申し上げた3つの責任は、これから先、ずっとあなたと隣り合わせにあるものです。社会の一員として、自分がどのように責任を果たすべきかをいつも考える人になっていただきたいと願っています。

POINT わかりやすく3つのポイントをあげながら、社会の一員としての自覚と責任を持つことを促します。

成人式

お祝いのあいさつ

恩師

1分30秒

皆さん、ご成人おめでとうございます。

最近は「参加することに意義がある」とばかりに、成人式に参加はするものの、あいさつなどろくに聞かず騒いでばかりということもあるようです。しかし、当地の成人式は落ち着きがありますね。これは、大いに誇りに思っていいことだと思います。

ところで「参加することに意義がある」というのは、近代オリンピックの父と呼ばれたクーベルタン男爵の言葉です。この一節だけが有名ですが、実は続きがあります。これから長い未来を生きる君たちへ、その言葉を贈りましょう。

「オリンピックで重要なことは、勝つことではなく参加することである。人生で大切なことは、成功することではなく努力することである」

成功は結果にすぎず、いつか忘れられることもありますが、努力は皆さんの心の力になります。いつも努力を忘れない人になってください。

POINT 聴衆の礼儀正しさをほめたうえで、教訓となる名言を披露します。

成人式

お礼のあいさつ

新成人

1分30秒

本日は、私たちのために、盛大な式典を開催していただき、ありがとうございました。

私たちはこれまで、家庭、学校、地域という3つの社会に育てられてきました。今、それぞれの社会から晴れやかな祝福を受けながら、成人としての第一歩を踏み出すことに、大いなる喜びと、身の引き締まるような責任を感じております。

本日、成人を迎える同年代の仲間は、すでに社会に出て働いている者、学生生活を送っている者、自分の道を模索している途上の者と、さまざまです。いずれも、これまでは未成年ということで、社会からも家庭からも大目に見てもらってきましたし、甘えも許されてきたように思います。しかし、本日からは、大人社会の一員として自立した生活を送らねばと、自分を戒めているところです。

皆様には、今後一層のご指導をお願いし、新成人のごあいさつといたします。

POINT 大人としての責任の重さを自覚しながら、若者らしい飾らない表現で、今までの感謝と抱負を述べます。

年中行事

主催者（宮司）のあいさつ

節分祭

1分30秒

皆様、本日は当〇〇神社の節分祭にようこそお越しくださいました。

節分というのは、本来は、立春、立夏、立秋、立冬、それぞれの前日のことで、年に4回ありました。しかし、旧暦では、立春を新年ととらえており、年の変わり目の重要なこの日だけを、節分と呼ぶようになったのです。

飛鳥の時代、季節の変わり目に多く発生する疫病や災いを鬼に見立て、それを追い払う「鬼やらい」という儀式を行ったのが、節分の由来とされています。豆をまいて鬼を退治するという風習が生まれたのは、それからしばらくたった室町時代です。現在の形式で行われるようになってからでも、５００年も続く伝統行事ということになります。

それでは皆様、恒例にならい、威勢のいいかけ声とともに、邪気を払い、幸せを呼び込みましょう。

「福は内、鬼は外！」

POINT 日本の伝統行事ですから、その由来を簡単に説明し、親しみを持ってもらったうえで、豆まきを開始します。

年中行事

主催者のあいさつ
ひな祭りパーティー

1分30秒

皆様、女性限定のパーティーへようこそ。ふだんは色気抜き、仕事一筋の私たちですが、今晩は女の子の気分に戻って楽しみましょう。

さて、このひな人形の飾り方、ちょっと変だと思いませんか？　そう、お内裏様（だいり）が向かって左なのが一般的なのに、これは逆でしょう？　もともとは、お内裏様の刀のそばにおひな様がいると危険なので、女性の身を守るために、こういう並び方にしていたのですって。その後、男は右、女は左という西洋式の並び方に変わったらしいんですけどね。ふだん、自分の身は自分で守るしかない私たちだから、たまにはお内裏様にエスコートされる並び方もいいかしら、なんて思ったのよ。

今日のメニューは、ちらしずしとはまぐりのお吸い物というひな祭りの定番です。はまぐりは、ほかの貝とは絶対合わないから、貞節の象徴とされているんですって。皆さん、心して召し上がれ。

POINT ひな人形や料理にまつわる「うんちく」をユーモラスに語りながら、パーティー開始のあいさつとします。

年中行事

主催者（会長）のあいさつ
植樹祭

1分30秒

「〇〇の森と＊＊川を守る会」の村上でございます。皆様、お忙しい中、春の植樹祭にご来臨いただき、まことにありがとうございました。

この植樹祭も、今年で12回目を迎えます。皆さんの〇〇の森への植樹活動のおかげで、＊＊川の水質は格段にきれいになってきています。下流では、カジカの卵やトンボの幼虫などが、多数確認されるようになりました。

森と川、森と海は、長い間別のものととらえられてきました。しかし、私は、この運動を通して、森と川、森と海はひとつながりであること、森の自然を守ることは、川や海の遺伝子を守ることだということを、身をもって学びました。

＊＊川が、胸を張って誇れる清流になるまで、この植樹祭を続けてまいりたいと願っています。皆さん、ご協力、ご支援のほどをどうぞよろしくお願い申し上げます。

POINT 植樹の意義やその効果、影響などを具体的に述べながら、列席者の協力と支援をお願いします。

年中行事

主催者の始めのあいさつ

転居者送別会

1分30秒

皆さんおそろいのようなので、始めましょうか。

春は別れの季節といいますが、このたび、立川さんがご転勤のため、山形に引っ越すことになりました。せっかく仲よくなれたところで、お別れするのは、ほんとうに残念です。でも、数年ごとの引っ越しは私たち転勤族の宿命ですから、しかたがありませんね。親は、しかたなくでも現実を受け入れられるけど、子どもはやはりかわいそうよね。うちの娘も、さゆりちゃんがいなくなっちゃうのが寂しくて、このごろふさぎ込んでいるの。

さゆりちゃんならしっかりしているから、夏休みにこっちに一人で旅行させてもいいんじゃないかしら。もちろんうちに泊まればいいんだし。うちの娘もさぞ喜ぶことでしょう。

あまり暗くなってもいけませんね。明るい立川さん一家ならば、山形でも元気でやっていけるでしょう。今日は楽しく語り合いましょうね。

POINT 春の転出入は、転勤族にとっての年中行事です。今後もおつきあいを願う前向きな表現で別れを惜しみます。

年中行事

主催者の乾杯のあいさつ

お花見会

1分30秒

皆さん、こんばんは。

わが家の庭でのお花見会も、すっかり恒例となりました。毎年、花の見ごろの時期に、親しい皆様をお招きしているのですが、今回は、私の学生時代の友人の早川さんが新しく参加してくださいました。こちらが早川さんです。ご主人のお仕事の関係で、昨年からこちらにお住まいなの。皆さん、よろしくお願いしますね。

早川さん、お花見といっても、ごらんのように、庭には桜の木は2本しかないのです。ちょうど気候がよくなる季節なので、お花見にかこつけてバーベキューをしようというものです。まさしく「花より団子」という催しでお恥ずかしいわ。皆さん気さくな方たちばかりですから、どうぞおくつろぎくださいね。では長話はやめて乾杯しましょうか。

今年もみんなそろって平和に桜を眺められる幸せに、「乾杯！」。

POINT 毎年恒例で行うホームパーティーなどのあいさつ例です。新しい参加者がいたら、場にとけ込みやすいよう紹介を。

年中行事

主催者（実行委員長）のあいさつ
メーデー

1分30秒

第○回○○メーデーにご参集の皆さん、おはようございます。本日はお集まりいただき、ありがとうございました。実行委員会を代表し、ひと言ごあいさつを申し上げます。

このメーデーは、例年にも増して、重要で緊迫した情勢の中で開催されています。労働組合としての課題も山積しております。

この課題にとり組むためには、一人ひとりが、この国のあり方を真剣に考える姿勢が必要です。将来に向けた強い意志を持ち、その思いを連帯させ、このメーデーを新たな出発点として、大きなうねりをつくり出したいと願っております。

本日は、お子さん連れの参加者も多いようです。未来を担う子どもたちの幸せのため、私たちの暮らしをより元気なものにするために、手をとり合って、力強く前進していこうではありませんか。がんばりましょう。

POINT その年々の課題をあげながら、その解決のためには各自の自覚と連帯が欠かせないと訴えるのが基本です。

年中行事

主催者（実行委員長）のあいさつ
憲法記念日の集い

1分30秒

皆さん、おはようございます。

今日5月3日は、ゴールデンウイークのちょうどまん中、ではなく、憲法記念日です。日本国憲法が1947年の今日に施行されてから、今年で＊年を迎えました。

日本国憲法は、「戦争の放棄」「国民主権」「基本的人権の尊重」の3つを柱にした、たいへんにすぐれたものです。しかし、日本をとり巻く国際情勢を見ると、目を覆いたくなるような悲劇や惨状が繰り返されているのも事実です。

曲がりなりにも平和な現在の日本に生きる私たちです。今日の憲法記念日を機会に、平和の尊さをかみしめながら、私たちの暮らしを守る憲法の原点を見つめ直してみたいものです。

そして、平和憲法の精神を日々の暮らしの中で実践し、声を上げて国際社会に発信する準備を皆で進めてまいりましょう。

POINT 日本国憲法をとり巻く状況を簡単に説明しながら、集いの意義を平易な表現で参加者に伝えます。

年中行事

主催者（実行委員長）のあいさつ
こどもの日の集い

1分30秒

皆さん、こんにちは。

上を見てください。たくさんのこいのぼりが泳いでいますね。この小学校では、地域の皆さんのおうちで要らなくなったこいのぼりを集めて、毎年こうして泳がせているんですよ。

皆さんは、こどもの日になぜこいのぼりを立てるか、知っていますか？　昔、中国には「こいが滝を登って竜になる」というお話がありました。こいはお魚で、竜はドラゴンボールのドラゴンです。お魚から竜に変身するように立派に成長してね、という願いを込めてこいのぼりを立てるようになったんですって。

今日5月5日は端午の節句といいます。3月3日のひな祭りは女の子のお祭り、端午の節句は男の子のお祭りなんだけど、今日は男の子も女の子も、子ども全員が主役です。ゲームコーナーやお店をたくさん準備したので、大いに楽しんでくださいね。

POINT 子ども向けのあいさつでは、子どもの興味を引き、しかもわかりやすい内容と話し方にしましょう。

年中行事

幹事のあいさつ
果物狩り

1分30秒

皆さん、バスは間もなく○○観光農園に到着します。今日は、皆さんにさくらんぼ狩りを楽しんでいただくわけですが、その前にさくらんぼ狩りのコツをお話しします。

おいしいさくらんぼを見分ける決め手は、ずばり、軸です。軸がしっかりしていて、青々としたものを選びましょう。実は、色が鮮やかでつやのあるものがいいですね。逆に、古い実の場合は、軸が黒ずんでいて実にもつやがありませんから注意しましょう。

今日のさくらんぼ狩りでは、園内で狩った実は食べ放題です。ただし、お土産に持ち帰りたい場合は、別に購入してください。では、いちばん大事な注意点を申し上げます。園内で食べるときは、軸はとらないで、実だけをもぎとってください。実だけですよ。これは、素人が軸までとると、次の芽までとってしまうことがあるからです。

では今日一日、大いに楽しみましょう。

POINT 見分け方や注意点を過不足なく述べます。最も大事なところは繰り返し述べて、参加者に印象づけます。

年中行事

主催者のあいさつ
母の日のイベント

1分30秒

皆様、こんにちは。母の日にあたり、親子ペアでの特別ディナーを企画しましたところ、このようにたくさんの方にご参加いただき、主催者としても感激しております。

母の日は、20世紀の初めにアメリカで生まれたものですが、5月の第2日曜日を母の日とするのは、ほぼ世界共通なのだそうです。今日は、世界中のたくさんの国で、同じように母親への感謝の気持ちを伝えていると思うと、心なごむ思いがしますね。当店には、女性のお客様が多いのですが、皆さん一様に「外食は、何を作ろうと考えなくてもすむし、お皿を洗わなくてもいいからとにかくうれしいものだわ」とおっしゃいます。今日は、そんな皆さんにご満足いただくため、料理をほんの少しずつ盛りつけた小皿フルコースのメニューをご用意いたしました。いろいろな味を少しずつ、たくさんのお皿でご賞味ください。

POINT 母の日の由来などにふれながら、イベントの趣向や特徴を説明し、場の雰囲気をなごやかにします。

年中行事

夫の母親へのあいさつ
母の日

1分30秒

お母さん、いつもありがとうございます。

至らないことも多い私ですのに、実の娘のようにかわいがってくださって、ほんとうに感謝しております。

私たち夫婦も、美里が生まれてから、親のありがたみをつくづく感じるようになりました。子育ては、24時間、365日、お休みなしですものね。子どもが小さいうちは体をつかうし、大きくなればなったで頭をつかうし、子育てってほんとうに大仕事だと思います。お母さんはいつも「今の時代には今の子育てのやり方があるから」って、私たちに任せてくれているけれど、やっぱり経験者のアドバイスって重要だと思うんです。ですから、お気づきの点があれば、どんどん教えてくださいね。どうか、これからもよろしくお願いいたします。

これは、竜彦さんと私からの、ささやかなプレゼントです。どうぞお受けとりください。

POINT 子どもがいるなら「親になって初めて母親のありがたみが身にしみた」とすると、実感のこもったあいさつに。

年中行事

主催者のあいさつ 愛鳥週間のイベント

1分30秒

皆さん、本日はお忙しい中「○○市野鳥保護の集い」にご参加いただき、まことにありがとうございました。

5月10日から1週間は、愛鳥週間です。この期間は、鳥が卵を産み、ひなを育てる大事な時期にあたります。毎年、○○市では、皆さんが野鳥とのふれ合いを深めることで、自然と共生する心を育ててもらおうと、愛鳥週間に合わせてこの集いを開いています。

都市開発が進んだ○○市でも、まだ郊外には豊かな自然が残されています。生息している野鳥も、確認されているだけで70種を超えています。

今日は、幸い天候にも恵まれましたので、すばらしいバードウォッチングが楽しめることでしょう。○○市のやすらぎのある自然に親しみながら、「自然とともに生きる」という意味を考え直す機会にしていただければと思います。

POINT 愛鳥週間の意義を語り、参加者の興味をかきたてる工夫をして。

年中行事

主催者のあいさつ 虫歯予防デーのイベント

1分30秒

皆さん、こんにちは。「母と子の歯の健康教室」にようこそおいでくださいました。来(きた)る6月4日は虫歯予防デーです。「6」と「4」で「む・し」、意外に単純なんですね。皆さんの中で、虫歯のある人、手をあげてみてくださーい！　あらあら、ずいぶん多いんですね。早いうちに歯医者さんへ行って、治療してもらいましょう。約束ですよ。

歯の健康については、虫歯予防デーに限らず毎日考えなくてはなりませんが、この日を機会に、ふだんの歯みがきのしかたや食生活を考え直してほしいと思います。本日は、人形劇に続いて、健康おやつの紹介、歯みがき教室、そして、おもしろい歯の健康親子クイズを行います。

では、楽しい人形劇から始めましょう。歯みがき嫌いのノンちゃんは、歯ブラシを使わずに毎日うがいをするだけ。そうしたらノンちゃんはどうなっちゃったんでしょう!?

POINT 子どもたちが相手なので、やさしい言葉を選び、メリハリをつけて話すことが大切。ときには身ぶりも交えて。

年中行事

主催者のあいさつ 父の日のイベント

1分30秒

皆さん、おはようございます。「パパとキッズの釣り大会」にようこそおいでくださいました。幸い、お天気にも恵まれ、いい釣り日和になりましたね。「魚釣りとキャッチボールを自分の子どもに教えることは、アメリカの父親の仕事」という言葉があります。しかし、その技術を教えることだけが目的ではありません。釣りを教えることは、生きる方法や現実の世界を教えることです。キャッチボールを教えることは、コミュニケーションの基本を教えることです。

今日は野球道具は準備していませんが、ふだん忙しいお父さんも、お子さんとの会話のキャッチボールを楽しみながら、魚釣りを楽しんでください。

パパ部門、キッズ部門、また親子ペア部門の３つで、それぞれこのような豪華賞品をご用意しています。では、すばらしい釣果(ちょうか)を目ざし、皆さん、がんばりましょう。

POINT 「父と子のふれ合い」をテーマにして、イベントを大いに楽しんでもらうよう、雰囲気を盛り上げます。

年中行事

主催者のあいさつ プール開き

1分30秒

皆さん、待ちに待ったプール開きの日がやってきました。みんなの心がけがよいせいか、あたたかい日差しがさしていますね。みんな、早くプールに入りたくてウズウズしているようだけど、その前に大事なお話を２つします。

１つ。プールに入る前には、必ず準備運動をしましょう。こちらに運動のしかたが書いてあります。準備運動をしないと、足がつったり、ぐあいが悪くなることもありますから気をつけましょう。

２つ目。もし、お友達がおぼれたりしても、自分で助けようともぐらないこと。立ったまま手をつかむならいいけれど、自分でもぐるとかえって危険です。近くの監視員を大声で呼んでください。

わかりましたか？

準備運動と監視員さんのこと、２つ、約束ですよ。

では、この夏も、安全に注意しながら、大いに水遊びや水泳を楽しみましょう。

POINT 楽しいプールも、水の危険がつきものです。注意点をわかりやすく述べ、さらに確認のため繰り返して徹底させます。

年中行事

主催者のあいさつ

海開き

1分30秒

皆さん、おはようございます。

本格的な夏の到来を迎え、いよいよこの海水浴場も海開きとなりました。

昨年は猛暑だったせいもあり、来場者数は○万人を超え、おかげさまでたいへんなにぎわいを見せました。幸い、人命にかかわるような事故はありませんでしたが、遊泳区域外での事故が数件あり、本年の課題となっています。利用客のモラルの問題といえばそれまでですが、事故発生は、この海水浴場全体の印象にかかわることです。監視にあたる皆様には一層のご配慮をお願いしたいと存じます。

このあと、商工会女性部のご協力によりまして、安全を祈願してのよさこい踊りの披露がございます。皆さん、どうぞお楽しみください。

では、皆さんのお力添えを得て、事故のない安全な夏を過ごしたいと存じます。ご協力のほど、どうぞよろしくお願いいたします。

POINT 事故防止、監視体制、ゴミ問題などについて、昨年を振り返っての反省点やこれからの課題を述べます。

年中行事

山頂祭での主催者のあいさつ

山開き

1分30秒

皆さん、お疲れさまでした。

今日の山開きは、さわやかな青空が広がる絶好のコンディションに恵まれましたね。緑がまぶしい登山道には、ツツジも満開でした。待ちに待った山開きとあって、朝早くから山頂を目ざした方も多かったでしょうが、美しい景観を眺めながらの初登山で山頂をきわめ、さぞ爽快なご気分だと思います。

さて、この○○山系は、樹齢100年を超える広葉樹林が広がる、たいへん貴重な地球資源です。3年前からの「ゴミ持ち帰り運動」が功を奏し、環境もかなり改善されています。正しいモラルを持って登山を楽しみ、これからもこの豊かな自然を守っていきましょう。

では、今シーズンの皆さんの安全とご健勝を祈念し、万歳三唱を行いますので、ご唱和ください。

「万歳！　万歳！　万歳！」

ありがとうございました。

POINT 山開きは、山頂で安全祈願の神事などを行ったのち、あいさつを万歳三唱で締めるのが通例になっています。

年中行事

受領のあいさつ（電話で）
お中元の贈答（受ける側⇕贈る側）

1分30秒

受ける側　吉田でございます。本日、見事なメロンが届きました。ありがとうございます。

贈る側　いえいえ。いつも吉田様にはお世話になりっぱなしで。ささやかな夏のごあいさつですので、ご家族でお召し上がりいただければうれしく存じます。

受ける側　メロンは夫の大好物なので、とても喜んでおります。１つはちょうど食べごろのようで、箱を開けたとたんにいい香りが漂ってまいりました。ほんとうはお礼状を書くべきところなのですが、なま物ですので、とり急ぎ、無事に着いたことをお知らせしたほうがいいかと思いまして、お電話で失礼をいたしました。

贈る側　ごていねいなお気遣い、恐縮です。私も、お知らせいただいて安心いたしました。どうぞこれからもよろしくお願いいたします。

受ける側　こちらこそ、どうぞよろしくお願いいたします。

POINT　お礼状を出すのがていねいですが、生鮮食料品などを受けとった場合は、電話で知らせたほうが相手も安心します。

年中行事

主催者の初日のあいさつ
夏休みラジオ体操

1分30秒

皆さん、おはようございます！

昨日から、待ちに待った夏休みが始まりました。休み中は、ゆっくり寝坊したいと思っているお友達もいるかもしれませんね。でも、暑い夏は、体の調子もおかしくなりがちだから、毎日早起きをして、生活のリズムをきちんとととのえることが大事なんですよ。さて、この○○町内会の夏休みのラジオ体操、おじさんも子どものころは毎朝来ていたんですよ。ええっ、そんな昔からラジオ体操があったの？って驚いているみたいですね。実は、ラジオ体操というのは１９２８年、今から90年以上も前から行われています。小さい子どもでもできる簡単な体操だけれど、全身を使うすばらしい運動なんですよ。

夏休みラジオ体操は、今日から８月＊日まで、毎朝行います。休まずに来てくれた子には皆勤賞のプレゼントもあるから、みんながんばって続けよう。では始めましょう。

POINT　ラジオ体操は1928年に簡易保険局が制定し、NHKの協力を得て「国民保健体操」として実施されたのが始まりです。

年中行事

主催者（実行委員長）のあいさつ

盆踊り大会

1分30秒

　皆さん、こんばんは。日中、34度を記録した暑さも、いくぶんやわらいできたようですね。

　さて、商工会青年部主催の盆踊り大会も、今年で10回目を迎えました。時代とともに、祭りの形は変化しますが、諸先輩の築いてくださった伝統のよい部分を受け継いで、地域の活性化につながるよきイベントとして、盛り上げていきたいと思いますので、皆様、どうぞよろしくご協力ください。

　こちらのやぐらでは、子どもたちが太鼓をたたいてくれます。この日のために、1カ月も前から練習を続けてきました。

　また、第2部で披露される、商工会女性部の踊りは、今年からそろいの浴衣をあつらえ、見た目にも美しく仕上がっていますので、皆さん、どうぞお楽しみに。

　それでは、第1部、子ども盆踊りからスタートしましょう。

POINT　司会進行を兼ねているので、大会のだいたいの流れや見どころなどの説明も加えて、雰囲気を盛り上げます。

年中行事

主催者（実行委員長）のあいさつ

防災訓練

1分30秒

　皆さん、こんにちは。恒例となっております町内防災訓練をただ今より実施いたします。本日ご指導をいただきますのは、○○消防署の斎藤課長、伊藤さん、村田さんです。また、東京消防庁災害時支援ボランティアの皆さんにも、お手伝いをお願いしています。どうぞよろしくお願いいたします。

　今日の訓練は、消火器での初期消火、ＡＥＤや、三角巾（きん）の使用法、応急手当て、サバイバルすいさんと、とにかく盛りだくさんです。サバイバルすいさんというのは、あき缶を使ってごはんを炊いてみようというものです。とにかく皆様に実際に体験していただこうということで、道具もふんだんに準備しましたので、ぜひすべてを試してみてください。

　防災訓練は「転ばぬ先のつえ」です。つえなんて要らないという人に限って、転んでしまって松葉づえが必要になったりします。どうか、気持ちを引き締めて訓練にあたってください。

POINT　「災害（天災）は忘れたころにやってくる」「備えあれば憂えなし」など防災に関する名言を使うのもいいでしょう。

年中行事

主催者（実行委員長）のあいさつ①
敬老の日の集い

1分30秒

皆様、ようこそおいでくださいました。○○団地自治会長の橋田でございます。

この団地にお住まいの70歳以上の方は、163人、年々高齢の居住者が増えています。今回はそのうち約半数の80名の方がこの集いにご参加くださいました。同様の集いを行うほかの自治会の方に話を伺ってみますと、半数も集まるのはうちの自治会ぐらいで、あとは3分の1、4分の1程度止まりだそうです。高い出席率は、この団地の結束の固さを物語っているようですね。

この団地もかなり古くなりましたが、居住者どうしの交流が盛んで、昔ながらの近所づきあいができるのが、いちばんのよさではないかと思います。皆様からは、これからも居住者の先輩として、人生の先輩として、いろいろなことを教えていただきたいと思います。これまで培った豊かな経験と知識で、これからも私たちをお導きください。

POINT 年寄り扱いするのではなく、人生の先輩としての敬意を込めて、ていねいにあいさつをします。

年中行事

主催者（実行委員長）のあいさつ②
敬老の日の集い

1分30秒

○○園の皆さん、こんにちは。

私たちは、理容師と美容師が集まったボランティアサークル＊＊と申します。敬老の日も近いことから、出前で床屋と美容室を開こうということになり、今日はこちらにお邪魔しました。

髪の毛のカットやひげそり、顔そりはもちろんですが、今日はあちらにメークコーナーも準備しました。専門のスタッフが待機していますので、プロの手によるお化粧を楽しんでみてください。設備の関係で、パーマやシャンプーは無理ですが、ほかのことはだいたいできますので、ご遠慮なくお申しつけください。もちろんすべて無料です。

ふだんは、なかなか皆さんのような先輩とお話しする機会がないので、少し緊張しています。私たちも、今日、皆さんと接して学んだことを、仕事などに生かしていきたいと思いますので、どうぞよろしくお願いします。

POINT ボランティアで「してやる」という印象を与えないよう、こちらも勉強したいという謙虚な姿勢で話します。

年中行事

主催者（実行委員長）のあいさつ
スポーツの日の集い

1分30秒

皆さん、おはようございます。

毎年、体育の日にちなんで行われてきた、この「シニアスポーツ大会」も今年で10年の節目を迎えました。より多くの方々にスポーツを楽しんでもらおうと始まった大会ですが、初年度は参加者も少なく、主催者側もやきもきしたことを覚えています。しかし、年々健康で活発な高齢者が増え、余暇を有意義に過ごそうという機運も高まったことから、この大会も徐々に参加者が拡大し、発展を続けているのは、まことに喜ばしい限りです。

スポーツの日は２０２０年からの名称で、10月の第2月曜となっていますが、体育の日という名前だった時期や10月10日と定まっていた時期もありました。これは、１９６４年に行われた、東京オリンピックの開会式の日です。「オリンピックは参加することに意義がある」との言葉どおり、今日は皆さん、順位にこだわらず、いい汗を流してください。

POINT 体育の日設定のいわれから、オリンピックの精神の話に発展させ、全員参加の楽しい大会を印象づけます。

年中行事

主催者のあいさつ
目の愛護デーのイベント

1分30秒

10月10日は目の愛護デーです。目の健康を守るために重要なのが食生活です。今日は「目にいい食事」をテーマに、管理栄養士の細川尚子先生にお話をしていただきましょう。

皆さんの中で、食品の効能などに詳しい方は、もしかしたら「目にいい食品ってブルーベリーでしょう？」っておっしゃるかもしれませんね。確かに、ブルーベリーの皮に含まれる色素は、目の機能の向上を助けるとされています。それでは、ブルーベリーだけ食べていれば安心なのでしょうか？　違いますよね。やはり、いちばん大事なのは、食生活を含めた生活習慣と、バランスよく食べることです。また、栄養素の中には、とりすぎるとよくないというものもありますから、注意が必要ですね。

細川先生には、そのあたりを総合的にお話しいただくことにします。では、細川先生、よろしくお願いいたします。

POINT 司会進行役は、そのあと始まる講演の「さわり」を紹介して、聴衆の興味を引くようにするのも役目の一つです。

年中行事

子ども会会長のあいさつ
ハロウィーンパーティー

1分30秒

皆さん、こんにちは。あらあら、かわいいオバケちゃんたちがたくさん集まっていますね。

今日10月31日はハロウィーンなので、みんなで仮装パーティーを楽しみます。

ところで、ハロウィーンって、みんな知ってるかな？　ハロウィーンというのは、キリスト教でいう「お盆」のようなものです。亡くなったご先祖様の霊がこの日に戻ってくると信じられているの。

アメリカではたいへん盛んなお祭りなんですよ。子どもたちが、ちょうど今日の皆さんたちみたいに魔女やオバケに仮装して、かぼちゃの中身をくりぬいたちょうちんを持って「お菓子をくれないと、いたずらしちゃうぞ！」って言いながら、ご近所を回るんです。

今日は皆さんにも、そうした外国の風習に親しんでもらおうと、このパーティーを準備しました。いろいろなゲームをして、楽しみましょうね。

POINT 日本でも子どもたちの集まりを中心に普及しつつあるハロウィーン。なじみが薄いようなら、由来から説明しましょう。

年中行事

主催者（実行委員長）の講評あいさつ
菊花展

1分30秒

11月1日から3日間にわたり開催されたこの○○菊花展も、澄み渡る晩秋の空のもと、本日無事に最終日を迎えました。

本年は、市内の愛好家51人から、丹精込めて育て上げた、９００近い鉢が出品されました。菊花づくりは、園芸の中でももっともむずかしいといわれています。仕上がった鉢には華やかさがありますが、そこに至るまではほんとうに地道な作業の繰り返しで、根気と愛情がなければ続けられないものです。

そんな中にあって、本展に出品される作品は、年々、その質が確実に向上しております。皆さんの努力と熱意により、優劣つけがたい立派な菊の作品が並び、審査員一同、たいへん感銘を受けました。皆さん、ほんとうにご苦労さまでした。

審査は困難をきわめましたが、結果、次の方々が金賞に選ばれました。まずは、「三本仕立て」の部門から発表いたします。

POINT 出品者の努力とできばえをたたえ、優劣つけがたかったと断りを入れたうえで、優秀者の表彰に移ります。

年中行事

主催者（文化会館長）のあいさつ
文化の日の集い

1分30秒

皆様、本日は、当会館にお越しくださいまして、まことにありがとうございました。
文化の日にちなみ、この○○文化会館は、毎年11月3日を無料開放日としております。入館料は無料ですが、かわりに入り口には募金箱を設置しております。集まったご寄付は、この会館の周囲への植樹に使われます。この会館が、皆様に親しまれる憩いのオアシスとして発展を遂げるため、趣旨にご賛同いただける方は、ぜひご協力をお願いいたします。
私は館長になって5年目ですが、この文化の日はずっと晴天に恵まれています。特定の日に晴れたり雨が降ったりする確率が高い日を「特異日」といいますが、11月3日は代表的な「晴れの特異日」だそうです。科学的根拠はないらしいのですが、なんだかうれしい話ではありませんか。この会館と皆様の上に、これからも日の光が降り注ぐことを祈り、私のごあいさつといたします。

POINT 晴れる確率が高いといわれる文化の日と「晴れ晴れとしたイベント」を関連づけると印象深いあいさつに。

年中行事

サークル会長の勤続表彰のあいさつ
勤労感謝の日の集い

1分30秒

今日11月23日は勤労感謝の日、文字どおり働く人に感謝をする日です。この○○会はボランティアサークルで、仕事として賃金を得ているわけではありません。しかし、人のため社会のために活動しているという点では、仕事で働くのと同じです。会社に永年勤続表彰という制度があるのと同じように、私どもでも、所定の時間の活動を行った方を表彰することにいたしました。
このサークルが発足して7年になりますが、すでに1000時間以上活動してくれた方が5名、500時間以上の方が20名いらっしゃいます。1000時間といえば週に一度3時間ずつという計算になります。もちろん、ボランティアは、活動時間の多い少ないで優劣を決めるものではありません。しかし、皆さんの尊い人生の時間を、この活動に捧げてくださったことには率直に御礼を申し上げたいと存じます。皆さん、これからもよろしくお願いいたします。

POINT 広い意味で「働く」人への感謝を伝える日です。仕事や活動をねぎらい、今後もよろしくと展開させます。

年中行事

主催者（子ども会会長）のあいさつ
クリスマスパーティー

1分30秒

メリークリスマス！

これから子ども会のクリスマスパーティーを始めます。たくさんのお友達が集まってくれてありがとう！　今日は、君たちのために、青い目のサンタさんが来てくれたんだよ。サンタさんと一緒に遊んで、楽しく過ごそうね。もちろん、プレゼントもあるからね、楽しみにしていてください。

お付き添いの保護者の方、こんにちは。今年のクリスマスパーティーは、当市で子ども向けの英会話の講師をなさっているハロルドさんをお招きしました。英語を使ったゲームやクリスマスソングの合唱を子どもたちに教えてくださいます。ささやかな国際交流の場ですが、将来の国際化時代を担う子どもたちに、楽しく英語にふれる機会を与えたいと企画したものです。短い時間ではございますが、保護者の方も一緒にお楽しみください。

それでは、さっそく始めましょう。

POINT 本来はキリスト教由来の行事ですが、日本では「お楽しみ会」的色彩を前面に出し、楽しく盛り上げるのがいいでしょう。

年中行事

主催者（子ども会会長）のあいさつ
もちつき大会

1分30秒

皆さん、こんにちは。今日は皆さんが楽しみにしていた、年末のもちつき大会を行います。今年は、○○園のおじいちゃん、おばあちゃんもお招きしました。

みんなで一緒においしいおもちをついて、おじいちゃん、おばあちゃんにも食べていただきましょう。あんこ、しょうゆ、きな粉といろんな味つけを用意してありますからね。そうそう、去年のもちつきのとき「マヨネーズがほしい」と言った子がいたので、今年は準備しておきましたよ。いったいどんな味になるのかなぁ？

もちつきが終わったら、おじいちゃん、おばあちゃんが、縄の作り方を教えてくれます。縄っていうのは、お米を収穫したあとのわらで作るんですよ。お正月に飾るしめ飾りも縄でできているの。今日作った縄をおうちに持って帰れば、きっとお父さんもお母さんもびっくりするでしょう。楽しみにしていてね。

POINT できたてのおもちをその場で食べられるのが、もちつきのだいご味です。味つけなどを紹介し、期待を高めて。

主催者の始めのあいさつ
○○町会AED講習会

1分30秒

皆さん、「○○町会AED講習会」にようこそいらっしゃいました。

縁起でもない話ですが、皆さんの家族や友人が、急に発作を起こしたり海でおぼれたりして、呼吸が止まってしまったとしましょう。当然救急車を呼ぶことになりますが、到着までには数分はかかります。さて、あなたはどうしますか。

呼吸停止後2分以内に正しい方法で心肺蘇生を始めれば、90%以上の人が助かるそうです。しかし、3分たってからでは75%、4分で50%、5分で25%、10分たってからではかなりむずかしい、という調査結果もあります。救急車の到着を待っていたのでは、遅いのです。そこで、今回は○○消防署のご協力を得て、AED講習会を行います。2時間と少し長いのですが、受講者は本日の講習会の修了証がもらえます。いざというときにあわてないため、しっかり基礎を学んでおきましょう。

POINT 参加のお礼→講習の必要性、内容→講習を実生活に役立てる方法、と話を展開させるのが冒頭あいさつの基本です。

イベント

講師の始めのあいさつ
体操講習会

1分30秒

おはようございます。○○区健康づくりエアロビクス教室にようこそお越しくださいました。私は、講師の斎藤美奈と申します。

皆さんが、この教室に参加なさったのは、スリムになりたい、運動不足を解消したい、あるいは健康を維持したいなどの理由だと思います。エアロビクスは、酸素をとり込みながら新陳代謝を活発にする有酸素運動ですから、いずれの目的にもかなっています。この教室は、初心者の方歓迎とうたっていますが、エアロビクスは今日が初めてという方、手をあげていただけますか？　何人かいらっしゃいますね。でもご安心ください。最初は簡単なステップで、運動量も少ないので、大丈夫です。手の動きもありますが、むずかしそうなら足だけ動かしてください。運動量は足の動きで決まりますから。

では、まず音楽に合わせて、右足から歩いてみましょう。「1、2、3、4……」。

POINT 参加者の経験の度合いを確かめ、初めての人でも大丈夫と、不安を解消するようにやさしく話しかけます。

イベント

主催者の始めのあいさつ
フォーラム

1分30秒

皆様、こんばんは。「学校給食を考える会」の会長を務めております、福田雪江でございます。これから「学校給食の改善と民間委託を考える」と題しまして、フォーラムを開始いたします。本日は、日中のお仕事でお疲れのことと思いますのに、このフォーラムに駆けつけていただき、ほんとうにありがとうございました。

市内の小中学校の学校給食は、それぞれの学校の給食室で調理する形式から、給食センターへの委託という方向に移行しています。栄養面、費用面、衛生面、それぞれに皆様はいろいろな問題や疑問をお感じになっていることでしょう。

本日は、学校教職員、保護者、管理栄養士、そして教育委員会から4名のご出席をいただきました。しっかりいろいろなご意見を出していただき、みんなで語り合いたいと思っていますので、どうぞよろしくお願いいいたします。

POINT 現状の説明→フォーラムのテーマの重要性、今日性の説明→出席者の紹介の順に行うのが基本です。

なるほど！column

会合の性格に合わせたあいさつを

特定のテーマについて話し合う場合、会合の名称によって目的や形式が違います。主催者や司会者としてあいさつをするときは、その性格を踏まえたうえで、正しい方向に話を導くようにしましょう。

【フォーラム】 集団で討議する形式の一つ。示された話題について出席者全員が討議に参加するもの。もともとは、古代ローマで行われた討議方式。

【シンポジウム】 聴衆の前で、特定の問題について何人かが意見を述べ、参会者と質疑応答を行う形式の討論会。語源はギリシア語のシンポシオン（ともに飲む＝饗宴）から。

【セミナー（ゼミナール）】 指導者やコーディネーターがリードしながら、特定のテーマについて講習したり、少人数が討論する形式。

【パネルディスカッション】 ある問題について対立する意見を持つ数人の代表者が、聴衆の前で討論を進め、あとで聴衆の参加を求める。

主催者の始めのあいさつ シンポジウム

1分30秒

本日は「日本語ボランティアシンポジウム」にご参加いただき、ありがとうございます。

当地の外国人登録者の数は、10年前の約2倍になっています。私たちの日常生活の場でも、外国人との交流の機会が増えています。そんな中、外国人の日本語学習を支援するボランティアは、たいへん重要な役割を担うようになってきました。

しかし、外国人がどんな日本語を覚えたいのかというニーズはさまざまです。そのニーズに対応できるボランティアの人材を確保するのが、これからの課題です。本日は、ボランティアをはじめ、大学や行政関係者など、日本語教育にかかわる皆様が一堂に会し、日本語ボランティアの未来について考える場として、このシンポジウムを開催しました。

ご参加の皆様にとって、このシンポジウムが実り多いものになりますことを祈り、主催者のごあいさつといたします。

POINT 現状を簡単に説明したあとで問題点をあげ、シンポジウムの課題を明確にすることが大切です。

イベント

主催者の始めのあいさつ パネルディスカッション

1分30秒

社団法人〇〇協会の沢田でございます。記念セミナー開催にあたりまして、ひと言ごあいさつを申し上げます。

本日は、経済評論家の吉川美代子先生、車いすで生活されているシステムコンサルタントの中野政志さん、自宅でウェブデザイナーをなさっている堀野真理さんをお迎えして、パネルディスカッションをしていただきます。テーマは「IT時代のワークスタイル」です。それぞれ第一線でご活躍のお三方からは、新しい仕事の形態やライフスタイルについて興味深いお話が伺えるのではないかと、たいへん楽しみにしております。私ども〇〇協会も、＊＊省をはじめ主務官庁のご指導を仰ぎながら、女性やシニア、あるいは障がいのある方々の社会進出のための環境整備を進めてまいりたいと存じます。今後ともどうかよろしくお願い申し上げます。それでは、さっそく始めましょう。

POINT セミナーの指導者や出席者を紹介しながら、その内容に寄せる期待と自分の仕事との関連を語ります。

イベント

主催者の終了のあいさつ
パネルディスカッション

1分30秒

皆さん、ありがとうございました。とてもわかりやすいお話でしたので、コーディネーターがここでまとめる必要もなさそうです。ひと言だけごあいさつして、セミナーを締めくくることにしましょう。

従来の仕事社会では周辺に追いやられがちだった女性やシニア、障がい者が、ITによって可能性や期待を大きくしたというのは事実でしょう。しかし、中野さんのお話にもありましたように、現実はそう簡単にはいかないという面も確かにあります。そういう意味で、お三方にはたいへんバランスのとれたお話をいただいたと思っております。

会場の皆様も、今後、ITと自分のつきあい方を考えなくてはならない局面があることでしょう。そんなときに本日の記念セミナーが少しでも参考になればと思います。

パネリストの皆様、会場の皆様、本日は長時間にわたりありがとうございました。

POINT 立場や見解の違う出席者が討論する場合は、結論が出ないことが多いので、活発で有意義な議論をたたえて結びます。

イベント

主催者の始めのあいさつ
セミナー

1分30秒

本日は、皆様お忙しい中、○○協議会主催の「街づくりセミナー」にご参加いただき、まことにありがとうございました。私ども○○協議会は、この地域の活性化を図ることを目的に設立された団体でございます。

今回は、街づくりツールとして近年注目を集めている地域通貨をテーマに、街づくりNPO代表幹事の佐々木勲先生にご講演いただき、その後、出席者との討論を行います。佐々木先生には、各地域でのさまざまな事例をご紹介いただきますが、運用していく中でのご苦労など、活動体験者ならではの貴重なお話を伺えるものと期待しております。

このセミナーが、皆さんにとって、街づくりを新しい視点で、広い視野でとらえるきっかけとなることを願い、簡単ですが主催者のごあいさつといたします。それでは佐々木先生、どうぞよろしくお願いいたします。

POINT セミナーの趣旨目的→テーマの説明→講師の紹介と展開させ、セミナーが参加者にとって役立つことを祈って結びます。

司会者の始めのあいさつ
コンテスト表彰式

1分30秒

皆様、たいへん長らくお待たせいたしました。ただ今より、○○株式会社主催、＊＊株式会社後援によります「働く女性の川柳コンテスト」の表彰式を開催いたします。

私は本日の司会を務めさせていただく、山崎治子と申します。どうぞよろしくお願いいたします。

本日は、お手元のプログラムに沿って進めてまいります。配布資料といたしまして、今回のコンテストの入選作品集などもございますので、ぜひご高覧ください。なお、プログラムとともにお配りしたアンケート用紙は、今後のコンテスト開催についての参考にさせていただくものです。お手数ですが、ご記入のうえ、お帰りの際に受付にお渡しくださいますようお願い申し上げます。

それではまず初めに、主催者であります○○株式会社代表取締役社長、山田信夫より皆様にごあいさつを申し上げます。

POINT 司会者は、主催者側の立場です。主催者あいさつの紹介は敬称を抜き、来賓あいさつは「○○様より」とします。

イベント

司会者、主催者の表彰のあいさつ
コンテスト表彰式

1分30秒

司会　皆様、お待たせいたしました。審査もようやく終わったようでございます。入選作品の中から、最優秀賞1名、優秀賞5名の方が決まりました。

発表いたします。最優秀賞、西野真理子さんです。おめでとうございます。どうぞステージへお上がりください。表彰ならびに賞金の授与は、主催の山田信夫より行います。

主催者　表彰状。西野真理子殿。（以下略）

おめでとうございました。

司会　おめでとうございます。最優秀賞です。皆様、盛大な拍手をお願いいたします。西野様、ひと言ご感想をいただけますか。

受賞者　入選だけでもたいへん驚いておりましたのに、最優秀賞だなんて夢のようです。

司会　ほんとうに喜びがいっぱいという感じですね。それでは、あちらの席でしばらくお待ちください。おめでとうございました。

POINT 表彰状の授与が終わったら、受賞者へのインタビューの時間を設けると、生き生きとした感激や喜びの様子が伝わります。

イベント

主催者の始めのあいさつ
講演会

1分30秒

　皆様、本日は年度末のお忙しい時期にもかかわらず、〇〇文化講演会にお越しいただきまして、まことにありがとうございました。

　毎年春と秋に開催する〇〇文化講演会も、今回で20回目を数えました。今回は講師に和田恵子先生をお迎えし、「語りは心の描く絵画」をテーマに、語りによるコミュニケーションの大切さをお話しいただきます。

　和田先生はテレビなどでもご活躍ですので、皆様もよくご存じのことと思いますが、ここで簡単にご紹介させていただきます。先生は、当〇〇市のご出身で、＊＊大学文学部をご卒業後、ABC放送局をへて、平成〇年からは、フリーランスのキャスターとしてご活躍中です。たいへんご多忙な先生ですが、当市出身というご縁で、特別にご講演をいただけることになりました。

　それでは先生、よろしくお願いいたします。

POINT 講師の経歴、現在の肩書や活動などを紹介しますが、誤りのないように、事前に本人に確認するのを忘れずに。

イベント

主催者の始めのあいさつ
ピアノ発表会

1分30秒

　皆様、「広田弓子門下生ピアノ発表会」にようこそおいでくださいました。

　私のピアノ教室には、現在、３歳から18歳まで、22人の生徒さんが通っていらっしゃいます。２年に一度の発表会は、私にとって大きな喜びであり、悩みの種でもございます。

　発表会では、ふだんのレッスンの曲よりも、難度の高い曲にチャレンジします。最初は、片手でおぼつかなかった響きが、しだいに両手で弾けるようになり、曲らしくなります。ただ、ピアノの演奏は、ここからが本番です。楽譜を読み込み、作曲者の思いを指先で伝える、そんなかなり高度なテクニックと解釈を生徒さんには求めました。ときには涙を流した生徒さんもいらっしゃいます。でも、みんなすばらしい曲に仕上げてくれました。

　小さなピアニストたちの気持ちのこもった演奏を、どうぞ最後までお楽しみください。

POINT 発表者のこれまでの努力をたたえ、レッスンの成果を見てほしいと誇りを持って晴れやかにあいさつします。

イベント

主催者の始めのあいさつ
ゴルフコンペ

1分30秒

皆さん、おはようございます。第5回○○高校同窓会ゴルフコンペをただ今より開催いたします。

来年で創立100周年を迎える伝統あるわが母校は、同窓会活動も活発です。5年前に同窓会の幹事を行った私の同期はゴルフ好きが多く、同窓会記念事業としてゴルフコンペを行いました。年代を問わず好評だったことから、以来、恒例として毎年行っているしだいです。

本日の賞品は、各界でご活躍中の同窓生によって寄贈されたものです。優勝のほかにも、ブービー賞、ニアピン賞、と思いつく限りの名前をつけなければならなかったほど、たくさんのご寄贈をいただきました。これもひとえに、わが○○高校の結束の固さと、卒業生の活躍ぶりを物語るものだと思います。

というわけで、賞品獲得のチャンスは非常に多いので、あまりスコアに固執せず、芝刈りを楽しんでいただければと存じます。

POINT 仕事を離れたゴルフですから、楽しさと親睦第一です。同好の士の仲間意識を高めるようなあいさつをしましょう。

イベント

参加者（ブービー賞）のあいさつ
ゴルフコンペ

1分30秒

まことに栄誉ある賞をいただき、感涙にむせんでおります。とろうと思ってねらえる賞じゃありませんからね。ある意味では、優勝より価値がある、と断言してもいいでしょう。

ところで、先日英会話の先生に聞いて初めて知ったのですが、ブービーというのは英語では、最下位のことなんですってね。最下位に賞を与えることにすると、わざとスコアを乱して最下位にする人が出るから、計画してもねらえない下から2番目をブービー賞とすることにしたのだということです。

上位の成績ではない、でも、あえてここで名前は申しませんが、下には下がいる。これは、なかなか私らしいポジションだと思います。毎回これればかりでは困りますが、いい記念になりました。

あまり有能とはいえない芝刈り機の私ですが、どうかこれからもよろしくおつきあいください。ありがとうございました。

POINT 「ブービー」のうんちくを加えながら、軽い調子で明るくユーモラスに語り、参加者の笑いを誘いたいところです。

イベント

主催者の終了のあいさつ
ゴルフコンペ

1分30秒

　皆様、お疲れさまでした。今日は一日中いいお天気に恵まれ、皆さんの顔もいい色に日焼けしていますね。本日のコンペはお楽しみいただけましたでしょうか。

　優勝は、グリーンに出てまだ5年という佐藤さんの頭上に輝きました。ただ、スコアを見ますと、かなり白熱した戦いが繰り広げられたようで、皆さんの実力が年々拮抗しているように思います。

　優勝ほか各賞の発表と表彰も、なごやかなうちに終わったところで、これからは、一日のプレーを振り返りながら、和気あいあいと過ごしましょう。お時間の許す限りお楽しみいただき、あとは流れ解散とさせていただきます。

　主催者側の不手際で、皆様にはなにかとご不便をおかけしたと思いますが、楽しかった一日に免じてどうぞお許しください。

　本日は、まことにありがとうございました。

POINT 優勝者をたたえながらも、ほかのメンバーも優劣つけがたいいいプレーをしたと持ち上げて終了とします。

イベント

主催者のあいさつ
ホールインワン祝賀会

1分30秒

　本日はお忙しいところお集まりいただき、ありがとうございました。

　平均スコア110という私が、ホールインワンを達成するとは、まったく人生何が起こるかわからないものです。先月1日、同業者との親睦ゴルフコンペ、○○カントリークラブ17番という120ヤードのショートホールでのでき事でした。打ちおろしのホールでしたが、得意の7番アイアンでスイングすると、いい方向へ飛んでいきます。距離が出すぎたような気がしましたが、折からの逆風に抑えられ、ピンそばにドン、そしてコロコロ、とホールに消えてしまったのです。

　吉例によりまして、本日は、ささやかですが記念の席を設けました。たぶん一生に一度の私のツキです。それを祝っていただくとともに、これが運のツキということにならないよう私のためにお祈りください。皆様、ありがとうございました。

POINT 参加者もゴルフ愛好家が多いことでしょうから、「実力ではなく、ツキ（運、まぐれ）」としながら状況の簡単な説明を。

来賓の始めのあいさつ
少年野球大会

1分30秒

皆さん、おはようございます。皆さんの日ごろの練習の成果をぶつけ合う、○○地区少年野球大会がいよいよ今日から始まります。

野球は、皆さんも知っているように、チームプレーのスポーツといわれています。どんなにすごいピッチャーがいても、どんなに強いバッターがいても、それだけでは試合に勝つことはできないのです。

小学生は、仲間とのチームプレーができるようになり、その楽しさがわかってくる時期です。また、きちんとしたあいさつや、仲間への思いやりといった生活態度も、野球を通して身につけることができるでしょう。

君たちは、野球というスポーツを通して、実に多くのことを学んでいるのです。

野球は勝負だけれど、勝ち負けだけではない。それを忘れずに、力いっぱい戦ってください。伸び伸びとしたプレーを期待していますよ。

POINT 試合には必ず「敗者」が生まれます。野球には、勝負を超えたスポーツの意義があることを説きましょう。

イベント

同窓会長のお祝いのあいさつ
高校野球大会壮行会

1分30秒

伊藤監督はじめ野球部の皆さん、父母会の皆さん、そして学校関係者の皆さん、このたびは甲子園初出場まことにおめでとうございます。

わが○○高校野球部は明治以来の伝統を持っており、甲子園出場は長年の悲願でした。夢をかなえてくれてありがとう。多くのOBを代表して、心からお礼を言います。

さまざまな面で恵まれているとはいえない公立高校の野球部です。グラウンドはサッカー部と共用です。照明設備も立派なトレーニング設備もありません。そんな中、君たちは、限られた時間の中で効果的な練習を工夫し、パソコンを駆使して相手チームのデータを分析し、頭脳の「全員野球」で栄冠を勝ちとりました。大いに誇りに思ってください。

甲子園でも、君たちらしい、生き生きとしたプレーを見せてくれることを期待しています。

行ってらっしゃい！

POINT 「野球名門校」以外の出場はOBにとって大きな喜びです。その喜びを率直に表現しながら監督と選手の努力をたたえます。

イベント

主催者の始めのあいさつ
少年サッカー大会

1分30秒

ＪＡ〇〇主催少年サッカー大会開会にあたり、ひと言ごあいさつを申し上げます。

私自身、サッカーの大ファンで、テレビ放映のある試合は、ほとんど欠かさずに見ております。試合を見ながらつくづく思いますのは、「サッカーはチームプレーであり、個人プレーのスポーツだな」ということです。「一人はみんなのために、みんなは一人のために」という言葉は、サッカーではなくラグビーというスポーツから生まれたものですが、今日は、選手の皆さんにこの言葉を贈ります。それぞれの持ち味を生かして、けがのないよう、充実したプレーをしてください。

ご来臨の皆様、休日にもかかわらずありがとうございます。当ＪＡは、少年サッカーを通して、地域の皆様との深い信頼関係を築き上げるため、今後も積極的にとり組んでまいります。どうか一層のご支援をよろしくお願いいたします。

POINT 少年スポーツの場合は、選手に向けての激励と大人の関係者に向けて謝辞の２トーンで語り分ける必要もあります。

イベント

主催者の始めのあいさつ
青年室内サッカー大会

1分30秒

おはようございます。いよいよ初めての夏季リーグが、本日開幕することになりました。

これまで、フットサルは、屋外のグラウンドが使えない冬季に、サッカーの練習として採用されることが多いスポーツでした。しかし、近年は、選手数が少なくてもチームが組める、コートが狭いので老若男女を問わず楽しめるといった利点がクローズアップされ、徐々にその愛好者を増やしてまいりました。そして、今回、選手たちの強い要望を受け、夏季リーグ開催の運びとなりました。これは、これまでのサッカーのかわりという立場を脱し、フットサルが独立した通年スポーツとして歩み始めたあかしと、たいへん心強く思っております。

リーグ開催にあたり、ご指導、ご支援をいただきました、〇〇県サッカー協会をはじめ、関係各位に心よりのお礼を申し上げ、開会あいさつといたします。ありがとうございました。

POINT 初めての大会開催の場合は、その意義と、開催に至った喜びを述べ、前向きで明るいあいさつにまとめます。

主催者の始めのあいさつ ロードレース大会

1分30秒

皆さん、おはようございます。さわやかな青空のもと、昨年を上回る600人以上のご参加を得て第○回○○ロードレース大会を開催することができ、たいへんうれしく思っています。

健康志向の高まる中で、歩いたり走ったりすることは、幼児から高齢者まで、簡単にできる運動です。今回は、従来の年齢別タイムレースに加え、親子ペアジョギングという1キロのコースも設定しました。親子のふれ合いを楽しみながら、ぜひ完走を目ざしていただきたいと思います。

この大会の開催にあたりお力添えをいただきました関係各位には、心より御礼を申し上げます。特に、ボランティアで沿道の整理や順位確認にあたってくれる＊＊中学校の皆さん、手作りぜんざいを提供してくださる婦人会の皆様、ほんとうにありがとうございます。では、全員が無事で完走することを祈り、私のごあいさつといたします。

POINT 開催までお世話になった人や団体、特にボランティア参加の人へのお礼を忘れずに盛り込みましょう。

主催者の始めのあいさつ ゲートボール大会

1分30秒

皆さん、おはようございます。ただ今より第10回○○杯ゲートボール大会を開催いたします。本年は12組のチームにご参加いただきました。先ほど組み合わせ抽選会を行い、こちらの表のようにトーナメント戦で進めてまいります。日ごろの練習の成果を存分に発揮し、いい汗をかいてください。

幸い天候にも恵まれましたが、朝の天気予報によれば、日中は30度近くまで気温が上昇するとのことです。日差しも強くなりそうですので、競技の合間には、木陰で休みをとったり、十分に水分を補給したりするようにお願いいたします。本部席には、ミネラルウオーターとスポーツドリンクを用意してありますので、どうぞご自由にお飲みください。

高齢者の方々が屋外で積極的に活動することで、健康、元気の輪を地域全体に広げてくださることを願い、大会委員長のごあいさつといたします。さあ、試合を始めましょう。

POINT 参加者に高齢者が多い場合は、体調を気遣う言葉や、体調管理の注意点を盛り込み、事故のないよう祈ります。

イベント

主催者の始めのあいさつ
少年野球大会優勝祝賀会

1分30秒

優勝おめでとうございます。

選手の皆さん一人ひとりのはつらつとしたプレーと、島本監督のすばらしい采配により、見事、○○少年野球大会の優勝という栄冠を勝ちとることができました。

私は、全試合を応援してきましたが、いちばんうれしかったのは、もちろん優勝の瞬間です。相手チームの打球がライトの星野君のグローブに吸い込まれた瞬間には、思わず飛び上がってしまいました。

でも、実は、いちばん感動したのは、準決勝の９回裏ツーアウトのときです。応援席から、「あと１人」コールが起きましたね。すると、控えていたキャプテンの花田君がスッと立ち上がり「やめてください、相手に失礼です」と言いました。スポーツマンシップにあふれる、いい発言でしたね。

すばらしいメンバーに、チームに、プレーに、そして優勝に、もう一度、おめでとう！

POINT 全員のがんばりをたたえながらも、特に感動したシーンなどを述べると、印象深いあいさつになります。

イベント

監督のお礼のあいさつ
少年野球大会優勝祝賀会

1分30秒

本日は、このような盛大な祝賀会を開いていただき、ありがとうございます。念願の優勝が果たせたのも、ひとえに皆様の応援とご支援のおかげと心から感謝いたしております。

今大会の６試合は、接戦に次ぐ接戦で、楽な試合は１つもありませんでした。ピッチャーの福山君を中心に、バックがよくもり立て、お互いを信頼して守り抜いたこと、また攻撃面では、少ないチャンスを勝負強く生かしたことが、勝因だったと思います。選手は、全員野球でよくがんばってくれました。

監督も10年目を迎えました。子どもたちには「感動をありがとう」といつも思っています。少年犯罪の低年齢化が進むなど、心を痛めることも多い昨今ですが、野球を通じて子どもが健やかに成長する手助けができればと考えております。皆様には、どうぞ今後ともあたたかいご指導をよろしくお願いいたします。本日は、ありがとうございました。

POINT 試合を振り返って勝因を分析しながら選手をたたえ、あわせて、支援者へのお礼や監督としての感慨を盛り込みます。

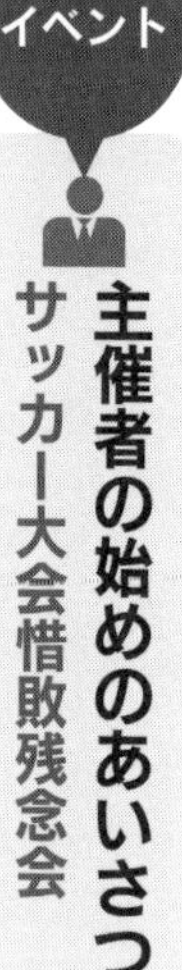

イベント

主催者の始めのあいさつ

サッカー大会惜敗残念会

1分30秒

選手のみなさん、そして松山監督、お疲れさまでした。

試合は残念な結果に終わりましたが、強豪相手に、最後までモチベーションの高いプレーを見せてくれたことに、たいへん感動いたしました。

勝負ですから、結果的には勝者と敗者が生まれます。勝者は例外なくもろ手をあげて喜ぶことでしょうが、敗者は2通りに分けることができます。すなわち、悔いが残りうつむかざるをえない負けと、胸を張って顔を上に向けられる負けです。君たちは、もちろん後者です。すばらしいファイトを見せてくれたことを誇りに思ってください。しかし、悔しさは当然残るでしょう。その悔しさは、プラスのエネルギーに変えて、次回に生かしてほしいと願っています。

皆さんのプレーに惜しみない拍手を送り、私のごあいさつといたします。ありがとう。

POINT 落胆している選手や監督に敗因の分析や叱咤（しった）激励は酷です。プレーのすばらしさをたたえて、前向きに結びましょう。

イベント

監督のお礼のあいさつ

サッカー大会惜敗残念会

1分30秒

今回は、組み合わせに恵まれたこともあり、初の決勝リーグ進出なるかという声もありましたが、皆さんのご期待にそえず、1勝2敗で予選リーグ敗退という結果に終わってしまいました。選手はそれぞれ存分に力を発揮していいプレーを見せてくれたのですが、監督としての力不足を痛感しております。応援していただいた方々、まことに申しわけありませんでした。それなのにこのような心あたたまる会を開いていただき、恐縮しております。

サッカー経験の浅い選手の多いわがチームですが、リーグ戦を通じて、選手はたくましくなりました。結果は残念でしたが、これが最大の収穫だったと思っています。明日からは、気持ちを切りかえてそれぞれの課題の克服に励み、一回り大きく成長したチームで次の大会に臨みたいと思います。どうか今後とも応援よろしくお願いいたします。

本日は、まことにありがとうございました。

POINT 「選手たちはよくやった、負けたのは監督の責任」とするのが賢明。屈辱を次に生かす決意を述べ、応援をお願いします。

おつきあいのあいさつのポイント

遠くの親せきより近くの……

都市部では、昔ながらの親密な近所づきあいはなくなっているとはいうものの、生活を営んでいる以上は、地域の人との良好な関係を築くことが必要です。「遠くの親せきより近くの他人」という言葉があるように、いざというときに力になってくれるのは、日常的に自分の近くにいる人です。

日常的に多くの時間をともに過ごすといえば、職場の上司や同僚が思い浮かびます。しかし、仕事関係者とのおつきあいは、あくまでも仕事や職場を介しての公的なものだということを忘れてはなりません。

仕事や肩書を持ち込まないで

町内会やマンションの自治会、同窓会、県人会といった地域のおつきあいで問題になりがちなのは、仕事や肩書(かたがき)の差です。本来、人間として同等のおつきあいをすべき場で「私は社長だ」といばってみたり、「立派ですね。私なんか……」と卑屈になったりするのは見苦しいものです。

また、定年後の男性は、長年会社中心に生きてきたため、地域社会にも「私は○○社の部長だった」など、以前の仕事や肩書を持ち込むケースが多いようですから気をつけましょう。

相手の内情に踏み込まない節度を保って

相手のプライバシーを尊重する、自分の価値観ややり方を押しつけないという2つが、地域のおつきあいの鉄則です。

地域という共通性はあっても、一人ひとりの仕事や家庭環境、価値観はさまざまです。相手の家庭の事情をあれこれせんさくしたり、「こうしなさいよ」と自分のやり方を押しつけては、互いの信頼関係は生まれません。相手への敬意を持ちながらも、ある一定の境界線は越えない、節度を保ったおつきあいをしましょう。

すぐに役立つ とっさのひとこと

日常のおつきあいでの短いあいさつ

《朝のあいさつ》

◆おはようございます。あたたかくなりましたね。
◆なんだか今にも降り出しそうな天気ですね。
◆きょうも暑くなりそうですね。
◆このところ、だいぶ過ごしやすくなりましたね。
◆けっこう冷え込みますね。
◆きょうは雪が降るそうですよ。
◆お気をつけて行ってらっしゃいませ。
◆朝早くからご精が出ますね。
◆お散歩ですか?

《お礼のあいさつ》

◆先日はありがとうございました。おかげさまで助かりました。
◆先日はお世話になりました。母からもよろしくとのことです。
◆どういたしまして。お役に立ちましたかどうか。
◆いいえ、こちらこそ、ありがとうございました。
◆お礼には及びません。お互いさまですから、どうぞお気になさらないでください。

《贈答のあいさつ》

◆ほんとうにささやかですが、先日のお礼のしるしです。どうぞお納めください。
◆いただき物ですが、よろしければ召し上がってみてください。
◆郷里から大量に送られてまいりまして。人助けだと思って、少しお受けとりください。
◆ほんの少し、お福分けにお持ちいたしました。お口に合えばうれしいのですが。
◆お心遣いありがとうございます。せっかくのお気持ちですから、ありがたく頂戴いたします。
◆かえってお気を使わせてしまったようで申しわけありません。ありがとうございます。

地域のおつきあい

近所へのあいさつ 引っ越し前

1分30秒

こんにちは。隣の宮川です。

実は、このたび、＊＊区に引っ越すことになりましたので、ごあいさつに伺いました。これまで、たいへんお世話になりまして、ほんとうにありがとうございました。

私も、住みやすいこの土地が大好きでしたので、引っ越すのは忍びないのです。ただ、夫の母親が高齢になって心配なものですから、同居をするために新しい住まいに移ることにしました。こちらが新しい住所です。郊外で、交通の便はあまりよくないのですが、桜で有名な○○公園の近くですので、お花見にいらっしゃることなどありましたら、ぜひお立ち寄りください。こちらは、心ばかりですが、今までのお礼とごあいさつのしるしです。

引っ越しはあさっての朝から行います。トラックの出入りなどでご迷惑をおかけいたしますが、どうぞお許しください。

POINT 今の土地環境に問題があっての転居でないことを強調し、去りがたい思いとこれまでお世話になったお礼を述べます。

地域のおつきあい

子どもの学校へのあいさつ（母親） 引っ越し前

1分30秒

田中先生、今お時間はよろしいでしょうか。

実は、このたび主人の転勤が決まりまして、今月いっぱいで転校することになりました。行き先は福岡です。

転勤は、サラリーマンの宿命のようなものですが、娘のさやかにとっては、小学校に入ってから2回目の転校になります。かわいがっていただいた田中先生や、仲のいいお友達と離れ離れになるのがつらいらしく、さすがにふさぎ込んでいます。心の整理がついたら、自分から話すと申しておりますので、転校のことはしばらくクラスでは伏せておいていただけますでしょうか。勝手を申しますが、よろしくご配慮くださいませ。それから、転校の手続きについてなのですが、所定の書類を一部いただけますでしょうか。よろしくお願いいたします。

月末にあらためてごあいさつに伺いますが、今日はまずはお知らせにまいりました。

POINT 転校を知って、子どもが精神的に不安定になるのもよくあるケースです。必要に応じて、学校の配慮をお願いしましょう。

地域のおつきあい

近所へのあいさつ
引っ越し後

1分30秒

ごめんください。本日、向かいに越してまいりました酒田と申します。朝からお騒がせして申しわけありませんでした。ようやく荷物が入りましたので、引っ越しのごあいさつに伺いました。

家族は4人です。主人と私、こちらが4歳になる娘の美幸、こちらが2歳の康介です。やんちゃな盛りですので、騒がしくしてご迷惑をおかけすることもあるかと存じます。私どもでもできる限り注意いたしますが、お気づきのことなどあれば、ぜひなんなりとおっしゃってくださいませ。

こちらの地域に住むのは初めてで、まるで勝手がわかりません。どうぞ、これからいろいろ教えてください。よろしくお願いいたします。

こちらは、ささやかな品ですが、引っ越しのごあいさつのしるしです。どうぞお納めください。しばらくは片づけなどで騒がしいかと思いますが、なにとぞご容赦ください。

POINT 第一印象を大きく左右する初対面のあいさつです。明るく、にこやかに話しましょう。

なるほど！column

引っ越し後のあいさつのマナー

【いつ】

引っ越しの当日、遅くとも翌日までには行います。

【だれが】

できれば家族全員で。代表が出向く場合も、家族構成は相手に知らせます。

【あいさつの範囲】

一戸建てなら、いわゆる「向こう三軒両隣」に。マンションなら、それに加えて上下階、管理人、自治会長宅にもあいさつするとていねいです。

【あいさつのコツ】

幼い子どもやペットがいる、楽器を弾く、共働きで日中は留守など、迷惑をかけそうな事情があるときは、あらかじめ伝えておくと、その後のおつきあいがスムーズになります。一戸建てなど、これから長く住むようなら、夫の職業など、多少細かく自己紹介をしたほうがいいでしょう。

【あいさつの品】

1軒につき500～1000円程度のお菓子やタオルなどの実用品を。のしをかける場合は、紅白蝶結びの水引で「粗品」または「ごあいさつ」の表書きで。

地域のおつきあい

子どもの学校へのあいさつ（母親）

引っ越し後

1分30秒

職員室に入ったら

失礼します。2学期からこちらの学校に転入することになりました者です。事務手続きと担任の先生へのごあいさつにまいりましたが、どちらに伺えばよろしいでしょうか。

応対に出た新しい担任の先生へ

はじめまして。2学期から、こちらの学校でお世話になります井上大輔の母です。昨日、無事に引っ越しがすみましたので、ごあいさつに伺いました。

こちらが前の学校から預かってきた書類なのですが、ご確認いただけますか。

書類の中に、以前の担任の先生からの申し送りがあるかと思いますが、大輔にはそばアレルギーがあり、給食で食べられないものがあります。本人もよくわかってはおりますが、先生からもご配慮いただければ幸いです。ご面倒をおかけいたしますが、どうぞよろしくお願いいたします。

POINT 転入先の学校へは、子どもとともにあいさつに伺います。学校生活で気をつけてほしいことがあれば、まず申し出て。

地域のおつきあい

子どもの公園デビュー（母親）

引っ越し後

1分30秒

母親A　こんにちは。子どもを遊ばせるのにはいい気候になりましたね。実は、私たち、最近、あそこのマンションに新しく越してまいりました。この子は、横山麻里奈、1歳半です。この公園にはよくいらっしゃるのですか？

母親B　ええ、うちはあのマンションです。

母親A　そうなんですか。これから、この公園で遊ばせるのが日課になると思いますので、どうぞよろしくお願いします。

母親B　こちらこそよろしく。この子は、遠藤幸也、2歳になったばかりです。

母親A　あら、大きいですね。うちの子と半年しか違わないのに、ずいぶんお兄ちゃんに見えますね。

母親B　そうですか。いたずらばかりで困っていますよ。

母親A　うちも同じです。これから仲よくしてくださいね。

POINT 天候や公園の様子、子どもの遊び方などを話のきっかけにして、にこやかに話しかけます。

地域のおつきあい

会長就任のあいさつ

町内会

1分30秒

　このたび、○○第三分区町内会長を仰せつかりました進藤でございます。なにぶんにも初めてのお役目ですので、竹原前会長のように、各方面に気配りを怠らず万事スムーズにというわけにはまいりません。ただ、皆様からのご推薦をいただいた以上は、精いっぱい務めさせていただきますので、ご指導、ご協力のほどよろしくお願いいたします。

　当町内会は、古くからの一戸建て居住者と、新しいマンション居住者が混在しております。おのずと、町内会活動への理解や参加意識にも差があり、街路整備などの奉仕活動には、古くからの居住者の方しかご参加いただけない状況が続いています。しかし、ここで新しい居住者の方を非難するのは早計です。必要に応じて町内会活動の内容を見直し、広くご参加いただけるような工夫もしていきたいと存じます。皆さんも、いいアイディアがあれば、ぜひご提案をお願いいたします。

POINT 前任者の功績をたたえながら、町内会の現状の問題点を明らかにし、前向きに対処したいとの意欲を示します。

地域のおつきあい

役員就任のあいさつ

自治会

1分30秒

　このたび、○○ハイツ自治会の役員になりました高村でございます。持ち回りのお役目ではございますが、会長さんをはじめ先輩役員の方々にいろいろと教えていただきながら、努力してまいりたいと思います。

　これだけ世帯数の多いマンションですと、お初にお目にかかる方も多いようですので、簡単に自己紹介をいたします。このマンションには、5年ほど前から住んでおりまして、家族は、妻と、高校3年の娘、高校1年の息子の4人です。私自身は、新宿にある食品会社で営業の仕事をしております。

　今まで知り合いといえば、古くからの友人か仕事の関係者ばかりで、地域の方とおつきあいをするのはこれが初めてです。ご経験豊かな諸先輩のお話を伺うのは、よい刺激となることでしょうから、そういう意味でも、この役員活動を楽しみにしております。どうぞよろしくお願いいたします。

POINT 初対面の人が多いようなら簡単な自己紹介を添えて。初めての地域のおつきあいに期待する気持ちも盛り込みます。

地域のおつきあい

婦人部長就任のあいさつ
町内会

1分30秒

皆様、こんばんは。新しく婦人部長の大役を仰せつかった萩原です。

今まで部長をなさっていた大西さんが、２期４年お務めになったとのことで、今回はご辞退されまして、私がお引き受けすることになりました。

大西さん、長い間、ほんとうにありがとうございました。

万事行き届いた心配り（こころくば）りをなさっていた大西さんのあとを務めるには力不足ですが、皆様のご協力を得ながら、事を進めてまいりたいと存じますので、どうぞお力添えのほど、よろしくお願いいたします。

私ども婦人部の活動は、主として街路緑化活動と町内レクリエーションの企画運営です。いずれにつきましても、大西さんから前年度までの資料をきちんとした形で引き継ぎましたので、それをお手本にしながら進めていくつもりです。不慣れですが、皆様、どうぞよろしくお願いいたします。

POINT 前任者が出席しているときは、前任者のすばらしさをたたえる表現を主体にし、自分自身は謙虚な姿勢を保ちます。

地域のおつきあい

班長の就任のあいさつ
町内会

1分30秒

皆様、こんばんは。

第５班の班長になりました、１丁目の今野です。

実は、うちは昨年このご町内に越してきたばかりで、まだ町内の様子がよくわかっておりません。町内会の会合に出席するのも、実はこれが初めてなのです。そんな私に班長のような大役は無理だからと、最初はご辞退いたしました。けれども、皆さん順番に２年ずつ班長を務めることになっていて、今回はうちの番だとのお話でしたので、結局お引き受けすることになりました。不安はありますが、ご町内のことをよく知るチャンスを与えられたのだと思うことにしました。

ただ、まだ子どもが小さいので、夜の会合には出られないこともあるかもしれません。でも、なるべく皆さんの足手まといにならないよう、あるいは不慣れだからとご迷惑をおかけすることのないように努めますので、どうぞよろしくお願いいたします。

POINT 持ち回りで順番が回ってきた役目でも、嫌々行うという態度ではなく、できる限り努力したいと前向きな姿勢を示します。

地域のおつきあい

議長の議事進行のあいさつ

自治会総会

1分30秒

皆様、こんばんは。なにかとお忙しい中、またお仕事でお疲れのところをお集まりいただき、ありがとうございます。まだ、おいででない方もいらっしゃるようですが、定刻を過ぎましたので始めさせていただきます。

本日は、本年度初めての会合でございます。お手数ですが、委員の皆様は簡単に自己紹介をお願いいたします。部屋とお名前だけでけっこうですので、名簿順にお願いいします。（自己紹介）

続きまして、本日の出席状況についてご報告申し上げます。現時点で、委任状115通を含めての出席者数は140名です。会則の定める会議定足数(ていそくすう)に達しておりますことをご報告申し上げます。

それでは、これより審議を開始いたしますが、その前に自治会長の谷山さんからひと言ごあいさつをいただきます。

会長、よろしくお願いいいたします。

POINT 自治会などの集まりの司会あいさつは、（必要に応じて）自己紹介→会議定足数の確認→主催者のあいさつの順に行います。

地域のおつきあい

会長の始めのあいさつ

自治会総会

1分30秒

皆様、本日はご多用のところ、令和〇年度あさひが丘自治会定例総会にご出席いただき、ありがとうございました。平成＊年にこの自治会が発足して以来、今回で〇回目の総会となります。発足以来、皆様方には自治会活動に対し、あたたかいご理解とご協力を賜(たまわ)り、まことにありがとうございました。

自治会の世帯数も年々増え続け、今や250世帯近くになり、街並みもにぎやかになってまいりました。今年度も、自治会員の世代を超えた交流と住みよい環境づくりを目ざし、活動を継続、拡大させてまいりたいと思います。思いも寄らぬ犯罪が頻発(ひんぱつ)する昨今は、自治会としてもさらに防犯対策に力を入れていかなくてはなりません。そのために、この総会では、新しい防犯事業についてもご提案申し上げたいと思っておりますので、皆さんの忌憚(きたん)のないご意見を賜ればと願っております。皆様、どうぞよろしくご審議ください。

POINT 日ごろの活動への協力のお礼に続けて、会合のメインテーマや問題点を説明し、活発な議論を求めます。

地域のおつきあい

会長の終わりのあいさつ

自治会総会

1分30秒

各部長さん、昨年度の事業報告と今年度の活動予定のご説明ありがとうございました。また、前年度会計と今年度予算は、全会一致で可決されました。会計の岩田さん、監査の星川さん、お疲れさまでした。引き続きよろしくお願いいたします。

なお、本日の総会で話し合われた防犯対策については、施錠の徹底、隣近所と連携して注意し合うといった自主的な方法に加え、自治会として、小学生までの児童のいる会員宅に、防犯ブザーを無料で配布することになりました。皆様の積極的なご提案ならびに真摯な討論に心より感謝申し上げます。

皆様からは、そのほか、何かありますか。ございませんようですので、本日の議事はすべて終了いたしました。ご出席の皆様、たいへんお疲れさまでした。暗くなっておりますので、足元にお気をつけになってお帰りください。

本日は、ありがとうございました。

POINT 議題や審議事項、結論を総括し、出席者の協力へのお礼で結びますが、「そのほか、何か？」と確認するのを忘れずに。

地域のおつきあい

会長の議事進行のあいさつ

臨時の自治会の集まり

1分30秒

皆様、今回は急な招集で恐縮です。お忙しい中、ご都合をつけてご出席いただき、まことにありがとうございました。

本日お集まりいただきましたのは、ほかでもない、先日の定例総会で問題提起された、隣地に建設予定の高層マンションの件でございます。予定どおり14階建てのマンションが建設されますと、当マンションの多くの部屋で、日当たりが悪くなります。そこで、一昨日、役員と私が不動産会社のもとへ出向き、話し合いを要求いたしましたが、先方からははかばかしい回答を得ることはできませんでした。また、交渉にあたる姿勢も誠意あるものとは思えず、私どもは不信感を強めて、先方を辞したしだいです。つきましては、先日３０５号室の青木さんからご提案のあった住民署名運動、２０１号室の田中さんからご提案の垂れ幕でのアピール案について、対応を協議したいと存じます。

POINT 臨時会合の場合は、議題の緊急性、重要性をわかりやすく説明したうえで、会合で何を協議すべきかを明確にします。

地域のおつきあい

新入会員のあいさつ
町内会婦人部会

1分30秒

皆様、こんばんは。ただ今ご紹介をいただきました武田さゆりです。コンビニの隣にある＊＊マンションに住んでおります。家族は、主人と小学1年生の息子が1人おります。

今年の初めに主人の転勤で高知からこのご町内に引っ越してまいりました。高知におりましたときも、町内会の婦人会には参加していたのですが、こちらにまいりましてからはなにかとあわただしく過ごしておりました。先日、同じマンションの高橋さんからご親切にお誘いいただき、それならと新年度から参加させていただくことになりました。

高知のときもそうでしたが、子どもが小さいと、なかなか夜は外に出られません。でも、婦人会の集まりというと大義名分(たいぎめいぶん)も立ちますので、堂々と家をあけられますし、また皆様のお話は、ふだん子どもと向き合っているだけの私には、よい刺激となることでしょう。どうぞよろしくお願いいたします。

POINT 家庭の主婦にとって、婦人会とPTAはもっとも身近な社交の場。年代を超えた交流ができる婦人会への期待を語ります。

地域のおつきあい

婦人部長の新入会員を迎えるあいさつ
町内会婦人部会

1分30秒

部長を務めております福島です。

武田さん、山下さん、どうぞよろしくお願いいたします。実は、先月、今まで一緒に活動していたメンバーが、やはりご主人の転勤で3人も一度にいなくなってしまったんです。寂しいねと皆で話し合っていたんですが、新しいお二方を迎え、ほんとうにうれしく思っています。

この地域は、借り上げ社宅のマンションも多く、婦人会のメンバーにも転勤族がけっこういらっしゃいます。皆さん、あちこちの土地に住んだ経験があるせいか、とても順応性があって、お話もしやすい方たちばかりですよ。この地域の暮らしでわからないことがありましたら、女同士、気軽に何でもお尋ねくださいね。

お二人を迎えたおかげで、平均年齢がぐんと若返った婦人部です。これからも張り切って活動してまいりましょう。

POINT とにかくフレンドリーに歓迎の意をあらわすこと。活動内容などは事前に説明している場合、省いてもかまいません。

地域のおつきあい

役員の始めのあいさつ
町内会交通安全訓練

1分30秒

皆さん、こんにちは。あたたかくなって、自転車に乗るお友達も増えてきましたね。風を切って、自転車を走らせるのは、とっても気持ちのいいものですね。でも、ときどき、横断歩道じゃないところを渡ったり、すごいスピードで歩道を走っている子を見かけるので、心配になることがあります。今日は、皆さんが学校の行き帰りに歩くとき、それから、お友達の家や習い事に行くのに自転車に乗るとき、どんなことに注意すればいいのかを、一緒に考えてみましょう。今日の君たちの先生は、学校の先生ではなく、〇〇小学校のそばの＊＊交番のおまわりさんです。

保護者の皆様も、お世話さまです。今日学んだことは、ぜひご家庭でもお話しいただき、ご家族全体で交通安全の意識を高めていただきたいと願っております。では、さっそく始めましょう。＊＊交番の岡本巡査、どうぞよろしくお願いいたします。

POINT 子どもを相手に話すときは、わかりやすいように具体的な事例をあげます。同伴の保護者へのあいさつも忘れずに。

地域のおつきあい

会長の始めのあいさつ
町内会運動会

1分30秒

皆さん、おはようございます。雲一つない快晴の空も、この第10回〇〇町内会大運動会の開催を祝福してくれているかのようです。

最近は、核家族が増え、それぞれのプライバシーを尊重する風潮が高まっていることから、こうした地域の人々のふれ合いの場は、年々少なくなってきています。そんな中、地域に住む方たちが一堂に集まり、世代を超えて交流を楽しむという、たいへん有意義(ゆうぃぎ)な運動会を実施できますことは、わが町内会の大いなる誇りです。熱心に準備を進めてくださった実行委員の皆さん、すばらしい賞品をご寄贈(きぞう)いただいた商店会の皆さん、そして、町内会の趣旨にご賛同いただき、本日ご参加くださった皆さん、ほんとうにどうもありがとうございました。

今日は、日ごろの忙しい仕事や家事、勉強のことはお忘れいただき、童心に帰って思う存分楽しんでください。

POINT 親睦が目的ですから堅苦しい話は不要ですが、町内会で運動会を開催する意義の説明と、関係者へのお礼は不可欠です。

地域のおつきあい

主催者（役員）のあいさつ

町内会バザー

1分30秒

皆様、おはようございます。

10年前に始まり、今は恒例になりましたこのバザーですが、年を追うごとに出品数が多くなり、にぎわいを増すのを見るのは、主催者にとりましてもこの上ない喜びです。ご出品いただいた方々、準備にあたってくださった方々には、この場をお借りいたしまして厚く御礼（おんれい）を申し上げます。

皆様ご存じのように、このバザーの収益金は、町内の養護施設「緑藻園」に全額を寄付しております。子どもたちは、それぞれのご家庭の事情で、自宅で育てることができず入園しています。子どもは、学校と家庭と地域によって育てられると申しますが、地域の子育てとして少しでもお役に立てばと願うしだいでございます。

今後とも、ご町内の方々が、このバザーを通じ、親睦（しんぼく）を深めるとともに、奉仕の気持ちを高めていただければと願っております。

POINT バザー主催者のあいさつでは、収益金の使いみちと、なぜそのように使うのかを明確にすることが大切です。

地域のおつきあい

町内会役員のあいさつ

集団がん検診

1分30秒

皆さん、おはようございます。婦人部の北村です。このバスは、検診を行う対がん協会に向け、間もなく出発いたします。皆さん、問診票や検査キットをお持ちのことと思いますが、いま一度ご確認ください。それでは、出発いたします。

車中の時間をお借りして、これからの予定を簡単にご説明いたします。入りましたら、順番カードの受付機がありますので、まずそれを受けとってください。ご自分の番になったら、問診票と検査キットを提出し、そこで支払いをすませます。あとは、係員の指示に従って検査をおすませください。検査項目や順番によって、終了時間が異なります。

帰りのバスは、12時半に協会を出発し、朝集合した地区会館に戻ります。バスを利用するかどうかは自由です。点呼をとらず、時間になりましたらバスを出しますので、ご利用の方は時間厳守でお願いいたします。

POINT 伝えたいことを過不足なく説明しますが、初めての人でもわかりやすいよう、平易な表現を使うことが大切です。

地域のおつきあい

主催者（役員）のあいさつ 町内会カラオケ大会

1分30秒

皆さん、こんばんは。お待ちかね、町内カラオケ大会を、ただ今より開催いたします。この大会は、カラオケを通じて町内の親睦（しんぼく）を図ろうという趣旨で、15年前から続いているものです。

本日ご参加の方々の名簿を拝見しますと、最年少は3丁目の橋本さんのお孫さんの幸一君の4歳、最年長は元町内会長さんの田淵さんの84歳とたいへん幅広い年齢層の方がいらっしゃいます。例年にも増して盛り上がりそうで、とても楽しみです。

毎年、賞品を楽しみにしていらっしゃる方も多いことと思います。今年も、町内の商店会さんのご協賛をいただき、このようにすばらしい賞品をご用意することができました。この場をお借りいたしまして、商店会長の山本さんに心より御礼（おんれい）を申し上げます。

では、さっそく始めましょう。トップバッターは、2丁目の辻村さんです。

POINT 親睦イベントなので明るく盛り上げることが目的ですが、賞品の提供や協賛などお世話になった方へのお礼は忘れずに。

地域のおつきあい

主催者（役員）のあいさつ 町内会日帰りレクリエーション

1分30秒

皆様、おはようございます。さわやかな秋空が広がり、絶好のレクリエーション日和（びより）となりました。

出発の前に、本日の予定を簡単にご説明申し上げます。今回は、皆様からご要望の多かった、○○陶器市見学を行うため、陶器市の開催に日程を合わせてあります。バスは午前10時ごろ現地に到着しますので、各自、自由に見学やお買い物をお楽しみください。

午前11時半にいったんバスにお戻りいただき、その後、近くの＊＊温泉に向かいまして、昼食となります。＊＊温泉は、岩ぶろが有名で、ここも皆さんからのリクエストがたいへん多かったところです。食事とおふろをゆっくりお楽しみください。帰りのバスは、午後4時に＊＊温泉を出発し、午後5時過ぎには、この集合場所に戻ってくる予定です。

今日は日ごろの疲れをいやし、町内の懇親を深める一日にしましょう。では出発します。

POINT 町内会員のリクエストを重視し、希望にそう形で企画・運営を進めたことを、さりげなくアピールしましょう。

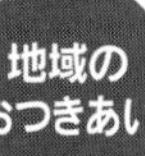

主催者（役員）のあいさつ
自治会新年会

1分30秒

皆様、あけましておめでとうございます。皆様方には、このように多数ご参加くださいまして、ありがとうございます。

この新年会は、今年初めての試みです。自治会の親睦を深めるために何か行事を行いたいと、会員の皆様方に伺いましたところ、まずは自宅近くで気軽に集まれるものがいいというお声が多く、まことに安易なアイディアながら、こうして集会室を利用しての新年会を開くことにしたしだいです。地域のつながりが希薄になっている昨今ですから、果たしてどのくらいの皆さんにおいでいただけるのかとハラハラしながら準備を進めておりました。このように盛大に開催することができ、実行委員一同、もはや会が終わったかのような安堵感を覚えております。

同じマンションに住んでいるのも何かのご縁です。今日は和気あいあいと、皆さんで語り合い、楽しい会にいたしましょう。

POINT 初開催の場合は、その趣旨や目的を説明するとともに、実行委員の心配なども率直に披露して場の雰囲気をやわらげます。

地域の
おつきあい

幹事のあいさつ
町内会忘年会

1分30秒

皆さん、こんばんは。本日は年末のなにかとお忙しい中、町内会長さんをはじめ、多くの方々にご出席いただき、ほんとうにありがとうございます。

この一年間の町内会活動、まことにお疲れさまでした。この忘年会が今年最後の行事になるわけですが、振り返りますと、さまざまなでき事がございました。新会長のもとで活動を始めた今年度ですが、5月の町内緑化活動、10月の大運動会、11月の日帰りレクなど、町内が一体となった活動が、数多く実を結んだ一年でした。それもひとえに、皆様方のご努力とご支援によるものと、あらためて御礼を申し上げます。来年も、早々から町内会検診などの行事がありますが、今後とも一層のお力添えをお願いいたします。

それでは、開会にあたりまして、町内会長さんからごあいさつかたがた乾杯の音頭をとっていただきます。会長、お願いします。

POINT 一年の活動を振り返って協力へのお礼を述べ、翌年も引き続きよろしくとお願いするのが基本です。

地域のおつきあい

自治会役員就任の件
役員の依頼のあいさつ

1分30秒

　夜分に恐れ入ります。このマンションの自治会で役員を務めております、102号室の高野と申します。実はお願い事があり、お電話をさし上げました。今、お話ししていてもよろしいでしょうか。

　お願いと申しますのは、自治会の来年度の役員を、藤井さんにお引き受け願えないかということです。藤井さんは、経理の仕事を長くされていて、今年ご退職されたと伺いました。もしよろしければ、会計監査をお願いできないかと思ったのです。藤井さんのお人柄をよく知る会員から、藤井さんにぜひ、という推薦の声も多く上がっております。会長からもぜひとのことでございました。

　会計監査の仕事は年2回で、そのほかに、年数回行われる役員会への出席が主な仕事です。任期は一応2年になっています。なにかとお忙しいこととは思いますが、いかがでしょう、お引き受け願えませんでしょうか。

POINT　相手への信頼感をあらわしながら、誠実に依頼します。活動内容と、どの程度の仕事量なのかを説明することも大切。

地域のおつきあい

自治会役員就任の件
会員の断りのあいさつ

1分30秒

　たいへん光栄な話とは思いますが、今回は申しわけありませんが辞退させてください。

　私も定年になり、これから地域でのおつきあいを大切にしなければと思っているところでした。ところが、定年後すぐに受けた健康診断で、良性なんですが腫瘍が見つかりまして、来月にも手術を行うことになっているのです。大きな手術ではないのですが、気持ちのうえではどうにも落ち着きません。

　そのようなわけで、今は大事なお役目をお引き受けするという心の余裕がございませんし、お引き受けしてからご迷惑をかけてもと思います。せっかくのお話をお断りするのは心苦しいのですが、どうかあしからずご容赦ください。

　健康に自信をとり戻しましたら、ぜひ私にできることをさせていただきたいと存じます。会長さんにもどうかよしなにお取り次ぎください。ご期待にそえず、申しわけありません。

POINT　地域でのつきあいを大事に思っている気持ちを前面に出しながら、期待にそえないおわびのニュアンスで結びます。

地域のおつきあい

事務局長の総会のあいさつ

同窓会

1分30秒

令和○年度○○高等学校同窓会総会の開会にあたりまして、ひと言ごあいさつを申し上げます。私は、事務局長を務めます松村邦男と申します。皆様、本日はお忙しい中、また遠路をいとわずご出席くださいまして、まことにありがとうございました。

ご承知のように、本年のわが校の在校生は、吹奏楽部が7年連続で全国大会に出場したのをはじめ、女子バレー部が県大会準優勝の成績を残すなど、文武両道の目覚ましい活躍を見せてくれました。同窓会にとりましても、まことに喜ばしい限りであり、昔を懐かしがるだけでなく、現在のわが校の躍進を喜び、今後のさらなる発展のために、及ばずながら支援いたしたいと願うしだいでございます。

それでは、お手元の資料に沿いまして、議題を進めてまいります。6時からは懇親会が予定されておりますので、進行へのご協力よろしくお願いいたします。

POINT 全校的な同窓会は、事業や予算決算を話し合う総会と懇親会で構成されます。総会は時間的な制約があるので、テキパキと。

地域のおつきあい

会長の懇親会始めのあいさつ

同窓会

1分30秒

会長の菊池でございます。今年も、○○同窓会で、皆様の元気なお顔に会えましたことを、たいへんうれしく思っております。今日は、ふだんは各地でご活躍なさっている同窓生が、年に一度、一堂に会する貴重な機会です。恩師の先生を囲んで語り合い、久々に会ったお友達との旧交を温め、あるいは世代を超えた交流を行いながら、懐かしい高校時代の思い出話に花を咲かせるとともに、将来の夢も熱く語っていただきたいと願っております。

来年には、わが母校も創立100周年を迎えます。同窓会でも、さまざまな記念事業を企画しておりますので、皆様のご協力、ご支援のほどを、ぜひともお願い申し上げます。

結びになりましたが、学校関係者の皆様、本年の幹事を務めてくれた第○期の皆さん、どうもありがとうございました。本日は、大いに飲み、大いに語り合いましょう。

POINT 代表者として、同窓会の位置づけやこれからの事業を説明し、出席者の協力をお願いします。

地域のおつきあい

同窓会

幹事（実行委員長）のあいさつ

1分30秒

皆様、本日はお忙しい中ご列席いただき、まことにありがとうございます。また、遠方から駆けつけてくれた方々、お疲れさまでした。

本年は「話そう思い出、語ろう未来の夢」をテーマに、準備を進めてまいりました。このテーマにもとづき、社会の現場にいる私どもから、仕事の実際を現役高校生にお話しする「出前ゼミナール」を行い、これまでに10講座が好評のうちに終了しております。講座運営にご協力いただきました校長先生はじめ職員の皆様に、この場をお借りして厚く御礼（おんれい）を申し上げます。

今回の同窓会準備にあたりましては、同窓の多くの皆様に、広告や協賛金、会券の販売など種々ご協力いただきました。まことにありがとうございました。結びになりますが、○○同窓会と皆様のいよいよの発展を祈り、私のごあいさつといたします。本日はありがとうございました。

POINT 全校的な同窓会では、年ごとにテーマを設定して準備します。幹事のあいさつも、テーマに関連させて話しましょう。

地域のおつきあい

同窓会

支部長の支部発足のあいさつ

1分30秒

本日は、皆様お忙しいところ、○○高等学校同窓会東京支部第1回総会にご出席いただき、まことにありがとうございました。

ご存じのように、わが母校の同窓会は、年に一度、郷里の会場で盛大に行われております。私も含め、そのためにわざわざ帰郷する人も多かったのですが、なにぶんにも遠方からの参加は、いろいろな面での負担が大きくなります。そこで、以前から支部を作ってはどうかという声が上がっておりました。

それを受け、昨年の同窓会総会で、卒業生の居住が多い東京と大阪に支部を設けることが決まり、準備を進めてまいったわけでございます。私自身は若輩者でございますが、東京で事業をしている関係上、転勤もないだろうということで、支部長の大任を仰せつかりました。皆様のご協力をいただき、母校と東京支部の発展のため、精いっぱい努力いたします。どうぞ、皆様、よろしくお願いいたします。

POINT 支部開設や支部長就任の経緯を簡単に説明し、出席者の協力と支援をお願いします。

地域のおつきあい

出席者のあいさつ①
同窓会

1分30秒

〇〇中学校同窓会も、世代交代をくり返しながら、今回で70回目になるとのこと。幹事の皆さま、ありがとうございます。

実は、この会場に来る前に、母校を訪れてまいりました。当然ながら、私が学んだおんぼろ校舎はすでになく、立派な鉄筋5階建ての校舎が建っていて、昔の面影はありません。少し寂しく思いながら周辺を散歩してみると、同窓会館の脇(わき)に、私の在校中に毎日通った門が、そのまま残されておりました。学ぶことが楽しくてしかたなかった蛍雪(けいせつ)の時代を思い出し、やはり自分の原点はここにあり、との思いを強くして立ち去ったしだいでございます。それにしても、二度にわたる校舎建てかえの際にも、当時の門をそのまま保存してくれたのだと思うと、ほんとうに胸が熱くなります。

皆さん、ありがとう。久々に参加して、ほんとうによかったです。

POINT 母校のことなど、全員に共通する思い出を語ると、出席者の心に響きます。

地域のおつきあい

出席者のあいさつ②
同窓会

1分30秒

今回から、皆様のお仲間に入れていただく、第55期、平成*年卒業の上野と申します。どうぞよろしくお願いいたします。

私の生家は、市内で小さなすし屋を営んでおります。私は卒業後は東京に出て、修業を重ねてまいりましたが、このたびようやく父の店に戻ってきたしだいです。「**鮨(すし)」と申しますので、どうぞ皆様もごひいきにお願いいたします。

とは申しましても、私が同窓会に入会させていただいたのは、なにも営業活動をしようというのではありません。高校卒業以来、すしの道しか知らず、最近は、自分の視野の狭さを痛感することもしばしばです。いろいろな年代、各方面で多彩な仕事をしていらっしゃる皆様と交流を持つことで、いろいろ教えていただき、自分自身が少しでも成長することができればいいなと考えております。

皆様、どうぞ末永くおつきあいください。

POINT 自己紹介や入会の動機などを話しますが、仕事の話をするときは、宣伝めいた表現は慎みましょう。

地域のおつきあい

恩師のあいさつ
同窓会

1分30秒

昭和＊年から平成＊年まで在籍し、英語を教えておりました三上でございます。本日は、ご招待をいただき、たいへんありがとうございました。

教師としていちばんうれしいことは何かといえば、教え子の活躍を知ることです。退職した教師がいちばん楽しみにしているのは、元の教え子と話をすることです。今日は、懐かしい皆さんとお会いし、それぞれ立派に成長して、活躍されていることを知りました。今の私にとっては二重のうれしさどころか、最高の気分です。

私も、定年退職して15年がたちました。幸い健康には恵まれておりますが、仕事はすでに引退しております。「余生」「老後」といった言葉が頭をよぎることもある昨今でしたが、本日、社会的に現役の皆さんとお話しして、大いに啓発(けいはつ)されたような気がいたします。

皆さん、元気をくれてありがとう。

POINT 教え子の活躍を心から喜びながら、懐かしい面々に会って話をしたうれしさを率直に表現します。

なるほど！column

同窓会への出欠に添えるひとこと

【出席の場合のひとこと】

返事のあとに「幹事役ご苦労さま」とねぎらい、場合によっては「何か私にできることがありますか？」と手伝いを申し出ます。「当日久々にお会いできるのを楽しみにしています」など期待する気持ちを伝えるのもいいでしょう。一方、「○○さんは来るの？」などの詮索は、あまりいい印象を与えません。

【欠席の場合のひとこと】

「仕事の都合がつかないので」「まだ子どもが小さく、家をあけられないので」などと簡単に理由を説明し、「先生や皆さんによろしくお伝えください」「次回はぜひ出席したいので、またご連絡ください」「皆さんにお会いしたかったので残念です」「盛会をお祈りします」など、今後につなげる言葉で結びましょう。

幹事役にとっていちばん困るのは、返事が来なかったり、連絡がとれないこと。転居した場合は、自発的に知らせるのがマナーです。

地域のおつきあい

幹事の始めのあいさつ

同期会

1分30秒

本日は○○中学校第24期同期会にお忙しい中お集まりいただき、ありがとうございました。私は、1組の山口です。卒業のときから20キロ以上太ってしまい、先ほどは「だれだかわからない」などと言われてしまいましたので、先に自己紹介しておきます。

さて、今回の同期会は、10年ぶりの開催です。卒業時の担任だった1組の吉田先生と3組の春山先生も、ご出席くださいました。2組の中島先生はあいにくご旅行中で今回は残念でしたが、皆様にくれぐれもよろしくとのことでございます。

こうして皆様のお顔を見回しておりますと、すぐに昔の面影がよみがえってきますが、なかには、私のように変貌(へんぼう)を遂げた人もいるようですね。のちほど、出席の皆様全員にひと言ずつ近況(きんきょう)を話していただければと思っていますので、どうぞよろしくお願いいたします。

皆さん、今日はごゆっくりご歓談ください。

POINT 自己紹介、列席へのお礼、出席してくれた先生の紹介とお礼、会の趣向などを話します。

地域のおつきあい

司会の始めのあいさつ

同期会

1分30秒

皆様、ようこそおいでくださいました。ただ今より、○○高校の第40期同期会を開催(かいさい)いたします。私は、2組の柳田です。

さて、私たちが○○高校を卒業してちょうど○年がたちました。同期全員にご連絡をさし上げての正式な同期会は、今回が初めてです。卒業名簿を手がかりにして連絡をとったのですが、就職、さらに転勤、結婚などで、同期は全国各地、海外にまで散らばって活躍しています。今回、1組の原田君はわざわざ九州から駆けつけてくれました。

これを機会に、同期の名簿も整備したいと思います。あとで、現時点で連絡先不明の方の名簿を回しますので、ご存じの方がいらっしゃいましたら、ご自分の名前を記入しておいてください。後日ご連絡をさし上げます。

事務連絡になってしまい、申しわけありません。では、さっそく乾杯いたしましょう。

POINT 必要に応じて、遠方からの参加者の紹介、消息不明者探しへの協力などの要請も冒頭のあいさつで行います。

地域のおつきあい

恩師の乾杯のあいさつ
同期会

1分30秒

1組を担任しておりました西野です。本日はお招きありがとうございました。

10年前の同期会のときには、20代だった君たちも、今や社会の中核を担う30代。仕事や子育てに忙しい時期でしょうね。「男の顔は履歴書」という言葉がありますが、男も女も、生活が充実していて気力に満ちている人は、いい表情をしているものです。今日久々にお会いした君たちの顔も、実にいい輝きを見せています。なにせ、在校当時は、自治会をつくったり、しばらく休止していた学校コンサートを復活させたりと、自立心旺盛(おうせい)でエネルギッシュな学年でしたからね。これからじっくり、それぞれのご活躍ぶりを聞くことにしましょう。

では、久々の同期会で懐かしい面々に会えたことを祝い、あわせて皆様のご健康と活躍を祈って乾杯しますのでご唱和ください。

「乾杯！」。ありがとうございました。

POINT 「男の顔は履歴書」は評論家・大宅壮一の言葉で、本来は「女の顔は請求書」と続きますが、あえて前半部だけ引用して。

地域のおつきあい

幹事の始めのあいさつ
小学校クラス会

1分30秒

皆さん、こんばんは。幹事の小島です。わかりますか？　え、全然変わってない？　20年もたって変わらないと言われるのは、成長していないみたいで複雑な気分ですね。

さて、ご案内状にも書きましたが、小学校の卒業式のときに皆で誓った「20年たったら、学校でクラス会をしよう」という約束を、ついに果たすときがやってきました。「学校で」と約束しましたが、残念ながら学校で宴会をするわけにはいきません。三沢君がおやじさんの居酒屋を継いでいるというので、この店を利用させてもらいました。

きっと顔を見てもわからないだろうから名札を準備しておこうと、もう1人の幹事の田中さんと話していたんです。でも、懐かしい顔はすぐに思い出すものですね。今日は、20年前のタイムカプセルを皆で開けて、懐かしい子ども時代の話で盛り上がりましょう。

POINT 久しぶりだからといって、かしこまったあいさつを行うと、余計にギクシャクするもの。あえて気楽な調子で。

地域のおつきあい

出席者の近況報告
小学校クラス会

1分30秒

皆さん、ほんとうにお久しぶりです。小谷です。この店に入ってきたとたん「大きくなったね！」と驚かれてしまいましたが、無理もありません。小学校卒業当時に比べると、30センチほど身長が伸びました。

卒業してからの15年間を駆け足で報告しますと、○○高校を出てから、自動車整備士の学校に進み、今は＊＊整備工場でメカニックマンとして働いています。小学校時代、ミニ四駆（よんく）に夢中になっていましたが、ほんとうにそのまんま、車好きが高じて仕事になったという感じですね。身長はぐんと伸びたものの、中身のほうは小学生のときとさほど変わらない、というお恥ずかしい状態です。

幹事の小島君、久しぶりなので、連絡もたいへんだったと思いますが、すばらしい企画をどうもありがとう。これを機会に、今後もたびたび皆さんとお会いできればと思っています。

POINT 「今、何をしているか」を話すのに、勤務先はともかく、最終学歴や学校名、肩書を並べ立てるのは嫌みです。

地域のおつきあい

恩師の始めのあいさつ
中学校クラス会

1分30秒

お招きいただいてありがとう。私は、昨年定年退職したのですが、妻の実家のある長野県に山小屋を建て、念願だった晴耕雨読（せいこううどく）の生活をしています。今日は、列車の中で君たちの顔を一人ひとり思い出しながら、８年ぶりの再会を楽しみに上京しました。

教員生活で受け持ったクラスの子どもたちのことは全員覚えていますが、君たちは格別です。君たちが卒業したあとは、学校全体の仕事をする立場になったので、君たちは、私が担任を持った最後のクラスということになるのです。それに、元気すぎるほど元気な生徒が多く、困らされたものだしね。

そんな君たちと、こうしてお酒を一緒に飲める日が来たんですから、私も年をとるはずです。実は、血圧が少々高くて、ふだんは酒量を制限しているのですが、今日は、自分を許してしまいましょう。君たちの話を聞きながら、楽しく酔わせてもらうことにしますよ。

POINT 「立派になった」とほめるのもいいのですが、「困らされたものだ」とするのも、親しみを込めた語り方の一つです。

地域のおつきあい

出席者の近況報告 中学校クラス会①

1分30秒

皆さん、ごぶさたしていました。毎年クラス会を行っていることは、ご案内をいただいていたので知っていたのですが、サラリーマンの宿命ともいうべき地方回りの年代でして、参加するチャンスがありませんでした。昨年からたまたま本社勤務になりましたので、こうしてはせ参じたというわけです。

皆さんからご指摘を受ける前に言っておきますが、中学時代のあだ名は「おやじ」でした。確かに、色気のないめがねをかけていて、われながらむさくるしかったですよね。高校、大学までは、やはり年上に見られることが多かったです。でも、最近になって、ようやく見た目年齢と実年齢のバランスがとれるようになったのではないかと思っていますが、皆さんいかがでしょうか。

ちなみに、私生活では、おやじでもパパでもなく、独身です。特に女性の皆さん、よろしくお願いいたします。

POINT 在校中のあだ名なども、話の糸口になります。近況報告は、適当にユーモアをまじえて「笑いを誘う」のがコツです。

地域のおつきあい

出席者の近況報告 中学校クラス会②

1分30秒

皆さん、こんばんは。クラス会の常連組、旧姓・山崎由実です。今日は、水谷君や堀さんなど久しぶりにお会いした方もいて、例年にも増してうれしいです。

私は女子高、女子大に進んだので、中学のクラス会は唯一男性と話せる貴重な同窓会なんです。なんていうと、ちょっとアブナく聞こえるかもしれませんが、やっぱり男女混合でワイワイ騒ぐほうが楽しいですよね。高校や大学のクラス会は、実はあまり行ったことがないのに、中学のだけは皆勤賞並みに参加しているので、主人からは白い目で見られています。

でも、多感な中学生の時期を共有したクラスメートには、やっぱり特別な思い入れがあるものです。実際にセーラー服を着るのは、今となってはそれこそアブナすぎる話ですが、心はセーラー服時代に戻って、一晩、目いっぱい楽しみたいと思います。

POINT 「思春期をともに過ごした仲間は格別」と、〝中学〟を特に意識しながら、あいさつをします。

地域のおつきあい

幹事の始めのあいさつ
高校クラス会

1分30秒

皆さん、こんばんは。卒業以来、毎年12月30日に行っている恒例のクラス会も、今年で15回目、つまり卒業後15年たつことになります。

当初は、進学や就職でこの土地を離れる人でも、年末年始は帰省するだろうからというので集まりやすいこの日に決めたのでした。でも、今は家庭を持っている方も増え、「年末の忙しいときに宴会?」と、家族のひんしゅくを買いながらご参加くださった方もいるのではないかと思います。

そんな逆風（ぎゃくふう）の中、ご出席いただいた皆様のため、今回は、サプライズをご用意しました。私たち3年6組の、学園祭最終日、仮装行列の動画です。竹内君のご実家で保存されていた、お宝映像です。とても素面（しらふ）で見られるものではありませんので、のちほど、お酒が回って恥ずかしさを少し忘れたところで、鑑賞会とまいりましょう。

では、先生、乾杯の音頭（おんど）をお願いいたします。

POINT 帰省者が参加しやすい年末年始やお盆休みに行うことが多いクラス会、家族団らんの時期に出席してくれたお礼を。

地域のおつきあい

出席者の近況報告
高校クラス会

1分30秒

旧姓・中村美津子です。5年ごとに行われるクラス会ですが、今までは子どもが小さくて家をあけにくく、参加できませんでした。

実は、さっきまで、皆さんにお会いするのが楽しみな気持ちと、久しぶりに参加することへの気後（きおく）れが半々だったのです。ところが、いざ会場に入ると、気後れなどはどこへやら、ワーワーキャーキャーと再会を喜び合ってしまいました。一瞬のうちにタイムスリップして昔に戻れるのが、クラス会のよさですね。上の娘が高校生になりまして、自分自身の高校時代を思い出すことも多くなりました。今どきの女子高生は、とあきれてみたり、本質的なことはあまり変わっていないのね、と安心してみたり。でも、私たちの時代よりSNSばかりしていることは確実ですね。おっと、教育ママのような発言はやめにして、今日は現役高校生に戻った気分で楽しませていただきます。

POINT 自分の子どもが当時と同じ年齢になっているなら、昔と今を対比させて語るのも一つの方法です。

地域のおつきあい

幹事の始めのあいさつ
短大クラス会

1分30秒

皆さん、お久しぶりです。地元に住んでいて、シングルでフットワークもよさそうという単純な理由で幹事を仰せつかった室井です。

卒業後しばらくはクラス会を開いていた私たちですが、仕事が忙しくなったり赤ちゃんが生まれたりで間遠（まどお）になり、今回は実に10年ぶりの開催です。個人的にだれかにお会いすることがあると、「クラス会したいね」という話にはなるのですが、だれ一人音頭（おんど）をとるために腰を上げようとしないというところが、わがクラスらしいところでしょうね。

実は、今回久々に集まろうということになったのは、恩師の富田先生が、来年喜寿をお迎えになるからです。在学中たいへんお世話になった先生には、お祝いの席を設けるなり、プレゼントを贈るなり、何かの形でお祝いをしたいと思います。そのためのご相談を兼ねて、今回お声をかけました。のちほど、皆様からのご意見を聞かせてくださいね。

POINT 話し合いのテーマがある場合は、冒頭のあいさつで予告し、出席者に考える時間を与えることです。

地域のおつきあい

幹事の始めのあいさつ
大学ゼミOB会

1分30秒

○○大学経済学部加藤ゼミご出身の皆様、本日はご多用のところ、このように多数お集まりくださいまして、まことにありがとうございました。今回幹事を務めます、昭和＊年卒業の坂上です。

実は私は、同じ加藤ゼミに在籍した女房と結婚いたしまして、仲人も加藤先生にお願いしました。このお正月に先生のお宅へお年始に伺いました折、先生がゼミの卒業生の活躍をとてもうれしそうにお話しになるのを伺い、このOB会を思い立ったしだいでございます。同じ大学、同じ学部、同じゼミに学んだということは、若き日の志も夢も、加藤先生への尊敬の念も共有しているということです。このすばらしきご縁ときずなをあらためて感じながら、世代を超えた親交を深めていただければ、幹事としてこの上ない幸せに存じます。

それでは加藤先生、ごあいさつと乾杯のご発声をお願いいたします。

POINT 単なる同窓会から一歩踏み込んだゼミやサークルの集まりでは、価値観や多くの時間、苦楽の共有をテーマに話します。

地域の選挙

支援者の応援のあいさつ①
立候補者激励会

1分30秒

このたび市議会議員に立候補した細谷武則君の高校時代の友人で、藤川と申します。

細谷君は、高校在学中に受けた生物の授業をきっかけに、自然保護運動にかかわるようになりました。以来、市民運動家として、地道な活動を続けてきたわけでございます。

ご存じのように、選挙には「地盤」という土地の縁、「看板」という既存の政治家との縁、「かばん」という資金、3つの「バン」が不可欠とされています。自慢ではありませんが、細谷君は一つも持ち合わせてはおりません。しかし皆さん、3つのバンを持っている政治家たちは、何をしてくれましたか。政治にはお金がかかるんだと、市民不在の癒着(ゆちゃく)した利権政治がはびこったのではありませんか。われらが細谷君には、3つの「バン」がない分、いち「バン」市民に目を向けた政治家になることを期待しております。

POINT 「地盤・看板・かばん」の話を逆手にとり、それらがない候補者だからこそ清貧な政治ができると訴えます。

地域の選挙

支援者の応援のあいさつ②
立候補者激励会

1分30秒

今回の選挙戦、当初は当選圏内と予想されていたわれらが浜口候補は、若い新人候補者の追い上げを受け、苦戦を強いられています。

最近の選挙では、第一に問題になるのが候補者の年齢だといいます。40歳以下、さらに新人で政党色のない人ほど有利とされているのです。私もこの市民感情は理解できます。しかしながら皆さん。経験のないことは、選挙では有利に働くかもしれませんが、当選後4年の長きにわたる政治という実務においてはいかがなものでありましょうか。質問にも立てない、法案も作れない政治家に、いったい何ができるというのでしょうか。

市会議員での2期の実績と努力が認められ、党公認の県議会議員候補として推薦(すいせん)を受けた浜口君なら、当選の翌日から実行力を発揮(はっき)できます。彼の経験と実績、卓越(たくえつ)した手腕を、県政の場でも生かすため、どうか皆様のお力をお貸しください。

POINT 再選あるいは政治経験豊富な候補者の場合は、実際の政治の場での実績や手腕がアピールのポイントになります。

地域の選挙

支援者の応援のあいさつ③
立候補者激励会

1分30秒

区議会議員に立候補した岡田秀子さんの応援のため、長年の友人として駆けつけました。

岡田さんは、さっぱりした気性で、男女を問わず人気者でした。さらに、中学、高校とも生徒会長を務めるなど、当時からあざやかなリーダーシップを発揮していました。ですから、結婚して専業主婦になったと知ったときは、少し意外な感じがしたものです。でも、話を伺えば、当時は、ご主人、そしてお子さんのために最善を尽くすときと心に定め、家庭を最優先にしたとのこと。これもまた、岡田さんらしい潔い決断だと思ったものです。

ご家族に安全な食品をと模索する活動をへて、今回の立候補につながったのは、女性として、母親として、そしてすぐれたリーダーシップを持つ者としての自然な道なのだと思います。彼女の、生活者としての視点と若さ、そしてエネルギーは、必ず区政に新風を吹き込んでくれることでしょう。

POINT 候補者の人となりや学生時代のエピソードを紹介し、そういう彼女だから政治の場でも活躍できると結びます。

地域の選挙

支援者の応援のあいさつ④
立候補者激励会

1分30秒

野口候補は、昨年、志半ばにして急逝したお父上の遺志を継ぐべく、銀行員からの転身という大きな決断をして、このたび立候補いたしました。世襲政治に風当たりの強い昨今です。また、野口候補の32歳という若さを危惧する声があるのも承知しております。しかし、私はあえて声を大にして言いたい。二世議員も若輩も大いにけっこうなことです。

彼は、県民のために働く誇りも、議員としての苦労も、肌で感じて育ちました。言いかえれば、野口候補には、32年間の政治経験があるのです。元アメリカ大統領のクリントン氏が州知事に当選したのが32歳、現在の＊＊市の○○市長が初当選したのが31歳、若さは決してマイナスではないこともご理解いただけるでしょう。

混迷の選挙戦もあと10日。野口候補もあと一歩のところまで来ております。どうか皆様の1票で野口たけしを県政に送ってください。

POINT 弱点や批判の対象とされる点について、論理的に擁護しながら、候補者の魅力と適性を語ります。

地域の選挙

候補者本人のあいさつ①
立候補者激励会

1分30秒

このたびの市議会議員選挙に無所属で立候補いたしました福島卓也です。本日はお忙しい中、また猛暑の中を、このように大勢の方にお集まりいただき、まことにありがとうございました。また、ただ今は、ご支援くださる皆様から、過分(かぶん)なお言葉と、あたたかい励ましを受け、たいへん感激しております。皆様のご期待にこたえるよう、なんとしてもこの選挙戦を勝ち抜かねばとの決意を新たにしたところでございます。

私は、市民の暮らしに密着した立場、市民のほうを向いた視線で、7つの公約を掲(かか)げています。この若さと活力を武器に、七人の侍ならぬ7つの公約を引っ提げて、膠着(こうちゃく)した現在の市政に切り込み、必ずや、新しい風を起こし、新しい芽を出させることを誓います。苦戦が伝えられるこの選挙戦、どうか皆様のお力を、この福島卓也に与えてください。どうぞよろしくお願いいたします。

POINT 無所属で立候補する場合は、市民の立場で、市民のために力を尽くすことを主体に訴えます。

地域の選挙

候補者本人のあいさつ②
立候補者激励会

1分30秒

皆さん、こんにちは。このたび、市議会議員選挙に○○党の推薦を受けて立候補いたしました土井雅代でございます。知名度もない私のため、このように多数の方が駆けつけてくださり、たいへん感激しております。私はこの土地で生まれ育ち、また家庭を持って、3人の子を育てている母親です。そして、ホームヘルパー、ケアマネージャーといった福祉の現場の仕事をへて、現在の社会福祉団体活動に携わるようになりました。

現在、どんな信条を持つ候補者でも、お約束のように公約に「社会福祉」の言葉を入れています。しかし、社会福祉の問題の改善を約束する候補者のうち、いったいどれほどが現場の実情をご存じなのでしょうか。私は、飾り物ではない本物の福祉を身をもって知っています。皆さんや家族の未来のため、ほんとうの意味での福祉の改善のため、私が政治の場で働くチャンスをどうかお与えください。

POINT 自分に専門分野、得意分野があるときは、政治の場での必要性、重要性を示しながら、自分の実績と力をアピールします。

地域の選挙

候補者の妻のあいさつ①
立候補者激励会

1分30秒

大沢信人の妻、大沢由起子でございます。本日は、皆様お忙しいところ、大沢のためにお集まりいただき、ほんとうにありがとうございます。また、先ほどより、あたたかい励ましのお言葉をちょうだいし、大きな力を得たような喜びを感じております。

大沢の立候補の決意を聞いたとき、実は「やっぱり」と思いました。大沢は以前から、現状の県政に不満を抱いておりましたし、自分ならどうするかというビジョンもきちんと持っている人間だったからです。私が申し上げるのもはばかられますが、大沢の誠実さと行動力は、皆様の信頼を裏切ることはありません。大沢は、県民の皆様のよりよい暮らしのため、身を粉にして働く覚悟を固めております。私も、微力ながら、大沢を支えてまいります。

苦戦を強いられ、後援会の皆様にはたいへんご苦労をおかけいたしますが、どうぞよろしくお願いいたします。

POINT 身内だからと、候補者を謙遜するような表現は、選挙の場合はふさわしくありません。嫌みのない程度にPRを。

地域の選挙

候補者の妻のあいさつ②
立候補者激励会

1分30秒

石田祥介の妻で、美智江と申します。

政治家を父に持つ石田でございますが、結婚するときには「おやじの苦労が痛いほどわかるだけに、政治家にはなりたくない」と申しておりました。ですから、私は、サラリーマン・石田祥介と結婚したつもりでおりました。

それが、義父の突然の他界を受けてのこととはいえ、石田に立候補の話が持ち上がり、私にとっては、まさしく青天のへきれきでございました。

いわゆる「弔い選挙」ということになるのでしょうが、実は、私はそのようにはとらえてはおりません。一度はサラリーマンの道を選んだ石田が、小さいころから見てきた政治家の苦労を自分の身に背負ってでも成し遂げたい県政への志により、立候補を決意したのだと考えております。

どうか、石田の熱い思いに、皆様のお心を添え、県政の場へ送り出してやってください。

POINT 「亡き父の遺志を」という弔い選挙のスローガンは、ほかの支援者が語るはず。妻は本人寄りの立場であいさつを。

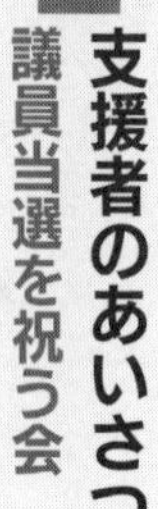

地域の選挙

支援者のあいさつ① 議員当選を祝う会

1分30秒

岡野さん、見事なご当選、まことにおめでとうございます。

この選挙区はほかに類を見ない激戦が予想されていました。その中に、経験も組織もない一人の新人として立候補なさった岡野さんのご苦労は、想像に余りあるものがあります。しかし、その戦いを立派に勝ち抜かれ、当選なさった喜びは、筆舌に尽くしがたいものでございましょう。奥様の運動中の熱心なご支援も、胸が打たれるほどのものがございました。現在のお喜びも、さぞやと拝察（はいさつ）するしだいでございます。奥さん、おめでとうございます。

これまで、青年実業家として第一線でご活躍を続けていた岡野さんが、これからは若葉マークの1年生として、政治の世界に入っていくわけです。しかし、1年生といっても岡野さんには、どの世界にも通用するであろう社会的な実績と経験があります。どうかご健康に留意され、ますますご活躍ください。

POINT 本人と家族へのお祝い→現在の心境を思いやる言葉→一層の活躍を期待する言葉と展開させるのが基本です。

地域の選挙

支援者のあいさつ② 議員当選を祝う会

1分30秒

後援会を代表いたしまして、ひと言ごあいさつを申し上げます。佐藤政之さん、奥様の紀子さん、またご家族の皆様、このたびはご当選おめでとうございます。新人にしてトップ当選とは、実は、後援会も想像しなかった大快挙（かいきょ）です。

皆様ご存じのように、告示直後では佐藤不利が伝えられておりました。それが、佐藤さんの学生時代のご友人の中野さんたちが中心になって、勝手連（かってれん）的な運動を展開してくださり、支援の輪が、驚くほど短期間のうちに広がったわけです。中野さんたちの明るさと団結力がなければ、今日の栄冠は勝ちとれなかったことでしょう。また、友人が自発的に支援活動をしてくれることで、佐藤さんの人柄のよさ、人望の厚さを、私としてもあらためて知ったしだいです。

しかし、今日はゴールではなくスタートの日です。佐藤さん、期待していますよ。

POINT 支援活動で特にお世話になった方へのお礼なども盛り込んで、総合的な運動の成功を喜び合います。

地域の選挙

当選者本人のあいさつ
議員当選を祝う会

1分30秒

皆様のあたたかい、そして熱いご支援のおかげで、当選を果たすことができました。ほんとうにありがとうございます。

現在は、大きな喜びとともに、これからの責任の重さを痛感しているところです。

今回、新人で無名というハンディも顧(かえり)みず立候補いたしましたのは、ひとえに「政治は一部の特権階級だけのものではない」という思いからでした。政治、とりわけ地方政治においては、常に市民の立場から、市民生活の改善と向上に努めることが、議員の最大の任務だと私は考えております。

これから、政治家として物事を考えるわけですが、私は決して市民としての自分を忘れず職務にあたることを、ここであらためて誓います。とは申しても、もしかするといい気になって自分の立場を見失うこともあるかもしれません。皆様には、これからも叱(しっ)咤(た)激励とご指導をよろしくお願いいたします。

POINT 喜びと責任が半ばする心境を述べ、今後一層の指導を願う言葉で、謙虚に結びます。

地域の選挙

当選者の妻のあいさつ
議員当選を祝う会

1分30秒

皆様、このたびは、絶大なるご支援まことにありがとうございました。

支援者の皆様のお力で、橋本隆一、なんとか当選させていただくことができました。これまでの皆様の献身的な運動には、ただただ頭の下がる思いでいっぱいでございます。

特に、私とともに活動してくださいました婦人部の皆様とは、短い期間のうちに強いきずなが芽生えたように思います。実は、当選を知りましたときには、主人より先に、婦人部の方々と抱き合って喜んでしまったほどでございます。

今後は、皆様のご期待にそえるよう、また、このたびのお力添えに報(むく)いることができるよう、主人ともども、精いっぱい努力してまいる所存です。皆様には、どうか引き続きあたたかいご支援、ご指導のほどをよろしくお願いいたします。

皆様、ほんとうにありがとうございました。

POINT 妻という立場からは政治・信条については言及せず、支援者へのお礼と今後の指導を願う言葉に終始させるのが好印象です。

地域の選挙

後援会長のあいさつ
選挙落選を慰める会

1分30秒

皆さん、このたびの選挙戦においては、連日のご奮闘（ふんとう）、まことにお疲れさまでした。畠山候補者をはじめ、皆さんのご努力が実を結ぶに至らなかったことはまことに残念です。

しかしながら、前回獲得した票の2倍近くに達する大善戦（ぜんせん）でした。また、正々堂々とした選挙戦を貫（つらぬ）いてきたうえでの結果ですから、胸を張って健闘（けんとう）をたたえるべきだと思います。

春を告げる福寿草（ふくじゅそう）は、厳しい寒さと積もった雪の下で、顔をのぞかせたらすぐに花を咲かせられるように準備をととのえているといいます。厳しい冬の季節が、春の花を育てているのです。

畠山さん。打ちひしがれたり、落ち込んでいたりする暇はありません。いずれめぐりくる季節のために、今日からまた、あなたの花を咲かせるように種まきをしましょう。もちろん、私どもも喜んでお手伝いさせていただきます。

POINT 落選の惨めさと落胆は、言葉にしなくてもわかっています。敗因の分析などはやめ、将来に向けて前向きなあいさつを。

地域の選挙

候補者本人のあいさつ
選挙落選を慰める会

1分30秒

私の力及ばず、まことに残念な結果となりました。後援会の皆さん、ボランティアの方々、お疲れさまでした。皆様から寄せられたあたたかい応援や励まし、そして連日夜を徹しての選挙運動にあらためて御礼（おんれい）を申し上げるとともに、ひとえに私の力不足により、ご支援にこたえることができなかったことを、心よりおわび申し上げます。

確かに、今回の落選は、私にとりましては、耐えがたい悔しさがございます。しかし、これも未熟な私に与えられた試練と思っております。

敗れたりとはいえ、ごらんのとおり、加藤彰一は健在（けんざい）でございます。明日からといわず、今日から、雄飛（ゆうひ）の日を目ざして、新たな努力と運動を始めていきたいと存じます。

次回は、必ずや皆様のご期待にそえるよう、がんばります。どうか、今後とも変わらぬご指導、ご支援をよろしくお願いいたします。

POINT 敗因についてふれると言い訳がましくなるので、選挙中のお礼と、今後も変わらぬ支援のお願いを主体にします。

お見舞いのあいさつのポイント

病気見舞いは相手の気持ちになって

病気見舞いは、直接病院や自宅に出向くことがベストとは限りません。病状によっては、お見舞いを受けるのがおっくうだったり、やつれた顔を見られたくないという気持ちもあるでしょう。一方、回復期や病状が安定しているときは、親しい人のお見舞いを心待ちにする場合もあります。事前に家族などに病状や本人の心持ちを尋ねましょう。

お見舞いのときに伝えたいのは、相手を思いやるいたわりと、一日も早い回復を祈る言葉、そして闘病を支える家族へのねぎらいです。病状をあれこれせんさくしたり、「○○が効くらしい」などの知ったかぶりは禁物です。

電話でのあいさつも、相手の手を止めさせることになるので、できれば控えたいものです。

災害見舞いは手伝いを申し出て

災害見舞いでは、被害が大きい場合、相手は落胆も大きく、また復旧作業のために忙しい状態にあります。お見舞いのあいさつで、いたわりや励ましの言葉をかけるのはもちろんですが、復旧への手伝いを申し出るなど、むしろ「実用性」のある言葉を主体にするほうがよい場合もあります。

いずれにせよ、相手はお見舞いを受ける気持ちの余裕がないことも多いので、長々としたあいさつはタブーです。

全快祝いは激励の表現にひと工夫を

全快祝いのあいさつでは、回復を祝い、看病にあたった家族をねぎらう言葉を主体にし、再起への激励と養生を気遣う言葉で結びます。

再起への激励は「早く元どおりに」、養生を気遣うのは「無理せずに」というように、激励といたわりをうまく使い分けましょう。また、相手の性格や状態、今後の見通しなどから判断して、表現を工夫しましょう。

すぐに役立つ
とっさのひとこと

心に届くお見舞いのフレーズ

《入院見舞い・お礼》

◆突然のご入院でびっくりしましたが、おかげんはいかがですか？
◆こちらは、心ばかりのお見舞いです。
◆少しでもお慰めになればとお持ちしました。
◆お食事の制限がないと伺いましたので、よろしければ召し上がってください。
◆（現金の場合）ご必要なものがわかりませんでしたので、失礼とは存じますが、お納めください。
◆（現金の場合）気持ちばかりでございますが、どうぞお納めください。
◆元気そうなお顔を拝見してほっとしました。
◆経過は順調と伺いまして、安心しました。
◆このところ、お忙しすぎたから、少し夏休みをとりなさいということかもしれませんね。
◆一日も早いご回復をお祈りしております。
◆会社のみんなも、寂しがっていますよ。
◆お忙しいところ、ごていねいにお見舞いいただき、ありがとうございます。
◆急なことで職場の皆さんにはご迷惑をおかけしてしまい、ほんとうに申しわけありません。
◆あなたの顔を見たら、少し元気が出ました。

《災害見舞い・お礼》

◆このたびは、とんだことになりましたね。
◆お知らせを聞いて驚きましたが、ご家族の皆様がご無事でなによりでした。
◆お手伝いできることがありましたら、なんなりとお申しつけください。
◆ご心配ありがとうございます。お心にかけていただき、うれしく思っております。
◆おかげさまで大きな被害には至りませんでしたので、どうぞご安心ください。

お見舞い

病気見舞い
上司の入院（見舞い客⇕患者）

1分30秒

見舞い客　お邪魔します。課長、おかげんはいかがですか。

患者　おお、忙しいところ悪いね。おかげで、手術は成功したし、昨日から食事も普通にとれるようになっているんだ。まあ、順調だと思うよ。

見舞い客　そうですか。それはよかった。顔色もよろしいようですね。

患者　そうかい。ありがとう。急な入院で迷惑をかけてしまったが、仕事のほうは、うまく進んでいるかね。

見舞い客　ええ。課長がいらっしゃらないと、もちろん支障はありますが、なんとか皆で手分けしています。頼る相手がいないので、皆、ちょっと心もとない気持ちですが。でも、とりあえずは仕事のことはご心配なさらず、療養を第一に考えてください。

患者　ありがとう。なるべく早く復帰できるように養生するよ。

POINT　「いなくても仕事に支障はない」では、相手もがっかりするものです。困っているが、今は療養優先で、とします。

お見舞い

病気見舞い
上司の入院（見舞い客⇕患者の家族）

1分30秒

見舞い客　○○株式会社総務部の大森です。部長のお見舞いに伺ったのですが。

患者の家族　お忙しいところわざわざありがとうございます。せっかく来ていただいたのですが、今は集中治療室に入っておりまして、家族以外は面会できないのです。

見舞い客　いえ。とにかく心配で駆けつけましたので、とりあえずご様子だけでも伺えればと思いまして。

患者の家族　ご心配をおかけして申しわけありません。おかげさまで手術は無事にすみまして、命に別状はないとのことです。あとは意識が回復すればというところなのですが。

見舞い客　そうですか。それを伺って少しだけ安心しました。こちらは、総務部一同からのお見舞いです。どうかお納めください。

奥様もずっとお付き添いになっていてお疲れでしょう。どうぞお体にお気をつけになってください。

POINT　本人に会えないときは、家族などにお見舞いの意を伝えます。看病に当たる人へのねぎらいも忘れずに。

病気見舞い
同僚の入院（見舞い客⇕患者）
1分30秒

見舞い客　こんにちは。起きてた？
患者　わざわざ来てくれたの？　悪いね。急にこんなことになって、職場のみんなに迷惑をかけちゃったね。
見舞い客　ああ。メールでも少し知らせたけど、君の抜けた穴は大きくて、みんなフォローするのがたいへんだよ。というのは冗談。課長の指示で、分担して取引先を回るようにしているから大丈夫だよ。
患者　すまないな。
見舞い客　気にすることないよ。みんないつ病気になるかわからないんだから、お互いさまだよ。
患者　幸い順調に回復しているみたいで、来週末には退院できると思うんだ。復帰したら、今までの分をとり戻すようにがんばるから。
見舞い客　がんばりすぎてこんなことになったんじゃないのか？　今は、とにかく静養に努めることが大切だよ。お大事にね。

POINT　同僚という立場なら、軽い冗談をまじえながら、相手の気持ちを引き立てるように励まします。

お見舞い

病気見舞い
後輩の入院（見舞い客⇕患者）
1分30秒

見舞い客　こんばんは。おかげんはいかがですか。
患者　あ、大山さん。来てくださったんですか。遠いのに申しわけありません。
見舞い客　そろそろ病状も落ち着いたと伺ったので。元気そうなので安心したわ。
患者　そうなんです。もう痛みもなくなったんですが、とにかく固定しておかなくてはならないので、身動きができないのがけっこうつらいですね。
見舞い客　そう思って、軽く読める本を少し持ってきたの。退屈しのぎといっては失礼だけど。
患者　ありがとうございます。さすが先輩、何よりのお見舞いです。ところで、仕事のほうはどうですか。ご迷惑をかけて申しわけありません。
見舞い客　あなたが日ごろがんばっていたのが、よくわかったわ。早く戻ってきてくれないと、業務が滞っちゃうし、職場も寂しいわよ。
患者　ありがとうございます。

POINT　回復期にある人へは、話し相手として見舞うという意味も。こういうケースでは早期復帰を促すのもいいでしょう。

お見舞い

病気見舞い
親せきの入院（見舞い客⇔患者）

1分30秒

見舞い客　こんにちは。その後いかがですか。

患者　ああ、わざわざありがとう。突然の入院で、驚かせてしまったようだね。でも、おかげさまで、経過は順調です。今月いっぱいで退院できそうなんだよ。

見舞い客　今までお仕事がお忙しかったから。骨休めの機会を与えてもらったと思って、きちんと治療なさったほうがいいですよ。

患者　そのとおりですね。でも、どうも生来のせっかちというか貧乏性（びんぼうしょう）というか、黙って寝ているのがつらくてつらくて。

見舞い客　叔父様は働き者ですからねぇ。でも、退院のめどもついたことですし、それまではせめてゆっくり養生なさってください。叔母様が、ずっとお付き添いになっていらしたとか。お疲れが出ませんように、くれぐれもお体を大事になさるよう、お伝えくださいね。

POINT　「この機会にゆっくり体を休めて（全部検査してもらって／少し遅い夏休みと思って）」などと相手をいたわります。

なるほど！column

入院見舞いのマナー

お祝いの金品を贈る場合、目上の人に現金を渡すのは失礼といわれますが、お見舞いの場合は、現金はオールマイティーで、だれに対して贈っても失礼にはあたりません。品物の場合は、水がえの手間が要らないフラワーアレンジメントや制限されていない食品類が無難です。

お見舞いに伺う側は、次の点に気をつけましょう。

●**見舞いに行ってもいいかどうかをあらかじめ家族に確認する**

●**事前に面会時間を確認する**

時間外の面会は、病室以外の場所で行う決まりの病院も多いため、病状によっては患者に負担をかけたり、会えなかったりする場合もあります。

●**大勢で行かない**

●**騒がしくしない**

●**患者の家族以外の幼い子どもは連れて行かない**

●**短時間で切り上げる**

お見舞い

事故見舞い 上司の入院（見舞い客⇔患者）

1分30秒

見舞い客　このたびはとんだご災難に遭われましたね。おけがのぐあいはいかがでしょうか。

患者　おお、わざわざすまないね。けっこう大きな事故だったんだが、シートベルトとエアバッグのおかげで、比較的けがが軽くすんだと言われたよ。

見舞い客　それはよかったですね。課長が事故に遭われたと伺ったときは動転しましたが、お顔を見て安心しました。車のほうはどうだったんですか？

患者　全損だよ。保険の扱いをどうしようか思案中というところさ。

見舞い客　そうなんですか。保険会社との連絡など、私にできることがありましたら、なんなりとお申しつけください。

患者　ありがとう。今は、特に不都合はないが、何かあったらお願いすることにしよう。仕事のほうも、いろいろ迷惑をかけて悪いが、部長の指示を受けてよろしく頼むよ。

POINT　場合によっては「できることはないか？」と申し出ると、心のこもったお見舞いのあいさつになります。

お見舞い

事故見舞い 取引先の入院（見舞い客⇔患者）

1分30秒

見舞い客　○○社の近藤でございます。昨日になってご入院を初めて知りまして。お見舞いが遅くなって申しわけありません。

患者　いえいえ。わざわざ恐縮です。おおげさにしたくなかったので、社外秘にしていたんですよ。

見舞い客　最近、御社に伺ってもいつも課長のお姿が見えないので、どうなさったのかなとは思っていたんです。

患者　いやぁ、素知らぬふりをして復帰しようと思っていたのですが、思いのほか治りが悪くてね。年のせいか、骨のくっつくのが遅いんだそうですよ。

見舞い客　いえいえ、年だなんて。でも、きちんと完治してから退院なさったほうがのちのち安心でしょうから、ここはご療養第一にお考えください。

　こちらは、当社からの心ばかりのお見舞いです。支店長からも、一日も早いご回復をお祈りしておりますとのことでした。

POINT　お見舞いが遅れてしまった場合は「知ってからすぐに駆けつけたのだが」という点を強調します。

お見舞い

事故見舞い
業務上の事故（見舞い客⇔患者の妻）

1分30秒

見舞い客　○○社の工場長の大塚でございます。奥様でいらっしゃいますか。このたびは、松坂君がたいへんなことになりまして。

患者の妻　いつも松坂がお世話になっております。わざわざ恐れ入ります。

見舞い客　その後経過はいかがでしょうか。

患者の妻　落下したときに頭を打ったそうですが、今のところ脳波には異常はないようです。意識が回復しさえすれば心配ないと、お医者様には言われております。

見舞い客　それを伺って少し気が楽になりました。ただいま事故の原因を調査中で、なんとも申し上げようもないのですが、勤務時間内の事故ということで、こちらとしても誠意ある対応をさせていただきますので、どうか今は治療に専念してください。

患者の妻　はい、わかりました。いろいろお世話になりますが、どうぞよろしくお願いいたします。

POINT　事故原因が特定できないうちは、見舞う側は謝罪や弁明を、見舞いを受ける側からは批判を行わずに対応します。

お見舞い

介護見舞い
自宅で長期介護中（見舞い客⇔介護者）

1分30秒

見舞い客（嫁）　最近お母様のぐあいはいかがですか。

介護者（義姉）　気候がよくなったせいか、少し調子も上向いてきたように思うわ。食欲も一時にくらべたら出てきましたし。

見舞い客　顔色もよく、少しふっくらなさったようですものね。いつもお姉様にばかりお世話をかけ、ほんとうに心苦しく思っています。お姉様が、手間をいとわずお食事の世話などをしてくださるから、お母様も食が進まれるのだと思いますわ。

お母様がお好きないちごを持ってまいりましたので、皆さんで召し上がってください。それから、これはお姉様に。お似合いになりそうな色を見つけたものですから。

介護者　まあ、私にまでお心づかいありがとう。

見舞い客　いえ。ふだん何もできませんので、せめてものお礼のしるしにと思いまして。お姉様もどうかお体に気をつけてくださいね。

POINT　自宅療養の場合は、介護に当たる人へのねぎらいを主体に。お見舞い品のほか、介護者へのお礼の品も持参したいものです。

お見舞い

火災見舞い

半焼（見舞い客⇔被災者）

1分30秒

見舞い客　このたびは、たいへんなことでございました。ご心痛のほど、お察しいたします。

被災者　ごていねいにお見舞いをいただき、ありがとうございます。ごらんのように、しばらくは業務を停止しなければならない状態で、ご迷惑をおかけいたします。

見舞い客　それはしかたのないことです。ところで、従業員の方などにご被害はなかったのですか？

被災者　はい。幸い夜間のことでしたので、宿直の者しかおらず、早めに避難できましたので。

見舞い客　不幸中の幸いと申し上げては失礼かもしれませんが、それはなによりでした。あと片づけなど、しばらくはご繁忙（はんぼう）だと思います。よろしければ、私どもからも何人かお手伝いの者をさし向けたいと存じますが。

被災者　ご配慮ありがとうございます。当座は当方（とうほう）だけで大丈夫だと思いますので。

POINT　見舞う側は、建物の被害、人的な被害の両方を気遣い、必要に応じて、あと片づけの手伝いなどの援助を申し出ます。

お見舞い

火災見舞い

類焼（見舞い客⇔被災者）

1分30秒

見舞い客　このたびはとんだご災難でしたね。おけがはありませんか。

被災者　お見舞いありがとうございます。おかげさまで家族全員無事です。ごらんのように、建物の損傷はたいしたことはないのですが、放水作業で、家の中が水浸しになってしまいましてね。

見舞い客　そうですか。いや、これは相当な被害ですね。寝具や衣類も、かなりぬれてしまったんでしょう。よろしければ、寝具などお持ちしますが。

被災者　ありがとうございます。貸し布団（ふとん）を手配いたしましたので、ご心配には及びません。

見舞い客　それでは、お子さんの衣類など少々見つくろってまいりましょう。困ったときはお互いさま、どうぞご遠慮なさらずに。

被災者　そうですか。では、お言葉に甘えて、子どものものだけお願いしましょうかね。お心づかい、ほんとうにありがとうございます。

POINT　子どもや高齢者を預かる、買い物の代行など、手助けはなるべく具体的に申し出るほうが、相手も応じやすいものです。

お見舞い

火災見舞い
失火（見舞い客⇔被災者）

1分30秒

見舞い客　たいへんなことになりましたね。さぞお力落としのことでしょう。
被災者　ふだんから気をつけてはいたつもりなのですが、思いもかけない火の不始末からこんなことになってしまいまして。ご近所にも、類焼（るいしょう）のご心配をおかけしてしまい、合わせる顔もありません。
見舞い客　風も強かったですからね。でも、結果的に類焼はなかったんですし、すんだことをくよくよするより、これからのことをお考えになるほうが大事ですよ。どうか元気を出してください。
被災者　ありがとうございます。しかし、そうはいっても何から手をつけていいのか途方に暮れている状態でして……。今まで築き上げてきたものを一夜にして失ってしまいました。
見舞い客　お気持ちはわかりますが、ご家族の無事がなによりですよ。お力になれることがあったら、遠慮なくおっしゃってください。

POINT　落胆が激しいときは、相手の気持ちに寄り添いながらも、なるべく救いになる点をあげて、気持ちを引き立たせます。

お見舞い

地震見舞い
自宅で被災（見舞い客⇔被災者）

1分30秒

見舞い客　居ても立ってもいられず、お見舞いに伺いました。どうですか、ご被害の様子は。どなたもおけがはありませんでしたか。
被災者　母が、倒れたタンスの下敷きになりまして病院に行きましたが、幸い骨折はしていないようでした。あとの者は無事です。
見舞い客　お母様もたいへんな目に遭（あ）われましたね。でも、大事（だいじ）に至らずよかったです。あと片づけでお忙しいことと思いまして、とりあえず昼食をお持ちしました。皆さんで召し上がってください。
被災者　ありがとうございます。ガスは止まっているし、近所の食料品店も閉まっていますので、遠方まで買い出しに行かなくてはと思っていたところでした。とても助かります。
見舞い客　あと片づけもたいへんでしょう。明日の土曜日は、朝から主人と息子が手伝いに来ると申しております。力仕事は、どうぞお任せください。

POINT　高齢者の世帯が被害を受けたときは、あと片づけの作業もままなりません。被災者の状況に応じた手伝いの申し出を。

退院祝い 上司へのあいさつ

1分30秒

小島課長、ご退院ほんとうにおめでとうございます。企画課一同、課長のご退院を、今か今かと待ち望んでおりました。

「人生何が起こるかわからない」と申しますが、ふだん人一倍エネルギッシュな仕事ぶりを見せていらっしゃった課長が、突然ご入院と伺い、ほんとうに驚いたものです。思いがけず長期のご入院となり、課長ご自身も切歯扼腕の思いだったことと存じます。当初は、右手に軽いマヒが残るかもしれないと伺い、心配していましたが、課長持ち前のがんばりでリハビリに当たられ、ほぼ元どおりに回復なさったそうですね。私どもも、胸をなでおろすと同時に、課長の精神力にあらためて感銘を受けたしだいです。

小島課長あっての企画課です。しばらくは、ご無理なさらずに、さらに体調に万全を期され、また私どものリーダーとしてこの企画課を牽引してくださることを願っています。

POINT 療養やリハビリには本人の努力も必要です。退院を心から喜ぶ言葉とともに、本人のがんばりをたたえましょう。

病気回復の
お祝い

退院祝い 社長へのあいさつ

1分30秒

社長、ご退院まことにおめでとうございます。

社長のご病気を伺い、手術が必要と知ったときには、社員一同大きな心配と不安にかられました。もちろん、社長ご自身のご心中は察するに余りありますし、年度末という時期に現場を離れることも、さぞ無念であったことと思います。

しかし、幸いなことに手術も無事成功し、その後も順調に推移して、当初の予定よりも早く退院の日を迎えられ、ほんとうに喜びに堪えません。

社長ご本人はもとより、ご看病に当たられた奥様やご家族の皆様も、さぞご安心なさったことと思います。今日からは、どうかゆっくりお体をお休めになってください。

退院早々ですから、ご負担はかけられません。しかし、やはり社長には、第一線で陣頭指揮をおとりいただき、社内の士気を高めてほしいと存じます。一日も早いご復帰を願い、ごあいさつといたします。

POINT 退院後の健康を気遣いながらも、一日も早い復帰を願う言葉で、トップへの尊敬と信頼を示します。

病気回復のお祝い

全快祝い 同僚へのあいさつ

1分30秒

伊藤君、全快おめでとうございます。顔色もいいようで、安心しました。

きちょうめんで熱心な伊藤君の仕事ぶりには、ふだんから一目おいておりましたが、そのきまじめさが、知らぬ間にストレスとなっていたのだろうなと拝察しています。私と違って、ふだんあまり愚痴を言わない君だから、いろいろ抱え込んでしまったのかなとも思っています。しかし、とにかく無事に回復してなによりでした。

伊藤さんと私は同い年なので、あえて失礼を承知で申し上げますが、お互い、もう無理はきかない年齢になっているのです。どうかこれからは、自分の健康を過信するのはやめ、体をいたわってあげてください。

ともあれ、また一緒に同じ職場で働けることになって、ほんとうにうれしいです。しばらくはあまり無理せずに、体を慣らしていってください。

POINT ストレスが原因と思われる病気に対しては、発病前の心労を思いやり、今後の気持ちの切りかえをすすめます。

病気回復のお祝い

全快祝い 上司へのあいさつ

1分30秒

原田工場長、全快おめでとうございます。私ども、工場長が職場に戻ってきてくださるこの日を、待ち望んでおりました。

工場長は、日ごろから部下の面倒見がとてもよく、係の者がお尋ねすると、どれどれと気さくに自分で作業してみせてくださる方です。あの日も、私に来客があり、私の仕事をかわってくださったために、工場長が事故に遭ってしまいました。本来ならば私が、と思いますと、ただただ申しわけなく、ご家族にもなんとおわびすればよいかと思っておりました。ご入院先にお見舞いに伺った折も、ご自分のことより私の無事を喜んでくださり、ほんとうに恐縮いたしました。

どうぞこれからは、細かいことは私どもにお任せいただき、工場長は私どもを指揮することに専念してください。全快をお祝いするとともにお願い申し上げます。

POINT 直接原因ではないにしろ、自分が関係した事故の場合は、ことのほか心配なもの。恐縮と全快への安堵の気持ちを語ります。

病気回復のお祝い

全快祝いの会
主催者の祝辞

1分30秒

内田さん、全快おめでとうございます。内田さんが交通事故に遭ってご入院なさったと伺いましたときは、ほんとうに驚きました。

一時は容体も危ぶまれたものの、その後、持ち前の強靭な体力と、奥様をはじめご家族の献身的なご看護により、驚異的な回復を遂げ、このたびめでたくご退院なさいました。

今日、このように元気な笑顔を見せている内田さんだから言えることですが、一時期は、私ども、よからぬ覚悟もしたんですよ。今日は、不死鳥のようによみがえった内田さんにあやかろうと、この席を設けさせていただきました。

いつもなら「大いに飲んで」というところですが、内田さんはまだお酒が解禁になっていませんから無理にすすめません。皆さんも酒はほどほどにして、内田さんの全快を皆で心から祝い、こうして再び語り合える喜びを分かち合いましょう。

POINT 快気祝いの祝宴では、本人の健康状態に配慮すること。無理に飲ませたり、騒いだりするのは避けましょう。

病気回復のお祝い

全快祝いの会
主催者の始めのあいさつ

1分30秒

2カ月にわたりご入院なさっていた当サークル会長の山口さんがめでたく全快なさいまして、本日からこの会合に復帰してくださることになりました。山口さん、ほんとうにおめでとうございます。そして、お待ちしておりました。

山口さんがいらっしゃらないと、いま一つ盛り上がりに欠けます。目配りの行き届いたリーダーシップを発揮してくださる山口さんがいればこその、この会なのだなと痛感したしだいです。全快とはいっても、まだ本調子でないこともあると思います。力仕事や時間のかかることは、私どもが全面的にお引き受けしますので、山口さんは目配り気配りのほうをご担当いただき、この会を率いてください。

山口さんのご入院を、私どものよき教訓にさせていただくため、今日のお食事は薬膳料理にいたしました。健康の大切さをかみしめながら皆さんでいただきましょう。

POINT 「本人がいなくて困った」という表現は、職場では批判めいて聞こえることもありますが、趣味仲間なら純然たる賛辞に。

病気回復のお祝い

全快祝いの会 本人のあいさつ①

1分30秒

皆様、長い間ご迷惑をおかけして、ほんとうに申しわけございませんでした。おかげさまで先日全快して退院し、本日から職場に復帰することになりました。

入院中は、ごていねいなお見舞いをいただき、ほんとうにありがとうございました。それまで健康そのものの生活をしておりましたので、突然の入院で自分でも動転し、気分が落ち込むようなこともございました。そんなとき、皆様のあたたかい励ましを受け、どれほど力づけられたかわかりません。

このたびの経験を通して、健康の大切さが身にしみてわかりましたし、仕事ができる喜び、親身になってご心配いただく同僚の皆さんのありがたさも実感しました。これからは、皆様のお気持ちにおこたえするためにも、今までご迷惑をかけた分をとり戻すためにも精いっぱい働きますので、今後ともどうぞよろしくお願いいたします。

POINT 本人の謝辞の基本例です。お見舞いのお礼→健康の大切さ→今後ともよろしく、と展開させます。

病気回復のお祝い

全快祝いの会 本人のあいさつ②

1分30秒

ようやく元気になり、このたび無事に退院いたしました。入院中はお心のこもったお見舞いをいただき、たいへん勇気づけられました。ほんとうにありがとうございます。

今回の入院は、友人に誘われるまま軽い気持ちで受けた人間ドックで、思わぬ故障が見つかったものです。特に自覚症状などはなかったものですから、検査を受けていなければ、わからないまま病状が進むところでした。そういう意味では、たいへんラッキーだったと思っています。

どんな病気でも早期発見、早期治療が大事ということが今回よくわかりました。「故障が見つかるのが怖いから検査を受けない」という話をよく聞きますが、それはやはりまちがいです。皆さんも面倒がらずに定期健診を受けて、早め早めに対応することをおすすめします。偉そうな言い方になってしまいましたが、経験者の弁ということでお許しください。

POINT 入院したからといって、急に「病気のプロ」のような発言をするのは考えもの。謙虚な姿勢を保ちましょう。

part 4 日常のおつきあいのあいさつ　お見舞い

全快祝いの会 本人（社長）のあいさつ

1分30秒

長らくご心配をおかけいたしましたが、おかげさまでこのように元気になり、本日から出社しました。「健全なる精神は、健全なる肉体に宿る」と申しますが、これは真実ですね。体が不調ですと、精神まで弱ってしまう。会社はどうする、家族はどうする、と、なんでも悪いほうへ悪いほうへと考えてしまうのです。

しかし、皆さんをはじめ、多くの方々から心温かい励ましの言葉をいただくうちに、心持ちも強くなり、物事を前向きに考えられるようになりました。すると不思議なもので、病状もよくなるのです。

「健全なる精神は……」ではなく、「健全なる肉体は、健全なる精神にはぐくまれる」という面もあるのではないかと実感したしだいです。

ともあれ、心も体も健康になっての復帰です。またバリバリと檄を飛ばしますので、皆さん、ご覚悟ください。

POINT 「健全なる精神は……」は、古代ローマの詩人ユウェナリスの言。ただし、本来は精神が伴わない騎士を揶揄したもの。

病気回復のお祝い

全快祝いの会 本人（管理職）のあいさつ

1分30秒

本日は、私のためにこのような会を開いていただき、ありがとうございます。また、入院中は、お心のこもったお見舞いをいただき、ほんとうに感謝いたしております。

職場を長く不在にしまして、皆様に多大なご迷惑をおかけし、まことに申しわけありませんでした。実は、療養中も仕事のことが気になってしかたなく、納期に間に合わなかったり、取引先に不義理をする夢ばかり見て、冷や汗をかいておりました。

本日、出社してから不在中のことを伺いましたが、佐々木次長をはじめ皆さんがよくフォローしてくださったようですね。万事遺漏なく進んでいる様子で、ほっと一安心するとともに、あらためてこの部のチームワークのよさを認識しました。

明日からはまた、皆さんとともに大いに働く覚悟ですので、どうぞ今後ともよろしく。

本日はほんとうにありがとうございました。

POINT 「私がいなくても仕事に支障がなく寂しかった」などの表現は卑屈なので避けましょう。

病気回復のお祝い

全快祝いの会
主催者（息子）のあいさつ

1分30秒

皆様、本日はお忙しいところ、母の快気祝いのためにお集まりいただき、まことにありがとうございました。

3月に倒れ、以来2カ月に及ぶ入院生活でございました。入院中は、皆様からあたたかい励ましのお言葉や、過分なお見舞いをいただき、心よりお礼を申し上げます。

一時は、後遺症が残るのではと危惧（きぐ）されていて、家族もたいへん心配しました。しかし、皆様とお話しすることが、母にとっては最上のリハビリだったようで、皆様とお会いしたあとは顔色もよく、食欲もあるのに驚いたものです。後遺症もなく、予定より早く退院することができましたのも、ひとえに皆様のご厚情（こうじょう）のおかげと、心より御礼（おんれい）を申し上げます。

本日は、ささやかながら感謝のしるしといたしまして一席設けさせていただきました。母にひと言かけてやっていただければ幸いに存じます。

POINT 「お見舞いがなによりのリハビリ（特効薬）になった」というのは謝辞に最適のフレーズです。

病気回復のお祝い

退院祝い
本人のあいさつ

1分30秒

皆様にはたいへんご心配をおかけいたしましたが、このたび退院の許可が下（お）り、久々に自宅に戻ってまいりました。入院中はあたたかい励ましのお言葉やお心のこもったお見舞いをいただき、まことにありがとうございました。

思いがけずやっかいな病気を得て、気弱になることもございましたが、これも自分に与えられた試練だと思っています。実際、病気にならなければわからなかったこと、会えなかった人、さまざまな出会いがありました。それらが、自分を成長させてくれると信じ、あせらずにこの病気とつきあっていこうと思っています。

しばらくは自宅で療養を続け、念願の職場復帰に向けて、心と体の準備をととのえていくつもりです。皆様にはまだご迷惑をおかけいたしますが、どうかお見捨てなくおつきあいのほどを、よろしくお願いいたします。

POINT 「全快」とはいえない場合でも、お見舞いや励ましへのお礼と現在の心境を、なるべく前向きに語ります。

夫の退院祝いの会
妻のあいさつ

1分30秒

　このたびはたいへんご心配をおかけいたしました。ごらんのように、おかげさまで主人も元気をとり戻しつつありますが、まだいくぶん話しにくい状態ですので僭越（せんえつ）ながら私からごあいさつを申し上げます。

　主人が脳梗塞（のうこうそく）で倒れましたのは、今日と同じような寒い日の朝でした。手術は成功したものの、お医者様からは、社会的に再起するのはむずかしいだろうといわれ、目の前が真っ暗になる思いがいたしました。

　そんな私を救ってくれたのは、皆様方のあたたかい励ましと、主人の不屈（ふくつ）の精神です。主人も、思いどおりにならない自分の体にもどかしい思いをしながらもリハビリにとり組み、日常の動作には支障がないほどにまで回復しました。このうえは、さらなる機能の回復と社会的な復帰を目ざし、皆様のご期待にそえるよう、ふたりで力を合わせてまいります。

　本日は、まことにありがとうございました。

POINT 「言語障害が残っている」などの表現は生々しいので、「いくぶん話しにくい」などソフトな言い方で。

なるほど！column

「快気祝」と「快気内祝」

　病気の全快や退院の節目には、お見舞いをいただいた方への報告を兼ねて、お祝いの会を開いたり、内祝の品を贈ったりします。周囲が会を開くときは「全快を祝う会」などとしますが、本人の側が行う場合は、祝宴の名称や品物ののし紙の表書きを「快気祝」または「快気内祝」とします。

　「快気祝」とは、病気やけががすっかりよくなったという報告と、お見舞いに対するお礼という意味があります。一方、「快気内祝」は、退院や床上げの際に、とりあえずお見舞いのお返しをするときなどに用います。ですから、退院後も自宅療養を続けるような場合は「快気祝」ではなく、「快気内祝」とします。

　品物は、「病気が残らない」「病気を水に流す」ように、と、あとに残らない食品や洗剤などの実用品が好適品とされています。健康によいとされる食品なら、病気から回復した人の思いを託すこともできるでしょう。

すぐに役立つ
とっさのひとこと

言いにくい用件での便利フレーズ

《依頼》

◆厚かましいお願いで恐縮ですが……

◆ぶしつけなお願いとは承知しておりますが……

◆無理を承知でお願いいたしますが……

◆ぜひともお知恵を拝借したい件がありまして……

◆突然このようなお願いをさし上げる失礼をお許しください。

◆こんなことをお願いできるのは、あなたしかいないのです。

《断り》

◆お役に立ちたいのはやまやまなのですが……

◆できるならお引き受けしたいのですが……

◆本来なら喜んでお引き受けするのですが……

◆次回はぜひと思いますが、今回はどうしても都合がつきません。

◆力不足でお役に立てず心苦しく存じます。

《催促》

◆お催促がましくて恐縮ですが……

◆私も忘れてしまいそうなので申し上げますが……

◆私の思い違いだったらごめんなさい。

◆恐れ入りますがご確認くださいますでしょうか。

《苦情》

◆気を悪くしないでいただきたいのですが……

◆たいへん申し上げにくいのですが……

◆こんなことを申し上げるのは忍びないのですが……

◆もしかしたらお気づきではないかもしれませんが……

《おわび》

◆おわびしなくてはならないことがあり、とり急ぎ伺いました。

◆まことに申し上げにくいのですが、おわびしなければなりません。

◆申しわけありません。失念しておりました。

依頼

子どもの就職を依頼する

1分30秒

本日は折り入ってお願いがあり、ご連絡をさし上げました。今、お時間はよろしいでしょうか。

実は、お願いと申しますのは、来年の春に大学を卒業する娘の就職の件なのです。本人も親も、市内での就職を希望し、本人も早い時期から就職活動にあたっているのですが、いまだに一つも内定を得られておりません。

本人は、在学中に熱心にとりくんだ語学力をいかして、できれば旅行関係の仕事をと希望しております。業界の事情に詳しい石橋様なら、どこかよいところをご存じではないかと思いまして。たいへんぶしつけなお願いであることは承知しておりますが、石橋様のほかには頼る方もなく、思い余ってご連絡をさし上げました。

もし、よろしければ近日中に履歴書等を持参してごあいさつに伺いたいのですが、ご都合はいかがでしょうか。

POINT 「どこでもいいから就職口を」では相手も困ります。具体的な希望をあげ、相手に依頼する理由を申し添えます。

なるほど！column

依頼のあいさつを行うときは

人にものを頼むということは、相手に迷惑や負担をかけることです。特に、就職のあっせんや金銭がからむ借金や保証人の依頼は、たいへん申し出にくいものです。しかし、だからこそ、あいさつの冒頭で「○○のお願いです」と用件を明らかにする必要があります。理由や事情をくどくど並べ立てたうえでの依頼では、聞く側にとっては回りくどく、よい印象を与えません。

お願いする側は、ぜひ承諾してほしいと思っているわけですが、承諾して当然というような高圧的な態度や、相手の言い分も聞かずに強要するのは禁物です。相手にかける迷惑や負担を踏まえて「申しわけないが」という気持ちを示し、「できることなら」お引き受けいただきたいと、依頼を受諾するかどうかは相手にゆだねる表現を用いましょう。相手も「それならばしかたがない」と思ってくれるはずです。

依頼

再就職を依頼する

1分30秒

お忙しいところ恐れ入ります。今日は、折り入ってお願いがありまして伺いました。

実は、半年前、私が勤務していた○○社が、長年の業界不況により、倒産してしまいました。それからというもの、再就職先を求めてあちこち奔走しましたが、44歳という年齢のせいもあるのでしょう、いまだに定職につけずにおります。

本日お伺いしたのはほかでもございません。どこかよい就職先をご存じありませんか。ご交際の広い佐々木さんなら、お心当たりがあるのではと、厚かましくお邪魔したわけです。

こちらが私の履歴書と職務経歴書です。ご存じのように、ずっと営業畑におりました。また、関連の資格もいくつか取得しておりますので、できればその方面の仕事をと思っているのですが。

すぐにお返事とはいかないでしょうが、せめて書類だけでもお預かりいただけますか。

POINT 倒産などのやむを得ない事情で失業したこと、自分なりに職探しの努力をしたことを伝えながら依頼します。

依頼

中途入社を依頼する

1分30秒

ごぶさたしております。今日はお願い事があってお邪魔しました。

単刀直入に申し上げます。

山本さんの会社で、私を雇っていただくわけにはまいりませんでしょうか。

実は、近いうちに現在の仕事を辞め、こちらに戻ってこようと思っています。両親も高齢になり、父に少し認知症の症状が出てまいりましたため、両親だけでは実家が立ち行かなくなってしまったのです。

今の勤務先には不満はないのですが、なにせ小さいところですから、こちらに支店などもなく、Uターンするとなると、会社は辞めなくてはなりません。

ご存じのように今までは経理の仕事をしておりましたので、できれば関連の部署にとは思います。ただ、自己都合の転職でもあり、一から出直す覚悟はできております。なんとかご検討いただけませんでしょうか。

POINT Uターンや転職の事情を説明し、ていねいにお願いしながらも、卑屈に聞こえないように注意します。

依頼

借金を依頼する

1分30秒

本日は、まことにお恥ずかしいお願いのために伺いました。

実は、夫の術後の状態がはかばかしくなく、先進医療を受けることになりました。前回の手術は、定期預金を解約してなんとかなったのですが、今回は高額療養費の対象外で、そちらの費用を払えるあてがないのです。後悔先に立たずと申しますが、今まで病気らしい病気もしなかったものですから、入院給付のついた保険にも加入しておりません。

ほんとうに心苦しいのですが、50万円ほど、当座の治療費としてご用立ていただけませんでしょうか。夫は、有給の休職扱いになっておりますので、暮れのボーナスは全額とはいかなくても支給される予定で、それでご返済したいと存じます。

まことに勝手なお願いですが、今までのおつきあいに免じて、どうかお聞き届けくださいますよう、お願いいたします。

POINT 借金の依頼は、率直に事情を話すことが大切です。額や返済の期日、入金の予定などを明確にするのもマナーです。

依頼

保証人を依頼する

1分30秒

本日は、叔父様に折り入ってお願いがあります。

実は、来年2人目の子どもが生まれることになり、それを機会に思いきって一戸建てを購入したいと考えております。つきましては、叔父様に住宅ローンの保証人になっていただけませんでしょうか。

ご存じのように、私どもの親はすでに年金生活者ですし、兄は自営業ですので保証人にはなれないのだそうです。安定的な収入があるという条件を満たす方は、叔父様のほか思い当たらず、こうしてお願いに上がりました。

購入予定の物件は、こちらの資料にあるとおりです。両親からの援助と私どもの蓄え(たくわ)を合わせた約1000万円を頭金にいたしますので、住宅ローンは比較的ゆとりのある返済計画になっております。

叔父様にご迷惑をおかけするようなことは決してございませんので、なんとかお引き受けくださいませんか。

POINT 借り入れの総額、月々の返済額、期間など、具体的な返済計画を示し、相手に迷惑をかけない旨を説明します。

依頼

子どもの身元保証人を依頼する

1分30秒

　ごぶさたしています。久しぶりに連絡がきたと思ったら頼み事か、と怒られそうなのですが、折り入ってお願いしたいことがあって、お電話をさし上げました。

　実は、息子の孝史の就職が、○○株式会社に内定して、春からひとり暮らしをすることになりました。はい、ありがとうございます。

　それで、賃貸アパートの入居にあたって、首都圏に在住の身元保証人を立てる必要があるのですが、晋介兄さんにお願いできませんでしょうか。

　長谷川の親せきは、皆、こちらに住んでいて、首都圏にいるのは晋介兄さんだけなのです。

　孝史は小さいころから兄さんにかわいがってもらっていたから、保証人の件は、孝史自身の希望でもあります。それに、迷惑をおかけするようなことはない子どもだと思いますので、なんとかお引き受けいただけませんせんか。

POINT "親しき仲にも礼儀あり"です。「形だけのものだから名前を貸して」などの頼み方は相手に対して失礼です。

依頼

貴重品の借用を依頼する

1分30秒

　お義姉様、今日はお願い事があってお電話しました。実は、今月末に結婚式があるのですが、そのときに着るために、お義姉様の留めそでをお借りできませんでしょうか。

　と申しますのは、めいが結婚することになりまして。結婚したときにあつらえた留めそでと思ったのですが、柄行き（がらゆ）きが派手で着られませんの。急に決まった結婚話ですので、新調するにも間に合わないのです。

　もちろん、貸衣装を利用すればそれですむことなのです。ただ、以前、お義姉様がお召しになっていた、辻（つじ）が花染（はなぞ）めの留めそでがすてきだったことが忘れられず、身勝手とは思いましたが、思いきってお願いすることにしました。

　私のわがままで、恐縮なお願いなのですが、いかがでしょうか。汚したりしないよう、大切に扱いますし、もちろんクリーニングをしてお返しいたします。

POINT 新たに購入する、別のところから借りるという選択肢もあるわけですから「身勝手なお願い」としたうえで謙虚に依頼します。

依頼

人物の紹介を依頼する

1分30秒

お久しぶりです。実は折り入ってお願いがあり、お電話をさし上げました。

早野さんは、弁護士の山崎正雄先生と高校の同級生だとお聞きしたことがあるのですが、山崎先生をご紹介いただけないでしょうか。

実は、昨年亡くなった父の治療のことで、どうしても病院の対応に納得がいかないのです。私なりに調べましたところ、山崎先生は医療過誤（かご）の事件を数多く手がけているとのことで、その件についてご相談できればと思うのです。とは申しましても、弁護士の先生への相談など生まれて初めてで勝手がわからず、早野さんが間に立ってくだされば、たいへんありがたいと思い、ご連絡したしだいです。

もちろん、早野さんにはご面倒はおかけしません。電話ででも概略（がいりゃく）をお伝えいただければ、あとは当方でお願いいたしますので。突然のお願いで恐縮ですが、お力を貸していただけませんか。

POINT 人の紹介と一口にいっても、かかわり方はさまざまです。どこまでお願いしたいのかを明確にして説明します。

依頼

留守宅の見回りを依頼する

1分30秒

いつもお世話さまです。

今日は、ちょっとお願いがあってまいりました。

実は、今週末の金曜日から翌週の月曜日まで、○○県にある私の実家へ、親せきの結婚式のために家族全員で帰省することになっているのです。

つきましては、厚かましいお願いでほんとうに恐縮なのですが、お時間のあるときに、留守宅の様子を見ていてくださいませんでしょうか。外から見ていただくだけで、かまいませんので。

このごろ、このあたりは空き巣事件があったり、車上（しゃじょう）荒らしが起こったりと、なにかと物騒でしょう？　留守にするとなると心配なんですよね。

もちろん、万一何かあったとしても、それでお宅様の責任を問うようなことはございません。ただ、お気にかけておいてくだされば、私どもも留守のあいだ心強いですし、たいへんありがたく思うのですが、いかがでしょうか。

POINT 安心のための依頼で、相手方になにかの責任は生じないことを強調します。ＯＫの場合は帰省先からの手土産を忘れずに。

依頼

子どもの世話を依頼する

1分30秒

いつもお世話になっております。またお願い事でお電話いたしました。

今度の金曜日、もしご都合がつけばでいいのですが、幼稚園が終わったあと、夜までお宅で洋平を預かってもらえませんか。

水谷さんもご存じのように、下の子が最近調子が悪くて、○○大学の付属病院で精密検査を受けることになったんです。いくつか受けなくてはならない検査があるのですが、遠いので、1日ですませられるようにしてもらいました。でも、そうすると検査が終わる時間がかなり遅くなるんですよね。で、その間、ずっと洋平を連れているのもなにかとたいへんなので、よろしければ水谷さんのところで預かってもらえないかと思いまして。

帰ってくるのはたぶん夜の7時過ぎになってしまうと思います。晩ご飯までお願いしなくてはならないのが心苦しいんですが、いかがでしょうか。

POINT 「ママ友達」への依頼の例です。親しい間柄でも強硬なお願いの仕方は避け、「都合がつけば」と相手に判断をゆだねます。

依頼

ペットの世話を依頼する

1分30秒

大沢さんにしか頼めない、厚かましいお願いがあるの。

実は、来週の金曜日から日曜日まで、実家の法事のために里帰りしようと思っているんですが、その間、ドリーの面倒を見ていただけないでしょうか。近くにはペットホテルもないし、主人は仕事を休めないし、というわけで、困り抜いているんです。

ドリーのハウスなど一式を大沢さんのお宅にお預けして、大沢さんのお宅で見ていただいてもいいし、ドリーは家においたまま、大沢さんにうちの鍵（かぎ）をお渡ししてもいいのですが。大沢さんさえかまわなければ、うちの鍵をお預けするほうが、ドリーもふだんと同じ環境のままで過ごせますし、私としても安心なのですけれど。

世話をしていただきたいのは、朝晩2回のえさと、夕方の散歩です。排泄（はいせつ）はしつけてあるので、ご迷惑をおかけするようなことはないと思います。

POINT 相手への信頼感をあらわしながら、するべきことを説明し、無理強いしないようにお願いします。

断り

就職先紹介の依頼を断る

1分30秒

先日ご依頼のあったお嬢さんの就職の件、当社の人事担当者に確認してみましたが、残念ながら来春の採用予定はないそうです。また、取引先など心当たりにもあたってみましたが、やはりかなり厳しいようですね。

履歴書などを拝見しますと、たいへん優秀なお嬢さんのようですね。業種によっては、引く手あまたなのでしょうが、当社のほうでは来春の採用は控えている状態のようです。

そのようなわけで、せっかく頼りにしていただいたのですが、お力になれず、まことに申しわけありません。失礼ながら、お預かりしておりましたお嬢さんの履歴書などは、いったんご返却させていただきます。

ご卒業までには、まだしばらく間がありますから、違うルートでいい会社が見つかるといいのですが。陰ながらご健闘をお祈りしております。

POINT 採用予定がない、年齢制限がある、など、依頼者の資質や経歴が不首尾の原因ではないことを強調します。

断り

再就職の依頼を断る

1分30秒

木村さんとは長いおつきあいですし、ご主人のお人柄もよく存じておりますので、なんとかお役に立ちたいと思い、主人に頼んでみました。ただ、やはり年齢の壁は厳しいようですね。あと、英語だけでなく、フランス語とドイツ語も使えるかどうかを重視するようで、失礼ですが、その点も引っかかるようなことを申しておりました。

ただ、営業職でしたら、年齢や語学力に関係なく、随時（ずいじ）、面接を行っているそうです。今までとはまったく畑違いなのでどうかしらと思いますが、もし、ご希望であれば、お取り次ぎはいたします。ただし、採用については、人事の担当者に任せてあるそうで、主人の紹介と申しましても、有利になるということはございませんが。

そのようなわけで、当初のご希望にはそえませんが、ご主人とご検討くださいませ。よろしくお願いいたします。

POINT 心から力になりたいと思う相手には、「Aは無理だがBという手もある」など、自分なりの申し出を添えて断ります。

断り

借金の依頼を断る

1分30秒

　奥様のご病状はいかがですか。

　実は、昨日お話のあった入院費のことなのですが、なんとかお役に立てればと、昨晩家族とも相談いたしました。ただ、うちも、住宅ローンを抱えているうえ、この春長男が大学に進学したばかりで出費がかさみ、ご用立て(ようだ)する余裕は到底(とうてい)ないことがわかりました。笹川さんには、日ごろなにかとお世話になっておりますのに、肝心なときにお力になれず、ほんとうに情けない限りですが、どうかお許しください。お役に立てない者が申し上げるのもはばかられますが、なんとかほかに方策が見つかるといいと願っております。

　それから、失礼とは存じますが、心ばかりの奥様へのお見舞いを別便でお送りいたしましたので、お納めください。

　奥様の一日も早いご回復をお祈りいたしております。失礼いたします。

POINT 入院費としての借金の依頼なら、断りの返事とは別に、早期回復を祈り、お見舞いを送るのが自然です。

なるほど！column

断るときのポイント

　身勝手な依頼ならともかく、できるだけ、依頼側との信頼関係は損ないたくないものです。断るときは、次の3点に留意しましょう。

①なんとか依頼にこたえられるよう努力した
②しかし、どうにもならなかった
③お役に立てず申しわけない

　ポイントは、相手の気持ちを傷つけないように配慮しながらも断りの意向と理由ははっきりと伝え、最後をおわびのニュアンスで結ぶことです。

　断りは、もっとも言い出しにくいあいさつの一つです。

　しかし、だからといって返事をずるずると先延ばしにしたり、あいまいな断り方をすると、相手に期待をさせてしまうことになります。依頼にはこたえられないとわかった時点で、なるべく早く返事をするのも誠意というものです。

断り

借金の保証人の依頼を断る

1分30秒

ご事情はよくわかりました。

せっかくのご依頼ですが、保証人だけはどうかご勘弁ください。私は、どなた様から受けたご依頼ということにかかわらず、保証人はいっさいお引き受けしないことにしているのです。

実は、祖父の代に、保証人を引き受けたばかりに家も財産も一度に失ったという苦い経験があり、それ以来、保証人は引き受けてはいけないというのが家訓になっているのです。もちろん、永田さんの保証人になったからといって、そのようなことになるとはつゆほども考えてはおりません。ただただ、一族の決まりのようなものだとご理解ください。

永田さんには日ごろからお世話になっており、こういうときにせめて恩返しをと思いますが、そのようなわけで、この件に関しましてはどうかご容赦いただきたく存じます。

お役に立てず申しわけございません。

POINT 相手のことは信用しているのだが、とにかく保証人はいっさい引き受けないことにしているとするのが無難です。

断り

身元保証人の依頼を断る

1分30秒

そうですか、真由美さんのご就職がお決まりになったのですね。女子大生の就職はどこも厳しいと伺っておりましたが、さすが真由美さん。おめでとうございます。ご両親様も、さぞご安心なさったことでしょうね。

主人を賃貸マンション契約の身元保証人にというお話ですが、実は来年にも転勤がありそうなんです。そうしますと、都内在住という保証人の条件を満たせなくなってしまいますでしょう。いったんお引き受けして、あとから変更するのも手続きが煩雑になるでしょうしね。

ここは、転勤のない康雄おじさんあたりにお願いするほうがよろしいのではないでしょうか。

せっかく頼りにしていただきましたのに、こちらの都合でお断りするのは心苦しいのですが、そういう事情ですのでご理解ください。

どうぞ気を悪くなさらないでくださいね。

POINT 断りの理由は、転勤のほか、健康上の不安、間もなく定年になる、すでに数件引き受けているなどとするのが妥当です。

断り

借用の依頼を断る

1分30秒

【使う予定がある】

○月○日にお使いですか？　それは困りました。実は、その日は、こちらでも車を使う予定があるのです。ちょうど、田舎から母が出てくるものですから、送迎をすることになっておりまして。ほかの日でしたら大丈夫なのですが、そちらの日程を変更するわけにもいかないでしょうしね。

車をお貸しすること自体は、いっこうにかまいませんので、またご入り用のことがありましたら、ご遠慮なくおっしゃってください。

【貸さないことにしている】

実は、以前、知人に絶版(ぜっぱん)の希少(きしょう)本をお貸しして紛失されたことがありましてね。それに懲(こ)りて、どなたにも蔵書はお貸ししないことにしたんです。親しいあなたに、堅苦しいことを申し上げて恐縮なのですが、どうかご理解ください。わが家にお越しいただいてごらんいただく分にはかまわないのですが。

POINT 自分も使う予定があるので貸せないとするのが無難ですが、そのほかの理由の場合も、相手が気を悪くしないよう配慮します。

断り

人物紹介の依頼を断る

1分30秒

○○病院の岩本先生のご紹介ですか？　はい、確かに岩本さんは私の高校時代の同級生です。

彼が糖尿病の権威であることは、私も知っておりますし、同級生として誇りにも思っています。でも、彼とは、同窓会などで会って話をするだけで、それ以上のおつきあいはないんですよ。ご紹介状を書くほどの親しい間柄ではありませんし、私は医療の専門家でもないので、ご依頼の件はどうかご勘弁ください。

ただ、一般論として、医者というのは、紹介状があるからといって、ていねいに診察してくれたり、待ち時間を少なくするなどの便宜(べんぎ)を図ってくれるわけではないですよね。紹介状がなくても、対応や診察内容に変わりはないのではないでしょうか。

ご不安を抱えて、私を頼っていただきましたのに、ご期待にそえず、ほんとうに申しわけありません。ご病気が早くよくなるといいですね。

POINT 「紹介するほど親しくない」「紹介できる立場ではない」など、依頼者とは無関係の事情で紹介できないのだとします。

断り

子どもの世話を断る

30秒

今週の金曜日ですか。

ごめんなさい。幼稚園が終わったら、その足で、夫の実家に遊びに行く約束をしてしまっているんです。向こうの母も、さやかにめったに会えないので、とても楽しみにしてくれていて、今更キャンセルはしづらいんですよね。

POINT 「変更しにくい先約がある」とするのが賢明。

断り

ペットの世話を断る

30秒

それは責任が重すぎますよ。万一何かあったらと思うと、恐ろしくて、とてもお預かりなんてできませんわ。それに、私、車の免許を持っておりませんでしょう。たとえば、ぐあいが悪くなって動物病院に連れて行くこともむずかしいのですよ。

ここはやはり、ペットホテルとか、専門のところにお預けになったほうがいいんじゃないかしら。

POINT 「自信がない」と断るのがベストです。

断り

下宿の依頼を断る

1分30秒

ごていねいなお手紙をありがとうございました。まどかちゃんの大学合格、おめでとうございます。それにしても、よく親元から離す決心をなさいましたね。一人暮らしは心配だからというお気持ちはよくわかりますよ。

ただ、お手紙を拝見して、なんとかできないものかと主人とも相談したのですが、うちは狭いので、まどかちゃんのための個室をご用意することはむずかしいのです。わが家に下宿するというのではなく、近くに部屋を探して、私のほうでも気を配るということではいかがでしょうか。

週に何度かでもわが家に来てもらって食事をすればいいし、万一、困ったことが起きても近くならすぐに駆けつけられるでしょう。

私どもも、できる限り力にはなりますので、下宿という件は、もう一度お考え直しいただければと思うのですが。

POINT 依頼は引き受けられないがかわりにこういうことができる、という代案を出すと、誠意をあらわすことができます。

断り

寄付の依頼を断る

1分30秒

今伺ったお話から、あなたのなさっている活動がとても有意義(ゆういぎ)であることは、よくわかりました。私も、この地域の惨状(さんじょう)を報道などで知り、心を痛めていたところです。

ただ、偶然なのですが、先日、別の友人からも同様の依頼があり、そちらにわずかばかりですが、寄付をさせていただきました。活動の団体はあなたと違い、○○というところですが、寄付の目的と、寄付金がユネスコに届くという点は同じのようです。

せっかくのお話ですから、あなたにも協力したいところですが、今の暮らしでは、重ねて寄付するという余裕はちょっとありません。今回は、申しわけありませんが、見送らせてください。せっかくいらしていただいたのに、ご期待にそえず、無駄足(むだあし)を踏ませてしまいましたね。

あなたの活動が、実りあるものになることをお祈りしています。

POINT 相手が善意から行っている寄付の要請の場合は、活動そのものを否定するような断り方はしないのがマナーです。

断り

宗教の勧誘を断る

1分30秒

親の難病のこと、また私の仕事のことをお気にかけていただきまして、ありがとうございます。

ご親切な気持ちから私をお誘いいただきましたことは、ほんとうに感謝しておりますが、その会合への参加はご遠慮させていただきます。

私の実家の父は熱心な仏教徒で、私もその影響を受けておりますので、ほかの宗教には、今のところ興味はないのです。

また、親の病気については、現在かかっている病院の治療方針を信頼しておりますので、ほかの方法に頼ることは考えておりません。私の仕事に関しても、自分自身の力で現状を打開するよりほかに道はないと思っております。

あなたがこの宗教を得て、心の平安を得られたことはすばらしいことだと思います。ただ、私に関しては、失礼ながら今後のお誘いは無用にお願いいたします。

POINT 相手の信仰を認めながらも、自分には興味も関心もないことを、はっきりと伝える必要があります。

断り

保険の勧誘を断る

1分30秒

そうですか、お仕事をお始めになったんですね。生き生きしていらっしゃって、うらやましいですわ。

お話はわかりましたし、あなたの新しいスタートを応援したい気持ちはやまやまですが、この話は、ご遠慮させてください。

実は、主人のお世話になっている取引先が、〇〇海上火災というところの保険代理店業務も扱っておりましてね、そちらとおつきあいをしなくてはならないものですから。先日も、新しい医療保険が出たというので、無理をして1つ契約してしまったばかりなんですよ。

さらに保険に入る余裕もないし、ほかの会社と契約しては、主人にしかられてしまいます。私の立場もご理解くださいな。

遠いところをわざわざお越しいただきましたのに、このようなご返事で、申しわけありません。お仕事、これからもがんばってくださいね。

POINT 保険や商品購入の勧誘は、家族の勤務先や恩人、親せきなどが別の会社に関係しているので、と断ると角が立ちません。

断り

サークル入会の誘いを断る

1分30秒

ビーズ手芸のサークルですか。すてきなお誘いをありがとうございます。

子どもが小学校に上がったら習い事をしたいと以前から話していたのを、覚えていてくださったんですね。

手芸などの手仕事は大好きなので、ビーズ手芸にもサークル活動にも大いに興味があります。ただ、実は、近々仕事を始めることにしてしまったので、時間的に無理そうですね。でも、時間の都合さえつけば、ぜひ参加してみたいお話だから、私としてもとても残念ですわ。

定期的に通うのは無理ですが、「一日体験教室」のようなものはありませんかしら。仕事を始めるといっても、フルタイムではないので、単発のお教室なら、参加できるときもあると思うのです。

もし、そういう企画がありましたら、ぜひまたお声をかけてください。

POINT やんわり断りたいときは「参加できない」ではなく「参加したいが（時間的に）むずかしい」とします。

断り

披露宴への招待を断る

1分30秒

お嬢様のご結婚、まことにおめでとうございます。私まで披露宴にご招待いただき、光栄です。

ところが、ご案内状の日付を見てがく然としてしまったのですが、実は、その日はちょうど海外への出張の予定が入っておりました。なんとか出席できないかと調整いたしましたが、日程をずらすわけにはまいりませんでした。たいへん申しわけありませんが、欠席ということにさせてください。

一生に一度のおめでたい席ですのに、お嬢様の美しい花嫁姿を拝見することができず、私もほんとうに残念です。

出欠の返信はがきは、別に投函(とうかん)いたしますが、まずはおわびをと思いまして、お電話をさし上げました。お嬢様にもどうぞくれぐれもよろしくお伝えください。

いずれあらためまして、お祝いに伺いますが、今日のところはとり急ぎご連絡だけで失礼いたします。

POINT 重要な会合の場合は、出欠の返信はがきなどによる返事だけでなく、電話や口頭で参加できない理由とおわびを述べます。

断り

贈答品を断る

1分30秒

石本さんでいらっしゃいますか。○○社の近藤でございます。いつもお世話になっております。

このたびはごていねいにお歳暮をお送りいただきましたようで、昨日自宅に届きました。仕事上、当たり前のことをしただけですのに、このようなお心づかいをいただき、かえって恐縮しております。

申し上げにくいのですが、実は、会社の規定によりまして、自宅あてにお送りいただいたものも含め、贈答品はいっさいお受けとりできないことになっております。

ご厚意を無にするようで、また、堅苦しくてたいへん申しわけないのですが、このたび届いた品は、そのままご返送させていただきますので、お納めください。

お気持ちだけは、ありがたくちょうだいするということで、どうかご理解くださいますようお願いいたします。

POINT 一般的なお礼では「けっこうな品を……」などのほめ言葉を添えますが、返送するときは受領の報告だけにとどめます。

催促

就職あっせんの催促

1分30秒

先日は、娘の就職につきまして、ご面倒なお願いをさし上げ、たいへん失礼いたしました。お心当たりをあたってくださるという心強いご返事をいただき、ほんとうに安心しました。

ところで、あれから1カ月ほどたちましたが、その後何か進展はありましたでしょうか。

催促がましいお尋ねでまことに恐縮なのですが、居ても立ってもいられず、再度ご連絡をさし上げてしまいました。ご連絡がないということは、難しい状況ではないのかと思ってもおりますが、途中経過や見込みだけでも教えていただきたいのです。いかがでしょうか。また、こちらの希望条件などに関して、問題があるようでしたら、なんなりとおっしゃってください。

厚かましいお尋ねで、心苦しく存じます。砂田さんしか頼る方がおりませんので、どうかお許しください。

POINT 依頼事の催促は、結論を促すというより、進行状況や見込みを教えてほしいという言い方をするのがコツです。

催促

約束実行の催促

1分30秒

先日は突然やっかいなお願いをさし上げまして、申しわけありませんでした。親身に対応してくださって、ほんとうにありがたく思っております。

その折のお話では、藤田さんが先方に連絡をしてくださり、先方からOKが出たら、折り返し私にお知らせいただくということになっていたかと思いますが、いかがでしたでしょうか。

そうですか。先様は少し考えたいというご返事だったわけですね。

こちらから無理にお願いした件ですのに、催促めいたお尋ねを重ねて心苦しいのですが、当方も、この件についてはなるべく早く事を進めたいと願っております。

ご多忙中恐縮（きょうしゅく）ですが、差し支えなければ再度先方にご連絡をとっていただきまして、ご意向を確かめてくださいませんか。どうぞよろしくお願いいたします。

POINT こちらからお願いした件なので、約束不履行を責めるような言い方にならないよう、注意しましょう。

催促

借金返済の催促（初回）

1分30秒

ご主人のおかげんは、その後いかがでしょうか。

今日ご連絡をさし上げましたのは、ほかでもございません、先日ご用立てした分のご返済についてです。お約束の期日が1週間ほど過ぎておりますが、ご連絡がないので心配になりまして。

このような催促はしたくなかったのですが、こちらも余裕があってお貸ししたものではありません。近日中に支払いの予定があるお金であることはお話ししたと思いますが、そちらの期限も迫ってきてしまいました。

私のほうももうこれが限界です。あと1週間だけお待ちしますので、なんとかほかから調達してでも、当方にはご返済いただきたく存じます。

お困りの事情はわかりますが、三上さんをご信頼して融通(ゆうずう)したものです。どうか長年の信頼関係に傷をつけるようなことはなさらないでください。よろしくお願いいたします。

POINT 連絡もなく返済を遅らせた相手が悪いのですが、初回の催促では、ていねいな表現でお願いする形をとります。

催促

借金返済の催促（2回目）

1分30秒

お電話しても通じないので、伺いました。

ご用件はおわかりだと思いますが、なぜ連絡もいただけないのですか。いろいろご事情はあるのでしょうが、ご返済が遅れるなら遅れるで、きちんとご連絡をいただくのが筋(すじ)だと思いますよ。

実は、あのお金は、子どもの進学費用として蓄(たくわ)えていたもので、返していただかないと、わが家もたいへん困ったことになります。

ここまで返済が遅れてしまっているのですから、全額を今すぐ返せというのは無理な話でしょう。分割なり、毎月少しずつ返していただくという方法を新しく考えませんか。

ただし、今回とり決めたことをお守りいただけないようでしたら、次回は不本意ですが、法的な手段に訴えることも考えております。私としては、できれば事を荒立てたくはありません。どうか今後は誠実な対応をお願いいたします。

POINT 相手を非難しても解決には至りません。「返済」という目的を達するため、できる部分は譲歩します。

催促

少額の借金返済の催促

1分30秒

【親しい人へ】

もしかするとお忘れなのではと思い、図々しく催促してしまいますが、先月末、急な出費があるというので3万円お貸ししましたよね。覚えていらっしゃいますか？

こちらも、給料日前になってピンチなんです。近日中にお返しいただけるでしょうか。今から口座番号を申し上げますので、振り込んでいただけますか。

【目上の人へ】

たいへん申し上げにくいのですが、前々回の会合のあとで食事に行ったとき、お財布をお忘れになっていて、お立てかえした分がございましたよね。先日お目にかかった折、お声をかけようと思っていて、私もつい忘れてしまいまして。失礼とは思いましたが、確認のためにご連絡をさせていただきました。次回の集まりのときでけっこうですので、よろしくお願いいいたします。

POINT 少額だとかえって催促しづらいもの。さりげなく「お忘れでは？」「私も忘れていましたが」とするのがスマートです。

催促

未納金の催促

1分30秒

いつもお世話になっております。

突然、お金の話から始めて恐縮なのですが、実は、先ほど会計の林さんから連絡がありまして、浦田さんの会費が2月分から入金されていないんだそうです。林さんには、何かの手違いじゃないかと申し上げたんですが、お心当たりはありますか？

そうですか。私もおっちょこちょいなので、よく忘れることがあるんですよ。どうぞお気になさらないでください。

浦田さんもなにかとお忙しいから、毎月現金で納入するのも煩雑（はんざつ）なのではありませんか。1年分まとめて納入することもできますし、口座振替を利用している方もいらっしゃいます。浦田さんにご都合のよい方法を考えてみてください。

では、会費の件はそういうことで。来月の会合は第3水曜ですので、そのときまたお目にかかりましょう。失礼いたします。

POINT 悪意のない滞納を非難されるのは不快なものです。今後未納にしない方法を提案し、明るく結びます。

催促

貸した品物の返却の催促

1分30秒

こんにちは。しばらくお会いしていないけれど、敬介くんもずいぶん大きくなったことでしょうね。そろそろ歩き始めるころでしょうか。

今日お電話したのは、敬介くんのためにお貸ししたベビーベッドのことなのです。よろしければ、今年いっぱいぐらいで返していただけますでしょうか。うちでは当分使わないだろうから、返すのはいつでもいいと言ってお貸ししたのですが、実は、使うことになってしまったんですよ。そう、２人目が来年生まれることになりまして。

まだ間がありますが、そちらで寝具をご手配する都合もあるでしょうからと思い、早めにご連絡しました。私のほうの予定日は来年の３月下旬ですので、年末までは、そちらでお使いいただいてけっこうですので。

また近くなりましたら、ご連絡しますね。こちらの都合で、返却を急がせてしまい、ごめんなさい。

POINT 品物の催促は「こちらでも使うことになった」とするのが原則。いつまでに返してほしいかを明確にします。

なるほど！column

催促のポイント

●依頼事や約束を実現させるための催促

依頼は引き受けてくれた、あるいは何か約束をしたものの、その後音さたがない場合は、

- 相手が依頼や約束を忘れている
- 手配はしたもののまだ結論が出ない
- うまくいかずに返事のしかたを迷っている

などのケースが考えられます。いずれにしろ、こちらはお願いをした立場なので「まだですか」「早くしてください」という催促は相手に失礼です。「その後どうですか」と経過を尋ねる言い方にしましょう。

●返済、返却、入金などの催促

催促の目的は、お金や品物を返してもらったり払ってもらうことです。目的を達成するために、「全額が無理なら分割でも」「わざわざ届けてくれなくてもいいから送って（振り込んで）ください」「私がとりに伺います」など、こちらから歩み寄り、相手が従いやすい姿勢を見せることも必要です。

苦情

ピアノの音の苦情

1分30秒

こんにちは。下の201号室の後藤です。

今日は、お宅様のピアノの音のことで、お願いに上がりました。

最近は、よく深夜まで熱心に練習をなさっているようですね。実は、申し上げにくいのですが、うちのおばあちゃんが、先週から風邪を引いて寝込んでおりまして、音が気になるらしいんです。夜遅くになって目が覚めますと、その後なかなか寝つけないと申しておりまして。

うちも子どもが小さいころは楽器を習わせておりましたので、音楽のすばらしさや練習がたいへんなことはよくわかっております。練習の妨(さまた)げになるようなことは申し上げたくないのですが、せめて夜9時以降の練習は控えていただくとか、防音の設備をととのえるなど、ご配慮いただけませんでしょうか。

勝手なお願いで恐縮ですが、どうぞよろしくお願いいたします。では、失礼します。

POINT 相手の立場は理解していると伝えたうえで「こちらの勝手なお願いで」と謙虚に申し出れば、角が立ちにくいものです。

苦情

犬の鳴き声の苦情

1分30秒

こんにちは。突然お邪魔して申しわけありません。

今日は、少々ご相談があって伺いました。

実は、お宅のワンちゃんのことなのですが、このごろ、明け方によくほえるので、家の者が睡眠不足になっています。たぶん、新聞配達の人にほえているんじゃないかと思うのですけれども。

最初のうちは、ワンちゃんのおかげで早起きできるからありがたいなどと話していたのです。うちも、犬は嫌いじゃありませんしね。ただ、こう連日続きますと、やはり体もつらくなってきてしまいました。

激しくほえるようになったのは最近のことのようですが、お心当たりはありますか。とりあえず、犬小屋の場所を変えるとか、囲いをして音が響かないようにするとか、工夫をしてみていただけませんか。

気にならない方は気にならないのでしょうし、こちらの受け止め方の問題もあるんでしょうが、どうぞよろしくお願いします。

POINT 飼い主やほかの人にとっては気にならない程度かも、と認めたうえで、こちらの不都合と迷惑を申し出ます。

苦情

ペットの害の苦情

1分30秒

管理人さん、いつもお世話になっております。今日はご相談があって伺いました。

管理人さんもお気づきかもしれませんが、放し飼いにしている猫が、あちこちでいたずらをするので、困っております。うちでも、ベランダの植木鉢をトイレがわりにされたりしてましして。

ご近所の方の話ですと、101号室の斎藤さんのところの飼い猫だそうですが、斎藤さんはご事情をご存じなのでしょうか。このマンションはペットが飼えることにはなっていますが、ほかの住民に迷惑がかからないように飼うのがマナーだと思うんですよね。管理人さんもなにかとお忙しいことと思いますが、一度、斎藤さんにそれとなく注意していただけませんか。それから、今後のおつきあいもありますので、私から話があったことは伏せておいてくださると、たいへんありがたいのですが。よろしくお願いします。

POINT マンション内のトラブルは、直接相手に言わず、管理人や自治会などの第三者を通して伝えるのも一つの方法です。

なるほど！column

苦情を言うときのポイント

ふだんからつきあいのある相手に苦情を言うときは、その抗議のしかたや言い方を一歩まちがえると、あとでしこりが残ります。次の点に注意しましょう。

①感情的にならない

こちらの言い分を一方的にまくし立てては、相手も対決姿勢になるのでかえって逆効果。気持ちを冷静に伝え、理解を求めることが大切です。

②個人差があることをわきまえて

騒音被害などの場合、どの程度を迷惑と感じるかは個人差があります。「こちらの受け止め方が過敏かもしれない」という気持ちも忘れないように。

③改善策を具体的に提案する

「迷惑だからやめてくれ」の一点張りでは、相手も対応できないことがあります。自分からも歩み寄り、「せめてこうしてほしい」となるべく具体的な方法をあげましょう。

苦情

ゴミ出しマナーの苦情

1分30秒

〇〇管理会社さんですか。＊＊マンションについてのお尋ねなのですが、ご担当の方はいらっしゃいますか。私は、貴社が管理なさっている＊＊マンションの近くに住む桜井と申します。実は、この＊＊マンションのゴミ出しマナーが乱れていて、近隣では大きな迷惑をこうむっています。管理会社からマナーの徹底をしてほしいと思いまして、お電話をさし上げました。

ご存じのように、ゴミの収集は決まった曜日に行われ、当日の朝にゴミを出すことになっています。ところが、＊＊マンションの方は、日時に関係なく、分別をしていないゴミをお出しになるんです。正しく分別されていないゴミは収集されませんので、結果的に、いつもゴミが散乱している状態なんですね。

ご担当の方が一度直接ごらんになったほうがよろしいかと思います。そのうえで、分別マナーの告知などをよろしくお願いいたします。

POINT 先方の管理不徹底を責めるのではなく、現状を冷静に説明し、適正な措置をとってもらうようお願いします。

苦情

迷惑駐車の苦情

1分30秒

お忙しいところ恐れ入ります。

この近所に住む、塚本と申しますが、店長さんはいらっしゃいますか。

お店もご繁盛で、なによりのことと存じます。ただ、お宅のお店にいらっしゃるお客様が、うちの前など近隣に駐車をするものですから、通行の妨げになりまして、たいへん困っております。先日も、ご近所の方が、クレーン車を呼ぶ騒ぎになりましたでしょう。うちも、あまり事を荒立てたくはないのですが、今のような状態が続けば、警察への通報もやむを得ないことと考えております。

お宅様でも、ポスターなり口頭なりで、お客様へ路上駐車の禁止を徹底していただけますか。もっとも、それだけでは根本的な解決にはなりませんから、近くに専用の駐車場を設けていただくのがいちばんよろしいかと思いますが。

どうぞよろしくご検討ください。

POINT 警察への通報という強硬な手段をちらつかせながらも、相手が主体的に善処してくれるように働きかけます。

苦情

バイクの騒音の苦情

1分30秒

こんにちは。今日は、ちょっとご相談があって伺ったのですが、今お時間よろしいでしょうか。

実は、お宅の息子さんのバイクの件なのです。夜間にご友人とご近所を走っているようですが、ご存じでしたか。

若い方は、バイクの音を立てて走るのも楽しみの一つなんでしょうが、かなり大きな音がご近所に響くんですよね。息子さんのバイクだけならまだしも、何台か集まるので、夜も落ち着いて眠れない状態です。

若いころはいろいろありますよ。私も経験があるからわかります。頭ごなしにしかっても、息子さんは反発するだけでしょうから、住宅地では大きな音を立てないとか、深夜に走らないようにするなど、ご両親からうまく話していただけませんか。

面倒なお願いで恐縮ですが、なんとかよろしくお願いいたします。

POINT 子どもの行状（ぎょうじょう）については、相手の親も気に病んでいることが多いもの。共感する姿勢を示すことが大切です。

苦情

公園の使い方の苦情

1分30秒

町内会長さんのお宅ですか。1丁目の佐久間です。いつもお世話になっております。

実は、今日お電話をさし上げましたのは、2丁目のちびっこ公園の件なのですが。わが家では、毎日午前中に子どもを遊ばせに行くのが日課なのですが、最近、公園がとても汚いんです。

気になる点は3つほどありまして、まず、砂場がとてもにおうこと。ええ、たぶん近所の猫がおしっこをしているんでしょう。それから、犬のふんの始末をしていない場合もあります。3つ目はペットの問題ではないのですが、子どもたちが花火で遊んだあとの片づけを行っていないことが多いのです。どれも、飼い主やご家庭のモラルの問題だとは思うのですが、町内会で立て看板をするなど、なんらかの措置（そち）を講じてはいかがでしょうか。

このままでは、安心して子どもを遊ばせることができません。よろしくお願いします。

POINT 苦情が何点かあるときは「○つあります」と最初に述べて、それぞれを説明するとわかりやすくなります。

苦情

子どものいたずらの苦情

1分30秒

幸平くんには、いつも息子と仲よくしていただいてありがとうございます。

今日は、その幸平くんのことでお電話をさし上げました。実は、昨日、私が留守にしておりましたときに、幸平くんが息子のところに遊びに来ていたんですね。私が帰ってみると、家の窓ガラスが割れておりまして、息子に聞いてみると、幸平くんが部屋の中でサッカーをしていて、けったボールが窓に当たったらしいのです。

あくまで息子の話ですので、ほんとうのところはわかりませんし、仮に幸平くんが行ったことだとしても、わざとガラスにぶつけたわけではないでしょう。大騒ぎするほどのことでもないかと思いましたが、一応お知らせするのが筋かと思いまして、ご連絡をさせていただきました。

幸平くんにお話を聞いてみていただけますか。よろしくお願いいたします。

POINT 自分が直接目撃していないときは、相手の非を決めつけて非難するのではなく「事情を確かめてほしい」との言い方で。

苦情

子どもの足音の苦情

1分30秒

突然のお電話、失礼いたします。下の階の中井です。今、お子様のお友達がいらしているのかしら。お楽しみの最中、申しわけないのですが、少し静かにするようにおっしゃっていただけますか。

ご存じのように、うちの主人は、タクシーの運転手でしょう？　今の時間に寝ておいて、夜に出勤しなくてはならないのですが、足音が気になって寝つけないようで。こちらの都合でこんなお願いをするのは恐縮なのですが、ご配慮いただけるとありがたいです。

お子さんのことですから、ある程度はしかたないのかもしれませんが、床がフローリングですから、どうしても響くんですよね。よそのお宅では、カーペットを敷いて、足音がなるべく響かないようにしているところもあるようですが。よろしければ、お考えになってみてくださいますか。差し出がましくて申しわけありません。

POINT 提案する改善策も、お金がかかるなど大がかりな場合は、「よろしければ」という気持ちで申し出ましょう。

苦情

子どものけがの苦情

1分30秒

いつも晴菜がお世話になっています。突然伺って失礼でしたが、やはりお知らせしたほうがいいと思いまして、まいりました。

実は、晴菜が足にけがをしまして、先ほど病院に連れて行きました。娘が申しますには、お宅の雄介くんが投げた石が当たったというのです。子どもどうしのことですから、けんかはつきものだと思いますし、うちの娘も勝ち気ですので、もしかしたら晴菜にも悪いところがあったのかもしれません。

ただ、石を投げるというのは、やはり危険だと思うんですね。今回は足ですし、大きなけがではありませんが、これが目や顔に当たっていたらと思うと、ぞっといたします。雄介くんとはこれからも仲よくしていただきたいと思っています。ただ、石を投げるのはだめよと、お母様からうまくお話ししていただけますか。万一大事になってからでは、お互いに気まずい思いをしますものね。

POINT 幼いうちは「子どものけんかに親が出る」のもやむを得ません。対決姿勢ではなくフレンドリーに話すのがコツです。

苦情

子どもの行状の苦情

1分30秒

○○小学校2年1組の神田大輔の母です。いつもお世話になっております。

実は、今日は勇樹くんのことでお願いがあってお電話をさし上げたのですが。勇樹くんのお母様は、日中お仕事か何かで家にいらっしゃらないのでしょうか？　勇樹くんがうちの大輔と仲よくしてくれるのはありがたいんですが、家に帰ってもだれもいないからと言って、毎日うちに遊びに来ています。それはかまわないのですが、大輔も遊びたいものだから習い事に行くのを嫌がるようなありさまで、ちょっと困っておりますの。それに、子どもをおいて私だけが外出するわけにもいかず、夕食の買い物にも不自由しているんです。

差し出がましいようですが、もしお仕事などでお留守なのでしたら、学童保育を申し込んではいかがでしょう。そのほうが、勇樹くんもお母様も安心だと思うのですが。

POINT 相手は、その行状を知らない可能性もあります。まずは事実を説明することから始めましょう。

苦情

不良品の苦情

1分30秒

貴社製品の「サンドイッチスライス」についてお尋ねいたします。たいへん便利ですので、日ごろからよく購入しているのですが、最近になって、一部だけかたくなっているケースが相次ぎ、不審に思いましてご連絡をさし上げました。

かたくなっている部分はいつも同じで、プラスチックの容器のいちばん下に入っているパンです。素人の想像ですが、容器の底に脱酸素剤(だつさんそざい)が入っているので、それが関係しているのではないかと思うのですが。

お調べいただきまして、今後このようなことのないように善処(ぜんしょ)していただきたいと存じます。これからも愛用したいと思っておりますので。

ご参考までに、購入したのは昨日、○○ストアのパン売り場です。もちろん、賞味期限内の製品で、かたくなった部分は保存してあります。ご調査のほど、よろしくお願いいたします。

POINT 苦情は、製品に記載されている「お客様相談室」などあてに、電話または商品を返送する形で行います。

苦情

注文品未着の苦情

1分30秒

お宅様から配送をお願いした商品が、まだ先方に届かないようなのですが。

お願いしたのは、メロンの産地直送ギフトです。手元の控え伝票の番号は、ABC1234、○月○日にお願いしたものです。売り場では、3日以内に届くとのことで、送り先にもそのようにお伝えしました。先方はとても楽しみにしていらっしゃるのですが、なかなか届かないので、私のところに問い合わせがきて、未着がわかりました。配送の手続きを行ってから、すでに1週間たっています。生鮮食料品ですので、鮮度の落ちた品が先方に届くのも失礼で、こちらとしても、たいへん困ります。

何かの手違いとは存じますが、至急お調べのうえ、先様に新鮮な商品が届くようにご手配ください。なお、調査の結果がわかりしだい、私にご連絡をいただきたいのですが。

よろしくお願いいいたします。

POINT まず、何についての苦情かを述べ、伝票などの「証拠」を伝えながら、調査と善処を求めます。

苦情

料金の苦情

1分30秒

客　この料金明細についてなんですが、よろしいでしょうか。

ここに、キャンセル料が計上されていますが、これはどういうことでしょうか。確かに、メンバーの何人かの都合が悪くなり、参加できなくなりました。しかし、それについては、2日前に電話でキャンセルする旨をお伝えしてあります。

店　3日前以降の予約取り消しについては、キャンセル料が発生することになっておりますが、ご存じなかったのでしょうか。

客　最初に申し込んだとき、また、2日前に人数を変更したときも、電話に出た方は、キャンセル料が必要になるようなことはいっさいおっしゃっていませんでした。そのような規定があるならば、事前にきちんとお話しいただくのが、店の説明責任というものではないでしょうか。説明もなしに払えというのは、少し乱暴なやり方のような気がしますね。

POINT　物腰はていねいに保ちながらも、店の落ち度と責任を冷静に説明します。感情的にならないのがコツ。

苦情

接客態度の苦情

1分30秒

昨日、お宅様の店で食事をした者です。その際の接客姿勢に納得いかないところがあり、ご連絡しました。

申し上げにくいのですが、お宅の店の仲居（なかい）さんの教育はいかがなものかと思います。廊下で待機している仲居さんの声が、「お客がまだいるから」などと座敷に大きく響きました。言葉づかいもあまり上品とはいえません。もちろん、全員が全員そういう方ばかりではないのでしょうが、一人の仲居さんのせいで高級店といわれるお宅様のイメージを損なう結果になってしまっています。

わざわざ連絡などせず、今後はお宅を利用しないでおこうとも思いましたが、仲居さんの言動を除けば、お料理も雰囲気もとてもいいので気に入っています。よりよい店にしていただくため、あえて思いきって申し上げたということはご理解ください。また利用させていただきますよ。

POINT　苦情の点以外は気に入っているのだが、と申し添えることで、全体がソフトな印象になります。

おわび

借金の返済遅延のおわび①

1分30秒

先日は、厚かましいお願いをお聞き届けいただきまして、ほんとうにありがとうございました。おかげさまで、支払いを無事にすませることができました。

まことに申し上げにくいのですが、本日は重ねてのお願いのためにご連絡をさし上げました。

実は、ご返済にあてる予定だった入金が、先方の締め日の関係で1カ月ほど遅れることになり、その分、ご返済を待っていただきたいのです。今月末には確かにお返しできるとお約束してご用立てていただきましたのに、間際になってこのようなことを申し上げるのは、まことに心苦しく存じます。申しわけありません。

来月の入金は、ほんとうに確定したものですので、二度とお約束をたがえることはございません。

どうか今回に限り1カ月のご猶予をお願いいたします。

POINT 心からのおわびとともに、確実な新しい期日を明確にし、相手にかける迷惑を最小限にするよう努力します。

おわび

借金の返済遅延のおわび②

1分30秒

ご連絡のお手数をおかけしてしまい、たいへん申しわけありません。

お約束の期日を過ぎましたのに、何のご連絡もいたしませんで、お恥ずかしい限りです。実は、暮れのボーナスでお返しする心づもりでいたのですが、会社の業績が悪いため支給されなくなったのです。

なんとかご返済をと金策を考えたのですが、うまくいかず、なんと申し上げたらよいか迷ううち、本日に至ってしまいました。ご返済が遅れたばかりでなく、不義理なことをしてしまい、心からおわび申し上げます。

お借りした分のほんの一部ではありますが、こちらに10万円ございます。とりあえず、こちらだけお返しさせていただき、残りの分については、いましばらくお待ちいただきたいのですが。厚かましいお願いを重ね、さぞご立腹のことでしょうが、どうかお許しください。

POINT 返済の遅れとともに、それを事前に知らせなかった不義理についてのおわびも述べなくてはなりません。

おわび

騒音についてのおわび

1分30秒

ごめんください。隣の石川です。

実は今度、母のために、住宅の段差をなくすリフォームを行うことになりましたのでごあいさつに伺いました。ええ、おかげさまで術後の経過は順調で、来月には退院できると思います。ただ、しばらくは車いすを使わなくてはならないので、それならば、この機会に住宅をバリアフリーにしておこうということになりまして。

工事は、来週の初めから行い、業者さんの話によりますと、２週間ほどで終わる予定です。その間、作業の車の出入りや、工事の音で、なにかとご迷惑をおかけすることと存じます。たいへん申しわけありませんが、しばらくご辛抱いただきますよう、お願いいたします。また、工事中何かご不便などありましたら、なんなりとおっしゃってください。

こちらは、心ばかりのものですが、おわびのしるしにお持ちしました。どうぞお納めください。

POINT 迷惑をかけそうな事情が発生するときは、事前にあいさつを。断っておけば、相手も苦情を言いにくいものです。

なるほど！column

おわびのあいさつを行うときは

伝えたいメッセージは「ごめんなさい」のひと言に尽きます。背景には、いろいろな事情もあることでしょうが、その説明をくどくどと述べたうえでようやく謝るのでは、心からのおわびの気持ちが相手に伝わりません。まずおわび、そして説明という順序を守ることが大切です。

あいさつの順序や表現と同じように大事なのが、おわびをするタイミングです。おわびをしなければならない事態になったら、なるべく早く相手に率直な気持ちを伝えることが肝心なのです。言いにくいからとあいさつを先延ばしにするのは、結果的に「おわびのひと言もない」のと同じで、相手に対してさらに失礼を重ねることになります。

なお、迷惑をかけそうなことがわかっているなら、事前におわびすることです。苦情や催促を受けてからおわびするより、ずっと印象はよくなります。

おわび

急に会合に欠席したおわび

1分30秒

昨日は、急にキャンセルしてしまい、申しわけありませんでした。取引先で事故があり、その対応に追われていたものですから、開始予定時間を過ぎてからのご連絡になってしまい、ほんとうにすみませんでした。

幹事の香川さんにもたいへんなご迷惑をおかけしましたね。今回の会合の日程は、私の都合に合わせてもらって決めたのに、私が行けなくなるとは、ほんとうに面目なく思っています。香川さんをはじめ、皆さんにも久々にお会いしたかったのですが残念でした。当日のキャンセルでしたので、私の分の会費も必要でしたよね。香川さんがお立てかえくださっているのでしょうか。

では、会合の様子も伺いたいですし、近日中に一度お時間をとっていただけませんか。今回のおわびのしるしに、私が一席設けますよ。お立てかえいただいている分も、そのときにお支払いいたします。

POINT 会費が必要な会合を急にキャンセルしたときなどは、おわびとともに、会費の負担を申し出ます。

おわび

お酒の失態のおわび

1分30秒

ゆうべは、とても失礼なことを申し上げてしまいました。ほんとうにごめんなさい。

お酒を言い訳にはしたくないのですが、久しぶりに気心の知れた仲間と会ったうれしさで、つい飲みすぎてしまいました。今日になって、自分の醜態（しゅうたい）が次々と思い出され、叫び出したいほど恥ずかしい思いをしています。

坂田さんに対しても、なぜあんなことを言ってしまったのか、自分を責め続けています。あの発言は決して他意があってのものではありません。あなたのことはずっと信頼し、尊敬していることは、どうかわかってください。

坂田さんのようなかけがえのない友人を、お酒で失うようなまねはしたくありません。昨晩のような失礼はしないよう、これからは自重してお酒を飲むことにします。どうか、今回に限りお許しいただき、今後ともよろしくおつきあいください。

POINT 言ってしまった言葉は消えませんが、悪意はなかったこと、今後もおつきあいしてほしいことを誠心誠意伝えます。

おわび

ピアノの音のおわび

1分30秒

娘のピアノ練習が大きなご迷惑をおかけしているとは、思いもいたしませんでした。たいへん申しわけありません。

これまで我慢を続けていらっしゃったのだと思いますと、いたたまれない気持ちです。家族は毎日のことで慣れてしまっているものですから、知らず知らず鈍感になっていたのでしょうね。たぶん、杉田さんのほかのお宅にもご迷惑をおかけしていたのでしょう。合わせる顔がありませんが、これからおわびのごあいさつに回ってくることにいたします。

おっしゃるとおり、夜間の練習はこれからさせないことにいたします。また、すぐに業者さんと相談しまして、なんらかの防音対策をとれればと思いますので、どうかお許しください。

お知らせいただかなければ、さらにご迷惑を重ねるところでした。ご指摘くださいまして、ありがとうございます。

POINT 悪意はなかったことを伝え、相手から改善策の提案があれば、それに従う旨を述べます。

おわび

ペットの害のおわび

1分30秒

うちの猫がお宅の庭を荒らしてしまったとのこと、ほんとうに申しわけありません。

植木鉢がいくつかだめになったとのことですが、そのほかのご被害はありませんか。日ごろご主人様が丹精（たんせい）なさっていた鉢ですよね。今までのお世話ぶりを考えますと、どんなにかご不快で残念なお気持ちだったろうと、身の縮む思いでおります。

決して猫を放し飼いにしているつもりではないのですが、目を離すとすぐに外へ出かけてしまうので、私どもでも困っておりました。監督不行き届きから、このようなご迷惑をおかけし、心よりおわび申し上げます。

今後は、外に出さないよう、十分に注意をいたしますので、どうかご容赦（ようしゃ）ください。また、猫が壊（こわ）した植木鉢についても、おわびをさせてください。金銭ですべて償（つぐな）えるとは考えておりませんが、できるだけのことをさせていただきたく存じます。

POINT 「うちのミーちゃんが」など、動物をかわいがる表現は、ときとして相手の不快感を増すことがあるので注意しましょう。

おわび

子どもがガラスを割ったおわび

1分30秒

先ほどはご連絡ありがとうございました。

帰ってきた息子に、事情を尋ねましたところ、やはり自分でけったボールでお宅様の窓ガラスを割ってしまったとのことです。親に言えば怒られると思い、黙っていたようで、こちらからのおわびが遅くなり、たいへん申しわけありませんでした。

そういうときには、必ず親に知らせるようにと、息子にはきつく言い含めました。息子も反省しておりますので、どうかお許しください。

わざとしたわけではないからとの優しいお言葉をいただきましたが、やはりそれではこちらの気がすみません。明日にでも、息子とおわびに伺います。

また、割れたガラスについては、私どもで弁償させてください。お宅様で、出入りの業者さんがいれば、ご手配いただいて私どもが代金を支払うようにいたしますし、そうでなければ、こちらで知り合いの業者に連絡いたします。

POINT こちらに非があるのに、相手が寛容な態度で接してくれたときは、それに対してのお礼の言葉も盛り込みましょう。

おわび

子どものけんかのおわび

1分30秒

香織ちゃんのおけがのぐあいはいかがですか。その後、息子から話を聞きましたが、やはり自分から手を出したとのことです。ほんとうに申しわけありませんでした。

息子には、どんな場合でも暴力をふるってはいけないと、言い聞かせました。今後はこのようなことのないよう、親も注意いたしますので、どうかお許しください。

本人も、事の重大さにようやく気づいたようで、しょげ返っています。とにかく香織ちゃんに謝りたいと申しておりますので、連れてまいりました。

息子に責任のあることですので、病院でかかった治療費は、こちらで負担させていただきます。お金ですむこととは思っておりませんが、治療が終わりましたら精算(せいさん)させてください。

香織ちゃんにも直接おわびをしたいのですが、よろしいでしょうか。

POINT 子どもの自覚を促すため、一緒に連れて行き、本人からもおわびをさせます。

PART 5

学校の式典、行事、PTAでのあいさつ

入園式

幼稚園入園式
園長の子どもたちへのあいさつ

1分30秒

すみれ幼稚園の新しいお友達の皆さん、おはようございます。

今日から、皆さんは、毎日このすみれ幼稚園に来て、先生やお友達と一緒にいろいろなお遊びや運動をします。園にはブランコやジャングルジムがありますよ。皆さんはどんなお遊びが好きですか？　折り紙？　ボール遊び？　絵本を読むこと？　それともお絵かきかな。毎日、いろんなことをしますからね、楽しみにしていてください。

今日は、園長先生と1つだけお約束をしましょう。先生たちが、こうして手をあげたら、それは、皆さんにお話がありますという合図です。この合図をしたら、みんなすぐに先生のところに集まって静かにお話を聞くこと。いいですか、お約束ですよ。

では、明日からは、お母さんと一緒ではなく、皆さんだけが幼稚園に来ますよ。先生もお友達も待っていますからね、元気なお顔を見せてください。

POINT　お母さんと離れたくない子も多いので、具体的な遊びをあげながら、幼稚園は楽しいところだと説明します。

入園式

幼稚園入園式
園長の保護者へのあいさつ

1分30秒

保護者の皆様、ご入園おめでとうございます。すみれ幼稚園の園長を務めております沖田伸子と申します。本日より、私以下こちらにおります職員が、責任を持ってお子様をお預かりいたしますので、どうぞご安心ください。

お子様方は、幼稚園で初めての社会生活を体験することになります。そして、先生たちとのふれ合い、お友達との遊び、ときにはトラブルを通して、社会生活の基礎を学ぶのです。私どもは、お子様一人ひとりの個性を尊重しながら、健やかな成長を見守る手助けをさせていただきます。

保護者の方も、入園という晴れやかな節目を迎えた喜びとともに、新しい生活への不安もお感じになっていることでしょう。何かご心配な点や、幼稚園に対してお気づきの点がありましたら、細かいことでもかまいません、なんなりとご相談ください。本日は、まことにおめでとうございました。

POINT　子どもを責任を持って預かるという「頼りがい」と、何でも相談してほしいという「気さくさ」の両面をアピールします。

入園式

幼稚園入園式
保護者会会長のあいさつ

1分30秒

皆さん、ご入園おめでとうございます。元気そうなお顔がピカピカ輝いて見えますね。

皆さんは、幼稚園ってどんなところかなと思っているでしょうね。楽しく遊べるかな、とちょっと心配なお友達もいるかもしれません。お父さん、お母さんもきっと同じ気持ちでしょう。ですから、明日からは、幼稚園でどんなことをして遊んだか、お父さんやお母さんにいっぱいお話ししてください。そうすると、おうちの人もとっても安心します。皆さん、お願いしますね。

さて、ご家族の皆様、本日はご入園おめでとうございます。私は、このゆたか幼稚園の父母会長をしております堤真砂子と申します。父母会では、毎月の誕生会やクリスマス会などの行事のお手伝いをして、親子のふれ合いの場を広げております。皆様にもこれからいろいろとご協力をいただくことになりますが、どうぞよろしくお願いいたします。

POINT 父母会長も保護者の一人です。同じ親としての感慨や喜びを共有しながら、父母会活動への協力をお願いします。

入園式

保育園入園式
新入園児保護者代表のあいさつ

1分30秒

新入園児の保護者を代表いたしまして、ひと言ごあいさつを申し上げます。本日は、このように盛大な入園式を行ってくださり、ありがとうございます。

私どもはそれぞれの仕事に誇りを持ってはおりますが、やはり幼い子どもを預けて働くことに、多かれ少なかれ抵抗があるものです。そんな中、先ほど園長先生から「働く母親の姿に子どもは多くのことを学ぶ」というお話をいただき、気持ちがとても軽く、そして晴れやかなものになりました。

しっかりとした保育体制を持つこの園で、優しい先生方や多くのお友達とふれ合う中で、子どもたちは、きっと頼もしく、そしてすくすくと成長してくれることでしょう。子どもたちは、これから親と過ごすよりも長い時間を、保育に当たる先生方とご一緒することになります。どうか、ときに厳しく、ときに優しく、私どもの子どもたちをお導きくださいますよう、お願いいたします。

POINT 長時間子どもを預ける保育園への全幅の信頼をあらわしながら、働く母親としての率直な心情を語ります。

入学式

小学校入学式 学校長のあいさつ

1分30秒

新入生の皆さん、入学おめでとう。

皆さんは、今まで幼稚園や保育園で、お絵かきやお歌を楽しんできましたね。小学校でも、同じような時間があります。でも、そのほかに、字を書いたり、足し算や引き算のお勉強をする時間もあります。皆さんは、今お勉強と聞いて、どう思ったかな？「よし、がんばるぞ」と思った人もいるでしょうし、「できるかな」と心配になった人もいるでしょうね。でも、先生のお話をちゃんと聞いていればわかることばかりなので大丈夫ですよ。

保護者の皆様、今まで慈しみ育てていらっしゃいましたお子様のご入学、まことにおめでとうございます。教職員一同、これから6年間、全力を尽くしてお子様の教育に当たらせていただきます。ご家庭におかれましても、お子様が元気で楽しい学校生活を送れるよう、一層のご配慮をお願いいたします。

本日は、まことにおめでとうございます。

POINT 幼稚園・保育園と同じこともある、と安心感を与えながら、新しい勉強についても大丈夫、と励まします。

入学式

小学校入学式 PTA会長のあいさつ①

1分30秒

皆さん、ご入学おめでとうございます。また、ご参列のご家族の皆様にも心よりお祝いを申し上げます。PTA会長の酒井と申します。

1年生の皆さん、私も、この○○小学校の卒業生です。同じ仲間ですね。卒業したのは、もう30年以上も前のことですが、今でもたくさんの楽しい思い出が残っています。君たちも、いっぱいすてきな思い出を、この小学校でつくりましょうね。

ご家族の皆様、あらためておめでとうございます。この小学校でも少子化の流れを受け、昨年より1クラス少ないスタートとなりました。こうした時代、私ども保護者には、自分の子どもだけでなく、地域全体の子どもに目配りをしていこうという姿勢が求められています。PTAでも、交通安全指導、校区内パトロールなど、子どもたちの安全を守る活動を進めております。皆様にも、どうかお力添えのほどをよろしくお願いいたします。

POINT 時代背景を踏まえてのPTA活動のあり方を説明し、新入生の保護者へも協力を求めます。

入学式

小学校入学式 PTA会長のあいさつ②

2分30秒

新1年生の皆さん、ご入学おめでとうございます。校庭の桜も、皆さんをお祝いしてきれいに咲いていますね。

皆さんが、この〇〇小学校に入学してくるのを、先生方も、上級生のお兄さん、お姉さんも、とても楽しみにしていたんですよ。

皆さんの中には、1人で学校に行けるかな、お友達はできるかな、給食はちゃんと食べられるかな、とちょっと心配になっている人もいるかもしれませんね。

でも、大丈夫。学校はとても楽しいところです。そして、わからないことがあっても、先生やお兄さん、お姉さんが何でも教えてくれますから、恥ずかしがらずに聞いてみましょう。

皆さんは、「わからない」という気持ちがあるから、もっと知りたいと思いますよね。「不思議だな」と思うから、調べてみようと思いますよね。これは、小学校の生活で、とっても大事なことです。「わからない」「不思議だな」という気持ちを、どうぞ大切にしてください。

保護者の皆様、本日はお子様のご入学、まことにおめでとうございます。

私はPTA会長の今村と申します。

こうして、ちょっと緊張しながらも晴れやかなお子様の顔を前にいたしますと、ほほえましくなると同時に、私どもPTAの責任の大きさもあらためて感じます。私どもPTAも、子どもたちの健やかな成長を願い、安全で楽しい学校生活が送れるよう、努力してまいりたいと存じます。

皆様方も、なにかとお忙しいこととは存じますが、どうかPTA活動へのご理解、ご協力のほどをよろしくお願いいたします。

本日はまことにおめでとうございました。これで私のあいさつを終わります。

POINT PTAの基本姿勢や主な活動を説明し、理解と協力を求めましょう。また、上級生が放送や照明の活動を行っている場合は、「終わり」をはっきり示す必要があります。

入学式

小学校入学式 新入生父母代表（母親）のあいさつ

1分30秒

本日はこのような盛大な入学式を催していただき、またあたたかいお祝いの言葉をちょうだいいたし、まことにありがとうございました。

子どもたちは、新しいランドセルを背負い、今日の日を心待ちにしておりました。親としても、小学校入学という大きな節目を迎え、誕生から今までの日々を振り返りますと感無量の思いです。

子どもたちには、とにかく楽しく有意義な6年間を過ごしてほしい。それがただ1つの親の望みでございます。戸惑いや困難に出合うこともあるでしょうが、子どもたちが自分の力でそれを乗り越え、充実した学校生活を送れるよう願っております。

校長先生をはじめ先生方には、あたたかく厳しいご指導をお願い申し上げます。私ども保護者も、家庭でそれを支え、子どもとともに成長していきたいと願っております。

本日はほんとうにありがとうございました。

POINT 子どもの様子や親の感慨、学校生活への期待を語りながら、先生方への指導をお願いします。

入学式

小学校入学式 来賓（町内会会長）のあいさつ

1分30秒

新1年生の皆さん、ご入学おめでとうございます。皆さんの目は、キラキラと好奇心にあふれていますね。小学校で、こんなこともしたい、あんなこともしてみたい、といろいろ考えているのでしょうね。何でも自分でやってみること、それがいちばん自分の身につく勉強です。むずかしい言葉でいうと、「経験は最良の教師である」ということです。皆さんも、意欲を持って何かに挑戦する気持ちを、ぜひ大切にしてください。

保護者の皆様、本日はまことにおめでとうございます。お子様の新しい旅立ちを心よりお祝い申し上げます。

子どもは、学校、家庭、そして地域の3つに育てられると申します。私ども町内会も、地域の人間として、子どもたちの教育環境を守るためのお手伝いをさせていただきますので、ご協力のほど、よろしくお願いいたします。

POINT 名言などを引用する場合は、子どもにもわかりやすいよう説明を加える、言いかえるなどの工夫を行います。

入学式

小学校入学式
在校生代表のあいさつ

1分30秒

新入生の皆さん、入学おめでとうございます。私は、6年生の大野由香利です。

皆さんは、小学校は勉強をするところだと思っているかもしれませんね。でも、勉強のほかにも楽しいことがあります。特に、春の○○山登山遠足と秋の大運動会は、この小学校ならではの特色があります。登山遠足は、1年生と6年生、2年生と5年生、そして3年生と4年生が一緒に登ります。窓から見える○○山はとても高く、登るのはたいへんだと思うかもしれませんが、私たち6年生がついているので、どうか安心してください。また、秋の運動会での「大玉送り」は、この小学校の名物競技です。1年生から6年生までが並んで、頭の上の大きな玉をリレーしていくんですよ。

このように、この小学校ではお兄さん、お姉さんとの楽しい行事もたくさんあります。早く仲よくなって一緒に活動したいですね。

POINT 遠足、運動会、給食など、勉強以外の楽しさを説明し、一緒に活動しよう、と歓迎します。

入学式

中学校入学式
学校長のあいさつ

1分30秒

新入生の皆さん、ご入学おめでとう。また、ご列席の保護者の皆様にも、お子様のご入学を心よりお喜び申し上げます。

私は、教壇に立って35年になりますが、少し大きめの制服を着て並ぶ新入生の姿は、いつ見てもほんとうにすがすがしいものですね。毎年、入学式のたびに、さあ、今年も心を新たにがんばろうという気持ちになります。この○○中学校は、今年で創立70周年を迎えます。あなた方のご両親、あるいはおじいさん、おばあさんの中にも、この学校で学んだ方がいらっしゃることでしょう。そうした先輩方が築いてきた伝統は、これからも守り続けていきたい。その伝統がわが校の大きな誇りです。しかし、これから中学校生活を送るあなた方には、この輝かしい伝統を守るだけでなく、あなた方自身の手で、新しい伝統をつくり、後輩に受け継いでほしいと願っています。ともに、がんばりましょう。

POINT 表現は大人向けと同様でかまいませんが、わかりやすい言葉づかいで、新入生への期待を述べます。

入学式

中学校入学式 PTA会長のあいさつ①

1分30秒

皆さん、ご入学おめでとうございます。

中学時代は出会いの3年間といわれています。一生続く親友にめぐり合うこともあるでしょう。これからの人生をともにする趣味やスポーツを見つける人もいるでしょう。あるいは、中学時代に好きになった科目を、そのまま勉強し続け、仕事につなげる人もいることでしょう。

3年間は長いようで短いものです。出会いのチャンスはいつ訪れるかわかりません。それを逃がさないよう、一日一日を大切に過ごしてください。

保護者の皆様、今申し上げましたように、中学生活の3年間にはさまざまな出会いがあり、子どもたちは心身ともに大きく変化します。PTAとしても、その成長を見守り、サポートするため、さまざまな活動を行っております。

皆様にもどうか積極的にご参加いただきますよう、よろしくお願いいたします。

POINT 新入生には、保護者として、人生の先輩としてのアドバイスを。ただし、説教めいた言い方は嫌われるのでソフトに。

入学式

中学校入学式 PTA会長のあいさつ②

1分30秒

皆さん、ご入学おめでとうございます。

中学校は勉強だけをするところではありません。クラブ活動、生徒会活動、友達との語らいなど、教室以外にもたくさんの活躍の場があります。皆さんにはそれぞれがいちばん輝けるステージを、この3年間で見つけてほしいと願っています。

ご家族の皆様にも、お子様のご入学を心からお祝い申し上げます。

中学生になると、幼いころのように、学校での様子を家庭で逐一語らなくなるものです。親として一抹（いちまつ）の寂しさはありますが、それも、子どもの成長の一環です。ただ、学校の様子を語らないことと、知らないことはイコールではありません。学校の様子を知るには、保護者自身の目で確かめるのがいちばんです。PTA活動のほか授業参観、学校祭など、保護者の来校の機会には、ぜひ積極的にご参加くださいますようお願いいたします。

POINT 保護者が中学校に関心を持つことの必要性を述べ、さりげなくPTA活動への参加を促します。

入学式

中学校入学式 来賓（町内会会長）のあいさつ

1分30秒

新入生の皆さん、そしてご家族の皆様、ご入学おめでとうございます。

今日は、お祝いとともに、皆さんに1つだけお願いをしたいと思います。それは「立ち止まる人」になってほしいということです。心も体も大きく成長する時期だというのに、立ち止まれというのはおかしいよ、と思うかもしれませんね。

皆さんにお願いしたいのは、立ち止まる心を持つ人間になってほしいということです。今の時代は、簡単にいろいろなものが手に入ります。何かしたいと思ったら、何でもすぐにできる環境にあるのですね。でも、したいことを行動に移す前に「これはしてもいいことかな」「ここで行ってもいいことかな」と考えるのはとても大切なことです。

皆さんには、そうした強い心を持ち、充実した3年間を送ってほしいと、心から願っています。本日はおめでとうございました。

POINT 教訓的な内容を話すときは、押しつけがましくならないように「お願い」という形をとるのがいいでしょう。

入学式

中学校入学式 在校生代表のあいさつ

1分30秒

新入生の皆さん、入学おめでとうございます。3年の立花雅人です。今は学年の中でも比較的背が高いほうですが、入学式のときはいちばん前で、この2年間で20センチも身長が伸びました。

中学時代は、体がいちばん成長する時期です。もちろん、心だって成長します。

中学生が小学生ともっとも違うのは、今言った「心」を自分で成長させなくてはならないことです。自分のことは自分で考え、自分で解決できるよう、責任を持たなくてはならないのです。これは、とても大切ですが、実行するのはむずかしいものです。

そんなときは、一人で悩まないで、だれかに相談しましょう。ぼくら先輩にもどんどん相談してください。ぼくらも1年生のときは、先輩たちに相談してきました。この中学校にいる生徒は、上級生も下級生もみんな同じ仲間です。ともに助け合って、実りある3年間にしましょう。

POINT 先輩らしい頼もしさと、仲間としての親しさをあらわしながら、新入生をあたたかく迎えます。

入学式

中学校入学式 新入生のあいさつ

1分20秒

私たち142名は、うららかな春の日差しの祝福を受け、今日からこの○○中学校の生徒になります。

今、私たちの胸は、中学校生活への期待と心配が入り混じっています。

本格的な英語の授業、ぐんとむずかしくなるというそのほかの勉強、そして、部活動。それら、私たちにとって初めての経験となることのすべてが、ワクワクする楽しみであり、ドキドキする不安でもあるのです。でも、142名みんなが同じ気持ちなのだと思えば心が軽くなりますし、先生方や先輩がいろいろ教えてくれると思うと、とても心強い気持ちになります。

この伝統ある○○中学校の生徒として恥ずかしくないよう、一生懸命努力します。先生方、そして先輩の皆さんには、あたたかいご指導をよろしくお願いします。

POINT 飾らない表現で、期待と不安を率直に述べ、先生や先輩への指導をお願いする言葉で結びます。

入学式

高校入学式 学校長のあいさつ

1分30秒

新入生の皆さん、ご入学おめでとう。本年の入学試験は、1.8倍という高い競争率となりました。その難関を見事突破してのご入学を心よりお祝いいたします。

義務教育だった小学校、中学校とは違い、高校は、自分の意思で選択し、自分の努力で試験に合格するところです。皆さんは、そうして○○高校を選び、○○高校に選ばれて入学したという気持ちを、どうか3年間忘れずに、勉学に励んでください。また、皆さんにとって高校受験に合格したことはゴールではありません。今日からはまた気持ちを引き締め直して、新しい目標に向かってのスタートラインにつくのだという自覚を持ちましょう。新たなる目標へ到達する道は決して平坦ではないでしょうが、君たちの実力と努力で、その目標を手に入れることを願っています。

○○高校での3年間が、君たちにとって有意義で実りあるものになることを祈ります。

POINT 高校への進学、受験の合格、双方を祝う言葉を盛り込みます。高校生には多少厳しい励ましをはなむけにしても。

入学式

高校入学式 PTA会長のあいさつ

1分30秒

皆さん、ご入学おめでとうございます。ご家族の皆様にも心よりお祝いを申し上げます。

本校は、素直な心で物事を見つめ、すべての人や物を思いやることのできる、心豊かな人間を育てるという「心の教育」を目ざしています。勉学はもちろんですが、奉仕活動にも力を入れ、地域の老人施設でボランティアを行ったり、家庭から花を持ち寄って日ごろお世話になっている方に届けるなどの行事も毎年行われています。

保護者の一人として、このような幅広い教育を理念とする本校には、大きな信頼を寄せ、わが子を安心してお預けできると考えております。

新入生の皆さん、慈愛の精神あふれる本校で学べる皆さんは幸せです。立派な大人になるための基礎となる学力と心の豊かさを、ぜひ本校での3年間で身につけてください。

本日は、まことにおめでとうございました。

POINT 保護者の一人という立場から、授業以外の有意義な活動を紹介し、学校への信頼感をあらわします。

入学式

専門学校入学式 学校長のあいさつ

1分30秒

皆さん、○○デザイン専門学校へのご入学おめでとうございます。

情報技術の発達により、デザインが重要視される分野は映像、ウェブへと一層広がりを見せ、すぐれたデザイナーの養成が求められています。

本校では、卒業後すぐにプロとして通用する技術を身につけることに重点をおいています。たとえば、企業からの課題にデザインを提案する産学協同プロジェクト、学生自身が社会的なテーマにとり組む自主研究プロジェクトなどを通じ、本校で学んだ技術や知識を、実社会で生かす実際を学ぶわけです。

授業は決して楽ではありません。課題も多く出されます。しかし、その分、本校で身につけるものも大きく、卒業生はさまざまな分野で第一線のデザイナーとして活躍しています。どうか、皆さんも先輩方に負けないよう、技術と知識を本校でみがいてください。

POINT 学生が誇りと自覚を持って学べるよう、特徴的な授業や試みを具体的にあげてアピールします。

卒園式

幼稚園卒園式
園長のあいさつ

1分30秒

皆さん、卒園おめでとうございます。

4月からは、ランドセルを背負って、新しいお友達と新しい小学校に通うことになりますね。皆さん、楽しみでしょう？

でも、このわかば幼稚園のことも、ときどきは思い出してくださいね。滑り台や砂場のあるお庭も、皆さんが毎日遊んだ教室も、そしてもちろん先生方も、皆さんのことを決して忘れませんよ。小学校に上がっても、たまにこの幼稚園に遊びに来てくれると、とてもうれしいです。

保護者の皆様、本日はほんとうにおめでとうございます。入園したばかりのころは、お母さんと離れるのが嫌で泣いていた子も、こんなにたくましくなりました。これからも、お子様が、健やかに明るく成長なさいますことを、そして小学校での生活が実り多きものになりますことを、職員一同、心よりお祈りしております。おめでとうございました。

POINT 感傷的にならず「小学校が楽しみですね」と未来に向けた明るい言葉で送り出しましょう。

卒園式

幼稚園卒園式
保護者代表（母親）のあいさつ

1分30秒

皆さん、卒園おめでとうございます。春からはいよいよ小学生、楽しみでワクワクしますね。幼稚園と同じように、たくさんのお友達と仲よくなれるといいですね。

園長先生をはじめ職員の皆様、2年間、ほんとうにお世話になりました。初めての集団生活に親も子も不安でいっぱいの入園でしたが、先生方のあたたかいご指導のおかげで、このように心も体もぐんと成長し、晴れの卒園の日を迎えることができました。先ほど歌った歌のように、この幼稚園には、あんなこと、こんなこと、ほんとうにたくさんの思い出があります。幼い日の宝物として、親子とも、ずっと心に残ることでしょう。

園長先生をはじめ、皆様のますますのご活躍と、わかば幼稚園の発展をお祈りし、保護者一同からのお礼のごあいさつといたします。

ほんとうにありがとうございました。

POINT 保護者のあいさつは、幼稚園生活の感慨と、指導者へのお礼の言葉を主体にします。

卒業式

小学校卒業式 学校長のあいさつ

1分30秒

１３２名の皆さん、卒業おめでとう。

６年前、お父さんやお母さんに手を引かれ入学した皆さんですが、卒業の日には、こんなにたくましく成長しました。そして、４月からはいよいよ制服を着た中学生になります。

今、皆さんの心は、中学校の生活を「がんばるぞ」という気持ちと「大丈夫かな」という不安が半々のことでしょう。でも、６年間、それぞれの目当てを実行できた君たちです。中学校でもきっと自分の力を存分に発揮できることでしょう。小学校の先生も、そしてお父さん、お母さんも、ずっと君たちを応援していることを忘れずに、がんばってください。

保護者の皆様、本日はおめでとうございます。また、今まで本校の教育に深いご理解とご協力をいただきましたことに、あらためて感謝申し上げます。お子様がこれからも心身ともに健やかにご成長なさることを祈り、私のごあいさつといたします。

POINT 卒業生が自信を持って中学に進めるよう、力強い励ましの言葉を贈って、はなむけとします。

卒業式

小学校卒業式 PTA会長のあいさつ

1分30秒

皆さん、ご卒業おめでとうございます。

６年間、皆で喜びを分かち合ったり、悔し涙を流したりしたはずです。でも、思い出してみてください。あなた方は決して１人ではありませんでした。ともに笑う友達やお父さん、お母さん、相談に乗ってくれる先生がいましたね。中学生になっても同じです。小学校の先生や家族はいつもあなた方を応援していますよ。

保護者の皆様、本日はお子様のご卒業おめでとうございます。この６年間、困難もあったことでしょうが、それを乗り越え、今日の晴れの日を迎えられましたのは、ご家族の支えがあったからだと思います。どうか今後とも、その深い愛情でお子様を支えてあげてください。卒業生の皆さんと保護者の皆さんのますますのご健康とご活躍を祈り、あわせてこれまでのPTA活動へのご協力に心より感謝して、私のごあいさつといたします。

POINT 同じ親としての立場で保護者の感慨を思いやり、また、PTA活動への協力のお礼も盛り込みます。

小学校卒業式
送辞

1分30秒

6年生の皆さん、卒業おめでとうございます。

今、私たち在校生の胸には、皆さんと一緒に活動したいろいろなでき事がよみがえっています。手を引き励ましてくれた登山遠足、ぴったりそろっていた運動会でのマスゲームなど、すばらしい6年生の姿を、あざやかに思い出します。

4月からは、私たち5年生が最上級生となります。皆さんのように、頼りがいのあるお兄さん、お姉さんになれるかどうかわかりませんが、一生懸命努力したいと思います。卒業生の皆さんも、それぞれの新しい中学校で活躍することと思いますが、たまには小学校のことを思い出し、遊びに来て、私たちを力づけてほしいと思います。

私たちは、優しく、頼もしかった6年生のことを、いつまでも忘れません。そして、在校生の皆さんも、どうかお体に気をつけてがんばってください。どうもありがとうございました。

POINT 具体的なエピソードや思い出をあげて、上級生への感謝の気持ちを伝えます。

卒業式

小学校卒業式
答辞

1分30秒

6年間、雨の日も風の日も、毎日通ったこの○○小学校とも今日でお別れです。先生、在校生の皆さん、そしてお父さん、お母さん、今までほんとうにありがとうございました。

私たちは今、卒業の日を迎えた晴れがましい気持ちと、小学校を去る寂しさで、胸がいっぱいです。

運動会、遠足、林間学校、修学旅行。友達と遊んだこと、あるいはけんかしたこと。6年間で、ほんとうにたくさんの思い出ができました。これらの楽しかった思い出は、私たちの心の宝物として、ずっと大切にしていきます。

4月から私たちは中学生になります。先生、お父さん、お母さん、どうぞこれからも私たちを応援してください。そして、在校生の皆さん、慕ってくれてありがとうございました。お別れするのは寂しいですが、どうぞお元気で。さようなら。

POINT 小学校生活での大きなでき事を振り返り、慈しみながら、支えてくれた先生や家族への感謝の言葉を伝えます。

謝恩会

小学校謝恩会 司会者（母親）のあいさつ

1分30秒

ただ今より「令和○年度○○小学校卒業を祝う会」を開催いたします。

校長先生をはじめ先生方、本日はお忙しい中ご出席いただき、まことにありがとうございました。先ほどは、すばらしい卒業式で子どもたちをお見送りくださり、心より御礼を申し上げます。厳粛な中にもあたたかみがあり、わが子の晴れやかな姿に胸を熱くした保護者も多かったことと思います。

また、保護者の皆様も、午前中の卒業式に続いての夜の会合に、お忙しい中ご参加いただき、ありがとうございました。

本日は、子どもたちの卒業を祝い、また、これまで子どもたちをあたたかく見守り、お導きいただきました先生方への感謝の気持ちを込めて、このささやかな会を設けました。どうぞ皆様、ゆっくりとおくつろぎいただき、6年間の思い出を存分に語り合っていただければと存じます。

POINT 謝恩会は卒業式のあとに行われることが多いので、式の感想や、卒業を迎えた感慨を親として述べ、開始のあいさつとします。

謝恩会

小学校謝恩会 主催者（実行委員長）のあいさつ

1分30秒

卒業時の担任の先生、そしてこれまでの学年を受け持っていただいた先生方、本日はお忙しい中ご出席いただき、まことにありがとうございました。

この6年間は、幼児から大人の入り口にかけて大きく成長する時期でした。集団生活の中で周りと強調しながら自分の考えを伝えること、大勢で1つの目標に向かって力を合わせることなど、家庭では決してできない貴重な経験を、この伝統ある○○小学校でさせていただいたことは、親にとって大きな喜びでございました。

親身になってご指導をいただきました先生方に、あらためて心より御礼を申し上げます。本日は、私ども保護者からの感謝の気持ちを込め、この謝恩会を開催いたしました。

のちほど、子どもたちの学校生活の思い出のビデオを上映する予定ですが、それまでお料理を楽しみながらご歓談ください。

POINT 小学校生活の意義を強調しながら、指導に当たってくれた先生方への感謝の言葉へとつなげます。

卒業式

中学校卒業式 学校長のあいさつ

1分30秒

皆さん、ご卒業おめでとう。

春のうららかな日差しを浴びて、校庭の木々が新しい芽をふくらませ始めているのを見つけました。新しい出発を迎える皆さんにふさわしい光景です。皆さんも、春を迎えた木々のように、これから芽を出し、若葉を茂らせ、枝を伸ばして、実を実らせるのです。

これから皆さんの歩む道と同じように、木々の成長も一とおりではありません。大輪の花を咲かせる木もあれば、ひっそりと花を咲かせたあとに見事な実をつける木もあります。そして、花を咲かせ、実をつける季節も、木によってまちまちです。

あなた方にも、自分だけの季節があります。春に、ほかの木々が花を咲かせたからといって、決してあせらないこと。あなたの花が咲く季節は、やがてやってきます。あなた方の未来が光に満ちたものになることを願っています。おめでとう。

POINT 春の季節感をあらわしながら、幸福は決して画一的なものではないというメッセージを伝えます。

卒業式

中学校卒業式 ＰＴＡ会長のあいさつ

1分30秒

卒業生の皆さん、そしてご家族の皆さん、本日はおめでとうございます。

○○中学校での3年間の生活はいかがでしたか。楽しかったこと、感動したこと、あるいはつらかったこと、たくさんの思い出が今皆さんの脳裏に浮かんでいることでしょう。それらは、あなたにとってかけがえのない財産です。今までは義務教育というわく組みの中で学校生活を送ってきた皆さんですが、これからは、自分の責任で物事を進めていかなくてはなりません。そのときの指針になるのが、中学校までの経験だからです。

4月からはそれぞれが選んだ道を進むことになりますが、今まで学んだことを生かし、力強く歩んでいってください。また、この○○中学校と、ともに学んだ仲間たち、先生、家庭は、いつもあなた方の心の応援団として、あなたを支えていることも忘れずにいてください。おめでとう。

POINT 思い出を懐かしむだけでなく、それを経験として今後に生かすことの必要性を、わかりやすく伝えます。

卒業式

中学校卒業式
来賓（同窓会長）のあいさつ

1分30秒

皆さん、ご卒業おめでとうございます。私は、40年ほど前にこの中学校を卒業しましたが、今でも毎年、中学校の同期会をしています。

中学時代の友人は一生の友になるといいます。皆さんは、今はまだピンとこないかもしれませんね。しかし、感受性豊かなこの3年間を、毎日ともに過ごした仲間とは、目に見えない強いきずなで結ばれているのです。その友情を、このすばらしい○○中学校ではぐくんだことは、皆さんにとって何物にもかえがたい幸福だと思います。

皆さんは、今日から、この○○中学校の同窓会員となります。多くの卒業生が、この土地で、全国各地で、あるいは海外で活躍しています。皆さんも、頼もしい先輩たちと同じように、それぞれの進路で力を発揮してくれることを願っています。同窓会も、皆さんを陰ながら応援しています。

本日はほんとうにおめでとうございました。

POINT 同窓会という立場から、中学時代の友情は一生ものであるというテーマにしぼって話を進めます。

卒業式

中学校卒業式
送辞

1分30秒

3年生の皆さん、ご卒業おめでとうございます。ほんとうは、晴れやかな旅立ちを心からお祝いしなければならないのですが、私たち在校生は、先輩がいらっしゃらなくなる寂しさと不安でいっぱいです。

先輩たちは、私たちにとって、ときには先生や両親よりもすぐれた指導者でした。部活や生徒会活動で見せてくれた、すばらしい指導力、懸命な努力、後輩への思いやりなどにふれ、私たちはどれほどあこがれ、どれほど多くのことを学んだかわかりません。

皆さんは、今日、この○○中学校を巣立つわけですが、私たちにとっては、これからも先輩です。私たちのお手本となるようなリーダーシップを、それぞれの進路でも発揮してください。そして、ときどき遊びに来て、私たちを指導してください。私たちも先輩を目標として、努力していきます。

先輩、ほんとうにありがとうございました。

POINT 部活や生徒会活動を通じて、先輩後輩の関係が密な中学時代。慕い、あこがれていた気持ちを率直に表現します。

卒業式

中学校卒業式 答辞

1分30秒

この3年間、私たちはこの○○中学校で多くのことを学び、そして今、旅立ちのときを迎えました。今まであたたかく、ときに厳しくご指導くださった先生方、いろいろな支援を行ってくださったPTAの方、未熟な私たちを先輩と慕ってくれた在校生、そして、今日まで育ててくれた家族に、心からありがとうと言いたいと思います。

高台にあるこの中学校の校訓は、皆さんご存じのように「この坂越えん」といいます。

これから、私たちの歩む道は、決して平坦でまっすぐな道ばかりではありません。上り坂も下り坂も、曲がりくねった道もあることでしょう。でも、どんな困難に出合おうとも、私たちはこの中学校で学んだ「この坂越えん」の精神を忘れず、自分が決めた目標に向かって挑んでいきます。

どうか、これからも、私たちへの応援をよろしくお願いします。

POINT 何事にもチャレンジしていきたいという若々しい決意を主体にします。校訓などをとり入れるのもいいでしょう。

卒業式

高校卒業式 学校長のあいさつ

1分30秒

皆さん、ご卒業おめでとうございます。

皆さんは、今後、就職あるいは進学と、それぞれが選んだ道を歩き始めます。

しかし、皆さんの中には、希望の進路をとれなかった人もいることでしょう。志望する大学を目ざしてもう1年がんばる人、まだいい職場にめぐり合えない人、あるいは進むべき道を決められずにいる人も少なくないはずです。でも、あせることはありません。これからの1年は、人生というマラソンレースの中では、ほんのわずかな距離にすぎないのです。レースを万全なものにするため、栄養ドリンクを補給する時間だと思ってください。

マラソンレースと申しましたが、人生にゴールはありません。どのように生き生きと走ることができるか、それがレースの勝敗を決めるのです。誇りを持って、君たちらしく走り続けてください。卒業おめでとう。

POINT 卒業生は、進学決定、浪人、就職、就職未定、進路未定と、立場がさまざまであることに配慮して話します。

卒業式

高校卒業式 PTA会長のあいさつ

1分30秒

皆さん、ご卒業おめでとうございます。

県下でも有数の進学校である〇〇高校で学んだ皆さんの今までの18年間、もちろんつらいこと、苦しいこともあったでしょうが、ほぼ順風満帆だったと言ってもいいでしょう。

国語学者の金田一春彦さんは「春風秋雨」という言葉をこよなく愛したそうです。人生は、春の花が咲くころに風が吹いて散ったり、秋の紅葉のころに雨が降って散ったりと、ままならないことがしばしば起こる。しかし、春の風も秋の雨もそれはそれで楽しもうと思う、と彼は述べています。

君たちは、今まで春には花を満開にさせ、秋には美しい紅葉を見せてきました。これから進学し、社会に出ると、たくさんの困難が待ち受けています。しかし、たとえ思うように花が咲かなくても、葉っぱを色づかせることができなくても、そこには違う道が開けるという気持ちを忘れずにいてください。

POINT 名言を「贈る言葉」にする場合は、堅苦しい格言より、平易な言葉のほうが生徒に受け入れられやすいものです。

なるほど！column

卒業式に向くはなむけの名言

「人生は神秘　そのことを知りなさい
人生は悲しみ　それを乗り越えなさい
人生は冒険　大胆に挑みなさい
人生は幸運　その幸運を本物にしなさい
人生は人生　立ち向かいなさい」　（マザー・テレサ）

「青春の辞書には、失敗という言葉はない。」
（イギリスの作家・リットン）

「人生は学校である。そこでは幸福よりも不幸のほうがよい教師である。」　（ロシアの文学者・フリーチェ）

「一生勉強、一生青春」　（相田みつを）

「人間は道を選ぶことができる。それこそが人間の人間たるゆえんだ。」　（映画『エデンの東』より）

「この道は一度しか通らない道。だから役に立つこと、人のためになることは今すぐやろう。先に延ばしたり忘れたりしないように。この道は二度と通れないのだから。」　（アメリカの鉄鋼王・カーネギー）

学校行事

幼稚園運動会 保護者会会長の始めのあいさつ

1分30秒

皆さん、おはようございます。今日は、待ちに待った運動会です。いいお天気になってよかったですね。今まで一生懸命練習してきたことを、応援に来てくれた家族の皆さんにいっぱい見せてあげてくださいね。

ご家族の皆様、朝早くからお世話さまです。こうして、季節の行事のたびに、わが子の成長を実感できるのは、親にとってたいへんうれしいことです。運動会の練習をはじめとして、日ごろから熱心なご指導をいただいている先生方に、この場をお借りしてあらためて御礼(おんれい)を申し上げます。

さて、今日は、子どもたちに負けないよう、私たちも、応援に競技にと張り切って参加しましょう。日ごろの運動不足がたたって、けがなどなさいませんよう、プログラム1番のラジオ体操で子どもたちと一緒に体をほぐしてください。では、皆様のご協力で楽しい運動会にいたしましょう。

POINT 子どもには明るく語りかけるように、保護者には積極的な参加の呼びかけを、先生には感謝をと、内容を切りかえます。

学校行事

小学校運動会 PTA会長の始めのあいさつ

1分30秒

皆さん、おはようございます。さわやかな秋空のもと、皆さんが楽しみにしていた運動会がこれから開催されます。

この日のために、皆さんは、さまざまな競技の練習をがんばってきました。今日の目標は、勝ち負けではなく、自分の練習の成果を発揮し、力を出しきることです。赤組も白組も、最後まであきらめることなく、正々堂々と戦ってください。お父さん、お母さん、家族の方々も、皆さんの応援に駆けつけてくれています。

来賓の皆様、保護者の皆様、本日はご多忙のところありがとうございます。幸い運動会日和(びより)にも恵まれました。今日は一日、子どもたちと一緒にいい汗を流し、そして声援を送ってあげてください。

結びになりましたが、この日のために熱心なご指導と綿密なご準備をいただきました先生方に、心より御礼(おんれい)を申し上げます。

POINT 子ども、来賓、保護者、先生、それぞれに目配り、気配りをしながら、明るい調子であいさつをします。

学校行事

小学校運動会 PTA会長の終わりのあいさつ

1分30秒

心配された天気もなんとか持ちこたえてくれ、また1人のけが人もなく、無事に運動会を終えることができました。皆さん、お疲れさまでした。

白組の皆さん、優勝おめでとう！　最後のリレーでの大逆転、大いに盛り上がりました。

赤組の皆さんは残念でした。でも、騎馬戦などでのがんばりは、すばらしかったですよ。

最後まであきらめずに競技する皆さんの姿、転んでもまた立ち上がって走り続ける姿、周りのお友達と協力して演技をする姿。どれも感動的で、見ている私たちも、元気とパワーをもらったような気がします。皆で1つのことにとり組むって、すばらしいことですね。そして、そういう協力ができる皆さんを見ていると、また一歩成長したな、と親としてもたいへん頼もしく思いました。

ご来賓の皆様、先生、本日のためのご指導とご準備、まことにありがとうございました。

POINT 競技の感想を具体的に述べ、勝者、敗者それぞれの子どもたちの健闘をたたえます。

学校行事

中学校球技大会 校長の始めのあいさつ

1分30秒

皆さん、おはようございます。

いよいよ待望の球技大会の日がやってきました。サッカー、バスケットボール、バレーボール、卓球、バドミントンとさまざまな競技を行うのが本校の球技大会の特徴です。皆さんはそれぞれの得意競技に出場するわけですが、これまでの練習の成果をいかんなく発揮し、熱く感動的な競技を繰り広げてくれることを期待しています。

球技大会は、勝敗や記録ももちろん大事ですが、その結果が出るまでの内容に、さらに大きな意義があります。

団体競技では、いかにチームワークよく戦い、それぞれの持ち場での働きを全うできるか。個人競技では、今日に自分のピークをもってきて、最高の力を出しきれるか。それが大切です。自分のベストゲームをすることを目標に、けがのないよう全力を尽くしましょう。

POINT 球技大会などの体育系の行事では、生徒はどうしても勝敗にこだわりがち。それ以外の意義も強調しましょう。

幼稚園行事

幼稚園学芸会 保護者代表（母親）のあいさつ

1分30秒

ずいぶん前から練習を重ねてきた学芸会も、いよいよ当日を迎えました。衣装を身につけ、準備をととのえた子どもたちも少し緊張の面持ちでいるようです。皆さんのお宅でも、連日、せりふの練習や衣装の準備などで、いやがおうにも雰囲気が盛り上がっていたことと思います。

私事になりますが、わが家でも、毎晩毎晩の練習で、私も息子も全員のせりふを覚えてしまうほどでした。そんなわが子の姿を見て、入園のときは、自分のしたいことを伝える言葉さえうまく口にできなかったことを思い出しました。それが今は、劇を演じるという自覚を持ってせりふを覚えるまでになったのです。その成長ぶりに、親として大きな喜びと感慨を感じるとともに、これまでご指導をいただいた先生方への感謝の思いを一層深くしたしだいでございます。

本日はほんとうにありがとうございました。

POINT 学芸会の練習を通じて知った子どもたちの成長ぶりを語り、先生方の指導への感謝の言葉で結びます。

幼稚園行事

幼稚園お泊まり会 保護者代表（母親）のあいさつ

1分30秒

お泊まり会の世話役を担当いたしました、森本香奈の母です。お泊まり会で、初めて親と離れて眠る経験をしたお子さんも多かったことと思います。親も子も、ドキドキしましたが、こうして全員が笑顔で解散できることになり、ほっとしています。

昨晩は、子どもたちもお手伝いをしてのカレーパーティーのあと、花火をしました。今日は、朝から○○公園へミニ遠足に行き、オリエンテーリングにも挑戦しました。どれも、この夏の大きな思い出として、子どもたちの心に残ることでしょう。

園長先生をはじめ先生方には、たいへん行き届いたご準備とこまやかなご指導をいただき、ほんとうにありがとうございました。

子どもたちは、今はまだハイテンションなので元気そうに見えますが、かなり疲れていることと思います。おうちに帰ったら、ゆっくり休ませてあげてください。

POINT イベントの様子を具体的に振り返りながら、無事に終了したことを喜び、関係者への謝辞で結びます。

学校行事

小学校音楽発表会　校長のあいさつ

1分30秒

保護者の皆様、本日はお忙しい中、わが校の音楽発表会にお越しいただきまして、ありがとうございました。

例年は、音楽を専門教科とする先生が各学年の課題曲を決めていたのですが、今回は、子どもの自主性を重んじる試みとして、各クラスで生徒自身が曲を選び、演奏することにしました。プログラムをごらんいただければおわかりのように、テレビなどでおなじみの曲やアニメのテーマソングを選定したクラスも多く、子どもたちも楽しみながら意欲的に練習にとり組めたようです。発表会が近づくにつれ、自主的に朝練習や放課後の居残り練習をするクラスも多くなり、音楽の完成度が高まってきたのが、手にとるようにわかりました。

クラス全員が心を一つにしてつくり上げた音楽です。じっくりとご鑑賞いただき、あたたかい拍手をお送りいただければと存じます。

POINT 例年と違う方法で行事を行うときは、「子どもの自主性を重んじた」など、前向きな理由とともに説明します。

学校行事

小学校音楽発表会　PTA会長のあいさつ

1分30秒

皆さん、見事な演奏をありがとう。音楽のすばらしさをあらためて知ったような気がします。

1年生は初めての音楽発表会、ちょっぴり緊張していたみたいですね。でも、皆さんのハーモニカはすてきな音色を奏でていましたよ。学年が上がるにしたがって、パートに分かれて音を出したり、さまざまな楽器で合奏したりと、だんだん音楽も豊かになってきましたね。どの演奏も、それぞれの学年の個性が出ていて、聞きほれてしまいました。音楽は、音を楽しむと書きますが、皆さん心から音楽を楽しんでいる様子に感動しました。

もう一つ感心したのは、皆さんの音楽を聞く態度です。どの子もきちんと背筋を伸ばして、真剣なまなざしで、ほかの学年の演奏を鑑賞していました。とても立派でしたよ。

最後になりましたが、親身なご指導をいただきました先生方、ありがとうございました。

POINT 音楽発表会など文化系の催しでは、演奏する側、鑑賞する側、双方の成果や態度をたたえるようにします。

学校行事

小学校バザー 実行委員長の前日のあいさつ

1分30秒

皆さん、お忙しい中をお集まりいただき、ありがとうございました。

毎年恒例のバザーもいよいよ明日に迫り、今日が最終の準備になります。今年は皆さんのおかげで例年より多くの品物が集まりました。そのため、値段つけや陳列には、多少時間がかかりそうです。

本日の準備作業は、教室の清掃と会場の設営をする人、品物の値段つけと搬入を行う人の２グループに分けて進めていきたいと存じます。１年生から３年生までのお母様は会場設営、４年生から６年生のお母様は、品物のほうをお願いできますでしょうか。作業の進み方に差が出るようでしたら、各自の判断でお手伝いをお願いいします。

お互いに家の用事もあることですし、効率よく作業を進めて、なるべく早く終わらせたいと思っています。皆さんのご協力、よろしくお願いいたします。

今日一日、がんばりましょう！

POINT 作業前のあいさつはテキパキと行うことが大事です。だれが何をすればいいのかわかりやすく説明します。

学校行事

小学校バザー 実行委員長の終わりのあいさつ

1分30秒

皆様、お疲れさまでした。

今回の友愛バザー開催にあたりましては、本日の運営だけでなく、保護者の皆様へのご案内、品物集め、手作り品製作、値段つけなど、さまざまな作業にご協力いただき、心より感謝いたしております。

おかげさまで、本日のバザーは大盛況のうちに終わりました。今年は近隣のスーパーにも案内のポスターをはらせてもらった効果でしょうか、たいへん多くのお客様にお越しいただき、品物もほとんど完売となりました。予想以上の数のお客様だったため、売り場で対応しきれなかったケースがあったこと、つり銭が不足したことなどは、反省点として、次回以降に生かしていきたいと思っています。

なお、本日の売り上げは〇〇円で、当初の見込みを大幅に上回るうれしい結果となりました。皆様のご協力にあらためて感謝いたします。ほんとうにありがとうございました。

POINT 売上金など数字であらわせるものは、できるだけその場で発表すると、スタッフの充実感が深まります。

記念式典

小学校創立10周年式典
学校長のあいさつ

1分30秒

すがすがしい青空のもと、本校の創立10周年をお祝いでき、とてもうれしく思っております。

本校は、生徒数が減少した３つの小学校が統合され、10年前新しく誕生しました。ソーラーパネルつき温水プールや芝生のグラウンドなど、環境に優しい設備にも恵まれ、子どもたちは心豊かに小学校生活を送っています。とはいえ、新しい学校を運営していくのは試行錯誤の連続です。本日、10周年の喜ばしい節目を無事に迎えられましたのも、ひとえに地域の皆様、ＰＴＡの皆様のお力添えのおかげと、心より感謝いたしております。

教育は、教室の中だけで行うものではありません。環境にも、設備にも、そして支援してくださる皆様にも恵まれた本校で、生徒たちが、学力だけでなく真の人間力を身につけられるよう、これからも努めてまいります。どうか、皆様には今後とも一層のご理解、ご協力をよろしくお願い申し上げます。

POINT 学校の環境設備や校風などの特長をあげながら、来賓にもれなく支援のお礼を述べます。

記念式典

小学校創立10周年式典
ＰＴＡ会長のあいさつ

1分30秒

〇〇小学校創立10周年、まことにおめでとうございます。最新の設備と、都心部には珍しい緑豊かな環境に恵まれた本校で、わが子を学ばせることができるのは、親にとりましても大きな喜びでございます。そして、創立間もない学校ゆえの、自由で活気あふれる雰囲気も得がたいものでしょう。これはぜひとも本校の新しい伝統として、これからも受け継いでいただきたいと願っております。

今日は、第1期の卒業生の皆さんもお見えになっていますが、ちょうど大学を卒業し、社会に巣立つ時期なのですね。本校も創立10周年を新しい旅立ちのときとして、一層の飛躍発展を遂げることを期待しています。

なお、ＰＴＡからささやかな記念品として、図書を寄贈させていただきます。子どもたちに喜んでもらえれば幸いに存じます。

本日はまことにおめでとうございました。

POINT 新設校なら「活気」「成長」「清新」、伝統校なら「歴史」「風格」「卒業生の多彩な活躍」などをキーワードに。

PTA行事

PTA総会
PTA会長就任のあいさつ

3分

皆様、本日はお忙しいところPTA総会にご出席いただきまして、ありがとうございました。本年度より、PTA会長を務めます、原田健一でございます。昨年度までの吉原会長、また役員の方々は「全員参加のPTA」をテーマに、熱心に活動をしてくださいました。任期中のさまざまなご努力、まことにお疲れさまでした。

私は昨年、会計監査として事務局の一員を務めましたが、会長職は初めてでございます。不慣れですが、前会長の路線を踏襲し、皆様の声に耳を傾けながら、運営に当たってまいりたいと考えております。どうか、皆様、引き続きのご協力をよろしくお願いいたします。

働くお母さんが増えており、昨年度のPTAのアンケートでも、本校のお母さんの約6割の方が仕事を持っていらっしゃいます。それぞれにお忙しいことと思います。しかし、こういう時代だからこそ、一層子どもたちのための活動が必要になってくると私は考えております。

子どもたちをとり巻く環境は、年々複雑で厳しいものになっています。いじめ、不登校、学級崩壊と、親として決して他人事ではありません。このような問題は、家庭だけ、学校内だけで解決できるものではありません。学校、家庭、地域のコミュニケーションを密にして、3者が共同で子どもを育てるのだという視点と姿勢が求められています。

PTAとしても、お忙しい皆さんでもなるべく参加しやすいような体制をととのえ、子どもたちのための意見交換や情報収集ができる場を設けていきたいと考えております。どうか保護者の皆様方も、先生やほかの方々との交流を通じて、子どもの健やかな成長を助けるためにも、言葉は悪いですが、PTAを利用してやろうというお気持ちでご参加いただければと存じます。

1年間、どうぞよろしくお願いいいたします。

POINT 前年度の役員をねぎらい、今年度の抱負を述べます。「働く母親も参加しやすいPTA」は、全国共通の目標です。

PTA行事

PTA総会
PTA会長の始めのあいさつ

1分30秒

令和○年度PTA総会開催にあたり、ひと言ごあいさつを申し上げます。

本日は皆様ご多忙のところ、総会にご出席いただき、まことにありがとうございます。

皆様ご存じのとおり、本校は本年で創立100周年を迎える、市内でも有数の伝統校です。本校が隔年で主催する先生の研究会をはじめ、教育活動にもたいへん熱心で、PTAも、近隣の学校との交流の中心となって活発な活動を続けております。

本年度は、創立100周年記念事業と先生の研究会支援で、PTAも例年以上の活動量になります。保護者の皆様には今年度も積極的なご参加、ご協力をいただけますよう、心よりお願いいたします。

本日は、年に一度の総会です。皆様が、学年を超えて直接意見交換できる貴重な場ですので、どうぞ積極的にご発言ください。さまざまなご意見が伺えることを願っております。

POINT 年度の事業への協力を要請するとともに、総会の意義を説明して、気軽に発言できるような雰囲気をつくります。

PTA行事

PTA総会
PTA役員のあいさつ

1分30秒

皆さん、こんにちは。新しく副会長の大役を務めます深沢です。子どもは3人おりまして、上は高校生と中学生、下の子が今年5年生になりました。小学校にかかわるのもあとわずかということで、これまで長い間お世話になった○○小学校に、少しでもご恩返しができればという気持ちで、役員をお引き受けいたしました。

佐々木会長という、たいへん指導力のあるリーダーがいらっしゃいますので、PTA全体の指揮については大船に乗った気分でおります。私は、会長を支えながら、皆さんの声を母親の立場で伺い、実行に移すためのお手伝いをさせていただこうと思っています。先生方や会員の皆様との交流を通して、自分も成長したいと考えておりますが、まだまだ未熟者ですので至らない点が多いと思います。お気づきの点は、なんなりとご指摘ください。1年間どうぞよろしくお願いいたします。

POINT 参加者の多くは母親。「同じ母親として意見を伺う」という謙虚な姿勢をあらわしながら、親しみを込めて話します。

PTA行事

PTA学年委員会 委員長就任のあいさつ

1分30秒

皆さん、おはようございます。時間になりましたので始めます。私は、本年度の学年委員長を務めることになりました、4年3組の吉田です。

学年委員会の主な仕事は、年1回の親子レクリエーションと、月1回の廃品回収、それに保護者全員に参加していただく交通立ち番の運営です。皆さんは、この仕事のほか、クラスのまとめ役として、意見を聞いたり相談に乗ったりしていただくことになります。クラスから出た意見や問題は、運営委員会でお伝えしますので、こまかいことでも遠慮なく私にお知らせいただければと思います。

私は2年前に厚生委員を務めましたが、委員長は初めての経験です。どなたかご経験のある方がいらっしゃいましたら、いろいろ教えていただきたいと存じます。至りませんが、皆様のご協力のもと進めてまいります。

1年間、どうぞよろしくお願いいたします。

POINT 活動内容を簡単に説明し、初めてなのでいろいろ助言してほしいと謙虚な姿勢であいさつをします。

PTA行事

PTA研修委員会 委員長就任のあいさつ

1分30秒

研修委員長を務めることになりました藤井です。子どもは6年生と2年生の2人です。上の子がだんだんむずかしい年齢になってきまして、私もいろいろ勉強したいと思っておりましたので、いい機会だと研修委員をお引き受けしました。

でも委員長になるなどとはまったく思ってもみませんでした。このくじ運がなぜ宝くじのときには発揮されないのだろうと、やや恨めしい思いでおります。ただ、経緯はともかく、決まった以上は精いっぱい務めますので、どうか皆様もご協力のほどをよろしくお願いいたします。

委員会の仕事である研修会のテーマや日程などについては、次回の委員会で具体的に検討していきたいと存じます。今日は初回ですので、皆さんに自己紹介と、こんなテーマはどうだろうというアイディアをざっくばらんにお話しいただければと思います。

では佐藤さんより、お願いいたします。

POINT 委員（長）はくじ引きで決まることも多いものですが、愚痴は控え、決まった以上は積極的に努力する姿勢を示します。

PTA行事

緊急の全体集会 PTA役員の始めのあいさつ

1分30秒

本日は急なご案内にもかかわらず、多数ご出席いただき、ありがとうございます。

ご案内のプリントにもありますように、本日は、先日発生した本校生徒の誘拐未遂事件について、学校からの詳しいご説明かたがた、保護者としての対応を協議するため、お集まりいただきました。

事件は未遂に終わったものの、まだ日の高い下校途中のでき事ということで、保護者の皆様もご不安が大きいことと思います。

現在はとりあえず集団下校体制をとっておりますが、登校時にも保護者が交代で付き添ってはとのご意見も寄せられております。校長先生からのお話のあと、家庭での安全対策について皆様のご意見を伺いたいと思います。

では、校長先生から、事件の概要と、本校でとっている防犯対策についてご説明をいただきます。校長先生、どうぞよろしくお願いいたします。

POINT 緊急集会では参加者にも危機感があり、場が騒然としがちです。司会役は努めて冷静に話すよう心がけます。

PTA行事

緊急の全体集会 PTA役員の終わりのあいさつ

1分30秒

皆様のご意見を集約した結果、登下校時については、登校時の保護者付き添いは各家庭の判断に任せる、下校時の集団下校は当面先生が付き添って継続することにいたします。

また、PTAといたしましても、学校側や地域の町内会と連携し、子ども110番のステッカーをさらに多くのご家庭にはるために、協力を要請していきます。皆様のご家庭でご協力いただける方は、担任の先生に申し出てください。

ご家庭でも、下校後のお子様の所在をいつも知っておくなど、それぞれの安全対策を徹底してくださるようお願いいたします。

これら、学校、PTA、ご家庭での対応について、ご意見やご質問がありましたら、どうぞご遠慮なく担任の先生やPTA役員へご連絡ください。本日は長時間にわたりお疲れさまでした。暗くなっておりますので、足元にお気をつけてお帰りください。

POINT 集会で決まったことをまとめ、通達を徹底させます。PTAとしての協力姿勢も明らかにして。

給食試食会 委員長のあいさつ

1分30秒

皆様、本日は給食試食会にご参加いただき、ありがとうございました。本日、皆さんに召し上がっていただくのは、子どもたちの好きな献立第1位に輝く、カレーライス、ごま揚げポテト、わかめサラダ、そしてプリンです。市内では、給食センターなど民間の業者に委託する学校が大半になっていますが、本校は生徒数も多いことから、校内の給食室での調理を続けております。できたての給食を食べられるというメリットの半面、費用面では民間委託にくらべ、やや高くなるという問題もあります。本校でも民間委託を検討中とのことで、のちほど皆様から率直なご意見を伺えればと存じます。

食事の開始は生徒と同じ12時30分を予定しております。それまで、本校管理栄養士の杉山先生から、給食調理の様子をビデオでご紹介しながら、本日のメニューのご説明をしていただきます。先生、よろしくお願いします。

POINT 学校の給食システムの特長やメニューの紹介を主体にして話します。堅苦しい会合ではないので、にこやかに。

PTA行事

講演会 委員長のあいさつ

1分30秒

皆様、本日はＰＴＡ文化講演会に多数ご出席いただき、ありがとうございます。

本日の講演会は「子育ては親育て」というテーマで、○○大学で児童心理学を教えていらっしゃる豊田光代先生に、親子のかかわり方についてお話ししていただきます。お手元の資料にありますように、豊田先生は児童心理学者として＊＊新聞に育児に関するコラムを連載中で、著書も多数お出しになっています。また、先生ご自身も、お２人のお子さんを育てた母親でいらっしゃいます。

今日は、児童心理の専門家として、また先輩のお母さんとして、体験にもとづいた貴重なお話を伺えることでしょう。なお、講演の最後には、質疑応答の時間も設けてあります。日ごろ、お子さんと接しているときの悩みなど、どうぞお気軽にご相談いただければと存じます。

では豊田先生、よろしくお願いいたします。

POINT 講師の紹介が主体になるので、プロフィールや肩書、著書名をまちがえないよう、事前に本人に確認しておきます。

PTA行事

通学路パトロール委員長のあいさつ

1分30秒

皆さん、こんにちは。本日はなにかとご多忙のところご参加いただき、ほんとうにありがとうございます。

今回のパトロールは、ＰＴＡとしては初めての試みです。最近、学区内にビデオ店やカラオケ店が増え、人や車の通行も格段に多くなってきております。風紀面でも交通安全上の問題からも、親としての心配が絶えません。

そこで、子どもたちが下校するこの時間に、通学路を実際に歩き、校則で利用が禁止されている店、あまり出入りさせたくない店、あるいは交通事故が起きやすい場所などを、実際に親の目で確かめてみたいと存じます。お手元に、学区内の地図をお配りしました。各自、チェックしていただき、のちほど委員会で集約して、注意したい場所を書き入れた地図として、全家庭に配布する予定ですので、皆さん、ご協力をよろしくお願いいたします。

POINT　初めて行う行事の場合は、開催の意図と必要性の説明に重点をおいて話します。

PTA行事

ＰＴＡ運営委員会　ＰＴＡ役員の年度末のあいさつ

1分30秒

皆様、1年間のご協力まことにありがとうございました。おかげさまで、本年度予定されていた各行事、またそれぞれの委員会の活動は、たいへんスムーズに進み、先日の生活講習会をもって、すべての行事を無事に終了することができました。

昨年春に行った第1回の運営委員会では、皆さん不安そうな発言をなさっていましたね。でも、実際の活動が始まると、皆さんすばらしい実行力を発揮してくださり、私など、そのパワーに圧倒される思いでした。今日の皆さんのお顔は、役割を成し遂げた充実感に満ちあふれているような気がいたします。それぞれ、お仕事を持っていたり、小さなお子さんがいらっしゃったりする中、時間をやりくりしながらの活動でした。さぞお忙しい1年だったことと思いますが、今年度、役員を引き受けてよかったと思っていてくださることを期待しています。ほんとうにお疲れさまでした。

POINT　委員の時間的精神的負担を思いやりながら、その活動内容をたたえ、感謝の言葉で結びます。

PTA行事

PTA広報委員会 委員長の年度末のあいさつ

1分30秒

皆さん、1年間お疲れさまでした。皆さんにご協力をいただいたおかげで、3冊の広報誌も無事発行、すべての活動をつつがなく終えることができました。ほんとうにありがとうございました。

広報は、取材や原稿、校正など委員の出番が多いため、なかなか引き受け手がいないのが現状です。確かに、学校に来る回数は多かったですよね。でも、その分、学年やクラスの違う皆さんと親しくなれて、私にとっては勉強にも刺激にもなり、とても実り多い1年でした。今日、最終の委員会を迎え、やれやれという安心感とともに、ちょっと寂しいような気持ちにもなっています。

せっかく皆さんとお知り合いになれたのですから、これからも広報部同窓会のような形で、たまに集まれたらいいなと思っています。5月ごろにご連絡をさせていただきますので、その節はどうぞよろしくお願いいたしますね。

POINT　活動を振り返るとともに、委員をしたことの収穫やメリットを述べ、交流を今後につなげるようにします。

PTA行事

PTA役員選出 依頼と断りのあいさつ

1分30秒

役員　○○小学校ＰＴＡ副会長の西山です。実は今、来年度の役員選出を行っているのですが、多くの方から河野さんにという推薦の声が上がっています。先生方も、河野さんならぜひお願いしたいとおっしゃっています。お忙しいこととは思いますが、お引き受け願えませんでしょうか。

母親　私がですか？　たいへん光栄なお話で、ＰＴＡのためにお役に立ちたいのはやまやまですが、今回はご辞退させてください。実は、春から仕事を再開する予定なのです。

役員　お仕事と役員を両立なさっている方もいらっしゃいますよ。

母親　ええ。ただ私の場合は、ブランクがあって今回復帰するので、なにかと思うようにいかないことも多いと思うのです。バザーなど単発のお手伝いについては、協力させていただきますが、役員については、申しわけありませんがご容赦ください。

POINT　できる限りのことはするのだが、とPTA活動そのものには協力する姿勢を示しながら断ります。

すぐに役立つ とっさのひとこと

PTAでのひとこと自己紹介

《初めての懇親会で》

◆田中雄大の母です。先生、皆さん、どうぞよろしくお願いいたします。

◆引っ越してきたばかりで、私も1年生の気分です。

◆雄大は活発な子どもですので、皆様にご迷惑をおかけすることもあるのではと心配しております。

◆美咲は引っ込み思案なところがあり、お友達ができるか、少し心配しております。

◆子どものことで、なにかお気づきのことがありましたら、ぜひお知らせくださいますようお願いいたします。

◆親子ともに、いいお友達ができればいいなと思っていますので、どうぞよろしくお願いいたします。

◆初めての子どもですので戸惑うことも多く、先輩ママの皆さんにいろいろ教えていただければと思っています。

◆自宅は学校のすぐ近くですので、お子さんもお母様方も、ぜひ一度遊びにいらしてください。

《役員として》

◆役員は初めてで、不慣れなため、皆様にご迷惑をおかけするのではないかと思いますが、どうぞよろしくお願いいたします。

◆気がききませんので、皆様、いろいろ教えてくださいね。

◆私が学校に来る機会が多ければ、子どもも何かと心強いのではないかと、思いきってお引き受けしました。

◆ほかの役員の方にいろいろ教えていただきながら、1年間務めたいと思いますので、どうぞよろしくお願いいたします。

◆少しでもお手伝いができればと思いまして、お引き受けいたしました。

◆皆さんのご意見を伺いながら、進めてまいりたいと思っています。

◆私自身も楽しみながら一年間活動していきたいと思っています。

先生へのあいさつのポイント

「お世話になっています」のひと言から始める癖を

学校や先生とよい関係でいるためには「いつも子どもがお世話になり、ありがとうございます」という感謝の気持ちを忘れないことが大切です。たとえ、先生に不満があったり、苦情の話の場合も、「いつもお世話になっております」というあいさつから話し始めましょう。頭ごなしに責めるような言葉から始めるのは、禁物です。

学校や先生の都合を聞いてから話す

緊急の連絡は別として、先生に個人的な相談がある場合は、いきなり訪問や電話をするのではなく、相談事があるのだが、いつ、どのようにすればいいか、などと書いたメモを事前に子どもを通して渡すなどして、都合を尋ねます。

なお、込み入った相談は、電話より面談がベターです。電話では表情が見えないだけに話が食い違う可能性がありますし、電話が職員室にあるときは、用件がほかの先生に伝わってしまうこともあるからです。

学校を訪れるときのマナー

▶なるべく車で行かない

学校には来訪者用の駐車スペースは少ないものです。特に、授業参観など多くの来訪者があるときは、車は使わないこと。路上駐車も控えましょう。

▶服装はTPOに合わせて

授業参観や個人面談などの改まった用事のときにラフすぎるスタイルは、先生に対して失礼です。逆に、レクリエーションやPTAの作業のときにドレッシーな服装では動きにくいもの。目的に応じた装いを心がけます。

▶授業参観中のおしゃべりは厳禁

教室内でのひそひそ話、廊下での大声のおしゃべり、教室中に響き渡る携帯電話の着信音。子どもに示しがつきませんから、くれぐれもご注意を。

懇談会

クラス懇談会 自己紹介のあいさつ①

1分30秒

初めまして。樋口真菜美の母で、樋口裕子と申します。東海林先生や皆様には、いつもお世話になっております。

子どもは3人で、上に5年生の兄、下に幼稚園の年中組の妹がおります。

女の子は口が達者と申しますが、真菜美はそれに下の子特有の要領のよさを身につけているようで、口げんかでは、兄を言い負かすほどです。母親に似ましたのか、気も強いようなので、クラスのお友達にも、きついことを言うのではないかと、少し心配しております。ですから、何かお気づきの点がありましたら、ぜひ教えていただきたいと思います。おしゃべりな点を除けば、親が申すのもなんですが、明るく素直に育ってくれていると思います。新しいクラスが大好きだと家でも話しておりますので、どうかこれから親子ともども、よろしくお願いいたします。

POINT きょうだいの有無や家庭での様子を盛り込むと、親しみがわきます。親として気がかりな点もさりげなく伝えて。

懇談会

クラス懇談会 自己紹介のあいさつ②

1分30秒

長谷川公平の母です。実は、先月、主人の転勤で長野から引っ越してきたばかりです。

うちの子は、引っ込み思案なところがありまして、転校が決まったときは、新しい学校やクラスになじめるだろうかと、親子ともに心配していましたが、こちらの学校もちょうどクラスかえでしたし、担任の小川先生にもあたたかく迎えていただき、意外にすんなりととけ込めたようです。今のところは、元気に通学している様子で、とりあえず安心しているところです。

ただ、男の子のせいか、家ではあまり学校や友達のことを詳しく話しません。どうだったと聞いても「ふつう」と言われてしまって。ですから、先生や皆様方から、いろいろ情報をいただけると助かります。親子ともいいお友達をつくって、この土地での生活を楽しみたいと願っています。どうぞ皆さん、仲よくしてください。

POINT 転入してきた場合は、「いろいろ教えてください」とこちらからとけ込む姿勢を見せるのが好印象です。

懇談会

クラス懇談会
クラス委員からのあいさつ

1分30秒

広報委員をお引き受けした、中川美幸の母です。パートですが、働いておりますので、ほかの委員やクラスのお母様方にはなにかとご迷惑をおかけするかもしれません。最初におわびしておきますね。

委員になるのは初めてで、勝手がわからず不安なのですが、学級代表をしている平田さんは、何度も委員の経験があるベテランですので、たいへん心強く思っています。皆さん、1年間、どうぞよろしくお願いいたします。

さっそくですが、広報部からのご連絡です。広報誌は年に2回、7月と2月に発行されますが、現在、7月発行の分の準備を進めています。「子どもと話していますか?」というテーマで、皆さんへのアンケートを実施します。

近日中にお子さんを通してプリントを配る予定となっていますので、どうかご協力をよろしくお願いいたします。

POINT 委員に選出されたことについて、「どなたもお引き受けにならないので」などの表現は慎みましょう。

懇談会

クラス懇談会
子どもの最近の様子を語る

1分30秒

大島健太の母です。先生、皆さん、いつもお世話になっております。

健太はどちらかといえばおとなしい子です。授業参観などを見ていても、自分から手をあげるなどということはあまりありませんでした。実は、親としてはちょっとヤキモキしていたんです。

ところが、先日の運動会では、自分から応援団に立候補したと聞いて、びっくりしました。ふだんは、朝起こしてもなかなか起きないのですが、応援団の練習があるからと自分で目覚ましをかけて起き、毎朝早く出かけるのです。当日も、家では出さないような大きな声が出ていました。

何がきっかけで、応援団になりたいと思うようになったのかは、私にはわかりません。でも、少し積極性が出てきたのかしら、心が成長してきた証拠かしらと思い、とてもうれしく、頼もしく感じています。以上です。

POINT 学校行事での様子、最近始めたこと、好きな遊びなどをテーマに、なるべく明るい話題を選びます。

クラス懇談会
問題を提起する発言をする

1分30秒

野村沙友里の母です。

今日は、お金の使い方のことで、先生や皆さんにご相談があります。最近、仲よしグループができて、放課後もよく遊んでいます。それはたいへんうれしいのですが、コンビニなどで、お菓子や飲み物をおごったりおごられたりということがあるらしいんですね。うちでは、ふだんはお金を持たせないようにしていたのですが、最近になって、沙友里からお金をくれとせがまれまして。まだ低学年ですから、お金をきちんと管理するのはむずかしいと思っているのですが。

学校に現金を持ってくるのは禁止されていますが、同じように、放課後も現金を持ち歩くのは禁止してはどうかと思います。皆さんのお宅ではどうなさっていますか。また、先生から「禁止」と言っていただければ、子どもも従うのではないかと思いますが、いかがでしょうか。

POINT 問題提起をする場合も「禁止すべき」などと決めつけず、「皆さんはどう思いますか」という相談の形をとるのがベターです。

懇談会

クラス懇談会
問題の提起への反論の発言をする

1分30秒

西山です。野村さんのおっしゃることも、よくわかりますね。ただ、子どもにお金を持たせるかどうかは、それぞれの家庭の事情もありますので、一律に禁止するわけにもいかないと思います。

野村さんがお困りなのは、おごったりおごられたりということなのではありませんか。おごるほうは軽い気持ちなのかもしれませんが、おごられる一方だと気後れしてしまうでしょうから。気になるようであれば、たとえば、親が用意したお菓子や飲み物を、たまにお返しとしてお友達にあげるなどすればいいんじゃないでしょうか。そうすれば、子どもに現金を持たせずにすみますものね。

長い目で見れば、お金を持たせる、持たせないということより、お金の正しい管理のしかたを子どもに身につけさせることが大事ですよね。今回の件が、子どもにお金の使い方を考えさせるよい機会になるといいですね。

POINT 反論のときも、「言うことはわかる」「一理ある」など、相手の言い分を認める姿勢をあらわすことが大事です。

クラス懇談会
年度末のあいさつ①

1分30秒

中村誠の母です。先生、皆さん、2年間いろいろお世話になりました。

2年生までは、漫画以外の本は読んだことはないというような子だったのですが、このクラスの「朝の10分間読書」のおかげで、ずいぶん本が身近なものになったようです。まだまだ読書好きとは言えませんが、本を通して歴史に興味を持ち始めたようで、大人になったなと、頼もしく思っています。

せっかくクラスでいいお友達もできたところなのですが、実は、主人の転勤のため、3月いっぱいで転校することになりました。せめて小学校の卒業まではこちらにいたかったので、誠も私もショックでした。

皆さんには、親子ともどもたいへん仲よくしていただいて、ありがとうございました。

4月からは東京住まいになりますが、機会がありましたらぜひ遊びにいらしてください。

POINT 1年間、あるいはそのクラスでの2年間の成長ぶりを中心に話します。転校などの事情があるときはそのあいさつも。

懇談会

クラス懇談会
年度末のあいさつ②

1分30秒

田中信輔の母です。この1年は、文化委員を務めました。皆さんには、いろいろご協力をいただきまして、ありがとうございました。

ＰＴＡの委員は、なかなか引き受け手がないのが現状ですが、実際に活動してみると、けっこう得るものも大きいんですよね。クラスの違うお母さんともふれ合えて、自分の世界が広がりますし、おかげさまで仲のいいお友達もできました。それに、学校に来る機会が増えるので、自分の子どものふだんの様子もよくわかりますしね。以前は、信輔もよく学校やお友達のことを家で話していたのですが、高学年になるにつれ、あまり話さないようになったので、自分の目で見て初めてわかったことも多く、大きな収穫でした。ＰＴＡ委員といっても、委員長などの役付にならなければ月に一度ほどの出番です。皆さんも、ご事情が許せば、来年はお引き受けになってはいかがでしょうか。

POINT 委員としてのあいさつは活動のメリットや収穫を主体に。さりげなく「勧誘」して結ぶのもいいでしょう。

個人懇談

幼稚園の個人懇談 保護者のあいさつ①

30秒

いつもお世話になっております。

入園以来、楽しく幼稚園に通っており、親としても安心しております。ただ、何をして遊んだのと聞いても、まだうまく報告できないので、様子がよくわかりません。お友達との遊びや、集団行動などはうまくできていますか？

POINT 先生から幼稚園での様子を伺います。

個人懇談

幼稚園の個人懇談 保護者のあいさつ②

30秒

おかげさまで、最近は仲よしのお友達もでき、お互いの家を行き来し始めました。気がかりといえば、元気がよすぎることでしょうか。気が強い子なものですから、小競り合いになると、つい相手のお子さんに手を出してしまうようで、先生からごらんになって、幼稚園ではいかがですか。

POINT 会話が弾みやすいよう問いかけます。

なるほど！column

個人懇談を行うときのマナー

個人懇談は、学校での子どもの様子を知る貴重な機会です。先生と話すのが苦手なお母さんや、話すことがあまりない場合は、「子どもの様子はどうですか」とこちらから先生に尋ねるとよいでしょう。

ただし、1人あたりの時間は15～20分程度に限られています。いろいろ尋ねたい場合は、質問や相談は、あらかじめ要点を整理しておき、手短に話すことが大切です。先生が答えるために、資料や調査が必要な用件なら、事前に「懇談のときこういうことを伺いたいのでよろしく」と予告しておくといいでしょう。

懇談の持ち時間を超えて、次の人を待たせるのが最大のタブーです。そういうケースが続くと、あとの順番の人は長時間待たなくてはなりません。時間内に終わりそうもないときは、あらためて時間をとってもらうなど工夫しましょう。

小学校の個人懇談 保護者のあいさつ①

30秒

今日は先生からおしかりを受けるのではと、ヒヤヒヤしながらまいりました。学校のプリントを出すのも宿題も、すぐに忘れてしまうようです。親がうるさく言うからするでは困りますし、かといって子ども任せにしておくのも心配で。そのさじかげんはどうすればよいのでしょうね。

POINT 子どもの困った点は申し出て。

個人懇談

小学校の個人懇談 保護者のあいさつ②

30秒

忘れ物が多いのですね。申しわけありません。家庭では、どうすればよろしいでしょう。やはり、そのつど確認したほうがいいのでしょうか。初めての子どもですので、どこまで親が口を出していいものか、対応に迷ってしまいます。先生のお知恵を貸していただけると、たいへん助かりますが。

POINT 注意を受けても、前向きに考えて。

個人懇談

中学校の個人懇談 保護者のあいさつ①

30秒

入学と同時に野球部に入りまして、毎日熱心に練習に参加しています。打ち込めるスポーツができたのはいいのですが、毎晩帰りも遅くなるので、勉強のほうがお留守になっているんですよね。

学校でも、授業に集中できていないのではないかと心配なのですが。

POINT 勉強の心配を相談して。

個人懇談

中学校の個人懇談 保護者のあいさつ②

30秒

最近、うちの娘は、まゆ毛をととのえたり、スカートを巻き上げて少し短くしたりするんですよね。そういう服装の乱れは、親としても心配です。

ほかのお子さんの登下校の様子を見ておりますと、特別派手というわけではなさそうですが、先生からごらんになっていかがですか。

POINT 先生から見た様子を尋ねても。

家庭訪問

先生を迎えるあいさつ

1分30秒

皆川先生、本日はありがとうございます。

お車でいらっしゃったんですか？　このあたりは路上駐車ができませんので、カーポートに入れてしまったほうがいいようですよ。さあ、どうぞお上がりください。家はすぐにおわかりになりましたか？このあたりは道が入り組んでいて、目印になるような店もないので、初めていらっしゃる方は、迷ってしまうことも多いんですが。

英輔がいつもお世話になり、ほんとうにありがとうございます。おかげさまで、新しいクラスでも橋本くんや前川くんなど、いいお友達ができ、最近は、毎日のように行ったり来たりしています。クラスでも元気にやっておりますでしょうか？

先生がお見えになるというので、昨日は、英輔が珍しく玄関を掃除していました。家庭訪問のお知らせのプリントに「玄関で」とあったので、片づけないとと思ったようでした。

POINT　家庭訪問は、子どもの通学路や住んでいる地域を知るのが目的。ふだんどおりの家庭の様子を見てもらいましょう。

家庭訪問

先生を送るあいさつ

1分30秒

春佳は、学校ではわりと静かにしているんですね。家ではとにかくおしゃべりなので、授業中もそのままでは困ると思っていましたが、授業中はやはり自覚しているんですね。先生のお話を伺って安心しました。

あら、もう、そろそろお時間ですね。あまりお引き止めしてもいけませんから。学校のお手紙にありましたので、お言葉に甘えて、お茶もさし上げませんでした。失礼いたしました。

次は、横山真理絵ちゃんのお宅ですね。うちの娘は真理絵ちゃんと仲よくさせてもらっているので、横山さんのお宅にはよくお邪魔するんですよ。

横山さんのところは、この道をまっすぐ行って、左手のコンビニの角を左に曲がってすぐのマンションです。

今日は、わざわざどうもありがとうございました。今後ともどうぞよろしくお願いいたします。

POINT　次に訪問する家と時間を確認しておき、自分だけ長引かせないよう、また、できれば道案内をして見送ります。

電話での相談の依頼

1分30秒

4年1組の吉村卓郎の母です。いつもお世話になっております。担任の岡村先生は、今お電話口に出られますでしょうか。

岡村先生でいらっしゃいますか。吉村卓郎の母です。お忙しいところ、電話でお呼び立てして、申しわけありません。

卓郎がいつもお世話になり、ありがとうございます。実は、先生に折り入ってご相談があるのですが、近日中にお時間をとっていただけますでしょうか。最近卓郎が、朝になるとおなかが痛いと申しまして、登校を嫌がるようになったんです。先生に、卓郎の学校での様子やお気づきの点などをお教えいただければと思ったしだいです。

そうですか、今すぐでもかまいませんか。それでは15分ほどで伺います。お忙しいところ申しわけありませんが、よろしくお願いいたします。では、のちほど。失礼します。

POINT 緊急の連絡を除き、学校への電話は控え、かけるとしても昼休みや放課後など授業に支障のない時間帯に。

学校への相談

いじめについての相談①

1分30秒

お忙しい中、お時間をとっていただきまして、ありがとうございます。

さっそくですが、佳苗が学校のお友達とうまくいっていないようなのです。4月、5月は特に変わったことはなかったようですが、6月に入ったころから、学校で上履きを隠されたり、持ち物がなくなるということがよく起きるようになりました。それで、夏休みが明けて登校しますと、以前は仲のよかったお友達からも避けられるようだと申しまして、最近は、登校を渋るようにもなりました。

先生は、何か事情をご存じでしょうか。最近、佳苗の周辺で何か変わった様子にお気づきのことはありませんか?

子どもの言い分だけでは、事実関係がどうなっているかわかりませんし、親も初めての経験で、どう対応していいか、困ってしまっています。まずは担任の先生にご相談をと思い、伺ったしだいです。

POINT いきなり「いじめられている」と言うと、先生も身構えるので「友達関係の相談」という形をとります。

学校への相談

いじめについての相談②

1分30秒

何度もお時間をさいていただき、恐縮です。

先日、先生から、いじめの事実は確認できないというお答えをいただいたのですが、その後も事態は好転しているとは思えず、またご相談に伺わせていただきました。

先生からクラスにお話しいただきましたおかげで、上履きや持ち物が隠されることはなくなりました。でも、その一件がありましてから、佳苗が先生に告げ口をしたという悪口を書いた手紙が机の中に入っていたり、教科書に落書きされたりするようになったそうです。佳苗も手紙の主の見当はつくようで、私も名前を聞きましたが、一方的な決めつけは避けたいと思っています。親は、わが子の言い分しか聞いておりませんし、どうしても身びいきに考えてしまうものです。でも、残念ながらいじめの事実はあり、続いてもいるようです。先生、根本的な解決にお力を貸していただけませんか。

POINT いじめの問題は被害者側・加害者側・周辺（教師）で受け止め方が違うので、安易な決めつけは絶対に避けます。

学校への相談

いじめについての相談③

1分30秒

校長先生、このたびはお忙しい中、ご面談いただき、ありがとうございます。5年2組の山田佳苗の母でございます。

ご相談の内容は、先日お手紙に書いたとおりです。担任の先生にも何度かご相談申し上げたのですが、いじめの事実は確認できないの一点張りです。前回の相談では、うちの娘にも問題があるからこのようなことになると言われ、たいへんショックを受けております。

最近は、娘も学校を休みがちになってしまい、このままではらちが明きませんので、思いきって校長先生にご相談に伺いました。学校全体を指導なさっているお立場で、この件をお調べいただけないでしょうか。

私どもは、佳苗がまた明るく元気な顔で登校する日を願うだけです。どうかお力添えをよろしくお願いいたします。

POINT 担任との相談で解決しない場合は、学年主任、校長先生へ。最終的には教育委員会へ相談する場合もあります。

学校への相談

不登校についての相談

1分30秒

先生もご存じのように、2カ月ほど前から雄太が学校を休みがちになっています。

実は、その少し前から、泥だらけで帰ってくることが多くなっていたのです。理由を聞いても「転んだ」というだけで、あまり話したがらない様子なのですが、そんなに頻繁に転ぶなんておかしいなと思っていました。

それである日、物陰から下校の様子を見ておりましたら、一緒に帰ってくる5～6人のお子さんのランドセルを持たされているんですね。で、持たせているお子さんが、そのランドセルを引っ張ったりするので、雄太が転んでしまうんですよ。

子どものことですから、ふざけているだけなのかもしれませんし、雄太が学校に行くのを嫌がることと無関係なのかもしれません。一度、先生からその子たちにそれとなく事情を聞いていただけませんでしょうか。

POINT 登校を渋るのは事実でも、その原因は特定しにくいものです。初回は「事情を確認してほしい」と相談を。

学校への相談

子どものけがについての相談

1分30秒

いろいろご心配をおかけいたしました。やはり骨折していましたが、腕ですので、固定しておけば、学校も休まずにすみそうです。

それで、先生にご相談があるのですが。

実は、けがの原因について、拓也に尋ねましたところ、クラスの前田くんに押されて転んだのだと申します。昼休みにプロレスごっこをしている最中のことだそうですから、相手の前田くんにも悪気はなかったのかもしれませんが、拓也は、前田くんにやられたという被害者意識を持ってしまっているようなのです。

先生、こういう場合は、親として、どのように対応すればよろしいのでしょうか。医療費などの問題もありますので、前田くんのお宅にも、けがのことをお知らせしたほうがいいでしょうか。私は前田くんのご両親とは面識がないので、先生に間に入っていただけるとたいへん助かるのですが。

POINT 子どもどうしのけんかやけがは、相手に直接苦情などを言わず、先生を通して解決するのが賢明な方法です。

学校への相談

進路についての相談

1分30秒

お忙しい中、お時間をとっていただき、ありがとうございます。

ご相談というのは、ゆかりの中学進学の件なのですが、今、学区外通学はどの程度認められているのでしょうか。と申しますのは、来年、○○中学校の学区内にマンションを購入する予定になっております。いったんこちらの学区の＊＊中学校に入り、マンションが完成した時点で転校するのはなるべく避けたいのです。できることなら、最初から○○中学に入れればと思っているのですが。

もし、学区外通学が認められない場合は、いっそのこと私立中学を受験させようかとも思っております。ただ、今からでは準備期間が短すぎて、子どもには負担が大きすぎるのではないか、むずかしいのではないか、という思いもあります。そのあたりも含めまして、ゆかりの進路について、先生にご相談申し上げたかったのです。

POINT 進路の迷いがあるときは、日ごろから子どもをよく知っている担任の先生に相談し、客観的な意見を求めましょう。

学校への相談

男女交際についての相談

1分30秒

いつも綾香がお世話になりまして、ありがとうございます。今日は、突然ご相談に伺ってしまい、申しわけありません。

実は、先月、綾香が同じクラスの男子から交際を申し込まれたようです。綾香は、特定の男子とおつきあいする気持ちはないと言って、お断りしたそうです。ところが、それからというもの、毎日学校の帰りにその男子が待ち伏せをして、あとをついてくるらしいんですね。また、その子からかどうかはわかりませんが、無言のいたずら電話も頻繁にかかってきます。何かが起きてからでは遅いと、とりあえず先生にご相談に伺いました。クラスで毎日顔を合わせるので、娘も困っています。

ご面倒をおかけしますが、先生のほうでご事情をお確かめいただき、相手のお子さんにそれとなく注意していただけませんか。

なにとぞよろしくお願いいたします。

POINT 事実、子どもから聞いたこと、親の想像・推測を混同しないようにして話すことが大切です。

学校へのおわび

器物破損についてのおわび

1分30秒

保護者　福田先生でいらっしゃいますか。米田真吾の母でございます。

真吾から聞いたのですが、今日、玄関のドアにぶつかって、ガラスを割ってしまったそうですね。たいへん申しわけありませんでした。息子は、わざとではないし、けがをした子もいなかったと申しておりますが、ほんとうのところはどうだったのでしょうか。親に怒られまいとして、そう言っているのではないかと心配になりましてお電話しました。また、ガラス代の弁償などはどうすればいいのでしょうか。

先生　お気づかいありがとうございます。たまたま振り回していたランドセルがガラスに当たって割れたようです。ランドセルはきちんと背負うようにと指導はしましたが、真吾君の言うとおり、わざとではありません。真吾君もほかの生徒もけががなくてなによりでした。弁償の必要はありませんのでご安心ください。

POINT　子どもの言い分をうのみにせず、確認する姿勢が好印象を与えます。故意ではないにしろ、心からのおわびを添えて。

学校へのおわび

いたずらについてのおわび

1分30秒

磯田幸一の母でございます。実は、先生にとり急ぎお知らせとおわびをと思い、お電話をさし上げました。

帰宅した幸一がいつもと違って元気がなく、問いただしましたら、教室の金魚鉢を倒したのは自分だと申すのです。発見した先生が、だれの仕業かをお尋ねになったものの、しかられるのを恐れて、自分からは言い出せなかったというのです。家に帰ってから、ずっと罪の意識にさいなまれていたようで、先ほどようやく重い口を開きました。

金魚鉢は、誤ってかばんをひっかけて壊してしまったとのことですが、あと始末もせず、ましてや問われているのに名乗り出ないのは悪いことだと諭しました。親としても日ごろの指導の至らなさを申しわけなく思っております。本人も大いに反省しておりますが、明日、先生からもしかっていただければ幸いです。ほんとうに申しわけありませんでした。

POINT　親としてどのような対応と説諭をしたかを報告しながら、子どもも大いに反省していることを伝えます。

学校へのおわび

授業態度についてのおわび

1分30秒

先生、昨日お電話でまどかの授業中の態度についてご注意を受けましたときは、突然のことで満足な受け答えもできず、たいへん失礼をいたしました。あらためておわびをと思いまして、お電話をさし上げたのですが。

昨晩、まどかともよく話し合いました。まどかが申しますには、たまたま塾で習ったばかりのことが授業で行われたため、つい知ったかぶりをして先生の先回りをしてしまったとのことでした。先生にもほかのお子さんにもたいへんご迷惑をおかけしてしまい、ほんとうに申しわけありませんでした。まどかには、授業を受けているのは自分だけではないこと、学校と塾の勉強は違うことなどを、よく言い聞かせました。ただ、まどかも決して悪意があって発言したものではないということだけは、どうかご理解ください。至らぬ娘でございますが、どうかこれに懲りず、今後もよろしくご指導ください。

POINT 学校側から注意を受けたときは、謙虚な態度で受け止め、こちらの事情を冷静に説明して理解を求めます。

学校へのおわび

いじめについてのおわび

1分30秒

このたびは、娘の美晴の言動で、山西さんを傷つけてしまったとのこと、親としてたいへん申しわけなく思っております。

ご存じのように、美晴は一人っ子のため、ふだん大人とばかり話すことが多く、自然と口のきき方が生意気になってしまったのだと思います。娘によりますと、そのように山西さんが気に病んでいるとは思いもしなかったようですが、話を聞いて、たいへん反省しているようです。

先生からお知らせいただかなければ、親子とも、問題に気づかずに過ごしているところでした。ご指摘、ほんとうにありがとうございます。山西さんのお宅には、こちらからあらためておわびをいたしますが、まずは先生にご報告かたがたおわびをと思い、ご連絡いたしました。

いろいろご面倒をおかけいたしましたが、どうかこれからもよろしくお願いいたします。

POINT こちらに非があるかどうかはっきりしない場合も、相手の気持ちが傷ついたことに対しては、おわびが必要です。

学校へのおわび

友達にけがをさせたおわび

1分30秒

日中、ご連絡をいただいた折は、仕事で不在にしておりまして、たいへん失礼いたしました。電話に出た祖母から事のしだいを聞き、夜分、ご自宅に失礼とは思いましたが、お電話をさし上げました。

さっそくですが、高井さんのおけがのぐあいはいかがでしょうか。

康彦は体格のいい子で、力も強いので、ふだんから気をつけるよう注意していたつもりでしたが、このようなことになり、親の至らなさを痛感しております。高井さんのところには、明日にでも、康彦を連れてお見舞いとおわびに伺うことにいたします。

それで先生、高井さんのところの治療費などは、どのようにすればいいのでしょうか。もちろんできる限りのことはさせていただきますが、学校でこのようなことがあった場合、今まではどうされていたんでしょう。前例などあればお教えいただきたいのですが。

POINT 事の子細を確かめ、親としての責任を感じていることを伝えます。ただし、先生の自宅への連絡は緊急時のみに。

学校へのおわび

カンニングについてのおわび

1分30秒

とり急ぎおわびをと思いまして伺いました。

このたびは、ほんとうに申しわけないことをいたしました。親としても、驚きと恥ずかしさでいっぱいです。

昨晩、みどりには、こんな不正をしてよい点をとってもなんにもならないことや、カンニングというのは自分自身に対してとても恥ずかしい行為であることなどを、よく言い聞かせました。本人も、たいへん反省し、今後二度とこのような不始末はしないとかたく誓っております。親も、日ごろから事の善悪は教えてきたつもりでおりました。ただ、前回の試験の成績が思わしくなかったものですから、今回は親がかなり厳しく言いすぎ、それが原因の一つでもあったのかと反省しております。

いずれにせよ、このようなことは二度としないよう、親もこれから注意してまいります。どうぞ今後ともよろしくご指導ください。

POINT 子どもをかばう気持ちで「ほんのでき心で」「好奇心でつい」などと言っては、先生の神経を逆なでしますから注意。

PART 6

葬儀・法要のあいさつ

弔問側のあいさつのポイント

不幸の知らせを受けたら

近親者の危篤・死亡の通知を受けた場合は、すぐに病院や自宅へ駆けつけます。服装は地味めの平服です。喪服では、不幸のために準備していたようで、故人や遺族に失礼です。

職場関係者や友人、知人が亡くなった場合、親しい間柄なら自宅へ弔問し、必要に応じて手伝いを申し出ます。それほどでないなら、葬儀に参列します。

通夜、葬儀・告別式、どれに参列するか

通常「葬儀」とされるのは、故人と最後の一夜をともに過ごす「通夜」と、翌日に行われる「葬儀・告別式」です。

親しい関係者は、通夜、葬儀・告別式のすべてに参列しますが、都合でどちらかしか出られないときは、正式な儀式である葬儀・告別式を優先します。

葬儀・告別式には喪服を着用します。通夜の服装は、「とりあえず駆けつけるものなので地味な平服で」「葬儀の一環なので喪服で」という2通りの考え方があります。地域によっても違うので、周囲に合わせるのが無難です。

弔辞の依頼は辞退しないのがマナー

弔辞は、葬儀のとき、故人の死を悼んでささげるお別れの言葉です。遺族側は、故人と親しかった人、故人の貴重な思い出を語ってくれそうな人に弔辞を依頼するわけですから、依頼を受けるのは名誉なことです。特別な事情がない限りはお引き受けしましょう。「私でよろしければ」「力不足ですが、ご依頼なので」と謙虚に受諾します。

弔辞は、数人がささげることが多いので、その顔ぶれを確認し、自分の立場にふさわしい内容を考えます。

弔辞を読むときは、ややゆっくりと、低めの落ち着いた声を心がけます。悲しみの涙でとぎれる程度はやむを得ませんが、まったく言葉にならなくなっては台無しです。「原稿をきちんと読みきる」ことがもっとも大事です。

お悔やみ

知人

一般的なお悔やみ

30秒

ご連絡をいただき、とりあえず駆けつけました。突然のお知らせで、ほんとうに驚いております。先日お見舞いに伺いましたときも、顔色がよろしかったので、必ずご回復なさるものと信じておりましたのに。ご家族の皆様も、さぞお力落としのことでしょう。お慰めの言葉もございません。

POINT 訃報（ふほう）を聞いた驚きを主体に。

お悔やみ

知人

手伝いを申し出る場合

30秒

このたびはご愁傷（しゅうしょう）さまでございます。ほんとうに無念です。ご家族の皆様のご心中、お察しいたします。

お手伝いは足りていらっしゃいますか。何かできることがありましたら、どうぞお申しつけください。（辞退されたら）さようでございますか。それでは、お通夜（つや）でお参りさせていただきます。

POINT 手伝いが不要なら長居せず辞去を。

お悔やみ

知人

病死の場合①

30秒

突然のお知らせで、ほんとうに驚きました。ご入院中とは伺っておりましたが、快方に向かっていらっしゃるものとばかり思っておりました。お見舞いにも伺えませんでしたことがたいへん悔（く）やまれます。

ご家族の皆様も、さぞお力落としのことと存じます。どうか、お疲れが出ませんように。

POINT お見舞いしていないおわびを添えて。

お悔やみ

知人

病死の場合②

30秒

このたびは思いもかけないお知らせで、驚いております。お見舞いに伺いました折も、意識ははっきりなさっていらしたし、その後も小康（しょうこう）を保っておられると伺っておりましたのに。ご家族の皆様も、さぞかしご落胆のことと存じます。

お手伝いできることがありましたら、遠慮なくお声をおかけください。

POINT 順調な回復を信じていたと伝えます。

お悔やみ 知人

不慮の死の場合

30秒

思いがけないことで、なんと申し上げたらよいのか。言葉が見つかりません。突然のご災難で、ご家族の皆様も、さぞご無念のことでしょう。

おつらいこととは存じますが、どうかお気持ちをお引き立てになって、ご無理なさいませんように。

心よりご冥福(めいふく)をお祈りいたします。

POINT 死因などにふれるのは控えます。

お悔やみ 知人

事故死の場合

30秒

いったい、どうしてこんなことに。とるものもとりあえず飛んでまいりました。

相手は対向車線をはみ出してきたそうじゃありませんか。腹が立つやら、悲しいやらで、なんと申し上げてよいのか。こんな運命が○○さんの身に降りかかろうとは。まったく、むごいことです。

POINT 故人側に過失がない事故の場合に。

お悔やみ 知人

自死の場合

30秒

このたびは、思いがけないことで。

お知らせをいただいたときは、まさかと思いましたが、現実だったのですね。

ずっと親しくさせていただいていたのに、彼の苦しみに気づかず、肝心なときに力になることができませんでした。友人として、情けなく悔(くや)しいです。

POINT 苦しみを理解できなかった苦悩を。

お悔やみ 知人

急死の場合

30秒

あまりに突然のことで、言葉もありません。皆様も、とてもお気持ちの整理がつかないことでしょう。

○○さんも、これから一層ご活躍なさる時期でしたのに。さぞ無念でしたでしょうね。

今は、ただ安らかな眠りをお祈りするばかりです。

まことにご愁傷(しゅうしょう)さまでした。

POINT 故人の無念さを思いやります。

お悔やみ

高齢者の場合①
知人

このたびはご愁傷さまでございました。この冬の寒さは格別でしたから、それがこたえたのでしょうか。

○○さんにはもっと長生きをして、いろいろと教えていただきたいと思っておりましたのに、とても残念です。ご家族の皆様も、お寂しくなりますね。

安らかなお眠りをお祈りいたします。

30秒

POINT まだまだ、長生きしてほしかったと。

お悔やみ

高齢者の場合②
知人

つい先日まで、矍鑠としたお姿で散歩をなさるのをお見かけしておりましたのに。

いつもにこやかで、あの笑顔にも、もう会えないと思いますと、私もとても残念で寂しい気持ちです。

ご家族の皆様も、さぞおつらいことでしょう。心よりご冥福をお祈りいたします。

30秒

POINT 生前の様子を伝え、冥福を祈って。

なるほど！column

葬儀のあいさつにふさわしくない表現

【忌み言葉】

× **「重ね重ね」「たびたび」「ますます」など**

重ね言葉は、不幸が続くという意味でタブー。

× **「繰り返す」「続く」「追って」**

縁起が悪い言葉とされています。

【生々しい言葉】

× **「死去」「死亡」「自殺」など**

「ご逝去」「ご他界」などと言いかえましょう。

△ **「生きていたころ」**

「ご生前」「お元気なころ」がベター。

△ **「ご遺族」**

死亡間もない時期には「ご家族」がベター。遺族が、死を受け入れきれていない場合もあるからです。

【高齢者に対して】

△ **「大往生」「天寿を全うした」「寿命」など**

長寿で亡くなった場合も、弔問側が使うのは、死を容認するようで失礼にあたります。

お悔やみ

早世の場合①
知人

30秒

このたびは、まことにご愁傷さまでございます。まだ、これからというときに、こんなことになろうとは、ご本人もさぞかしご無念でしたでしょう。

ご家族の皆様のお嘆きもいかばかりかと存じます。おつらいことでしょうね。今はただ、心よりご冥福をお祈りするばかりでございます。

POINT 故人の無念と、家族の悲嘆を思って。

お悔やみ

早世の場合②
勤務先の上司

30秒

突然のことで、耳を疑いました。働き盛りで、これから一層手腕を発揮されるときでしたのに。会社の将来にとっても大打撃です。しかも、小さいお子様を残されてのお旅立ちとあっては、ご本人もさぞ悔しくお思いでしたでしょう。お慰めの言葉も見つかりません。ご愁傷さまでございます。

POINT 敏腕ぶりとその社会的損失を悼んで。

お悔やみ

親を亡くした人へ①
知人

30秒

たいへんでしたね。

むずかしいご病気とは伺っておりましたが、きっと克服なさるものと信じておりました。

さぞお力落としのことと存じます。看病のお疲れもおありでしょう。どうかご無理なさいませんように。お気持ちを強くお持ちになってくださいね。

POINT 家族と親しい場合、いたわりを主体に。

お悔やみ

親を亡くした人へ②
知人

30秒

このたびはまことに残念なことでございました。数年来の献身的な介護を存じているだけに、あなたの無念さを思うと、おかけする言葉もありません。

お母様もあなたも、よくがんばられたと思います。お母様も、あなたにとても感謝していらっしゃいました。どうか、お力落としなさいませんように。

POINT 精いっぱいの介護を慰める言葉で。

お悔やみ

夫を亡くした人へ①
知人

このたびのご不幸、なんと申し上げたらよいのか、心よりお悔やみ申し上げます。ご主人様もさぞ、お心残りのことでいらっしゃいましたでしょう。

奥様のお悲しみは察するに余りありますが、残されたお子様方のためにも、どうかお気持ちを強くお持ちになってください。

30秒

POINT 子のために心を強く、と励まします。

お悔やみ

夫を亡くした人へ②
故人の知人

ご主人の職場の同僚で、公私ともにたいへんお世話になりました山本と申します。

必ずよくなって職場に復帰してくださるものと信じておりました。このようなことになり、ほんとうに残念で、悔しく思います。

ご冥福を心からお祈りいたします。

30秒

POINT 面識がないときは、簡単な自己紹介を。

お悔やみ

妻を亡くした人へ①
夫の知人

このたびは、ご愁傷さまでございます。お体のぐあいが悪いとも存じ上げず、ほんとうに驚きました。

長年連れ添っていらっしゃった奥様とのお別れは、さぞおつらいことと存じます。お力落としのことと存じますが、お体にご無理のないよう、どうかご自愛ください。ご冥福を心よりお祈りいたします。

30秒

POINT 配偶者を失った喪失感へいたわりを。

お悔やみ

妻を亡くした人へ②
故人の知人

瞳さんの高校時代の同級生で、林と申します。回復を信じておりましたのに、無念でなりません。

瞳さんはいつも明るく、周りを元気にしてくださる方でした。あの笑顔を思い出しますと、たまらない気持ちになります。今はただ、安らかにお眠りになることをお祈りするばかりでございます。

30秒

POINT 故人の印象を語り、別れを惜しみます。

お悔やみ

子どもを亡くした人へ①

知人

30秒

どうしてこんなことに。突然のご不幸に、ただ胸がつぶれる思いです。○○ちゃんのご成長を私も楽しみにしておりましたのに。ご両親様にとっては、どんなにお悲しみか、お嘆きかと存じますと、いたたまれない気持ちです。下のお子さんのためにも、どうか気持ちを強くお持ちになり、ご自愛ください。

POINT 「下のお子さんがいる」はタブー。

お悔やみ

子どもを亡くした人へ②

知人

30秒

このたびはご愁傷さまでございます。○○さんご夫妻にとっては、一粒種。ほんとうに目の中に入れても痛くないほどのかわいがり方を存じておりますだけに、おかけする言葉も見つかりません。どうしてこんな事故が起こってしまったのかと、やり場のない怒りを覚えます。ほんとうに悔しいですね。

POINT 遺族とともに悲しみ、嘆きます。

お悔やみ

対面をすすめられたら

知人

30秒

では、お目にかかってお別れさせていただきます。まるで眠っていらっしゃるようなお顔ですね。穏やかで、いいお顔をしていらっしゃいます。

ご家族の皆様も、手厚いご看病でお疲れのことでしょう。今日はこれで失礼させていただき、お通夜でお参りさせていただきます。

POINT 対面は、すすめられたら短時間で。

お悔やみ

対面を辞退するとき

知人

30秒

ありがとうございます。○○様とお別れしたい思いはございますが、あまりに突然の悲しみで、まだ現実のこととして受け入れる気持ちになれません。

お顔を拝見すると、かえってつらくなってしまいそうです。せっかくのお言葉ですが、こちらでお別れさせていただくことにいたします。

POINT 感情が高ぶりそうな場合は辞退も。

お悔やみ すぐに弔問できない場合

知人 30秒

突然のお知らせ、ほんとうに驚きました。本来ならば、何をおいても駆けつけるところなのですが、あいにく北海道に出張中で、すぐに伺うことができません。ご葬儀には伺わせていただきますが、そのようなしだいで、どうかお許しください。今日のところは、遠方よりご冥福をお祈りいたします。

POINT 親しい場合、電話で断りとおわびを。

お悔やみ キリスト教式の場合

知人 30秒

このたびは、まことに残念なことでございました。○○様には、生前ほんとうにお世話になりました。穏やかで誠実なお人柄を尊敬しておりましたのに、もうお目にかかれないと思いますと、やはり寂しく感じます。ご家族に平安が訪れますことを、お祈りいたしております。

POINT 遺族の平安を祈る言葉が主体に。

なるほど！column

仏教用語に注意！

●**冥福、往生、供養、彼岸、成仏は、仏教用語**

仏式以外の葬儀では、使わないようにしましょう。

●**はすの絵柄の不祝儀袋は仏教専用**

神式なら絵柄のない不祝儀袋に、キリスト教なら無地の白封筒などを用います（22ページも参照）。

●**逝去を意味する言葉**

神式……帰幽、御霊になる

キリスト教……召天、天に召される、神のみもとに帰る、など。

弔問側がその宗教の信者でない場合は、無理にそれらの用語を使う必要はありません。

●**キリスト教では、死は永遠の命を得ること**

キリスト教では、死は悲しむべきこととはされていません。「ご愁傷さまです」など相手を気の毒に思う言葉は、ふさわしくない場合もあります。

弔辞の基本文例

社員代表の社長への弔辞

2分30秒

POINT
●「死」の言い回しは、生々しい表現を避けます。「死去」は「逝去」「逝く」「永遠の眠りにつく」などに。
●忌み言葉を使わない。
●故人の失敗談など、遺族が不快な思いをする話はタブー。

始めのあいさつ

追悼

弔辞。謹んで、故・吉本晴臣社長のご霊前に哀悼の意をささげます。

昨年のご入院以来、社長のご回復を信じ、最後まで望みをいだいておりましたが、ついに帰らぬ人となり、社員一同、ただ愕然としております。また、残された奥様をはじめご家族のご悲嘆はいかばかりかと、心よりお悔やみを申し上げます。

★冒頭の「弔辞」の読み上げは省いてもかまいません。
★逝去を知った驚きと悲しみをあらわし、遺族へのお悔やみを述べます。

中心になる話

故人の功績

平成○年の社長ご就任以来、事業を堅調に発展させてこられた社長のご功績は、多大なものがあります。とりわけ、一昨年の○○事業への新規参入とその成功は、時代の一歩先を読む社長のご慧眼とご英断がなければ、到底なしえなかったものでした。

故人の人柄

お人柄においても、仕事には厳しい半面、社員の健康や家庭のことをさりげなく気遣ってくださる優しさを持ち合わせていらっしゃる懐の深い方でした。今後もご指導にあずかりたいと願って

★功績は、なるべく具体的に、かつ専門外の参列者にもわかりやすく説明します。
★故人の人柄を伝えます。故人の長所や思い出を通じて、故人の人柄を伝えます。
★生前の功績や人柄のすばらしさの紹介から、失った悲しみへと展開させます。

結びのあいさつ

故人を失った悲しみ

おりましたのに、それもかなわぬこととなり、まことに哀惜の極みでございます。

故人の遺志を継ぐ誓い

社長みずからが陣頭指揮をおとりになった昨年からの中長期プロジェクトは、いまだ途上にあります。その成功を見届けることなく旅立たれることは、さぞお心残りであったことと思います。

しかしこのうえは、社長のご信念を継ぎ、至らぬながらも私どもの手で、プロジェクトを成功に導くことが、社長のこれまでのご恩に報いるただ一つの道だと考えております。どうか、この道の行く末をお見守りください。

冥福を祈る

社長のご冥福を心よりお祈り申し上げ、惜別の辞といたします。どうか安らかにお眠りください。

★故人の仕事や活動を受け継ぐ決意、あるいはいつまでも忘れないという将来につなげる前向きな表現を添えましょう。

★遺族や残された者を見守ってほしいとの願いを伝えます。

★安らかな眠りや冥福を祈る言葉で格調高く結びます。

弔辞の書き方と包み方

一般的に、弔辞は、あいさつ文を読み上げる形で行います。

あいさつ文を書く紙は、奉書紙か巻紙で、文具店などで市販されている「奉書セット」を利用するのが簡便です。

薄墨の毛筆を使い、楷書体で書くのが正式ですが、用具は筆ペンや黒ペンでもかまいません。

▶弔辞の包み方

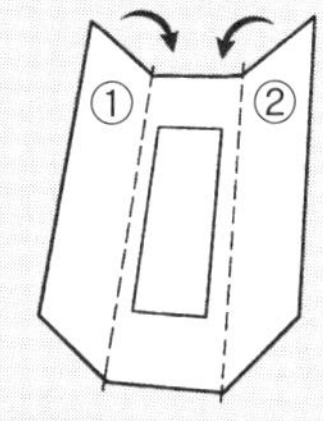

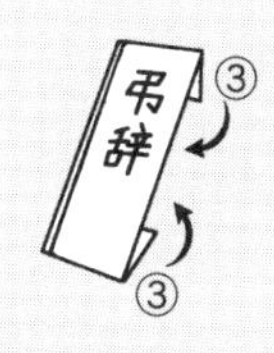

①②③の順に包み、大きめの字で「弔辞」と表書きします。

▶弔辞のささげ方

①名前を呼ばれたら遺族に一礼してから祭壇の前に進み、遺影に一礼して包みを開き、肩の高さに掲げて読み上げます。

②読み終えたら弔辞をたたみ直し、元のように包んで、祭壇に供えます。遺影に一礼、下がって遺族にも一礼し、席に戻ります。

弔辞

社長への弔辞

社員代表

1分30秒

故・山上周一社長のご霊前に、社員一同を代表し、お別れのごあいさつを申し上げます。

皆様ご存じのように、当社は社長の父上が創業されました。父上亡きあと、社長が後継されたわけですが、父上譲りの誠実な商売の姿勢に、社長ならではの若い発想とエネルギーを加え、業界の景況が依然厳しい中、堅調な経営を続けてこられました。

役員には社長より年長者も多かったのですが、社長は礼節と謙虚な姿勢を忘れず、かつ経営者としてのリーダーシップは発揮するというたいへんすばらしい手腕ぶりでございました。私どもも学ぶところが多く、これからは社長のもと、当社の一層の発展に力を注ごうとしていた矢先の、この悲報です。

指導者を失った悲しみと不安は尽きませんが、このようなときにこそ社員一同が力を合わせて社長の指針を引き継ぎ、ご恩義に報いる所存です。どうぞ安らかにお眠りください。

POINT 二代目社長の場合、業績や人柄の紹介を通して「すばらしい後継者」だったことを強調します。

弔辞

商店会理事長への弔辞

商店会役員

1分30秒

○○商店会理事長、杉原栄作氏のご霊前に、謹んで哀悼の意をささげます。ご遺族の皆様には、あまりにも突然のご逝去にさぞお力落としのことと存じます。心よりお悔やみを申し上げます。

○○商店会は、昭和○年に誕生した由緒ある連合会ですが、近年は、大型店舗の進出等により、厳しい状況におかれておりました。その中にあって、杉原理事長は、さまざまな斬新なアイディアを商戦に持ち込まれ、商店会の存続と発展のためにご尽力くださいました。その奮闘ぶりは、まさしく寝食を忘れ、日夜を問わないもので、そうしたご心労、ご多忙が理事長のお体を損ね、病の発見を遅らせてしまったのではないかと悔やんでおります。

今後、私どもは、理事長のこれまでのご苦労に報いるためにも、一致団結し、商店会を守り、盛り上げてまいります。理事長、どうか心安らかにお眠りください。ありがとうございました。

POINT 仕事への奮闘ぶりを主体に述べ、心労や多忙が、故人の健康を損ねたのではないかと思いやります。

弔辞

取引先

取引先の会長への弔辞

1分30秒

○○株式会社会長、故・竹井光夫氏のご逝去を悼み、ご霊前に惜別の辞をささげます。

竹井会長と当社がおつきあいを始めさせていただきましたのは、20年前、会長が業務部長時代のことでした。製品の品質管理についてはとりわけ厳しく、私どもに対して容赦ないご指摘をいただくこともございましたが、そのおかげで、私どもの技術は大きく向上いたしました。社長にご就任なさってからも、卓越した経営手腕、こまやかな社員教育、取引先との信頼関係の構築のしかた、あるいは業界内での人望の厚さを通し、私どもが学んだことは、数えきれません。業界のリーダーとして、これからも私どもを指導してくださることを願っておりましたが、それもかなわず、まさに痛切の極みでございます。

竹井会長の偉大なご功績に敬意をあらわすとともに、心よりご冥福をお祈りいたします。どうぞ安らかにお眠りください。

POINT すでに第一線を退いていても「これからもリーダーとして活躍してほしかった」と惜しむ表現を添えます。

弔辞

業界関係者

同業他社の社員への弔辞

1分30秒

○○株式会社岩田営業部長のご永眠に際し、心より哀悼の意を表します。

岩田部長とは、同業懇親会などでよくご一緒いたしました。いわばライバル関係にあった私どもですが、業界全体の発展を思う気持ちは同じ、ともに夢を語り合い、ときに熱い論戦を戦わせてまいりました。その確かな論理と、抜群の実力には、ライバルとは申せ、いつも敬服いたしておりました。将来は、営業畑のみならず、会社全体を牽引する立場、あるいは業界を背負っていく人材になると、だれもが確信していたしだいです。

志半ばにして病に倒れられ、さぞ無念の思いであったことでしょう。私どもも、業界の希望の星を失ったような思いでおります。

今は、岩田部長が仕事にささげた情熱を、私どもも見習うことで、これまでの恩義に報いたいと存じます。どうぞ、安らかにお旅立ちください。

POINT ライバルながら尊敬していたと伝え、業界としてすばらしい人材を失ってしまった嘆きを述べます。

上司への弔辞

部下

1分30秒

故・鈴木博部長のご霊前に、営業部を代表し、哀悼のごあいさつを申し上げます。

2週間ほど前、お見舞いに伺いましたのが最後のお別れになってしまいました。仕事のことを気にかけ、早く復帰したいという力強いお言葉をいただいておりましただけに、突然の訃報にただ呆然とするばかりです。

部長の手腕には、社の内外から厚い信頼が寄せられておりました。そして私ども30名の営業部員にとって、部長はもっとも尊敬する営業のプロであり、ときに厳しく、ときに寛容なよき上司でした。

部長のご指導を今後受けられないことは、私どもにとって大きな悲しみであり、絶望であります。しかし、これまで教えていただいたご教訓を生かし、会社の一層の発展に尽くすことが、私どもが部長のためにできる唯一、最善のことと考えております。どうか、これからも私どもをお導きください。

POINT 職業人として尊敬していたこと、また上司として信頼し敬愛していたことを述べ、失ったものの大きさを語ります。

弔辞

女性上司への弔辞

部下

1分30秒

小池部長の御霊に謹んでお別れのごあいさつを申し上げます。

部長のご遺影は、私どもがいつも目にしていた笑顔そのままですのに、もうお声を聞くこともお話しすることもできないのですね。突然のご他界をいまだに信じられない気持ちです。

部長は、3年前、当社初の女性部長に就任なさいました。女性初ということで、なにかと注目が集まる中、部長にはすぐれた統率力と包容力を発揮し、管理者の手腕には男女の差などないことを、みずから証明してくださいました。また、仕事を離れれば、個人的な相談にも親身に耳を傾けてくださいました。頼りになるお姉さん的存在として、部長を敬愛していた女性社員も、私を含め、多かったと思います。

悲しみは尽きませんが、仕事のうえでも、1人の女性としても、部長を目標にこれから努力してまいります。ありがとうございました。

POINT 仕事を離れて相談に乗ってもらったなど、故人のあたたかい人柄をしのばせるエピソードを入れると、心のこもったあいさつに。

弔辞

同僚

急死した同僚への弔辞

1分30秒

松浦君。黒いリボンをかけられた君の遺影を見ても、いまだに信じられない思いです。

人一倍健康的だった君が、もう眠りから覚めることはない。もう君の明るい笑い声を聞くことができない。そう考えると、悲しみに沈むばかりです。

仕事熱心だった君は、いつも「現場には、デスクワークでは見つけられない答えが転（ころ）がっている」を口癖にして、精力的に持ち場を回っていました。自分の足で動き、自分の目で確かめることを大切にする君の姿勢には、大いに触発（しょくはつ）されたものです。

しかし、君のパワフルな仕事ぶりの陰（かげ）で、ひそかに病気が進行していました。それを思うと、職場をともにしながらそれに気づかなかった自分のうかつさを責めるばかりです。

君が、会社の仕事にかけた情熱を、及ばずながらわれわれが受け継いでいきます。

松浦君、どうぞ安らかにお眠りください。

POINT 故人の口癖などをそのまま紹介するのも、人柄や仕事ぶりを生き生きと伝えるいい手法です。

弔辞

同僚

病死した同僚への弔辞

1分30秒

山中君。30年前、同期で入社したわれわれは、よきライバルとして、そしてかけがえのない友人として、切磋琢磨（せっさたくま）してきました。今、ここで君にお別れの言葉を述べなければならないことは、私にとっても痛恨（つうこん）の極（きわ）みです。

1週間前、病院にお見舞いに伺ったときも、君は穏やかにほほえんでいました。付き添っていた奥様が「相当の痛みがあるはず、とお医者様は言うのですが」と、困ったような表情を浮かべておいででした。君の意志の強さと忍耐力は、私もよく知っていますが、最期（さいご）の際（きわ）まで、そして痛みの中でも、君はそれを貫き通しましたね。君を失うのはたとえようもなくつらく寂しいことですが、信条に支えられた見事な人生であったと、今はたたえたいと思います。

これからは、君の生きる姿勢を、困難に打ち当たったときの力にしたいと思います。

山中君、ありがとう。ゆっくりとお眠りください。

POINT 闘病中の態度と、日ごろの人柄を結びつけ、姿勢や信条を貫いた見事さをたたえます。

弔辞

早世した部下への弔辞

管理職

1分30秒

謹んで故・花田修君のご霊前に申し上げます。

花田君が、当○○株式会社に入社してすでに10年。今では当社営業部の中堅として第一線で活躍されていたばかりでなく、取引先からも称賛される信望を集めていました。営業マンとして成功をおさめるためには、その実力とともに、人に慕われる魅力的な人柄が不可欠です。その点でも花田君は申し分なく、将来は当社を背負って立つ人材と、嘱望されておりました。このたび、花田君のような優秀な社員を失い、営業部はもとより、会社としても大きな痛手とショックを受けております。

享年32歳。あまりにも若く、あまりにも短い人生でしたが、われわれは花田君の一生が輝かしいものであったことを忘れません。君の仕事へ誠実な姿勢を、営業マンの鑑として、語り継いでまいります。

君の人懐こい笑顔に最後のお別れを申し上げ、心よりご冥福をお祈りいたします。

POINT 早世の場合は、有能で前途有望であったことを強調し、才能を惜しむ言葉を主体にします。

弔辞

急死した部下への弔辞

管理職

1分30秒

本日ここに、正田君のご霊前に永久の別れを告げなくてはならぬことは断腸の思いです。

会社においては、業務部次長としてたいへんな努力とすぐれた実績を重ね、役員からの信頼は厚く、部下からは慕われていました。部内はもちろん、会社全体からも将来に大きな期待をかけられていただけに、損失の大きさは言葉では言いあらわせません。

休日に突然ゴルフ場で倒れられ、そのまま意識をとり戻すことのない突然のご逝去でした。多くのご功績を残されたとはいえ、仕事もまだこれから大輪の花を咲かせようというとき、また、小学生から高校生まで3人のお子様を残してのお旅立ちでは、さぞ心残りだったことでしょう。ご遺族のご悲嘆を思うと、胸がつぶれるような気がいたします。

私どもも、ご遺族に対しましては、及ばずながらできる限りお力になりたいと思っております。どうか、安らかにお眠りください。

POINT 子どもがまだ学齢期にある場合などは、遺族を思いやり、支援を誓う言葉を盛り込みましょう。

弔辞

校長先生への弔辞

PTA会長

1分30秒

ＰＴＡを代表し、今は亡き松田校長先生にお別れのごあいさつを申し上げます。

松田先生は、真の教育者と申し上げるにふさわしい、すぐれた指導力と高潔（こうけつ）なお人柄を兼ね備えた方でした。また、毎朝、雨の日も風の日も正面玄関に立って生徒を迎えるなど、子どもたちと直接ふれ合う機会をみずからおつくりになり、子どもたちからもたいへんに慕（した）われておいででした。ＰＴＡとしても、ご指導に大いに感謝し、本校にわが子を通わせることを大きな喜びと誇りに感じておりました。

ご入院を知り、親子で千羽鶴を折りながらご回復をお祈りしておりました。しかし、その祈りも届かず、お別れの日を迎えることになってしまいました。子どもたちには、松田先生のご指導を胸に刻み、一層勉学に励んでほしいと願っています。私どもＰＴＡも、微力ながら本校の発展のため努力させていただきます。心よりご冥福（めいふく）をお祈りいたします。

POINT 子どもの保護者として、故人を敬愛し、親子で回復を祈っていたことを伝え、PTAとしての姿勢表明で結びます。

弔辞

恩師への弔辞

教え子

1分30秒

細川先生が突然ご逝去（せいきょ）なさったとのお知らせに、思わず言葉を失いました。○○高校の同窓会でお目にかかっても、私どもの在学当時とほとんど印象の変わらないはつらつとしたお姿でしたので、いまだに信じられない思いでおります。

先生は数学がご専門でしたが、「計算の答えは１つでも、そこに至るまでのアプローチのしかたは幾とおりも考えられる」と口癖のようにおっしゃっていました。そのお言葉は、卒業後の毎日や仕事の中で困難に遭（あ）ったときに、それを乗り越えるための指針として、私どもの心に強く残っております。

このように、私どもは先生から、勉学以外にも多くのことを学び、その教えは、私どもの心の中に生き続けております。私ども一同は、細川先生の教え子であったことを、心から誇りに思い、これからも、先生のご期待にそえるよう、努力してまいります。

先生、どうぞ安らかにお眠りください。

POINT 授業中の心に残った言葉や、人生の先輩としての助言を紹介し、恩師への広く深い感謝の気持ちをあらわします。

弔辞

習い事の先生への弔辞

弟子

1分30秒

潮見照子先生。先生の弟子一同を代表し、ご霊前に謹んでお別れの言葉を申し上げます。

先生は、ご自宅で書道教室を営み、たくさんの子どもたちに書道の楽しさを伝えるとともに、〇〇県書道連盟の役員として、書道の発展のために長年ご尽力してこられました。

子どもたちから、私のように中年の弟子まで、皆に愛されるあたたかいお人柄で、書道そのものよりも先生を慕って教室に通う人も多かったのではないかと思います。これまでのご親身なご指導に、あらためて御礼を申し上げます。

そんな先生をあっけなく病魔が連れて行ってしまうとは、人生とはなんてはかなく残酷なものなのでしょうか。でも、先生。そちらには、3年前に先立たれたご主人様がいらっしゃいますから、きっと寂しくはありませんね。仲むつまじかったおふたりのお姿を思い出し、先生のご冥福をお祈りいたします。

POINT 配偶者がすでに他界しているときは「あちらでまた夫婦仲よく」と前向きに結ぶのもいいでしょう。

弔辞

町内会長への弔辞

町内会役員

1分30秒

〇〇町内会長、金子清蔵氏のご霊前に、謹んで哀悼の意をささげます。

会長は、これまで4期8年にわたり町内会長を務められ、地域発展のためにご尽力されてきました。さまざまな家庭環境や価値観を持つ地域住民をまとめ上げるのは容易なことではありません。しかし、この〇〇町内会の結束の固さは、他の地域にも、つとに聞こえ、これもひとえに金子会長の温和なお人柄と指導力のおかげと感謝しております。

会長から受けた恩恵は計り知れず、私どもがそれを後継するには力不足ですが、会長のご遺志を継ぎ、住みよい街づくりのために努力してまいります。どうか、これからもこの地域を見守っていてください。

間もなく、会長が毎年太鼓をたたいていた盆踊り大会が始まります。あの威勢のいい太鼓の音をもう聞くことはできないと思うと、寂しさが募ります。

会長、どうぞ安らかにお眠りください。

POINT 故人が毎年活躍していた行事などをあげ、故人のいない寂しさを述べると、参会者にも共感が広がります。

弔辞

友人への弔辞

友人

1分30秒

田中君。

君とは、高校時代に知り合ってから、50年以上にわたるつきあいをしてきました。昨年の同窓会で冗談交じりに「どちらかが先に逝ったら、残されたほうが弔辞を読もう」と約束しましたね。こんなにも早く、そして私が残される側になって約束を果たすことになろうとは、思いもしませんでした。

君とはずっととぎれることなく会っていたけれど、今思い出すのは、やはり若き日の姿です。朝まで酒を酌み交わしたこと、熱い議論を戦わせたこと、あるいはとっ組み合いのけんかをしたこと。それらを通じて、われわれのきずなは一層強固なものになりました。今、君という無二の親友を失い、自分の身がもがれてしまったような悲しみを感じています。

君のことは、これからもずっと忘れません。

田中君、今までの友情、ほんとうにありがとう。どうぞ、安らかにお眠りください。

POINT 長年のつきあいを振り返り、思い出に残っていることを具体的にあげながら、親友を失った悲しみを述べます。

弔辞

趣味仲間への弔辞

友人

1分30秒

斎藤真一さんのご霊前に、グラウンドゴルフの仲間を代表し、追悼の辞をささげます。

先日、ご入院なさったと聞き、お見舞いに伺いましたときは顔色もよく、「また一緒にプレーがしたい」と元気におっしゃっていました。お言葉どおり、早期にご回復され、またゲームに加わってくださることを確信しておりましたが、このようなことになり、運命の残酷さに打ちのめされる思いです。

斎藤さんの呼びかけで、グラウンドゴルフの会ができたのは10年前です。会社勤めのころは役職者だったと伺いましたが、それを自慢することもなく、メンバーをまとめ上げてくれました。斎藤さんとグラウンドゴルフのおかげで、仲間の日常はどれほど健康的で楽しいものになったかわかりません。

斎藤さん、われわれも遠からず、そちらに参ります。また、仲間を募ってプレーしましょう。その日まで、どうぞ安らかにお眠りください。

POINT 故人も弔辞献呈者も高齢の場合は、「また近々会おう」とするのもいいでしょう。ただし、明るく話すことが大事です。

弔辞

友人

不慮の事故で亡くなった人への弔辞

1分30秒

黒川君。こうして君の写真が黒いリボンに縁どられているのを見ても、まだ現実のこととは信じられません。一昨日、君の急逝を聞いたとき、エープリルフールではないかと、思わずカレンダーを確かめてしまったほどです。

君とのつきあいは、大学時代から20年に及びます。結婚し、子どもが生まれてからは、家族ぐるみのつきあいもさせてもらいました。

仕事も家庭もこれからというときに、なぜ、そんなに急がなければならなかったんだ。あんなにいい奥様と、かわいい子どもたちを残して、なぜ1人で旅立たなければならなかったんだ。

しかし、いくら呼んでも君はもう戻ってはこないのですね。今はただ、君が安らかに永久の眠りにつくことを祈るだけです。

今までの友情に感謝し、惜別の言葉とします。

黒川、ありがとう。そして、さようなら。

POINT 急逝を悼む言葉を主体にしますが、感情的になりすぎると遺族の悲しみを増すことになるので注意しましょう。

弔辞

教師

子どもへの弔辞

1分30秒

久美ちゃん。こうしてお別れの言葉を述べるのが、つらくてなりません。久美ちゃんは、生まれながらのむずかしい病気を抱えながらも、毎日明るい笑顔を見せてくれていました。

先生やクラスのお友達は、久美ちゃんから、どれほどの元気と勇気をもらったかわかりません。

3カ月前に入院してからもずっと、朝、出席をとるときに久美ちゃんの名前を呼んでいました。早くよくなって、また一緒に勉強やお遊びができますようにって願いながら。でも、その願いはかないませんでした。

でも、松山久美ちゃんというかわいらしい女の子が、短い一生だったけれど懸命に生き抜いたことを、先生もお友達も、決して忘れません。明日からも、出席をとるときには、先生、心の中で久美ちゃんのお名前を呼びますね。久美ちゃんも、空の上から返事をしてください。きっとよ。約束してね。

POINT 子どもの葬儀は、参列者も子どもが多いものです。わかりやすい言葉を選び、優しく語りかけるように話しましょう。

弔辞

友人 自死をした友人への弔辞

1分30秒

亜美さん。どうしてこんなことになってしまったのでしょう。どうしても信じられません。

亜美さんとは、職場の同僚で、毎日机を並べていました。夏休みには2人で旅行をするなど、親友でもあると自負していました。

あれほどまでに、周囲に気をつかう亜美さんだったから、知らぬ間に、自分を追い詰めていたのでしょうか。あなたの悩みをわかってあげられなくてごめんなさい。いま、私は、悔しさでいっぱいです。

でも、どんなに悔やんでも、あなたは帰ってきてはくれません。あまりにも短く、あまりにも突然のことではあるけれど、亜美さんは、ほほえみを浮かべて永遠の眠りについたのだと信じることにします。それがせめてもの、残された者の救いです。

今は、悩みも苦しみも忘れ、どうか安らかにお眠りください。心よりご冥福をお祈りし、お別れのごあいさつといたします。

POINT 原因や自死の状況にはふれず、自死は悪いことと故人を責めるのも避け、ただ惜別の気持ちを伝えます。

弔辞

友人 キリスト教式の葬儀での弔辞

1分30秒

石山秀子さんの御霊に、謹んでお別れのごあいさつを申し上げます。

秀子さんと私は、子どものＰＴＡ活動を通して知り合いました。秀子さんは、子育ての忙しい合間を縫って、ボランティアに打ち込むなど、奉仕の精神に満ちた方でいらっしゃいました。人に尽くす心、他者への思いやり、私は、秀子さんから実に多くのことを学びました。そして、これからもいい刺激を受けたいと願っておりました。

そんな秀子さんが、ご家族の献身的なご看病もかなわず、こんなにも早く召されてしまったのは、私にとっては正直とても悲しいことです。でも、秀子さんは、今、魂の安らぎを得られて、平安な心持ちでいらっしゃるのでしょうね。そのように思うと、私の悲しみも少しは和らぐような気がいたします。

秀子さん、今までほんとうにありがとうございました。

POINT キリスト教信者のとらえる「死」を理解しつつ、「ご冥福」などの仏教用語を使わないよう注意しましょう。

弔辞

友人

神式の葬儀での弔辞

1分30秒

太田隆之さんの御霊に、謹んで哀悼の辞をささげます。

太田さんは釣りの名手で、私は不肖の弟子としてよくご一緒していました。先日、病院にお見舞いに伺いました折も、〇〇沖でいいヒラメがあがっているらしいと、腕がうずうずする様子で話していらっしゃいました。早く退院して、また釣りに行こうと約束していましたのに、それも果たせぬまま、祖霊のもとへ旅立ってしまわれたわけでございます。

これから季節が巡るごとに、太田さんと楽しんだ釣りを思い出し、もうご一緒できない寂しさを味わうことになると思いますと、やるせなさでいっぱいです。

ご帰幽の報に接して以来、私の悲しみは尽きませんが、心からの感謝とともに、太田さんの御霊の安らかならんことをお祈りして、お別れの言葉とさせていただきます。

POINT 神式では死を「帰幽」とし、祖先の霊のもとへ帰るものとしています。死を嘆き悲しむ表現は控えめにし、霊の平安を祈ります。

弔辞

友人

無宗教式の葬儀での弔辞

1分30秒

梅沢さん。これまで幾多の困難を自力で乗り切ってきたあなたのこと、きっと今回の病気も克服して、また元気な姿を見せてくれると信じておりました。ほんとうに残念です。

梅沢さんは、生前こよなく愛したモーツァルトに送られて旅立ちたい、というのが、梅沢さんの遺言だったそうですね。あなたの望みどおり、たくさんの友人たちが、音楽とともに梅沢さんをしのび、梅沢さんの思い出を語る、すてきな会になりましたよ。このあと演奏されるレクイエムには、お嬢様も合唱に参加なさるそうです。

最後のお別れまで、きちんと梅沢さんらしいものにできたあなたの人生は、見事でした。まだ長生きしてほしかった、もう会えないのは寂しいという思いはありますが、立派に貫かれた人生を、うらやましく思います。最後にまた、大切なことを教えてもらいましたね。ありがとう、梅沢さん。

POINT 単に悲しみを述べるだけでなく、故人らしくアレンジされた会を評価する表現もぜひ盛り込みたいものです。

すぐに役立つ
とっさのひとこと

遺族への思いやりのひとこと

《弔問時や葬儀で》

◆このたびは、たいへんでしたね。
◆このたびは、突然のことで……
◆このたびは、とんだことで……
◆とにかく、驚いております。
◆急なお知らせで驚いてしまって、言葉もありません。
◆おいくつでいらっしゃいましたか。
◆ご入院と伺っておりましたが、お見舞いにも伺えませんでしたことが心残りです。
◆お見舞いに行ったときは、強く私の手を握り返してくださったのですが……
◆お父上には、ほんとうにお世話になりました。
◆お母上には、たいへん親しくしていただいて。本当にありがとうございました。
◆これからご恩返しをさせていただこうと思っていたところでしたのに。
◆寂しくなりますね。
◆さぞ、お力落としのことと思います。
◆おつらいでしょうが、お気を落とされずに。
◆もっと、いろいろなことを教えていただきたかったのに、残念です。
◆いつまでも、私たちのお手本として長生きしてほしかったのに、残念でなりません。
◆お疲れが出ませんように。
◆お手伝いできることがありましたら、なんなりとおっしゃってください。
◆力になれることがありましたら、なんでも言ってくださいね。

《故人と対面して》

◆穏やかなお顔ですね。
◆眠っていらっしゃるようなお顔ですね。
◆お別れをさせていただき、ありがとうございました。

危篤から葬儀まで　遺族側の流れとあいさつ

	危篤	臨終	遺体安置・納棺
遺族側が行うこと	●自宅の場合は、医師に連絡して往診してもらう ●近親者など、会わせたい人に**知らせる**	●医師から死亡診断書をもらう ●葬儀社に連絡をし、葬儀の段取りをととのえる ●僧侶に連絡をする（菩提寺がない場合は、葬儀社に相談する） ●喪主、通夜と葬儀の日程を決める ●世話役または葬儀委員長を依頼する ●関係者に**死亡と葬儀日程などを知らせる** ●死亡届を市区町村役所に提出する。火葬許可証を受けとる	●祭壇の準備をして遺体を安置する ●**弔問客に応対する** ●納棺する
遺族側のあいさつ	**危篤の通知** ▼電話で行い、**危篤になった人の姓名、現在いる場所**を知らせる ▼病院の場合は、**住所や道順、電話番号**なども	**死亡の通知** ▼知らせる範囲は、**親戚、故人の友人、故人と家族の勤務先や学校、所属団体、町内会**など ▼親せきなど親しい人には、まず死亡を知らせ、葬儀の日程や場所が決まったらあらためて連絡する。そのほかの人へは、葬儀の詳細が決まってからでもよい ▼伝える内容は、**死亡日時、死因、通夜と葬儀の日時**。生前お世話になったお礼の言葉も添えて	**お悔やみへの返礼** ▼**弔問へのお礼と生前の厚誼への感謝**を述べる ▼親しい人には**最期の様子**を伝え、遺体との**対面をすすめる**

※仏式の場合の説明ですが、ほかの宗教でもほぼ同様です。

通夜	葬儀・告別式	火葬	遺骨迎えと精進落とし
●最前列で弔問客に応対する ●焼香が終了したら、**喪主または遺族代表、葬儀委員長があいさつ**をする ●通夜ぶるまいを行い、頃合いをみて**お開きのあいさつ**をする	●最前列で会葬者に応対する ●故人と最後の対面をし、棺を閉じる ●出棺前に**喪主または遺族代表が会葬者へあいさつ**をする	●遺体とともに火葬場へ向かう ●火葬許可証を火葬場に提出する。日付を記入したものが埋葬許可証となる ●納めの式を行い、火葬が終了したら骨揚げを行う	●遺骨が自宅または葬儀会場に戻ったら、還骨勤行（と繰り上げ初七日法要）を行う。 ●法要終了後、**喪主のあいさつ**を行い、精進落としの宴を設ける
通夜のあいさつ ▼話す内容は、**弔問へのお礼、故人の最期の様子、生前の思い出、生前の厚誼への感謝**など ▼翌日の**葬儀・告別式の案内**をして、通夜ぶるまいを終了する	喪主・遺族代表のあいさつ ▼**会葬のお礼、生前の厚誼への感謝、今後の遺族への支援のお願い**を盛り込む	▼火葬中は、待合室で親族や会葬者とともに過ごす。親しい間柄の人ばかりなので、故人の思い出話などをしてしのぶ	喪主・遺族代表のあいさつ ▼**葬儀終了の報告、協力への感謝、宴席の案内**へとつなげる

通知

家族

危篤の通知（知人へ）

30秒

夜分遅く申しわけありません。元〇〇会社におりました橋本哲の息子です。実は、父が危篤（きとく）状態になりました。日ごろから親しくしていただいた松本さんには、一目会っていただきたくて、ご連絡を申し上げました。先日お見舞いいただいた〇〇病院の623号室です。よろしくお願いいたします。

POINT なるべく冷静に必要事項を伝えます。

通知

家族

危篤の通知（勤務先へ）

30秒

佐藤部長でいらっしゃいますか。田島敬之の妻です。突然ですが、主人が2時間ほど前に交通事故に遭（あ）いました。頭蓋骨を骨折して、どうも危ないようです。（先方が駆けつけると返事をしたら）ありがとうございます。中央区の〇〇病院3階の集中治療室におります。場所はおわかりになりますか。

POINT 突然の連絡では、簡単に事情説明を。

通知

家族

死亡の通知（死亡直後に）

30秒

こんな時間に申しわけありません。実は、母が先ほど亡くなりました。しばらくは小康（しょうこう）状態を保っていたのですが、2週間ほど前から、肺炎を併発してしまったのです。葬儀の日程などはまだ決まっておりませんが、まずはお知らせをと思い、ご連絡をさし上げました。

POINT 親せきなどには死亡直後に連絡を。

通知

家族

死亡の通知（知人へ）

30秒

沢野春恵の娘でございます。母が、昨夜、とうとう力尽きました。たびたびお見舞いをいただき、ありがとうございました。通夜（つや）は明日午後6時から、葬儀・告別式は翌〇日の午前10時から、いずれも〇〇斎場にて執（と）り行います。ご都合がつけば最後のお別れをしてやっていただければと存じます。

POINT 死亡日時、葬儀日程、場所を通知。

死亡の通知（勤務先へ）

通知 家族 30秒

営業部の池谷保の妻でございます。
池谷は、昨晩容体が急変し、午後6時3分、帰らぬ人となりました。通夜(つや)は明晩午後6時から、葬儀・告別式は明後日午後1時より○○寺で行います。
恐れ入りますが、仕事関係の方へのご連絡をお願いできますでしょうか。よろしくお願いいたします。

POINT 関係者への連絡を頼むのも一法。

死亡の通知（学校へ）

通知 家族 30秒

5年1組の高橋雄太の母でございます。雄太は、事故後、とうとう意識をとり戻すことなく、昨晩亡くなりました。通夜(つや)は○月○日午後6時から、葬儀・告別式は翌○日午前10時から○○斎場で執(と)り行います。先生にもクラスの皆さんにも、いろいろご心配いただき、ありがとうございました。

POINT お世話になったお礼などを添えて。

死亡の通知（町内会長へ）

通知 家族 30秒

3丁目の長谷川と申します。実は、昨晩、自宅療養中だった父が亡くなりました。通夜は明日午後6時から、葬儀・告別式は翌○日午前10時から自宅で行います。ご町内の皆様には、なにかとご迷惑をおかけしますが、どうぞよろしくお願いいたします。
父の名前は長谷川勝一、享年(きょうねん)82歳でございました。

POINT 自宅での葬儀は近所へもあいさつを。

死亡の通知（仏式以外の場合）

通知 家族 30秒

横山和子の娘でございます。実は、母が、昨晩、眠るように息を引きとりました。生前はなにかとお世話になり、ありがとうございました。葬儀は、神(しん)式(しき)で執(と)り行います。通夜祭(つやさい)は明晩午後6時から、葬儀にあたる葬場祭(そうじょうさい)と告別式は翌○日午前10時から、ともに○○斎場で行いますのでお知らせいたします。

POINT 仏式以外の葬儀は事前通知の配慮を。

お悔やみへの返礼

一般的な返礼

家族

さっそくのお悔(く)やみ、ありがとうございます。生前は、たいへんお世話になりまして、ほんとうにありがとうございました。また、入院中はお見舞いをいただき、母もとても励まされたと申しておりました。故人になりかわりまして御礼(おんれい)を申し上げます。覚悟はしておりましたが、やはり寂しいものですね。

30秒

POINT まず、生前お世話になったお礼を。

お悔やみへの返礼

急死の場合の返礼

家族

お忙しいところお越しいただき、恐縮です。朝、いつものように出社したのが永遠の別れになろうとは思いもしませんでした。あまりに突然のことで、呆然(ぼうぜん)としております。職場の皆様にもご迷惑をおかけし、申しわけございません。とり乱しており、なにかと行き届きませんが、どうぞお許しください。

30秒

POINT 簡単な返礼でも失礼にはなりません。

お悔やみへの返礼

長期療養の場合の返礼

家族

お悔(く)やみありがとうございます。長い闘病生活でしたが、父もこれでようやく楽になれたと思います。生前は、親しくしていただき、またお見舞いもいただきまして、ありがとうございました。

大林様にこうして最後にお会いすることができて、父もさぞかし喜んでおりますことでしょう。

30秒

POINT 闘病からの解放、と前向きな表現で。

お悔やみへの返礼

高齢者の場合の返礼

家族

なにぶん高齢でしたので覚悟はしておりましたが、やはり親を亡くすというのは、たとえようもなく悲しく寂しいものです。父は生前「苦しまずにいきたい」と再三申しておりました。亡くなりましたことは残念ですが、望みどおりの大往生(だいおうじょう)であったことがせめてもの慰めと気持ちを引き立てております。

30秒

POINT 遺族なら「寿命」「大往生」も可。

お悔やみへの返礼

早世の場合の返礼

家族

ごていねいにお悔やみいただき、ありがとうございます。生前はなにかとお世話になりました。本人にしてみれば、これからやりたいこともたくさんあったであろうと心残りですが、これも運命とあきらめております。短い生涯でしたが、坂本さんのようないいお友達に恵まれ、幸せだったと思います。

30秒

POINT 「短いが、いい生涯」と前向きに。

お悔やみへの返礼

友人への返礼

家族

お忙しいのにお悔やみをいただき、ありがとうございます。親を失った悲しみと、葬儀の準備のあわただしさで、昨日からずっと頭の中が混乱していました。でも、古沢さんの顔を見たら、少し気持ちが落ち着いて、自分をとり戻せたような気がします。

あたたかいお心づかい、ほんとうにありがとう。

30秒

POINT 力づけられた感謝の気持ちも添えて。

お悔やみへの返礼

故人との対面をすすめる

家族

遠方よりお越しくださり、恐縮でございます。昨年の藤本さんとの温泉旅行が、母の最後の遠出になりました。とても楽しかったようで、よく思い出話をしておりました。お世話になり、ほんとうにありがとうございました。よろしければ、一目だけでも母に会ってやってお別れをしてくださいますか。

30秒

POINT 厚誼のお礼を述べ、対面をすすめます。

お悔やみへの返礼

手伝いを申し出られたら

家族

ありがとうございます。

ただ、通夜も葬儀・告別式も斎場で行いますし、葬儀社も手配しております。ですから、お手を煩わせるようなことも、なさそうでございます。

ご親切なお申し出、ほんとうに感謝しております。

お気持ちは、ありがたくちょうだいいたします。

30秒

POINT 好意を受けるなら「お言葉に甘えて」。

通夜

喪主（子）のあいさつ
一般的なあいさつ

2分30秒

本日は、ご多用のところ、父、中田俊夫の通夜（つや）にお運びくださいまして、誠にありがとうございました。生前のご厚情（こうじょう）に、心より御礼（おんれい）を申し上げます。

父は、〇月〇日の午前2時46分、私ども家族に見守られながら、静かに息を引きとりました。享年（きょうねん）71歳でございました。

ご存じの方も多いと思いますが、父には3年前、すい臓がんが発見されました。すでに手術ができる段階ではなかったことから、抗がん剤などによる延命治療を行いました。一時は自宅に帰れるほどにまで回復しましたが、3カ月前に病状が悪化、ついに一昨日、力尽きたわけでございます。

父自身もがんの告知を受けておりました。完治は望めないとの説明にショックは隠しきれない様子でしたが、さまざまな治療法の説明を受け、自分で納得して病に向き合う決意を固めたようでございます。抗がん剤の副作用が苦しい時期もあったはずですが、ひと言も弱音を吐くことなく、また、最期（さいご）まで意識もはっきりしておりました。

平均寿命を思えば、まだまだ長生きしてほしかったという思いは強くあります。しかし、父の闘病生活は見事で、父らしく生き抜いた生涯だったと、誇りに思っております。

皆様には、お見舞いや励ましのお言葉をいただき、ありがとうございました。父も、皆様のお心づかいに恐縮しながらも、たいへん喜んでおりました。

なお、別室にささやかな席を設けてございます。お時間の許す限り故人をしのんでいただき、父の思い出話などをお聞かせくだされば、うれしく存じます。

葬儀と告別式は、明日午前10時より、こちらの斎場で執（と）り行います。お忙しいこととは存じますが、ご参列を賜（たまわ）れば、父もさぞかし喜ぶことと存じます。どうぞよろしくお願いいたします。

本日は、まことにありがとうございました。

POINT
弔問のお礼→死因→闘病中（生前）の様子→生前の厚誼へのお礼→通夜ぶるまいの案内→葬儀・告別式の案内、と続けるのが基本。

通夜

喪主（子）のあいさつ
手短なあいさつ

1分30秒

本日は、なにかとご多用の折にもかかわらず、亡き母・岡本良枝の通夜にご参集いただき、まことにありがとうございました。母も皆様と最後のお別れができ、さぞかし安心していることと思います。また、生前、母に賜りましたご厚情に心より御礼を申し上げます。

高齢とは申しましても、親を見送るのはたいへんつらく寂しいものです。ただ、何の苦しみもなく、安らかに旅立てたということを、私どもの心の慰めにしております。

ささやかではございますが、あちらに食事の準備をととのえております。故人の供養のためにもお召し上がりいただければ幸いに存じます。

なお、葬儀・告別式は、明日午後1時より、こちらの会場で執り行います。もしよろしければ、お参りいただければ故人も喜ぶことでございましょう。

本日は、まことにありがとうございました。

POINT あいさつを手短に行いたいときは、死因や闘病の様子などの説明を省き、会葬へのお礼と、案内事を主体にします。

通夜

喪主（子）のあいさつ
急死の場合

1分30秒

故人の長男、田中幸太でございます。遺族ならびに親族を代表し、ひと言ごあいさつを申し上げます。本日は、皆様お忙しい中、亡き父の通夜にお運びくださり、まことにありがとうございました。

父の享年は71歳。5年ほど前まで働いておりまして、最近になってようやく念願だった晴耕雨読の生活に入ったところです。つい1カ月ほど前までは、毎日畑に出て元気に過ごしておりました。それがある日、不調を訴え、検査をしたところかなり進行した病が見つかり、緊急手術を行いましたが、術後に容体が急変し、ついに帰らぬ人となったしだいです。

残された家族にとっては、あっという間の驚くような展開で、いまだに呆然としております。ただ、母のためにも気持ちを強く持ち、支えていかなければと思っているところです。

あちらに気持ちばかりの席を設けてありますので、母をお慰めいただければ幸いです。

POINT 急逝の経過と遺族の驚きを説明しながら、残された母親を慰めてほしいと、通夜ぶるまいへといざないます。

通夜

喪主（子）のあいさつ
老衰の場合

1分30秒

ご多忙の中、父、健作の通夜にご弔問、ご焼香を賜り、まことにありがとうございました。

父は、一昨年の暮れに転んで骨折してからは歩くのが困難になり、自宅で伏せっておりました。介護中は、皆様からあたたかいお見舞いや家族への励ましのお言葉をいただき、あらためて厚く御礼を申し上げます。

生前、父がご厚誼を賜りました皆様と、こうして最後の夜をともにできますことは、父にとってもうれしいことでございましょう。ご存じのように、元気なころは大酒飲みで、にぎやかなことが好きだった父でございます。まことに粗餐ではございますが、陽気に父の思い出話などを語って、最後の一夜を盛り上げていただければと存じます。

なお、明日10時からの葬儀・告別式では、皆様のお手を煩わせることになりますが、どうぞよろしくお願いいたします。

POINT 故人が高齢の場合は「にぎやかなことが好きだった故人なので」となるべく場を明るくするよう努めます。

通夜

喪主（妻）のあいさつ
不慮の事故の場合

1分30秒

故人の妻の淑子でございます。

本日は、急なご連絡にもかかわらず、ごていねいな弔問をいただき、ありがとうございました。

警察から事故の連絡を受けたときは、何かのいたずらではないかと思いました。物言わぬ姿で夫が戻ってまいりましてからも、悪い夢でも見ているような気持ちでおります。

到底、気持ちの整理がつくような状態ではなく、皆様にはお見苦しいところをお見せして申しわけなく思っております。また、なにかと行き届かない点があるかと存じますが、どうぞお許しください。

今は、どんなことでもよいので、夫についての話を伺い、記憶にとどめておきたい気持ちです。別室にささやかな席を設けております。お時間の許す限り、故人をしのんでいただければと存じます。

なお、葬儀・告別式は明日10時より、この斎場で行います。よろしくお願いいたします。

POINT 通夜は親しい人だけが集まる席。とり乱している気持ちを率直に伝えてもかまいません。

通夜

喪主（妻）のあいさつ
働き盛りの死の場合

1分30秒

本日は、皆様お忙しい中、夫、達雄のためにお越しいただき、ありがとうございました。

ご存じのように、夫は一昨年胃がんの手術を受けました。予後(よご)は良好で、一時は職場にも復帰しましたが、半年前、再発が見つかり、治療のかいなく、永遠(とわ)の眠りについたわけでございます。享年(きょうねん)51歳でございました。

仕事でも、個人の生活でも、まだまだこれからやりたいことがあっただろうと思います。それを考えますと私も無念ですが、やりがいのある仕事に就(つ)き、職場での人間関係にも恵まれ、短くはあっても充実した一生だったと思うことで、慰めにしたいと存じます。職場の皆様には、なにかとご迷惑をおかけして申しわけなく存じておりましたが、行き届いたお手伝いをいただき、ほんとうに感謝しております。

あちらに心ばかりの酒肴(しゅこう)を用意してございますので、どうぞお召し上がりください。

POINT 在職中に亡くなり、職場からの応援を受けているときは、そのことへのお礼の言葉も盛り込みます。

通夜

喪主（夫）のあいさつ
病気を伏せていた場合

1分30秒

皆様、本日は、妻、美里のために、お運びいただきありがとうございます。

皆様にご心配をかけたくない、お見舞いのご足労をかけたくないという本人の強い希望で、入院していたことは広くお知らせいたしませんでした。突然のことで、驚かれたことでしょう。連絡が行き届きませんでしたことを、おわび申し上げます。

入院を伏せていたことでもおわかりのように、家内は自分のことより人のことを優先させるところがありました。そうやって自分のことをあと回しにする性格が、病気の発見を遅らせてしまったのかと、今更ながら悔(く)やまれます。

享年(きょうねん)52歳。これからもっと家族や夫婦の歴史を重ねたいと願っておりました。このうえは、皆様から家内の思い出話を伺い、より鮮明な記憶として胸にとどめたいと思います。別室に気持ちばかりの席を準備しております。どうぞ移動なさってください。

POINT 急逝や、病気を公にしていないなどで連絡が行き届かなかった場合は、おわびの表現を添えてあいさつします。

喪主（妻）のあいさつ
キリスト教式の場合

1分30秒

お暑い中、夫、茂雄の前夜式にお運びいただき、まことにありがとうございました。

3年前、思わぬ病を得て、夫も私も動揺いたしましたが、知人のすすめで、病床にて当教会の山田牧師様より洗礼を受けました。おかげさまで、忍び寄る灯火の終わりも、穏やかで平安な気持ちで受け止めることができたようでございます。残される私を気遣いながらも、眠るような安らかな最期でございました。これまで、夫に賜りましたご厚誼に、深く感謝申し上げます。

なお、別室にささやかなお茶の席を設けてございます。お時間の許す限り、夫、田中茂雄を語っていただければ幸いに存じます。

明日の葬儀・告別式は、午前10時より、この同じ教会で行います。

ご多用中恐縮ですが、どうぞよろしくお願いいたします。

POINT 晩年に洗礼を受けた場合は、そのいきさつなどを説明し、安らかな気持ちで旅立ったことを報告します。

通夜

喪主（子）のあいさつ
無宗教式の場合

1分30秒

本日は、母、村内雅代をしのぶ会にご出席いただき、まことにありがとうございました。

およそ葬儀らしくない雰囲気に戸惑った方も多いことと存じます。実は、このような形で見送られたいというのが、母の遺言でございました。余命1年との宣告を受けてから、母は身の回りの整理をし、心の準備をととのえていたのでしょう。最期までとり乱すこともございませんでした。64歳といえば、まだ若すぎるとも思いますが、母は母なりの人生をまっとういたしました。わが親ながら、あっぱれな生涯であったと思います。

別室に、食事の用意がございます。生前、母自身が、行きつけのすし屋に依頼したものでございます。読経もなく、焼香もなく、さらにはなま物で皆様をお迎えするのもいかがなものかと存じましたが、母自身の意向ということでご理解とご容赦を賜りたく存じます。本日はありがとうございました。

POINT 通常と異なる趣向で行う場合は、それが故人の遺志であったことを説明し、理解を求めます。

通夜

世話役のあいさつ
内輪だけの通夜ぶるまいの場合

1分30秒

本日はお忙しい中、故・篠田和江さんのご弔問にお運びいただき、まことにありがとうございました。世話役としてひと言ごあいさつを申し上げます。

和江さんは、3日前の夕刻、道路を横断中に前方不注意の車にはねられ、命を落とされました。享年73歳、今後は、お孫さんに囲まれての幸せな余生を過ごそうというやさきに起きた悪夢のようなでき事で、まことに無念で心残りなことでございました。

存命中、ひとかたならぬご厚誼にあずかりましたことを、故人と遺族にかわり厚く御礼申し上げますとともに、残されたご遺族へのご支援を切に願うしだいでございます。

なお、葬儀・告別式は明日午前10時より、この斎場で執り行います。このあとは、近親者のみにて通夜を行いますので、ご参列の皆様は順次お引きとりくださいますよう、お願いいたします。本日はありがとうございました。

POINT 内輪で通夜ぶるまいを行う場合は、世話役または葬儀委員長が、今後は近親者だけで行う旨の、断りを入れたあいさつをします。

通夜

喪主（子）のあいさつ
通夜ぶるまい終了のあいさつ

1分30秒

皆様、本日はありがとうございました。

おかげさまで、通夜の儀式も滞りなく終えることができました。また、皆様からは、母の思い出話をたくさん伺うことができ、私どもも気持ちの慰めになりました。母も、皆さんと最後の夜を過ごせることができ、さぞ喜んでいることでしょう。心より御礼を申し上げます。

もっとごゆっくりしていただきたいところですが、夜も更けてまいりました。遠方の方もいらっしゃいますことから、このへんでお開きにさせていただきます。あとは、家族の者で、通夜の灯明を守ってまいります。

先ほども申しましたが、明日の葬儀・告別式は、午前10時より執り行います。どうぞよろしくお願いいたします。

では、皆様、お足元にお気をつけてお帰りください。本日は、まことにありがとうございました。

POINT 2時間ほどたったらお開きを告げます。なお、「あとを引かない」という意味で、遺族は弔問客を見送らないのが習いです。

出棺前

喪主（子）のあいさつ
一般的なあいさつ

1分30秒

故・下村巌の長男、誠でございます。

本日は、お忙しい中、亡き父の葬儀・告別式にご参列くださいまして、まことにありがとうございました。

また、父の存命中はひとかたならぬお世話になりましたこと、故人になりかわりまして、あらためて厚く御礼（おんれい）を申し上げます。

父の享年（きょうねん）は76歳、もっと長生きしてほしかった、と残念な思いがいたします。ただ、皆様のような親しい方に囲まれ、たくさんの趣味を持った父の人生は、父なりに充実し、幸せなものであったろうと思っております。

これからは、きょうだいが力を合わせ、残された母を支えてまいりたいと存じます。皆様には、今後も変わらぬご厚誼（こうぎ）のほどを、心よりお願い申し上げます。

本日は、まことにありがとうございました。

POINT 残念な気持ちや悲しみを伝えるとともに、残された者の決意を述べて、なるべく前向きにまとめます。

なるほど！column

「通夜のあいさつ」と「出棺前のあいさつ」

通夜（つや）のあいさつ、出棺前のあいさつは、どちらも
▼会葬のお礼
▼故人の最期の様子や思い出
▼生前お世話になったお礼
▼今後の支援のお願い
などを盛り込むのが一般的です。

内容は重なることになりますが、葬儀・告別式だけに参列する人も多いので、同じようなあいさつを繰り返してもかまいません。むしろ、お礼の言葉を省略するのは会葬者に対して失礼にあたります。

ただ、通夜は故人と生前親しかった人が多く参集しますが、告別式には、より幅広い大勢の関係者が参列するものです。また、出棺前のあいさつは、会葬者を外に立たせたまま行うことになりますから、手短にまとめることも大切です。

出棺前

喪主（子）のあいさつ 老衰の場合

1分30秒

本日は、皆様ご多用のところ、母、藤岡ミナの葬儀にご会葬いただきまして、まことにありがとうございました。おかげさまで葬儀・告別式も滞りなくすみ、出棺の運びとなりました。

ご存じの方も多いことでしょうが、近年の母は若干子ども返りしておりました。ただ、いつも「ありがとう」という感謝の言葉を忘れず、ほほえみを絶やさなかった母の姿には、学ぶところも大きかったように思います。

皆様には、入院中、あるいは自宅療養中、心温まるお見舞いをいただき、心より御礼を申し上げます。ごていねいなご弔問、ご会葬をいただいたばかりか、今、ここにこうしてお見送りまで受け、母もさぞ喜んでいることと思います。

生前に賜りましたご厚誼にあらためて感謝申し上げまして、私からのごあいさつといたします。本日はありがとうございました。

POINT 心の病などの症状があった場合、その事実は伝えながらも、故人の「よい面」を選んで紹介するように心がけます。

出棺前

喪主（子）のあいさつ 病死の場合

1分30秒

本日はお寒い中、父のためにご会葬くださいまして、ありがとうございました。

父、敏郎は○月○日、入院中の○○病院で静かに眠るように息を引きとりました。享年74歳でございました。

最近は、意識が混濁することも多かったのですが、亡くなる1週間ほど前でしたか、急に家族を呼び寄せたのでございます。すでに覚悟はできていたのでしょう、「精いっぱい生きてきたから、悔いはない。幸せな人生だった」と申しておりました。最期まで心持ちを強くしていられた父は立派だったと、誇りに思っております。

父の生前、皆様方にはたいへんお世話になりました。あらためて心から御礼を申し上げます。今後も、残されました母や私どもきょうだいに、以前と変わることなくご指導、ご厚誼を賜りますよう、お願い申し上げます。本日はありがとうございました。

POINT 病死の場合は、最期の様子や残した言葉などを紹介し、立派だった人となりを会葬者にも知ってもらいます。

出棺前

喪主（妻）のあいさつ
急死の場合

1分30秒

片岡賢次の妻でございます。本日は、皆様ご多用のところ、亡き夫のためにご会葬いただき、まことにありがとうございました。夫も、恐縮しつつ喜んでいることと存じます。

夫は、1週間前に脳出血で倒れ、そのまま意識をとり戻すことなく帰らぬ人となりました。本人も家族もまったく予期していなかった突然の旅立ちで、ただ呆然(ぼうぜん)としているというのが正直な気持ちです。

志半(こころざしなか)ばでの他界となりましたが、よきご友人や職場の皆さんに恵まれ、短くはあっても幸せな生涯だったと思うよう、心を奮(ふる)い立たせております。

ただ、ここにおります子どもたちの将来を考えますと、なにかと不安をぬぐうことはできません。残された者が力を合わせ、精いっぱい生きてまいりますが、どうか皆様には今後も変わらぬご指導、ご助言をよろしくお願いいたします。

本日はありがとうございました。

POINT 急逝の場合は、とまどいや呆然とした気持ち、大黒柱を突然失った不安などを率直に述べるのが自然です。

出棺前

喪主（夫）のあいさつ
幼い子がいる場合

1分30秒

本日は、ご多用中にもかかわらず、妻、幸世のためにご会葬いただき、まことにありがとうございました。また、先ほどより、あたたかい慰めや励ましのお言葉をいただき、ほんとうに感謝しております。

享年(きょうねん)36歳。妻として、母親として、そして一人の女性として、これから大きく花を咲かせようというときに、運命はなんと残酷なことをするのでしょう。まだ、事態をよく飲み込めず、不思議そうにしている娘が不憫(ふびん)でなりません。

しかし、悲しんでばかりはいられません。

これからは幸世の分まで、この子に愛情を注ぎ、立派に育てていかなくてはならないと、気持ちを引き締めているところでございます。

男手一つでは、なにかと至らぬ点が出てくるかと存じます。皆様には、今後もいろいろとお力添えやご助言を賜(たまわ)りますよう、どうぞよろしくお願いいたします。本日はありがとうございました。

POINT 幼い子どもがいる場合は、悲しみの中にも「この子のためにもがんばらねば」という前向きな決意を表明します。

出棺前

喪主（父親）のあいさつ
事故死の場合

1分30秒

本日は息子のために、ありがとうございました。まったく思いもかけぬことで、いまだに信じられない気持ちでおります。それも、息子自身がスピードを出しすぎての事故とあっては、怒りと悲しみのやりどころもなく、自分の気持ちを持て余しておりました。

ただ、昨日の通夜、そして先ほどの告別式で、皆様からお心のこもったお悔やみをいただき、また息子の思い出などを伺い、わずかではありますが、心の中に晴れ間が見えてきたような気がいたします。息子は、たくさんのよき友人に恵まれ、短いけれど充実した人生を送ったのです。息子の心には、皆さんのご厚情が生き続けることと存じます。

これからは残された家族が、助け合いながら力強く生きていくことが、息子への何よりの供養だと思っております。今後とも変わらぬご厚誼のほどをよろしくお願いいたします。

POINT あきらめきれない思いは残ることでしょうが、会葬者の励ましで力づけられたことを伝えてまとめます。

出棺前

喪主（父親）のあいさつ
早世の場合

1分30秒

皆様、本日は、娘、志穂のためにご会葬いただき、ほんとうにありがとうございました。

生まれながらにして心臓の欠陥を持った娘は、3歳までは生きられないだろうと医師から告げられておりました。親としても、この日を迎えることを覚悟しつつも、あらゆる手立てで治療の道を探ってまいりました。

悲しみは深く、尽きるものではありませんが、知らされていた年月を大きく超え、学校生活を楽しむことができましたことを、せめてもの慰めと思っております。

入院中は、担任の牛島先生をはじめ、たくさんのご友人にお見舞いいただき、ありがとうございました。また、本日もこのようにたくさんの方々に見送られ、志穂もさぞかし喜んでいることと思います。

志穂のこと、忘れないでいてやってください。本日はまことにありがとうございました。

POINT 短い生涯を嘆きつつも、救いになるようなことを述べ、会葬者や遺族側の気持ちを引き立たせます。

出棺前

喪主（母親）のあいさつ

自死の場合

1分30秒

本日はお忙しい中、息子の拓也をお見送りいただき、まことにありがとうございます。

この悲しい現実を、実はまだ受け止めきれずにおります。私は、わけあって息子を女手一つで育てており、ふだんは仕事で家を不在がちにしております。それゆえに、息子が発していた苦しみのサインに気づいてやることができなかったのではないかと、悔やんでも悔やみきれない気持ちでおります。

ただ、息子のした行為は許されるものではありません。どんな事情にせよ、どんな悩みがあったにせよ、命を粗末にしてはいけないということを、皆様、お心に留めおいてください。それが、息子の死を無駄にしないということだと考えております。

とは申しましても、私はこれからどうすればいいのか、途方に暮れております。皆様にはなにかとお世話になることと存じますが、どうぞよろしくお願いいたします。

POINT 動揺する気持ちを率直にあらわしながらも、自死という行為は悪であるというメッセージを伝えます。

出棺前

親族代表のあいさつ

故人の娘婿

1分30秒

本日は、故・遠山栄一郎の葬儀ならびに告別式にご会葬いただき、心より御礼を申し上げます。

私は、故人の長女・裕美子の夫で、渡部範昭と申します。喪主であります遠山の母の体調が万全ではないため、僭越ながら遺族・親族を代表し、ごあいさつを申し上げます。

遠山の父は、一昨日、○月○日の午前0時32分、腎不全で71歳の生涯を閉じました。長い闘病生活でございましたが、最期は苦しむこともなく、眠るように息を引きとりましたことが、せめてもの救いと存じております。

残されました遠山の母にとりましては、しばらくは寂しい日が続くかと思います。今後も、私どもが母を支えてまいりますが、皆様には変わらぬご厚情を賜りますよう、心よりお願い申し上げます。

生前、故人にお寄せいただいたご厚誼に感謝し、ごあいさつといたします。

POINT 喪主、施主（喪主にかわって葬儀を主催する人）以外があいさつする場合は、故人との関係の説明を含めてひと言断りを。

出棺前

葬儀委員長のあいさつ

故人の知人

1分30秒

ご会葬の皆様、本日はこのようにお暑い中を、元〇〇町内会長、下山公平の葬儀・告別式にご参列いただき、まことにありがとうございました。私は、葬儀委員長を仰せつかりました〇〇町内会長、森靖彦でございます。

故人は平成〇年から10年の長きにわたり〇〇町内会長を務め、地域の発展のためご努力くださいました。そのご功績は、町内はもとより連合会などからも高い評価を得ております。人望も厚かった下山元会長を失いますことは、私どもにとっても大きな悲しみですが、故人の遺志を受け継ぎ、これからも地域の繁栄のため尽力してまいりたいと存じます。

皆様には、下山元会長が心を砕いた町内会の活動に、今後ともご理解、ご協力を賜りますとともに、ご遺族に対し、変わらぬご支援、ご厚情をお願い申し上げるしだいです。

本日は、まことにありがとうございました。

POINT 葬儀委員長は主催者側です。会葬へのお礼や、遺族への支援のお願いを主体にしながら、第三者として功績なども紹介します。

出棺前

世話役のあいさつ

故人の上司

1分30秒

遺族・ご親族にかわりまして、ひと言ごあいさつを申し上げます。

皆様、本日は、故・野沢明子の葬儀・告別式にご会葬いただき、まことにありがとうございました。

野沢さんは私どもの〇〇社に入社して22年、誠実で正確な仕事とあたたかいお人柄が社内外から評価され、経理課長の要職についておいででした。上司からは信頼され、部下からは慕われる、弊社になくてはならない存在でした。

ところが、半年前より体調を崩され、治療にあたられたものの薬石効なく、〇月〇日、帰らぬ人となったわけでございます。

今はただ故人のお人柄とご功績をしのび、ご遺族を支えながらこの無念に耐えてまいります。皆様には、故人に生前賜りましたご厚誼に感謝申し上げますとともに、故人亡きあとの野沢家に対し、変わらぬご厚情を賜りますようお願い申し上げます。

POINT 世話役も、葬儀委員長同様、主催者の立場なので、故人に対しては敬称を用いないなど、敬語の使い方に留意しましょう。

精進落とし

喪主（子）のあいさつ
精進落とし開始

1分30秒

皆様、このたびは、亡き母、近藤米子の葬儀に際しまして、ひとかたならぬお力添えを賜り、まことにありがとうございました。

ご住職様、ほんとうにお世話になりました。

また、世話役としてこまやかなご手配をいただきました西山様にも心より御礼を申し上げます。

皆様のおかげをもちまして、滞りなく野辺の送りをすませることができました。故人も、皆様と心あたたかいお別れができ、さぞ喜んでいることでしょう。

なにかとお疲れのことと存じますが、ささやかな精進落としの膳をご用意いたしました。ごゆっくりとおくつろぎいただきながら、お召し上がりください。

なお、宴を始めるにあたり、ご住職様からごあいさつをいただき、供養の杯を上げることにいたします。ご住職様、どうぞよろしくお願いいたします。

POINT 葬儀終了にあたり、お世話になった関係者にていねいにお礼を述べます。献杯の発声は、住職や主賓格の方にお願いします。

精進落とし

喪主のあいさつ
精進落とし終了

1分30秒

本日は、ほんとうにありがとうございました。この席でも、故人の思い出をいろいろ拝聴でき、たいへんうれしく存じました。

ごゆっくりしていただきたいところですが、今日は皆様お疲れのことでしょう。あまりお引き止めしてもご迷惑と思い、このあたりでお開きにさせていただきたく存じます。十分なおもてなしもできず、また、行き届かない点も多かったことと存じますが、どうかご容赦ください。

なお、○月○日が四十九日となります。故人が皆様のご都合を考えたわけでもないのでしょうが、ちょうど日曜日にあたります。

皆様にはあらためてご案内をさし上げますが、当日、四十九日と納骨の法要をあわせて行いたいと存じます。なにかとご多用の折とは存じますが、その節はどうぞよろしくお願いいたします。

本日は、まことにありがとうございました。

POINT 通常の宴会より短め、１時間半程度でお開きにします。納骨や法要の予定が決まっていれば、その案内も行います。

法要のマナー

仏式では四十九日と一周忌をていねいに行う

初七日（死後7日目。死亡日を含む）、二七日（14日目）……と7日ごとの忌日に法要を行い、7回目の四十九日をもって忌明けとするのが正式です。ただ、多忙な現代では現実的ではないため、以下の節目に法要を執り行うのが一般的です。

初七日法要（火葬後に行う還骨勤行とあわせて行う場合もある）

四十九日法要（忌明け法要）

納骨法要（四十九日法要とあわせて行う場合が多い）

一周忌（亡くなった日の1年後。祥月命日より前の、休日などに行う場合が多い。以降の回忌も同様）

三回忌（死亡年を含め3年目）

七回忌（死亡年を含め7年目。通常、七回忌以降は家族・親族だけで行う）

本来はこのあと、十三、十七、二十三、二十七、三十三、五十回忌とありますが、遺族も高齢化するなどで、実施されることは少なくなります。

なお、四十九日法要ののち、葬儀の会葬者に、忌明けのあいさつ状と香典返しの品を送るのが通例です。

神式の場合も仏式とほとんど同じ

死後10日ごとに、十日祭、二十日祭……と霊祭を営み、五十日祭を忌明けとします。その後は、仏式の年忌にあたる式年祭を、一、二、三、五、十年祭と行い、以後10年目ごとに行います。

忌明けの霊祭後、仏式同様、あいさつ状と返礼品を送るのが原則です。

キリスト教では各自の判断で追悼を

キリスト教では忌明けという考え方はありません。しかし、死亡した日から30日目に追悼ミサを行い、その後茶話会を開いて故人をしのぶことが多く、それが一つの節目となります。

香典返しにあたる返礼の慣例もありませんが、日本の慣習から、会葬者に記念品を送る場合もあります。

法要の案内

故人の妻のあいさつ 四十九日法要

1分30秒

葬儀のときは、ごていねいなお悔やみをいただきまして、ほんとうにありがとうございました。まだ落ち着きませんが、いつまでも悲しんでばかりはいられないと、少しずつ遺品の整理などを始めているところです。

実は、来月の○日が四十九日にあたります。法要は、自宅でささやかに営みたいと思っておりますが、ご都合がつけばぜひお越しいただきたいと存じまして、お電話をさし上げました。

（ぜひ、お参りさせていただきます）

そうですか。ありがとうございます。それでは、このまま電話で失礼ですが、くわしいことをお知らせいたします。

来月○日の金曜日、午前11時30分から法要を営みまして、その後、軽いお食事を囲んで、故人をしのびたいと思います。ご多用の折、恐縮ですが、どうぞよろしくお願いいたします。

POINT 手紙で知らせるのが正式ですが、少人数の場合、内輪で営む場合は、電話で日時と場所を伝えてもかまいません。

法要の案内

故人の子のあいさつ 一周忌法要

1分30秒

葬儀や納骨の際は、たいへんお世話になりましてありがとうございました。その後、心ならずもご無沙汰をいたしまして申しわけございません。皆様、お変わりはありませんか。

早いもので、来月15日には一周忌を迎えます。つきましては、13日の日曜日の11時から、身内だけで形ばかりの法要を営みたいと思いまして、ご連絡をさし上げました。ご都合はいかがでしょうか。

（ぜひ、お参りさせていただきます）

ありがとうございます。

当日は、11時からご住職の読経をいただきまして、その後、近くの料亭○○で、ささやかなお斎を差し上げる予定です。ほかのお客様もいらっしゃいますため、恐れ入りますが平服でお越しくださいますよう、お願いいたします。

では、なにかとお忙しいところ申しわけございませんが、どうぞよろしくお願いいたします。

POINT 「粗餐」は耳では聞き取りにくいため、「お斎」（仏式法要の際の食事）や「ささやかなお食事」と言いかえます。

法要

施主（故人の子）のあいさつ
初七日法要

1分30秒

本日は、亡き父、菊池賢治の初七日法要を営むにあたり、生前故人がたいへんお世話になった皆様方にご案内をさし上げましたところ、皆様には、ご多用の折にもかかわらず、ご出席をいただきまして、まことにありがとうございました。遺族一同、心より御礼を申し上げます。

医師からは余命を告げられておりましたので、家族も覚悟を固めていたつもりでございました。しかし、現実のこととなりますと、やはりつらく寂しいものです。父が生前使っていた日用品などを見ますと、やはり胸の詰まる思いがし、部屋は生前のままにしてある状態です。しかし、父への供養のためにも、今後は気持ちを引き立てて暮らさなければと考えているところでございます。

本日は、まことに粗餐ではございますが、しばらくの間、亡き父の思い出などを語ってお過ごしいただければと存じます。

POINT 列席へのお礼→遺族のその後の状況報告→飲食の案内、と展開させるのが、施主のあいさつの基本です。

法要

出席者（故人の上司）献杯のあいさつ
初七日法要

1分30秒

本日は、大川さんの初七日法要にお招きいただき、恐縮しております。大勢ではご迷惑と存じ、営業部を代表して私、堀川が伺いました。

あまりにも突然のご逝去で、初七日を迎えた今も、まだ現実のこととは信じられないような気持ちです。職場でも、大川さんが今にもひょっこりとあの人懐こい笑顔であらわれるのではないかと思うこともあります。

大川さんが手がけていた取引先は、ほかのスタッフが手分けして引き継ぎました。大川さんの精力的かつ誠実な仕事ぶりがあらためてわかり、失ったものの大きさを痛感しているところです。

ご遺族の皆様にも、また悲しみを新たにしていらっしゃるのではと存じます。私どもでお力になれることがありましたら、どうぞお申しつけください。

それでは故人のご冥福を祈り、杯をささげたいと思います。献杯。ありがとうございました。

POINT 故人亡きあとの職場の寂しさなどを報告しますが、「抜けた穴を埋めるのがたいへん」などの愚痴めいた表現は慎みます。

法要

施主（故人の子）のあいさつ

納骨式　1分30秒

本日は、遠路はるばる、亡き父の納骨式にお運びいただき、ありがとうございました。

おかげさまで、皆様に見守られながら、無事に納骨の儀を終えることができました。ご住職様、まことにありがとうございました。

父は、こよなく愛したふるさとを見下ろしながら眠りたいと申しまして、生前、このような高台に墓地を求めました。市内からは時間もかかるため、皆様にご案内をさし上げるのも躊躇したのですが、父がみずから選んで眠る土地を一度はお目にかけたく、ご足労いただくことにいたしました。

幸いにも空も晴れ渡り、父が望みましたとおり、市内を一望しながらの納骨式となりました。父も、さぞ満足していることでございましょう。

なお、これより菩提寺に戻りまして、ささやかな忌明けの法要を営みたく存じます。どうぞよろしくお願いいたします。

POINT　新しく墓地を求めたような場合は、故人とその地の関係などを紹介します。冒頭には、葬儀の際のお礼にもふれましょう。

法要

故人の妹のあいさつ

納骨式　1分30秒

本日、無事に兄、俊夫の納骨式を終えることができました。悲しみは尽きませんが、これで気持ちに一くぎりつけなければとも思っています。

享年69歳といえば、現在の平均寿命を考えれば若すぎる旅立ちということになるでしょう。これから悠悠自適の生活が待っていたのにと思いますと、妹としても残念です。

しかし、兄は、ひとかどの仕事を成し遂げ、2人の子どもを育て上げ、充実した生涯を送ったのだと思います。

お墓の中には、亡くなった父や母もおりますので、きっと寂しくはないでしょう。兄には、これから父、母、そしてご先祖様とともに、私たちの行く末を見守っていてほしいと願っています。

和子義姉さんも、今までは気が張っていたものの、これからお疲れが出ることと思います。どうぞお体に気をつけてください。

POINT　自分に言い聞かせるためにも「これで一くぎり」と述べ、遺族の健康などを思いやる言葉を添えます。

法要

施主（故人の子）のあいさつ
四十九日法要

1分30秒

本日は亡き父の四十九日、忌明けにあたりますので、ささやかな法要を営みたいと存じ、ご案内をさし上げました。皆様ご多用のところ、お集まりいただき、まことにありがとうございます。

享年90歳という高齢でございましたが、亡くなる前日まで晩酌を楽しみ、翌日声をかけたら起きてこなかったという、まさしく眠りながらの大往生でございました。私もあやかりたいと思うほどです。寂しい思いはありますが、父も十分に長生きしたと思いますし、身内のことながら私の妻もよく面倒を見てくれました。思い残すことはございません。

私どもの宗派では四十九日で成仏すると申しますから、今ごろはあちらで母や友人との再会を喜んでいることでしょう。

人が集まればご機嫌、酒が入ればさらに上機嫌という父でした。本日は、父のためにもどうぞにぎやかにお過ごしください。

POINT 故人が高齢で平穏な最期を迎えた場合は、おのずとあいさつも明るい調子にするのが自然です。

法要

施主（故人の妻）のあいさつ
四十九日法要

1分30秒

本日は皆様お忙しいところ、亡き夫、沢口保の忌明け法要にお集まりいただき、心より御礼を申し上げます。

夫は、現場を視察中に倒れ、そのまま意識をとり戻すことなく逝ってしまいました。私や子どもたちにとりましては、あまりにも突然で、あまりにもあっけない旅立ちでした。こうなるなら、せめて別れの言葉を交わしたかった、少しの間でも看病したかったと、故人を恨むような気持ちにもなりました。

しかし、仕事一筋に生きてきた夫が、現役の経営者として、そして現場で事切れたのは、ある意味では本望だったのかもしれないと思っております。

会社のほうは、常務を務めておりました長男が継承することになりました。生前、夫と○○社にいただきましたご厚誼とお引き立てを、私どもにも、今後変わらず賜りますよう、どうぞお願い申し上げます。ありがとうございました。

POINT 故人の死をできるだけ前向きにとらえます。店や会社を営んでいた場合は、その事業についてもふれます。

法要

故人の後継者の献杯のあいさつ

四十九日法要

1分30秒

このたびは、故・菅原前社長の四十九日法要に、私までお招きいただき、恐縮しております。○○社を代表してひと言ごあいさつを申し上げます。

ご逝去直後は、ただ驚き、悲しむだけの毎日でしたが、日を追うごとに、社長という指導者を失ったことの重大さを、社員一同身にしみて感じております。菅原社長の判断力、統率力は、余人をもってはかえがたいものでした。

しかし、早いものでもう四十九日、打ちひしがれてばかりはいられず、気持ちをとり直さなくてはなりません。私、新社長以下、社員一丸となって前社長のご遺志を継ぎ、会社をさらに発展させていこうとの決意を新たにしているところでございます。

菅原前社長には、心の指導者として、今後も私どもを導いてくださるよう、お願いいたします。では、あらためて心よりのご冥福をお祈りいたしまして、「献杯」。ありがとうございました。

POINT 社長など上司を失った場合は、その喪失感の大きさを述べつつ、遺志を継承して社業の発展に努める決意で結びます。

法要

故人の教え子のあいさつ

四十九日法要

1分30秒

○○高校野球部で故・松川勇先生にご指導を受けた、三上大介と申します。

先生の口癖は「ピンチを楽しめ」でした。ピンチは必ず訪れるものだが、それを恐れてはいけない、楽しむ気持ちでそれを乗り越えてやれ、といつもおっしゃっていました。これは、私が、現在も仕事などで困難にあたったとき、心のよりどころにする言葉です。

先生のこと、ご病気も、「ピンチを楽しめ」の精神で乗り越えて、また元気なお姿を私たちの前に見せてくださるものと信じていましたが、それもかなわず残念でした。でも、先ほど奥様の話を伺い、最期まで病気と前向きに闘う姿勢を見せていらしたことを知り、さすが松川先生と思ったしだいです。

先生が旅立たれても、私たちの恩師であることは変わりません。どうかこれからも、私たちをご指導ください。心よりご冥福をお祈りいたします。

POINT 恩師から受けた薫陶、思い出などを具体的に語りながら、その指導は今も、そしてこれからも生き続けると語ります。

法要

故人の同僚のあいさつ 四十九日法要

1分30秒

○○株式会社に、金田君と同期で入社し、20年間、同じ職場で働いた森山と申します。

金田君との突然のお別れから、早いもので四十九日。ご遺族の皆様にはどれほどおつらい日々であったことだろうかとお察しいたします。

私も、同僚であり親友でもあった金田君を失った寂しさと無念を、痛切に感じております。職場の皆も同様で、金田君は長期に出張しているだけで、今にも「ただ今戻りました」と帰ってくるのでは、という錯覚に陥ることもあります。

しかし、そんなことでは、金田君にしかられそうです。金田君のためにも気持ちを新たにし、彼が今まで手がけてきた新事業開発プロジェクトを、われわれの手でさらに発展、成功させることが、彼に報いるいちばんのことと思っております。

それをあらためて金田君のご霊前に誓い、私の追悼の言葉といたします。

POINT 同僚として、職場での寂しさを伝えながら、故人の仕事を引き継いでさらに発展させたいという決意を述べます。

法要

故人の友人のあいさつ 四十九日法要

1分30秒

薫さんが、突然の事故で亡くなられてから、もう四十九日。あの驚きと悲しみがつい先日のことのように思えますのに、ほんとうに月日のたつのは早いものです。

このひと月余り、薫さんからフランス旅行のお土産にといただいたカップで紅茶を飲みながら、何度あなたのことを思い出したでしょう。そのたびに、なぜ、なぜ、と無念な気持ちは強まるばかりでした。

でも、いちばん無念に思っているのは、ほかならぬ薫さんでしょう。中学生2人のお嬢さんの成長を見届けることなく旅立たれてしまうなんて、どんなにか心残りだったことかと思います。「最近は、洋服も共用しているのよ」とうれしそうに話していらっしゃったことなど、思い出すと胸が詰まります。

落ち着きをとり戻そうとされているご遺族の前で、お気持ちを乱すようなことを申し上げ、失礼いたしました。心からご冥福をお祈りいたします。

POINT 逝去から間がないので、感情も高ぶりがちです。程度を超えたと思ったら、最後はおわびの言葉で締めくくります。

法要

施主（故人の子）のあいさつ
一周忌法要

1分30秒

皆様、本日はお忙しいところ、亡き父、鈴木一郎の一周忌法要にお運びくださいまして、まことにありがとうございました。遺族一同、心より御礼を申し上げます。

早いもので、父が亡くなりましてから、もう1年がたってしまいました。今日は、生前親しくしていただいた皆様と久しぶりにお目にかかれて、父もさぞ泉下で喜んでいることでしょう。

母も一時は気落ちしてか体調がすぐれない時期もありました。けれども、皆様からのあたたかい励ましのおかげで、最近はようやく元気をとり戻してきたように思います。

本日は、これといって特別なおもてなしもできませんが、父をしのんで、思い出話などをお聞かせ願えれば、母も私どももたいへんうれしく存じます。どうぞ、ごゆっくりおくつろぎください。

本日は、ありがとうございました。

POINT 亡くなってからの月日の流れの早さを述べ、遺族も幾分明るさをとり戻したことなどを伝えます。

法要

施主（故人の妻）のあいさつ
一周忌法要

1分30秒

皆様、今日は亡き夫のためにお集まりいただき、ほんとうにありがとうございます。夫の喜んでいる顔が目に浮かぶようでございます。また、昨年の葬儀、そして四十九日法要の節は、たいへんお世話になりました。あらためて御礼を申し上げます。

なにぶん突然のことでしたので、しばらくは呆然とし、遺品を整理する気持ちにもなれませんでした。しかし、いつまでもめそめそしていては夫にしかられる、と子どもにも言われてしまいました。夫の他界以来、子どもたちが格段にしっかりしてきたようで、それはたいへん頼もしいことと存じております。

そのようなわけで、残された家族が力を合わせ、支え合いながら、なんとか暮らしておりますので、どうぞ皆様ご安心ください。

本日はささやかな席ではございますが、夫の思い出話などお聞かせいただければ幸いに存じます。ありがとうございました。

POINT 未成年の子どもが残されている場合は、出席者は「大丈夫だろうか？」と心配なもの。前向きに近況を報告します。

法要

施主（故人の父親）のあいさつ
一周忌法要

1分30秒

　本日はあいにくのお天気にもかかわらず、娘、さやかの一周忌法要にお越しいただき、まことにありがとうございました。皆様からは、この1年、言葉には言い尽くせないほどのたくさんのご厚情をいただき、妻ともども、心から感謝いたしております。

　忌明けのごあいさつのときにもお知らせいたしましたが、葬儀の際、皆様からいただきましたご芳志の一部は、○○財団に寄付させていただきました。娘と同じ難病の治療や研究に役立ててほしい、娘のような不幸は繰り返してほしくないという、せめてもの親の願いでございます。財団からはこのような感謝状をいただきました。遺族の独断で事を進めましたが、皆様にはあたたかいご理解のほどをよろしくお願いいたします。

　せっかくお越しいただきましたのに、たいしたおもてなしもできませんが、ひととき、娘とともにお過ごしいただければ幸いです。

POINT 香典の一部を福祉関係などに寄付した場合は、参会者に事情を説明し、理解を求めるひと言を盛り込みます。

法要

施主〈故人〈自死〉の夫〉のあいさつ
一周忌法要

1分30秒

　本日はお忙しいところ、亡き妻、香織のためにお集まりいただき、まことにありがとうございました。

　香織が突然この世に別れを告げてから、あっという間に1年がたってしまいました。事情が事情ですので、法要などの大がかりなことをするのをためらう気持ちもあったのですが、私自身も気持ちにくぎりをつけなければと心を奮い立たせ、ご案内しただいです。

「なぜ、こんなことに」と自問自答を続けた1年でした。初めての子育てに悩む姿は見ておりましたが、それがこんなにも香織を苦しめているとは気づかず、自分を責めております。残された娘のことも不憫でなりませんが、香織の忘れ形見として、立派に育て上げることが、香織にわびる唯一の道だと思っております。皆様には今後とも、至らぬ私どもにご指導をよろしくお願い申し上げます。

　本日はありがとうございました。

POINT 自死の場合は、葬儀も法要も内々で行うことが多いため、多くの人を招いての法要を営むときは事情を説明するといいでしょう。

法要

施主（故人の子）のあいさつ
三回忌法要

1分30秒

本日は、亡き母の三回忌法要にあたり、ご案内をさし上げましたところ、このように多くの皆様にお集まりいただき、感謝に堪えません。

法要のたびにこうして生前親しくしていただいた皆様にお会いすることができ、亡くなった母もどんなにか喜んでいることでしょう。私どもも、そのつど、今まで知らなかった母の意外な一面や、懐かしい思い出話を伺うことができ、たいへんうれしく存じております。

ご存じのように、母はたいへんおしゃべりが好きな女性でした。私どもは、正直言って、それを疎ましく感じることもあったのですが、最近は息子の私ですら母の口調そっくりに話しているのに気づき、苦笑させられてもいます。

本日は心ばかりの席ではございますが、陽気だった母を思い出しながら、にぎやかに過ごしていただければと存じます。ありがとうございました。

POINT 三回忌法要のあいさつは、四十九日、一周忌などとくらべ、やや明るめのトーンにしてもかまいません。

なるほど！column

法要に欠席するときは

法要は故人をしのぶ貴重な機会であり、大事な集まりです。前もって案内をいただくわけですから、可能な限り出席するのが原則です。

やむを得ず欠席する場合は、事情の説明と次のようなおわびのあいさつが必要です。

「早いものでもう○年たつのですね。ぜひともお焼香させていただきたいのですが、○○のためどうしても伺えません。申しわけなく存じます。遠方より、ご冥福をお祈りさせていただくことにいたします」

欠席理由は、出張、体調不良、出産、乳児がいる、介護など。旅行、先約があるなどの理由は、故人や法要という儀式を軽んじているようで、失礼です。

欠席の場合も、出席するときと同様の供物料や供物を送ります。法要の日の前に届くよう、手配を。後日、焼香に伺ったり、墓参するとていねいです。

法要

故人の部下のあいさつ

三回忌法要

1分30秒

もう丸2年になるのですね。ほんとうに月日の流れるのは早いものです。

ご存じのように、部長は当時、本社移転プロジェクトのリーダーとして指揮をとっておられました。連日連夜の激務で、それがお体を損ねたのだろうと、今更ながら残念に思います。その後、実はプロジェクトは私が引き継ぎました。志半ばにして逝ってしまわれた部長なら、どうおっしゃるだろう、どう判断されるだろうと、心の中でお伺いを立てながら作業を進めてまいりました。そして、先月、ようやく本社移転が完了いたしました。部長が目ざしていた働きやすい作業環境を実現できたと自負しております。本日は、新社屋の写真をお持ちしました。

部長にも、ごらんいただきたかった。ともに社屋の完成を喜び合いたかった。無念ですが、部長もきっと泉下で喜んでくださっていることでしょう。あらためてご冥福をお祈りします。

POINT 在職中に亡くなった人に対しては、その後の社業や職場の様子を報告し、遺志を継承したと伝えます。

法要

故人の上司のあいさつ

三回忌法要

1分30秒

私どもの職場になくてはならない存在だった宮沢君が急逝され、はや2年がたちました。2年間に何回か人事異動があり、職場のメンバーもずいぶん入れかわりましたが、宮沢君の熱心な仕事ぶりは、今でも職場でよく語られることがあります。

「棺を蓋いて事定まる」という言葉がございます。人間の真の評価は、亡くなって初めて定まるという意味ですが、宮沢君が現在も信望を集めていることを思うと、まさしく宮沢君のための言葉のような気がいたします。あまりに若すぎる旅立ちではありましたが、宮沢君の存在の大きさとすばらしさは、これからも職場で語り継がれることでしょう。

残された奥様やお子様に対しても、何の力にもなってさし上げられず、心苦しく存じておりました。しかし、気丈にお暮らしの様子を拝見し、やや安心いたしました。

あらためてご冥福をお祈りいたします。

POINT 歳月が失ったものの大きさを気づかせるという点では、「棺を蓋いて事定まる」は、葬儀よりも法要にふさわしい言葉です。

法要

施主（故人の子）のあいさつ

七回忌法要

1分30秒

皆さん、お忙しいところ、亡くなった父のためにお集まりいただき、ありがとうございました。七回忌ということで、近親者だけで営もうと、こうして自宅までお運びいただきました。窮屈で申しわけありません。

日ごろはごぶさたばかりですのに、こういうときだけご足労をおかけし、心苦しく思っております。そのたびに、皆様からはあたたかいお言葉をちょうだいし、ほんとうにありがたく存じております。

10年前に母を、そして6年前に父を見送り、さらに昨年には相次いで子どもが転勤や結婚で家を離れ、私ども夫婦もずいぶん寂しくなりました。ただ、おかげさまで健康には恵まれており、ふたりとも口が達者ですので、それなりににぎやかに過ごしております。どうぞご安心ください。

ささやかな膳ですが、内輪だけの集まりですので、どうぞお楽にお召し上がりください。

POINT 自宅で行う場合は、行き届かない点をわびながらも「内輪だけなので気楽に」となごやかさを演出します。

法要

出席者（故人のおい）のあいさつ

七回忌法要

1分30秒

皆さん、お久しぶりでございます。

遠方に住んでおりますことを言い訳に、ごぶさたばかりで申しわけありません。実は、お墓参りも数年ぶりのことで、「しばらく見ないうちに髪の毛が薄くなったな」と叔父さんにからかわれたような気がしました。叔父さんが亡くなったときは、私はまだ独身でしたが、今や2人の子持ち。それだけの歳月が流れたのだと思うとしみじみいたします。

それにしても息子の英明君が叔父さんにそっくりになったのには驚きました。顔ばかりでなく声まで似ていて、若き日の叔父さんを見ているようです。懐かしさとともに、あらためて叔父さんがいない悲しさを感じますね。

叔父さんに先立たれ、芳枝叔母さんもご苦労が多いことと思います。力になれず、申しわけありません。気候がよくなりましたら、私どものほうへもお出かけください。近くの○○温泉に、ご案内します。

POINT 七回忌以降は、親族だけの集まりの場合が多く、スピーチというより近況報告のあいさつのつもりで話します。

法要

施主（故人の夫）のあいさつ

十三回忌法要

1分30秒

本日はなにかとご多用のところお集まりいただき、まことにありがとうございます。

早いもので、紀代美が亡くなりましてから、干支も1回りいたしました。残された子どもたちをなんとか一人前に、とだけ考えて日々を過ごしてまいりましたが、おかげさまで息子も娘も無事社会人となり、私の務めも果たせたように思います。

苦労のせいでとは申しませんが、12年前とくらべると、私の頭もずいぶんと白くなりました。それに引きかえ、思い出す紀代美の顔は当然ながらこの遺影のころのままで、いつの間にか年の離れた夫婦になってしまったような不思議な気分です。紀代美1人だけ若いままでいるのは、なんだか悔しいし、あらためて悲しさが募るような思いもいたします。

今日はささやかな席ではございますが、懐かしい思い出話や皆様のご近況を、紀代美にお聞かせくだされば幸いに存じます。

POINT　12年という歳月を振り返りながら、家族の変化や近況を報告、列席者にも「近況を故人に教えてやってほしい」といざないます。

法要

出席者（故人の妹）あいさつ

十三回忌法要

1分30秒

清彦兄さんがもし生きていれば、今年で60歳です。そう思いますと、いかに早すぎる旅立ちだったのかと、今更ながら感じます。

12年という年月は、物事を風化させるには十分な長さですが、兄さんの思い出が色あせることはありません。わが家では、兄さんのところから株分けしてもらったクリスマスローズが、毎年見事な花を咲かせています。兄さんから手ほどきを受けたゴルフも、細々ですが続けています。長い年月がたっても、兄さんの残してくれたものは、さまざまな形で、今も変わらず暮らしの中に息づいているのです。

この12年、女手一つで子どもたちを育て上げた真知子義姉さんは、ほんとうにご苦労が多かったことと思います。何もお力になれず、心苦しく存じておりましたが、立派にそして美しく成長なさった真理ちゃんと香奈ちゃんを見ると、感慨もひとしおです。兄さんもさぞ喜んでいることでしょうね。

POINT　歳月をへてもなお鮮明な故人の思い出を語りながら、大黒柱に先立たれた遺族の苦労を思いやります。

神式の施主（故人の夫）のあいさつ

五十日祭

1分30秒

皆様、本日はなにかとご多用のところ、亡き妻、みどりのためにご参集いただき、まことにありがとうございました。

略儀ではございますが、本日、五十日祭ならびに清祓いの儀、合祀祭をあわせて執り行いました。

故人が入院してわずか1カ月足らずでの急な旅立ちで、思いもかけないなりゆきと悲しみに、呆然とした日々を過ごしてまいりました。ただ、このたび、故人の霊も無事に祖霊のもとへ帰りましたことから、私どもも無理にでも心を新たにして、強く暮らしていかなければならないと、気持ちを引き締めているところでございます。

皆様には、せっかくご足労をおかけしながら、ほんとうに心ばかりの席で、行き届かぬおもてなししかできませんが、しばし故人の思い出などをお聞かせ願えればたいへんうれしく存じます。

本日はまことにありがとうございました。

POINT 正式には、五十日祭の翌日に清祓いの儀を、その後に合祀祭を行います。最近は同時に行うことが多いのですが、ひと言断りを入れて。

記念式

キリスト教式の施主（故人の子）のあいさつ

記念式

1分30秒

本日は亡き母の召天日記念式にお集まりいただき、まことにありがとうございました。

母が信仰を得ましたのは晩年のことでしたが、心の平安をいただき、神のみもとへ安らかに召されましたことは、残された私どもの心をたいへん穏やかにしてくれるものでした。

最期は痛みや苦しみに見舞われていたはずですが、いつも感謝と祈りの言葉を忘れず、凛とした姿勢を保っておりました。わが母ながら、立派に現世をまっとうしたと考えております。

信仰の道へとお導きくださいました皆様方には、ほんとうに感謝いたしております。また、不案内な私にかわり、葬儀から今日までお世話をいただきました教会関係者やご友人の皆様方にも、心より御礼を申し上げます。

これよりささやかな茶話会を始めさせていただきますが、ひととき母をしのんでいただければ幸いです。

POINT 施主が信者でない場合は「神のお導き」などの表現は不自然なので、信仰を得た故人の様子を肯定的に語るだけにとどめます。

すぐに役立つ

とっさのひとこと

法要のとき心に響くフレーズ

《施主側》

◆思えば、父が亡くなってからもう12年がたちます。長いようで短い歳月でした。

◆おかげさまで、一昨年に結婚、昨年、子どもを授かりました。母が他界した○年前には想像もしていなかった暮らしをしております。

◆当時は私もまだ若く、皆様のお力添えがなければ、葬儀なども無事に行うことはできませんでした。あらためて御礼申し上げます。

◆皆様の励ましのおかげで、なんとか今日まで暮らしてまいりました。心より感謝いたしております。

◆父の他界に際しまして皆様からいただいたご厚情は、今も深く心に刻まれております。

◆皆様にこうして集まっていただき、法要を営めることを亡き父もさぞ喜んでいることと思います。

◆本日、皆様のあたたかい励ましややさしい言葉を受け、あらためてご厚情に感謝いたしております。

◆皆様もどうぞお体をたいせつにしていただき、また、法要の節目でお目にかかれることを願っております。

◆ご多忙の中、あるいは遠方よりお越しいただきましたのに、大したおもてなしもできませんが……

《列席者側》

◆本日はお招きいただき、恐縮です。

◆○回忌と伺って驚きました。ほんとうに早いものです。

◆○○君もご立派になって。お父さんも、きっとどこから見ていて、喜んでいますよ。

◆どうしていらっしゃるかと思いながらも、何のお役にも立てず、申しわけありません。

◆親代わりを務めなくてはならないのに、なんの力にもなれずごめんなさいね。

◆お父さんと、声がそっくりになりましたね。

◆笑い声が、お母さんとそっくりで驚きました。

社葬、慰霊祭、追悼会の弔辞のポイント

序列を重んじる社葬の進行

創業者、現役の会長、社長など、会社に大きく貢献した人や、業務中に亡くなった殉職者の葬儀は、社葬として会社が主催者となって執り行うことが多くなります。

進行は一般の葬儀とほぼ同様ですが、

▼喪主のほかに葬儀委員長を立てる

▼指名焼香など、会社にとって重要な人から順に焼香や献花を行う

など、序列を重んじるのが特徴です。指名もれや順番が、思わぬトラブルにつながることもあるので、十分に注意します。

なお、密葬・火葬をすませてから、後日あらためて故人の遺影だけを掲げて、「お別れの会」などの名で社葬を行うこともあります。

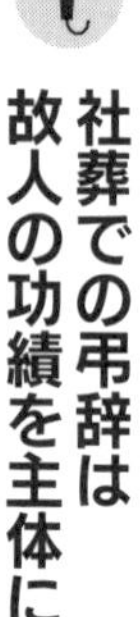

社葬での弔辞は故人の功績を主体に

弔辞の内容は、故人の功績を称賛し、遺志を継いでいくという決意の表明を主体にします。殉職者の社葬では、それに加え、不幸を繰り返さないという誓いを盛り込む必要があります。

一般の弔辞では、故人に語りかけるような言葉を使うスタイルをとることもあります。しかし、儀礼的な色彩の強い社葬では、あいさつとしての形式をととのえた表現を用いるのが望ましいでしょう。

慰霊祭や追悼会では残された者の「誓い」を主体に

事故などの犠牲者や殉職者の合同葬儀・法要としての慰霊祭や追悼会では、主に、主催者と遺族代表の2つの立場から述べられます。事故原因や責任の所在で異なりますが、いずれも、犠牲者を悼み、それぞれの立場で不幸を繰り返さない旨の誓いを述べます。

主催者はおわび、遺族代表なら怒りの気持ちが伴うのは当然ですが、あまりに感情的な表現や、金銭的補償など、生々しい内容は、死者の霊を慰める集いにふさわしくありません。

節度を保った理性的な表現を心がけましょう。

社葬

社長への弔辞

社員代表

2分30秒

弔辞。

○○株式会社代表取締役、鈴木徹社長の社葬にあたり、社員を代表し、謹んで惜別の辞をささげます。

社長の急逝の報に接し、私ども社員一同、大きな悲しみとともに痛惜の念に堪えません。深く哀悼の意を表するとともに、ご遺族の方に、心よりお悔やみを申し上げます。

社長は、30年前、29歳の若さで○○株式会社を興し、以後、粉骨砕身のご努力をもって着実に業績を上げ、今日の規模にまで発展させてこられました。

社長室にいるのは性分ではないというのが社長の口癖で、いつも不意に作業服姿で現場にあらわれ、私ども社員は驚かされたものです。仕事に関してはたいへん厳しい社長でしたが、「子どもは大きくなったか」「血圧の調子はどうだ」と社員一人ひとりに気さくにお声をかけてくださる姿は、慈愛に満ちたものでございました。

思えば、社長は私どもにとって、○○丸という船の威厳に満ちた船長であり、ときに厳しい父親であり、また優しく包んでくれる母親のような存在でもありました。今、惜別のときを迎え、私どもは希望の灯火と道しるべを同時に失ってしまったような不安と寂しさを感じております。

しかし、悲しみに打ちひしがれているのは、社長が望まれる姿ではないでしょう。このうえは、社員一同がさらに結束して一層の努力をし、社長の教えを守って社業に邁進することを誓います。社長には、○○株式会社と私ども社員の行く末を、あたたかくお見守りくださいますよう、お願いいたします。

社長、今までほんとうにありがとうございました。なにとぞ、心安らかにお眠りください。

社長の多大なるご功績と、卓越したご指導に感謝し、心よりご冥福をお祈りして、社員一同からの弔辞といたします。

POINT 故人の略歴、功績、人柄の紹介を通して、生前の印象を伝えます。口癖などを具体的に引用するのもいいでしょう。

社葬

会長への弔辞

社長

1分30秒

謹んで井上章会長のご霊前に申し上げます。半年前のご入院以来、社員一同、会長が必ず快方に向かうことを信じておりましたが、それもかなわず、茫然自失の思いでおります。

会長は、従業員5人という小さな店から、まさしく寝食を忘れてのご努力により、当社を5つの支店を構えるまでに成長させました。ご勇退を受けて、私が社長に就任しました折は、この上ない名誉と感激すると同時に、会長の築いてこられた実績、卓越した経営手腕、信念の人ともいうべきお人柄を後継する重責を感じたものでございました。

今、私どもは、偉大なる指導者を失いましたが、今後は、社員の心を一つに会長のご遺志を継ぎ、社業に励んでまいる覚悟でおります。

まことに名残惜しいお別れでございますが、井上会長のご冥福を心よりお祈り申し上げまして、弔辞とさせていただきます。

POINT 社葬の場合は、故人の職務上の業績や手腕をたたえる言葉が主体となります。

社葬

社長への弔辞

組合委員長

1分30秒

故・石川雅弘社長の社葬にあたり、労働組合を代表し、お別れのごあいさつを申し上げます。

社長と私は、経営者と労働者という対立する立場でした。団体交渉などの席上では、真正面からぶつかることもありましたが、互いに正々堂々と闘い、妥結後は協力し合い、社業の隆盛のために努力してまいりました。

社長は生前、社業において多くの業績をあげられましたが、社員の福利厚生のためにも大きな功績を残されました。特に、業界内でいち早く男女の育児休暇制度を導入したことは、社長のあたたかいお人柄を感じさせるものでした。

私ども労働組合にとって、最大の壁であり、同時に、最良の同志であった社長を失い、まさしく断腸の思いであります。今後は、社長のご功績を胸に刻み、組合員一同、当社発展のため尽力してまいります。どうか安らかにお旅立ちください。

POINT 立場上は敵対していたが、闘争が終われば同志として協力し合い、人柄も尊敬していたと述べます。

社葬

取引先の社長への弔辞

取引先

1分30秒

○○株式会社川島栄一社長のご霊前に、謹んで哀悼の誠をささげます。

○○株式会社と当社は、30年来のお取引をいただいております。取引の開始当時、私の会社は創業間もないときでしたが、社長は「若い会社にはエネルギーがある」と評価してくださり、大量に仕事を発注してくださいました。注文は厳しいものでしたが、その一つ一つに、よりよい製品を作りたいという社長の揺るぎない信念が感じられたものです。当社が、今日のような発展を遂げることができましたのも、ひとえに川島社長に鍛えられたおかげだと、今あらためて深く感謝いたしております。

川島社長のようなすばらしい指導者を失うことは、○○株式会社のみならず、当社にとっても業界にとっても大きな痛手です。しかし、社長の教えを胸に刻み、ご恩に報いるためにも、今後もよい仕事をしてまいります。川島社長、ありがとうございました。

POINT 仕事上の恩義を紹介し、今までの感謝を主体に述べます。自社のPRや取引継続のお願いなどは控えましょう。

社葬

同業他社の会長への弔辞

業界代表

1分30秒

○○株式会社代表取締役会長、森保様の社葬に際し、業界を代表し、謹んでご霊前に弔辞を捧げます。

森会長は、2年前まで社長として卓越した経営手腕と指導力を発揮され、○○株式会社の発展に大きく寄与なさいました。会長に就任なさってからは、業界の公職に力を注ぎ、業界の連合である△△振興会では、副会長の要職にあられました。

規制緩和の流れを受けて、私どもの業界にも難題が山積する昨今でございましたが、森会長は臆することなく問題にとり組み、誠意をもって解決されてきました。会長は、まさしくわが業界にはなくてはならない存在だったのです。今、森会長を失うことは、業界にとっても痛恨の極みでございます。このうえは、会長のご指導をよりどころとして、今後も業界発展のため、微力を尽くす覚悟でおります。

ご生前のご功績に深い感謝を捧げ、安らかなご冥福をお祈りいたします。

POINT 自分の会社だけでなく業界全体にも尽力していたことを紹介することで、故人の視野の広さ、度量の大きさを示します。

社葬

社長への弔辞

社員代表

1分30秒

〇〇株式会社代表取締役社長、故・佐久間一郎様のご霊前に謹んで弔辞をささげます。

佐久間社長は、昨年末、現場を視察中に倒れられ、入院加療を続けてこられましたが、薬石効なく、〇月〇日午前4時3分、心不全により72歳の生涯を閉じられました。社員一同、深く哀悼の意を表するしだいです。

社長は、一流の経営者であると同時に一流の研究者でございました。3年前、社長みずから開発にあたられた〇〇は、現在、当社の主力商品となっております。社長の目線は、いつも消費者の立場にあり、その姿勢に私どもは多くのことを学びました。

佐久間社長。私ども社員一同は、社長のもとで仕事をさせていただき、ほんとうに幸せでした。これからは、社長のお志を受け継ぎ、社業に一層精進いたすことを誓い、お別れの言葉といたします。

社長、安らかにお眠りください。

POINT 功績をたたえながら、「一緒に仕事ができて幸せだった」という親しみのこもった感謝の言葉で結びます。

社葬

殉職社員への弔辞

社長

1分30秒

故・岩城英吉君を社葬にてお見送りするにあたり、〇〇株式会社を代表し、追悼の辞をささげます。

岩城君は、わが社の現場主任の一人として、数々の功績をあげ、将来を大きく嘱望されておりました。また、温厚にして誠実な人柄は、同僚からの信望を一身に集めるものでした。

現場の仕事は、危険と隣り合わせのものであることは皆が承知しており、安全対策には十分に気をつかってまいりました。

それだけに、不測の事態とは申せ、このような事故が起こり、岩城君の尊い命が犠牲になりましたことは、まことに残念でなりません。会社の経営者として、責任を痛感するとともに、立派で有能な人材を失ったことに大きな悲しみと痛手を感じております。

今後は、岩城君の死を無駄にすることなく、安全管理を一層徹底させることを誓い、心よりご冥福をお祈りいたします。

POINT 死を悼む気持ちはあらわしながらも、責任の所在については、遺族と行き違いが起きないよう、表現に十分注意します。

社葬

社長の社葬　葬儀委員長あいさつ

1分30秒

本日、故・村岡誠一社長の社葬を営みましたところ、このように多くの皆様のご参列を賜り（たまわ）、まことにありがとうございました。葬儀委員長として、またご遺族、ご親族になりかわりまして、心より御礼（おんれい）を申し上げます。

故人は、○○株式会社の創業社長として、一代で当社を今日の規模にまで発展させました。その手腕は「業界に村岡あり」と広く認められているものでございました。

社長には、今後も私どもの偉大なる指導者として、長く導いていただけると信じておりました。しかし、このたび思いがけない病を得てのご逝去（せいきょ）、当社としてもたいへんな痛手と悲しみでございます。しかしながら、私ども社員一同は、社長のご遺志とご偉業を継ぎ、一層社業に邁進（まいしん）する覚悟でおります。

皆様には、今後とも当社へのご指導を、またご遺族への変わらぬご厚誼（こうぎ）をよろしくお願いいたします。

POINT　葬儀委員長あいさつには、参列者へのお礼や、会社への支援のお願いを忘れずに盛り込みましょう。

社葬

会長の社葬　葬儀委員長あいさつ

1分30秒

本日は当社取締役会長松木健一の社葬に、ご多用のところご参列いただき、誠にありがとうございました。遺族ならびに親族一同にかわり、厚く御礼（おんれい）を申し上げます。

故人は、43年前、わずか3名の仲間とともに当社を創業し、以来、努力一筋、社業に心身をささげ、今日（こんにち）の業績を築き上げました。当社の誇りでもある家庭的な職場環境は、ひとえに会長のあたたかい人柄によるもので、社員にとって会長は偉大なる指導者であると同時に、親のような存在でもありました。今、永遠の別れを迎え、闇夜（やみよ）に灯火（ともしび）を失った思いでおります。しかし、このうえは社員が結束し、会長のご教訓を生かして社業を守ることが、会長の霊をお慰めする唯一の道と存じます。

ご列席の皆様には、故人亡きあとも、遺族ならびに当社に対しましても変わらぬご指導を賜り（たまわ）ますよう、謹ん（つつし）でお願い申し上げます。

POINT　故人を失った悲しみを切々と述べながらも、遺志を継いで社業隆盛のために努力するという前向きな決意で結びます。

慰霊祭 追悼会

合同慰霊祭・追悼会
犠牲者への弔辞

1分30秒

本日ここに、〇〇事故犠牲者の合同慰霊祭を開催するにあたり、謹んで愛惜の辞をささげます。

安藤忠志様。鹿島由利様。斎藤慶一様。松谷みどり様。森田美晴様。山崎裕輔様。

このたびの事故により、遠い旅立ちを余儀なくされた6人の犠牲者の皆様には、ただひたすら申しわけない気持ちでいっぱいです。また、ご遺族の方々のお悲しみを思うといたたまれず、あらためて深くおわび申し上げます。

私ども〇〇社は、このたびの尊い犠牲を決して忘れることなく、また、このような惨事を二度と繰り返さぬよう、今あらためて安全対策の原点に立ち戻り、社員一丸となって、万全を期してまいります。そして、ご遺族の方々に少しでも悲しみをやわらげていただくため、最大限の誠意をお示しすることをご霊前に誓います。犠牲者の皆様のご冥福を心よりお祈りし、私のごあいさつといたします。

POINT 合同慰霊祭では、犠牲者の名前を一人ひとり読み上げるのが通例になっています。

慰霊祭 追悼会

合同慰霊祭・追悼会
遺族代表のあいさつ

1分30秒

このたびの〇〇事故で尊い命を奪われた6人の皆様のご霊前に、遺族一同を代表し、謹んで哀悼の意をささげます。

私ども遺族にとりましては、まったく思いも寄らない、悪夢のようなでき事でした。それも、単なる災害や不慮の事故ではなく、ずさんな安全対策が生んだ人災事故かと思いますと、私どもの悲しみ、苦しみは、到底いやされるものではありません。

しかし、いたずらに嘆き悲しんでも、6人が帰ってくるわけではなく、霊を慰めることもできません。このうえは、一日も早く原因を解明し、このような事故が二度と繰り返されることがないよう今後に生かしていくこと、さらに遺族が前向きに生きていくための環境をととのえることが、残された者の責務と考えております。

皆様、どうか、これからも私どもを見守っていてください。どうぞ安らかにお眠りください。

POINT 「遺族への補償問題」などの生々しい表現は避け、事故の再発防止を切に願う言葉を主体に述べます。

PART 7 英語のスピーチ お役立ちフレーズつき

始めのあいさつ

Good evening, and welcome to my house. I am very glad that so many people have shown up for this party. This is my wife, Kazue. She was looking forward to seeing my colleagues and their families. Also for me, it's really nice to see you in an informal setting like this. I hope you can have a chance to talk, and get to know each others families as well.

こんばんは。ようこそわが家へいらっしゃいました。このパーティーにたくさんの方にお集まりいただき、とてもうれしいです。こちらは、妻の和江です。彼女は、私の同僚やご家族に会うのを楽しみにしていたんですよ。私も、このパーティーのような気楽な集いで、皆さんにお会いできることをうれしく思います。お互いに語り合い、家族とも親しくなれるように願っています。

お役立ちフレーズ

- **We're glad that you could come. Please come right in.**
  (ようこそいらっしゃいました。どうぞお入りください。)
- **I'm glad that the bad weather has cleaned up.**
  (晴れてよかったですね。)

乾杯のあいさつ

Good evening, everyone. Thank you for coming. Today, I am going to make a barbecue. This area is most famous for its beef, and it is very delicious. Please eat a lot and feel free to have fun without reserve.

Well, let's drink a toast to your health. "Cheers!" Thank you.

皆さん、こんばんは。おいでいただいてありがとうございます。今日は、私がいろいろなバーベキューを用意します。この牛肉は、当地の名産品で、とてもおいしいんですよ。どうぞご遠慮なく、たくさん召し上がり、そして楽しんでください。

では、皆さんの健康を祈って乾杯しましょうか。「乾杯！」。ありがとうございました。

お役立ちフレーズ

- **I guess everyone is here, so let's start the party.**
  (皆さんおそろいのようですので、パーティーを始めましょう。)
- **It's a pleasure to welcome all of you to my house.**
  (皆さんをわが家にお迎えするのは、私どもの喜びです。)

ゲスト ホーム パーティー

お礼のあいさつ

Thank you for arranging this warm party for us. I am very happy to meeting you all. I really enjoyed the delicious dinner and the pleasant chat. Especially the dinner, it was quite perfect. Our hostess is the best cook in Yokohama.

Thank you very much again for your hospitality.

このようなあたたかいパーティーを開いていただき、ありがとうございます。皆様にお目にかかれてうれしかったです。おいしい料理と楽しい会話を存分に楽しみました。特に、お料理は完璧でした。こちらの奥様は、横浜いちばんの料理人です。

最後にもう一度、おもてなしに感謝いたします。

お役立ちフレーズ

- **It's really nice meeting you today.**
  (今日は、皆さんにお目にかかれてほんとうにうれしかったです。)
- **In return, I will prepare you a Japanese style party in the near future.**
  (今度は、私が近いうちに日本式のパーティーを考えましょう。)

お開きのあいさつ

May I have your attention, please?

I am very happy that you seem to have enjoyed talking and getting acquainted with one another. Did you like the barbecue? I am glad if you liked it.

Thank you again for coming, and hope you'll enjoy the rest of the weekend.

ちょっとよろしいですか？

皆さんが会話を楽しみ、互いに親しくなれた様子でたいへんうれしく思います。バーベキューの味はいかがでしたか？　ご満足いただければうれしいのですが。

おいでいただき、ありがとうございました。楽しい週末をお過ごしください。

お役立ちフレーズ

- **I am sorry to have to say the party is coming to an end.**
  (このパーティーもお開きです。)
- **We look forward to our continuing friendship and cooperation.**
  (今後も変わらない友情とご協力をよろしくお願いいたします。)

お礼のあいさつ

【Formal】 It is a great pleasure being invited here to join you in celebrating Christmas.
I am greatly really enjoying the delicious food and wonderful wine.

【Informal】 Merry Christmas! Thank you very much for inviting me tonight, Bob. This is something small from me for your daughter, Jane.

【フォーマル】こちらにお招きいただき、皆様とともにクリスマスのお祝いができることをとてもうれしく思います。
おいしいお料理とすばらしいワインを堪能しています。

【インフォーマル】メリークリスマス！ ボブ、今晩はお招きいただきありがとう。これはお嬢さんのジェーンへ、ささやかなプレゼントです。

お役立ちフレーズ

- **I've certainly enjoyed being here tonight.**
(今晩はほんとうに楽しかったです。)
- **Thank you very much for everything.**
(いろいろとありがとうございました。)

クリスマスプレゼントと祝い方

キリスト教圏でのクリスマスプレゼントは「目下の人に与える」精神が基本で、日本のようなプレゼントのやりとりは行いません。クリスマスパーティーに招かれたときも、おおげさな贈り物は必要なく、その場で飲食できるお菓子やワインを持参するのがいいでしょう。

一方、クリスマスカードでのあいさつは、日本の年賀状に相当する一般的な慣習です。早く届くのはかまわないので、12月初旬までには投函しましょう。「Merry Christmas」などのフレーズは印刷されていることが多いのですが、下のようなひと言を自筆で添えると、心のこもったものになります。

★ **I wish you a happy and healthy New Year.**
(幸せで健康な新年でありますように。)

★ **Wishing you a happy holiday season.**
(楽しい休暇でありますように。)

ホスト 忘年会 主催者のあいさつ

Thank you for coming to our year-end party. I appreciate your great help for doing a great job this year. "Year-end party", we say "Bonenkai" in Japanese, means "Year-forgetting party". Let's forget our worries for this year.

Well, I propose a toast to the good year. "Kan-pai!" Thank you.

ご出席の皆様、私どもの年末パーティーにようこそいらっしゃいました。この一年の皆様のすばらしい仕事に感謝します。年末パーティーは日本語で「忘年会」といいますが、これは「年を忘れるパーティー」という意味です。今年一年の嫌なことは忘れてしまいましょう。

さあ、ではよい一年だったことに乾杯しましょう。「乾杯！」。ありがとうございました。

お役立ちフレーズ

- **I also will need your good help next year.**
  (来年もよろしくお願いいたします。)
- **I had a great time, talking and eating.**
  (会話も食事も最高でした。)

ホスト 新年会 主催者のあいさつ

Happy New Year, everybody!

We're very happy to see all of you here to celebrate the arrival of a new year. Today, we prepared traditional Japanese dishes; we call them "Osechi" in Japanese. We hope you will enjoy this Japanese-style party. Thank you.

皆さん、明けましておめでとうございます。

ここにいらっしゃる皆様とともに、新年を迎えることができ、たいへんうれしく思います。本日は、日本語で「おせち」という、日本の伝統的なお料理をご用意しました。日本式のパーティーをお楽しみいただければと存じます。ありがとうございました。

お役立ちフレーズ

- **We wish you the best of everything in 20XX.**
  (20XX 年が、あなたにとってすばらしい年になりますように。)
- **I hope you to promote harmonious relationship at this party.**
  (このパーティーで親睦を深めてほしいと思います。)

お祝いのスピーチ①

John and Kumiko, I would like to extend my warmest congratulations to the newly wedding. As a friend and colleague, I'm very happy for both of you.

John is not simply a professional in international trade, but he has developed a deep respect and understanding of many different cultures.

And the bride Kumiko is a very capable and charming lady. We greatly appreciate the accuracy of her work.

I'm sure that this great partnership of John and Kumiko will have a bright and prosperous future.

I would like to add my best wishes for a happy life together. Thank you.

ジョン、そして久美子、ご結婚を心よりお祝い申し上げます。友人として、そして同僚としてもとてもうれしく思っています。

ジョンは、単に国際貿易のプロであるばかりでなく、多くの異文化に深い尊敬と理解を持った男です。

また、新婦の久美子は、才色兼備の女性です。私どもは、彼女の正確な仕事にほんとうに頼りきっています。

ジョンと久美子のすてきなパートナーシップで、おふたりが明るく豊かな未来を築くことを確信しております。

もう一度心からの祝福をお送りします。ありがとうございました。

お役立ちフレーズ

- **I wish you both a long life together, one that is filled with lots of sunshine and laughter.**
  (おふたりの末永い生活が、光とほほ笑みに満ちあふれたものになるようお祈りします。)
- **We want to tell you how happy we are for both of you, and we wish you a wonderful future together.**
  (おふたりのご結婚を祝し、すばらしい未来を祈っています。)

ゲスト　結婚パーティー

お祝いのスピーチ②

Congratulations, Tom! Thank you very much for inviting me to your wonderful wedding party.

Jenny, nice to meet you. My name is Mori, Tom's immediate supervisor.

Tom, you are so fortunate to have such a beautiful wife. Congratulations again, and be happy.

おめでとう、トム！　こんなすばらしい結婚パーティーにお招きいただきありがとう。

ジェニー、はじめまして。私は森と申しまして、トムの直属の上司です。

トム、こんなに美しい奥様を射止めて、君はほんとうに幸せだよ。もう一度おめでとう、お幸せに。

お役立ちフレーズ

- **Alice, you're so beautiful and wonderful bride, beyond compare.**
  (アリス、だれよりもきれいですばらしい花嫁さんよ。)
- **I'm delighted to express my best wishes to this happy new couple.**
  (幸せいっぱいの新しいカップルにお祝いを述べることをたいへんうれしく思います。)

ゲスト　結婚記念日パーティー

お祝いのスピーチ

Congratulations on your 25th anniversary! 25 years seems like such a long time. Especially in this day and age, loving and lasting marriages are becoming a difficult thing.

Traditionally, a gift of silver is given on the 25th anniversary. So, we would like to present a pair of silver forks to you. Congratulations, again. Thank you.

結婚 25 周年おめでとうございます。25 年といえばとても長い時間です。特に最近は、愛に包まれた結婚生活を長く続けることがむずかしくなっていますから。

結婚 25 周年には、銀の贈り物をするのが習わしです。ですので、私どもからご夫妻に、銀製のペアフォークをプレゼントいたします。あらためておめでとうございます。ありがとうございました。

お役立ちフレーズ

- **May you be blessed with 25 more years of happy married life.**
  (これからの 25 年間の結婚生活も幸せでありますようお祈りいたします。)
- **I wish I would learn from both of you about the secret of having an enduring happy marriage.**
  (おふたりから、幸せな結婚生活を続ける秘訣を教えてほしいものです。)

お祝いのあいさつ

Happy birthday, Mr. Johnson!

This birthday party is held not only to celebrate your 50th birthday, but also to express our gratitude for your leadership and warm personality. We can never thank you enough.

We hope you will stay as healthy and young as ever. Thank you.

ジョンソンさん、お誕生日おめでとうございます。

このバースデーパーティーは、あなたの50 歳の誕生日をお祝いするためだけではなく、あなたのリーダーシップとあたたかいお人柄への感謝の気持ちを込めて開催したものです。感謝の言葉は言い尽くせないほどです。

どうかこれからも、健康と若々しさを保ってください。ありがとうございました。

お役立ちフレーズ

- **This is something small from all of us here tonight.**
  (これは、この場にいる全員からのささやかなプレゼントです。)
- **Thank you for your generous gift. Look how beautiful this is!**
  (過分なお祝いをありがとうございます。なんて美しいんでしょう！)

お祝いのあいさつ

Congratulations on the arrival of your daughter! And Shirley looks so great! I'm so happy for you.

The baby has Shirley's eyes and Jim's nose, doesn't she? She is fortunate that was born as a wonderful couple's treasure. I hope your new life including baby be filled with joy and love.

女のお子さんのご誕生おめでとう！ シャーリーもお元気そうね！ よかったわ。

赤ちゃんは、目がシャーリーに、鼻すじはジムに似ているんじゃないかしら？ すてきなカップルの宝物として生まれた赤ちゃんは、幸せだわ。赤ちゃんと一緒の新生活が、喜びと愛に満ちたものになることを祈っています。

お役立ちフレーズ

- **The baby looks just like her[his] dad.**
  (赤ちゃんはパパそっくりね。)
- **I wish you the baby is growing up in good.**
  (赤ちゃんの健やかなご成長をお祈りします。)

ゲスト　昇進を祝うパーティー

お祝いのスピーチ①

Congratulations on your promotion! From now on, you will take on a heavy responsibility as General Manager, but we have faith in your abilities and believe in your success in every activity and in your new assignment.

We wish you the best luck in your future. Thank you.

ご昇進おめでとうございます。今後、あなたは総支配人としての重責を担うわけですが、新しい仕事においても必ずや活躍し、成功をおさめることを確信しております。

これからのご多幸をお祈りいたします。ありがとうございました。

お役立ちフレーズ

- **I would like to extend our warmest congratulations on the establishment of your company.**
  (新会社の設立を心よりお祝い申し上げます。)
- **Under your directorship, the department will grow even stronger.**
  (あなたの指揮のもと、部署はより強化されることでしょう。)

お祝いのスピーチ②

Congratulations, Nancy. Your promotion was no surprise to me, because I really know your experience, skills and abilities. This promotion is in recognition of your work and dedication to the company.

Congratulations again, and I hope you will play an active part in your new position.

ナンシー、おめでとう。私は、君の経験、技術、そして能力をよく知っているから、君の昇進は当然だと思いました。この昇進は、君の熱心な仕事ぶりと、会社への貢献が評価されたものです。

もう一度おめでとう。新しい役職でのご活躍を祈っています。

お役立ちフレーズ

- **Your new post plays an important role in our company.**
  (あなたの新しいポストは、当社にとってたいへん重要な役割を担っています。)
- **I wish you the best of success in your future.**
  (ますますのご活躍を期待しています。)

歓迎のあいさつ

It is a pleasure to welcome all of you to this company. Though our nation and culture are different, we have common purpose for doing a good job. If you see a way to improve your work, please give us your suggestions without reserve. Let's begin to work together to make this company great. Thank you.

皆さんを当社にお迎えして、たいへんうれしく思います。私たちの国籍や文化は違いますが、よい仕事をしたいという目的は同じです。もし、あなたの仕事をよりよくする方法が見つかったら、遠慮なく私たちに申し出てください。力を合わせて、この会社の発展のために働きましょう。ありがとうございました。

お役立ちフレーズ

- **We need new blood like you to make our company greater.**
  (当社のさらなる発展のためには、あなた方の新しい力が必要なのです。)
- **We are happy to have you as part of our company.**
  (この会社の一員になってくれたことをたいへんうれしく思います。)

歓迎のあいさつ

Mr. Smith took up his new post as Sales Manager for Japan. We are here to celebrate his recent election to his new post, and to wish him success in his work. It's our pleasure to continuing our work together. We hope our market research will lead to development of products of better, and to the increase in sales. Thank you.

スミス氏は、日本担当の販売マネージャーとして着任しました。本日は、彼の昇任を祝い、仕事の成功を祈るためにこうして集まったわけです。

今後、仕事をご一緒できることは私どもにとってたいへんうれしいことです。われわれのマーケットリサーチが、よりよい製品開発と、売り上げの拡大につながることを祈っております。ありがとうございました。

お役立ちフレーズ

- **We are very happy that you will be working with us here.**
  (ここで一緒に働けることになってとてもうれしいです。)
- **Please feel free to ask us any questions about your work.**
  (仕事でわからないことがあったら、お気軽にお尋ねください。)

ゲスト 歓迎パーティー

お礼のあいさつ

Thank you for arranging such a warm welcome party for me. I'm happy to meet you all.

This is the first time for me to work overseas branch. I am so tense at expressing my thoughts in English. Please don't expect me to make a spectacular speech. But I do my best on my job.

本日は、私のためにこのようなあたたかい歓迎パーティーを開いてくださり、ありがとうございました。皆さんにお会いできてうれしいです。

海外赴任は初めてで、英語で話をするのは緊張します。どうか、すばらしいスピーチは期待しないでください。でも、仕事ではベストを尽くします。

お役立ちフレーズ

- **Thank you very much for holding such a heart-warming party for us.**
（私どものために、このような心あたたまるパーティーを開いていただき、ほんとうにありがとうございました。）
- **This is my second visit to this country. I'm pleased to be back.**
（この国を訪問するのは二度目です。帰ってこられてうれしいです。）

歓送のあいさつ

Thank you for everything throughout the years. I think all of us here have mixed emotions. We are very happy that you have been promoted to a new post in your country. However, you'll be missed at the office.

Keep in touch, and good luck at your new position.

長い間、いろいろありがとうございました。今ここにいる皆は、複雑な気持ちだと思います。あなたがお国で昇進するのは、私たちにとってもうれしいことです。でも、あなたが事務所からいなくなると寂しくなります。

たまには連絡をくださいね。そして、新しいお仕事がうまくいくよう祈っています。

お役立ちフレーズ

- **Your absence from this branch is a big loss, but it will be a great gain for your new branch.**
（あなたがこの支店からいなくなることは大きな損失ですが、着任先にとっては大きな収穫になることでしょう。）
- **We are happy to see you accept your next challenge at a new job.**
（新しい仕事に挑戦することを頼もしく思っています。）

お礼のあいさつ

Let me talk a little bit in English for the guests from Los Angeles.
Thank you for coming to 30th anniversary celebration of our company. We are happy that you can celebrate with us today.
Please give us your continued patronage for many years to come. Thank you, again.

ロサンゼルスからのお客様のため、少しだけ英語でお話しさせてください。

当社の30周年記念式典にご列席いただき、ありがとうございました。本日、ともにお祝いできることをたいへんうれしく思います。

どうか今後とも、お引き立てを賜りますようお願いいたします。ありがとうございました。

お役立ちフレーズ

- **We hope you will continue to enjoy our hospitality.**
  (私どもは、皆様方に喜んでいただけるようなおもてなしを今後も続けるよう努力いたします。)
- **I would appreciate your support and understanding.**
  (ご支援とご理解をよろしくお願いいたします。)

お礼のあいさつ

Welcome, everyone. Thank you for coming to celebrate the establishment of this new branch. This place is a very important business area, so the future of our company depends on doing a good job at this branch. We will do the best. And in order to success, your warm support is needed. We appreciate your having continued business with us. Thank you.

皆様、ようこそおいでくださいました。本日は、この新支店の設立祝いにご列席いただき、ありがとうございます。この場所は、重要なビジネスの拠点で、この支店がうまくいくかどうかに、当社の将来がかかっています。私どもも全力を尽くしますが、皆さんのご支援は欠かせません。どうか変わらぬお引き立てをよろしくお願いいたします。ありがとうございました。

お役立ちフレーズ

- **We are pleased to have you as our guests as we celebrate the opening our shop.**
  (当店の開店祝いに、皆様をゲストとしてお迎えできて、うれしく存じます。)
- **I look forward to doing business with you.**
  (あなたとお取引ができるのを楽しみにしております。)

主催者 表彰パーティー

お祝いのあいさつ

It is a great pleasure for me to present the Top Sales Award of this year to Ms. Hoffman. Her personal sales of this product reached a total of over 1,000 units for a year. This is a new record of our firm's sales staff. For her excellent job, I am happy to present this Top Sales Award, certificate, and prize to her. Congratulations, Ms. Hoffman.

ホフマンさんに、今年のトップセールス賞を授与することは、私にとっても大きな喜びです。彼女の本製品の売り上げは、1年間で1000個以上に達しました。これは、わが社の営業マンの新記録です。彼女のすばらしい仕事に対し、トップセールス賞、賞状ならびに金一封を授与します。ホフマンさん、おめでとうございます。

お役立ちフレーズ

- **The winner of annual Award for the Excellent Businessmen is ...Mr. Thomas!**
  (今年の最優秀社員賞は…トーマスさんです！)
- **Ms. Stone's contribution to our company is enormous.**
  (ストーンさんの当社への功績は、非常に多大です。)

お礼のあいさつ

Thank you very much, President. I am very honored to receive this Outstanding Performance Award. We work as a team, so I would like to extend my thanks to my immediate supervisor, Mr. Kent, and also the staff in the same department for their advice and support.

I will continue to do my utmost to achieve my object. Thank you.

社長、ありがとうございました。優秀社員賞をいただき、たいへん光栄です。私たちはチームとして働いていますので、ここに至るまで助言や支援をしてくれた直属の上司であるケント氏、そして同じ職場のスタッフに感謝したいと思います。

今後も、目標達成のために全力を尽くしてまいります。ありがとうございました。

お役立ちフレーズ

- **I think I happen to represent colleagues in accepting this Award.**
  (たまたま同僚を代表して受賞したのだと思っています。)
- **I would like to thank all the people who have been working together.**
  (今まで仕事をご一緒したすべての方にお礼を申し上げます。)

始めのあいさつ

Good evening, everyone. Welcome to "Japanese Festival". You can see and experience various forms of Japanese culture here, for example, flower arrangement, tea ceremony, calligraphy, and so on. Through this event, many people will come to know Japan better. We believe that we can build a better spirit of mutual understanding. Thank you.

皆さん、こんばんは。「日本フェスティバル」にようこそいらっしゃいました。ここでは、生け花、お茶席、書道など、さまざまな日本の文化をごらんになり、体験することができます。このイベントを通して、たくさんの方が日本への理解を深めてくだされば幸いです。私たちは、お互いの理解を深め、一層の信頼関係が築けることを信じております。ありがとうございました。

お役立ちフレーズ

- **Sumo is the national sport of Japan. The highest rank is called "Yokozuna".**
（相撲は日本の国技です。最高位は「横綱」と呼ばれます。）

お正月のあいさつ

Happy New Year! We are so glad to celebrate the New Year's Day with you.

There are "Osechi", which are special dishes for only New Year's Day. All of these are auspicious and preserved traditional foods. David, here is something small for you. This is "Otoshidama". Children get it at New Year's Day in Japan.

明けましておめでとう！　一緒にお正月のお祝いができて、とてもうれしいです。

ここにあるのは「おせち」といって、お正月だけの特別な料理です。すべて、縁起がよく、保存性のある伝統料理なんですよ。デビッド、これは君へのプレゼント。これは「お年玉」というんだよ。日本の子どもたちは、お正月にお年玉をもらう習慣があるんだ。

お役立ちフレーズ

- **Our great event of the year is New Year's Day, called "Oshogatsu".**
（私たちの一年の最大の行事は「お正月」です。）
- **Many Japanese go to their parents' at the end of the year, and enjoy the New Year's holiday with their family.**
（多くの日本人は年末から親の家に行き、家族でお正月を楽しみます。）

主催者 日本文化紹介

ひな祭りのあいさつ

Hi! Mary and Susan. Welcome to our "Hinamatsuri" party.

"Hinamatsuri" is the girls' festival. We display "Hina" dolls for daughters, and pray for the healthy growth and happiness of our daughters. We prepare your favorite "Sushi", various fresh fish and vegetables on rice. Try it, please.

ハーイ、メアリーとスーザン。ひな祭りパーティーへようこそ。

「ひなまつり」は女の子のためのお祭りです。「ひな人形」を娘のために飾り、健やかな成長と幸せをお祈りするんですよ。あなたたちの好きな「おすし」を準備してあります。お刺し身と野菜がごはんの上にのっているの。召し上がってみてください。

お役立ちフレーズ

- **May the 5th is "Tango-no-sekku", which is a traditional festival for boys.**
（5月5日は、男の子のための伝統的な行事「端午の節句」です。）
- **We fly big streamers in the shape of carp on tall flagpoles.**
（こいの形をした吹き流しを、高いさおにつけて泳がせるのです。）

師走のあいさつ

In December, we do a general cleaning of the whole house to welcome the New Year. I heard that it is the custom only in Japan.

In addition, we have to write lots of New Year's cards, prepare for "Osechi", and attend several year-end parties. It's the busiest month of the year.

12月になると、新年を迎えるために家の中の大掃除を行います。これは、日本だけの習慣だと聞いたことがありますね。

それに加えて、たくさんの年賀状を書かなければならないし、「おせち」の準備もしなくてはならないし、さらに幾度も忘年会に出席しなければならない。一年の中でいちばん忙しい時期なんですよ。

お役立ちフレーズ

- **We give gifts in July and in December to express gratitude.**
（7月と12月には感謝の気持ちをあらわすための贈り物をします。）
- **There are not so many Christians in Japan, but Christmas parties are grand events.**
（日本にはキリスト教信者はさほど多くはありませんが、クリスマスパーティーは盛大に行われます。）

STAFF
表紙・本文デザイン／山内隆之（ティオ）
イラスト／森 朋子
構成・執筆／杉本祐子
校正／福岡義信
英文校正／羽根則子

新装版
表紙・本文デザイン／山内隆之（ティオ）
編集担当／望月聡子（主婦の友社）

◎本書は弊社の『短いスピーチあいさつ実例大事典 文例1500』（2012年）を改訂し、
新装版として刊行したものです。

新装版 短いスピーチあいさつ実例大事典
文例1500

2020年5月20日　第1刷発行
2024年8月31日　第2刷発行

編者　主婦の友社
発行者　大宮敏靖
発行所　株式会社主婦の友社
〒141-0021
東京都品川区上大崎3-1-1 目黒セントラルスクエア
電話　03-5280-7537（内容・不良品等のお問い合わせ）
049-259-1236（販売）
印刷所　中央精版印刷株式会社

■本のご注文は、お近くの書店または主婦の友社コールセンター（電話0120-916-892）まで。
＊お問い合わせ受付時間　月～金（祝日を除く）　10:00 ～ 16:00
＊個人のお客さまからのよくある質問のご案内　https://shufunotomo.co.jp/faq/

ISBN978-4-07-443312-4